Joachim Gnilka

JESUS VON NAZARET

JOACHIM GNILKA

JESUS VON NAZARET

Botschaft und Geschichte

HERDER
FREIBURG · BASEL · WIEN

MEINEN MÜNCHENER HÖRERN

Durchgesehene und erweiterte
SONDERAUSGABE

Herstellung: Freiburger Graphische Betriebe 1993
ISBN 3-451-23040-2

Vorwort zur Sonderausgabe

Es ist dem Verlag Herder zu danken, daß mein Buch „Jesus von Nazaret – Botschaft und Geschichte" jetzt als Paperback-Sonderausgabe erscheinen und damit einem noch größeren Leserpublikum zugänglich gemacht werden kann. Damit ist auch dem Wunsch zahlreicher Kollegen und Studenten, der wiederholt an mich herangetragen wurde, entsprochen worden.

Die Jesus-Frage ist nach wie vor aktuell. Objektiv ist sie von bleibender Aktualität. Faktisch hat sie in den letzten Jahren durch das Erscheinen mancher Jesus-Bücher an Aktualität gewonnen. Ich hatte damals im Vorwort auf das wachsende Interesse an der Jesus-Frage und an der Persönlichkeit Jesu in der breiten Öffentlichkeit und auch der nichttheologischen wissenschaftlichen Welt aufmerksam gemacht und insbesondere auf die Werke von zwei bedeutenden Zeitgenossen unseres Jahrhunderts hingewiesen, nämlich die Bücher „Die maßgebenden Menschen" des Philosophen Karl Jaspers und „Bruder Jesus" des jüdischen Autors Schalom Ben-Chorin. Beides sind Bücher, die zu lesen und mit denen sich auseinanderzusetzen, sich lohnt. Jaspers stellt Jesus neben Sokrates, Konfuzius und Buddha, die er als die für die Menschheit maßgebenden Menschen ansieht. Was er – als distanzierter Beobachter – in seinem Buch ausführt, gehört mit zum Besten, was in unserem Jahrhundert zu Jesus gesagt worden ist. Ben-Chorin legt mit seinem engagiert geschriebenen und – wie er selbst sagt – von der Intuition inspirierten Buch Zeugnis dafür ab, daß man im Judentum Jesus als Angehörigen des eigenen Volkes neu zu entdecken beginnt.

Inzwischen haben wir ein Stadium erreicht, in dem Jesus zur billigen Modesache gemacht wird. Nicht die Information, sondern die Sensation diktiert hier die Feder. Nicht nachgeprüfte Vermutungen, Verdächtigungen und lancierte Berichterstattung werden zu einem Jesus-Brei zusammengerührt und als das Neueste marktschreierisch angeboten. Aus den USA kommend, wurde ein Bestseller bei uns gelandet, in dem Jesus zur Verschlußsache erklärt wurde. Fernseh-Journalisten haben daraus einen Jesus-Krimi gemacht. Die Diskussion mutet an wie die Diskussion über die Existenz des Mondkalbs. Möglicherweise sind solche Entwicklungen von antichristlichen Affekten getragen. Teilweise hängen sie aber auch damit zusammen, daß in der Print- und Medienlandschaft sensationelle Nachrichten in den meisten Fällen als gute Nachrichten gelten. Auch die Srinagar-Geschichte hat man wieder aus der Mottenkiste hervorgeholt. Nach ihr sei Jesus, aus seinem angeblichen Scheintod wiedererwacht, nach Kaschmir gegangen und dort nach einem segensreichen Weiterwirken gestorben und begraben worden. Warum ist noch niemand auf den Gedanken gekommen – in neuerer Zeit –, daß Jesus in seiner Jugend nach Indien und Tibet gepilgert sei, um dort den Buddhismus kennenzulernen und dann, in seine Heimat zurückgekehrt, mit seinem Evangelium eine gewandelte buddhistische Lehre zu verkündigen?

Es gibt ein Jesus-Bild des Glaubens. Hier sollte man vielleicht besser von einem Christus-Bild sprechen. Es ist das Bild meist vom erhöhten Christus. Daß sich dieses Bild wandeln konnte, zeigt ein Blick in die Geschichte der christlichen Kunst. Sie reicht von den Katakomben über die verschiedenen Kunstepochen bis in unsere Zeit. Immer wurde Christus anders, mit den Augen der jeweiligen Zeit, gesehen. Vielleicht läßt sich sogar sagen, daß jeder gläubige Christ sein eigenes, von persönlichen Erfahrungen geprägtes Christus-Bild besitzt. In besonderer Weise hat sich das Bild vom gekreuzigten Christus, von der Kunst gefördert, dem gläubigen Sinn eingeprägt. Die älteste Darstellung des gekreuzigten Christus haben wir auf der Holztür der Kirche Santa Sabina (um 430) auf dem Aventin in Rom. Der Mensch Jesus tritt jeweils in bestimmten Zeitläuften in den Mittelpunkt, in der franziskanischen Bewegung, in der Zeit der Kreuzzüge.

Das wissenschaftlich-historische Interesse am Menschen Jesus erwacht mit der Aufklärung. Es wird aus anderen Quellen gespeist und gedeiht zunächst außerhalb oder am Rand der Kirche. Erst allmählich dringt es in die Kirche ein, wird aber lange Zeit mit Skepsis beobachtet. Es erschien mir wichtig, auch von diesen Anfängen der Diskussion über die Jesus-Frage in diesem Buch zu berichten (vgl. Kapitel 1). Es läßt sich beobachten, daß auch hier die Zeitläufte auf die Darstellung des Jesus-Bildes abfärbten. Noch deutlicher ließe sich dies zeigen, wenn man über die historische und exegetische Literatur hinausginge und Predigtliteratur der verschiedenen Kirchen in die Überlegungen miteinbezöge. Jesus, der Ordnungsstifter, der liberale Jesus, Jesus der Sozialreformer sind Aspekte, die sich zeitweilige Geltung verschaffen konnten. Offenbar war es nur schwer möglich, in dieser Frage das Subjektive vom Objektiven zu trennen. A. Schweitzer hat einmal gesagt, daß es kein persönlicheres historisches Unternehmen gäbe, als ein Leben Jesu zu schreiben, und daß man den Büchern, die geschrieben wurden, seinen ganzen Haß oder seine ganze Liebe, deren man fähig war, eingehaucht habe.

Was hier vorliegt, ist kein Leben Jesu. Ein Leben Jesu zu schreiben, ist von den Quellen her nicht möglich. Botschaft und Geschichte Jesu stehen im Blickpunkt. Der Akzent ruht dabei auf der Botschaft. Die Geschichte verdichtet sich in den Evangelien auf seine öffentliche Wirksamkeit und nimmt besonders konkrete Gestalt an in seiner Passion. Auch in der Einbeziehung der Schilderung der zeitgeschichtlichen Situation, der geistig-religiösen und der sozialen Lage, kommt das geschichtliche Element zum Ausdruck. So möge das Buch dem Leser helfen, daß er ein Bild gewinne von Jesus, der einst die Zeiten wendete.

München, im Januar 1993 *Joachim Gnilka*

Vorwort

Das Interesse an Jesus von Nazaret hat in den letzten Jahren und Jahrzehnten erstaunlich zugenommen. Es erreicht breite Bevölkerungsschichten, nicht nur christliche. Man kann in dieser Hinsicht sagen, daß das Interesse an Jesus von Nazaret größer ist als an seiner Verkündigung durch die Kirche, und muß dann die Frage stellen, welche Ursachen eine solche Entwicklung hat. Das Interesse zeigt sich auch darin, daß zahlreiche Jesusbücher auch von Nichtchristen veröffentlicht worden sind. Juden entdecken in ihm ihren Bruder (Sch. Ben-Chorin), Philosophen deklarieren ihn zu einem der maßgebenden Menschen (K. Jaspers). Dabei ist im Auge zu behalten, daß das Interesse sich auf den historischen Jesus richtet, wie man ihn im Fachjargon zu benennen pflegt, also auf den Menschen Jesus, sein Leben, seine Botschaft, seine Geschichte.

Bezüglich der Rückfrage nach dem historischen Jesus und der Rekonstruktion seines Lebensweges hat sich die neutestamentliche Exegese der Zurückhaltung befleißigt. Angesichts der bestehenden Schwierigkeiten zu Recht. Doch stand die Exegese, wenigstens im deutschen Sprachraum, sicherlich in den letzten Jahrzehnten auch unter dem Einfluß R. Bultmanns, der zwar ein kleines Jesus-Buch geschrieben hatte, aber die Rückfrage für theologisch irrelevant erachtete. Das hat sich geändert. Es gilt, die Kontinuität der Verkündigung der nachösterlichen Kirche mit der Jesu neu zu entdecken, eine Kontinuität in der Diskontinuität.

Natürlich ist es unmöglich, eine Biographie Jesu zu schreiben. Man kann versuchen, seine Botschaft zu rekonstruieren, sein Wirken vom politischen und geistig-religiösen Horizont der Zeit her zu beleuchten. Quasibiographische Züge nimmt die Darstellung nur für die letzten Stunden seines Lebens an, die Stunden seiner Passion, für die wir wissen, daß eine alte Passionsgeschichte, mag sie auch theologisch reflektiert sein, sie aufbewahrt hat. Der Leser erwarte also vom Buch keine Lebensgeschichte Jesu, sondern er lese es als Hinführung zu dem, der für uns Christen der Maßgebende schlechthin ist.

Ein eigenes Wort sei noch an die gerichtet, die um die Problematik des Themas wissen. Sie kennen die Flut der bestehenden Literatur, die insbesondere Detailfragen betrifft. Um das Buch zu entlasten, mußte eine Begrenzung vorgenommen werden. Hierfür bitte ich um Verständnis.

München, im Juli 1990 *Joachim Gnilka*

Inhalt

Erstes Kapitel

Die Jesusfrage

1. Von Reimarus bis zur Gegenwart

„Es ist der Leben-Jesu-Forschung merkwürdig ergangen. Sie zog aus, um den historischen Jesus zu finden, und meinte, sie könnte ihn dann, wie er ist, als Lehrer und Heiland in unsere Zeit hineinstellen. Sie löste die Bande, mit denen er seit Jahrhunderten an den Felsen der Kirchenlehre gefesselt war, und freute sich, als wieder Leben und Bewegung in die Gestalt kam und sie den historischen Menschen Jesus auf sich zukommen sah. Aber er blieb nicht stehen, sondern ging an unserer Zeit vorüber und kehrte in die seinige zurück. Das eben befremdete und erschreckte die Theologie der letzten Jahrzehnte, daß sie ihn mit allem Deuteln und aller Gewalttat in unserer Zeit nicht festhalten konnte, sondern ihn ziehen lassen mußte. Er kehrte in die seine zurück mit derselben Notwendigkeit, mit der das befreite Pendel sich in seine ursprüngliche Lage zurückbewegt." Mit diesen klassisch gewordenen Worten beschrieb A. Schweitzer im Jahr 1913 das Bemühen der sogenannten Leben-Jesu-Forschung, von der das 19. Jahrhundert umgetrieben worden war[1]. Diese Beschreibung ist gleichzeitig die Erklärung ihres Scheiterns. Sie war unter falschen Voraussetzungen angetreten.

Es folgte eine Zeit der Besinnung auf die besondere Gestalt unserer Evangelien, denen wir die Kunde von Jesus verdanken. In dieser Zeit stellte man die Rückfrage nach Jesus zurück. Doch in der Klärung der besonderen Gestalt der Evangelien ergaben sich Möglichkeiten, die vernachlässigte Frage jetzt neu zu stellen. Zwar schrieb R. Bultmann, der mit seiner wissenschaftlichen Arbeit nach dem Ende der Leben-Jesu-Forschung begann, ein Jesus-Buch, doch ist er letztlich an der historischen Rückfrage nach Jesus ernsthaft nicht interessiert. So sagt er in der Einleitung zu diesem Buch, in der er sich über die Art seiner Betrachtung äußert: Wer Jesus für sich immer in Anführungsstriche setzen und nur als abkürzende Bezeichnung für das geschichtliche Phänomen gelten lassen will, um das wir uns bemühen, dem sei dies

[1] Leben-Jesu-Forschung 631 f.

unbenommen[2]. In anderen Jesus-Büchern wird die Rückfrage nach Jesus unmißverständlich aufgegriffen. So geht es M. Dibelius[3] in seinen Untersuchungen darum, festzustellen zu versuchen, was wir von der geschichtlichen Erscheinung Jesu wissen. Und H. Braun[4] leitet seine Erörterungen ein mit der Frage: Wer war Jesus von Nazaret?, und fügt hinzu, daß dies die Frage sei, auf die sein Büchlein eine Antwort geben möchte. In diesem Stadium bewegt sich die gegenwärtige Forschung, wo man wieder Zugänge zum historischen Jesus gefunden hat, wo man um die Kriterien ringt, mit deren Hilfe man diese Zugänge absichert, und wo auch das theologische Gewicht und die theologische Einordnung der Rückfrage nach Jesus diskutiert wird. Doch nach dieser allgemeinen Kennzeichnung der Lage müssen wir etwas ins Detail gehen.

Es begann mit der Leben-Jesu-Forschung. Sie ist ein Kind der Aufklärung, und sie stand von vornherein unter einem ungünstigen Stern. Die von ihr vorgenommene Trennung zwischen Jesus und den Evangelien erfolgte nicht aus dem wissenschaftlich-methodologischen Bewußtsein, daß die Evangelien Glaubensschriften sind und als solche gelesen sein wollen, sondern aus dem Verdacht, daß Jesus, wie er uns in den Evangelien geschildert wird, nicht derselbe sei wie der historische Jesus. Es komme darauf an, diesen aus den Fängen des Dogmas zu befreien und ihn so darzustellen, wie er wirklich gewesen ist. A. Schweitzer bemerkt[5], daß es kein persönlicheres historisches Unternehmen gäbe, als ein Leben Jesu zu schreiben, und daß man den Büchern, die geschrieben wurden, seinen ganzen Haß oder seine ganze Liebe, deren man fähig war, eingehaucht habe. So ist diese Epoche, die zweifelsfrei auch weiterführende Erkenntnisse brachte, gekennzeichnet von Aggression und Apologetik, vom Sturm auf die Evangelien und deren Verteidigung. Die vielbeschworene Voraussetzungslosigkeit wurde selten so vernachlässigt wie hier. Die vorgetragenen Jesus-Bilder, nicht zuletzt der „Aufgeklärten", tragen in hohem Maß subjektive Züge. Viele fanden im vermeintlichen historischen Jesus das Bild wieder, das sie sich selbst von ihm gemacht hatten. Bezüglich der in der Leben-Jesu-Forschung sich abzeichnenden geistesgeschichtlichen Entwicklung, ihrer Tendenzen und näheren Intentionen ist ein geraffter Überblick aufschlußreich.

Schon bei H. S. Reimarus († 1768), der die Leben-Jesu-Forschung eröffnete, schlägt eines ihrer hauptsächlichen Kennzeichen durch, die rationalistische Erklärung wunderbarer und übernatürlicher in den

[2] Jesus 16.
[3] Jesus 9.
[4] Jesus 10.
[5] Leben-Jesu-Forschung 4.

Evangelien überlieferter Vorgänge. Die rationalistischen Erklärungen reichen von den Wundergeschichten über die Gottessohnschaft Jesu bis zum Auferstehungsbericht, aus dem Reimarus eine kriminalistische Episode herausentwickelt mit Leichendiebstahl und Volksbetrug der Jünger. Reimarus wandte sich immer wieder an die Vertreter einer „Vernunftreligion" oder „natürlichen Religion", deren Rechte gegen den kirchlichen Glauben zu verteidigen er vorhatte[6]. Die Rationalismen nahmen groteske Züge an. So wird bei K. A. Hase die im Zusammenhang mit der Taufe Jesu geschilderte Himmelsöffnung als das zufällige Aufstrahlen eines Meteors erklärt oder die Geschichte vom Stater im Fischmaul (Mt 17,24–27) dahingehend rationalisiert, daß man den Fisch für einen Stater habe verkaufen können[7].

Obwohl ähnliche Versuche weiterwirken, erreicht die Leben-Jesu-Forschung mit D. F. Strauß († 1874), wahrscheinlich ihrem bedeutendsten Vertreter, eine grundsätzliche neue Position. Er bemüht sich darum aufzuweisen, daß die evangeliaren Geschichten mit Material aufgefüllt sind, das im Alten Testament und in der Religionsgeschichte seine Parallelen hat. Der Jesus der Evangelien sei mythologisch. So gelangt er zu seiner Mythos-Auffassung. Zunächst möchte man den Eindruck gewinnen, als werde der Mythos mit der Legende gleichgesetzt und dazu benutzt, um gegen die historische Glaubwürdigkeit der Evangelien vorzugehen, etwa wenn Strauß über den Stern der Weisen sagt, es sei unmöglich, „so unnatürliche Dinge sich als wirklich vorgefallen zu denken" und dergleichen Erzählungen als Dichtungen aufzufassen seien[8]. Doch setzt Straußens Mythos-Interpretation tiefer an. Der von ihm so genannte philosophische oder evangelische Mythos repräsentiert eine Idee, kleidet einen Gedanken oder ein Philosophem in Geschichte. Dieser Mythos spricht Wahrheit aus, aber nicht eine Wahrheit, die sich in der Geschichte konkretisiert, sondern die sich in der Idee abbildet. Im Neuen Testament begegne uns die Idee von Jesus, dem Gottmenschen. In ihr stelle sich die Einheit von göttlichem und menschlichem Bewußtsein dar. Jesus selbst wird zwar nicht zur Idee, aber an seine Fersen hätten sich mythische Erzählungen geheftet. Es käme darauf an, daß die Sprache des Mythos zur Sprache des Denkens hindurchfindet. Das Individuum des Gottmenschen sei notwendig gewesen, damit die Menschheit zum Bewußtsein der höchsten Idee gebracht werde. Wenn das erreicht ist, könne von Jesus abgesehen werden. Das wird der Fall sein, wenn die letzte Scheidewand stürzt, wenn das Selbstbewußtsein seine Einheit mit dem absoluten Wesen nicht mehr in Jesus hineinverlegt, sondern als etwas erkennt und ge-

---

[6] Vgl. *Schweitzer,* Leben-Jesu-Forschung 13–26.

[7] Leben-Jesu-Forschung 60.

[8] *D. F. Strauß,* Das Leben Jesu für das deutsche Volk bearbeitet (Bonn [9–11]1895) 191.

nießt, was sich in allem wahrhaft menschlichen Denken und Tun vollzieht. Das Konzept vom evangelischen Mythos entstammt einer Philosophie, nicht einer Betrachtung des Textes. Um den Aufweis eines historischen Kerns in den einzelnen evangeliaren Erzählungen hat sich Strauß nicht gekümmert.[9]

Das Absehenkönnen von Jesus bei Strauß mußte auf dem einmal eingeschlagenen Weg fast zwangsläufig zur Bestreitung der historischen Existenz Jesu führen[10]. Dies geschah bei B. Bauer, in der Christusmythe von A. Drews[11] und bei manchen anderen. Jetzt argumentierte man in umgekehrter Richtung. Ist nach Strauß Jesus vom Mythos umkleidet worden, so hat nach dieser neuen Position der Mythos Jesus überhaupt erst hervorgebracht. Bei Drews kamen noch bizarre astralmythologische Vorstellungen hinzu. Mit der Bestreitung der Existenz Jesu hatten die Bemühungen einen in gewisser Weise konsequenten Schlußpunkt erreicht, der aber auch die Verstiegenheit mancher Spekulationen aufwies. Zu dieser Position genügt es, das Wort C. M. Wielands an Napoleon zu wiederholen, der diesem ins Ohr geflüstert hatte, es sei überhaupt eine große Frage, ob Jesus Christus jemals gelebt habe: „Ich weiß wohl, Majestät, daß es einige Unsinnige gab, die daran zweifelten. Aber es kommt mir ebenso töricht vor, als wolle man bezweifeln, daß Julius Cäsar gelebt hat oder Eure Majestät leben."[12]

Doch bevor es zu einem solchen Schlußpunkt kam und neben der von Strauß zu Drews führenden Linie gab es in der Leben-Jesu-Forschung das Bemühen, die Angaben der Evangelien zu einer Biographie zusammenzustellen[13]. Weil man viel Phantasie walten ließ, spricht man mit Recht von Jesus-Romanen. Ihre Umfänge sind beträchtlich. So umfaßt die „Natürliche Geschichte des großen Propheten von Nazareth" K. H. Venturinis vier Bände mit zusammen 2700 Seiten, während die Jesus-Biographie K. F. Bahrdts es auf stattliche 3000 Seiten brachte. Das erstgenannte Werk erschien 1800–1802, das zweite 1784–1792. Bemerkenswert für beide Autoren ist, daß sie m. W. erstmals die Essener-Hypothese aufgestellt haben. Jesus sei Mit-

[9] Vgl. *D. F. Strauß,* Das Leben Jesu kritisch bearbeitet I (Tübingen [4]1840) 29; *ders.,* Die christliche Glaubenslehre in ihrer Entwicklung und im Kampfe mit der modernen Wissenschaft iI (Tübingen und Stuttgart 1840) 220; *G. Backhaus,* Kerygma und Mythos bei David Friedrich Strauß und Rudolf Bultmann (Hamburg-Bergstedt 1956); *E. Wolf,* Die Verlegenheit der Theologie. D. Fr. Strauß und die Bibelkritik: Libertas Christiana (Festschrift F. Delekat) (München 1957) 219–239; *K. Barth,* D. Fr. Strauß als Theologe (Zollikon [2]1948); *Kümmel,* Testament 147–155.

[10] Hierzu vgl. die ausführliche Diskussion bei *Schweitzer,* Leben-Jesu-Forschung 444–564.

[11] Das Buch erschien in Jena in 1. Aufl. 1909, in 3. Aufl. 1910.

[12] Bei *Schweitzer,* Leben-Jesu-Forschung 445 f.

[13] Vgl. *Schweitzer,* Leben-Jesu-Forschung 38–48.

glied des Essener-Ordens gewesen und habe in dessen Auftrag gewirkt. Ziel seines Wirkens sei die Vermittlung einer Vernunftreligion gewesen. Die Beschreibung der Essener bei Flavius Josephus konnte möglicherweise dazu führen, daß man dieser Gemeinschaft rationalistische Zwecke nachsagte. Über die Handschriftenfunde von Qumran vom Jahre 1947 sind wir hingegen über den eschatologisch-endzeitlichen Charakter der Essener bestens informiert. Vielleicht geschieht es bei Venturini auch erstmals, daß phantasievoll eine Liebes-Romanze zwischen Jesus und Maria von Bethanien entfaltet wird. Neuere romanhafte Darstellungen und Verfilmungen konzentrieren sich bei dergleichen Bemühungen auf Maria von Magdala.

Vermutlich der erfolgreichste, wenn auch nicht der intelligenteste Verfasser eines Jesus-Romans war E. Renan. Als Schüler von D. F. Strauß und ehemaliger Katholik, der seiner Kirche den Rücken gekehrt hatte, führte er mit seinem Buch, das innerhalb von drei Monaten acht Auflagen erlebte, die neue Jesus-Betrachtung in die romanische und katholische Welt ein[14]. Auf die Masse der Leser dürfte vorab seine sentimentale Sprache gewirkt haben, die nicht spart mit farbenprächtigen Schilderungen der Landschaft am See, der Dörfer und Städte. Zu erwähnen ist insbesondere der Versuch, das Wirken Jesu, obwohl nur auf 18 Monate angesetzt, in Epochen zu untergliedern und so eine innere Entwicklung nachzuzeichnen. Am Anfang steht für Renan der milde Jesus, der in Galiläa das Reich Gottes auf Erden zu verwirklichen trachtet. Dieser Jesus habe sich, nicht zuletzt veranlaßt durch seinen Jerusalem-Aufenthalt, zum Revolutionär entwickelt, der jetzt das Reich Gottes apokalyptisch deutet und bereit ist, für seine Idee in den Tod zu gehen. Obwohl Kritiker Renan nachsagten, er habe „christliche Kunst" im billigsten Sinn feilgeboten und seine Figuren aus den Schaufenstern der christlichen Kunsthandlungen der Place St-Sulpice gestohlen, werden wir durch sein Buch auf die Frage des Reiches Gottes im Leben Jesu und den Versuch gestoßen, mit Hilfe der Reich-Gottes-Vorstellung im Wirken Jesu einen Bruch auszumachen.

Mit dem Reich Gottes ist ein Zentralbegriff des Wirkens Jesu genannt. Hier haben wir einen Punkt vor uns, an dem die Diskussionen vielleicht am spannungsreichsten verliefen. Sie führten zu dem positiven Ergebnis, daß das Reich Gottes bei Jesus als etwas Endzeitlich-Eschatologisches angesehen werden müsse. So selbstverständlich uns heute diese Einsicht erscheint, es brauchte Zeit, bis sie sich durchsetzte. Denn die verbreitete Auffassung vom Reich Gottes war die, daß es gegenwärtig sei, institutionellen Charakter trage, und so wurde es nicht selten mit der Kirche in eins gesetzt. Ein besonderes Verdienst kommt hier dem Buch von J. Weiss, Die Predigt Jesu vom Reiche Got-

[14] *E. Renan,* La vie de Jésus (Paris 1863).

tes, zu[15]. Wie aufsehenerregend, ja wie umstürzend die Erkenntnis des eschatologischen Charakters des Reiches Gottes war, vermag eine Notiz R. Bultmanns zu veranschaulichen, der sich aus seiner Studentenzeit an ein Wort erinnert, das J. Kaftan im Kolleg gesagt hatte: „Ist das Reich Gottes eine eschatologische Größe, so ist es ein für die Dogmatik unbrauchbarer Begriff." Zutreffender als diese Schockreaktion ist es festzustellen, daß die neue Erkenntnis einem verbürgerlichten Verständnis des Christentums die Fremdheit der neutestamentlichen Verkündigung erschreckend zum Bewußtsein brachte[16].

Eingearbeitet in ein Leben Jesu erscheint die Einsicht in die eschatologische Qualität des Reiches Gottes bei A. Schweitzer, der die Theorie von der konsequenten Eschatologie entfaltete[17]. Für ihn wird die Eschatologie nicht bloß zur Grundlage eines biographischen Aufrisses des Wirkens Jesu, sondern er gewinnt mit ihrer Hilfe auch die Möglichkeit, zwei Epochen zu unterscheiden. Die Zäsur bildet die Aussendung der Jünger. Jesus, der sich als Messias verstanden und seine Einsetzung zum Menschensohn erwartet habe, sei von intensiver Naherwartung erfüllt gewesen. Das Geheimnis des Reiches Gottes, von dem Mk 4,11 redet, habe mit dieser Naherwartung zu tun. Die Ablehnung in Nazaret habe ihn bewogen, die Jünger auszusenden. Die Aufeinanderfolge der Perikopen Mk 6,1–13 nimmt Schweitzer hier und auch an anderen Stellen streng historisch. Als Jesus seine Jünger zur Israel-Mission fortschickte, habe ihn der Gedanke erfaßt gehabt, daß sie in diesem Äon nicht mehr zu ihm zurückkehren würden. Auf diese Weise gewinnt Mt 10,23: „Denn Amen, ich sage euch: Ihr werdet mit den Städten Israels nicht zu Ende kommen, bis der Menschensohn kommt", zentrale Bedeutung. Diese von Schweitzer im Sinn einer klaren Befristung verstandene Weissagung sei nicht in Erfüllung gegangen. Die Jünger kehrten zu Jesus zurück, und die Erscheinung des Menschensohnes hatte nicht stattgefunden. Die mit einer Enttäuschung einsetzende zweite Epoche habe Jesus aber nicht sein Werk aufgeben, sondern in der neuen Bereitschaft gesehen, nach Jerusalem zu ziehen, um dort zu sterben. Er habe die Einsicht gewonnen, daß sein Tod notwendig sei, damit das Reich Gottes endgültig kommen könne. So wird für Schweitzer die Problematik der sogenannten Parusieverzögerung verantwortlich für die gesamte folgende Entwicklung.

Die bunte Palette der Resultate der Leben-Jesu-Forschung und ihre Verknüpfung mit subjektivistischen Ausgangspositionen, kann hier

---

[15] Die 1. Aufl. erschien in Göttingen 1892, die zweite völlig neu bearbeitete 1900.

[16] Bultmanns Ausführungen sind abgedruckt als Geleitwort zum Nachdruck der 2. Auflage des Buches von *J. Weiss*, die 1964 in Göttingen erfolgte. Zur Auseinandersetzung vgl. das Kapitel „Gegen die Eschatologie" bei *Schweitzer*, Leben-Jesu-Forschung 236–259.

[17] Vgl. Leben-Jesu-Forschung 390–443.

nur mehr stichwortartig angezeigt werden. Wenn Etikettierungen erlaubt sind, so wurden die Bilder von einem liberalen Jesus (gegenwärtiges Reich, vergeistigtes Messiastum bei H. J. Holtzmann, B. Weiß, W. Beyschlag u. a.), von einem jüdischen Jesus (Jesus als Schüler Rabbi Hillels bei De Jonge), von einem sozialistischen Jesus (A. Kalthoff, K. J. Kautsky), von einem germanischen (!) Jesus (O. Holtzmann) entworfen. Man machte über ihn psychiatrische Studien (E. Rasmussen, H. Schaefer, H. Werner) und erklärte ihn sogar für einen pathologischen Fall.

Mit Jesus, dem Juden, war allerdings ein wichtiger Aspekt entdeckt. Hier setzten Forscher mit ihren Bemühungen an, deren Wirken noch in die Zeit der ausgehenden Leben-Jesu-Forschung fällt, deren Werke aber bis heute Geltung behalten haben oder doch zumindest Initiativen auslösten, die weiterwirkten. G. Dalman bemühte sich um die Rekonstruktion der Muttersprache Jesu und fand heraus, daß er den galiläischen Dialekt des Aramäischen gesprochen haben müsse. A. Wünsche, H. L. Strack, J. Klausner versuchten, das Leben Jesu in einen Zusammenhang mit Talmud und Midrasch zu stellen, eine Arbeit, die später P. Billerbeck mit seinem grundlegenden Kommentar zum Neuen Testament aus Talmud und Midrasch zu einem vorläufigen Abschluß bringen sollte. Mit J. Klausner war übrigens ein bedeutender jüdischer Gelehrter in die Leben-Jesu-Forschung eingetreten. Zu einer Leben-Jesu-Forschung im katholischen Bereich ist es nicht gekommen. Hier sollte die Exegese erst in Verbindung mit der neuen Evangeliumsbetrachtung aufbrechen.

Die neue Evangeliumsbetrachtung ist verknüpft mit der Entdeckung der erzählerischen Gesetze und Formen oder Gattungen, die im Prozeß der Entstehung, Ausbildung und Fixierung der Evangelien und der in sie eingegangenen Überlieferungen zum Austrag gekommen sind. Hierzu wird im folgenden Abschnitt etwas zu sagen sein. Diese Entdeckung hat zu tun mit den Begriffen der form-, redaktions-, traditionskritischen oder -geschichtlichen Betrachtung der Evangelien. Sie ermöglicht nicht nur einen angemessenen Zugang zu den Evangelien, sondern macht uns auch bewußt, welche Schwierigkeiten bestehen und welche Wege gegangen werden müssen, um zum historischen Jesus vorzudringen. Darum läßt sich sagen, daß nach dem Ende der oben geschilderten und mit A. Schweitzer im wesentlichen abgeschlossenen sogenannten Leben-Jesu-Forschung und nach der Entwicklung der neuen Methoden in der wissenschaftlichen Forschung ein neuer Zugriff auf Jesus erfolgte, nachdem es in der dazwischenliegenden Zeit auf diesem Feld etwas ruhiger geworden war. Die neue Epoche setzt ein mit der Zeit nach dem Zweiten Weltkrieg. Es wäre ganz unmöglich, diese Literatur im einzelnen auch nur in verkürzter Form vorzustellen[18]. Überblickt man jedoch die literarische Produktion dieser Zeit, so läßt sich feststellen, daß zahlreiche Autoren im Anschluß an die neuen Erkenntnisse ihre Darlegungen methodologisch begründen, gewissermaßen die Karten offenlegen (etwa H. D. Betz, G. Bornkamm, J. Blank, H. Braun, T. Holtz, E. Schweizer, W. Trilling), andere tun es nicht. Einige lehnen die formgeschichtliche Betrachtung der Evangelien ab, was in der englischsprachigen Literatur häufiger begegnet. Wieder bei einigen feiert die alte Leben-Jesu-Forschung fröhliche Urständ, mit den bekannten Verkürzungen, Phantasien und Subjektivismen.

Aus der Fülle der Eindrücke soll aber doch wenigstens einzelnes herausgegriffen werden, um dem Leser einen Einblick zu verschaffen. Es gibt eine Reihe von Autoren, die – wie schon in der alten Leben-Jesu-Forschung – vom erzählerischen Rahmen des Markus-Evangeliums ausgehen, der als geschichtlicher Rahmen anerkannt wird. So gelangt man zu einer Übersicht des Wirkens Jesu, in der sich die Wirksamkeit in Galiläa, der Rückzug nach Norden, der Weg nach Jerusalem zum Leidenspascha aneinanderfügen (V. Taylor). Für R. H. Fuller bildet das Messiasbekenntnis des Simon Petrus den Wendepunkt im Wirken Jesu gemäß der Darstellung des Markus. E. Barnikol möchte das Leben Jesu aus einem von ihm postulierten Ur-Markusevangelium eruieren.

Die Darstellungen des Wirkens Jesu mehren sich, in denen der Jude Jesus in den Vordergrund tritt. Erfreulicherweise sind an dieser Diskussion zunehmend jüdische Autoren beteiligt. So hat Sch. Ben-Chorin in Jesus den Bruder entdeckt, wie er sogar in der Lage gewesen ist, ein Buch über „Maria in jüdischer Sicht“ zu schreiben. In der Regel wird Jesus als thoratreuer Jude gezeichnet, der nie und nirgends gegen die mosaische und rabbinische Gesetzgebung verstoßen habe (P. E. Lapide). Im Zuge solcher Bemühungen hält D. Flusser das Ährenraufen am Sabbat Mk 2,23 ff., das nach seiner Meinung den einzigen Verstoß gegen das Gesetz in der synoptischen Tradition bilde, für eine sekundäre Zutat. Ähnlich erklärt G. Vermes, für den Jesus ein echter Charismatiker und heiliger Wundertäter ist, die Aufhebung des Unterschieds von reinen und unreinen Speisen (Mk 7,15), die einen beträchtlichen Lehrunterschied zum Judentum ausmachte, für ein Mißverständnis der Überlieferung. Der Konflikt, der zu Jesu Tod führte, wird von Lapide mit Jesu vermeintlichen politischen und militärischen Absichten in Verbindung gebracht. Ben-Chorin überträgt auf Jesus das Bild des eschatologischen Schwärmers, das er ziemlich ungeschützt aus Schweitzers konsequenter Eschatologie übernimmt.

[18] Hierzu vgl. *W. G. Kümmel,* Dreißig Jahre Jesusforschung (1950–1980) (BBB 60) (Königstein und Bonn 1985).

Unter den neuen Jesusbüchern fehlen auch nicht sozialkritische oder sozialistische Interpretationen. Das beeindruckendste Werk in dieser Richtung dürfte der tschechische Marxist M. Machoveč geliefert haben. Er widmet sich vor allem der Botschaft Jesu, deren eschatologische Qualität er unverkürzt stehen läßt, die er aber im Sinn einer gelebten Zukunft auslegt. Jesus habe die Zukunft von den himmlischen Wolken heruntergeholt und sie zur Angelegenheit der täglichen Gegenwart und damit zu unserer Sache gemacht. Entsprechend den Voraussetzungen des Autors wird aus dem radikalen Einsatz Jesu für Humanität und Menschenwürde die theozentrische Sicht ausgeklammert und ein zugestandenermaßen nicht unsympathischer Jesus für Atheisten geboten. Gegenüber Machoveč fallen die dasselbe Anliegen vertretenden Jesusbücher von A. Holl und M. Craveri ab. Der letztere bewegt sich noch weitgehend auf den Spuren der alten Leben-Jesu-Forschung, während Holl einen überzeichneten „Jesus in schlechter Gesellschaft" darbietet. S. G. F. Brandon hingegen, dessen Buch im englischen Sprachraum besonderes Aufsehen erregte, legt die zelotische Jesus-Interpretation neu auf. Keine der zelotischen Grundanschauungen sei Jesus fremd gewesen. Sein Tempelprotest, der von Gewalt und Plünderungen begleitet gewesen sei, müsse als revolutionärer Akt verstanden werden. Er habe das Eingreifen der Behörde ausgelöst. Jesus sei den Tod eines Zeloten gestorben. Von den Zeloten unterschied er sich nur darin, daß er sich primär gegen die priesterliche Aristokratie gewendet habe, weil er der Meinung gewesen sei, daß diese der Beseitigung der Römerherrschaft am meisten im Weg steht. Der Preis, den Brandon für seine These zahlen muß, ist ein hoher. Er muß das Markusevangelium, von dem er ausgeht, als ein Werk interpretieren, das geschrieben worden sei, um bewußt den zelotischen Jesus zu vertuschen, als Apologie für die römischen Christen unter dem Eindruck des Sieges des Titus über die Juden.

Hatte einst J. Weiss der Erkenntnis, daß das Reich Gottes etwas Endzeitlich-Eschatologisches sei, zum Durchbruch verholfen, und hatte es seinerzeit zahlreiche Gegner dieser Einsicht gegeben, so hat die Bestreitung der futurischen Qualität des Reiches in der neuen Epoche einen namhaften Vertreter gefunden: C. H. Dodd mit seiner Auffassung von der schon verwirklichten Eschatologie (realized eschatology). Danach müssen alle Reich-Gottes-Aussagen und -Gleichnisse auf die Gegenwart bezogen, symbolisch gedeutet werden. Die apokalyptische Bildersprache sei für Jesus nicht charakteristisch, Jesu Zukunftsaussagen stünden als Symbole für das Gottesreich, das jenseits der Geschichte liegt. Die Rede vom Kommen des Menschensohnes müsse als Vision des endgültigen Sieges der Sache Gottes über alle Mächte im Universum genommen werden. Sogar psychologische Jesus-Interpretation lebte in der Gegenwart wieder auf. Freilich bemühte man sich nicht mehr darum, in die persönliche Psyche Jesu einzudringen. K. Niederwimmer, der dies aufgrund der Quellen für unmöglich hält, fragt vielmehr nach der psychologischen Relevanz der von Jesus hervorgerufenen Bewegung. Die entscheidenden Daten des Schicksals Jesu erhalten archetypischen Charakter. Die Predigt vom nahen Reich Gottes gewinnt die Bedeutung, zu signalisieren, daß das Unbewußte unmittelbar vor einem Wandlungsprozeß steht. Oder Jesu Passion wird zum Symbol für die menschliche Existenz, die im Kampf um die Erfüllung des Sinnes unterliegt.

Schließlich soll noch eine Gruppe von Forschern erwähnt werden, die Jesu Verhältnis zu den jüdischen religiösen Parteien seiner Zeit untersuchen und von hier aus Licht auf sein Wirken zu gewinnen trachten. So stellt K. Schubert fest, daß Jesu Stellungnahme zum Gesetz ihn in eine polemische Auseinandersetzung mit den Pharisäern verwickelt habe, während seine Konfrontation mit der sadduzäischen Tempelaristokratie in die Passionsgeschichte hineingehöre. Er selbst habe den apokalyptischen Gruppen nahegestanden, doch deren Konventikelgeist zurückgewiesen. Während G. Baumbach Jesu Einstellung zu Pharisäern und Sadduzäern ähnlich bewertet, ist es für W. E. Phipps eine ausgemachte Sache, daß Jesus als pharisäischer Jude eingestuft werden müsse. Der hauptsächliche Unterschied zwischen ihm und den Pharisäern bestehe darin, daß er Frauen, Heiden und das ungebildete Volk in seine Gemeinschaft aufnahm. Dadurch habe er sich als Prophet erwiesen, der so kühn war, althergebrachte gesellschaftliche Strukturen und Vorstellungen aufzubrechen. Auch nach H. Leroy ist Jesus einem Pharisäismus zuzuordnen, wie er durch Rabbi Hillel, einen Zeitgenossen und angesehenes Schulhaupt, vertreten wurde.

Diese knappe Präsentation verschiedener Jesus-Bücher, die in den letzten Jahren publiziert wurden, läßt erkennen, daß man noch in vielen Fragen uneins ist und unterschiedliche Auskünfte erteilt. Gewiß sind manche Positionen in hohem Grad subjektivistisch wie die Position Brandons vom zelotischen Jesus, der durch das Markusevangelium seines Zelotismus entledigt worden sei. Gewiß sind manche Auffassungen aufgrund des allgemeinen Forschungsstandes nicht zu halten wie die Auffassung Dodds von der realized eschatology in der Predigt Jesu. Doch sollten hier bewußt unterschiedliche, zum großen Teil auch unbefriedigende Jesus-Darstellungen skizziert werden, damit neben der Komplexität der Problematik auch die Notwendigkeit eingesehen wird, einen möglichst verläßlichen Weg zu bauen. Das kann nicht ohne Mühe abgehen. Dieser Weg muß in der Richtung verfolgt werden, den jene oben genannten Forscher eingeschlagen haben, die ihren methodologischen Zugriff klarstellen und darüber hinaus versuchen, ein umfassendes Jesusbild zu vermitteln.

Doch zuvor ist noch ein Wort zu sagen zur Sinnhaftigkeit, ja Notwendigkeit der Rückfrage nach dem historischen Jesus. Sie ist notwendig aus theologischen Gründen. Es gab über diese Frage eine Diskussion in der Bultmann-Schule, die dem außenstehenden Betrachter, besonders dem katholischen, etwas esoterisch vorkommt. Bultmann hatte die theologische Sinnhaftigkeit der Rückfrage nach Jesus bestritten und die schwer verständliche Formulierung getroffen, daß ihm das Daß seines Gekommenseins, das sich letztlich im Kreuz artikuliert, genügen würde. Er hat zwischen sachlicher und historischer Kontinuität differenziert und erklärt, daß die erste ausreicht für die zu gewinnende Kontinuität, die in der Gewährung und Aneignung eines neuen Selbstverständnisses besteht, das durch die gläubige Annahme des Christus-Kerygmas zustande kommt. E. Käsemann hat der Unterscheidung von sachlicher und historischer Kontinuität energisch widersprochen und mit Recht festgestellt, daß die eine ohne die andere nicht zu haben sei[19]. Damit hat er die Rückfrage nach Jesus in ihrer theologischen Notwendigkeit gefordert. Wenn seinen Anliegen hier in ihrem Kern zuzustimmen ist, kann der von ihm (und weithin der Bultmann-Schule und ihren Enkeln) vertretenen radikalen Kritik in bezug auf die Möglichkeiten der Rückfrage nach dem historischen Jesus nicht zugestimmt werden.

Damit kommen wir zu einer Erklärung der Einordnung der im folgenden vorzunehmenden Rückfrage nach dem historischen Jesus. Ist diese Rückfrage als theologisch sinnvoll und notwendig zugestanden und eingesehen, so kommt ihren Resultaten gewiß kein dogmatischer Rang zu. Der Exeget vermag mit seiner historischen Arbeit nicht verbindliche Glaubensinhalte herauszustellen. Seine Ergebnisse sind zwar begründete, aber letztlich hypothetische. Dies zeigt sich schon in der Verschiedenheit mancher Resultate in der historischen Forschung. Unser Glaube richtet sich auf das Glaubenszeugnis des Neuen Testaments. Das Ziel der historischen Arbeit ist es, den Zusammenhang zwischen Jesus und dem Glaubenszeugnis des Neuen Testaments, zwischen seiner Verkündigung und der Verkündigung der nachösterlichen Gemeinde, wie sie im Neuen Testament, insonderheit in den Evangelien, vorliegt, zu erfragen. Um auf diese Weise eine aufzeigbare Kontinuität mit ihren Entwicklungen, Entfaltungen und Spannungen zu gewinnen, wird es gut sein, ein Zweifaches zu tun: zunächst Jesus in seinem Leben, Reden, Wirken darzustellen, darüber hinaus aber wenigstens erste Richtungen zu beschreiben, die mit seinem Wort und

[19] Zur Auseinandersetzung vgl. *E. Käsemann,* Sackgassen im Streit um den historischen Jesus: Exegetische Versuche und Besinnungen II (Göttingen 1964) 31–68, und: Das Problem des historischen Jesus: Exegetische Versuche und Besinnungen I (Göttingen 1960) 187–214.

Werk weitergetragen wurden, erste Deutungen, die sich an seine Person und sein Wort heften.

Literatur (in Auswahl): *A. Schweitzer*, Geschichte der Leben-Jesu-Forschung (Tübingen 1913); *V. Taylor*, The Life and Ministry of Jesus (London 1955); *R. H. Fuller*, The Mission and Achievement of Jesus (SBT 12) (London ²1956); *W. Grundmann*, Die Geschichte Jesu Christi (Berlin 1956); *E. Stauffer*, Jesus. Gestalt und Geschichte (DTb 332) (Bern 1957); *E. Barnikol*, Das Leben Jesu der Heilsgeschichte (Halle 1958); *W. G. Kümmel*, Das Neue Testament. Geschichte der Erforschung seiner Probleme (OA) (Freiburg und München 1958); *O. Betz*, Was wissen wir von Jesus? (Stuttgart und Berlin 1965); *Sch. Ben-Chorin*, Bruder Jesus (München 1967); *S. G. F. Brandon*, Jesus and the Zealots (Manchester 1967); *D. Flusser*, Jesus in Selbstzeugnissen und Bilddokumenten (RoMo) (Hamburg 1968); *K. Niederwimmer*, Jesus (Göttingen 1968); *E. Schweizer*, Jesus Christus im vielstimmigen Zeugnis des NT (München und Hamburg 1968); *H. Braun*, Jesus (Th Th 1) (Stuttgart 1969); *M. Craveri*, Das Leben des Jesus von Nazareth (Stuttgart 1970); *G. Baumbach*, Jesus von Nazareth im Lichte der jüdischen Gruppenbildung (AVTRW 54) (Berlin 1971); *C. H. Dodd*, The Founder of Christianity (London 1971); *A. Holl*, Jesus in schlechter Gesellschaft (Stuttgart 1971); *E. Trocmé*, Jésus de Nazareth vu par les témoins de sa vie (BT) (Paris 1971); *J. Blank*, Jesus von Nazareth (Freiburg 1972); *M. Machoveč*, Jesus für Atheisten (Stuttgart 1972); *K. Schubert*, Jesus im Lichte der Religionsgeschichte des Judentums (Wien und München 1973); *G. Vermes*, Jesus the Jew (London 1973); *P. E. Lapide*, Der Rabbi von Nazareth (Trier 1974); *E. Schillebeeckx*, Jesus, die Geschichte von einem Lebenden (Freiburg 1975); *W. E. Phipps*, Jesus, the Prophetic Pharisee: JES 14 (1977) 17–31; *H. Leroy*, Jesus (EdF 95) (Darmstadt 1978); *T. Holtz*, Jesus von Nazareth (Berlin 1979); *W. G. Kümmel*, Jesusforschung seit 1965, Nachträge: ThR 46 (1981) 317–363, 47 (1982) 136–165. 348–383; *G. Ghiberti*, Überlegungen zum Stand der Leben-Jesu-Forschung: MThZ 33 (1982) 99–115.

2. *Methodisches*

a) Zunächst ist ein Wort über die Eigenart unserer Evangelien zu sagen. Wir konzentrieren uns dabei auf die Synoptiker Matthäus, Markus und Lukas. Es besteht kein Zweifel, daß diese Evangelien geschichtliche Interessen vertreten. Dies gilt auch für das Johannesevangelium. Doch ist letzteres, obwohl in gewissen Zusammenhängen von den Synoptikern bzw. von synoptischer Tradition abhängig, deutlich von ihnen entfernt. Wir wollen uns darum nur bei bestimmten Fragen auf das vierte Evangelium berufen. Das geschichtliche Interesse der Synoptiker erkennt man bereits klar bei einem oberflächlichen Vergleich mit der neutestamentlichen Briefliteratur, etwa den Paulusbriefen. Aussagen von und über den irdischen Jesus spielen dort, von ganz wenigen Beispielen abgesehen, keine Rolle. Damit ist nicht behauptet, daß der Apostel Paulus synoptische Überlieferung nicht gekannt hat. Das Problem kann an dieser Stelle offenbleiben. Einsichtig ist, daß er sie, falls er einiges gekannt haben sollte, so gut wie nicht einsetzt.

Das geschichtliche Interesse der Synoptiker hat aber eine Grenze, auf die es zu achten gilt. Die Besonderheit ihres geschichtlichen Interesses ist etwa darin ablesbar, daß sich aus ihnen keine zusammenhängende Beschreibung des Lebens Jesu von seiner Geburt bis zu seinem Tod gewinnen läßt. Sie richten ihre Aufmerksamkeit auf sein öffentliches Wirken von der Taufe durch Johannes bis zum Kreuz. Bei Markus ist diese Einschränkung ersichtlich. In Apg 1,21f wird sie mit der notwendigen Zeugenschaft für diese Zeit in Verbindung gebracht. Wenn Matthäus und Lukas ihren Evangelien eine sogenannte Kindheitsgeschichte vorordnen und damit ein gewisses biographisches Anliegen zur Geltung bringen, so richtet sich die Aufmerksamkeit auf die Geburt und ist die Erzählung stark von biblisch-theologischen Motiven durchsetzt. Von Jesu Kindheit, Erziehung, Jugend, Berufsausbildung, den ersten Mannesjahren erfahren wir nichts. Auch hören wir nirgends etwas davon, was für einen biographisch Interessierten sehr belangreich wäre, wie Jesus aussah, welche Farbe sein Haar oder seine Augen besaßen, von welcher Körperstatur er war oder wie er sich kleidete. Später, vor allem in apokryphen Evangelien, werden diese Auskünfte reichlich nachgeliefert, wie diese sich auch vornehmlich mit der Kindheit Jesu beschäftigen [1]. Selbstverständlich sind diese Auskünfte historisch wertlos.

Eine wichtige Einsicht in das Verständnis der synoptischen Evangelien besteht darin, daß sie aus Einzelüberlieferungen, Perikopen zusammengesetzt sind. Diese Perikopen, die einmal für sich selbst bestanden und in der Überlieferung weitergegeben wurden, lassen Jesus jeweils in einer besonderen und spezifischen Art seines Wirkens, seiner Heilertätigkeit, seiner Disputation mit verschiedenen Gruppen des Judentums, seines Umganges mit den Jüngern o.ä. wie in einem Lichtkegel erscheinen. Die Verbindung dieser Perikopen in den Evangelien erfolgte vielfach nach sachlichen und theologischen, nicht nach chronographischen Gesichtspunkten. Es ist nicht möglich, aus ihrem Nebeneinander auf eine Ereignisfolge im Wirken Jesu zu schließen. Das Itinerar seiner Tätigkeit im Lande Israel, an dem die überliefernde Gemeinde kein Interesse hatte, ist uns verlorengegangen [2]. Zwar besitzen manche Perikopen topographische Angaben (am Meer von Galiläa, in Kafarnaum usw.), doch die Mehrzahl ist nur unbestimmt oder

---

[1] Vgl. *W. Bauer,* Das Leben Jesu im Zeitalter der ntl Apokryphen (Tübingen 1909, Nachdruck Darmstadt 1967) 311–341. Hier wird berichtet über Jesu Äußeres, seinen Beruf, seine Kleidung, seine Eß- und Trinkgewohnheiten. Die Auskünfte über Jesu Äußeres lehnen sich an atl Bibelstellen an. So wird im Anschluß an Is 53,2f behauptet, daß er keine auffällige Erscheinung, ja häßlich gewesen sei. Im Anschluß an Ex 2,2 (Mose-Typologie) wird gesagt, er sei ein schöner Mensch gewesen, und apokryphe Apostelakten nennen ihn mehrfach den Schönen (Act Joh 73f). Es war nicht allein die Fabulierlust von Christen, die solche Aussagen hervorbrachte, sondern auch die Angriffslust der Gegner. *Origenes,* Cels. 6,75, streitet mit Celsus über die äußere Erscheinung Christi.

[2] Vgl. *Schmidt,* Rahmen 317.

gar nicht lokalisiert. Nur ist der Schwerpunkt des Wirkens in Galiläa, im Land am See, erkennbar. Nach den Synoptikern begibt sich Jesus nur ein einziges Mal während seines öffentlichen Auftretens nach Jerusalem, zu seinem Leidenspascha. Auch das dürfte zunächst ein künstlicher Rahmen sein. Im Johannesevangelium sehen wir Jesus öfter nach Jerusalem wandern. Aber auch hier waltet nicht der Wille, ein besseres Itinerar zu bieten, sondern sachliche Überlegungen und theologische Reflexion sind maßgeblich, wie die Vorverlegung des Protestaktes im Tempel an den Beginn anzuzeigen vermag (Joh 2,13ff). Die Reden, die Jesus gemäß der Darstellung der Synoptiker hält, sind Redekompositionen. Sie sind aus Einzellogien oder Gruppierungen von Logien zusammengesetzt und vielfach nach inhaltlichen Gesichtspunkten zusammengeordnet, was ihre Verwendung in Predigt und Katechese erleichterte. Eine bemerkenswerte Ausnahme in dieser Hinsicht bietet der Passionsbericht. Er ist nicht nur durch bestimmte Personennamen (Kajafas, Pilatus, Simon von Kyrene, Josef von Arimathäa, die Namen der Frauen unter dem Kreuz) und topographische Angaben (Getsemani, Lithostroton, Golgota) ausgezeichnet, sondern hat auch eine echte Folge von Ereignissen vom letzten Mahl Jesu mit seinen Jüngern, der Verhaftung, dem Prozeß, dem Tod bis zur Entdekkung des geöffneten Grabes aufbewahrt.

Hinsichtlich der Menge und des Umfanges des Jesusstoffes ist die Entwicklung von einem Auswahlprozeß am Anfang zu einer emsigen Sammlertätigkeit zu registrieren. Sicherlich gab es einmal eine Fülle von Erinnerungen an Jesus, persönlicher und allgemeiner Art. Vieles davon wurde nicht weitergetragen oder aufgezeichnet. Dies hängt natürlich in erster Linie auch mit den Fähigkeiten und Grenzen des menschlichen Gedächtnisses zusammen. Gewiß war das Gedächtnis der Menschen damals besser als in der heutigen Zeit der Reizüberflutung. Man bediente sich auch bestimmter eingeübter Techniken in der mündlichen Weitergabe umfangreicher Traditionsstoffe. Die Stichwortassoziation, die in manchen synoptischen Zusammenhängen noch erkennbar ist[3], ist eine davon. Besonders auf der frühen Stufe der Überlieferung wählte man aus, trug man das weiter, was man für wichtig und wesentlich hielt. Dies gilt für das Stadium der mündlichen Weitergabe. Die Abschlußbemerkung im Gleichniskapitel Mk 4,33 deutet eine vollzogene Auswahl an: „Und durch viele solche Gleichnisse redete er zu ihnen das Wort so, wie sie es hören mochten." Auch Joh 20,30f, obwohl in einer gewissen Sprachplerophorie formuliert, könnte noch eine Erinnerung an diese Anfänge aufbewahrt haben. Aber auch der Markus-Evangelist, der das älteste Evangelium um das Jahr 70 schrieb, wählt aus. Er bietet wenig Redestoff. Umgekehrt ha-

[3] Hierzu gehört etwa die Gruppe von drei Saatgleichnissen in Mk 4.

ben die Tradenten und der Verfasser der Spruchquelle, die als vorsynoptische Quelle in die Evangelien des Matthäus und Lukas eingegangen ist, auf Erzählstoff weitgehend verzichtet. Bei Matthäus und Lukas macht sich dann der Trend bemerkbar, Jesusgut, das verlorenzugehen droht, einzusammeln, besonders bei letzterem. Er deutet dies in seinem Prolog an, wenn er sagt, daß er „allem von Anfang an sorgfältig nachgegangen" sei (Lk 1,3). Wir können davon ausgehen, daß uns in den Evangelien die entscheidenden und für unseren Glauben bemerkenswerten Seiten des Wirkens und Redens Jesu erhalten geblieben sind.

Für verlorengegangenes Jesusgut spricht die Tatsache, daß wir manche Überlieferung, wenn auch nicht viel, außerhalb der Evangelien antreffen. Man spricht von Agrapha, ungeschriebenen Überlieferungen. Das bekannteste Beispiel ist vielleicht das von Paulus in Apg 20,35 in dessen Rede an die ephesinischen Gemeindevorsteher zitierte Jesuswort: „Geben ist seliger als nehmen"[4], das sich in den Evangelien nicht findet. Bei den Apostolischen Vätern sind kleine Gruppierungen von Herrenworten ausfindig zu machen, die vermuten lassen, daß sie nicht aus einem Evangelium heraus zitiert wurden, sondern noch als eigenständige kleine Traditionen umliefen[5]. Doch kam es hier später zu Wucherungen und Fehlentwicklungen, die teils der erzählerischen Phantasie, teils der Irrlehre entsprangen und zur Ausbildung der apokryphen Evangelien geführt haben. Das gnostische Thomasevangelium, das 1947 in Oberägypten entdeckt wurde, ist hierfür ein besonders sprechendes Beispiel.

Anderes wurde sekundär an den Text der kanonischen Evangelien angehängt. Hierzu gehört die kostbare Perikope von der Begegnung Jesu mit der Ehebrecherin, die als synoptische Tradition anzusprechen ist und sekundär in Joh 8,1ff Platz gefunden hat.[6] Hierzu gehört die kleine Perikope vom Mann, der am Sabbat arbeitete, und die nur im Kodex D anstelle von Lk 6,5 zu lesen ist: „An demselben Tag sah er einen Mann am Sabbat eine Arbeit tun. Da sagte er zu ihm: Mensch! Wenn Du weißt, was du tust, bist du selig. Wenn du es aber nicht weißt, bist du verflucht und ein Übertreter des Gesetzes."

Der wohl wirksamste Gestaltungsfaktor im Hinblick auf die Evangelien ist der Glaube an die Auferstehung Jesu von den Toten. Zwar hat das Ereignis von Ostern nicht allererst Traditionsbildung begründet. Wir können vermuten, daß Traditionsbildung schon im Wirken

---

[4] *J. Jeremias,* Unbekannte Jesusworte (AThANT 16) (Zürich 1948) hat verschiedenes Material zusammengetragen.

[5] Hierzu vgl. *H. Köster,* Synoptische Überlieferung bei den Apostolischen Vätern (TU 65) (Berlin 1957).

[6] Vgl. *U. Becker,* Jesus und die Ehebrecherin (Berlin 1963).

des vorösterlichen Jesus einsetzte, daß Jesus seinen Jüngern seine Lehre oder substantielle Elemente seiner Lehre einprägte, was am besten im Zusammenhang mit ihrer Aussendung zu denken ist[7]. Zur christlichen Verkündigung aber kam es erst nach Ostern, zur Weitersage der Lehre Jesu, die jetzt in der Weise erfolgte, daß er selbst in seine Predigt miteinbezogen wurde und damit der so bedeutsame Überschritt vom Verkündiger zum Verkündigten geschah. Dieser Überschritt brachte es mit sich, daß der irdische Jesus im Licht von Ostern gesehen, daß machtvolle Züge des erhöhten Kyrios auf Jesus von Nazaret übertragen wurden. Die Konzeption und Darstellungsweise des Johannesevangeliums ist für diese Sicht wahrscheinlich das anschaulichste Beispiel. Sie bestimmt aber auch in einem prägenden Sinn die synoptischen Evangelien. Manche Wundergeschichten sind so gestaltet, daß Jesu Kyriostum in ihnen epiphan wird. Für manche Geschichten, die im Leben des irdischen Jesus spielen, hat man gefragt, ob sie nicht Ostergeschichten sind, wie die Verklärung auf dem Berg oder der Wandel über den See. Wenn man dies auch verneinen wird, sind diese Geschichten ohne die österliche Perspektive nicht denkbar. Manche Geschichte läßt es aufgrund ihrer unterschiedlichen Einordnung in der Schwebe, ob sie vor- oder nachösterlich aufgefaßt sein will, wie die Erzählung vom reichen Fischfang, die in Lk 5,1 ff als Berufungs-, in Joh 21,1 ff aber als Ostergeschichte geboten wird. Indem der irdische in den Glanz des erhöhten Christus eingetaucht werden kann, verschafft sich der die Gemeinde tragende Glaube Ausdruck, daß der gekreuzigte Christus auferweckt worden ist und lebt. Die Evangelien sind darum nicht bloß die Erinnerung an das Gewesene, sondern auch Zeugnis für den lebendigen Christus, sie sind Bericht und Kerygma zugleich, sie sind die Geschichte von einem Lebenden[8].

Vernahm man im Anhören des Wortes Jesu das Wort des erhöhten, bei Gott lebenden und der Gemeinde zugewandten Christus, so wird folgender Prozeß begreiflich, der für das Verständnis der Evangelien gleichfalls von Bedeutung ist. Man griff auf das Wort Jesu zurück, um sich für neue, im konkreten Leben der nachösterlichen Gemeinde entstandene Fragen und Probleme Rat zu holen. Weil diese Probleme neu waren und weil man dennoch an seiner Weisung anknüpfen wollte, legte man diese in die neu entstandenen Fragen hinein aus. Für diesen Vorgang gibt es zahlreiche Beispiele. Am deutlichsten sind vielleicht jene, wo die neue Auslegung neben die alte Überlieferung gestellt wurde. Dies ist etwa bei Gleichnissen der Fall, die mit einer eigenen Interpretation versehen wurden, wie die Gleichnisse vom Sämann,

---

[7] Vgl. *Schürmann*, Anfänge.
[8] Dieser Begriff stammt von *E. Schillebeeckx*.

vom Unkraut unter dem Weizen, vom Fischnetz (Mt 13,18–23 parr. 36–43.49 f). Dieser Prozeß greift aber auch unmittelbar in die Neugestaltung von Jesusworten hinein. Wegen der Einsicht in diesen Vorgang sollte man behutsamer umgehen in der Klassifizierung von Jesusworten mit den Etiketten authentisch – nichtauthentisch[9]. Abgesehen davon, daß für uns das geschriebene Bibelwort das maßgebliche geistliche Wort ist, käme es bei der historischen Rekonstruktion darauf an, den angedeuteten Prozeß zurückzuverfolgen. Ein ähnlicher Vorgang, der aber doch von der Anwendung des Jesuswortes im Urchristentum, wie sie die Evangelien erkennen lassen, verschieden ist, ist die Predigtpraxis der Kirche noch heute. Sie stellt der Predigt ein Jesuswort voran und legt es aus. Die Evangelien geben uns auch einen Einblick in die Predigt, Katechese, Apologetik der ältesten Christenheit.

Insbesondere für die erzählerischen Partien der Evangelien, die ja neben den Jesusworten die große Menge der Überlieferung ausmachen, ist zu berücksichtigen, daß die christlichen Tradenten sich bestimmter Erzählformen, Gattungen, bedienten, die schon in der Umwelt vorhanden waren, vor allem im Alten Testament und im jüdischen Raum. Die neuen Inhalte konnten also in alte erzählerische Strukturen gegossen werden. Die formgeschichtliche Betrachtungsweise der Evangelien ist diesen Strukturen nachgegangen und hat uns ihre Regeln gelehrt. So gibt es die durch ein Merkwort geprägte erzählerische Überlieferungseinheit (Apophthegma)[10], es gibt Streit- und Lehrgespräche, wie sie strukturell auch im Judentum existieren, und manches andere. Hierher gehören auch die Wundergeschichten. Sie werden so ähnlich erzählt wie man schon Wunder im Alten Testament erzählte, nur jetzt auf Jesus bezogen und mit neuen Inhalten, vor allem dem Glaubensmotiv, erfüllt. Mancherorts haben alttestamentliche Wundergeschichten möglicherweise unmittelbar auf synoptische eingewirkt, besonders solche aus der Elija-Elischa-Tradition stammende. Ein Vergleich der Jairusgeschichte Mk 5,21–43 par mit 2 Kg 4,25–37; 1 Kg 17,17–24 oder der Brotvermehrungsgeschichte Mk 6,30–44 mit 2 Kg 4,42–44 läßt Verwandtschaft und Unterschiede deutlicher hervortreten. Auch die Wortüberlieferung läßt sich gattungsmäßig gliedern (Seligpreisung, Weheruf, Weisheitswort usw.). Doch ist hier selbstverständlich damit zu rechnen, daß Jesus selbst schon solche Formen in der Prägung seiner Worte aufgreift. Das macht den beachtenswerten Unterschied zwischen Tat- und Wortüberlieferung aus,

---

[9] Vgl. *Hahn,* Überlegungen 23–26.

[10] Eine apophthegmatische Geschichte wird zielgerichtet auf das Merkwort hin erzählt, z. B. die Geschichte vom Ährenraufen Mk 2,23–27 auf den Satz: Der Sabbat ist um des Menschen willen geschaffen worden, nicht der Mensch um des Sabbats willen.

daß im Fall der ersten andere über Jesus erzählen, während im Fall der zweiten der Kern und der erhebliche Umfang auf ihn selbst zurückgeht.

In der Kennzeichnung der Evangelien sind abschließend noch zwei Schwierigkeiten zu bedenken. Zunächst ist es die Sprache. Jesus sprach Aramäisch oder, genauer gesagt, den galiläischen Dialekt des Aramäischen, wie uns G. Dalman belehrte. An diesem Dialekt konnten die Galiläer in Jerusalem erkannt werden, wie es Petrus geschah (Mt 26,73). Dieser Dialekt war kenntlich vor allem durch eine ungenaue Artikulation der Kehllaute. Man vertauschte insbesondere Ajin mit Aleph.[11] Die Evangelien aber sind in griechischer Sprache abgefaßt. Wir haben von Jesus kein einziges Wort in Aramäisch.

Seine Worte wurden vor Abfassung der Evangelien ins Griechische übersetzt. Doch kann ernsthaft gefragt werden, da man in Galiläa auch Griechisch sprach, ob Jesus sich auch gelegentlich des Griechischen bediente. M. Hengel[12] hat aufgezeigt, in welchem Umfang das Judentum der Zeit Jesu bereits hellenisiert war. In der Hörerschaft Jesu befanden sich gelegentlich sicherlich heidnische Menschen. Im Kreis der Zwölf tragen zwei einen griechischen Namen: Andreas, der Bruder des Simon Petrus, und Philippus[13]. Die Frage bedürfte einer gründlichen Untersuchung, die hier nicht geleistet werden kann.

Die zweite Erwägung betrifft die schriftliche Aufzeichnung der Jesusworte. Wir haben von ihm, von den Gleichnissen abgesehen, nur Logien, sentenzhafte Einzelworte. Aber auch manche Gleichnisse erscheinen außerordentlich zusammengedrängt. So besteht etwa das Gleichnis vom Sauerteig aus einem einzigen Satz (Mt 13,33 par), das Gleichnis vom Schatz im Acker aus zwei Sätzen (Mt 13,44). Man wird davon ausgehen können, daß seine Worte im Zuge der einprägsamen Weitergabe und dann der Verschriftlichung komprimiert wurden, vielfach vielleicht nur die Zusammenfassung oder das von ihm selbst gebotene Fazit einer Redeausführung sind. Daß die in den synoptischen Evangelien dargebotenen Reden Redekompositionen sind, die sich aus selbständigen Einzellogien oder kleinen Wortgruppen zusammensetzen, wurde schon erwähnt.

b) Wie aber ist positiv ein Bild des historischen Jesus zu rekonstruieren? Die Forschung der letzten vierzig Jahre hat sich um Kriterien und Kennzeichen bemüht, die auf diesem Weg weiterhelfen sollen. Dabei gilt es, die erzielten Resultate in ein Gesamtbild einzu-

---

[11] Vgl. *Billerbeck* I 157.

[12] Judentum, besonders 108–114 (zum Sprachproblem); auch *Schürer*, Geschichte II 1–26.

[13] Es ist bemerkenswert, daß Andreas und Philippus im Johannesevangelium hervortreten, gerade auch in Verbindung mit dem Kommen der Griechen zu Jesus: 1,40.43–48; 6,5–8; 12,21 f.; 14,8 f.

ordnen. Wenn es nicht möglich ist, ein Leben Jesu zu gewinnen, so lassen sich innerhalb seines Wirkens und Predigens bestimmte Verhaltensweisen und Anliegen allgemeiner Art herausstellen, die die Einsichten verschärfen und eine Aufgliederung ermöglichen. So kann man unzweifelhaft davon ausgehen, daß im Mittelpunkt seiner Verkündigung das Reich Gottes stand. Dieses muß in seiner von Jesus verkündeten Gestalt erfaßt werden. Hierher gehören seine ethischen Forderungen und sein Wunderwirken. Jesus hat eine Jüngerschaft um sich geschart. Mit dem Verständnis des Jüngerseins ist die Nachfolge verknüpft, aber auch die Frage, ob es innerhalb der Jüngerschaft den engeren Kreis der Zwölf gab und in welchem Verhältnis und Auftrag Jesus zum Gottesvolk stand. Sicher geriet er auch alsbald in einen Konflikt. Hier sind sein Verhältnis zu den verschiedenen jüdischen Gruppierungen zu befragen, aber auch die Ursachen dieses Konfliktes zu suchen, die schließlich zu seinem gewaltsamen Tod geführt haben. Prozeß und Tod freilich sind so wichtig, daß sie einer ausführlichen Untersuchung bedürfen. Schließlich muß gleichsam als alles übergreifendes Problem nach seinem Sendungsanspruch Ausschau gehalten oder – theologisch formuliert – gefragt werden, ob es und welche Ansätze es in seinem Wirken gibt, die die Grundlage abgeben könnten für die nachösterliche christologische Entfaltung. Reich Gottes, Nachfolge, Konflikt, Tod, Sendungsautorität sind also die großen Komplexe, mit deren Hilfe wir ein Jesusbild aufzubauen versuchen wollen. Innerhalb dieser großen Komplexe gibt es gewiß eine Anzahl von Teilaspekten, die unsere Aufmerksamkeit in Anspruch nehmen werden [14].

Im Folgenden sind jetzt die einzelnen von der Forschung erarbeiteten Kriterien vorzustellen, mit deren Hilfe man in der Jesusfrage vorankommen will. Unter diesen Kriterien sind praktische Regeln für die Beurteilung des synoptischen Stoffes zu verstehen. Es fällt auf, daß diese Regeln fast alle inhaltliche Gesichtspunkte zum Maßstab machen. So lautet

aa) das „Unähnlichkeitskriterium“: Wir haben es dann mit einer auf Jesus zurückzuführenden Tradition zu tun, wenn diese weder aus dem Judentum abgeleitet noch der Urchristenheit zugeschrieben werden kann. Dieses Kriterium, das E. Käsemann neuerdings wieder in Geltung gebracht hat, war in Ansätzen schon bei P. W. Schmiedel, E. Hirsch, W. Heitmüller vorhanden. Käsemann will es als einziges gelten lassen [15]. Man sieht, daß es dabei auf absolute Originalität an-

---

[14] Die Notwendigkeit dieser Teilaspekte betont Hahn, Überlegungen 40–51. Vergleichbare Gedanken finden sich bei *Roloff,* Jesusbild 561–572. Daß die Gewinnung eines Gesamtrahmens in der Forschung schon lang als wichtig erkannt worden ist, zeigt *Lehmann,* Quellenanalyse 195–199.

[15] Zur Diskussion vgl. *Lehmann,* Quellenanalyse 174–186.

kommt. Nur das, was wirklich neu war und sich vom Vorhandenen abhob, wird gelten gelassen. Die in diesem Kriterium impliziten Voraussetzungen dürften, reflektiert oder unreflektiert, auf einem bestimmten christologischen Konzept beruhen. Man hat – bei Anerkennung der Brauchbarkeit – gegen das Kriterium den Einwand erhoben, daß es einen antijudaistischen Affekt in sich bergen könnte [16], daß es religionsgeschichtlich, nicht formgeschichtlich orientiert sei [17]. Das Kriterium ist ein hilfreiches, aber scharfes Schwert. Man kann sicher sein, daß man bei seiner strikten Anwendung viel Jesusgut von ihm abschneiden würde. Wäre Jesus immer originell gewesen, gliche er einem Chinamissionar, der sich weigert, chinesisch zu sprechen. Als Ausgangspunkt aber verdient es unsere Beachtung, gleichsam als Ansatz für einen zu knüpfenden Faden.

bb) Das „Kohärenzkriterium" soll hier wie folgt verstanden sein: Es meint die Übereinstimmung von Wort und Tat Jesu. Wenn sein Wort durch sein Tun gedeckt wird, wenn beides kohärent ist, wenn es also Wortüberlieferungen gibt, besonders fordernder Art, die mit einem von ihm berichteten und möglicherweise für ihn typisches Verhalten übereinstimmen, befinden wir uns auf einer zuverlässigen Spur. E. Fuchs hat in diesem Zusammenhang davon gesprochen, daß das Besondere an der lehrenden Verkündigung Jesu darin bestehe, daß er seinen Gehorsam zum Maßstab für die Besinnung seiner Jünger machte, und daß es genüge, wenn wir in Wort und Tat Jesu dieselbe Richtung finden [18]. Als Beispiel sei andeutungsweise auf seinen Umgang mit Zöllnern und Sündern hingewiesen.

cc) Ganz in der Nähe beim Kohärenzkriterium angesiedelt, durchaus mit ihm vergleichbar, nur formalisierter und weitmaschiger, ist das Kriterium der vielfachen Bezeugung [19]. Es berücksichtigt jene inhaltlich bestimmten Überlieferungen von einem bestimmten Handeln Jesu, das mehrfach und durch verschiedene Gattungen (Apophthegma, Streitgespräch, Gleichnis o. ä.) bezeugt ist. Dabei ist der Beleg durch verschiedene Gattungen bedeutsam. Häufiges Vorkommen allein wäre zu wenig, weil die Abhängigkeit der Synoptiker voneinander automatisch zum Wiederholen zahlreicher Überlieferungen geführt hat.

dd) Überlieferungen, die wegen ihrer Härte oder Anstößigkeit korrigiert wurden oder in den Hintergrund traten, werden als solche angesehen, die uns zum ursprünglichen Jesuswort führen. Dieses Kriterium

---

16 *Mußner,* Methodologie 132.

17 *Lührmann,* Kriterien 64.

18 Vgl. *E. Fuchs,* Hermeneutik (Bad Cannstatt ²1958) 228; *ders.,* Zur Frage nach dem historischen Jesus (Tübingen ²1965) 155.

19 *Mußner,* Methodologie 127, spricht von Querschnittsbeweis. Das Wort ist besser durch „Kriterium der vielfachen Bezeugung" zu ersetzen.

betrifft die Wortüberlieferungen. Als Beispiel könnte man Mk 2,27 anführen: „Der Sabbat ist um des Menschen willen geschaffen worden und nicht der Mensch um des Sabbat willen", ein Logion, das Matthäus und Lukas vermutlich wegen seiner Anstößigkeit nicht mehr übernahmen. Oder man könnte auf Jesu Stellungnahme zur Unauflöslichkeit der Ehe oder auf sein Eidverbot verweisen, die Schwierigkeiten bereiteten.

ee) Einen eigenen Weg hat N. A. Dahl vorgeschlagen.[20] Er geht aus vom Kreuzestod Jesu als dem allergewissesten Faktum des Lebens Jesu, das als solches freilich einer Interpretation bedarf. Ein historisches Verständnis der Verkündigung Jesu sei nur im Zusammenhang mit seiner Hinrichtung am Kreuz zu erreichen: „Der Ausgang des Lebens Jesu ist dazu geeignet, den Blick für den herausfordernden Vollmachtsanspruch zu schärfen, mit dem er aufgetreten sein muß."[21] Diesen Vollmachtsanspruch erspürt und analysiert Dahl folgerichtig in den Gleichnissen und in der Bergpredigt.

ff) Ein zuletzt zu nennendes Kriterium besteht darin, daß man sich vorzüglich an die ältesten Schichten der synoptischen Tradition wenden solle. Dieses Kriterium, das bereits in der alten Leben-Jesu-Forschung eine Rolle spielte und das gegenüber den bisher erwähnten von anderer Art ist, indem es eine generelle traditionskritische Überlegung einbringt, bedarf freilich der Präzisierung. In der Leben-Jesu-Forschung ging man vielfach vom Markusevangelium aus oder, wo man literarkritisch sorgfältiger arbeitete, von einem angeblichen Urmarkus. Wir haben heute gelernt, die synoptischen Traditionsschichten besser zu differenzieren. Zu den ältesten zählen wir einen Urpassionsbericht und die Logienquelle. Aber auch für deren Bestimmung gilt es, so ausschlaggebend ihre Berücksichtigung ist, das Kriterieninstrumentarium anzuwenden.

Überschauen wir den Katalog der Kriterien, die von unterschiedlicher Griffigkeit und Anwendung sind, so sind bei ihrem Zusammenspiel sicherlich Resultate zu erwarten. Doch läßt sich das methodische Rüstzeug noch weiter ausbauen. Daß die Kriterien – bis auf das letzte – inhaltlich bestimmt sind, ihre Maßstäbe also aus dem Inhalt einer Überlieferung gewinnen, wurde schon erwähnt. Es steht dahinter die zutreffende Einsicht, daß die Beurteilung einer erzählerischen Gattung keinesfalls so erfolgen darf, daß man ihren Inhalt im wesentlichen nur als Reflexion der Geschichte der frühen Gemeinde ansieht. So entsprach es einer bestimmten formgeschichtlichen Betrachtungsweise der Evangelien. Der Inhalt ist der Gattung sachlich vorgegeben,

---

[20] *Dahl,* Der historische Jesus; *ders.,* Der gekreuzigte Messias.

[21] Der historische Jesus 121f.

und das kann eben auch bedeuten, daß er zeitlich früher ist[22]. So könnte etwa eine apophthegmatische Geschichte durchaus eine historische Erinnerung aus dem Wirken Jesu wiedergeben, und sie könnte nicht, nur weil es eine apophthegmatische Geschichte ist, als Gemeindereflex eingestuft werden.

Neben den Kriterien für die Beurteilung der Jesus-Tradition hat man Kennzeichen seiner Sprache erarbeitet. An erster Stelle ist hier auf Jesu Gleichnisse zu verweisen. Obwohl hinsichtlich des Bildmaterials mit Gleichnissen der jüdischen Tradition verwandt, stechen sie in ihrer Frische, Eindringlichkeit und in ihrem bezwingenden Verkündigungscharakter deutlich von diesen ab. So läßt sich sagen, daß sie weder Vorläufer besitzen noch Nachfolger gefunden haben. Denn auch in der frühchristlichen Gemeinde hat man sich zu der Einzigkeit dieser Bildersprache nicht mehr aufraffen können. Sind im jüdischen Bereich Gleichnisse weitgehend Mittel der Einprägung überlieferter Schulweisheit, so werden sie im Munde Jesu zu einer den Hörer gefangen nehmenden Botschaft. Gewiß wurden die meisten Gleichnisse im Zuge ihrer Tradition bearbeitet, sind manche von ihnen mit Hilfe der Allegorisierung auf eine neue Verständnisebene gehoben worden. Doch ist es eigentlich immer möglich, die Grundgestalt wiederzugewinnen. Dies ist in der Eigenständigkeit jeder einzelnen Gleichnisgeschichte begründet sowie in ihrem ästhetischen und ausgewogenen Charakter. Wenn man in der modernen Sprache der Literaturwissenschaft die Gleichnisse als ästhetische Objekte bezeichnet, ist genau darauf abgehoben, daß sie und jedes einzelne von ihnen eine kleine Welt bedeuten. Wir werden darum auf die Gleichnisse Jesu in besonderer Weise zurückzukommen haben.

Als von Jesus bevorzugte Sprachformen[23], die detaillierter sind, gelten Paradoxien, der antithetische Parallelismus, das Passivum divinum, bestimmte rhythmische Strukturen, die hervortreten, wenn man den griechischen Text in das Aramäische zurückzuübersetzen versucht. Sie können als zusätzliche Stützen in Anspruch genommen werden. Als für ihn kennzeichnend wurden zwei aramäische Wörter herausgestellt, die im Griechischen unübersetzt blieben und von denen das eine durch seine Stellung belangvoll ist. Es handelt sich einmal um die Wendung „Amen, ich sage euch", bei der das sonst (in der Liturgie) als Bekräftigung dienende Amen am Anfang auffallen muß, und zum anderen um die Gebetsanrede Abba (Mk 14,36), die in der Umwelt ihresgleichen sucht. Ferner hat man in verschiedenen Jesuslogien eine besondere zweigliedrige Struktur entdeckt, mit deren Hilfe Ge-

---

[22] Dies betont *Holtz,* Kenntnis von Jesus.

[23] Vgl. *Jeremias,* Theologie 19–45; *Hahn,* Überlegungen 35f.; *Lehmann,* Quellenanalyse 189–195.

genwart und (eschatologische) Zukunft in einer Weise einander gegenübergestellt werden, daß das Bestimmtsein der Gegenwart durch diese Zukunft bezwingend hervortrat. Als Beispiel soll Lk 12,8 angeführt werden: „Wer sich zu mir bekennt vor den Menschen, zu dem wird sich der Menschensohn bekennen vor den Engeln Gottes" (vgl. Mt 23,12; Mk 10,31; Lk 6,20f)[24].

Stärker inhaltlich geprägte detaillierte Kennzeichnungen der Sprache Jesu benennen Logien, in denen menschliche Selbstgerechtigkeit angeprangert wird, die sich an der Barmherzigkeit Gottes ärgert. Mehr negativ macht[25] F. Mußner auf Worte mit einer offenen, indirekten, vagen Christologie oder Soteriologie aufmerksam, in denen das Fehlen des Einflusses der nachösterlichen Homologese das hohe Alter verrät[26]. R. Riesner, der sich sehr um die Problematik bemüht hat, aber an manchen Stellen über das Ziel hinausgeschossen sein dürfte, sucht nach Ansätzen für Traditionsbildung im Wort Jesu oder zumindest um Ansätze, die es begreiflich machen, daß seine Worte sich Hörern einprägten. Er macht aufmerksam auf die Vollmacht, aus der heraus Jesus sprach, auf seine gelegentlichen Aufforderungen zum sorgsamen Hören („Wer Ohren hat, zu hören, der höre"), auf Worte rätselhaften oder prophetischen Charakters, die bedacht sein wollten, auf eine Formulierungsweise, die zum Einprägen so gewählt war, und darauf, daß Jesus selbst knapp formulierte Zusammenfassungen seiner Lehre gegeben habe[27].

Das Vertrauen der Forschung in die Zuverlässigkeit der Jesusüberlieferungen ist im Gegensatz zur vergangenen Bultmann-Ära sichtlich gewachsen. Das uns zur Verfügung stehende methodologische Instrumentarium bietet uns Kriterien und Kennzeichen an, die in ihrem Zusammenwirken erfolgversprechend sind. Vor allem aber muß ein Vorurteil der Kritik zurückgewiesen werden. Es lautet, daß die Beweislast bei jenen liegt, die sich um die Echtheit einer Überlieferung bemühen[28]. Das heißt doch, daß man hier von der prinzipiellen Unechtheit ausgeht. Abgesehen davon, daß der Begriff „Beweis" im Kontext historischen Forschens unzuträglich ist, macht es sich diese Position damit zu leicht. Weil wir wissen – wie oben dargelegt –, daß die Jesusüberlieferungen weitergetragen und ausgelegt wurden und weil auch diese Weiterbildung der Plausibilität bedarf, ist beides, so gut es geht, einsichtig zu machen, sowohl das Jesuanische, sein ureigenes Wort, seine ureigene Tat, als auch die Neuinterpretation und Umprä-

---

24 Vgl. *Robinson,* Kerygma 228–231.

25 Vgl. *Farmer,* Essay 124f.

26 Methodologie 133.

27 Lehrer 423.

28 Seit Bultmann öfter wiederholt, auch von *Hahn,* Überlegungen 27f., von diesem aber mit Einschränkungen.

gung in der nachösterlichen Gemeinde. Nur in diesem Gesamtzusammenhang ist die Beurteilung der Tradition sachgemäß und sinnvoll. Manche Interpreten haben sich um die Herausarbeitung von Kriterien verdient gemacht, mit deren Hilfe eine Überlieferung als Gemeindebildung erkannt werden könne[29]. Nach W. G. Kümmel gehören jene Tendenzen hierher, die für die urchristliche Glaubensentwicklung charakteristisch sind und darum auf die Jesusüberlieferung verändernd eingewirkt haben müssen[30].

Wir wollen versuchen, auch diesem zuletzt genannten Aspekt Rechnung zu tragen und wenigstens ansatzweise uns bemühen zu zeigen, in welche Richtungen hinein diese nachösterlichen Umprägungen und Neuinterpretationen verlaufen. In der Abhebung davon kann das Jesusbild noch etwas schärfer in den Blick treten. Daneben werden wir, soweit es ertragreich ist und den Hintergrund des Wirkens Jesu aufzuhellen vermag, immer wieder außerbiblische zeitgenössische Quellen heranziehen. Darum beginnen wir mit zwei Kapiteln, die der Beschreibung der politischen und der geistigen und sozialen Lage in Israel zur Zeit Jesu gewidmet sind.

Literatur: *N. A. Dahl,* Der historische Jesus als geschichtswissenschaftliches und theologisches Problem (KuD) (Göttingen 1955) 104–132; *ders.,* Der gekreuzigte Messias: H. Ristow – K. Matthiae, Der historische Jesus und der kerygmatische Christus (Berlin 1960) 149–169; *J. A. Fitzmyer,* Die Wahrheit der Evangelien (SBS 1) (Stuttgart 1965); *U. Wilckens,* Jesusüberlieferung und Christuskerygma: ThViat 10 (1966) 310–330; *W. R. Farmer,* A Historical Essay on the Humanity of Jesus Christ, Christian History and Interpretation: Studies Presented to J. Knox (Cambridge 1967) 101–126; *G. Schille,* Prolegomena zur Jesusfrage: ThLZ 93 (1968) 481–488; *G. Strecker,* Die historische und theologische Problematik der Jesusfrage: EvTh 29 (1969) 453–476; *M. Hengel,* Kerygma oder Geschichte?: ThQ 151 (1971) 323–336; *H. Koester,* The Historical Jesus: *H. D. Betz,* Christology and a Modern Pilgrimage (Claremont 1971) 123–136; *S. Schulz,* Die neue Frage nach dem historischen Jesus: NT und Geschichte (Festschrift O. Cullmann) (Zürich und Tübingen 1972) 33–42; *J. Roloff,* Auf der Suche nach einem neuen Jesusbild: ThLZ 98 (1973) 561–572; *K. Kertelge* (Hrsg.), Rückfrage nach Jesus (QD 63) (Freiburg 1974) u.a. mit Beiträgen von *F. Hahn,* Methodologische Überlegungen zur Rückfrage nach Jesus 11–77; *F. Lentzen-Deis,* Kriterien für die historische Beurteilung der Jesusüberlieferung in den Evangelien 78–117; *F. Mußner* (und Mitarbeiter), Methodologie der Frage nach dem historischen Jesus 118–147; *D. Lührmann,* Die Frage nach Kriterien für ursprüngliche Jesusworte: *J. Dupont,* Jésus aux origines de la Christologie (BEThL 40) (Louvain 1975) 59–72; *J. Blank,* Lernprozesse im Jüngerkreis Jesu: ThQ 158 (1978) 163–177; *R. Latourelle,* L'accès à Jésus par les évangiles: Recherches 20. Theologie (Tournai und Montreal 1978); *T. Holtz,* Kenntnis von Jesus und Kenntnis Jesu: ThLZ 104 (1979) 1–12; *R. und W. Feneberg,* Das Leben Jesu im Evangelium (QD 88) (Freiburg 1980); *E. P. Sanders,* Jesus and Judaism (London 1985).

[29] Vgl. *O. Cullmann,* Unzeitgemäße Bemerkungen zum „historischen Jesus" der Bultmannschule: Vorträge und Aufsätze 1925–1962 (Tübingen und Zürich 1966) 141–158, hier 154–157.

[30] Der persönliche Anspruch Jesu und der Christusglaube der Urgemeinde: Heilsgeschehen und Geschichte (MThSt 3) (Marburg 1965) 429–438, hier 432.

Zweites Kapitel

Die politische Lage in Israel zur Zeit Jesu

1. Die römischen Kaiser Augustus und Tiberius

Von der Warte der hohen römischen Politik aus betrachtet, fällt die Lebenszeit Jesu in die Zeit der Regierungen zweier Kaiser, des Octavian Augustus (27 v.–14 n. Chr.) und des Tiberius (14–37). Beide sind nie in diese östlichen Gebiete des Reiches gekommen, beide haben nie syrischen oder palästinischen Boden betreten. Doch sicherte die lange Epoche ihrer Herrschaft der politischen Ökumene Frieden und Wohlergehen. Mit dem Namen des Augustus, der die Bürgerkriege erfolgreich beendigen konnte und dessen klugem Regieren eine glückliche Zeit beschieden war, verbindet sich die Erinnerung an die Pax Romana Augustana. Dichter und Priester zollten Beifall. Vergil kündet in seiner vierten Ekloge das Goldene Zeitalter an. Horaz, der das Carmen saeculare verfaßte, preist Augustus an anderer Stelle als größten der Herrscher[1]. Obwohl er es für Rom ablehnte, ließ der Kaiser es zu, daß man ihn im Osten des Reiches als Gott verehrte, besonders wenn dieser Kult sich mit dem der Göttin Roma verband. Sinnenfälliges Zeichen hierfür ist der ihm und der dea Roma geweihte Tempel in Ankyra (heute Ankara), an dessen Wänden man schon im 16. Jahrhundert die umfangreiche lateinische und griechische Inschrift der Res gestae divi Augusti entdeckte. In diesem in seinem 76. Lebensjahr, also etwa ein Jahr vor seinem Tod vom Kaiser selbst verfaßten Verzeichnis seiner Taten, vermerkt er am Schluß mit besonderer Genugtuung, daß der Senat, der Ritterstand und das gesamte römische Volk ihm den Namen „Vater des Vaterlandes" (pater patriae) gegeben habe[2]. Obwohl Augustus Palästina nie persönlich berührte, war seine Macht im Land präsent, vertreten durch König Herodes und danach durch dessen Söhne und den römischen Statthalter in Judäa.

Ähnliches gilt für Tiberius, dem man Menschenscheu nachsagt und der mit zunehmendem Alter sich mehr und mehr nach Campanien und auf die Insel Capri zurückzog. Der Gardepräfekt Seianus, dessen Ein-

---

[1] Carmina lib. IV 14,6, hrsg. von *H. Färber* (München [9]1982) 212.

[2] Hrsg. von *E. Weber* (München [3]1975) Nr. 35.

fluß auf den Kaiser um das Jahr 20 zu steigen begann[3], wurde bei dessen Abwesenheit in Rom nahezu allmächtig. Ihm, der ein Feind der Juden war, verdankte Pontius Pilatus seine Ernennung zum Präfekten von Judäa. Im 15. Jahr der Regierung des Kaisers Tiberius tritt Johannes der Täufer auf (Lk 3, 1). Auf Tiberius geht die Einsetzung des L. Vitellius zum Statthalter von Syrien im Jahr 35 zurück, mit dessen Namen die Abberufung des Pilatus von seinem Posten verknüpft ist[4].

2. Herodes der Große

Mit Herodes, in dessen Regierungszeit die Geburt Jesu fällt, haben wir dessen ersten Landesherrn vor uns. Aus reichem idumäischem Geschlecht stammend – sein Vater hieß Antipater, seine Mutter war eine Nabatäerin namens Kypros –, galt er dem jüdischen Volk stets als Eindringling und fremder Usurpator. Seine Regierung ist belastet von der machtpolitisch begreiflichen, doch blutigen Auseinandersetzung mit den Angehörigen des vor ihm herrschenden hasmonäischen Königshauses. Auch die hasmonäische Prinzessin Mariamme, die seine zweite Frau war, wurde ein Opfer der politischen Gewalt. Es gelang ihm, ein Reich zusammenzuschmieden, das Idumäa, Judäa, Samaria, Galiläa, Peräa und weite Gebiete im Nordosten Palästinas umfaßte, und fast dreißig Jahre lang im Frieden zu lenken. Gegen Ende des Jahres 40 v. Chr. wurde er durch Beschluß des römischen Senats und auf Betreiben der Triumvirn Antonius und Octavian, des späteren Augustus, zum König von Judäa ernannt. Die römischen Machthaber erblickten in Herodes den geeigneten Mann, das unbotmäßige Volk der Juden, am Rand des Imperiums angesiedelt, zu befrieden und der Gewalt Roms unterzuordnen. Man würde Herodes eine zu niedrige Gesinnung unterstellen, wollte man meinen, er habe nur aus egoistischem Machtstreben heraus gehandelt. Vielmehr war er von der politischen Sendung Roms überzeugt, der er sich einzuordnen trachtete, und insbesondere vom ökumenischen Auftrag des Augustus, der nach seiner Bezwingung des Mark Antonius Herodes gnädig annahm, obwohl dieser zuvor ein Parteigänger des letzteren gewesen war.

Die politische Stellung des Herodes im Machtgefüge des römischen Weltreichs ist gekennzeichnet durch den Titel „verbündeter König und Freund des römischen Volkes“ (rex socius et amicus populi Romani). Als dem verlängertem Arm Roms für sein Land wurde ihm innenpolitisch keine Machtbeschränkung auferlegt, während er außenpolitisch

---

[3] Vgl. *Tacitus*, ann. 1, 24, 2; 3, 29, 4.

[4] Seianus, der später eine Verschwörung anzettelte, wurde im Jahr 31 hingerichtet.

nichts unternehmen durfte. Seine innenpolitische Autorität umfaßte die volle öffentliche und private Zivil- und Strafrechtspflege, die öffentliche und finanzielle Verwaltung und das Recht, ein Heer zu unterhalten. Daß er außenpolitisch gebunden war, kann ein Ereignis beleuchten, das im Jahr 9 v. Chr. sich zutrug. Augustus war zu Ohren gekommen, daß Herodes einen Feldzug gegen die Araber durchgeführt habe, ohne vorher in Rom angefragt zu haben. Daraufhin schrieb ihm der Kaiser in unmißverständlicher Sprache, er habe ihn bisher als Freund behandelt, in Zukunft werde er ihn als Untertan ansehen[5]. Doch waren die außerordentlichen Befugnisse im Innern dem König ad personam bewilligt worden. Dies bedeutete unter anderem, daß er diese nicht so ohne weiteres an seine Söhne vererben konnte und daß sein Testament, um rechtskräftig zu werden, der Bestätigung des Kaisers bedurfte.

Die ihm übertragene Macht wendete Herodes mit staatsmännischem Geschick und konsequent, aber mitunter auch mit Härte und Brutalität an. Die von ihm eingerichteten Gerichtshöfe glichen sich in ihrer Praxis an hellenistisch-römische Rechtsauffassungen an. Wie die von ihm erhobenen Steuern im einzelnen aussahen, ist nurmehr schwer auszumachen. Doch spricht manches dafür, daß er für sich und seine Belange eine Kopfsteuer erhob, die höher war als zur Hasmonäerzeit, und daß er auch einen an den Kaiser weiterzuleitenden Tribut einzufordern hatte. Hinzu traten Steuern verschiedener Art: Kopfsteuer und Census, Einkommen- und Besitzsteuer, Salzsteuer u. a.[6]. Er organisierte das Zollwesen neu auf eine Weise, die über seine Zeit hinaus fortbestand. Die Kompetenzen des Synhedrions, der obersten jüdischen Gerichtsbehörde, waren sehr eingeschränkt. Die potestas gladii, das heißt, die Vollmacht, einen Menschen hinzurichten, besaß es sicherlich nicht. Schalit vermutet, daß ihm sogar die Befugnis, als beratende Körperschaft zu fungieren, genommen gewesen sei[7]. Hatten die Hasmonäer noch das Königtum zusammen mit dem Hohenpriestertum inne, so mußte sich Herodes mit ersterem begnügen. Nach dem Hohenpriestertum zu greifen, hätte er als landfremder Idumäer nicht riskieren dürfen. Darüber war er sich im klaren. Doch wurde das neben ihm fortbestehende Hohepriestertum erheblich beschnitten. Seine Erblichkeit, nach der die hohepriesterliche Würde jeweils vom Vater auf den Sohn überging, wurde ebenso abgeschafft wie das Recht des amtierenden Hohenpriesters, lebenslänglich im Amt zu bleiben. Der Hohepriester war jetzt nur noch ein kultischer Beamter, der vom Willen des Herodes abhängig blieb.

[5] Vgl. *Josephus*, ant. 16,290, und *Schalit*, Herodes 166.
[6] Vgl. *Schalit*, Herodes 262–298.
[7] Herodes 302.

Dennoch zeigte sich Herodes bestrebt, sein Königtum über eine rein politische Machtinstanz hinauszuheben und ihm religiösen Flair zu verleihen. Er tat dies freilich auf eine Weise, die jedem gläubigen Juden widersprüchlich erscheinen und seinen tiefen Abscheu erregen mußte. Einmal kam der König jüdischem Empfinden entgegen. Er ließ den Jerusalemer Tempel in neuem Glanz erstehen, was das Ansehen der Stadt im In- und Ausland steigerte. Dann aber hatte er ein Reich aufgebaut, das in seiner Größe an das Königreich Davids erinnern mußte. David aber war der Prototyp des Messias. Zum anderen jedoch waren für Herodes der Garant für Frieden, Wohlergehen, Erlösung nicht Israel und der erwartete Messias, sondern Rom und der universale Kaiser, insbesondere Augustus. Als König von Roms Gnaden nahm er in Anspruch, den Glanz Roms zu vertreten. Seinerseits war er bereit, sich am Kaiserkult, der sich in den Provinzen auszubreiten begann, zu beteiligen. Aufschlußreich ist, daß er der neuerrichteten Hauptstadt Samarias den Namen Sebaste gab, was einer Weihung an den göttlichen Kaiser gleichkommt. Weil Herodes mit dieser Einstellung im letzten die Besonderheit und die Erwählung des Gottesvolkes Israel in Zweifel zog, mußte sein römisch-imperialer Messianismus dem Volk verdächtig erscheinen und dazu führen, daß die Kluft zwischen König und Volk noch weiter vertieft wurde.

3. Die Herodessöhne

Herodes hatte sein Testament ändern müssen. Zunächst hatte er Antipatros, dem Sohn aus seiner ersten Ehe mit der Jerusalemitin Doris, den höchsten Rang zuerkannt. Dieser sollte nach seinem Wunsch König über den ganzen Staat werden, während Alexandros und Aristobulos, die Söhne aus der Ehe mit der Hasmonäerin Mariamme, nur den Status von Königen über bestimmte Gebiete erhalten sollten. Unglaubliche Intrigen jedoch, vor allem des Antipatros gegen seine beiden Halbbrüder, führten zunächst zu deren Hinrichtung. Aber auch Antipatros, der eine Verschwörung angezettelt hatte, wurde kurz vor dem Tod seines Vaters ein Opfer der Gewalt. Fünf Tage vor seinem Hinscheiden Ende März oder Anfang April des Jahres 4 v. Chr. traf Herodes unter Aufbietung seiner letzten Kräfte seine endgültige Verfügung, die den Archelaos zum König, das heißt, zum Oberherrn im ganzen Land bestimmte. Antipas und Philippos sollten Tetrarchen sein, und zwar der eine über Galiläa und Peräa, das jüdische Transjordanien, der andere über die Gaulanitis, die Trachonitis und Batanäa bis zur Stadt Paneas, alles Gebiete im Nordosten des Landes. Archelaos und Antipas waren Söhne des Herodes aus seiner vierten Ehe mit

Malthake, einer Samariterin, und somit Vollbrüder, während Philippos, Sohn aus der fünften Ehe mit der Jerusalemitin Kleopatra, zu den anderen im Verhältnis des Halbbruders stand[8]. Dem Archelaos hatte Herodes auch den Auftrag gegeben, seinen Siegelring und die versiegelten Akten des Staatshaushaltes dem Augustus nach Rom zu überbringen, denn dieser hatte die letzte Entscheidung über alles, was der König verfügt hatte[9].

Doch nach dem Tode des Königs begann es in verschiedenen Teilen des Landes zu gären. Ehe Archelaos nach Rom abreisen konnte, hatte er zuvor in Jerusalem einen Aufstand niederzuschlagen. Augustus hatte zur Vorsorge, bis die Thronfolge geregelt sei, einen Prokurator namens Sabinus nach Israel geschickt, der für Ruhe und Ordnung sorgen sollte. Dieser aber benahm sich rücksichtslos und provozierte das Volk. Unter den Erben kam es zu Thronstreitigkeiten. Neben Archelaos reiste Antipas zum Kaiser, weil er sich schlecht behandelt fühlte. Auch andere Angehörige des herodianischen Hauses waren in Rom anwesend. Unterdessen versammelte in Galiläa, in der Nähe von Sepphoris, ein gewisser Judas eine Schar von Aufständischen um sich und machte die Gegend unsicher. In Peräa tat ein ehemaliger Sklave des Herodes namens Simon ein Gleiches. Der römische Legat Varus schritt mit einer Streitmacht, vom syrischen Antiochia kommend, gegen die Unruhestifter ein, rückte bis Jerusalem vor und brannte auf dem Weg Sepphoris nieder. Dabei ist es gut, sich zu vergegenwärtigen, daß Sepphoris nur 4 Kilometer von Nazaret entfernt war, wo das Kind Jesus bereits im Schoß seiner Familie heranwuchs.

Der Kaiser Augustus lud in Rom die verschiedenen Vertreter im Streit um die Erbfolge des Herodes in den Tempel des Apollo, wo er diese anhörte. Seine Entscheidung bestätigte im wesentlichen das letzte Testament des Königs. Die vielleicht wichtigste Abänderung bestand darin, daß er dem Archelaos den Königstitel verweigerte. Dieser sah sich nun als Ethnarch von Judäa, Samaria und Idumäa. Antipas und Philippos erhielten den Titel des Tetrarchen. Archelaos mußte die Städte Gaza, Gadara und Hippos an die Provinz Syrien abtreten. Daß er dennoch bei weitem am besten davongekommen war, beweisen auch die Einkünfte, die den Fürsten aus ihren Ländereien zuflossen. Für Archelaos waren dies 600 Talente jährlich, für Antipas hingegen nur 200 und für Philippos 100[10].

Im Hinblick auf das Leben Jesu ist unter den Herodessöhnen ohne

---

[8] Herodes d. Gr. war zehnmal verheiratet, mit der Jerusalemitin Doris, der Hasmonäerin Mariamme, der Priestertochter Mariamme, der Samariterin Malthake, der Jerusalemitin Kleopatra, mit Pallas, Phaidra, Elpis. Die Namen der beiden letzten Frauen sind unbekannt.

[9] Vgl. *Josephus,* bell. 1,668 f.; ant. 17,188 f.

[10] Vgl. *Josephus,* ant. 17,318–320.

Zweifel sein Landesherr Herodes Antipas der wichtigste (4 v. Chr.–39 n. Chr.). Mit sechzehn Jahren trat er die Regierung an. Er galt als ehrgeizig, klug und prachtliebend, war aber weniger tatkräftig als sein Vater. Er baute das von Varus zerstörte Sepphoris wieder auf, umgab es mit festen Mauern und machte es zu seiner Residenz. Die Anlage eines offenen Amphitheaters zeugt für die hellenistisch-römische Gesinnung des Tetrarchen, die er auch darin bewies, daß er das von ihm befestigte Betharamphtha nach der Gemahlin des Kaisers Livias, später Julias, nannte. Seine bedeutendste Stadtschöpfung war Tiberias am Westufer des Sees Gennesaret, benannt zu Ehren des Kaisers Tiberius, wohin Antipas seine Residenz verlegte. Die Zeit der Stadtgründung ist nicht mehr ganz sicher anzugeben, doch dürfte dies nicht vor dem Jahr 20 n. Chr. gewesen sein. Zur Zeit des Wirkens Jesu war die Stadt bereits gebaut[11]. Ihr Bau war mit einem Eklat verbunden. Um für die neue Stadt Platz zu schaffen, mußte nämlich eine große Zahl von Grabdenkmälern entfernt werden. Weil nach den levitischen Gesetzen der Ort demnach als unrein galt, weigerten sich gläubige Juden trotz verlockender Angebote, in Tiberias zu siedeln. Antipas war gezwungen, allerlei zusammengelaufenes Volk, teilweise mit Gewalt, herbeizurufen[12]. Wahrscheinlich wirft es ein besonderes Licht auf den Juden Jesus, daß im Zusammenhang mit seinem Wirken in den Evangelien Tiberias als Ort seiner Tätigkeit nirgendwo erwähnt wird[13]. Vermutlich hat auch er die Stadt nicht betreten. In seinem Land übte Antipas uneingeschränkt die Gerichtsvollmacht aus. Er war es, der Johannes den Täufer ergreifen und töten ließ. Darüber informieren uns sowohl die synoptischen Evangelien als auch Flavius Josephus. Doch bestehen Divergenzen hinsichtlich des Motivs für das Eingreifen des Tetrarchen und hinsichtlich der näheren Umstände der Hinrichtung. Mk 6,17–29 / Mt 14,3–12 erzählen die bekannte Geschichte von der rachsüchtigen Herodias, die danach trachtet, den Täufer zu töten, weil dieser ihre Verbindung mit Antipas nach der Auflösung ihrer Ehe mit einem Stiefbruder des Antipas geißelte[14], und die am Geburtstag des

---

[11] *Josephus,* ant. 18,35f, erwähnt die Gründung von Tiberias erst nach dem Amtsantritt des Pilatus, was einen zeitlichen Zusammenhang andeuten dürfte.

[12] Vgl. *Josephus,* ant. 18,36–38.

[13] Im Johannesevangelium kommt Tiberias dreimal vor. In 21,1 ist vom „Meer von Tiberias" die Rede. So wurde auch der See Gennesaret genannt. In 6,1 heißt es umständlich „Meer von Galiläa von Tiberias". In 6,23 wird in einem inhaltlich recht unklaren Text vermerkt, daß – nach der Brotvermehrung – Boote von Tiberias gekommen seien. Hierzu vgl. *R. Schnackenburg,* Das Johannesevangelium II (HThK) (Freiburg 1971) 44–46. Auf jeden Fall wird Tiberias zu Jesus nicht direkt in Beziehung gesetzt. Bei den Synoptikern wird es nicht genannt.

[14] Der Stiefbruder hieß nach Josephus, ant. 18,109, wie sein Vater Herodes und entstammte dessen Ehe mit der Priestertochter Mariamme. Philippos, von dem Mk 6,17 par spricht, war nicht mit Herodias, sondern deren Tochter Salome verheiratet.

Tetrarchen mit Hilfe ihrer tanzenden Tochter das Ziel erreicht. Nach Josephus, ant. 18,116–119, hingegen handelt Antipas aus politischen Gründen. Er fürchtete, Johannes könnte wegen seiner Anziehungskraft und Redegewalt das Volk zum Aufruhr treiben. Auf diesen Verdacht hin ließ er den Täufer in Ketten legen, auf die Burg Machärus am Ostufer des Toten Meeres bringen und dort hinrichten. Das eigentliche Motiv hat Josephus aufbewahrt. Die synoptische Überlieferung ist nach dem Vorbild des Propheten Elija gestaltet, der von Isebel, der Frau des Königs Ahab von Samaria, verfolgt wurde (1 Kg 21,17ff)[15]. Das Martyrium des Täufers ist an das Ende der 20er Jahre zu verlegen[16].

Auch für Jesus war Antipas nicht ungefährlich. Nach Lk 13,31 wird er vor dem Fürsten gewarnt und aufgefordert, sein Gebiet zu verlassen, weil er vorhabe, Jesus töten zu lassen. Die Beurteilung der nur bei Lk 23,6–12 nachzulesenden Begebenheit in der Passionsgeschichte, daß Pilatus den gefesselten Jesus Antipas habe vorführen lassen, muß später erfolgen. Auf jeden Fall hatte der Tetrarch in Jerusalem keinerlei richterliche Kompetenz.

Dem Ehrgeiz seiner Frau Herodias ist es zuzuschreiben, daß Antipas sein Land verlor[17]. Auf ihr beständiges Pochen hin suchte er bei Kaiser Caligula in Rom um die Königswürde nach, die Agrippa II., der Erbe des Philippos, vom Kaiser im Jahr 37 erhalten hatte. Doch von Agrippa bei Caligula wegen verschiedener Verfehlungen und auch verleumderisch angeschwärzt, wurde Antipas abgesetzt und nach Lugdunum in Gallien verbannt, wo er starb. Die stolze Herodias war ihrem Mann in die Verbannung gefolgt.

Neben Antipas wird auch Philippos, der Tetrarch der nordöstlichen Gebiete (4 v. Chr.–34 n. Chr.), im Evangelium erwähnt. Dies ist im großen Synchronismus Lk 3,1, wo er als Tetrarch von Ituräa und der Trachonitis vorgestellt wird, der Fall. Ihm wird eine milde, gerechte und friedliche Regierung nachgesagt. Josephus berichtet von ihm, daß er stets bestrebt gewesen sei, jedem sogleich rechtlichen Beistand zu gewähren, der ihn darum ersuchte[18]. Er war der einzige Fürst in einem Land mit jüdischer Bevölkerung, der Münzen mit dem Bildnis des Au-

---

[15] Auch bei *Josephus,* ant. 18,109–115, spielen die ehelichen Affären des Antipas in die Täufergeschichte hinein, aber nur indirekt. Nach Josephus hatte der Tetrarch seine erste Frau, eine Tochter des Nabatäerkönigs Aretas IV., verstoßen, um Herodias zu heiraten. Daraufhin zog Aretas gegen Antipas zu Felde und brachte ihm eine schwere Schlappe bei. Das Volk wertete diese als Strafe Gottes dafür, daß Antipas den Täufer hatte hinrichten lassen. Zum Ganzen vgl. *J. Gnilka,* Das Martyrium Johannes' des Täufers: Orientierung an Jesus (Festschrift J. Schmid) (Freiburg 1973) 78–92.

[16] *W. Schenk,* Gefangenschaft und Tod des Täufers: ZNW 29 (1983) 453–483, plädiert neuerdings für die Zeit zwischen Ende 34 und 36.

[17] Vgl. *Josephus,* ant. 18,245–256.

[18] Vgl. ant. 18,106–108.

gustus und des Tiberius prägen ließ. Allerdings war die Bevölkerung seines Gebietes eine gemischte. Das syrisch-griechische Element übertraf sogar das jüdische. Seine Ergebenheit dem kaiserlichen Haus gegenüber bewies Philippos auch darin, daß er das von ihm ausgebaute Paneas an den Quellen des Jordan zu Ehren des Kaisers Kaisareia, den von ihm zum Rang einer Stadt erhobenen und ausgeweiteten Flecken Bethsaida, unweit des Jordanflusses in den See Gennesaret, zu Ehren der Tochter des Augustus Julias nannte. In den Evangelien trägt die eine Stadt, in deren Umgebung das Messiasbekenntnis des Simon Petrus angesiedelt ist, den Namen Kaisareia Philippi (Mk 8,27 par), der auch den Namen des Tetrarchen aufbewahrt, die andere hingegen, die Heimat der Apostel Simon Petrus, Andreas und Philippos ist, wird immer nur Bethsaida genannt (Joh 1,44; 12,21; Mk 6,45; 8,22; Mt 11,21 par; Lk 9,10). Jesus selber hat das Hoheitsgebiet des Philippos betreten und in Bethsaida gewirkt. Dafür sprechen nicht nur die von dort stammenden Jünger, sondern auch die gegen Bethsaida erhobene Schelte innerhalb der Weherufe gegen die galiläischen Städte (Mt 11,21 par). Möglicherweise hat er auch gelegentlich das Gebiet aufgesucht, um einem Zugriff des Antipas auszuweichen. Der Tetrarch Philippos, der in Bethsaida residierte, starb dort im 20. Jahr der Regierung des Kaisers Tiberius (33/34 n. Chr.) und wurde in einem Grabmal, das er schon zu Lebzeiten hatte errichten lassen, prunkvoll beigesetzt.

Archelaos (4 v. Chr.–6 n. Chr.), der im Testament seines Vaters und auch von Augustus Bestbedachte, erwies sich als der unwürdigste Herodessohn. Tyrannisch und launisch regierte er sein Volk. Bald nach seiner Einsetzung zum Ethnarchen von Judäa und Idumäa ersetzte er den amtierenden Hohenpriester Joazar durch dessen Bruder Eleazar, aber auch dieser mußte bald einem gewissen Josua ben Sië weichen. Besonderen Anstoß beim Volk erregte seine zweite Ehe mit Glaphyra, der Frau seines Halbbruders Alexandros. Im zehnten Jahr seiner Regierung machte sich eine Delegation von vornehmen Juden und Samaritern auf nach Rom, um sich bei Augustus über die Grausamkeit und Tyrannei des Archelaos zu beschweren. Die Vorwürfe müssen außerordentlich schwerwiegend gewesen sein. Denn Augustus reagierte ungewöhnlich hart. Er würdigte ihn keines Schreibens, sondern ließ ihn durch einen Abgesandten nach Rom zitieren, wo er in einer ordentlichen Gerichtssitzung seines Amtes enthoben und mit der Entziehung seines Vermögens und der Verbannung nach Vienna in Gallien bestraft wurde[19]. Die einzige direkte Erwähnung des Archelaos im Evangelium bestätigt seinen schlechten Ruf (Mt 2,22). In der lukanischen Version des Gleichnisses von den anvertrauten Geldern dürfte eine Anspielung auf Archelaos vorliegen. Man vermutet, daß in der hier

---

[19] Vgl. *Josephus*, ant. 17,339–344.

eingeflochteten Episode vom Thronanwärter, der in ein fernes Land reist, um sich seine Königswürde bestätigen zu lassen, vom Bemühen der Einwohner jenes Landes, dies zu verhindern, und von der grausamen Rache des neuerkannten Königs bei seiner Rückkehr (Lk 19,12–27) eine Reminiszenz auf die Vorgänge der Bestellung des Archelaos zum Ethnarchen im Jahr 4 v. Chr. vorliegt[20].

4. Die römischen Statthalter in Judäa

Das herrenlos gewordene Land, dem einst Archelaos vorstand, wurde jetzt, im Jahr 6 n. Chr., unmittelbar unter römische Verwaltung genommen. Mit den Gebieten Judäa, Samaria und Idumäa gehörten dazu die großen Städte Jerusalem, Kaisareia am Meer, Samaria/Sebaste, Joppe. Das Land erhielt einen Statthalter aus dem Ritterstand. Die wenigen römischen Provinzen, die einen solchen Statthalter bekamen, waren immer Unruhegebiete, von denen man in Rom die Meinung hatte, daß sie einer starken Hand bedurften. Der Titel des Statthalters wird in der zeitgenössischen Literatur verschieden wiedergegeben. Im Neuen Testament ist ἡγεμών herrschend, Flavius Josephus bevorzugt ἐπίτροπος. Auf der lateinischen Inschrift von Kaisareia heißt Pilatus Praefectus Judaeae[21]. Wahrscheinlich hat Augustus den Titel Praefectus gewählt[22]. Dem Legaten von Syrien war der Statthalter in lockerer Form untergeordnet. Dies galt besonders für die Fälle der Not und höheren Gewalt. In Verbindung mit der Errichtung der römischen Verwaltung wurde unter der Bevölkerung durch P. Sulpicius Quirinius, den Statthalter von Syrien, und Coponius, den ersten Statthalter von Judäa, ein Zensus durchgeführt zwecks Ordnung der Steuerverhältnisse. Hatten Herodes und seine Söhne noch in gewisser Weise Rücksicht auf jüdisches Empfinden genommen, so stellte sich bald heraus, daß das römische Joch ein noch drückenderes und schmählicheres ist. Die Gründung der antirömischen Partei der Zeloten steht mit dem Zensus in Zusammenhang.

Die judäischen Statthalter residierten in Kaisareia am Meer. Sie pflegten aber bei besonderen Anlässen, vor allem an den hohen jüdischen Festen, wo sich viel Volk dort versammelte, sich nach Jerusalem zu begeben. Ihnen stand eine Streitmacht zur Verfügung, die aber nicht aus Soldaten bestand, die das römische Bürgerrecht besaßen, wie

---

20 *Jeremias,* Gleichnisse 56.

21 Vgl. *Y. Israeli,* Highlight of Archaeology. The Israel Museum, Jerusalem (Jerusalem 1984) 92f.

22 Vgl. *Schürer,* Geschichte I 455.

sie in den Legionen zusammengefaßt waren, sondern die zumeist aus der Bevölkerung des Landes ausgehoben wurde. Es handelt sich dabei um Auxiliartruppen. Weil die jüdische Bevölkerung vom Militärdienst befreit war, werden in erster Linie Samariter und Araber in der Truppe gedient haben. Die Römer dürften sich deren Gegensatz zu den Juden zunutze gemacht haben. Es gibt Beispiele für Judenhaß unter diesen Soldaten[23]. Die vom Statthalter einzuziehenden Steuern flossen unmittelbar in den kaiserlichen Fiskus, nicht in die Staatskasse. Wahrscheinlich diente die Gliederung Judäas in elf Toparchien dem Zweck einer reibungsloseren Steuererhebung.

Der Tempel in Jerusalem genoß staatlichen Schutz. Die Großzügigkeit dieses Schutzes erweist sich darin, daß das Betreten des heiligen Bezirks hinter der Tempelschranke Nichtjuden bei Androhung des Todes verboten war. Die Römer ließen entsprechende Warnschilder in griechischer und lateinischer Sprache anbringen[24]. Sie nahmen auf jüdisches Empfinden insofern Rücksicht, als sie es vermieden, mit den Feldzeichen, die die Kaiserbilder trugen, in Jerusalem einzuziehen. Doch das Prachtgewand des Hohenpriesters verwahrten sie in der Tempelburg Antonia in sicherem Gewahrsam. Im Tempel mußte zweimal täglich ein Opfer für den Kaiser und das römische Volk dargebracht werden. Über die Finanzverwaltung des Tempels hat der Statthalter vermutlich eine Art Oberaufsicht geführt. Die Ernennungen des Hohenpriesters erfolgten auch durch die Römer, entweder durch den syrischen oder den judäischen Statthalter. So war es in den Jahren von 6–41 n.Chr.

In der Zeit Jesu amtierten fünf römische Statthalter. Ihre Amtszeit läßt sich nur ungefähr angeben: 1. Coponius 6–9, 2. Marcus Antibulus 9–12, 3. Annius Rufus 12–15, 4. Valerius Gratus 15–26, 5. Pontius Pilatus 26–36. In die Zeit des Coponius fällt der Zensus. Vom zweiten und dritten Statthalter wissen wir kaum etwas. Valerius Gratus hat in einer elfjährigen Amtszeit vier Hohepriester bestellt, von denen, bis auf den letzten, alle nur je ein Jahr fungierten. Der letzte war Josef Kajafas[25]. Valerius Gratus wurde bereits von Tiberius berufen. Die Politik dieses Kaisers hinsichtlich der Statthalter bestand darin, ihnen eine möglichst lange Amtszeit zu gewähren. Damit hängt es zusammen, daß die beiden zuletzt genannten Statthalter elf bzw. zehn Jahre in Judäa blieben. Bezeichnend aber ist die Begründung dieser Politik. Tiberius meinte, daß die Statthalter es machten wie die Fliegen am Körper

---

[23] Beim Tod Agrippas im Jahr 44 n.Chr. gaben die Soldaten in ungeziemender Weise ihrer Freude über das Ableben dieses judenfreundlichen Königs Ausdruck. Vgl. *Josephus*, ant. 19,354–366.

[24] Text bei *Dittenberger*, OGJS II Nr. 598.

[25] Vgl. *Josephus*, ant. 18,29–35.

eines Verwundeten. Wenn sie sich einmal vollgesogen haben, werden sie mäßiger in ihren Erpressungen[26].

Der wichtigste Statthalter für uns ist selbstverständlich Pilatus, aus dem Rittergeschlecht der Pontii. Weltberühmt und für alle Zeiten unvergessen wurde er durch seine entscheidende Mitwirkung an der Kreuzigung Jesu von Nazaret. Ein weiteres Mitglied der Familie, L. Pontius Aquilius, ist als ein an der Ermordung Julius Caesars Beteiligter in geschichtlicher Erinnerung geblieben. Als Name der Frau des Pilatus ist Procula Claudia überliefert. Wir können damit rechnen, daß auch sie in Judäa weilte (vgl. Mt 27,19). Schon Kaiser Augustus hatte das Verbot, daß römische Frauen ihre Männer auf ihre Statthalterposten in die Provinz begleiten, aufgehoben. Philo von Alexandreia bezeichnet Pilatus als einen von Natur aus unbeugsamen, eigenwilligen und unnachgiebigen Menschen und wirft ihm Bestechlichkeit, Gewalttätigkeit, Räubereien, Mißhandlungen, Beleidigungen, fortgesetzte Hinrichtungen ohne Gerichtsverfahren, unaufhörliche und unerträgliche Grausamkeit vor. Auch wenn dieses Urteil überzeichnet sein mag, bleibt der Eindruck von einem unberechenbaren, grausamen Menschen. Mehrere aus seiner Amtszeit überlieferten Vorgänge beleuchten seine Amtsführung und sein gespanntes Verhältnis zum jüdischen Volk. Philo berichtet im erwähnten Zusammenhang davon, daß der Römer vergoldete Weiheschilde habe nach Jerusalem bringen lassen. Die Empörung der Bevölkerung habe nichts erreicht, bis man sich mit einer Beschwerde unmittelbar an Augustus wandte[27]. Von einem noch dramatischeren Vorfall erzählt Josephus: Pilatus ließ diesmal Feldzeichen, die das Bild des Kaisers trugen, in die Stadt befördern, obgleich das jüdische Gesetz alle Bilder verbietet. Nach mehreren vergeblich vorgetragenen Bitten versammelte Pilatus das Volk in der Rennbahn von Kaisareia, ließ es von Soldaten umzingeln und bedrohte es mit augenblicklicher Niedermetzelung. Als die Juden sich zu Boden warfen, ihren Hals entblößten und erklärten, sie wollten lieber sterben als etwas geschehen lassen, was dem Gesetz zuwiderlaufe, mußte er sich geschlagen geben und die Bilder von Jerusalem entfernen lassen. Josephus berichtet auch von einem Aufruhr, der entstanden war, weil Pilatus mit Hilfe von Tempelgeldern in Jerusalem eine Wasserleitung bauen ließ. Der Aufruhr wurde blutig niedergeschlagen[28]. Nach Lk 13,1 habe der Statthalter im Tempelbezirk Galiläer niedermetzeln lassen, die dabei waren zu opfern. Von diesem Ereignis hören wir bei Josephus nichts.

Auf diesem Hintergrund fällt es um so mehr auf, daß während der

---

[26] Vgl. *Schürer*, Geschichte I 488.
[27] Leg. Gaj. 299–305.
[28] Ant. 18,55–62.

zehnjährigen Statthalterschaft des Pilatus kein neuer Hoherpriester berufen wurde. Der von Valerius Gratus bestellte Hohepriester Josef Kajafas verlor erst im Jahr der Amtsenthebung des Pilatus sein Amt, als Vitellius, der syrische Legat, Jonathan ben Ananos zum Hohenpriester machte. Dieses lange Nebeneinanderwirken von Pilatus und Kajafas und der gleichzeitige Amtsverlust im Jahr 36 lassen darauf schließen, daß letzterer doch in einem beträchtlichen Maß bereit war, mit dem Römer zu kooperieren. Wahrscheinlich ist das auch für die Hinrichtung Jesu von Bedeutung. Der Grund für die Amtsenthebung des Pilatus war ein Gemetzel, das er unter Samaritern im Dorf Tirathaba hatte anrichten lassen. Diese wollten gerade ihren heiligen Berg Garizim besteigen. Und weil sie Waffen bei sich hatten, meinte Pilatus einschreiten zu sollen. Vitellius, dem daraufhin die Beschwerde der Samariter vorgetragen wurde, befahl Pilatus, sich nach Rom zu begeben, um sich vor dem Kaiser zu verantworten. Doch ehe er in Rom anlangte, war Tiberius schon gestorben[29]. Damit verschwindet der Römer von der Bühne der Geschichte. Später entstandene Nachrichten über seinen Selbstmord oder seine Hinrichtung durch Kaiser Nero sind der christlichen Legende zuzuordnen[30].

5. Die Hohenpriester und das Synhedrion

Als Jesus geboren wurde, fungierte in Jerusalem als Hoherpriester wahrscheinlich noch Simon ben Boethos (ca. 24–5 v. Chr.), der einer alexandrinischen Familie und einem niedrigen Priestergeschlecht entstammte. Seine Einsetzung zum Hohenpriester durch Herodes d. Gr. wirft ein bezeichnendes Licht auf die politischen Verhältnisse und die Stellung des zweiten Mannes im jüdischen Staat nach dem König. Simon hatte eine Tochter, Mariamme mit Namen, die als die schönste Frau ihrer Zeit galt. Herodes, der sie zur Frau begehrte, schaffte das Hindernis des gesellschaftlichen Abstands zu ihm durch die Beförderung des Vaters zum Hohenpriester aus dem Weg[31]. Der Sohn, den Mariamme gebar und der gleichfalls Herodes hieß, ist uns oben begegnet. Er war mit Herodias verheiratet, die Antipas ihm später abspenstig machte, wogegen Johannes der Täufer Einspruch erhob. Doch fiel der Hohepriester Simon am Ende in Verbindung mit der Verschwörung des Antipatros bei Herodes d. Gr. in Ungnade. Er wurde kurzer-

---

[29] Vgl. *Josephus,* ant. 18,85–89.
[30] Vgl. *Schürer,* Geschichte I 492 Anm. 151.
[31] Vgl. *Josephus,* ant. 15,320–322.

hand vom König abgesetzt, und an seine Stelle trat Matthias ben Theophilos, ein Bürger Jerusalems[32].

Matthias war nur ein Jahr im Amt. Er verlor die hohepriesterliche Würde, als bei Unruhen im Tempel Weihegeschenke, die Herodes hatte anbringen lassen, zerstört wurden[33]. Von den folgenden Hohenpriestern wissen wir kaum mehr als den Namen. Zu ihnen gehören Josef ben Ellem, Joasar ben Boethos, Eleazar ben Boethos. Man sieht, daß Herodes die Familie des Boethos bevorzugte. Eleazar ist allerdings bereits von Archelaos zum Hohenpriester bestellt worden. Das war im Jahr 4 v. Chr.[34]. Später berief Archelaos den Joasar ben Boethos, der das Amt schon einmal innehatte und der sich für den Zensus der Römer einsetzte, nochmals zum Hohenpriester. Doch wurde dieser letztendlich im Jahr 6 n. Chr. von Quirinius seines Posten entkleidet, weil er mit dem Volk in Streit geraten war[35]. Für ihn erhielt Hannas ben Sethi das Amt. Mit ihm tritt einer der wichtigsten Hohenpriester in Erscheinung, der auch im Neuen Testament seine Spuren hinterlassen hat. Hier wird er nur in der lukanisch-johanneischen Überlieferung erwähnt, rückt aber stark in den Vordergrund. Nach Joh 18,13f.19–24 wird Jesus im Prozeß von ihm verhört. Dabei ist zu berücksichtigen, daß das vierte Evangelium vom Verhör durch das Synhedrion nichts berichtet. Nach Lk 3,2 seien zur Zeit des Wirkens Johannes' des Täufers Hannas und Kajafas gemeinsam Inhaber des hohepriesterlichen Amtes gewesen. Apg 4,6 vermittelt sogar den Eindruck, daß Hannas allein Hoherpriester ist, der Petrus kurze Zeit nach Jesu Tod befragt. Faktisch war seinerzeit Josef Kajafas im Amt. Hannas fungierte von 6–15 n. Chr., hatte sich aber auch für die folgenden Jahre einen großen Einfluß wahren können. Sollte Lukas darauf Rücksicht nehmen, oder hatte er die Vorstellung, daß es zwei amtierende Hohepriester gab? Nach Flavius Josephus[36] galt Hannas als einer der glücklichsten Menschen, weil nach ihm fünf seiner Söhne dem Herrn als Hohepriester gedient hätten, was noch nie der Fall gewesen wäre. An einer anderen Stelle erwähnt er beiläufig sein Grab, das sich im Süden der Stadt befand[37].

Zwischen den Amtszeiten von Hannas und Kajafas regierten drei Hohepriester, jeder von ihnen jeweils nur ein Jahr. Hannas, vom Prä-

---

[32] Vgl. *Josephus,* ant. 17,78. Mariamme wurde verstoßen, der Sohn Herodes aus dem Testament gestrichen.

[33] Vgl. *Josephus,* ant. 17,155–167. In der Amtszeit des Matthias geschah es, daß für einen einzigen Festtag ein Hoherpriester bestellt werden mußte, weil Matthias wegen eines Traumes auf die Ausübung des Dienstes verzichtete. Der Stellvertreter hieß Josef ben Ellem. Vgl. *Josephus,* ant. 17,164–167.

[34] Vgl. *Josephus,* ant. 17,339–341.

[35] Vgl. *Josephus,* ant. 18,3 und 18,26.

[36] Ant. 20,198.

[37] Bell. 5,506.

fekten Valerius Gratus abgesetzt, wurde durch Ismael ben Phabi ersetzt. Es folgten Ismael ben Hannas[38] und Simon ben Kamithos und auf diesen schließlich Josef aus dem Geschlecht der Kajaf (darum der Beiname Kajafas), im Amt von 18–36 n.Chr. Nach Joh 18,13 war er der Schwiegersohn des Hannas, der damit seinerseits seine politische Hausmacht festigen konnte. In das hellere Licht der Geschichte tritt Kajafas in den synoptischen Evangelien im Kontext der Passionsgeschichte. Er erscheint hier als jener, der in dem Bestreben, Jesus zu beseitigen, die Führung hat. Dies gilt für den Verhörbericht Mk 14,53–65 par und Joh 11,47–51. Bei Flavius Josephus[39] ist mit wenigen Worten von seiner Absetzung durch Vitellius die Rede. Im gleichen Zusammenhang wird in der Rückgabe des hohepriesterlichen Ornates an die Juden berichtet. Demnach hat es Kajafas trotz seines Paktierens mit Pilatus nicht geschafft, dieses zu erreichen. Die Szene wirft auch nachträglich nochmals ein Licht auf Pilatus, der in seiner distanzierten bis haßerfüllten Einstellung gegen die Juden zu dieser Geste nicht bereit war.

Beim Volk war die hohepriesterliche Kaste, die das Amt für Geld erkaufte und danach trachtete, daß es im Besitz der eigenen Sippe blieb, unbeliebt, wenig geachtet, gehaßt. Aufschlußreich ist ein im Talmud überliefertes Volkslied, eine Art Gassenhauer, der den Unwillen gegenüber den Machenschaften der Priesteraristokratie zum Ausdruck bringt:

„Weh ist's mir vor dem Haus des Boethos: weh ist's mir vor ihren Keulen!
Weh ist's mir vor dem Haus des Hannas: weh ist's mir vor ihren Denunziationen! ...
Denn sie sind Hohepriester, und ihre Söhne Schatzmeister, und ihre Schwiegersöhne Verwalter, und ihre Diener schlagen das Volk mit Stöcken.“[40]

Zur besseren Übersicht bieten wir im Folgenden eine Zusammenstellung der Regierenden in Palästina zur Zeit Jesu:

---

[38] Vgl. *Josephus*, ant. 18,34f. Die übrigen vier Söhne des Hannas, die Hohepriester wurden, hießen Jonathan, Theophilos, Matthias und Hannas. Dies war in der Zeit nach Kajafas. Hannas ben Hannas war nur drei Monate im Amt. Zu Beginn des Jüdischen Krieges wurde er vom Pöbel ermordet.

[39] Ant. 18,90–95. In der rabbinischen Literatur wird Kajafas nur einmal, und zwar völlig beiläufig erwähnt als Vater des Hohenpriesters Elionaios. Genau gesehen, war er der Großvater. Vgl. *Billerbeck* I 985 (bei Mt 26,3). Auch in Apg 4,6 wird Kajafas nochmals genannt.

[40] bPes 57a, auch bei *Klausner*, Jesus 467f.

Die Herodianer

Herodes d. Gr. (37–4 v. Chr.)

Antipas (4 v.–39 n. Chr., Galiläa/Peräa) – Philippos (4 v.–34 n. Chr., Gaulanitis/Trachonitis/Batanäa) – Archelaos (4 v.–6 n. Chr., Judäa/Samaria/Idumäa)

Die Statthalter in Judäa/Samaria/Idumäa

Coponius (6–9)
Marcus Ambibulus (ca. 9–12)
Annius Rufus (ca. 12–15)
Valerius Gratus (15–26)
Pontius Pilatus (26–36)

Die Hohenpriester in Jerusalem
Simon ben Boethos (24–5 v. Chr.)
Matthias ben Theophilos (5–4)
Joseph ben Ellem (fungierte nur für ein Fest)
Joasar ben Boethos (4 v. Chr.)
Elezar ben Boethos (4 v. Chr. – ?)
Jesus ben Sië (Amtszeit unbekannt)
Joasar ben Boethos (zum zweitenmal im Amt, von ?–6 n. Chr.)
Hannas ben Sethi (6–15 n. Chr.)
Ismael ben Phiabi (ca. 15–16)
Eleazar ben Hannas (ca. 16–17)
Simon ben Kamithos (ca. 17–18)
Josef Kajafas (ca. 18–36).

Das Synhedrion (Sanhedrin), die oberste jüdische Verwaltungs- und Gerichtsbehörde, hängt eng mit dem Hohenpriester zusammen, insofern der amtierende Hohepriester stets der Vorsitzende dieses 71köpfigen Gremiums gewesen ist. Hervorgehend aus einer aus Vertretern des Priester- und Landadels zusammengesetzten Versammlung, entstand es aller Wahrscheinlichkeit nach schon in persischer Zeit und wird es erstmals in einem Erlaß des syrischen Königs Antiochus III. (223–187 v. Chr.) als γερουσία (Ältestenrat) erwähnt. Schriftgelehrte mögen von Anfang an Mitglieder des Rates gewesen sein, wenn auch in geringerer Zahl[41]. Erst unter der Königin Alexandra (76–67 v. Chr.) nimmt deren Einfluß zu und werden Schriftgelehrte pharisäischer Provenienz eine an Macht gewinnende Fraktion im Rat gewesen sein[42]. Herodes d. Gr. eröffnete seine Regierungszeit mit einem demonstrativen Machtakt ge-

[41] Vgl. *Hengel,* Judentum 49.
[42] Vgl. *E. Lohse:* ThWNT VII 860, 16 ff.

genüber dem Synhedrion. Er ließ eine große Zahl seiner Mitglieder hinrichten, weil der Rat es gewagt hatte, ihn vor seine Schranken zu zitieren[43]. An ihre Stelle berief er Leute, die ihm willfährig waren. Dennoch hatte in den langen Jahren seiner Regierung das Synhedrion – dieser Name taucht jetzt auch auf – praktisch keine Bedeutung. Dasselbe gilt für die Zeit des Herodessohnes Archelaos, in der die Kompetenz des Rates in Übereinstimmung mit der Teilung des Landes auf Judäa beschränkt wurde.

Ausgerechnet in der Epoche der römischen Statthalter konnte das Synhedrion wieder in seine alten Rechte eintreten, die freilich auf Judäa beschränkt blieben. Es konnte wieder als Gerichtsbehörde in Zivil- und Strafsachen tätig werden. So entsprach es der Politik der Römer in den eroberten Provinzen. Freilich bestand die stärkste Einschränkung der Rechte des Synhedrions darin, daß die Römer als Besatzungsmacht es sich vorbehielten, jederzeit aus eigener Initiative einzugreifen und selbständig zu verfahren. Von besonderem Interesse ist für uns in Verbindung mit dem Prozeß Jesu die Frage, ob der jüdische Rat über die postestas gladii verfügte, das heißt, über die Vollmacht, Todesurteile auszusprechen und zu vollstrecken, oder ob dieses Recht dem Statthalter vorbehalten blieb. Auf dieses Problem werden wir später bei der Erörterung des Prozesses Jesu einzugehen haben.

Literatur: *A. Schlatter,* Geschichte Israels von Alexander dem Großen bis Hadrian (Stuttgart [3]1925); *S. R. de Franch,* Études sur le droit palestinien à l'époque évangelique (AJSUF) (Freiburg/Schweiz 1946); *S. B. Hoenig,* The Great Sanhedrin (New York 1953); *R. Heinze,* Die augusteische Kultur (Darmstadt 1960); *H. Mantel,* Studies in the History of the Sanhedrin (Cambridge/Mass. 1961); *A. Schalit,* König Herodes (SJ 4) (Berlin 1969).

[43] Vgl. *Josephus,* ant. 14,168–176. Josephus berichtet, daß Herodes alle Mitglieder des Synhedrions habe hinrichten lassen. In ant. 15,6 wird die Zahl der Getöteten mit 45 angegeben. Dies dürfte eine Korrektur sein und anzeigen, daß nicht alle dem Massaker zum Opfer fielen.

Drittes Kapitel

Die geistig-religiöse und die soziale Lage in Israel zur Zeit Jesu

1. Die geistig-religiöse Lage

Wie Israel in politischer Hinsicht zur Zeit Jesu seine Einheit verloren hatte, so war das Volk auch geistig und religiös gespalten. Zwar waren die großen einheitsstiftenden Faktoren, auf die im Folgenden einzugehen ist, noch wirksam. Sie spielen auch im Leben Jesu eine nicht unbedeutende Rolle. Doch stellt sich bei näherem Zusehen heraus, daß sie das Volk zu einen auch nicht mehr in der Lage waren.

„Israel" bezeichnete das Gottesvolk. Israelit zu heißen, diesen geheiligten Namen zu tragen, bedeutete, Angehöriger dieses erwählten Volkes zu sein. Doch hatten sich Gruppierungen herausgebildet, die sich von der Masse des Volkes getrennt hatten und für sich in Anspruch nahmen, das wahre Israel, Israel in Israel zu sein. Israel war nicht mehr die sozial umfassende Größe, sondern zum entscheidenden Kern der heilsgeschichtlichen Kontinuität mit der Folge der Ausgrenzung gegnerischer Gruppen und Personen geworden[1].

Jerusalem, die heilige Stadt, hatte sich, nicht zuletzt durch die Politik Herodes d. Gr. und schon vor ihm der Hasmonäer, zum geistigen und religiösen Zentrum des Weltjudentums herausgebildet. Die Grenzen zur umfangreichen Diaspora waren fließend. Die Stadt hatte in der hellenistischen und römischen Zeit gewissermaßen internationales Gepräge[2].

Doch gab es hier den Tempel. Es war der einzige Ort in der Welt, an dem Jahve, dem Gott Israels, die gültigen Opfer dargebracht wurden. Mit Ausnahme der Essener wurde das Jerusalemer Heiligtum als Stätte des Jahvekultes von allen respektiert. Doch auch die Essener hatten sich nur vorübergehend von ihm getrennt. Und sie warteten mit großem Verlangen darauf, daß der Tempel in seiner ursprünglichen Heiligkeit wiederhergestellt würde. Für die große Mehrheit des Volkes war das Heiligtum die Stätte der Sühne geblieben, wo durch den Kult

---

[1] Vgl. *Maier,* Judentum 167; Hengel, Judentum 459.
[2] *Hengel,* Judentum 460.

den Priestern, dem Volk, den Familien, dem einzelnen, dem Land Reinheit und Heiligung erwirkt wurden. Die verbreitete Anerkennung des Tempels bestärkte die Autorität der Priesterschaft, die den kultischen Dienst ausführte.

Im Tempel wurden die Feste gefeiert, deren Ordnung durch den liturgischen Jahreskalender geregelt wurden. Das im Herbst begangene Neujahrsfest ist in seiner damaligen theologischen Sinngebung nicht mehr eindeutig faßbar. War es mit dem Königtum Jahves verknüpft, dem Gedanken seiner Thronbesteigung, seines königlichen Einzuges, wie es manche Psalmen nahelegen möchten, oder stand der Gerichtsgedanke im Vordergrund, wie es spätere Aussagen empfehlen? Nach Pesikt 189a sitzt Gott am Neujahrstag über alle zu Gericht, die in die Welt kommen sollen. Zehn Tage nach Neujahr, die eine Zeit der Umkehr sein sollten, feierte man den jom kippur, den Versöhnungstag, an dem der Hohepriester, bekleidet mit weißen Gewändern, das Allerheiligste des Tempels betrat. Nur an diesem Tag durfte auch nur er diesen hinteren Raum des Tempelhauses, der hinter dem zweiten Vorhang sich befand, betreten, um mit dem Blut von Tieren seine Sünden und die der Priesterschaft und des Volkes zu sühnen. Dieser Tag sah auch das Ritual des Azazel- oder Sündenbockes, den man in die Wüste schickte und von einem Felsen hinabstürzte, damit das Volk entsündigt werde. Am sechsten Tag nach dem großen jom kippur, der mehr ein Feiertag für die Priesterschaft war, zelebrierte Israel das Laubhüttenfest, das wegen seiner allseitigen Beliebtheit mitunter einfach das Fest genannt wird und rund sieben Tage währte. Ursprünglich war es das Fest der Weinernte, das in den Weingärten gefeiert worden sein dürfte. Von daher rühren das Wohnen in Laubhütten und die zahlreichen Äußerungen der Festesfreude. Im Laufe der Zeit hatte es die Erinnerung an die Zeit der Wüstengeneration des Mose und der Landnahme an sich gezogen. Ein verhältnismäßig junges Fest hingegen war das Tempelweihfest, das den Gedanken der Wiedereinweihung des Tempels durch Judas Makkabäus nach seiner Verwüstung unter dem König Antiochus IV. Epiphanes gewidmet war. Der nationale Charakter dieses Feiertages offenbart sich darin, daß es am Tag der Entweihung und Verwüstung des Tempels, am 25. Kislev (November/Dezember), abgehalten wurde. Schon Judas Makkabäus hatte die Wiedereinweihung so festgelegt. Flavius Josephus nennt es Lichterfest, „weil uns wider Erwarten eine solche Freiheit aufleuchtete.“ [3] Schließlich gab es das Pascha mit den ungesäuerten Broten, das in das Frühjahr fiel (gefeiert am 15. Nisan), das große Wallfahrtsfest, an dem Tausende von Juden aus allen Teilen des Imperiums nach Jerusalem

[3] Ant. 7,325.

strömten[4]. Sie kamen, um der Befreiung Israels aus der ägyptischen Knechtschaft zu gedenken, eine Erinnerung, die gleichfalls geeignet sein mußte, den Gedanken der nationalen Befreiung zu bestärken. Das fünfzig Tage nach Pascha gefeierte Wochenfest (Pfingstfest) war das Erntedankfest zum Abschluß der Getreideernte. Später verband es sich mit dem Gedanken an die Gesetzgebung auf dem Sinai.

Im Tempel wurden tagtäglich Opfer dargebracht, die in ihrer Objektivität Ausdruck des Einheitswillens des Volkes sind. Am Morgen, bald nach Sonnenaufgang, war es das Morgenopfer, am frühen Nachmittag das Abendopfer. Dazwischen geschaltet waren Gebetszeiten. War der kultische Gottesdienst auf den Jerusalemer Tempel konzentriert, so versammelten sich in den Synagogen, über das ganze Land verstreut, insbesondere am Sabbat, die Gläubigen, um den wöchentlichen Ruhetag zu begehen in Gebet, Anhören des Schriftwortes und der Predigt. Dieser kultlose Gottesdienst vermochte sicherlich dazu beizutragen, die Frömmigkeit des einzelnen zu verinnerlichen und persönlicher zu gestalten. Die in den Synagogen auftretenden Prediger übten einen tiefgreifenden Einfluß auf das Bewußtsein und die Mentalität des Volkes aus. Einen fest verankerten Platz besaß die jüdische Religiosität im Haus und in der Familie, wo man die häuslichen Feste und vor allem den Sabbat feierte. Die Sabbatfeier beschränkte sich keinesfalls auf den Gottesdienstbesuch in der Synagoge, sondern wurde zu Haus vorbereitet und fortgesetzt. War der Beginn des Sabbatabends in Jerusalem durch Posaunenstöße und auf dem Land durch Ausrufen verkündet worden, zündete man im Haus die Sabbatlampe an, vertauschte das Alltagsgewand mit dem guten Kleid und setzte sich zu Tisch, um das Vorabendmahl des Sabbats einzunehmen. Der Sabbat war ein Zeichen der Erwählung Israels und darum auch sinnenfälliges Zeichen seiner Einheit. Er wurde in Freude begangen. Jegliche Arbeit war verpönt und untersagt. Man ahmte die Sabbatruhe des Schöpfers nach, der am selben Tag nach seinem Schöpfungswerk ausgeruht hatte. Bei der Mahlzeit sollte man des Bedürftigen, des müden Wanderers, des Bettlers gedenken und ihn zu Tisch laden. Im Buch der Jubiläen liest man, nachdem strikte Weisungen für die Sabbatruhe gegeben sind, die Aufforderung: „Feiert Sabbat und preiset den Herrn, euren Gott, der euch einen Festtag und heiligen Tag verlieh! Ein Tag des heiligen Königtums für ganz Israel ist dieser Tag für immer" (50,9).

Gemeinsamer Besitz Israels war die Bibel, in der das Gesetz des Mose einen besonderen Rang erworben hatte. Doch war die Auslegung des Gesetzes das heißeste religiöse Problem. Welche Interpretation war die richtige? Bedurfte es zusätzlicher Einsichten, um seinen

---

[4] *J. Jeremias,* Die Abendmahlsworte Jesu (Göttingen [4]1967) 36, gibt an, daß wir mit 85000–125000 Pascha-Wallfahrern rechnen konnten.

wahren Sinn zu erfassen? Waren weiterführende Auslegungsbestimmungen erforderlich, um dem Willen Jahves zu entsprechen? Weil das Gesetz den Weg zum Heil wies, waren diese Fragen von einem eminent theologischen Gewicht.

Damit kommen wir zu den Parteiungen und Zersplitterungen im Volk. Auf eine detaillierte Nachzeichnung der Entstehungsgeschichte der verschiedenen Parteien kann hier verzichtet werden. Die Unterschiede sollen herausgestellt sein. Doch sind diese bei völligem Verzicht auf die Geschichte nicht ganz verstehbar. Die Paralyse Israels[5] hat ihre Wurzeln im politischen Umbruch, der durch die Seleukidenherrschaft in Syrien und Palästina hervorgerufen worden war. Die Makkabäer hatten sich gegen die Fremdherrschaft erfolgreich zur Wehr gesetzt. Doch danach hatte sich die Hasmonäer-Dynastie etabliert, die es wagte, das königliche mit dem hohepriesterlichen Amt auf einer Person zu vereinigen. In diesen Zeitläuften entstand die Bewegung der Chassidim, der Frommen, auch Asidäer genannt. Es gilt, von vornherein zu sehen, daß die Spaltungen aus dem Bestreben heraus entstanden, in der Zeit der Erniedrigung Israels die Reinheit und Heiligkeit des Gottesvolkes zu wahren oder wiederherzustellen und damit seiner Berufung gerecht zu werden. So widersetzten sich die Chassidim, die den makkabäischen Widerstand unterstützt hatten, in ihrer Mehrheit der hasmonäischen Usurpation. Hierin erblickten sie einen Verrat an der Sache Gottes, denn sie erwarteten das endgültige Heil nicht von realpolitischen Maßnahmen, sondern von einem endgültigen Eingreifen Gottes.

Die politischen Veränderungen gingen Hand in Hand mit einem grundlegenden Wandel in der Vorstellung über die Heilsverwirklichung. Dieser ist verknüpft mit dem Namen der Apokalyptik, die im Zusammenhang mit den Chassidim gesehen werden muß. Einblicke gewähren uns apokalyptische Schriften, zu denen das Daniel- und Henochbuch zu zählen sind. Hatte man bislang das Walten Gottes in Gericht und Rettung als ein ausschließlich innerweltliches angesehen, so blickt man jetzt auf ein Ende der Geschichte. An diesem werde sich Gott offenbaren, die Toten aus den Gräbern rufen und zu neuem Leben erwecken und ein individuelles Gericht abhalten, das nach den Werken ergehen wird. Wie immer diese Totenauferstehung konzipiert war, sich allmählich durchsetzend und sich entwickelnd von einer Auferstehung der Gerechten zu einer Auferstehung aller Verstorbenen, bedeutungsvoll ist dies, daß jetzt mit dem Durchblick durch das Diesseitige in eine jenseitige, kommende neue Welt ein ganz anderer geschichtlicher und eschatologischer Standort gewonnen war. Diese

---

[5] *K. Müller:* TRE I 222 (Artikel: Die jüdische Apokalyptik) spricht von einer Paralyse des Begriffs „Israel“.

Veränderung, die ohne äußeren Einfluß, wahrscheinlich aus dem iranischen Bereich, nicht denkbar ist und zu der das bislang unbewältigte Theodizeeproblem eklatanter ungerechter irdischer Verhältnisse beigetragen haben dürfte[6], ermöglichte einen umfassenden Blick auf vergangene Geschichtsabläufe vom Ende her, wie er uns etwa in der Vision von den vier Weltreichen in Dn 7 geboten wird. Die altbiblische theologische Sicht wird insofern durchgehalten als die Souveränität Gottes im Vordergrund steht, ja letztlich alles ausschließlich von diesem letzten Eingreifen Gottes abhängt, so daß es zwischen Geschichte und Heil keinen Übergang gibt. Dieses Eingreifen Gottes wurde für die nähere Zukunft erhofft, weil die sich steigernde Bosheit in der Welt im Horizont dieses Denkens den richtenden Zugriff Gottes erwarten ließ. Die Verzögerung der Zeit konnte zum Problem werden, aber letztlich verhalf das Sich-Klammern an die Souveränität Gottes, der allein alles ordnet, über Terminschwierigkeiten hinweg. Es entspricht dieser theozentrischen Sicht, daß als Retter- oder Richterfigur der Menschensohn in Erscheinung tritt, der ein himmlisches Wesen ist, als Verborgener auf seine Offenbarung wartet und Gottes alles bestimmende Heilsinitiative nicht zu schmälern vermag. Nach Dn 7,13 wird der Menschensohn-Ähnliche zum Hochbetagten (= Gott) gebracht, nach 4 Esr 13,3 (einer späteren Schrift) führt ihn der Sturmwind aus dem Innern des Meeres empor.

Die die Geschichte umgreifende Schau der Apokalyptik verbindet sich mit einer universalen völkerumspannenden Perspektive, die Israel in den Hintergrund rücken läßt. Doch verläuft die Entwicklung – man möchte sagen paradoxerweise – so, daß sich eine Restgruppe in Israel als der Träger der heilswirksamen Offenbarungen begreift. Sie weiß sich im Besitz besonderer Erkenntnisse und Einsichten, die die letzten Dinge, die himmlische Welt, aber auch die Schöpfung und ihre Strukturen betreffen. In Visionen und Träumen sind sie ihr zuteil geworden. Zu ihrer Besonderheit gehört es auch, daß sie sich eines besonderen Kalenders, des Sonnenkalenders, bedient (Henaeth 72–82). Den Menschen spricht man Freiheit, Verantwortlichkeit und die Fähigkeit zu, dem Gesetz zu gehorchen (Henaeth 98,4), doch sieht man ihn gleichzeitig eingebunden in ein von bösen Mächten ausgelöstes Verhängnis[7].

Die chassidische Mentalität wirkte fort. Zur Zeit Jesu hat es chassidisch-apokalyptische Gemeinden oder Konventikel nicht mehr gegeben[8]. Allerdings erwies sich deren Bewegung als ein Sammelbecken, aus dem die Mehrheit jener religiösen Gruppierungen hervorging, die

---

[6] Vgl. *Grundmann,* Judentum 222.

[7] Vgl. *K. Müller:* TRE I 202–251.

[8] Vgl. *Maier,* Judentum 165.

in seiner Ära verbreitet waren und die fast alle in den Evangelien erwähnt werden. Diese sind jetzt in der gebotenen Kürze vorzustellen.

a) Die monastische Gemeinschaft von Qumran am Toten Meer kennen wir heute am besten, nachdem uns durch den aufsehenerregenden Fund vom Jahr 1947 ihre Handschriften bekannt wurden. Wir sprechen in der Regel von Essenern. Zwischen der Gemeinschaft von Qumran und den Essenern sollte man keinen großen Unterschied machen. Die Handschriften sind auf jeden Fall essenisch. Doch müssen wir davon ausgehen, daß es neben der Qumran-Gemeinde über das Land verteilte essenische Gemeinden gab. Der Unterschied bestand darin, daß die erste ein strengeres, monastisch organisiertes Leben führte. Die Gemeinderegel (1 QS) läßt eine andere Lebensform als das Damaskus-Dokument erkennen.

Die Gründung der Gemeinde vom Toten Meer ist dem „Lehrer der Gerechtigkeit" zuzuschreiben. Mit diesem ehrenvollen Namen wird er in den Handschriften bedacht. Sein wirklicher Name läßt sich nicht mehr ermitteln. Es handelt sich um einen Jerusalemer Tempelpriester, der sich empört vom Tempel abwandte und zum Auszug in die Wüste aufrief gemäß dem Jesajawort: „Ebnet unserem Gott in der Steppe eine Straße" (40,3). Der Tempelkult war nach seiner Meinung unter der Priesterschaft der hasmonäischen Zeit unwürdig geworden. Der Auszug dürfte um das Jahr 150 v. Chr. erfolgt sein. Ziel der Absonderung war die Wahrung und Wiederherstellung der Heiligkeit des Volkes auf kleinem Raum. Die Gemeinde lernte, sich als den heiligen Rest Israels zu verstehen, als das wahre Gottesvolk im Volk, an dem Gott erneut zum Heil gehandelt hat. Gott verbarg vor Israel und seinem Heiligtum sein Angesicht wegen ihrer Untreue, da sie ihn verließen, und übergab sie dem Schwert. „Doch er gedachte des Bundes mit den Vorfahren und ließ einen Rest übrig für Israel. Sie übergab er nicht der Vernichtung" (Dam 1,3–5). Gott hat einen neuen Bund mit ihnen geschlossen (Dam 8,21; 19,34; 20,12).

Die Absonderung verfolgt konkret das Ziel, jede Verunreinigung auszuschließen, die durch Berührung mit dem übrigen Volk zustande käme. Es gibt eine Anzahl von Vorschriften, die dies gewährleisten wollten. Wirtschaftlicher Verkehr, Tischgemeinschaft mit Außenstehenden sind nicht zugelassen. Auch darf man keine Geschenke annehmen. Wenn man in Qumran in Gütergemeinschaft lebt und das einzelne Ordensmitglied auf persönlichen Besitz verzichtet, dient das in erster Linie nicht der Realisierung eines Armutsideals, sondern der kultischen Heiligkeit. Neue Mitglieder werden in strengen Prüfungen auf die Probe gestellt. Sie haben ein zweijähriges Noviziat zu durchlaufen, ehe sie als Vollmitglieder zugelassen werden können. Die Gemeinde ist hierarchisch strukturiert. Priester und Leviten haben herausragende Funktionen. Doch gibt es daneben einen Zwölferrat. Man wird diesen als ein Laiengremium verstehen dürfen, während eine Leitergruppe von drei Männern aus Priestern gebildet worden sein dürfte. Im Damaskus-Dokument hören wir von einem Gemeindeleiter (Mebaqqer), dessen amtliche Aufgaben an die eines christlichen Bischofs erinnern.

Getrennt vom Jerusalemer Tempel entfaltet die Qumran-Gemeinde ein Selbstverständnis, das es ihr ermöglicht, diese Zeit der Abkehr vom

Heiligtum theologisch durchzustehen. Sie versteht sich als ein geistiger Tempel, der vorübergehend den vollwertigen Ersatz für den unwürdigen Jerusalemer Tempeldienst darstellt. Diese Idee von der „Spiritualisierung des Tempels" begegnet uns später übrigens auch im Corpus Paulinum (vgl. 1 Kor 3,16; Eph 2,21 f), nur mit dem Unterschied, daß man in Qumran die endzeitlich-eschatologische Wiederherstellung des Tempels erwartete. In der Gemeinderegel lesen wir: „Die Männer der Gemeinde sondern sich ab als ein heiliges Haus für Aaron, damit sie in ihrer Gemeinschaft ein Allerheiligstes bildeten" (1 QS 9,5f). An die Stelle des Tempelkultes setzen sie einen geistlichen Gottesdienst, das „Hebopfer der Lippen" als rechten Beschwichtigungsduft und „vollkommenen Wandel" als freiwillige, wohlgefällige Gabe, „um zu entsühnen die Verschuldung des Abfalls und der Missetat Sünde, zum Wohlgefallen für das Land, mehr als Brandopferfleisch und mehr als das Fett des Schlachtopfers" (1 QS 9,4f).

An äußeren Riten beobachteten sie tägliche Waschungen, für deren Praktizierung heute noch in den Ruinen von Qumran Badeanlagen, zu denen Stufen hinunterführen, Zisternen und ein Kanalisationssystem Zeugnis ablegen. Nach den Waschungen versammelten sie sich, nachdem sie das weiße Kleid des Priesters angezogen hatten, zu einer Mahlzeit, bei der Brot und Most verzehrt wurden. Flavius Josephus sagt über dieses Mahl: „Weder Geschrei noch Lärm entweiht je das Haus, sondern ein jeder läßt den anderen reden, wie ihn die Reihe trifft. Und auf die Draußenbefindlichen wirkt das Schweigen derer, die im Hause sind, wie ein schauerliches Geheimnis."[9] Obwohl die Mahlzeit bezüglich der Mahlsubstanzen Brot und Wein an das eucharistische Mahl der christlichen Gemeinde erinnern mag, kommt ihm ein ganz anderer Sinn zu. Es hat keinen Gedächtnischarakter, sondern zusammen mit den Tauchbädern ist es die Fortführung der priesterlichen Mähler und Bäder im Tempel, die freilich in ihrem isolierten Vollzug an Gewicht zugenommen hatten. Eine messianologische Sinngebung kann mit den Mahlzeiten verbunden gewesen sein. Denn in einer prophetischen Vorausschau der messianischen Zeit wird geschildert, daß dann auch der Messias bzw. die beiden Messiasse sich an diesem Mahl beteiligen werden (1 QSa 2,17–20). Für die Teilnahme am Gemeindemahl sowie für die Tauchbäder ist gefordert, daß man umkehrt und in diesem Geist der Umkehr in der Gemeinde lebt. Sonst wäre dieser Gottesdienst fruchtlos: „Nicht wird er schuldlos durch Sühneriten, kann sich nicht reinigen durch Reinigungswasser. Nicht kann er sich heiligen in Seen und Flüssen, kann sich nicht reinigen in irgendeinem Wasser der Waschung. Unrein, unrein bleibt er, solange er Gottes Satzungen verachtet, sich nicht unter die Zucht stellt in der Gemeinde seines Rates" (1 QS 3,4–6).

Der Gottesdienst wird somit zum sinnenfälligen Ausdruck der Heiligkeit der Gemeinde als des geistigen Tempels, in dem Gott wohnt oder Gottes Geist anwesend ist, zum Ausdruck der „Reinheit der Vielen", wie es oft in den Handschriften heißt. Über diese Reinheit wird gewacht auch mit Hilfe eines

[9] Vgl. bell. 2,129–133. Josephus dürfte die Absicht haben, die Feier zu den griechischen Mysterien in Parallele zu setzen.

minutiösen Strafkodex, der es ermöglicht, Gemeindemitglieder, die sich vergingen und straffällig wurden, für eine bestimmte Zeit oder für immer aus der Gemeinschaft auszuschließen. Ein Höhepunkt des Gottesdienstes war das alljährlich gefeierte „Bundeserneuerungsfest", an dem die Gemeinde wie eine Heerschar gemustert wurde und über sich selbst Rechenschaft ablegte. Jeder hatte sich dem Urteil der „Vielen", der Vollversammlung der Gemeinde, zu stellen und durfte dann die Segnungen der Priester anhören, die sie über alle „Söhne des Lichtes" sprachen, aber auch alle Flüche, die die Leviten gegen alle „Söhne der Finsternis" richteten.

Zum inneren Besitz der Gemeinde gehörte ein besonderes Offenbarungswissen, das als ein esoterisches gehütet wurde und keinem Außenstehenden preisgegeben werden durfte. Gewonnen hatte man es über ein intensives Studium des mosaischen Gesetzes und der Propheten. Dabei war auch in diesem Punkt der Lehrer der Gerechtigkeit vorausgegangen, denn er hat diese besondere, Geheimnisse enthüllende Beschäftigung mit der Schrift initiiert. Uns sind Schriftinterpretationen der Gemeinde erhalten geblieben, so daß wir über ihr Vorgehen im Bild sind. Dazu gehört vor allem ein Kommentar zum Propheten Habakuk, entsprechend der angewandten Auslegungsmethode auch Habakuk-Pescher genannt. Bei dieser Erklärung wird Vers für Vers in aktualisierender Weise auf die Gegenwart bezogen und zwar so, daß man die Ereignisse der Gegenwart (und Zukunft) beim Propheten vorabgebildet sieht. So hat Habakuk etwa bereits über den Lehrer der Gerechtigkeit geweissagt und über die Nachstellungen, die ihm und seiner Gemeinschaft widerfahren sollten. Ausgangspunkt für dieses Schriftverständnis ist die Überzeugung, daß der Prophet für die Endzeit, in der man sich wähnte, geschrieben hat.

Auch in diesem Punkt berührt sich die essenische Gemeinde mit dem Urchristentum. Konsequenzen der Schriftinterpretation, die das mosaische Gesetz betrafen, waren etwa eigene Auslegungen des Sabbatgebotes, die besonders streng erscheinen. So war es verboten, dem Vieh am Sabbat Geburtshilfe zu leisten, oder es herauszuholen, wenn es in eine Grube gefallen war (Dam 11,13 f). Auch richtete man sich – im Gegensatz zum Jerusalemer Tempel – nicht nach dem Mond –, sondern dem Sonnenkalender, was wir schon im Henochbuch beobachten konnten. Dieser eigene Kalender war für die Jerusalemer Priesterschaft ein besonderes Ärgernis. Vermutlich war er der Anlaß dafür, daß der amtierende Hohepriester den Lehrer der Gerechtigkeit maßregelte. Auf jeden Fall führte der Weg zum Heil über das Gesetz, wenngleich man zu dessen rechtem, heilschaffendem Verstehen der besonderen geoffenbarten Deutung bedurfte.

Der Mensch wird als ein schwaches Wesen angesehen, aus Staub gebildet, stehend in des Frevels Bereich. Auf diesem Hintergrund kann das Wirken der Gnade Gottes um so tiefer erfahren werden. Hierüber besitzen wir beeindrukkende Äußerungen vor allem in den Hodajoth, Psalmen, die in der Gemeinschaft entstanden sind und die, wenigstens teilweise, persönliche Erfahrungen des Lehrers wiedergeben. Manche dieser Psalmen schreibt man ihm sogar zu. Doch steht der Mensch Gott gegenüber nicht allein. Er ist eingefügt in eine kosmische Ordnung, in der zwei überirdische Mächte herrschen, der Geist des Lichtes und der Geist der Finsternis. Allerdings zerbricht dieser Dualismus die Welt nicht in einen metaphysisch guten und bösen Teil. Die Souveränität Gottes bleibt gewahrt, denn „vom Gott der Erkenntnisse stammt alles Sein und Geschehen. Und bevor sie ins Dasein traten, setzte er ihren ganzen Plan fest" (1 QS 3,15–4,6). Er führt die Geschichte für seine Gemeinde zu einem heilvollen Ziel.

Vor allem sind die Essener ausgerichtet auf das bevorstehende Ende dieser Welt, mit dem sie für die nahe Zukunft rechnen. In dieser eschatologischen Orientierung erweisen sie sich insbesondere als die geistigen Nachfahren der chassidischen Apokalyptik. Doch unterscheiden sie sich von dieser in einem wesentlichen Punkt, in ihrer Messianologie. In der Apokalyptik war es der Menschensohn, der hervortreten sollte. Zwar geben die Essener die apokalyptischen Vorstellungen weiter – apokalyptische Schriften hat man in Qumran gefunden –, aber sie erwarten die Ankunft des Messias, genauer gesagt: Es sind drei messianische Gestalten, die da kommen sollen: „... bis daß der Prophet kommt und die Messiasse Aarons und Israels" (1 QS 9,11). Neben den königlichen tritt also der priesterliche Messias. Letzterem wird sogar die überragende Rolle zugesprochen, wie dies auch die Schilderung der Feier des Gemeinschaftsmahles in der messianischen Zeit voraussetzt (1 QSa 2,19f). In dem essenisch beeinflußten TestJud 21,2 lesen wir ein Wort, das Juda über sich und Levi spricht: „Denn mir gab der Herr das Königtum und ihm das Priestertum. Er ordnete das Königtum dem Priestertum unter." In dieser sorgfältigen Unterscheidung und in der Bevorzugung des messianischen Hohenpriesters aus dem Haus Aaron werden wir auch eine Reaktion auf die hasmonäische Usurpation des Priestertums zu erblicken haben. Der Prophet, gemäß Dt 18,18f der mosegleiche Endzeitprophet, ist später möglicherweise mit dem Lehrer der Gerechtigkeit identifiziert worden. In ihrer messianisch-eschatologischen Erwartung bereitet sich die Gemeinschaft auch vor auf den endzeitlichen Krieg der Licht- gegen die Finsternissöhne, in dem alle Kräfte des Bösen mit Unterstützung der himmlischen Heerscharen vernichtet werden sollen, damit Gottes Herrschaft endgültig aufgerichtet werde. Der Thematik dieses endzeitlichen Krieges ist eine eigene Schriftrolle gewidmet (1 QM). Für das Ende der Tage rechnet man auch mit einer erneuten Sammlung der ganzen Gemeinde Israels. Freilich sollen aus ihr alle entfernt werden, die durch physische Gebrechen kultunfähig sind (1 QSa 1,1.3–11). Der Reinheits- und

Heiligkeitsgedanke wird auch eschatologisch konsequent durchgehalten.

b) Während die Essener in den Evangelien nirgendwo erwähnt werden – eine Frage, auf die später zurückzukommen sein wird –, sind uns die Pharisäer von daher bekannt. Doch will man sie aus eigenen Quellen kennenlernen, stößt das auf erhebliche Schwierigkeiten. Diese sind vor allem mit der Problematik der Datierung der in die rabbinische Literatur eingegangenen Überlieferungen verbunden.[10] Doch wird sich Folgendes sagen lassen: Auch die Pharisäer sind aus der Chassidim-Bewegung herausgewachsen. Auch sie waren mit der hasmonäischen Usurpation von König- und Priestertum nicht einverstanden. Im PsSal 17, der als pharisäisch gelten kann, ist – in Anspielung auf die Hasmonäer – von solchen die Rede, die das Königtum an die Stelle ihres hohen Ranges (das heißt des Hohepriestertums) setzten und den Thron Davids durch den Übermut dieser Änderung verwüsteten (VV 4–6)[11]. Ihr Name „Pharisäer", von Peruschim (= die Abgesonderten), wird damit zusammenhängen, daß sie sich von einer anderen Gruppe äußerlich – dann den Chassidim – oder vom übrigen Volk, was wahrscheinlicher ist, innerlich getrennt hatten. Die despektierliche Bezeichnung des Volkes als Amme-ha-Arez (Volk vom Land, ungebildetes Volk) dürfte in ihren Kreisen entstanden sein. Doch trieben sie die Absonderung nicht so weit wie die Essener. Sie bleiben in den Städten und Dörfern, sie bleiben beim Tempel.

Dennoch war auch ihr vordringliches Anliegen die Heiligung und Reinheit des Volkes. Nach J. Neusner[12] war das Hauptkennzeichen des Pharisäismus die Beobachtung von kultisch rituellen Reinheitsgesetzen auch außerhalb des Tempels. Der Kult wurde zur zentralen Metapher. Dies bedeutet, daß priesterliche Reinheitsvorschriften auch im Alltagsleben beobachtet wurden. Das Alltagsleben wurde ritualisiert und auf diese Weise geheiligt. Diese Form der Gottesverehrung, verbunden mit zahlreichen Einschränkungen und Pflichtübungen, zeugt von Ernst und Würde. Das Gesetz rückte gegenüber der Tempelkultpraxis in den Mittelpunkt. Die Bedeutung des Gesetzes als Heilsweg wurde noch dadurch gesteigert, daß man ihm wahrscheinlich kosmische Bedeutung zumaß, es als Gottes Schöpfungswerkzeug betrachtete, das die Ordnung der Welt sicherstellte[13]. Neben das Gesetz trat die Überlieferung. In ihrem Bemühen um das Gesetz schufen die Pharisäer Auslegungsbestimmungen, Auslegungstraditionen, die Überlie-

---

[10] Sehr skeptisch urteilt *K. Müller*, Zur Datierung rabbinischer Aussagen: NT und Ethik (Festschrift R. Schnackenburg) (Freiburg 1989) 551–587.

[11] *K. G. Kuhn*, Die älteste Textgestalt der Psalmen Salomos (BWANT 73) (Gießen 1937) 64f.

[12] Judentum 43–66.

[13] Vgl. *Schubert*, Religionsparteien 66–69.

ferung der Alten später genannt, die das mosaische Gebot im Alltag konkret zu befolgen helfen sollten. Ihre Zahl war nicht gering. Vor allem galten sie in derselben Weise verpflichtend wie die Weisung des Gesetzes. Zahlreiche Sabbatvorschriften etwa gehörten hierher, wie die Festlegung der Zahl der Schritte, die man am Sabbat gehen durfte, ohne das Gebot der Sabbatruhe zu verletzen, der Sabbatweg (vgl. Apg 1,12).

Innerhalb des Pharisäismus gab es allerdings verschiedene Gruppierungen, verschiedene Schulen, die sich sogar gegenseitig bekämpften und in Fragen der Gesetzesauslegung unterschiedliche Standpunkte vertraten. Hillel und Schammaj waren die bekanntesten Schulhäupter jener Zeit. Der eine galt als Laxist, der andere als Rigorist. K. Schubert spricht von einem demokratischen Prinzip in der pharisäischen Gesetzesinterpretation[14]. Ob die Pharisäer zur Zeit Jesu noch in organisierten Bruderschaften gelebt haben, ist umstritten. Vermutlich war das nicht mehr der Fall[15].

Flavius Josephus kommt in seinen Schilderungen der Pharisäer vorzüglich auf ihre Vorstellungen vom Verhältnis der menschlichen Freiheit zur göttlichen Vorherbestimmung zu sprechen. In diesem Anliegen scheint er von den Interessen seines hellenistischen Leserpublikums bestimmt zu sein. Er schreibt ihnen eine mittlere Position zu: Es habe nach ihrer Meinung Gott gefallen, die Macht des Schicksals und die menschliche Vernunft zusammenwirken zu lassen. Auch bezeugt er ihren Glauben an ein Fortleben des Menschen nach dem Tod[16]. Nach dem zuverlässigen Zeugnis von Apg 23,8 glaubten sie an die Auferstehung der Toten. In ihren eschatologischen Erwartungen richteten sie ihre Hoffnung auf das Kommen des königlichen Messias aus dem Haus Davids. Durch ihn wird Israel befreit werden von jeder Bedrängnis und Unterdrückung. Ps Sal 17,21 (Blatt X) bestätigt es: „Sieh darein, o Herr, und laß ihn erstehen als ihren König, den Sohn Davids, zu der Zeit, die du, Gott, dafür ausersehen hast, daß er herrsche über Israel, deinen Knecht."

Gegenüber der Naherwartung der messianischen Heilszeit, wie sie Apokalyptik und Essener teilten, waren die Pharisäer zurückhaltend bis skeptisch, angesichts der Enttäuschungen, die jene Kreise bereits hinnehmen mußten. Dieses Moment mag sie auch gegenüber der Jesusbewegung als einer eschatologischen Bewegung reserviert gestimmt haben. Dennoch hielten sie sich offen für ein endzeitliches Kommen der Gottesherrschaft. In dieser Hinsicht waren sie „Skeptiker ohne Re-

---

[14] Religionsparteien 62.

[15] Vgl. *R. Meyer:* ThWNT IX 16–20; *Schubert,* Religionsparteien 62.

[16] Ant. 18,11–15; 13,171–173; bell. 2,162–166. Man gewinnt den Eindruck, daß Josephus die Pharisäer eine Reinkarnationsauffassung vertreten läßt.

signation"[17]. Was den einzelnen Menschen betrifft, so rechneten sie für das endzeitliche Gericht mit einer individuellen Vergeltung gemäß den Werken. Hierfür hatten sie die Vorstellung von einem himmlischen Schatz entwickelt, in dem Liebeswerke und gute Taten gleichsam hinterlegt werden können. Diese Vorstellung treffen wir auch in den Evangelien an (Mt 6,20f; 19,21 parr; Lk 12,33f). Man kann annehmen, daß ihre innere Einstellung hinsichtlich der Erwartung des Gerichts sowohl vom Vertrauen auf die eigene „Gerechtigkeit" als auch von der Angewiesenheit auf die göttliche Barmherzigkeit geprägt gewesen ist.

In ihrer ernsthaften Religiosität, in ihrem Streben nach Heiligkeit, in ihrem von der Öffentlichkeit nicht abgeschiedenen Leben genossen sie große Achtung in weiten Kreisen der Bevölkerung. Josephus bemerkt, daß ihr Einfluß auf das Volk so groß gewesen sei, daß sämtliche gottesdienstliche Verrichtungen, Gebete wie Opfer, nach ihren Anweisungen erfolgt seien[18]. Hinzu kam, daß sie als Laienbewegung für alle offen standen. Gerade in diesem Punkt müssen sie besonders anziehend gewirkt haben. In ihrer politischen Einstellung waren sie sich nicht ganz einig. Hier wirkten die alten chassidischen Meinungsverschiedenheiten weiter. Einerseits meinte man, man könne ein politisches Regime solange tolerieren, als es nicht in die religiösen Belange eingreife, auch eine Fremdherrschaft. Anderseits konnte die Alleinherrschaft Jahves so sehr in den Vordergrund gerückt werden, daß jegliche Kollaboration mit einer fremden Macht verwerflich erscheinen mußte. Zum linken Flügel der Pharisäer sind die Schammaiten zu zählen.

Das Bild von den Pharisäern wäre nicht vollständig, wenn nicht noch die Schriftgelehrten erwähnt würden. In den Evangelien begegnen sie uns immer wieder unter verschiedenen Namen: Gesetzeskundige (νομικοί, Lk 7,30 u.ö.), Gesetzeslehrer (Lk 5,17), Schriftkundige (γραμματεῖς, diese Bezeichnung ist die häufigste). Wir haben es mit einem Berufsstand zu tun, der, gemäß der doppelten Funktion der Bibel als Rechts- und religiöses Buch, die theologische Lehre zu vermitteln und die Rechtsprechung auszuüben hatte. Sie gründeten theologische Schulen, in denen sie Schüler zu ihresgleichen ausbildeten. Sie waren die geeignetsten Sabbatprediger in den Synagogen. Vielfach werden sie den Beruf des Schriftgelehrten zweitberuflich ausgeübt haben, neben einem Handwerk (wie der Apostel Paulus), oder sie waren vermögend, daß sie sich ganz der Lehre widmen konnten. Doch dies werden sich nur wenige haben leisten können. Sir 38,24–39,11 warnt den Weisheitslehrer vor dem Doppelberuf. So werden manche auf Unterstützung und Spenden angewiesen gewesen sein. Die Mehrheit der

[17] *Schubert,* Religionsparteien 69.
[18] Ant. 18,15.

Schriftgelehrten zur Zeit Jesu gehörten der pharisäischen Partei an. Dies hat Einfluß und Bedeutung der Pharisäer insgesamt sicherlich nochmals vermehrt. Doch gab es auch Schriftgelehrte aus den Reihen der Sadduzäer.

Der politische Einfluß der Pharisäer zur Zeit der römischen Statthalter war im Vergleich zu dem der Sadduzäer geringer. Doch gab es seit der Königin Salome Alexandra, gestorben 67 v. Chr., Pharisäer in der Gerusia. Wenn auch die Sadduzäer die politisch mächtigste jüdische Gruppe waren, mußten sie wegen ihres Ansehens im Volk die Pharisäer berücksichtigen. Ist damit etwas zum Verhältnis der Pharisäer zu den Sadduzäern gesagt, so war das Verhältnis der Essener zu den Pharisäern feindselig. Die Qumran-Handschriften bieten entsprechende Äußerungen. Die Pharisäer gelten ihnen als Leute, die das Gesetz aufweichen und auflösen, von denen Trug, Lüge, Verführung, Irrtum ausgehen[19]. Anders stand es um das Verhältnis der Pharisäer zu den Zeloten.

c) Die Zeloten als selbständige Partei sind aus den Pharisäern hervorgegangen, und zwar aus deren linken, schammaitischen Flügel. Josephus sagt von ihnen, daß sie in allen anderen Stücken mit den Pharisäern übereinkommen, nur mit großer Zähigkeit an der Freiheit hängen und Gott allein als ihren Herrn und König anerkennen[20]. Ihr Hervortreten ist mit einem besonderen politischen Ereignis verknüpft, dem von den Römern in Judäa erhobenen Zensus, der vom ersten Statthalter Coponius und dem syrischen Legaten Quirinius eingezogen wurde. Zum Widerstand gegen diese Maßnahme und damit zur Organisation einer neuen Gruppierung riefen ein aus der Gaulanitis stammender Mann namens Judas und ein Pharisäer namens Sadduk auf. Wenn der erste auch Judas der Galiläer genannt wurde, weist dies darauf hin, daß Galiläa für dieses Anliegen besonders empfänglich war. Auch Judas dürfte Pharisäer und Schriftgelehrter gewesen sein[21].

Ihr Aufbegehren war theologisch motiviert. Auch ihnen ging es um die Heiligkeit Israels. Ihre oberste Losung war die Alleinherrschaft Jahves, die es nicht zuließ, daß Israel einer heidnischen Macht verknechtet war. In diesem Sinn legten sie das erste Gebot des Dekalogs aus und gaben damit auch dem „Höre, Israel! Der Herr ist unser Gott, der Herr allein“ (Dt 6,4), das jeder Israelit täglich zu beten hatte, eine konkrete Interpretation. Die Gestalt des Pinchas (Nm 25) aus der Zeit der Wüstengeneration wurde zu ihrem Idol, denn auch er hatte im heiligen Eifer und mit Gewalt sich spontan für die Ehre Gottes eingesetzt.

---

[19] Belege bei *R. Meyer:* ThWNT IX 30.

[20] Ant. 18,23

[21] *Josephus*, bell. 2,118, nennt ihn σοφιστής. Damit wird darauf hingewiesen sein, daß er Schriftgelehrter war.

Ihr Name „Zeloten", Eiferer, den sie sich wahrscheinlich selbst gaben, kennzeichnet ihre Gesinnung, erklärt aber auch ihr Tun, weil der Eifer für Gott und das Gesetz, der sie auszeichnete, seit alters ein rühmlicher Name ist. Ihre Denk- und Verhaltensweise wird nur begreiflich, wenn man sieht, daß Gott und das Volk, die Ehre Jahves und die Freiheit des Volkes als untrennbar galten und so die Erniedrigung des Volkes die Erniedrigung Jahves miteinschließt.

Wodurch sie alsbald auffielen, war die Anwendung von Gewalt, mit der sie meinten, dem Reich Gottes die Wege ebnen zu müssen. Zwar waren sie davon überzeugt, daß letztlich Gott allein das Heil schaffen kann, aber in der Art eines synergistischen Modells hatte sich Gott von der Mitwirkung der Menschen abhängig gemacht. Dies ging Hand in Hand mit einer verschärften Thorapraxis, der Bereitschaft zum Martyrium, das ihnen die Nähe des Reiches Gottes anzeigte, und der Vorstellung von einem heiligen Krieg[22]. Ihre Bewegung besaß zusätzlich einen sozialrevolutionären Zug. Den Armen und Unterdrückten verhießen sie mit der Ankunft des Reiches Gottes die Wiedereinsetzung in ihr Recht und die Herstellung einer neuen Ordnung durch Gott. Ihr Thorarigorismus paarte sich, wenn es notwendig war, mit dem Verzicht auf Besitz[23].

Ihre Wirkung auf das Volk wird man mit zunehmender Sympathie umschreiben können, besonders bei der in sozialer Not weithin lebenden Landbevölkerung. Letztlich aber steuerten sie das Volk in den Krieg mit Rom, der 3½ Jahrzehnte nach dem Tod Jesu begann und für Israel die Katastrophe bedeutete[24]. Mit den Essenern verband die Zeloten die Idee des heiligen eschatologischen Krieges. Ein Bündnis aber findet erst in den Tagen des Krieges sichtbaren Ausdruck. Das in der Nähe von Qumran gelegene Masada ist Symbol für Verschwörung und Untergang. Auch die Zeloten werden als Gruppe in den Evangelien nicht erwähnt. Aber ihr Einfluß reicht hinein in den Jüngerkreis Jesu, in dem es Simon, den Zeloten, gibt (Lk 6,15; Apg 1,13).

d) Eine vierte Gruppierung hebt sich von den bisher genannten Parteien in besonderer Weise ab: die Sadduzäer. Sie sind uns aus den Evangelien bekannt. Obwohl sie hier gelegentlich in einem Atemzug zusammen mit den Pharisäern angeführt werden können (Mt 3,7; 16,1.6.11f; 22,34), ist es wichtig zu beachten, daß wir es mit recht verschiedenen Leuten zu tun haben. Schon zur Zeit der Hasmonäer verhielten sie sich anders. Sie erwiesen sich als deren Parteigänger im

---

[22] Vgl. *Hengel,* Zeloten 151–234.

[23] *Hengel,* Zeloten 312–318.

[24] Der Name „Sikarier" bezeichnet nach Josephus die Gruppe der nach Masada geflüchteten Anhänger des ermordeten Menahem. Ursprünglich wurde dieser Name (= Messerkämpfer) den Aufständischen wegen ihrer besonderen Kampfesweise von den Römern zur Zeit des Prokurators Felix gegeben. Vgl. *Hengel,* Zeloten 76.

Gegensatz zu Chassidim, Essenern, Pharisäern. Zu ihnen gehörten die Vornehmen und Reichen, die Angehörigen der hohepriesterlichen Familien und die Aristokratie, mögen sie auch untereinander durchaus nicht homogen gewesen sein. Aus ihrer Mitte ging in den letzten siebzig Jahren des jüdischen Staates regelmäßig der amtierende Hohepriester hervor, der höchste jüdische Vertreter der Macht. Ihre Machtposition, die zur Zeit Herodes d. Gr. noch eingedämmt war, weil sie dessen römische Universalpolitik nicht akzeptierten, verfestigte sich unter den römischen Statthaltern, mit denen sie zu kooperieren bereit waren. Auch für sie war Israel ein heiliger Begriff. Sie sahen die Heiligkeit Israels gewährleistet durch den Tempel, in dem die gültigen Opfer dargebracht wurden, die das Volk und Land entsühnten. Ein national-partikulärer Tempelstaat in den Grenzen des Reiches, wie es einst König David besaß, war für sie die Erfüllung heilseschatologischer Erwartung[25].

So erwiesen sie sich in ihrem theologischen Denken als konservativ in dem Sinn, daß sie alle Neuerungen ablehnten und möglicherweise nur den Pentateuch als verbindlich anerkannten[26]. Die pharisäischen Auslegungstraditionen, die Überlieferung der Alten, akzeptierten sie nicht. Die apokalyptisch-eschatologischen Hoffnungen teilten sie nicht. Nach ihrer Meinung gibt es weder ein Fortleben nach dem Tod noch eine Auferstehung der Toten. Das Heil verwirklicht sich innergeschichtlich. Auch die Existenz von Engeln lehnten sie ab. Hierin befanden sie sich in völliger Übereinstimmung mit dem „Alten Testament" in seinem alten Bestand.

Josephus berichtet über die Sadduzäer, daß sie das Geschick des Menschen allein von seinem Willen abhängig machten und es nicht von Gott bestimmt sei[27]. Man gewinnt den Eindruck, daß er sie für seine hellenistischen Leser als eine den Epikureern vergleichbare Gruppe darstellt. In ihrem Wirken waren sie Realpolitiker, in ihrer Gesinnung mögen sie den Frommen als „aufklärerisch" erschienen sein. In der Kriminalgerichtsbarkeit verfolgten sie eine strengere Rechtspraxis. Ihr Verhältnis zu den Essenern war klar, hatten sich diese doch vom Tempel und damit von ihnen auf spektakuläre Weise getrennt. In Qumran rechnete man sie zu den verblendeten „Söhnen der Finsternis". Ihr Verhältnis zu den Pharisäern ist schwer zu umschreiben. Beide Parteien, Pharisäer und Sadduzäer, waren vielfach gezwungen, miteinander auszukommen. Die Sadduzäer besaßen die Macht, die Pharisäer hatten Einfluß auf das Volk. So mußten diese auf jene Rücksicht nehmen. Der Name „Sadduzäer" ist abzuleiten von Sadok, einem

---

[25] Vgl. *R. Meyer:* ThWNT VII 45.
[26] Vgl. *Schürer,* Geschichte II 481.
[27] Bell. 2,164ff.; ant. 13,173.

maßgeblichen Priester aus Davids Umgebung (vgl. 2 Sm 15,24 u.ö.), aus dem das Priestergeschlecht der Sadokiden hervorgegangen war[28]. Möglicherweise gaben sie sich diesen Namen nicht selbst, sondern wurde er ihnen mit einem polemischen Akzent auferlegt[29].

Literatur (in Auswahl): *R. Marcus*, The Pharisees in the Light of Modern Scholarship: JR 32 (1952) 153–164; *F. M. Cross*, The Ancient Library of Qumran and Modern Biblical Studies (London 1958); *M. Hengel*, Die Zeloten (AGSU 1) (Leiden 1961, ²1976); *M. Weise*, Kultzeiten und kultischer Bundesschluß in der „Ordensregel" vom Toten Meer (StPB 3) (Leiden 1961); *K. Schubert*, Die jüdischen Religionsparteien im Zeitalter Jesu: *ders.* (Hrsg.), Der historische Jesus und der Christus unseres Glaubens (Wien 1962) 15–101; *H. Bardtke*, Qumran-Probleme (Berlin 1963); *G. Jeremias*, Der Lehrer der Gerechtigkeit (StUNT 2) (Göttingen 1963); *J. Becker*, Das Heil Gottes (StUNT 3) (Göttingen 1964); *A. Finkel*, The Pharisees and the Teacher of Nazareth (AGSU 4) (Leiden 1964); *W. Grundmann*, Das palästinische Judentum im Zeitraum zwischen der Erhebung der Makkabäer und dem Ende des Jüdischen Krieges: *J. Leipoldt–W. Grundmann* (Hrsg.), Umwelt des Urchristentums I (Berlin 1967) 143–291; *P. von der Osten-Sacken*, Gott und Belial (StUNT 6) (Göttingen 1969); *G. Baumbach*, Das Sadduzäerverständnis bei Josephus Flavius und im NT: Kairos 13 (1971) 17–37; *J. Neusner*, The Rabbinic Traditions about the Pharisees before 70, 3 Bde. (Leiden 1971); *J. Le Moyne*, Les Sadducéens (1972); *E. Bammel*, Sadduzäer und Sadokiden: ETL 55 (1979) 107–115; *J. M. Baumgarten*, The Pharisaic-Sadducean Controversy about Purity: JJS 31 (1980) 157–170; *H. Lichtenberger*, Studien zum Menschenbild in Texten der Qumrangemeinde (StUNT 15) (Göttingen 1980); *J. Neusner*, Das pharisäische und das talmudische Judentum (Tübingen 1984); *J. Maier*, Antikes Judentum: *G. Strecker–J. Maier* (Hrsg.), NT-Antikes Judentum (Stuttgart 1989) 137–184.

2. Die soziale Lage

„Entlang dem See Gennesar erstreckt sich die gleichnamige Landschaft von wunderbarer Natur und Schönheit. Wegen der Fruchtbarkeit des Bodens gestattet sie jede Art von Pflanzenwuchs. Und ihre Bewohner bauen alles an. Das ausgeglichene Klima eignet sich auch für die verschiedenartigen Gewächse. Nußbäume, die im Vergleich zu anderen Pflanzen eine besonders kühle Witterung brauchen, gedeihen dort prächtig in großer Zahl. Daneben stehen Palmen, die Hitze benötigen, ferner Feigen- und Ölbäume unmittelbar daneben, für die ein gemäßigtes Klima angezeigt ist. Man könnte von einem Wettstreit der Natur sprechen, die sich kräftig anstrengt, alle ihre Gegensätze an einem Ort zusammenzuführen, oder von einem edlen Kampf der Jahreszeiten, von denen jede sich wetteifernd um diese Gegend bemüht. Der Boden bringt nicht nur das verschiedenste Obst hervor, das man

[28] Es gibt eine spätere rabbinische Tradition, die den Namen „Sadduzäer" mit Sadok, einem Schüler des Antigonos aus Soko (Beginn des 2. Jh. v. Chr.), in Verbindung bringt. Vgl. *Billerbeck* IV 343 f.

[29] Vgl. *R. Meyer*: ThWNT VII 43.

sich kaum zusammen denken kann, sondern er sorgt auch für lange Zeit für reife Früchte. Die edelsten unter ihnen, Weintrauben und Feigen, beschert er zehn Monate lang ununterbrochen. Die übrigen Früchte reifen nach und nach das ganze Jahr hindurch. Denn abgesehen von der milden Witterung, trägt zur Fruchtbarkeit dieser Gegend auch die Bewässerung durch eine sehr kräftige Quelle bei, die von den Einwohnern Kafarnaum genannt wird[1] ... Die Landschaft erstreckt sich in einer Länge von 30 und in einer Breite von 20 Stadien."[2]

Mit diesen fast überschwenglichen Worten beschreibt Josephus das Gebiet zwischen Kafarnaum und Magdala, die Ebene Gennesar, das fruchtbare Kernland Galiläas. Doch die sozialen und wirtschaftlichen Verhältnisse der Mehrheit der Bevölkerung sahen anders aus.

Will man sich einen Einblick in diese Verhältnisse der etwa eine Million Menschen zählenden Gesamtbevölkerung Palästinas verschaffen, muß man zwischen Galiläa (und Samaria) einerseits und Judäa und Jerusalem andererseits unterscheiden. In wirtschaftlicher Hinsicht war das Land geprägt durch Landwirtschaft, das heißt Ackerbau und Viehwirtschaft, Handwerk und Handel. Dabei versteht es sich von selbst, daß in Galiläa die Landwirtschaft, am See verknüpft mit Fischerei, dominierte, während im Süden und in Jerusalem Handwerk und Handel in den Vordergrund traten. Doch gab es auch in Judäa Weideland, Feld- und Gartenbau, wie in Galiläa bestimmte Handwerksberufe unentbehrlich waren. Zu den Berufen zählten etwa Schneider, Sandalenmacher, Baumeister – Josef von Nazaret gehört als τέκτων (Mt 13,55) zu dieser Gruppe –, Fleischer, Gerber (vgl. Mk 9,3), Bäcker, Schmiede, Töpfer. In Jerusalem gab es Kunstweber. Das dort befindliche Käsemachertal westlich des Tempelareals deutet auf die entsprechende Berufsgruppe hin. Darüber hinaus müssen wir mit einer nicht unbeträchtlichen Zahl von Arbeitslosen rechnen. Es ist aber ganz unmöglich, hier genauere Zahlen anzugeben.

Die soziale Schichtung der Bevölkerung wies gravierende Unterschiede auf. Oben war eine dünne Schicht von Großgrundbesitzern angesiedelt, die es sich auch leisten konnte, in einer Stadtwohnung in Jerusalem zu wohnen. Unten befand sich die Masse der Kleinbauern und Tagelöhner. Die letzteren waren am schlechtesten dran. Sie lebten von der Hand in den Mund, fanden jeweils nur für kurze Zeit oder einen Tag Arbeit und mußten dann Tag für Tag darauf warten, daß sich für sie jemand findet, der sie anwirbt. Sie standen dann, wie es das

---

[1] Die Gegend von Kafarnaum ist reich an Quellen. *Josephus*, vit. 403, erzählt, daß er unweit des Ortes in ein Sumpfgebiet geraten und vom Pferd gestürzt sei.

[2] Bell. 3,516–521. Übs. nach *O. Michel – O. Bauernfeind*. Das Stadion – die genaue Festlegung schwankt zwischen 177 und 185 m – gilt als ein Weg, der in zwei Minuten zurückgelegt werden kann. Vgl. *O. W. Reinmuth:* KP V 336f.

Gleichnis von den Arbeitern im Weinberg schildert, auf dem Marktplatz müßig herum in Erwartung der Dinge (vgl. Mt 20,1–16). Nicht nur für die Landwirtschaft, auch für die Fischerei und andere Geschäfte konnten sie angeworben werden. Von Zebedäus, dem Vater des Jakobus und Johannes, hören wir, daß er für den Fischfang Lohnarbeiter beschäftigte (Mk 1,20). Der Tageslohn betrug in der Regel einen Denar.

Doch existierte auch eine soziale Mittelschicht. Zu ihr gehörten Handwerker, Kleinhändler, aber auch die gewöhnlichen Priester (und Leviten), von denen es 7000 gegeben haben soll.[3] Sie wurden zum Wochendienst eingeteilt. Bei ihrer großen Menge traf sie der Dienst nur selten, so daß sie vom Tempel unmöglich leben konnten, sondern gezwungen waren, einen anderen Beruf auszuüben. Die meisten konnten es sich nicht leisten, in der Hauptstadt beheimatet zu sein. Jericho galt als Priesterstadt. Diese soziale Mittelschicht dürfte im gesellschaftlichen Gefüge ein stabilisierender Faktor gewesen sein.

Wie in der gesamten antiken Welt gab es in Israel auch Sklaven. Dabei sind die Bedingungen des Sklavenstandes in ihrer ganzen Härte zu erfassen. Sklave zu sein bedeutete, Eigentum eines anderen zu sein. Das Vorhandensein von Sklaven in Israel wird uns wiederum durch die Gleichnisse der synoptischen Evangelien auf mittelbare Weise bestätigt. Das entsprechende griechische Wort δοῦλος sollte man nach Möglichkeit mit „Sklave“, nicht mit „Knecht“ übersetzen, um nicht unter der Hand spätere soziale Bedingungen in die Zeit Jesu zu übertragen. Allerdings war die Situation der Sklaven im jüdischen Haus weniger hart als in einem griechischen oder römischen, zumindest gilt dies für jüdische Sklaven. Auch wird ihre Zahl im ganzen Land nicht hoch gewesen sein, wiederum im Vergleich mit Griechenland oder gar Rom. Der jüdische Sklave wußte sich unter den Schutz des Gesetzes gestellt und mußte wie ein Tagelöhner behandelt werden, der seine Arbeitskraft verkaufte. So konnte er zu einem bescheidenen Eigentum gelangen. Vor allem war er im Sabbatjahr in die Freiheit zu entlassen. Hierin offenbart sich ein höchst humaner Zug des Gesetzes. Anders war es jedoch um heidnische Sklaven bestellt. Sie erfreuten sich der jüdischen Privilegien nicht. Nicht selten bemühten sie sich darum um Aufnahme als Proselyten in die Synagoge.

Die Gegensätze in den sozialen Verhältnissen wurden gesteigert durch eine höchst ungleiche Verteilung des Landbesitzes, der durch Besitzkonzentration in seiner Masse in den Händen weniger lag. Den größten Besitz zur Zeit Herodes' d.Gr. hatte der König selbst. Aber auch unter seinen Söhnen war es nicht anders. Vermutlich sicherten sie

---

[3] Vgl. *Foerster*, Zeitgeschichte 96f.

sich die ertragreichsten Gebiete. Von Herodes Antipas wissen wir, daß er aus Galiläa und Peräa jährlich 200 Talente herauswirtschaften ließ[4]. Die Güter des Archelaos wurden nach dessen Verbannung verkauft. Zwar erfahren wir von den Käufern nichts, doch kamen nur kapitalkräftige Leute in Frage[5]. Nun konnte es geschehen – übrigens schon in seleukidischer Zeit –, daß der König Landgüter zu Lehen an verdiente Leute seiner Umgebung (Minister, Militärs) vergab.

Einen interessanten Einblick in die Verwaltung dieser Güter gewähren uns die Zenon-Papyri. Zenon ist Beauftragter des Apollonios, der beim König von Ägypten den Posten eines Finanzministers bekleidet. Apollonios besitzt in Galiläa, in Beth-Anath, ein Landgut, das Zenon mit einem ansehnlichen Stab von Griechen im Jahr 260/259 v. Chr. besichtigte und dabei auch zahlreiche andere Geschäfte tätigte.[6] Eine Ablieferungsliste, die gewachste Fässer und verpichte Krüge mit Wein betrifft, ist uns erhalten geblieben. Wir können vermuten, daß Apollonios die Domäne an galiläische Bauern verpachtet hatte und sie von diesen bearbeiten ließ. Ein Papyrus berichtet vom Bemühen des Beauftragten, die Bauern, die bei der Ablieferung Schwierigkeiten bereiteten, zum Einlenken zu bringen[7]. Damit ergibt sich ein Bild, das weitgehend mit den Verhältnissen übereinstimmt, die das Gleichnis von den aufsässigen Winzern (Mk 12,1–9 parr) voraussetzt. Auch hier geht es um einen Weinberg, den ein ausländischer Besitzer an galiläische Winzer verpachtet hatte, die bei der Ablieferung der Pacht Schwierigkeiten machen. Für die Pachtverträge lassen sich zwei Formen ausmachen: Bei der Teilpacht verpachtet der Grundbesitzer den Acker oder Weinberg und läßt die Ernte durch seinen Beauftragten überwachen. Die Pacht besteht in der Ablieferung eines prozentual festgelegten Teils der Ernte, die natürlich in verschiedenen Jahren unterschiedlich ausfällt. Darum muß der Eigner bei der Ernte anwesend sein oder diese kontrollieren lassen, wie das im genannten Gleichnis der Fall ist. Bei der zweiten Form ist die Pacht für ein Stück Land von vornherein festgelegt. Daneben gibt es noch die Oikoswirtschaft. Bei dieser ist ein Verwalter für den auswärts oder im Ausland wohnenden Gutsherrn tätig. Er hat für die Arbeiter und Sklaven zu sorgen und ist dem Herrn selbstverständlich Rechenschaft schuldig[8]. Auch die

---

[4] *Josephus,* ant. 17,318 ff.

[5] Vgl. *Theißen,* Studien 137.

[6] *Rostovtzeff,* Die hellenistische Welt I 277.

[7] Vgl. *M. Hengel,* Das Gleichnis von den Weingärtnern Mc 12,1–12 im Lichte der Zenonpapyri und der rabbinischen Gleichnisse: ZNW 59 (1968) 1–39, hier 12–14.

[8] Vgl. *Kippenberg,* Klassenbildung 146–152. Kippenberg rechnet mit einem Konflikt zwischen der alteingesessenen Aristokratie, die in der Gerusia oder im Synhedrion vertreten war, und den in der Staatspacht engagierten Aristokraten, weil letztere begünstigt zu sein schienen. Sie stellten auch den neureichen Geldadel dar, der dem Geburtsadel suspekt erscheinen mußte (133 f).

Oikoswirtschaft spiegelt sich in manchen Gleichnissen wider (Lk 12,42f; 16,1–8; Mk 13,34f).

Mit dem Ausbau des Großgrundbesitzes kommt auch der Export in Schwung[9], der in erster Linie Naturalien wie Öl, Wein, Oliven, Getreide betraf. Das Straßennetz, von den Römern gefördert, war relativ gut ausgebaut. So gab es eine Straße von Caesarea am Meer durch Galiläa (Via Maris) nach Damaskus, auch Jerusalem hatte eine Straßenverbindung mit der Hafenstadt. Der Aufschwung des Handels ist auch daraus ersichtlich, daß Herodes d. Gr. den Hafen Caesarea, zuvor Stratonsturm genannt, ausbauen ließ. Die Gründung der neuen Stadt fällt in das Jahr 10 v. Chr. Die Großgrundbesitzer verfügten über gute Auslandsbeziehungen. Das Imperium Romanum und die Pax Romana begünstigten den internationalen Handelsaustausch. In Apg 12,20 ist beiläufig auf königliche Exportgeschäfte Bezug genommen, die Herodes Agrippa mit den Küstenstädten Tyros und Sidon betrieb, die aus seinem Land ihre Nahrungsmittel bezogen. In Jerusalem wurden regelmäßig Märkte abgehalten, ein Getreide-, ein Vieh-, ein Früchte-, ein Holzmarkt. Es gab auch einen Auktionsstein, auf dem Sklaven und Sklavinnen zur Schau gestellt und zum Verkauf angeboten wurden. Aus den Evangelien bekannt ist der Jahrmarkt im äußeren Tempelvorhof, der im Zusammenhang mit dem Paschafest steht und etwa drei Wochen vor dem Fest begann. Die Gewinne des Exporthandels kamen gewiß vor allem den Besitzenden zugute. An ihnen bewahrheitete sich das Wort: „Jeder, der hat, dem wird gegeben werden, und er wird Überfluß haben“ (Mt 13,12).

Aber auch die Fortsetzung dieses Spruches: „Jeder, der nicht hat, dem wird das, was er hat, genommen werden“, traf die Wirklichkeit, und zwar die der Kleinbauern und Tagelöhner. Die Kleinbauern bearbeiteten zusammen mit ihren Familien das spärliche ihnen gehörige Land. Unregelmäßigkeiten in der wirtschaftlichen Versorgung, die durch politische oder andere äußere Umstände eintraten, trafen sie am ehesten. In der großen Hungersnot im Jahr 25 v. Chr. hatte Herodes durch Verkauf eigenen Vermögens das Schlimmste verhindern können[10]. Von vergleichbaren staatlichen Hilfsaktionen vernehmen wir später nichts mehr. Nur selten drangen Freudentage in das triste Leben dieser Menschen ein. Es waren die religiösen Feste, es waren die mehrere Tage gefeierten Hochzeiten, es war die gegenseitig gewährte Gastfreundschaft, die etwas Licht in das düstere Leben strahlen ließen. Das Erbrecht trug dazu bei, die Lage der Nachkommen zu verschlimmern. Denn immer erbte nur der älteste Sohn Haus und Hof, die ungeteilt blieben. Die anderen Söhne mußten sich mit einem Teil des

---

[9] Vgl. *Theißen*, Studien 137; Herz; PJ 24 (1928) 98–113.
[10] vgl. *Josephus*, ant. 15,299–316.

beweglichen Vermögens zufriedengeben. Dies wiederum erklärt die große jüdische Diaspora, denn viele zogen es vor, die karge heimatliche Provinz zu verlassen und ins Ausland zu gehen. Daß es nicht wenige Bettler gegeben hat, bestätigen uns die Evangelien. Unter den Bettlern befanden sich vor allem Kranke und Arbeitsunfähige wie Blinde, Gelähmte. An der Pilgerstraße und in Jerusalem gab es bevorzugte Bettelplätze, etwa am Tor des Tempels (Apg 3,2). Der blinde Bettler Bartimäus sitzt bei Jericho an der Pilgerstraße (Mk 10,46). Unter diesem elenden Volk dürfte Jesus aufmerksame Hörer gefunden haben.

Im übrigen bot in Jerusalem der Bau des Tempels, den Herodes durchführen ließ und der sich über Jahrzehnte hinzog, zahlreichen Menschen Arbeit und Brot[11]. Steinhauer, Zimmerleute, Kunsthandwerker fanden hier ihre Beschäftigung. Beim Bau sollen 18000 Arbeiter tätig gewesen sein. Denn es wird uns berichtet, daß nach der Beendigung des Werkes zwischen 62 und 64 n.Chr. 18000 Arbeiter brotlos geworden seien. Damals ließ Agrippa II. aus sozialen Gründen und auf Drängen des Volkes, um den Menschen Arbeit zu geben, Jerusalem mit weißen Steinen pflastern. Das Geld hierfür nahm er aus dem Tempelschatz, über den er verfügte[12]. Im Tempelschatz waren im Lauf der Zeit gewaltige Summen zusammengekommen.

Als besonders drückende Last wurden die vielfältigen Steuern empfunden. Die an den Tempel zu zahlende Tempelsteuer von einer Doppeldrachme wird von den religiös Gesinnten als etwas Selbstverständliches entrichtet worden sein, zumal die freiwilligen jüdischen Tempelsteuereinnehmer diesen Dienst als Auszeichnung betrachteten (Mt 17,24–27). Die Zölle, die von den Zöllnern eingezogen wurden, betrafen unregelmäßige, indirekte Abgaben, besonders die Abgaben auf Waren bei deren Überführung über die Landesgrenzen, aber auch Abgaben wie Marktzoll, Wegegeld. Zöllner pachteten den Zoll und hatten so die Möglichkeit, durch erhöhte Forderungen Geld in die eigene Tasche zu erwirtschaften. Von daher rühren ihre Unbeliebtheit und ihre Gleichstellung mit öffentlichen Sündern.

Am belastendsten waren die regelmäßigen Steuern. Die Römer betrachteten die eroberten Provinzen als Eigentum Roms[13]. Die Provinzbevölkerung, die nur Besitzrechte hatte, mußte darum Abgaben leisten. Im wesentlichen waren dies eine Boden- und Kopfsteuer (tributum agri et capitis). Über deren Höhe sind wir nicht sicher informiert. In Sizilien betrug die Bodensteuer ein Zehntel des Agrarertrages. Die Kopfsteuer war nach dem sozialen Stand abgestuft. Um

---

[11] Vgl. *Jeremias,* Jerusalem I 23–29.

[12] *Josephus,* ant. 20,9.

[13] Vgl. *T. Pekáry:* KP V 952–954.

diesen festzustellen, wurde bei der Errichtung der Provinz Judäa ein Zensus durchgeführt. In der Zeit Jesu waren die direkten Steuern in Judäa nicht verpachtet. Vermutlich fungierte unter dem Statthalter ein Finanzprokurator, der die Steuern einzuziehen hatte[14]. Es sieht so aus, daß die Römer die Steuern erhöhten im Vergleich zu dem, was man vorher zu zahlen hatte[15]. In Galiläa war eine andere Steuersituation gegeben[16]. Herodes Antipas, der Ethnarch von Galiläa, hatte seine eigene Finanz- und Steuerverwaltung, mit deren Hilfe er die Steuern eintreiben ließ. Er bediente sich des Pachtsystems. Publicani, die die Steuer gepachtet hatten, zogen diese für ihn ein. Die τελῶναι in Galiläa waren darum mehr als Zöllner. Sie waren Steuereintreiber[17]. Das τελώνιον („Zollstätte"), an dem Levi sitzt (Mk 2, 14), dürfen wir uns als einfachen Wechseltisch vorstellen, auf welchem bezahlt und quittiert wurde.

Aufschlußreich für die soziale Lage ist auch das Wohnen der Menschen. Das dörfliche Haus bestand oft nur aus einem einzigen Raum, in dem die ganze Familie untergebracht war, lebte, schlief. Verschiedene Gleichnisse geben uns Einblicke in dieses Haus. Ein Licht, auf einen Leuchter gestellt, reicht aus, das ganze Haus zu erleuchten (Mt 5, 15). Wenn eine Frau ein Geldstück verliert, zündet sie dieses Licht an und fegt das ganze Haus aus, um das Verlorene zu finden (Lk 15, 8). Köstlich ist das Gleichnis vom bittenden Freund, das von einem Mann erzählt, der sich im Haus mit den Kindern schlafen gelegt und die Türe versperrt hat und nicht mehr gestört werden möchte (Lk 11, 5–7). Wenn etwas Vieh vorhanden war, konnte dies auch noch im Haus untergebracht werden. Der Wohnraum der Menschen war dann etwas erhöht angebracht. Das Dach war mit Schilf, Heu und Zweigen gedeckt, so daß es aufgebrochen werden konnte (Mk 2, 4: ἐξορύξαντες). Die Hauswand muß man sich aus Lehm oder Reisig gefertigt vorstellen[18]. Das städtische Haus in Jerusalem hingegen war einstöckig. Im ersten Stock befand sich ein weites, die ganze Fläche des Hauses umfassendes Obergemach (ὑπερῷον), das über eine Außentreppe zu erreichen war.

---

[14] *Philo*, leg. Gaj. 199, berichtet von einem römischen Finanzprokurator namens Capito in Judäa. *O. Michel:* ThWNT VIII 97, 9 ff. vermutet, daß das Synhedrion unter Aufsicht des Statthalters die Abgaben einzutreiben hatte.

[15] *Tacitus*, ann. 2, 42, weiß zu berichten, daß Judäa wegen Steuererschöpfung den Kaiser Tiberius um Herabsetzung des Tributs bat. Ob dieser Bitte entsprochen wurde, wissen wir nicht.

[16] Vgl. *O. Michel:* ThWNT VIII 96, 31 ff.

[17] Vgl. *Rostovtzeff*, Die hellenistische Welt I 276, der auch für Judäa offenbar mit einer Verpachtung der Steuern rechnet. Doch waren in Judäa nur die indirekten Abgaben verpachtet, wie das portorium, eine Abgabe auf alle Verkäufe und Verpachtungen. Als Pächter sind vor allem Einheimische aufgetreten wie der Oberzöllner Zachäus in Jericho (Lk 19, 1 f). Vgl. *Schürer*, Geschichte I 477; *O. Michel:* ThWNT 97, 18 ff.

[18] Nach Mt 24, 43 kann ein Dieb die Hauswand (mit dem Messer) aufbrechen.

In einem solchen Raum versammeln sich die Apostel nach Apg 1,13, vielleicht auch Jesus mit den Zwölfen zur Feier des Abendmahles (Mk 14,14). Palastartige Gebäude besaßen einen größeren Vorhof mit einem Torhäuschen (Mk 14,68).

Wie aber sah das Leben aus, das sich im Haus abspielte? Die Gesellschaft war patriarchalisch strukturiert. Der Mann war der Herr und Besitzer des Hauses. In rechtlicher Hinsicht war die Frau mannigfaltig benachteiligt. Sie galt als das Eigentum des Mannes. Dieses im Besitzrecht wurzelnde Verhältnis von Mann und Frau kommt im Dekalog zum Ausdruck, wo diese beiden Verbote nebeneinanderstehen: „Du sollst nicht begehren deines Nächsten Haus! Du sollst nicht begehren die Frau deines Nächsten noch seinen Knecht, seine Magd, seinen Ochsen, seinen Esel noch irgend etwas, was deinem Nächsten gehört!" (Ex 20,17). An dieser Auffassung hatte sich nichts geändert. Im Gegenteil, innerhalb des Eherechts hatte sie zu der Meinung geführt, daß ein Mann immer nur eine fremde Ehe, nie aber seine eigene Ehe brechen kann. Eine Ehefrau aber galt auch dann als Ehebrecherin, wenn sie sich mit einem Unverheirateten einließ. Ehescheidung war verhältnismäßig leicht. Konkret handelte es sich dann stets um die Entlassung der Frau aus der Ehe durch den Mann. Die Frau hatte nicht die Möglichkeit, die Ehe zu lösen.

In welchem Umfang die Ehescheidungspraxis zur Zeit Jesu geübt wurde, läßt sich nur schwer sagen. Die Pharisäer ließen sie zu. Innerhalb der verschiedenen Schulen aber wurden unterschiedlich strenge Rechtsmaßstäbe angelegt. Die Hilleliten sollen die Scheidung erlaubt haben für den Fall, daß die Frau die Suppe hatte anbrennen lassen. Bei den Essenern war Ehescheidung verpönt. Im Hinblick auf ihre gesellschaftliche Stellung war die Frau auf das Haus verwiesen. Der Mann schätzte die gute Hausfrau. In der Weisheitsliteratur findet sich ihr Lob: „Eine tüchtige Frau, wer wird sie finden? Sie übertrifft alle Perlen an Wert. Das Herz ihres Mannes vertraut auf sie, und es fehlt ihm nicht an Gewinn. Sie tut ihm Gutes und nichts Böses alle Tage ihres Lebens. Sie sorgt für Wolle und Flachs ... Sie öffnet ihre Hand dem Armen. Ihr bangt nicht für ihr Haus vor dem Schnee, denn alle in ihrem Haus haben wollene Kleider usw." (Spr 31,10–31). Weil die Verheiratung der Tochter Sache des Vaters war, fragt man sich, ob eine Liebesheirat überhaupt vorkommen konnte. Immerhin besitzen wir das biblische Hohelied, in dem eine junge Liebe mit höchster Sprachgewalt gepriesen wird.

Auch in der Erziehung waren die Mädchen benachteiligt. Die Thora zu lernen, war Sache der Knaben. Die Erziehung – vom Kleinkind abgesehen – lag in den Händen des Vaters. Frauen waren nicht erbfähig, nicht als Zeugen bei Gericht zugelassen. Zu festlichen Mählern, zu denen Gäste geladen wurden, hatten sie keinen Zutritt. Nur beim Sabbat-

und Paschamahl durften sie erscheinen. Das Auftreten von Frauen beim Mahl der Männer war ungewöhnlich, auffällig (vgl. Mk 14,3 parr; Lk 7,36–50). Die Männer dabei mit Tanz zu unterhalten, kam den Dirnen zu (vgl. Mk 7,22 par).

Schichtungen in der Gesellschaft in bezug auf das Ansehen und die Beliebtheit ergaben sich auch durch die Zugehörigkeit zu bestimmten Berufen. Daß Zöllner und Steuereinnehmer nicht besonders beliebt waren, versteht sich fast von selbst. Andere Berufe wurden mißachtet wegen ihrer mit Schmutz und Gestank verknüpften Arbeit wie die Gerber. Wieder andere standen im Ruf, unlauter zu sein wie die Hirten und Fuhrleute[19]. Ein weiteres Kriterium war die Vollzugehörigkeit zu Israel. Die Geschlechterregister in den Büchern Esra, Nehemia und der Chronik vermögen anzuzeigen, welchen Wert man der blutmäßigen Zugehörigkeit zum Volk zumaß. Für die Priester war die Kenntnis ihrer Genealogie von Bedeutung. Für bestimmte Ehrenämter wie Gemeindevorstand, Almosenpfleger, Mitglied des Synhedrions kamen bevorzugt Israeliten reiner Abstammung in Frage. Die Evangelisten Matthäus und Lukas bemühen sich, einen Stammbaum Jesu aufzustellen.

Literatur: *F. C. Grant,* The Economic Background of the Gospels (Oxford 1926); *J. Herz,* Großgrundbesitz in Palästina im Zeitalter Jesu: PJ 24 (1928) 98–113; *S. W. Baron,* A Social and Religious History of the Jews (New York 1952); *M. Rostovtzeff,* Die hellenistische Welt. Gesellschaft und Wirtschaft, 3 Bde. (Stuttgart 1955/56); *W. Foerster,* Ntl Zeitgeschichte (Hamburg 1968); *H. Kreissig,* Die landwirtschaftliche Situation in Palästina vor dem jüdischen Krieg: Acta Antiqua 17 (1969) 223–254; *ders.,* Die sozialen Zusammenhänge des jüdischen Krieges (Berlin 1970); *S. Applebaum,* Economic Life in Palestine: S. Safrai u.a. (Hrsg.), The Jewish People in the First Century II (Assen 1976) 631–700; *H. G. Kippenberg,* Religion und Klassenbildung im antiken Judäa (StUNT 14) (Göttingen ²1982); *B. O. Long*, The Social World of Ancient Israel: Interp 36 (1982) 243–255.

[19] Die von *Jeremias,* Jerusalem II 174–184, aufgeführten Listen von verachteten Berufen schießen über das Ziel hinaus. Nach Apg 10,6 wohnt Petrus in Joppe beim Gerber Simon.

Viertes Kapitel

Jesus in der Zeit vor seinem öffentlichen Wirken

1. Jesus in Nazaret

Jesus hat die weitaus längste Zeit seines Lebens in Nazaret zugebracht[1]. Darum ist ein Wort zu Nazaret zu sagen, von dem er den Namen „der Nazarener" behalten hat (Mk 1,24 u.ö.)[2]. Im Alten Testament wird der Ort nirgendwo erwähnt, auch nicht von Flavius Josephus. Das kann nur mit seiner geringen Bedeutung zu tun haben. Dennoch muß Nazaret mindestens schon in hellenistischer Zeit existiert haben, wie Felsengräber erweisen. Nach den Beigaben läßt sich eines dieser über 20 Gräber auf die Zeit um 200 v.Chr. datieren[3]. A. Alt vermutet, daß Nazaret von dem nur 3 km in südwestlicher Richtung entfernten Japha aus gegründet wurde[4], einer Stadt, die schon in der Liste der Gemeinden des Stammes Zabulon in Jos 19,10–16 vorkommt. Auch Nazaret liegt im Gebiet von Zabulon. Es ist umgeben von Anhöhen, im Norden liegt der Nebi Sa'in, die noch vorhandene Quelle zeigt wohl die Nähe der Stelle der alten Siedlung an. In südöstlicher Richtung führt ein schluchtartiges Wadi in steilem Abstieg zu dem 550 m tiefer gelegenen See Gennesaret hinab, wenn wir annehmen dürfen, daß der Ort sich etwa 340 m ü.d.M. befand. Das war für

[1] Zur Geburt Jesu in Bethlehem vgl. *Schürmann,* Lukasevangelium I 103; zur theologischen und historischen Beurteilung der Jungfrauengeburt *Gnilka,* Matthäusevangelium I 28–32.

[2] Die Bezeichnung „Nazoräer" (Mt 2,23 u.ö.) nimmt auch auf Nazaret Bezug, dürfte aber zusätzlich messianische Bedeutung haben. Diese ist abzuleiten vom (messianischen) Sproß *(neser),* den der Prophet verkündigt hatte. Vgl. *Gnilka,* Matthäusevangelium I 55–57.

[3] 18 dieser Gräber gehören zum Typ der Schiebestollen (Kokim). Zwei der Gräber waren noch unberührt, vier mit einem Rollstein abgeschlossen. Weil letzteres sich im jüdischen Bereich erst in der römischen Epoche durchsetzt, kann man vermuten, daß Nazaret in dieser Zeit etwas dichter besiedelt war. Diese Aussage ist natürlich relativ zu verstehen. Vgl. *Kopp,* Stätten 87.

[4] Kleine Schriften zur Gemeinde des Volkes Israel II (München 1953) 443. – Die Namensform Ναζαρα (Lk 4,16; Mt 4,13 v.l.) ist mit Abel, Géographie I 395, als hellenistische Form anzusprechen. Auch Hieronymus überliefert in seiner lateinischen Übersetzung des Onomastikon des Eusebios den Namen Nazara (GCS 11/1, 141, ed. *E. Klostermann*).

die Bewohner des Ortes der beschwerliche Anschlußweg an die Welt, denn östlich in etwa 10 km Entfernung, verlief die Via Maris, die Damaskus mit dem Süden Israels und mit Ägypten verband.

In den Evangelien wird Nazaret eine Stadt genannt (Mt 2,23; Lk 1,26 u.ö.). Über seine Größe sagt dies nichts aus. Denn auch die griechische Bibel (LXX) übersetzt hebräisches *'ir,* das jedes selbständige Gemeinwesen, unabhängig von seiner Größe, bezeichnet, mit πόλις. Nach Ausweis von Mk 6,1f parr besaß Nazaret eine Synagoge. Für das Zustandekommen einer synagogalen Gemeinde waren mindestens zehn Männer erforderlich. Doch das genügte auch. In diesem Flecken lebte Jesus in und mit seiner Familie. Er war der erstgeborene Sohn (Lk 2,7).

Wenn wir die communiter contingentia voraussetzen dürfen, die allgemeinen Gepflogenheiten, wird seine Mutter Maria 15–17 Jahre älter als er gewesen sein, Josef etwa 25 Jahre älter. Die Vermutung, daß Josef, der in den Evangelien nur innerhalb der Kindheitsgeschichten erwähnt wird, früh verstarb, hat manches für sich. Maria könnte dann mit ihrem Sohn in den größeren Sippenverband aufgenommen worden sein. Die Namen der vier Herrenbrüder Jakobus, Josef, Juda, Simon (Mk 6,3), samt und sonders die Namen jüdischer Patriarchen, lassen auf eine im jüdischen Glauben verwurzelte Sippe schließen[5]. Über die Namen der Herrenschwestern erfahren wir nichts. Übrigens hieß er Jeschua, seine Mutter hieß Mirjam. Jesus, Maria sind später vorgenommene Gräzisierungen, wie der Herrenbruder Josef bei Mk 6,3 mit dem gräzisierten Namen Joses vorgestellt wird (vgl. Mt 13,55). Im abgelegenen Nazaret wird vom hellenistischen Einfluß der großen Welt nicht viel zu verspüren gewesen sein. Doch 4 Kilometer nördlich von Nazaret lag Sepphoris, die Residenzstadt des prachtliebenden Herodes Antipas, der hier etwa bis zum Jahr 20 residierte und für hellenistischen Einfluß offen war. Das Amphitheater, das er hatte bauen lassen, legt dafür Zeugnis ab. Auch für die Einwohnerschaft von Sepphoris nimmt man an, daß sie hellenophil gesinnt gewesen ist. Denn im späteren Jüdischen Krieg zog sie den römischen Truppen entgegen, um sich zu unterwerfen[6]. Die Bewohner von Nazaret schlossen sich dem nicht an. Die meisten von ihnen dürften im Krieg getötet worden sein[7].

---

[5] Zur Frage der Herrenbrüder vgl. *Gnilka,* Markus I 234f.

[6] *Josephus,* bell. 3,29–31, nennt Sepphoris die einzige Stadt in dieser Gegend, die friedlich gesinnt war.

[7] Nach *Josephus,* bell. 3,289–292, leistete Japha gegen die Römer erbitterten Widerstand. Es kann durchaus sein, daß die Bewohner von Nazaret in dieser befestigten Stadt Zuflucht suchten und nach deren Eroberung zusammen mit den Bewohnern von Japha weitgehend ums Leben kamen. Doch Angehörige der Familie Jesu haben überlebt. Eu-

Über die lange Zeit Jesu in Nazaret wissen wir nichts Näheres. Die Evangelien schweigen sich aus. Als Kleinkind wird er von Maria erzogen worden sein, dann von Josef, der ihn in die Thora einzuweisen hatte. In der Synagoge hörte er die Schriftlesungen und ihre Auslegung in der Predigt. Im Alltag übte er einen Beruf aus. Für seinen Beruf und den Beruf Josefs wird dasselbe Wort verwendet: τέκτων, das wir mit Zimmermann zu übersetzen pflegen. Beides hören wir im Evangelium an der gleichen Stelle, beim Auftritt Jesu in seiner Heimatsynagoge in Nazaret. Die Landsleute nehmen Ärgernis und sagen nach Mk 6,3: „Ist dieser nicht der Zimmermann?", nach Mt 13,55: „Ist dieser nicht der Sohn des Zimmermanns?" Lk 4,22 vermeidet eine Berufsbezeichnung. Markus bietet hier die älteste Fassung. Denn die Tendenz geht offenkundig dahin, die Berufsbezeichnung von Jesus zu entfernen. Doch können wir davon ausgehen, daß beide den Beruf eines τέκτων ausübten, daß Jesus diesen Beruf von Josef erlernt hatte, wie es im späteren rabbinischen Judentum nachgewiesen werden kann, daß der Vater die Pflicht hatte, den Sohn ein Handwerk zu lehren. Ein rabbinischer Spruch lautet: „Wer ihn kein Handwerk lehrt, lehrt ihn Räuberei" (bQid 30b)[8].

Allerdings ist die Beschreibung der Tätigkeit eines τέκτων als Zimmermann zu eng gefaßt. Er verstand sich nicht nur auf die Bearbeitung von Holz, sondern auch auf die von Steinen, war demnach auch Steinmetz (vgl. 2 Kg 5,11 LXX). Im Griechisch der Papyrus-Urkunden werden den τέκτονες folgende Tätigkeiten zugeschrieben: sie sind beim Schleusenbau tätig, halten das Schöpfrad instand, bauen Türen, Häuser, bessern einen Sattel aus usw.[9] Ihr Tätigkeitsfeld ist mithin ein vielseitiges. Dies bestätigt im übrigen schon Homers Ilias, in der von einem τέκτων die Rede ist, „dessen Hände allerlei Kunstwerk bildeten" (5,60f). Trotz seiner Vielseitigkeit darf die Frage erlaubt sein, ob ein τέκτων in Nazaret genug Arbeit hatte. Schon A. Schlatter[10] hat mit der Möglichkeit gerechnet, daß Josef beim Wiederaufbau von Sepphoris, das von Varus im Jahr 4 v. Chr. zerstört worden war, beteiligt gewesen sei. Weil sich der Wiederaufbau über Jahre hinzog – sollte auch Jesus an diesen Arbeiten beteiligt gewesen sein? Über Vermutungen kommen wir nicht hinaus.

Warum blieb Jesus so lange in Nazaret? Wie viele Jahre verbrachte er dort? Und was veranlaßte ihn schließlich, seinen Heimatort zu verlassen? Der äußere Anlaß war das Auftreten Johannes' des Täufers in

---

sebios, hist. eccl. 3,20, erzählt von einer Vorladung von Verwandten Jesu vor Kaiser Domitian.

[8] Vgl. *Riesner,* Lehrer 116–118.

[9] *Preisigke-Kießling* II 585.

[10] Der Evangelist Matthäus (Stuttgart 1929) 455.

Judäa. Die Kunde vom großen Bußprediger am südlichen Jordan war bis nach Nazaret gedrungen. Und Jesus ging von Nazaret in Galiläa zum Jordan, um sich von Johannes taufen zu lassen (vgl. Mk 1,9). Damit tritt er in die Öffentlichkeit. Doch zuvor wollen wir noch die Frage nach der Länge der Zeit stellen, die er in seiner Heimat zugebracht hat. Es ist gleichzeitig die Frage nach seinem Alter.

Hierfür bieten uns die Evangelien zwei Anhaltspunkte. Der eine ist ziemlich vage, der andere hingegen scheint recht präzise zu sein. Dies bedeutet folgendes: Gemäß Lk 1,5; Mt 2 fällt die Geburt Jesu (und Johannes' des Täufers) in die Regierungszeit des Königs Herodes. Nach Lk 3,1 tritt Johannes der Täufer im 15. Jahr der Regierung des Kaisers Tiberius auf[11]. Darüber hinaus erfahren wir aus Lk 3,23, daß Jesus bei seinem Auftreten etwa 30 Jahre alt gewesen sei. Die letzte Angabe ist auch theologisch motiviert, weil sie auf 2 Sm 5,4 verweisen dürfte: Auch David, der Prototyp des Messias, war 30 Jahre alt, als er König wurde. Dennoch deutet die ungefähre Altersbestimmung „etwa 30 Jahre" ein chronologisch-historisches Interesse des Lukas an. Dieses Interesse bietet doch Gewähr dafür, daß auch die allgemeine Angabe „in den Tagen des Herodes" als Geburtszeit Jesu zutreffend ist.

Herodes aber ist 4 v. Chr. gestorben. Der Mönch Dionysius Exiguus, der im Jahr 525 auf Geheiß des Papstes Johannes I. den Ostertermin festlegte und erstmalig die Jahre nach Christus berechnete, hat sich verrechnet[12] Das 15. Regierungsjahr des Tiberius umfaßt die Zeit vom 1. Oktober 27 bis zum 1. Oktober 28. Dabei ist die syrische Zählung, die sich für Lukas empfiehlt, vorausgesetzt. Nach dieser Zählung zählt die Zeit von der Thronbesteigung des Tiberius (19. August 14) bis zum Beginn des neuen bürgerlichen Jahres (1. Oktober 14), obwohl sie nur sechs Wochen umfaßt, als erstes Regierungsjahr[13]. Es verbleiben allerdings Unwägbarkeiten. Wenn der Tod Herodes' d. Gr. der letztmögliche Zeitpunkt der Geburt Jesu ist, so bleibt die Möglichkeit eines früheren Zeitpunktes offen. Jesus wird Anfang der Dreißiger gewesen sein, als er zu Johannes an den Jordan kam.

Für weitere chronologische Berechnungen bleibt zu berücksichtigen, daß sich das 15. Regierungsjahr des Tiberius (Lk 3,1) auf den Be-

---

[11] Die anderen Angaben in Lk 3,1 f, die sich auf Pontius Pilatus, Herodes Antipas, Philippos, Lysanias, Hannas und Kajafas beziehen, helfen nicht viel, weil sie keine Regierungsjahre angeben.

[12] Vgl. *J. Lenzenweger:* LThK ²III 406.

[13] Mit *Cichorius:* ZNW 22 (1923) 18 f. Bei einer anderen Zählungsweise, die *Schürmann,* Lukasevangelium I 150, zusätzlich erwägt, umfaßt das erste Regierungsjahr des Tiberius die Zeit vom 19. August 14 bis 18. August 15 und das 15. die Zeit vom 19. August 28 bis 18. August 29. Dies wäre buchstäblich gerechnet. Die Differenz zur syrischen Zählungsweise beträgt 10½ Monate.

ginn des Wirkens Johannes' des Täufers bezieht, nicht auf den Beginn des Wirkens Jesu[14].

2. *Johannes der Täufer und Jesus*

Wen traf Jesus in Johannes dem Täufer an? Johannes läßt sich in keine der oben geschilderten jüdischen Religionsparteien einordnen. Er war weder Pharisäer noch Zelot, noch Essener. Man hat ihn immer wieder in die geistige Nähe zu Qumran gerückt, in dessen räumlicher Nähe er wirkte und von dessen Existenz er gewußt haben muß. Man hat ihn gelegentlich sogar in Qumran erzogen sein lassen wollen. Doch unterscheidet er sich von Qumran vor allem durch die Öffentlichkeit seines Wirkens, das sich an alle Israeliten richtet. Nur vage kann er mit Taufbewegungen in Verbindung gebracht werden, die es damals gegeben haben dürfte[15]. Was ihn prägt, ist seine unerbittliche Gerichtspredigt, die er mit dem Angebot einer Taufe verbindet. Er ist eine Gestalt eigener Bedeutung und Größe, die an die alten Propheten erinnert, deren Konturen aber aus dem zu gewinnen sind, was uns von ihr überliefert worden ist. Leider ist es nicht allzuviel[16].

Im Zentrum der Gerichtspredigt des Johannes steht das erwartete Ende der Geschichte. Seine Naherwartung ist so bedrängend und unaufhaltsam, daß sie vergleichbare eschatologische Orientierungen in der Apokalyptik und bei den Essenern in den Schatten stellt und als Nächsterwartung charakterisiert werden kann. In eindrücklichen Bildern wird die Unaufhaltsamkeit des hereinbrechenden Gerichts vor Augen geführt: „Schon ist die Axt an die Wurzel der Bäume gelegt. Jeder Baum nun, der keine gute Frucht bringt, wird abgehauen und ins Feuer geworfen" (Mt 3,10 par). Wie der Holzfäller die Wurzel eines Baumes freilegt, bevor er die letzten Schläge ausführt, um den Baum zu fällen, so bedrohlich ist die Situation der Hörer geworden. Der erwartete Richter hält schon die Worfgabel in der Hand, mit der er seine Tenne reinigen wird (Mt 3,12 par). Von der auf ihr Ziel zulaufenden Geschichte ist nichts mehr zu erwarten. Berechnungen des Endes, wie sie in der Apokalyptik gang und gäbe waren, erscheinen überflüssig.

---

[14] Vgl. *Meyer,* Ursprung I 50, der darauf aufmerksam macht, daß von Johannes dem Täufer auch in der jüdischen Überlieferung, wie Josephus zeigt, die Rede ist.

[15] Vgl. *J. Thomas,* Le mouvement baptiste en Palestine et Syrie (Gembloux 1935).

[16] Der knappe Bericht des *Josephus,* ant. 18,117–119, stellt Johannes als einen philosophischen Erzieher seines Volkes dar. Er erwähnt zwar die Taufe, läßt aber die entscheidende eschatologische Komponente völlig außer Acht. Das Interesse richtet sich auf den Tod des Täufers und dessen nähere Umstände. Vgl. *Schütz,* Johannes 13–27.

Die erwartete Zukunft, die alles Bisherige begrenzt, ist ausschließlich Gottes Tat.

Mit dem erwarteten Ende wird der göttliche Zorn über sein Volk hereinbrechen. Keiner möge glauben, er könne dem kommenden Zorn entfliehen (Mt 3,7 par). Das Feuer, dem der unfruchtbare Baum anheimfällt, ist Ausdruck für den unnachgiebigen Zorn Gottes (schon Am 7,4; Soph 3,8; Jer 21,12; Ez 22,31; Ps 89,47 u.ö.). Doch im Wort von der Feuertaufe wird es zum realen Feuer, das das Bestehende vernichtet, zum unauslöschlichen Feuer, dem die Spreu, jene Menschen, die keine Frucht zu bringen in der Lage waren, übergeben werden (Mt 3,11 f par). Letztlich ist mit ihm das Feuer der Gehenna gemeint, das an diesem Tag aufbrechen wird (vgl. Job 20,26; Is 34,10; 66,24; Dn 12,2)[17]. Es gibt kein Entrinnen, denn Gott ist mit seinem Zorn im Recht. Johannes sieht Israel an sein Ende gekommen. Die Zugehörigkeit zum Volk hat keine Bedeutung mehr. Die Abrahamskindschaft nutzt nichts. Nahezu sarkastisch wird das mit Hinweis auf die in der Wüste herumliegenden Steine verdeutlicht. Gott könnte aus ihnen dem Abraham Kinder erwecken (Mt 3,9). In der vernichtenden Beurteilung stimmt der Täufer mit dem Lehrer der Gerechtigkeit von Qumran überein. Allerdings geht er nicht daran, eine Gemeinde als heiligen Rest Israels um sich zu versammeln. Dafür ist die Zeit zu spät. Nur Jünger nimmt er in seine Gefolgschaft auf (vgl. Mk 2,18 par).

Angesichts des nahenden Gerichts verlangt Johannes von jedem die Umkehr. Doch fordert er zusätzlich den Empfang seiner Taufe im fließenden Wasser des Jordan. Dieser Taufritus war das Neue, das seine Wirksamkeit prägte und ihm den Beinamen „der Täufer" einbrachte. Die Täuflinge legen vor ihm ein Sündenbekenntnis ab, das allgemeiner Art gewesen sein dürfte, vergleichbar dem Sündenbekenntnis am jüdischen Versöhnungsfest oder am Bundeserneuerungsfest in Qumran (Mk 1,5 vgl. 1 QS 1,22 – 2,1). Die von ihm gespendete Taufe konnte nur ein einziges Mal empfangen werden. Das ergab sich daraus, daß die letzte Stunde gekommen war. In der Einmaligkeit kam ihr verpflichtender Charakter zum Ausdruck. Sie heißt in Mk 1,4 Umkehrtaufe zur Vergebung der Sünden. Die in Aussicht gestellte Sündenvergebung hat die echte Umkehrbereitschaft des Täuflings zur Voraussetzung. Dies bedeutet, daß die Taufe allein nicht die Sündenvergebung garantiert, sondern gleichsam das Siegel auf die bekundete Umkehrbereitschaft ist. Dennoch ist es wichtig zu sehen, daß Johannes als der Taufspender in den Prozeß der Annahme des Menschen einbezogen ist. Die Hinwendung erfolgt zu Gott. Dabei können wir annehmen, daß sie – obwohl dies nicht ausdrücklich gesagt ist – die Hinwendung

---

[17] *Becker*, Johannes 28 f, vermutet, daß das Feuer ein reines Vernichtungsfeuer sei, das die Erde von den Sündern reinigt.

zu dem im Gesetz verfügten Willen Gottes impliziert. Die in Lk 3,10–14 gebotene „Standespredigt“, die lukanischer Redaktion verdankt sein dürfte, vermag uns über die dem Täufer eigenen Intentionen nicht aufzuklären. Die Rede von der Frucht, die der Umkehr würdig ist (Mt 3,8)[18], scheint dem einzelnen die Konkretisierung seiner Umkehrbereitschaft in seinem praktischen Leben zu überlassen. Doch bliebe die Frucht aus, verlöre die Taufe ihren Sinn. Damit kommt der individualisierende Charakter des Umkehrrufes, der den einzelnen in die Verantwortung nimmt, voll zur Geltung.

Doch weist die im Jordan gespendete Taufe über sich selbst hinaus. In ihrem eschatologischen Bezug verweist sie auf jene Taufe, die an dem für die nächste Zukunft erwarteten Gerichtstag gespendet werden wird und der sich alle werden unterziehen müssen. Umstritten aber ist, ob Johannes diese Taufe ankündigte als Taufe im heiligen Geist und Feuer (so Mt 3,11 / Lk 3,16=Q) oder nur im Heiligen Geist (so Mk 1,8) oder nur im Feuer. Vielfach hält man den heiligen Geist für einen christlichen Eintrag in die Täuferpredigt, der auf die spätere Geisterfahrung der christlichen Gemeinde hinlenken solle. Doch ist es geraten, den Täufer nicht allein die Feuertaufe ankündigen zu lassen. Man stempelte ihn zum reinen Unheilspropheten ab. Auch sollte man sich überlegen, daß man ihm dann eine größere heilsmittlerische Bedeutung zuschreiben könnte als jenem, den er erwartet[19]. Wenn er demnach die Geist- und Feuertaufe ansagte, kann daran erinnert werden, daß wir dieses Nebeneinander auch in der Gemeinderegel von Qumran antreffen, wo neben der Vernichtung in finsterem Feuer die Reinigung durch heiligen Geist für die Zukunft angekündigt wird (1 QS 4,13 und 21; vgl. Joel 3,1–3). Es ist klar, daß die Geist- und Feuertaufe sich auf verschiedene Gruppen bezieht: die einen sollen die Vernichtung im Feuer empfangen, die anderen die Reinigung durch heiligen Geist[20].

Auf noch größere Schwierigkeiten stößt die Beantwortung der Frage, wen denn der Täufer angesagt hat, wer es denn sei, der mit heiligem Geist und Feuer taufen wird, als wessen „Vorläufer“ Johannes sich also gewußt hat. Auf jeden Fall ist er kein Jünger Jesu. So unscharf der kommende Geist- und Feuertäufer in der Predigt des Johannes auch erscheinen mag, so richtig es sein dürfte, daß für ihn die Geist- und Feuertaufe mehr im Vordergrund stand als der Gedanke, wer sie spenden wird, so ist doch erkenntlich, daß der Erwartete, der

[18] Lk 3,8 spricht pluralisch von den Früchten und faßt damit mehr die einzelnen Taten, die erwartet werden, ins Auge.
[19] Vgl. *Schürmann*, Lukasevangelium I 176.
[20] Es gibt die Lösung, πνεῦμα im Sinn von Sturm zu verstehen, der dann als Begleiter des Feuers aufgefaßt wird: feuriger Hauch. So *Pesch*, Markusevangelium I 85. Sprachlich ist das möglich, sachlich wird man von einer Verlegenheitslösung sprechen müssen.

am Jüngsten Tag hervortreten wird, in seiner Vorstellung ein Wesen ist, das der himmlischen Welt zugehört. Geist- und Feuertaufe sind eschatologische Funktionen, die einem irdischen Menschen nicht mehr zugeschrieben werden können. Darum kommen letztlich nur zwei Möglichkeiten ernsthaft in Frage: Gott selbst oder der Menschensohn. Mit dem Menschensohn wäre jene in der Apokalyptik beheimatete Richter- und Rettergestalt gemeint, die im Himmel verborgen ist und darauf wartet, am Ende sich zu offenbaren. Den Täufer in die Nähe der Menschensohn-Christologie zu rücken, bedeutet nicht, ihn zum Apokalyptiker zu erklären. Und daß auch apokalyptische Elemente in seiner Predigt weiterwirken, wäre bei der weitgestreuten Wirkungsgeschichte der Apokalyptik nicht verwunderlich.

Zwischen Gott und dem Menschensohn zu entscheiden, fällt schwer. Für den Menschensohn aber könnte sprechen, daß dessen Erwartung in der Predigt Jesu fortwirkt, und dies dann ein Element wäre, das Jesus aus der Täuferpredigt übernahm, freilich nicht, ohne es zu verändern. Der wichtigste Einwand gegen einen Bezug des Geist- und Feuertäufers auf den Menschensohn lautet, daß die eschatologische Geisttaufe immer von Gott ausgesagt werde. Dem aber kann entgegengehalten werden, daß in der eschatologischen Erwartung des Judentums der Zeit es durchaus Vorstellungen gibt, nach denen Gott und der endzeitliche Heilbringer engstens zusammenwirken, ja daß beider Tätigkeit zusammenfließt[21]. Vom Menschensohn wird in Henaeth 49 ausgesagt, daß er die Fülle der Gaben des Geistes besitzt und die Weisheit wie Wasser vor ihm ausgegossen sei[22].

In Mk 1,7 parr ist das Wort von der großen Demut überliefert: „Es kommt, der stärker ist als ich, hinterdrein. Ich bin nicht wert, ihm gebückt den Riemen seiner Sandalen aufzulösen". Mt 3,11 variiert: „... ihm die Sandalen auszuziehen". Dieses Wort läßt keinen anderen Bezug als den auf den Menschensohn oder den Messias zu. Wer möchte schon von Gottes Schuhriemen reden?[23] Doch ist es vermutlich später entstanden[24]. Denn auch bei seiner Anwendung auf den als himmlische Gestalt vorgestellten Menschensohn bereitet es Schwierigkeiten. Es entstand zu einer Zeit, als man im Nachhinein Johannes als Vorläufer Jesu erkannte und als solchen in Anspruch nahm.

Die äußere Lebensweise des Täufers stimmt mit seiner Gerichtspredigt überein. Er wählte als Ort seiner Tätigkeit die Wüste, weil diese als

---

[21] Vgl. *Volz*, Eschatologie 224f.

[22] In TestJud 24,3 heißt es über den Messias, daß er den Geist ausgießen wird. Die Stelle ist als christliche Interpolation verdächtig. Dazu vgl. *J. Becker*, Untersuchungen zur Entstehungsgeschichte der Testamente der zwölf Patriarchen (AGAJU 8) (Leiden 1970) 320–323.

[23] Vgl. *Becker*, Johannes 34.

[24] Vgl. *Gnilka*, Markus I 41.

der Ort des eschatologischen Neubeginns galt. Daß er sich hierfür auf Is 40,3: „Bereitet den Weg des Herrn, machet gerade seine Pfade!" (vgl. Mk 1,3), berief, ist fraglich. Zwar begründet auch die Gemeinde von Qumran ihren Wüstenaufenthalt im Rückgriff auf Is 40,3 (vgl. QS 8,13 f), doch ist für den Täufer selbst diese schriftgelehrte Reflexion nicht nachweisbar. Er trug ein Gewand aus Kamelhaaren und einen ledernen Gürtel um seine Hüfte. Als Nahrung dienten ihm Heuschrekken und wilder Honig. Die Beschreibung seiner Kleidung reicht nicht für die Annahme aus, daß er sich selbst als wiedergekehrter Elija begriff oder sein Wirken am Vorbild dieses alten Propheten ausgerichtet habe. Das Kleid aus Kamelhaaren ist die Gewandung des Wüstenbewohners. Sie kann auch als Ausdruck großer Armut gewertet werden. Der Ledergürtel gehört zur normalen Tracht des Bauern und Beduinen. Die Interpretation des Täufers als zweiter Elija erfolgte erst in der christlichen Gemeinde. Wilder Honig und Heuschrecken waren die karge Nahrung, die die Wüste bot. Heuschrecken wurden im Salzwasser gekocht und auf Kohlen geröstet. Der wilde Honig ist Honig von wilden Bienen, kaum pflanzlicher Honig, wie es einer bis in das Ebioniter-Evangelium zurückreichenden Auffassung entspricht. Weil keine anderen Nahrungsmittel genannt werden, ist damit die streng asketische Lebensführung des Täufers beschrieben.

Jesus reihte sich in die Schar der vielen Menschen ein und ließ sich von Johannes taufen. Er erkannte die Wirksamkeit des Täufers an. Später wird er diese Anerkennung mit Worten bestätigen und von seiner einzigartigen Bedeutung sprechen: „Was zu sehen seid ihr in die Wüste hinausgezogen? Ein Schilfrohr, vom Winde bewegt? Oder was zu sehen seid ihr hinausgezogen? Einen Menschen in weichen Kleidern? Siehe, die weiche Kleider tragen, sind in den Häusern der Könige. Aber was zu sehen seid ihr hinausgezogen? Einen Propheten? Ja, sage ich euch, und mehr als einen Propheten ... Amen, ich sage euch: Unter den von Frauen Geborenen ist kein Größerer aufgestanden als Johannes der Täufer" (Mt 11,7b–9.11a). Diese Worte stellen Johannes über die Propheten, vermeiden aber ein messianologisches Prädikat. Jesus verzichtet auch auf eine Abgrenzung gegenüber dem Täufer[25].

Daß Jesus die Taufe von Johannes empfing, kann ernsthaft nicht bestritten werden. Offenkundig hat dieses Faktum der christlichen Gemeinde Schwierigkeiten bereitet. Mt 3,14f weiß von einem Gespräch bei der Taufe zu berichten, das die Unangemessenheit der

---

[25] Abgrenzungen erfolgen im zitierten Text durch die Einfügung des Logions: „Der Kleinste in der Himmelsherrschaft aber ist größer als er" (Mt 11,11b) und den sogenannten Stürmerspruch (11,12/ par Lk 10,16), der in seiner Urfassung gelautet haben wird: „Das Gesetz und die Propheten (reichen) bis Johannes. Von da an leidet die Gottesherrschaft Gewalt, und Gewalttätige reißen sie an sich." Vgl. *Gnilka,* Matthäusevangelium I 412f.

Taufe für Jesus zum Hintergrund hat. Lk 3,21 erwähnt die Taufe Jesu nur noch in einem Nebensatz, und Joh 1,29–34 spricht gar nicht mehr von ihr. E. Haenchen[26] hat in neuerer Zeit die Taufe Jesu in Zweifel gezogen vor allem mit Hinweis darauf, daß der Verkündigung Jesu ein anderes Gottesbild zugrunde liegt als der Verkündigung des Täufers. Jesus spricht zwar auch vom Gericht, doch tritt bei ihm das Gnadenangebot Gottes mächtig in den Vordergrund. Der Täufer hat auch nicht vom Reich Gottes geredet, dem zentralen Anliegen der Predigt Jesu[27]. Auch hören wir nichts davon, daß er Wunder wirkte oder sich als Krankenheiler betätigt habe. Allerdings vermögen diese zutreffenden Beobachtungen die Historizität der Jesus-Taufe nicht in Frage zu stellen.

In einem weiterführenden Zusammenhang bedürfen sie aber einer ernsthaften Berücksichtigung. Es wird behauptet, daß Jesus eine Zeitlang zum Jüngerkreis des Täufers gehört habe[28] Joh 1,35–51 bestätigt uns zumindest dies, daß einzelne seiner späteren Jünger zuvor Jünger des Johannes gewesen sind. Zu diesen ist Andreas, der Bruder des Simon Petrus, zu zählen, und vermutlich auch letzterer. Für eine Jüngerschaft Jesu wird des näheren das schon erwähnte Logion „Es kommt, der stärker ist als ich, hinterdrein ..." (Mk 1,7 parr) in Anspruch genommen[29]. „Hinter jemandem einhergehen" ist in der Tat Ausdruck für Jüngerschaft. Jesus verwendet die gleiche Wendung etwa in Mk 8,34: „Wenn jemand hinter mir einhergehen will (ὀπίσω μου ἀκολουθεῖν), verleugne er sich selbst usw." Doch kann sie auch zeitlich verstanden werden[30]. Dann besagte sie nichts anderes, als daß der Stärkere zeitlich nach dem Täufer auftreten werde.

Die Täuferjüngerschaft Jesu könnte erhärtet werden durch zwei Bemerkungen im Johannesevangelium, daß auch Jesus getauft habe. Die Befürworter der Täuferjüngerschaft gehen dann davon aus, daß es die Johannestaufe gewesen sei, die Jesus als Täuferschüler gespendet habe. In Joh 3,22 f lesen wir: „Darauf begab sich Jesus mit seinen Jüngern in die Landschaft Judäa; dort hielt er sich mit ihnen auf und taufte. Aber auch Johannes taufte in Änon, nahe bei Salim." Diese Aussage wird in 4,1–3 korrigiert: „Als nun der Herr erfuhr, daß die Pharisäer gehört hatten, Jesus gewinne und taufe mehr Jünger als Johannes – obschon nicht Jesus selbst taufte, sondern seine Jünger –, verließ er Judäa und zog wieder fort nach Galiläa." Die in Parenthese gestellte Korrektur wird eine Bemerkung der späteren Redaktion

---

[26] Weg 58–63.

[27] Mt 3,2 ist sekundäre Angleichung an Mt 4,17 und der Redaktion des Evangelisten verdankt.

[28] Zum Beispiel *Becker*, Johannes 12–15.

[29] Vgl. *Hoffmann*, Studien 24.

[30] Belege bei *Passow* II/1,497.

sein[31]. Es ist damit zu rechnen, daß uns im vierten Evangelium eine alte historische Reminiszenz aufbewahrt wurde[32]. Freilich ist nicht gesagt, daß Jesus als Täuferjünger getauft habe, sondern selbst schon Jünger besaß. Falls er selbst getauft hat, kann seine Taufe keinesfalls ohne weiteres mit der Johannestaufe gleichgesetzt werden. Welchen Sinn Jesus mit der Taufe verband, ist unklar. Ein besonderes Gewicht ist ihr nicht zugemessen. Hatte sie vorbereitenden Charakter im Sinn der Bereitschaft zum Hören auf seinen Ruf?[33]

Für die Annahme, daß Jesus eine Zeitlang Täuferjünger gewesen sei, ergibt sich a fortiori das schon oben erwähnte Problem, daß sich sein späteres Wirken nicht unerheblich von dem des Täufers unterscheidet. Man müßte dann damit rechnen, daß er mit Johannes gebrochen hat oder daß ihm etwas Besonderes widerfuhr, eine göttliche Beauftragung oder Berufung[34] Für beides aber gibt es keine Hinweise. Auch Mk 1,10f parr kann für letzteres nicht herangezogen werden. Sicherlich hat auch Jesus das Gericht angekündigt[35]. Aber seine Gerichtspredigt besitzt eigene Konnotationen und kann nicht von seiner Reich-Gottes-Predigt getrennt werden, schon gar nicht in dem Sinn, daß sie ihr zeitlich vorgeordnet gewesen wäre. Wir kommen also zu dem Ergebnis, daß Jesus die Täuferbewegung akzeptierte, sich ihr anschloß, indem er sich von Johannes taufen ließ, aber nicht sein Jünger wurde.

Danach begab sich Jesus wieder zurück nach Galiläa, nicht nach Nazaret, sondern in das Gebiet am West- und Nordufer des Sees Gennesaret, um mit seinem eigenen Wirken zu beginnen. Er wählte nicht die Wüste, sondern das freundliche und fruchtbare Land der Bauern und Fischer. Falls er schon im Umkreis des Täufers gewirkt hat und dort die ersten Jünger gewonnen haben sollte, wäre dies als eine Art Vorspiel zu betrachten.

Ausblick:

Wenn wir die Geschichte der Täuferüberlieferungen weiterverfolgen, in die Evangelien hinein, so ist die eine Ausrichtung beherrschend,

---

[31] In 4,2 sind singulares καίτοιγε und das Fehlen des Artikels beim Jesusnamen auffällig. Vgl. *Schnackenburg*, Johannesevangelium I 458 Anm. 2.

[32] *Bultmann*, Johannes 122, hält Joh 3,22–26 eher für eine Bildung des Evangelisten.

[33] So *Schnackenburg*, Johannesevangelium I 449.

[34] *U. Wilckens*, Das Offenbarungsverständnis in der Geschichte des Urchristentums: *W. Pannenberg* (Hrsg.), Offenbarung als Geschichte (Göttingen 1961) 52–54, rechnet mit einem solchen Widerfahrnis.

[35] Vgl. *Becker*, Johannes 86–104, der Jesus über seine Gerichtspredigt in größere Nähe zum Täufer rücken möchte.

nämlich Johannes als den Vorläufer Jesu zu kennzeichnen. Das Unbestimmte in der Ankündigung dessen, der kommen soll, wurde in diesem Sinn präzisiert. Im Licht des Christusglaubens wurde der Täufer Jesus vor- und untergeordnet. Den entscheidenden Schritt erkennen wir in der Spruchquelle, wo die Täuferverkündigung aufgenommen und der Jesuspredigt vorgeordnet worden ist. Ähnliches tut Markus, der älteste Evangelist, der sein Evangelium mit der Beschreibung der Wirksamkeit des Täufers beginnen läßt und damit zum Vorbild für die anderen Evangelisten wird. Mag in der Spruchquelle der Täufer noch stärker als der Vorläufer des zum Gericht kommenden Menschensohnes Jesus gesehen und damit überhaupt ein Anschluß an die von intensiver Naherwartung erfüllte Täuferpredigt erreicht worden sein, so bezeichnet die Anfrage des Johannes aus dem Gefängnis eine Nahtstelle in der sich abklärenden Entwicklung: „Bist du der Kommende oder sollen wir einen anderen erwarten?“ (Mt 11,3 par). Selbstverständlich wird die Anfrage bejaht. Die Abgrenzung des Täufers von Jesus im Sinn des Vorläufers nimmt immer präzisere Konturen an bis hin zur zeitlichen Trennung, daß Jesus erst mit seinem öffentlichen Wirken beginnen darf, nachdem Johannes in das Gefängnis ausgeliefert worden ist (vgl. Mk 1,14).

LITERATUR: *C. Cichorius,* Chronologisches zum Leben Jesu: ZNW 22 (1923) 16–20; *F. J. Andersen,* The Diet of John the Baptist: Abr-n 3 (1961) 60–74; *J. Gnilka,* Die essenischen Tauchbäder und die Johannestaufe: RdQ 3 (1961) 185–207; *J. Pryke,* John the Baptist and the Qumran Community: RdQ 4 (1964) 483–496; *P. Vielhauer,* Tracht und Speise Johannes' des Täufers: *ders.,* Aufsätze zum NT (TB 31) (München 1965) 47–54; *R. Schütz,* Johannes der Täufer (AThANT 50) (Zürich 1967); *W. Wink,* John the Baptist and the Gospel Tradition (MSSNTS 7) (Cambridge 1968); *M. S. Enslin,* John and Jesus: ZNW 66 (1975) 1–18; *H. Merklein,* Die Umkehrpredigt bei Johannes dem Täufer und Jesus von Nazaret: BZ 25 (1981) 29–46; *G. Lindeskog,* Johannes der Täufer: ASTI 12 (1983) 55–83.

Fünftes Kapitel

Die Botschaft von der Herrschaft Gottes

Es ist unbestritten, daß im Zentrum der Verkündigung Jesu die Herrschaft Gottes (βασιλεία τοῦ θεοῦ) stand. Er hat immer wieder von ihr gesprochen, er hat sie in Gleichnissen erläutert. Die Herrschaft Gottes kann buchstäblich als die Mitte seines Wirkens aufgefaßt werden. Denn alles andere ordnet sich um diesen zentralen Punkt herum an, nicht nur seine Botschaft, sondern auch seine Heiler- und Wundertätigkeit, sein ethischer Imperativ. Und auch wenn wir nach seinem Sendungsanspruch zu fragen haben werden, kann diese Botschaft als Orientierungshilfe angenommen werden.

Die Bindung der Predigt von der Herrschaft Gottes an die Person Jesu ist daran ersichtlich, daß sie in den synoptischen Evangelien vorherrscht. Schon im Johannesevangelium ist sie fast ganz zurückgetreten (nur noch Joh 3,3 und 5). Relativ am stärksten wirkt sie in der Apostelgeschichte fort. Hier kommt der Begriff βασιλεία τοῦ θεοῦ noch 6mal vor (1,3; 8,12; 14,22; 19,8; 28,23.31). Dies ist aus dem Gesamtkonzept des lukanischen Doppelwerks zu erklären. Im Corpus Paulinum haben wir ihn 10mal (Röm 14,17; 1 Kor 4,20; Kol 4,11; 2 Thess 1,5 u. a.). Innerhalb der anderen neutstestamentlichen Schriften treffen wir ihn auch noch in der Apokalypse an (12,10). Dieser Befund ist aufschlußreich, weil er die unterschiedlichen theologischen Sprachen innerhalb der verschiedenen Schriften des Neuen Testaments ebenso anzeigt wie den Anschluß der Synoptiker an Jesus.

In bezug auf die Terminologie ist anzumerken, daß Matthäus statt von der Herrschaft Gottes von der Herrschaft der Himmel (βασιλεία τῶν οὐρανῶν) redet. Doch lebt an ein paar Stellen das Wort „Gottesherrschaft“ fort (Mt 12,28; 19,24[1]; 21,31.43). Es entsteht die Frage, wie Jesus gesprochen, welche Formulierung er bevorzugt hat. Das Wort „Himmelsherrschaft“ klingt jüdischer. „Himmel“ ist als Ersatz für den Gottesnamen aufzufassen. Der Begriff „Himmelsherrschaft“ begegnet uns auch in der rabbinischen Literatur[2], allerdings ebenso der Begriff „Gottesherrschaft“. Es gibt aber bei den Rabbinen eine

[1] Einzelne Textzeugen lesen an dieser Stelle „Himmelsherrschaft“.
[2] Belege bei *Billerbeck* I 172–184.

Tendenz, den Gottesnamen zu umschreiben, um ihn nicht durch häufigen Gebrauch zu entweihen[3]. Obwohl die rabbinischen Belege teilweise spät sein mögen, knüpft die matthäische Tradition hier an eine jüdische Gepflogenheit an. Der erste Evangelist aber führt das Wort „Himmelsherrschaft" nicht aus Scheu vor dem Gottesnamen in sein Evangelium ein, hat er doch viermal die alte Form unverändert gelassen. Er tut es aus theologischen Überlegungen heraus. „Himmelsherrschaft" erschien ihm als ein Wort, das gut geeignet ist, die Universalität und weltumspannende Macht der erwarteten Offenbarung der Gottesherrschaft zu umschreiben[4]. Trotz ihres jüdischen Flairs halten wir also die Rede von der Himmelsherrschaft für sekundär. Jesus sprach von der Gottesherrschaft.

Für die deutsche Wiedergabe des Wortes βασιλεία τοῦ θεοῦ gibt es verschiedene Vorschläge: Herrschaft, Reich, Königtum Gottes. Die Wiedergabe mit „Herrschaft Gottes" ist zu bevorzugen. Sie ist für alle einschlägigen Stellen zutreffend. Für die sogenannten Einlaßsprüche, die vom Hineingehen in die Basileia handeln, und andere bildhafte Wendungen empfiehlt sich die Übersetzung „Reich Gottes"[5]. Das Wort Herrschaft mag heute durch den Mißbrauch von Menschen diskreditiert worden sein. In seiner Anwendung auf Gott bleibt es in Gültigkeit. Gottes Herrschaft ist anders als die von Menschen ausgeübte. Wenn Jesus die Herrschaft Gottes in den Mittelpunkt seiner Predigt rückte, stellte er letztlich klar, daß Gott für ihn die Mitte ist. Im Folgenden ist die Herrschaft Gottes in der Predigt Jesu in ihren verschiedenen Dimensionen zu entfalten.

LITERATUR: *G. Gloege,* Reich Gottes und Kirche im NT (Gütersloh 1929); *J. Héring,* Le Royaume de Dieu et sa venue (Paris 1937); *O. Cullmann,* Königsherrschaft Christi und Kirche im NT (Zollikon-Zürich ²1946); *R. Morgenthaler,* Kommendes Reich (Zürich 1952); *M. Buber,* Königtum Gottes (Heidelberg ³1956); *J. Bonsirven,* Le Règne de Dieu (Paris 1957); *A. Kretzer,* Die Herrschaft der Himmel und die Söhne des Reiches (SBM 10) (Stuttgart-Würzburg 1971); *N. Perrin,* Jesus and the Language of the Kingdom (London 1976); *J. Gray,* The Biblical Doctrine of the Reign of God (Edinburgh 1979); *J. Schlosser,* Le règne de Dieu dans les dits de Jésus: Rev SR 53 (1979) 164–176; *A. M. Hunter,* Christ and the Kingdom (Edinburgh 1980); *J. A. Baird,* Rediscovering the Power of the Gospels (Wooster 1982).

[3] So sprach man auch vom Namen der Himmel, von der Frucht der Himmel, der Beschäftigung mit den Himmeln usw. „Himmel" steht jeweils für Gott.

[4] Vgl. *Kretzer,* Herrschaft 24f.

[5] Vgl. *Schnackenburg,* Herrschaft 247.

1. Jesu Reden in Gleichnissen

Jesus verkündete die Herrschaft Gottes. Er redete von ihr immer wieder in Gleichnissen. Der Sohn Galiläas kleidete seine Gedanken „in das Gewand der Heimat und leitete mit sicherer Hand seine Getreuen vom Bekannten zum Unbekannten, von der Sinnenwelt zum Reiche der Himmel“ [1]. Indem sie Bekanntes, ja Alltägliches schildern, lassen die Gleichnisse das Leben der einfachen Menschen seiner Zeit vor unserem geistigen Auge erstehen, des Landmannes, der Samen auf seinen Acker streut, des Fischers, der sein Schleppnetz zieht, aber auch des Jerusalemer Städters, der ein Gastmahl gibt oder den Tempel aufsucht, um dort zu beten. Die lebendige Geschichte, die den Hörer fesselte, das Bild, das auch heute noch den sich öffnenden Leser zu faszinieren vermag, aber weist über sich hinaus auf die Gottesherrschaft, läßt sie begreiflich werden und ihre Anwesenheit verspüren.

Die Forschung der letzten Jahrzehnte hat sich intensiv mit den Gleichnissen Jesu befaßt. Weil man dabei nahezu immer, wenn auch mit unterschiedlicher Gewichtung, den Gleichniserzähler Jesus mit in den Blick nahm, die Gleichnisse als sein Wort ernstnahm, wollen wir sie benutzen, um in die uns interessierende Fragestellung einzuweisen. Verschiedene Weisen der Gleichnisdeutung, die wir gemäß unserem Interesse als verschiedene Zugriffe auf das Wort Jesu begreifen können, sollen darum – auswahlweise und komprimiert – vorgestellt werden. Um dem Leser den Zugang zu erleichtern, veranschaulichen wir die Interpretationsweisen am Beispiel eines einzelnen Gleichnisses. Dabei soll sowohl der Interpretationsansatz des jeweiligen Autors beschrieben als auch seine konkrete Deutung des ausgesuchten Gleichnisses dargeboten werden. Der Intepretationsansatz soll also durch die konkrete Deutung etwas verdeutlicht werden. Als Beispiel wählen wir das Gleichnis von den Arbeitern im Weinberg Mt 20, 1–16. Sein Text:

„Denn mit dem Himmelreich verhält es sich wie mit einem Menschen, einem Hausherrn, der gleich am Morgen ausging, um Arbeiter in seinen Weinberg zu mieten. Da er aber mit den Arbeitern um einen Denar für den Tag übereinkam, schickte er sie in den Weinberg. Und er ging um die dritte Stunde aus und sah andere auf dem Markt untätig stehen. Und jenen sagte er: Gehet auch ihr in den Weinberg! Und was recht ist, werde ich euch geben. Sie aber gingen hin. Wieder um die sechste und neunte Stunde ging er aus und tat ebenso. Als er aber um die elfte ausging, fand er andere herumstehen und sagt ihnen: Was habt ihr hier den ganzen Tag untätig herumgestanden? Sie sagen ihm: Weil keiner uns gemietet hat. Er sagt ihnen: Gehet auch ihr in den Weinberg! Als es Abend wurde,

---

[1] *Jülicher*, Gleichnisreden I 145.

sagt der Herr des Weinbergs seinem Verwalter: Rufe die Arbeiter und zahle ihnen den Lohn aus, angefangen von den letzten bis zu den ersten. Und als die von der elften Stunde kamen, erhielten sie je einen Denar. Und als die ersten kamen, meinten sie, daß sie mehr erhalten würden. Und auch sie erhielten je einen Denar. Als sie ihn aber erhielten, murrten sie gegen den Hausherrn und sagten: Diese letzten haben eine Stunde gearbeitet, und du hast sie uns gleichgestellt, die des Tages Last und Hitze getragen haben. Er aber antwortete und sprach zu einem von ihnen: Freund, ich tue dir nicht unrecht. Bist du nicht um einen Denar mit mir übereingekommen? Nimm den deinen und gehe! Ich will aber diesem letzten geben gleich dir. Oder ist es mir nicht erlaubt, mit dem, was mir gehört, zu tun, was ich will? Oder ist dein Auge böse, weil ich gut bin? So werden die Letzten Erste und die Ersten Letzte sein."

a) Wie hat A. Jülicher, der Begründer der modernen Gleichnisforschung, die Gleichnisse als Wort Jesu verstanden und wie hat er das vorliegende Gleichnis als Wort Jesu interpretiert? Jülicher ist sich des Abstandes der Evangelien von Jesus bewußt. Der Sinn, den der Evangelist einem Gleichnis abgewinnt, ist nicht derselbe, den Jesus mit ihm verbunden hat. Die Evangelisten waren sich nicht mehr im klaren darüber, wann und vor welchem Hörerkreis Jesus ein Gleichnis vortrug. Darum finden wir die Gleichnisse in den Evangelien in verschiedene Zusammenhänge eingebracht. Dennoch sei es möglich, den ursprünglichen Gleichnissinn wiederzuentdecken. Für Jülicher ist die Einsicht grundlegend, daß die Evangelisten die Gleichnisse als dunkle, schwer verständliche Rede aufgefaßt hätten, die auf Deutung angewiesen sei. Dabei hätten sie sich an eine im hellenistischen Judentum vorhandene Gleichnisauffassung angeschlossen. Das Gleichnis wird zur Zwillingsschwester des Rätsels. Es enthalte einen vollständigen Gedanken, sei eine vergleichende Rede und verhülle einen tieferen Sinn. Die Rätselhaftigkeit, die mit den Gleichnissen für die Evangelisten gegeben war, erblickt Jülicher darin, daß Allegorien in die Überlieferung eingedrungen sind. Die Allegorie machte aus der Gleichnisrede eine uneigentliche, gewissermaßen der Übersetzung bedürftige Rede[2].

Will man den ursprünglichen Gleichnissinn finden, muß man die eingedrungenen Allegorien entfernen. So lautet die Faustregel der Rekonstruktion. Jülicher läßt sich dabei von einem Gleichnisverständnis leiten, das Aristoteles geprägt hatte. Damit wird das Gleichnis Jesu der argumentativen Rede zugeordnet und als Beweismittel aufgefaßt. Selbstverständlich gilt es als in sich klare, ohne weiteres verständliche Form des Redens. Mit Hilfe des Gleichnisses wird der Faden der Rede gleichsam verdoppelt. Neben die Sache tritt das Bild. Das Bild, dem

[2] Vgl. *Jülicher,* Gleichnisreden I 1 f. 39–42.49.

die Hörer gern zustimmen, wird von Jesus benutzt, um sie anzuregen, auch der Sache zuzustimmen, der gegenüber Einwände bestehen mögen. Das Gleichnis ist ein Beweis vom Zugestandenen auf das noch nicht zugestandene Ähnliche. In bildhafter Form ist die Wahrheit mächtiger als abstrakt. Man hat das Gleichnis als Beweismittel dann voll erfaßt, wenn man den Vergleichspunkt, der zwischen Bild und Sache besteht, ausfindig gemacht hat. In dieser Ausrichtung auf den einen Vergleichspunkt besteht die Klarheit der Gleichnisrede gegenüber der Vielschichtigkeit der Allegorie[3].

Die Klarheit oder Kargheit der Interpretationsregeln erscheint wieder in der Deutung des oben zitierten Gleichnisses. In seiner Bildhälfte erzählt es davon, daß ein Weinbergbesitzer allen den gleichen Lohn auszahlt, den zuerst Gekommenen wie den in letzter Stunde in die Arbeit Eingetretenen. Die einen erhalten das, was recht ist, die anderen erfahren die Güte des Herrn. Das ἄγαθον kann neben dem δίκαιον bestehen, denn Geschenke darf man nicht fordern. Darum dürfen die nicht murren, die ihr Recht empfangen haben, weil nicht auch sie Geschenke erhalten haben. Nur der Neid macht der Güte Vorhaltungen, nicht ein eingebildeter Gerechtigkeitssinn. Das tertium comparationis ist der gleiche Lohn für verschiedene Arbeit. Mit diesem Namen belegt Jülicher auch das Gleichnis. Die verhandelte Sache ist das Reich Gottes. Seine Türen stehen allen offen, Gerechten wie Sündern. Was die Gerechten als verdienten Lohn ihrer Frömmigkeit pflichtmäßig erhalten (sic!), das schenkt Gott den bußfertigen Sündern aus freier Gnade. In diesem Sinn wollte Jesus das Gleichnis verstanden wissen. Wenn Jülicher von jüdischer Rechenkunst, pharisäischem Verdienstdünkel, denen Jesu Zusage des Reiches Gottes für alle als πρῶτον ψεῦδος erschien, spricht, deutet er vorsichtig einen möglichen Adressatenkreis an[4].

Die Rekonstruktion des ursprünglichen Gleichnisses und seines Sinnes erscheint Jülicher nicht schwierig, weil der Matthäus-Evangelist bzw. die Überlieferung dieses nur in zweifacher Hinsicht bearbeitet haben: einmal durch den Kontext und zum anderen durch die Hinzufügung des Spruches in V 16: „So werden die Letzten die Erste und die Ersten Letzte sein" (in 19,30 in umgekehrter Reihenfolge)[5]. Mit diesem kleinen Eingriff ist der Gleichnissinn folgenschwer verändert worden. Nunmehr wird die Auszahlung zur Allegorie auf das Jüngste Gericht. Die bei den Letzten beginnende Entlohnung, ehedem Ausdruck der Güte des Herrn, verliert ihre Bedeutung zugunsten des Ge-

---

[3] I 69–72.

[4] Gleichnisreden II 465–467.

[5] Darüber hinaus rechnet *Jülicher*, Gleichnisreden II 463, damit, daß V 8 im Urtext gelautet habe: Zahle ihnen den *gleichen* Lohn aus.

dankens der Umwertung der Werte. Die Aufforderung: „Nimm den deinen und gehe!" gewinnt etwas Bedrohliches. Gleichzeitig wurde unter der Hand der Weinbergsbesitzer zur Metapher für Gott, der Weinberg zur Metapher für Israel bzw. die Kirche. Die weiter voranschreitende Allegorisierung in der kirchlichen Tradition, die bei Matthäus vorgeprägt ist, wird nurmehr angedeutet. In ihr sieht man in den verschiedenen Stunden, zu denen Arbeiter geworben werden, die gesamte Geschichte der Menschen von Adam bis Christus abgebildet, steht der Lohn-Denar für die Gotteskindschaft, der Verwalter für Christus usw[6].

Kritisch ist gegen den Interpretationsansatz Jülichers anzumerken, daß sein Hauptfehler in der Anleihe bei Aristoteles liegt. Seine Verdienste in der Gleichnisforschung sind unbestritten. Doch Jesus ist von Aristoteles ziemlich weit entfernt. Es ist sehr fraglich, daß Jesu Gleichnisse durch die Ähnlichkeit zweier im Sinn von logischen Urteilsrelationen bestimmter Sätze konstituiert sind. Der Metapher ist Raum zu geben[7]. Jesus argumentiert nicht gegen den Zweifel und will mit seinen Gleichnissen primär nicht die Erkenntnis seiner Hörer bereichern[8]. Es geht ihm um mehr.

b) Aufbauend auf den Arbeiten Jülichers, bemüht sich eine andere Interpretationsrichtung, gekennzeichnet durch die Namen J. Jeremias und E. Linnemann, um einen eigenen Zugang zum Jesus der Gleichnisse. Diese Richtung ist strikt historisch geprägt. Man könne den ursprünglichen Gleichnissinn nur ermitteln, wenn es gelingt, die historische Situation zu rekonstruieren, in der ein Gleichnis einmal erzählt worden ist. Das einzelne Gleichnis sei gänzlich situationsverhaftet, geboren aus der Stunde für die Stunde. Wenn Jeremias[9] die zu leistende Aufgabe als Zurückgewinnung des historischen Ortes des Gleichnisses im Leben Jesu umschreibt, pflichtet ihm Linnemann bei. Der Ausleger habe die Ursprungssituation zu reflektieren, von der sich ein bleibender Gleichnissinn als ewige Wahrheit nicht ablösen lasse. Wenn man wissen will, wie diese Aufgabe gelöst werden kann, erfährt man bei Linnemann etwas mehr. Die geistreiche Autorin ist nicht nur der Meinung, daß Jesu Gleichnisse überwiegend an seine Gegner gerichtet gewesen seien, sondern hält sie auch – ein Erbe Jülichers – für Beweismittel. Der Trennung in Bild- und Sachhälfte stimmt sie zu. Doch gibt sie zu bedenken, daß es falsch sei, sich vorzustellen, die Bildhälfte für sich genommen, sei unvollständig. Vielmehr sei in der Situation Jesu die Gleichniserzählung sein ganzes Wort gewesen, das

---

[6] II 468–471.
[7] Vgl. *Klauck*, Allegorie 4–12.
[8] Vgl. *Jüngel*, Paulus und Jesus 95f.
[9] Gleichnisse 18.

keiner Deutung bedurfte, weil es aus der Situation heraus unmittelbar verstanden werden konnte. Erst für den späteren Leser und Ausleger, dem diese Situation nicht mehr bekannt ist, trete der Sinn des Gleichnisses, also die Sachhälfte, als ein Zweites zur Gleichniserzählung hinzu. Für die Rekonstruktion der Situation ist das Modell der Verschränkung zu beachten. Es besagt, daß in eine gelungene Gleichniserzählung die – meist widerstrebende – Auffassung des Zuhörers eingebracht ist und somit dieser im Gleichnis auf indirekte Weise selbst zu Wort kommt. Im Gleichnis verschränkt sich also das Urteil des Erzählers über die fragliche Situation mit dem des Hörers. Der Erzähler nimmt letzteres auf, indem er dem Hörer etliches einräumt, behält aber mit seinem Urteil die Oberhand. Nur über die Beachtung der Verschränkung gelangt man zu dem, was Jesus in Wahrheit gesagt hat. Darum reicht eine Interpretation, die nur auf einen einzigen Vergleichspunkt ausgerichtet ist, nicht aus[10].

In der Deutung des Gleichnisses Mt 20, 1 ff. kommen Jeremias[11] und Linnemann[12] darin überein, daß es auf dem Hintergrund von Jesu Tischgemeinschaft mit Zöllnern und Sündern gelesen werden müsse, gegen die die Schriftgelehrten und Pharisäer protestiert hätten. Während Jeremias sich damit begnügt zu sagen, daß Jesus mit dem Gleichnis die Frohbotschaft gegenüber ihren Kritikern rechtfertigen wolle, bohrt Linnemann tiefer. Sie erblickt in der Gleichniserzählung ein Gegenbild Jesu, das dieser dem festgefügten Bild, das seine Kontrahenten von Recht und Ordnung in der Welt Gottes haben, entgegenstellt. Sie haben den Eindruck, daß durch das Verhalten Jesu die von ihnen getragene Ordnung, die von Leistung und Lohn auch im religiösen Bereich bestimmt ist, auf das Heftigste attackiert wird. Das Gleichnis verdeutlicht, daß jenes Verhalten, das ihnen wie ein Bruch der Rechtsordnung erscheint, in Wahrheit das Hervortreten von Güte und Liebe ist, die man nicht mißbilligen kann. Die Verschränkung der Urteile der Gegner und Jesu kommt für Linnemann insbesondere in dem empörenden Wort „Du hast sie uns gleichgestellt" und der Antwort „Ist dein Auge böse, weil ich gut bin?" zum Vorschein. Darüber hinaus erkennt sie die christologische Relevanz der Geschichte, die Anlaß gebe zu der Einsicht, daß in Jesu Sünderliebe die Güte Gottes erschienen ist, die die Hörer zu einem entsprechenden Verstehen und Verhalten veranlassen wolle.

Ohne Zweifel hat auch diese Interpretationsrichtung das Gleichnisverständnis vorangetrieben. Doch wird man kritisch anfragen dürfen, ob man der historischen Rekonstruktion der Situation der Erzählung

---

[10] *Linnemann*, Gleichnisse 27–41.
[11] Gleichnisse 33–35.
[12] Gleichnisse 92–94.

eines Gleichnisses diese Bedeutung wird auflasten können. Schon H. Schürmann bemerkte, daß man die Gleichnisse Jesu verkennt, wenn nach ihren konkreten Situationen in seinem Leben gefragt würde[13]. Auch verlegt Linnemann an anderer Stelle die Bedeutung der Gleichnisse in das, was sie im Anschluß an M. Heidegger das Sprachgeschehen nennt, den sie auch zitiert: „Die Sprache spricht. Die Sprache? Und nicht der Mensch? ... Der Mensch spricht, insofern er der Sprache entspricht. Das Entsprechen ist Hören."[14] Damit ist eine Überleitung zum Folgenden gegeben.

c) D. O. Via hat das Stichwort von den Gleichnissen als ästhetischen Objekten ausgegeben. Dies will besagen, daß die Gleichnisse – wie andere literarische Kunstwerke – als autonome, in sich selbst stehende Größen genommen werden müssen. Ihre Eigenständigkeit, ihr Nach-innen-Gekehrtsein erweist sich in der festen Verbindung der einzelnen erzählerischen Elemente (pattern of connection). Der Gestalt-Einheit von Form und Inhalt wohnt der Sinn inne. Näherhin enthalten die vielen Elemente des Gleichnisses innerhalb ihres Verbindungsschemas als einem Ganzen ein Existenzverständnis, das vermittelt sein will. Die mythische Hypostasierung der Sprache („Die Sprache spricht") scheint ernstgenommen. In seiner ästhetischen Kraft vermag das Gleichnis die Aufmerksamkeit des Hörers in einer Weise zu fesseln, daß diese ganz auf das Schema des in der Geschichte produzierten Existenzverständnisses gerichtet ist und eine Entscheidung herausfordert. Die Konzentration der Interpretation auf das tertium comparationis wird ebenso zurückgewiesen wie die Verschränkung der Urteile des Gleichniserzählers und seiner Hörer in einer zu rekonstruierenden Situation im Leben Jesu, um die sich Linnemann bemühte. Es findet sich sogar der Satz, daß das literarische Werk als ein autonomes von seinem Autor unabhängig sei, daß zwar Verknüpfungen zu seinem Leben bestünden, das Werk aber nicht auf seine Biographie oder sein Milieu zurückgeführt werden könne. Linnemann wird vorgeworfen, daß sie die Aufmerksamkeit des Hörers bewegt habe von der Erkenntnis einer historischen Situation zum Gleichnis anstatt vom Gleichnis zu einem neuen Verständnis seiner selbst, einer neu zu gewinnenden Existenz[15].

Die bemerkenswerten hermeneutischen Ausführungen, die auf eine Vermittlung der Gleichnisbotschaft zielen, brauchen wir nicht weiter zu verfolgen. Man könnte nach dem Gesagten den Eindruck gewonnen haben, als sei Via an einer Funktionsbestimmung der Gleichnisse

---

[13] Die vorösterlichen Anfänge der Logientradition: *H. Ristow – K. Matthiae,* Der historische Jesus und der kerygmatische Christus (Berlin ²1964) 342–370, hier 352.

[14] Gleichnisse 38–41. Vgl. *M. Heidegger,* Unterwegs zur Sprache (Pfullingen 1959) 33.

[15] Gleichnisse 33 f. 58 f. 77–80.

im Wirken des historischen Jesus völlig desinteressiert. Dem aber ist nicht so. So heißt es einmal, daß *Jesus* in den Gleichnissen die Gegenwart Gottes und den Kontext des täglichen Lebens zusammengebracht hätte[16]. An anderer Stelle wird erläutert, daß Jesus mit seinen Gleichnissen die Aufmerksamkeit seiner Hörer brennpunktartig auf diese gerichtet habe und Verweiszusammenhänge mit Aspekten seines Lebens von untergeordneter Bedeutung gewesen seien. Weiter führt die Bemerkung, daß die Gleichnisse zu Jesu Situation als ganzer in Beziehung zu setzen sind[17].

Was das besagt, wird in einem Kapitel mit der Überschrift „Die Gleichnisse und Jesu Selbstverständnis“ erläutert[18]. Es besagt, daß das neue Existenzverständnis, das er in seinen Gleichnissen in der Krise ihres Lebens den Hörern anbietet, jenes sei, für das er selbst sich schon entschieden hatte. Er verwirklichte die Existenz, die seine tragischen Gleichnisfiguren verfehlen und die der verlorene Sohn durch seinen Weg vom Tod zum Leben nur teilweise realisiert. Er riskierte entschieden den Verzicht sowohl auf die auf Selbstsicherung gerichtete Passivität als auch in bezug auf ein sich selbst bestätigendes Handeln. Er verwarf jeden selbst entworfenen Selbstschutz und machte sich ganz abhängig von der erhaltenden Kraft des gnädigen, aber verborgenen Gottes usw. So werden die Gleichnisse für Via zum Schlüssel des Selbstverständnisses Jesu, zum Ausdruck einer impliziten Christologie. Der Zusammenhang mit ihm ist notwendig, weil Rettung nur geschehen und Authentizität für uns nur wirklich möglich sein kann, wenn sich authentische Existenz auch ereignete und vollkommen realisierte und nicht nur dargestellt wurde. Weil die Gleichnisse vom Eingriff Gottes künden und sie dies insbesondere in ihren überraschenden und unwahrscheinlichen Zügen täten, nahm Jesus für sich in Anspruch, daß sein Verhalten Gottes Tat ist. So ereignete sich Ankunft der Gottesherrschaft als die Möglichkeit der Ankunft des Glaubens beim Menschen. Dabei wurde Jesus zum Modell des Glaubens.

Angewendet auf das Gleichnis von den Arbeitern im Weinberg, bedeutet dieses Verständnis, daß die göttliche Dimension vor allem im überraschenden Verhalten des Herrn bei der Auszahlung des Lohnes wahrgenommen werden kann. Wenn die göttliche Dimension unsere alltägliche Wirklichkeit kreuzt, kann sie eine Krise von letzter Wichtigkeit inmitten des Normalen heraufbeschwören. Unsere Existenz hängt davon ab, daß wir Gottes gnädige Taten annehmen, die unsere Berechnungen darüber zerschlagen, wie die Dinge in der Welt geordnet sein sollen. Gott beschenkt den Menschen, der keinen Ort hat. Wer Gottes

[16] 56.

[17] 88 und 31. Mit der letzten Äußerung übernimmt Via eine Auffassung C. H. Dodd's.

[18] 189–195.

gnädiges Handeln nicht als den Sinn seines Lebens annimmt, kann sich selbst verlieren, oder wie Via sagt: den tragischen Verlust seiner Existenz erleiden. Dabei ist zu beachten, daß er V 14: „Nimm den deinen und gehe!" als Ausschluß von der Güte Gottes versteht. Über den Rahmen der Interpretation des Gleichnisses als eines autonomen Sprachereignisses hinaus stellt Via – wenn innerhalb der Deutung auch untergeordnet – Bezüge zu Jesus her. Jesus habe das Gleichnis vielleicht an seine Gegner gerichtet, um seine Gemeinschaft mit den Sündern zu verteidigen. Das Gleichnis selbst besitze eine allegorische Tendenz in der Person des Weinbergbesitzers, der zwar die Hauptfigur sei, aber nicht in den ständigen Wechsel der erzählerischen Abfolge hineingezogen werde. Dies könne auf Jesus und sein Tun verweisen wollen[19].

Für unsere Belange ist von Bedeutung, daß in dieser Gleichnisinterpretation die Verbindung von Botschaft und Botschafter, von Gleichnis und Jesus aufrechterhalten wird. Kritisch ist zu fragen, ob die Bedeutung der Gleichnisse als Mittler eines Existenzverständnisses und somit die Bestimmung des Glaubens als Gewinnung dieses neuen Existenzverständnisses der Sache entspricht. Exegetisch ist die Interpretation des V 14 fraglich, aber auch sie hängt mit der Bindung an eine zeitgenössische Philosophie zusammen.

d) Noch stärker verselbständigt und losgelöst von der Person Jesu erscheint das Wort des Gleichnisses bei W. Harnisch[20]. Zwar wird die Parabel als Sprachform poetischen und imaginären Charakters als für die Predigt Jesu bezeichnend erachtet, und gefragt nach dem Verhältnis von Botschaft und Botschafter, erhalten wir zur Antwort, die eschatologische Botschaft Jesu mache diesen selbst zur einzigartigen eschatologischen Person[21]. Doch die den Parabeln angemessene Interpretation sei allein jene, die sie als autonome Größe ernstnimmt. Jesu Parabel läßt Gott vernehmen. Sie tut dies, indem sie die Sprache der Liebe spricht. Das Reich Gottes ereignet sich, wenn der Hörer sich von dieser Liebe treffen und sie in seinem Leben Gestalt werden läßt. Wenn Harnisch fordert, man habe die in den Gleichnissen enthaltene Botschaft zusammenzunehmen und als eine Art musikalischer Harmonie zu verstehen, in der sich die Einzelerzählungen gegenseitig stützen, kommt dies vielleicht dem schon oben geäußerten Gedanken nahe, daß die Gleichnisse zur Situation Jesu als ganzer in Beziehung zu setzen seien.

Hilfreich für unsere Belange ist die Beobachtung, daß die Gleichnisse auf der Ebene der Evangelien eine Sinnverschiebung erfahren,

---

[19] 140–146.
[20] Gleichniserzählungen 305–312.
[21] 309. Letzteres ist eine Formulierung Jüngels. Vgl. Paulus und Jesus 190.

eine beträchtliche Veränderung ihrer sprachlichen Eigenart. Zuvor brachten sie eine neue Dimension des Seins zum Vorschein, sprachen sie jene Sprache, die alles Wirkliche zu verwandeln vermochte. In das Evangelium eingebettet, erfüllen sie einen argumentativen Zweck, wollen sie eine Erkenntnis vermitteln, verkümmern sie zur Beweiskraft eines Belegs. Dieser Umschlag der Parabel sei notwendig, weil im Evangelium die Überzeugungskraft der Botschaft auf dem Spiel stehe. Diese Feststellung verhilft zu der Einsicht, daß es möglich sei, einen den Evangelien vorausliegenden Gleichnissinn zu ermitteln.

Das Gesagte kann mit Hilfe des Gleichnisses von den Arbeitern im Weinberg verdeutlicht werden[22]. V 14 versteht Harnisch entgegen Via nicht als Ausschluß, sondern als die eröffnete Möglichkeit eines Einverständnisses. Die unerhörte Provokation, die in der Verletzung der Norm des Faktischen, das heißt, des leistungsorientierten Denkens, besteht, wird am Ende in eine subversive Richtung gewendet, insofern sie den Blick allein auf die Güte lenkt: „Oder ist dein Auge böse, weil ich gut bin“ (V 15). Der Schluß wirbt um Einverständnis derer, die sich in der Rolle der empörten Ersten befinden. Eine solche im Licht der Liebe verwandelte Welt wird dem Hörer als bleibende und bezwingende Möglichkeit zugemutet.

Bei Matthäus ist das Gleichnis zu einer Belehrung über das Himmelreich deformiert. Die Vertauschung der Plätze der Ersten und Letzten, ursprünglich ein Nebenzug, wird für den Evangelisten zum Angelpunkt und zur Möglichkeit, das Endzeitgericht zu beschreiben. Darüber hinaus sei Stellung bezogen gegen eine Diskriminierung der „Kleinen“ in der Gemeinde.

Auch Harnisch hat uns den Weg zu Jesus keinesfalls verbaut. Mag sein Gleichniswort auch um der Gleichzeitigkeit der Vermittlung willen von der Ursprungssituation gelöst sein, es bleibt sein Wort. Sollte die hypostasierte Verselbständigung des Wortes dahingehend verstanden worden sein, daß es durch das entbundene neue Sein der Liebe als von der Liebe Jesu getrenntes und trennbares aufzufassen wäre, wären Bedenken angezeigt. Doch liegt m. E. diese Trennung bei Harnisch nicht vor, zumal er das Kreuz als Ort der Liebe Gottes zur Geltung bringt. Die Botschaft von der seinsverwandelnden Liebe Gottes, die die Gleichnisse bieten, kann letztlich nur verstanden, wirksam werden und überzeugen im Kontext des Lebens Jesu, wo er diese Liebe verwirklichte. Wenn sich das Reich Gottes je ereignete, dann war er es, der es zum Ereignis machte.

---

[22] 177–200.

2. Das Angebot des Heiles

a) Mit dem Gleichnis von den Arbeitern im Weinberg ist ein Grundanliegen der Verkündigung Jesu getroffen, nämlich die unbegreifliche Güte Gottes zu vermitteln. Weil die Güte Gottes nicht etwas Beliebiges ist, sondern die Kraft, aus der heraus der Mensch sein Leben und Sterben zu bestehen und sinnvoll zu gestalten vermag, ist Letztentscheidendes angerührt. Die Güte hat mit der Herrschaft Gottes zu tun, ganz unabhängig davon, ob die Einleitungsformel des Gleichnisses, die auf die Himmelsherrschaft verweist, ursprünglich ist oder nicht. Wahrscheinlich ist sie sogar erst von Matthäus gestaltet worden. Wichtiger ist es, den inhaltlichen Bezug zur Gottesherrschaft wahrzunehmen.

Wir können mit Sicherheit davon ausgehen, daß dieses Gleichnis einst von Jesus erzählt wurde. Auf seine Intentionen stoßen wir, wenn wir es aus seinem matthäischen Rahmen ablösen. Immerhin weiß auch Matthäus noch darum, daß es von einem verwandelnden göttlichen Handeln spricht, wenngleich er dieses Handeln auf das endzeitliche Gericht verlegt, wenngleich er die Güte Gottes zurücktreten läßt gegenüber seinem Gericht, indem er die im Gericht erfolgende Umwertung der Werte herausstellt. Bei Jesus schloß das Gleichnis mit dem Hinweis auf die Güte: „Oder ist dein Auge böse, weil ich gut bin?"

Es ist geraten und im Rahmen der neuen Gleichnisforschung sogar geboten, das Gleichnis zunächst für sich selbst sprechen zu lassen. Es ist ein in sich abgeschlossener Text, eine in sich ruhende Welt, ein ästhetisches Objekt. Dann nehmen wir wahr, daß die Welt des Gleichnisses insbesondere von zwei Handlungsträgern lebt. Einmal ist es der Herr des Weinbergs, der als Souverän die ganze Handlung in Gang setzt und bis zum Ende bestimmt, angefangen von der Anwerbung der Arbeiter zu verschiedenen Stunden des Tages bis hin zu ihrer Entlohnung. Zum anderen sind es die am Morgen gerufenen Arbeiter, die an letzter Stelle ausgezahlt und zu Zeugen der Entlohnung aller anderen werden. Dabei ist die Gegenüberstellung der Ersten und Letzten von Belang. Die erzählerische Anweisung spitzt die Dramaturgie auf diese Konfrontation hin zu. Darüber hinaus ist zu beobachten, daß allein das Verhältnis, das die Ersten zu den Letzten gewinnen sollen, von Belang ist. Das Verhältnis der Letzten zu den Ersten spielt keine Rolle.

Dies bedeutet, daß die initiierende Handlung des Handlungssouveräns eine neue Ordnung aufrichtet. An dieser Ordnung ist gewissermaßen nicht mehr zu rütteln. Das Murren der Unzufriedenen erfolgt gegen die bereits erfolgte Entlohnung. Der Herr des Weinbergs verhandelt mit ihnen nicht. Er ist mit ihnen um einen Denar übereingekommen. Er wirbt nur um Einverständnis in sein Handeln. Seine Argumente sind die nicht verletzte Gerechtigkeit – „Bist du nicht um einen Denar mit mir übereingekommen?" – und seine Güte. Dabei ist die Gerechtigkeit der Güte deutlich untergeordnet, denn die Güte begründet eine neue Ordnung und damit auch ein neues Gerechtigkeitsdenken. Im theologischen Klartext heißt dies, daß alle Menschen auf die Güte Gottes angewiesen sind, oder genauer – weil nicht nur belehrt, sondern gleichzeitig auch gewährt wird –, daß alle Menschen die Güte Gottes empfangen. Daraus ergibt sich ein neues Verhältnis der Menschen untereinander. Wer sich der empfangenen Güte Gottes bewußt ist, kann nicht mehr als Richter über andere vor Gott hintreten.

Die Neuheit der neuen Gerechtigkeit wird immer noch schön veranschaulicht durch ein rabbinisches Gleichnis, das zeitlich später ist, aber als sachliches Gegenüber dienen kann. Auch hier wird unterschiedliche Arbeitszeit mit dem gleichen Lohn bezahlt. Jener aber, der nur zwei Stunden arbeitete, erhält den vollen Lohn, weil er in zwei Stunden mehr leistete als die übrigen den ganzen Tag[1]. Doch entspricht die Mentalität der Unzufriedenen dem, was im Alltag gang und gäbe ist. Gerade in der Konfrontation mit der pointiert gezeichneten Alltagsmentalität erscheint bei Jesus die neue Ordnung der Güte in hellem Licht.

Die Zusage der neuen Ordnung empfängt ihre Gültigkeit dadurch, daß es Jesus ist, der sie zusagt. Trennt man das Wort von seiner Person, löst man das Gleichnis von seinem Wirken ab, indem man es zu einer „absoluten" Größe verselbständigt, macht man es zu einer nichtssagenden Metapher. Die Verbindung mit seiner Person hat nicht zwangsläufig zur Folge, daß die einzelnen Züge des Gleichnisses eine metaphorische Bedeutung erlangten, nach der etwa die Ersten die Pharisäer oder die Letzten die Armen im Land repräsentierten. Doch entspricht die Gesamtstruktur der Erzählung einer Erfahrung, die in das Leben Jesu zurückreicht. Zwar ist die Mentalität der Protagonisten, die sich gegen die Güte auflehnen, gleichsam zeitlos. Doch die Güte, von der sein Wort kündet, wurde in seinem Wirken erfahrbar. Damit wird das Wort nicht zur bloßen Illustration seines Wirkens. Aber das Wort verlöre seine bleibende heilschaffende Kraft, wenn es nicht durch ihn gedeckt würde. In seinem Wort und in seinem Wirken wird das Heil gegenwärtiges Ereignis. Es ist die endgültige Ordnung, die er begründen will. Es ist das endgültige Heil, das er zusagt.

Es sind immer wieder die Gleichnisse, in denen uns das durch Jesus vermittelte Heil vergegenwärtigt wird. In einer etwas anderen Beleuchtung erscheint es im Gleichnis vom unbarmherzigen Sklaven (Mt 18,23–35). Auch hier muß man zunächst die Geschichte aus ihrer Ver-

---

[1] Das Gleichnis ist in der rabbinischen Literatur an verschiedenen Stellen überliefert: jBer 2,3c; Prd r 5,11; Hl r 6,2. Ausführlich wiedergegeben von *Jeremias*, Gleichnisse 137f.

flechtung in den matthäischen Kontext befreien. Matthäus hat in ihr – so ähnlich wie in der Parabel von den Arbeitern im Weinberg – den Gerichtsgedanken und damit die Bestrafung akzentuiert. Doch ist das umstritten. Weithin unbestritten ist, daß bei ihm das Ganze an die Jünger gerichtet ist und über die Jünger an die nachösterliche Kirche. Der Evangelist erreichte diese Neuorientierung, indem er einen entsprechenden Rahmen schuf. Voraus geht ein Gespräch zwischen Petrus und Jesus, das mit der Frage des Jüngers: „Herr, wie oft soll ich, wenn mein Bruder gegen mich sündigt, ihm vergeben?" eingeleitet wird (18,21 f)[2]. Am Schluß wird in diesem Sinn die Erzählung zusammengefaßt mit dem Satz: „So wird mein himmlischer Vater auch euch tun, wenn ihr nicht aus euren Herzen, jeder einzelne seinem Bruder vergebt" (18,35). Sieht man von diesem Rahmen ab, so gewinnt das Gleichnis sein ursprüngliches offenes Publikum. Doch wird man darüber hinaus auch V 34 nicht zum Grundbestand der Erzählung rechnen dürfen, wo von der Übergabe des Schuldigen an die Folterknechte die Rede ist, bis er die ganze Schuld zurückgezahlt hat. Man wollte den Vers beibehalten mit Hinweis auf die tragische Existenz, um die es dem Erzähler gehe im Sinne von: Wer die Vergebung verwirkt, verliert seine Existenz[3]. Der alte Schluß aber ist in V 33 zu suchen. Das Ende ist wie so manche Argumentationsfigur Jesu eine offene Frage: „Mußtest nicht auch du dich über deinen Mitsklaven erbarmen, wie auch ich mich über dich erbarmt habe?" Wir werden noch sehen, daß V 34 die Argumentation nahezu umkehrt. Mit ihm wird der Ausblick auf das Gericht zum entscheidenden Movens.

Vielleicht hat Matthäus auch die Riesensumme von 10000 Talenten eingeführt. Daß ihm dies zugemutet werden kann, zeigt das Gleichnis von den anvertrauten Geldern (Mt 25,14–30 / Lk 19,12–27). So mag im Gleichnis vom unbarmherzigen Sklaven ehemals von einer nicht mehr zu benennenden hohen Summe die Rede gewesen sein[4]. Das Publikum Jesu waren vorzugsweise arme Leute, deren Milieu er in seiner Predigt entsprach. Wir rechnen mit folgender Grundgestalt der Erzählung:

„Ein Herr wollte mit seinen Sklaven Abrechnung halten. Als er aber abzurechnen begann, wurde ihm einer vorgeführt, ein Schuldner (einer hohen Summe). Da er aber nichts hatte, um zurückzuzahlen, befahl ihm der

---

[2] Dem Gespräch liegt das Herrenlogion aus Q zugrunde: „Und wenn er bereut, so vergib ihm. Und wenn er siebenmal des Tages gegen dich sündigt und siebenmal sich dir zuwendet und sagt: Ich bereue, so sollst du ihm vergeben" (Lk 17,3 f).

[3] Vgl. *Via*, Gleichnisse 133–136.

[4] Mit den 10000 Talenten kam der König in die Geschichte, die ehemals von einem Herrn (vgl. 18,27.31 f) und seinem Sklaven erzählt haben dürfte. Auch προσεκύνει in V 26 dürfte sekundär sein und παρεκάλει (vgl. V 29) verdrängt haben.

Herr, sowohl die Frau als auch die Kinder und alles, was er besaß, zu verkaufen und zurückzuzahlen. Daraufhin fiel der Sklave nieder, bat ihn und sagte: Habe Geduld mit mir, und ich werde dir alles zurückzahlen. Es erbarmte sich aber der Herr jenes Sklaven und ließ ihn los. Auch das Darlehen schenkte er ihm. Jener Sklave aber zog hinaus und fand einen seiner Mitsklaven, der ihm hundert Denare schuldete. Und er packte, würgte ihn und sagte: Zahle zurück, was du schuldest! Daraufhin fiel sein Mitsklave nieder, bat ihn und sagte: Habe Geduld mit mir, und ich werde dir zurückzahlen. Er aber wollte nicht, ging weg, warf ihn ins Gefängnis, bis er die Schuld zurückgezahlt hätte. Als aber seine Mitsklaven sahen, was geschehen war, wurden sie sehr traurig und berichteten ihrem Herrn alles, was geschehen war. Da rief ihn sein Herr herbei und sagte ihm: Böser Sklave, jene ganze Schuld habe ich dir geschenkt, weil du mich gebeten hattest. Mußtest nicht auch du dich über deinen Mitsklaven erbarmen, wie auch ich mich über dich erbarmt habe?"

Zunächst ist anzumerken, daß die Geschichte in struktureller Hinsicht mit dem Gleichnis von den Arbeitern im Weinberg Ähnlichkeiten besitzt. Auch hier ist der Herr Handlungssouverän, der die Fäden von Anfang bis Ende in der Hand hat, mag es auch so scheinen, daß sie ihm im Mittelstück zu entgleiten drohen. Die Rolle des Protagonisten ist gleichfalls durch eine Umkehrung der Situation ausgezeichnet. Erscheint er im ersten Teil als elender Schuldner, so darf er im zweiten als Macht ausübender Gläubiger auftreten. Das Raffinement der Erzählung offenbart sich in der wörtlichen Wiederholung der Szene nach dem Rollentausch. Jeweils zur Rede gestellt, fällt der Schuldner vor seinem Gläubiger nieder und bittet ihn inständig um Aufschub der Rückzahlung und der drohenden Einlieferung in das Schuldgefängnis mit der Zusicherung, daß schon noch alles zurückerstattet werde. Nur ist im zweiten Fall das Versprechen angesichts der geringen Summe weitaus glaubwürdiger als im ersten, wo die Höhe der Schuld einen Ausgleich für alle Zukunft aussichtslos erscheinen läßt.

Die Geschichte erzählt somit in ihren beiden Teilen von einem gewährten und einem verweigerten Schulderlaß. Doch in der Verquikkung ihrer beiden Teile durch die Figur des zum Gläubiger gewordenen Schuldners gewinnt sie ihre Strategie. Es empfiehlt sich, sie von beiden Seiten aus anzugehen. Betrachtet man zunächst die zweite Szene, so bietet sie einen ganz gewöhnlichen alltäglichen Vorgang. Ein Gläubiger stellt seinen Schuldner zur Rede, fordert die Rückgabe des Geliehenen, bedroht ihn für den Fall der Unfähigkeit. Es ist kaum etwas begreiflicher – in einer vom Geld geprägten Welt – als das Bestehen auf seinem finanziellen Recht. Die möglichen Konsequenzen für den Schuldner werden nicht in Erwägung gezogen, Rücksichtnahme ist nicht gefragt. Die Szene stellt sich aber in einem völlig anderen Licht dar dadurch, daß ihr der unbegreiflich großzügige Schuldenerlaß vorgeordnet ist. Dem Gläubiger-Schuldner wurde mehr gewährt, als er erbat. Er bat um Aufschub der Frist und erhielt gänzlich unerwartet den Nachlaß aller Forderungen. Wegen dieser Vorgeschichte wird sein Umgang mit seinem Schuldner, der unter gewöhnlichen Bedingungen als normal beurteilt würde, zu einer himmelschreienden Brutalität. Die als Statisten in die Geschichte eingebrachten Mitsklaven, die den Vorgang dem Herrn melden, artikulieren das allgemeine Urteil.

In der Zerlegung der Geschichte, bei der man mit dem zweiten Teil beginnt, wird eine unerhörte Skrupellosigkeit ansichtig. Verweilt man aber zunächst beim ersten Teil und läßt man sich noch nicht durch den Ausgang irritieren, so wird von einer unfaßlichen, unbeschränkten, alle Kategorien menschlichen Normalverhaltens sprengenden Güte berichtet. Diese Güte schenkt, ohne daß sie zum Schenken aufgefordert wurde. Im Unterschied zum Gleichnis von den Arbeitern im Weinberg, steht hier die Güte am Anfang. Zwar ist auch dort die Güte das die Handlung bestimmende Prinzip, aber es ist eine verborgen wirkende Güte, die sich erst am Ende offenbart. Darum vermag das Gleichnis vom unbarmherzigen Sklaven noch bezwingender zu veranschaulichen, daß diese Güte Menschen verwandeln will. Doch diese Güte ist nicht bloß eine erzählte, glücklich erfundene – wer könnte sie ernstnehmen? –, sie war Ereignis im Wirken Jesu. In ihm ist das Heil gegenwärtig geworden, in ihm ereignete sich die Gottesherrschaft.

An dieser Stelle soll darauf aufmerksam gemacht werden, daß das Gleichnis vom unbarmherzigen Sklaven eine entfernte Verwandtschaft mit dem Gleichnis von den beiden Schuldnern Lk 7,41 f besitzt, das in die Perikope von der Sünderin eingesprengt und vermutlich als deren integraler Bestandteil aufzufassen ist.[5] Mag es sich bei letzterem auch nur um einen Vergleich und nicht ein ausgeführtes Gleichnis handeln, so fällt auf, daß hier der Geldleiher gleichfalls in großzügigster Weise die Schulden erläßt, gleich zweimal. Es fehlt aber der für das Gleichnis vom unbarmherzigen Sklaven spezifische Rollentausch vom Schuldner zum Gläubiger. Übereinstimmend aber wird beide Male von einem Darlehen gesprochen.[6] Wie immer es sich um eine mögliche Abhängigkeit der kleinen zur großen Geschichte verhalten mag – der Frage kann hier nicht weiter nachgegangen werden –, wir erwähnen das Gleichnis von den beiden Schuldnern, weil sein Kontext uns ein Beispiel dafür gibt, wo Jesu grenzenlose Güte erfahren werden konnte, in der Annahme der Sünder. Darauf ist zurückzukommen.

Doch wir haben noch eine dritte ausführliche Gleichnisgeschichte, die innerhalb der Thematik „Das Angebot des Heils“ anzuführen ist. In ihrer Benennung ist man uneins. Man hat sie neuerdings das Gleichnis

---

[5] So *Schürmann*, Lukasevangelium I 434.
[6] Lk 7,41: δανιστῇ; Mt 18,27: δάνειον.

vom gütigen Vater oder das Gleichnis von den beiden Söhnen genannt (Lk 15,11–32). Doch empfiehlt es sich, bei der alten Bezeichnung „vom verlorenen Sohn“ zu bleiben. Denn die Struktur des Gleichnisses ist der Struktur der beiden besprochenen Gleichnisse analog. Wie dort der Herr des Weinbergs, der Herr der Sklaven ist hier der Vater Handlungssouverän. Protagonist ist der ersteingeführte, der jüngere Sohn. An seinem Ergehen partizipiert gewissermaßen der ältere, im nachhinein eingeführte Sohn. Wie die anderen Gleichnisse nach ihren Protagonisten benannt werden (von den Arbeitern im Weinberg, vom unbarmherzigen Sklaven) und nicht nach dem Handlungssouverän, soll es auch hier sein.

Das Gleichnis vom verlorenen Sohn aber ist gelegentlich Jesus abgesprochen worden. Auch hat man seine Integrität in Zweifel gezogen. Mit diesen Auffassungen müssen wir uns kurz auseinandersetzen. Man hat das Gleichnis als vom Evangelisten Lukas gebildet angesehen, weil es mit dessen Vorstellung von Erlösung gänzlich übereinstimme. Bekanntlich tritt im lukanischen Schrifttum das Verständnis des Todes Jesu als Sühnetod stark zurück. Am auffälligsten ist vielleicht die Auslassung des Sühnelogions Mk 10,45. Jesus stirbt nach Lukas den Tod des leidenden Gerechten, der der Gemeinde zum Vorbild dient und den Gott mit seiner Verherrlichung belohnt. Im Gleichnis begegne uns die sündenvergebende Vaterliebe Gottes, die noch nicht vom Opfertod Jesu überschattet sei. Wer diese Schwierigkeit noch nicht empfunden hat, sei noch nicht in den vollen Gehalt des Gleichnisses eingedrungen[7]. Doch trägt Lukas, indem er das Gleichnis aufgreift, das Heilsverständnis Jesu weiter. Die Authentie der Überlieferung wird bestärkt durch ihre sachliche Übereinstimmung mit den beiden erörterten Gleichnissen. Über das Todesverständnis Jesu wird später zu reden sein.

Eine verbreitete Ansicht geht dahin, daß der zweite Teil der Geschichte, die vom älteren Sohn handelt, sekundär sei. Das Jesus-Gleichnis habe mit der Rückkehr des verlorenen Sohnes, also mit V 24, geschlossen. Begründet wird diese These mit Hinweis auf einen angeblich anderen Stil oder damit, daß der zweite Teil den Sinn des Gleichnisses verschiebe, daß jetzt auf allegorisierende Weise der Pharisäer aufs Korn genommen werde, dessen Züge im Bild des älteren Sohnes erkennbar seien o. ä.[8] Aber auch diese Auffassung muß als willkürlich

---

[7] Vgl. *Kögel,* Gleichnis 4; *K. Bornhäuser,* Studien zum Sondergut des Lukas (Gütersloh 1934) 103–137; *Schottroff:* ZThK 68 (1971) 27–52.

[8] *A. Loisy,* L'évangile selon Luc (Paris 1924) z. St., geht noch weiter, indem er durch die vermutete Zufügung des zweiten Teils das Gleichnis zu einer Allegorie auf das Verhältnis von Heiden und Juden werden läßt. Ansonsten vgl. *J. Wellhausen,* Das Evangelium Lucae (Berlin 1904) z. St.; *Schweizer:* ThZ 4 (1948) 469–471. Auch *J. Kremer,* Lukasevangelium (Neue Echter-Bibel 3) (Würzburg 1988) 160, sympathisiert mit dieser These.

zurückgewiesen werden. Die Parallelisierungen, besonders in den Begegnungen des Vaters mit seinen Söhnen, binden die Teile zusammen. Parallelisierungen sind den Gleichniserzählungen eigen. Das Dreiecksverhältnis zwischen dem Vater und seinen beiden Söhnen hat wiederum seine Entsprechung in den beiden schon besprochenen Gleichnissen. Die Rolle des zweiten Protagonisten, die hier der ältere Sohn spielt, haben dort die in letzter Stunde in den Weinberg Gerufenen und der Schuldner des zum Gläubiger gewordenen Schuldners. Wir werden noch sehen, daß das Auftreten des älteren Sohnes den Sinn des Gleichnisses keinesfalls verschiebt.

Im lukanischen Kontext ist das Gleichnis nach den Erzählungen vom verlorenen Schaf und von der verlorenen Drachme zu stehen gekommen, assoziiert über das Stichwort „Verloren". In diesem Kontext rückt die Heimkehr des verlorenen Sohnes in das Licht des Sünders, der umkehrt. Vom Sünder ist refrainartig jeweils am Schluß der beiden voranstehenden Gleichniserzählungen die Rede (15,7 und 10). Lukas betont die Beteiligung des Menschen im Akt der Umkehr und damit das paränetische Anliegen. Das Gleichnis aber bezieht seine übermächtige Kraft aus dem Erbarmen des Vaters. Manche Interpreten möchten die begründende Rede jeweils am Schluß des ersten und zweiten Teils in den VV 24 und 32 (eingeleitet mit ὅτι) als lukanische Redaktion ansehen[9]. Doch ist das nicht zwingend. Die begründenden Sätze nehmen der Initiative des Vaters nichts weg. Zu beachten bleibt auch der eindrucksvolle Beziehungswechsel: Dieser mein Sohn (V 24), dieser dein Bruder (V 32). Wir möchten darum annehmen, daß Lukas das Gleichnis im wesentlichen unversehrt ließ:

„Ein Mensch hatte zwei Söhne. Und der jüngere von ihnen sprach zum Vater: Vater, gib mir das Teil der Güter, das mir zusteht. Er aber teilte ihnen das Vermögen. Und nur wenige Tage danach sammelte der jüngere Sohn alles zusammen und reiste ab in ein fernes Land. Und dort brachte er sein Gut um mit Prassen in einem liederlichen Leben. Als er alles verzehrt hatte, kam eine große Hungersnot über jenes Land, und er begann zu darben. Und er ging hin und verdingte sich bei einem Bürger jenes Landes. und er schickte ihn auf seine Äcker, die Schweine zu hüten. Und er begehrte, sich vollzuschlagen mit den Schoten, die die Schweine fraßen. Und niemand gab sie ihm. Da ging er in sich und sprach: Wieviele Tagelöhner meines Vaters haben Brot in Fülle, ich aber gehe hier vor Hunger zugrunde. Ich will mich aufmachen und zu meinem Vater gehen und zu ihm sagen: Vater, ich habe gesündigt gegen den Himmel und

[9] *Harnisch,* Gleichniserzählungen 200; *Bovon,* La parabole 48. *Weder,* Gleichnisse 252 Anm. 22, läßt die Frage offen. *Heininger,* Metaphorik 152, möchte außer dem zweiten Teil auch die VV 18f.21.24 ab LkR zuschreiben. Die Stücke der direkten Rede unterstreichen den Umkehrgedanken.

vor dir. Ich bin nicht mehr wert, daß ich dein Sohn heiße. Halte mich wie einen deiner Tagelöhner. Und er machte sich auf und kam zu seinem Vater. Als er aber noch weit entfernt war, sah ihn schon sein Vater, und es erbarmte ihn. Und er lief, fiel ihm um den Hals und küßte ihn. Der Sohn aber sprach zu ihm: Vater, ich habe gesündigt gegen den Himmel und vor dir. Ich bin nicht wert, daß ich dein Sohn heiße. Der Vater aber sprach zu seinen Sklaven: Bringt schnell das beste Gewand herbei und zieht es ihm an. Und gebt ihm einen Ring an die Hand und Sandalen an die Füße. Und führt das Mastkalb her, schlachtet es, und laßt uns essen und fröhlich sein. Denn dieser mein Sohn war tot und lebt wieder, er war verloren und ist gefunden worden. Und sie begannen fröhlich zu sein.

Sein älterer Sohn aber war auf dem Acker. Und als er kam und sich dem Haus näherte, hörte er Musik und Tanz. Und er rief einen der Knechte und erkundigte sich, was das wäre. Der aber sprach zu ihm: Dein Bruder ist gekommen, und dein Vater hat das Mastkalb geschlachtet, weil er ihn gesund wieder hat. Da wurde er zornig und wollte nicht hineingehen. Sein Vater aber ging hinaus und bat ihn. Er aber antwortete und sprach zu seinem Vater: Siehe, so viele Jahre diene ich dir, und ich habe dein Gebot noch nie übertreten. Und mir hast du noch keinen Bock gegeben, daß ich mit meinen Freunden fröhliches Mahl halte. Als aber dieser dein Sohn gekommen ist, der das Vermögen mit Dirnen verpraßte, hast du ihm das Mastkalb geschlachtet. Er aber sprach zu ihm: Kind, du bist immer bei mir, und alles, was mein ist, das ist dein. Man muß feiern und fröhlich sein. Denn dieser dein Bruder war tot und lebt wieder, er war verloren und ist gefunden worden."

Das Dreiecksverhältnis Vater-jüngerer-älterer Sohn besitzt seine Hauptachse in der Beziehung der beiden ersten Figuren. Der ältere Sohn tritt als Kontrastfigur hinzu [10]. Er kann von der Hauptachse nicht abgelöst werden, besteht doch seine Funktion darin, die Beziehung des Vaters zu seinem Bruder zu beurteilen, das Urteil der Welt zu artikulieren. Sein Urteil steht in schreiendem Kontrast zur Liebe des Vaters. Die Problematisierung seiner Rolle erweist sich in der scheinbaren Vernünftigkeit seines Urteilens, wenn man zusätzlich bedenkt, daß er als der Ältere der Haupterbe des väterlichen Vermögens ist. Weil er aber nur das allerdings für die Profilierung der ganzen Geschichte notwendige Urteil auszusprechen hat, das der alten Ordnung, der Ordnung der Welt, entspricht, wird klar, daß der erste Teil das Schwergewicht trägt. Man sollte nicht von einem doppelgipfligen Gleichnis sprechen oder gar dem zweiten Teil die größere Bedeutung zuweisen [11].

Für das Verhalten des jüngeren Sohnes hat man sich sehr darum be-

---

[10] Harnisch, Gleichniserzählungen 216.

[11] Vgl. *Jeremias,* Gleichnisse 131.

müht, die vermögensrechtlichen Zusammenhänge herauszuarbeiten. Sicher sind sie von Belang, weil durch sie seine Schuldverstrickung – vor allem für die ersten Hörer – mit aller Schärfe einsichtig wird und vorausgesetzt werden kann, daß nicht etwas im juristischen Sinn Widersprüchliches dargeboten wird. Der juristische Bereich ist aber nur der Rahmen, durch den der Kern, der durch die persönlichen Beziehungen gebildet wird, nicht verdeckt werden darf. Die überzeugendste Lösung hat W. Pöhlmann vorgetragen[12]. Wenn der Vater dem jüngeren Sohn auf dessen Bitte den ihm zustehenden Teil der Güter aus der Erbmasse aushändigt, liegt nach Pöhlmann die Rechtsfigur der Abschichtung vor. Sie besagt die vermögensrechtliche Verselbständigung eines Hauskindes, das aus diesem Anlaß aus dem Haus ausscheidet, um einen eigenen Hausstand zu gründen. Entscheidend ist, daß dies zu Lebzeiten des Erblassers geschieht und daß damit der ausscheidende Sohn für die Zukunft jegliche weiteren Ansprüche verwirkt[13]. Wenn der jüngere Sohn den von ihm zu flüssigem Geld gemachten Anteil des Vermögens auf seinen Zug ins Ausland mitnimmt, ist das durchaus rechtens. Dabei kann man darauf hinweisen, daß damals zahlreiche junge Menschen die Emigration dem Verbleib im Land vorzogen, weil sie sich Besseres versprachen. Der ältere Sohn bleibt unter der potestas des Vaters[14].

Der jüngere Sohn gerät in Schuld, als er ein ausschweifendes Leben zu führen beginnt und sein Geld, das nicht gering veranschlagt werden darf, offenbar rasch aufbraucht. Ein in ihn gesetztes objektives Vertrauen hat er gründlich ruiniert. Ζῶν ἀσώτως (V 13 fin) ist eine außerordentlich scharfe Formulierung, die die Heillosigkeit seines Lebensstiles anprangert[15].

Das Urteil des älteren Sohnes über seinen Bruder – auch hier ist die Wortwahl nicht zimperlich – ist nicht aus der Luft gegriffen: Er habe sein Vermögen mit Dirnen „verfressen“ (V 30)[16]. Sein Sturz ins Elend

---

[12] ZNW 70 (1979) 194–213, im Anschluß an *D. Daube,* Inheritance in two Lukan Pericopes: ZSRG. R 72 (1955) 326–334.

[13] *Pöhlmann:* ZNW 70 (1979) 198–201 bringt Belege für die Abschichtung im Judentum. Der älteste Beleg ist vielleicht Sir 33,20–24. Hier wird vor der Abschichtung gewarnt! Die Lösung Pöhlmanns ist überzeugender als die von *K. H. Rengstorf,* Die Re-Investitur des Verlorenen Sohnes in der Gleichniserzählung Jesu Lk 15,11–32: Arbeitsgemeinschaft für Forschung des Landes Nordrhein-Westfalen, Geisteswissenschaften, H. 137 (1967), der das jüdische Qeschascha-Institut zu Rate zieht, das heißt, der jüngere Sohn sei aus der Familie ausgestoßen worden.

[14] V 12b bedeutet nicht, daß auch dem älteren Sohn der Vermögensanteil ausgehändigt worden sei, sondern nur, daß damals auch sein Teil festgelegt wurde. V 29 bestätigt, daß er unter der väterlichen potestas verblieb. Andernfalls wäre auch seine Zustimmung für die Wiederaufnahme des Bruders rechtlich erforderlich gewesen.

[15] *Passow* I/1, 429 verzeichnet für das Adverb die Bedeutungen: heillos, ohne Rettung verloren, bes. versunken in Lüste, in höchstem Grad ausschweifend usw.

[16] *Harnisch,* Gleichniserzählungen 207, hält dies zu Unrecht für eine Unterstellung.

bereitet die Wende vor und ist nicht als Strafe aufzufassen. Dabei soll nicht übersehen werden, daß die Schilderung der Notsituation ganz jüdisch empfunden ist. Sich als Schweinehirt verdingen zu müssen, macht ihn unrein und zu einem Ausgestoßenen. Das Verlangen, sich vor Hunger mit dem Fraß der Schweine den Bauch zu stopfen, ist die Peripetie des Abseits. Der genau bezeichnete Schweinefraß: die Hülsen des Johannesbrotes (V 16: ἐκ τῶν κερατίων) hat manche Interpreten veranlaßt, das rabbinische Sprichwort zu zitieren: „Wenn die Israeliten bis zum Essen der Schoten des Johannesbrotbaumes erniedrigt werden, dann werden sie Buße tun.“ [17] Allerdings entspringt in unserem Fall der Entschluß des in die äußerste Enge getriebenen Sohnes, zum Vater zurückzukehren, nicht der Bußgesinnung, sondern zunächst der ganz nüchternen Einsicht, daß er nur so überhaupt überleben kann. Er ist sich dessen bewußt, daß er im Haus des Vaters keine Ansprüche mehr stellen darf. Der Status des Tagelöhners erscheint ihm als einzig möglicher Kompromiß.

Diese Darstellung verfolgt die Absicht, alles Augenmerk auf das Verhalten des Vaters zu richten, der nicht nur die Rückkehr, sondern letztlich auch die Buße des Sohnes ermöglicht. Bei seinem Verhalten ruht die Erzählung aus: er sieht als erster den Sohn ankommen, eilt ihm entgegen, fällt ihm um den Hals, läßt ein Fest bereiten, stellt den Status der Sohnschaft wieder her. Diesem Ziel dient die Übergabe des besten Gewandes, des Ringes und der Sandalen. Durch das Verhalten des Vaters, das alle seine Erwartungen weit übertrifft, geschieht so etwas wie eine Verwandlung des Sohnes. Dieser vermochte in seinem Vater nurmehr den Fremden zu sehen. Indem ihm umfassende Vergebung und Wiederannahme zuteil wird, erfährt er seine Nähe. Seinem Leben, das verwirkt war, wird ein Neubeginn eröffnet. Die von der Erzählung dargebotene Lösung, die man mit P. Ricœur als eine extravagante bezeichnen kann, steht an der Grenze dessen, was im konkreten menschlichen Leben noch als möglich angesehen werden kann. Die seinsverwandelnde Güte, von der sie kündet, verlangt, damit sie nicht zum unglaubwürdigen Märchen werde, nach einer entsprechenden Erfahrung. Wenn wir sagen, daß diese im Wirken Jesu gegeben war, verwandeln wir das Gleichnis nicht in eine Allegorie, sondern bemühen uns um die rechte Beschreibung seines Verhältnisses zur Gottesherrschaft. Die dargestellte Güte konnte in seinem Wirken erfahren werden, weil in ihm die Gottesherrschaft schon Ereignis wurde. Die Gottesherrschaft setzt die neue Ordnung frei.

Diese setzt sich aber nur mühsam und unter Überwindung großer

---

[17] *Via,* Gleichnisse 154. – Die Johannesbrotschoten waren nahezu ungenießbar. *Dalman,* Arbeit und Sitte I/1, 58, verzeichnet den arabischen Spruch: „Er ist wie die Johannesbrotschote, er läßt sich weder beißen noch kauen.“

Hindernisse in der Welt durch. Im zweiten Teil des Gleichnisses mit dem Auftritt des älteren Bruders meldet sich die alte Ordnung zu Wort. Sie verweigert die Teilnahme am Fest bei der Aufnahme des Sünders, weil sie nach dem Maßstab einer vermeintlichen Gerechtigkeit mißt und ihr die Güte ungerecht vorkommt. In der Gegenüberstellung von neuer und alter Ordnung liegt der Sinn dieses Epilogs. Freilich hatte auch der jüngere Bruder seine Lage in der Fremde nach den Maßstäben der alten Ordnung bemessen. Aber er ließ sich verwandeln durch die Güte seines Vaters. Um die Verwandlung des älteren Bruders bemüht sich der Vater ebenfalls, indem er ihm zuredet, der Güte zuzustimmen. Dabei ist es nicht so, als ob er selbst nichts in seinem Leben erfahren hätte, als ob ihm keine Güte von seiten seines Vaters zuteil geworden wäre. Er könnte wahrnehmen, daß sein bisheriger Gehorsam dem Vater gegenüber, weil er die Güte übersah und darum noch nicht zur Güte befähigt ist, auf einem Mißverständnis beruhte.

Ausblick: Weil in der Erörterung schon ausgeführt, können wir uns hier begnügen, nochmals die wichtigsten Intentionen, mit denen die besprochenen Gleichnisse in den Evangelien versehen werden, in Erinnerung zu rufen. Sie lassen sich im wesentlichen auf zwei reduzieren. Zunächst ist es die Einbettung in den nach Ostern gegebenen gemeindlichen, kirchlichen Rahmen. Die Botschaft gewinnt ein neues Publikum, das in dieser verfaßten Struktur vorösterlich nicht gegeben war. Besonders schön war das am Gleichnis vom unbarmherzigen Sklaven zu sehen, das für Matthäus zu einem dringlichen Appell zur Versöhnung in der Gemeinde, zur Versöhnung mit dem Bruder, ausgebaut wird. Dann tritt als zweites das paränetische Anliegen hinzu, welches eng mit dem ersten verknüpft ist. Letztlich stellt Matthäus im Gleichnis von den Arbeitern im Weinberg (Mt 20,1–15) aus einem paränetischen Interesse das Gerichtsmotiv in den Vordergrund. Ähnliches ist über Lukas zu sagen, wenn er im Gleichnis vom verlorenen Sohn das Augenmerk auf die Umkehrbereitschaft des Menschen richtet. Das Ereignishafte im Wort, das wir für die Verkündigung Jesu annehmen dürfen, tritt in der Vertextung des Wortes zurück, um einem argumentativen Stil Platz zu schaffen.

b) Die Gleichnisse, die wir besprachen, setzen Paradigmen einer unerhörten Güte ins Wort. Die Kraft ihres utopisch erscheinenden Charakters gewinnen sie aus einer Erfahrung, die im Wirken Jesu ansichtig wurde. Wir wollen diese Erfahrung in theologischer Sprache formulieren und sie Vergebung der Sünden nennen. Dabei soll jetzt noch nicht entfaltet werden, was nach dem Verständnis Jesu Sünde ist. Davon zu reden, ist angezeigt, wenn wir wissen, welche Vorstellung von Gott er vermittelte. Gewiß sind Züge seines Gottesbildes in den Gleichnissen schon erkennbar geworden, ahnen wir, daß sein Gott von einer grundlosen Güte erfüllt ist. Doch würde man sich den Zugang zu seiner Interpretation von Sünde in ihrer besonderen Nuancierung und Vitalität verbauen, wenn man mit einer abstrakten Definition dessen, was Sünde ist, beginnen würde.

Es ist aufschlußreich, daß Jesus nach den synoptischen Evangelien nur wenig von der Sünde geredet hat. Wahrscheinlich noch bezeichnender ist, daß er immer von der Vergebung redet, wenn er sie erwähnt: bei der Heilung des Gelähmten (Mk 2,5–10 parr), beim Auftritt der Sünderin im Haus des Pharisäers Simon (Lk 7,47–49), im Vaterunser und dessen Anhang (Mt 6,12.14f.; Lk 11,4; Mk 11,25)[18]. In diesen Perikopen aber ist gerade im Zusammenhang mit dem konkreten Vergebungszuspruch mit Einwirkung der Gemeindetheologie zu rechnen[19]. Im Anschluß an die Erfahrung mit Jesus hat die Gemeinde die Praxis des Vergebungszuspruches geübt. Häufiger kommt das Wort Sünder in den Evangelien vor. Dies gilt für Lukas[20].

Die grundlose Güte wurde im Wirken Jesu erfahrbar in seinem Umgang mit den Menschen, in seinem Verhältnis zu den Sündern. Die Außenseiterrolle des Sünders war in einer religiös geprägten Gesellschaft, wie sie das damalige Judentum darstellte, gegeben. Es muß als ein signifikantes Kennzeichen der Tätigkeit Jesu gelten, daß er sich insbesondere jener Menschen annahm, die in ihrer Gesellschaft undNachbarschaft als Sünder verschrieen waren. Anhand seines Verhältnisses zu den Zöllnern kann dies aufgezeigt werden.

Die Beurteilung des Zöllners in der Antike war allgemein sehr schlecht. Dies hatte zunächst ganz menschliche Gründe. Wer zahlt schon gern Steuern und finanzielle Erhebungen, die von den Zöllnern im Auftrag der Staatsgewalt eingezogen werden? Das System der Steuerpacht hatte diese zusätzlich – oft sicherlich nicht unbegründet – in den Ruf von Betrügern gebracht. Der Komiker Aristophanes nennt den Zöllner einen Schlund, eine Charybdis, die alles schluckt und doch nicht satt wird (Eq. 248). Plutarch heißt ihn einen Schlaf, der die Hälfte des Lebens raubt[21]. Dio Chrysostomos stellt den Zöllner auf eine Stufe mit dem Bordellhalter (or. 14,14). Im Judentum werden gleichlautende Etiketts mit einem religiösen Urteil verknüpft. Das dringt tiefer ein. Die Zöllner gelten als unrein. Sie werden Heiden gleichgeachtet. Der Verkehr mit ihnen macht unrein. Es ist bemerkens-

---

[18] In Lk 24,47 verkündet der auferwecke Christus die Sündenvergebung. Im griechischen Text werden unterschiedliche Wörter verwendet: ἁμαρτία, παράπτωμα, ὀφείλημα.

[19] Dazu vgl. unten 115–117.

[20] Bei Lk 18mal, Mk 6mal, Mt 5mal.

[21] Aquane an ignis utilior 12. Belege bei *O. Michel:* ThWNT VIII 100, 31ff.

wert, daß im Matthäusevangelium die jüdische Meinung über die Zöllner fortwirkt: „Er sei dir wie ein Heide und Zöllner" (18, 17); „Tun das nicht auch die Zöllner ... Tun das nicht auch die Heiden?" (5,46.48)[22]. Psychologisch fein empfunden wird das Außenseiterbewußtsein des Zöllners im Gleichnis nachgezeichnet. Vor Gott stehend, wagt er seine Augen nicht zu erheben und schlägt er an seine Brust (Lk 18, 13). Hier wird uns ein an sich selbst verzweifelnder Mensch vor Augen geführt.

Das Verhalten Jesu zu den Zöllnern, das ganz im Gegensatz zum allgemeinen Bewußtsein steht und sogar als skandalös empfunden werden mußte, sticht ins Auge. Er geht zu Zöllnern, er spricht über sie. Beides stimmt überein. Das Gleichnis vom Pharisäer und Zöllner (Lk 18,9–14), in dem der Zöllner als Gerechtfertigter, der Pharisäer hingegen als Nichtgerechtfertigter einander gegenübergestellt werden, wurde eben erwähnt. Nach Lk 19, 1–10 kehrt Jesus in Jericho im Haus des Oberzöllners Zachäus ein. Von führendem Interesse aber soll für uns die Tischgemeinschaft sein, die er mit den Zöllnern gehalten hat.

Diese Tischgemeinschaft ist durch zwei Stellen belegt, die Perikope vom Zöllnermahl Mk 2, 13–17 parr und ein Menschensohn-Logion (Mt 11, 19 par). Beide Texte stellen uns vor exegetische Probleme, auf die einzugehen ist. Wir wenden uns dem Zöllnermahl zu, das uns bei Markus in seiner ältesten Fassung vorliegt. Doch ist auch diese bereits bearbeitet. Dem Zöllnermahl geht die Berufung des Zöllners Levi, Sohn des Alphäus, voraus, der beim Zollhaus sitzt, so daß man den Eindruck gewinnt, Levi ist der Gastgeber. Jesus wird von seinen Jüngern begleitet. Die „Schriftgelehrten der Pharisäer" nehmen Anstoß. Jesus rechtfertigt seine Gemeinschaft mit zwei Logien: „Nicht die Gesunden bedürfen des Arztes, sondern die Kranken," und: „Ich bin nicht gekommen, Gerechte zu berufen, sondern Sünder." Man wird bei der Bestimmung des traditionsgeschichtlichen Verhältnisses der Berufung des Levi zum Mahl davon auszugeben haben, daß beide Überlieferungen zunächst selbständig waren und erst von Markus zusammengestellt wurden[23]. Somit können wir nicht sicher sagen, ob das Mahl im Hause Levis stattfand. Während die Berufungszene ein konkretes Einzelereignis ins Auge faßt, gewinnt der Mahlbericht den Rang des Typischen. Dieser Eindruck wird dadurch verstärkt, daß von vielen Zöllnern *und Sündern* die Rede ist, mit denen Jesus und die Jünger zu Tisch liegen (2, 15). Es soll dann mehr etwas Jesu Wirken Kennzeichnendes als eine individuelle Mahlzeit beschrieben sein. Auch die

---

[22] Lk 6, 32–34 hat diese jüdisch anmutenden Sätze umgestaltet. Er spricht nur noch von den Sündern.

[23] Dies ist gegen zwei Interpretationsrichtungen gesagt. Die eine vertritt *Dibelius,* Formgeschichte 61 Anm. 1, der das Zöllnermahl aus der Berufung des Levi hervorgehen läßt, die andere *Pesch,* Das Zöllnergastmahl 63–87, hier 71, der umgekehrt die Berufung des Levi sich aus dem Zöllnermahl erschlossen vorstellt.

Rechtfertigung seines Verhaltens hat grundsätzliche Bedeutung. Dies gilt in noch stärkerem Maß für den zweiten rechtfertigenden Satz. Es handelt sich - exegetisch formuliert - um einen „Ich-bin-gekommen-Satz", von denen wir mehrere bei den Synoptikern haben und die stets die Intention verfolgen, Jesu gesamte Tätigkeit unter einem bestimmten Aspekt zusammenzufassen. Das ältere Wort ist jenes vom Arzt[24]. Es bringt seine ganze Zuwendung zu den Hilfsbedürftigen und Verachteten zum Ausdruck. Man sollte dabei auf die Nuance achten, daß die Kranken Subjekt des Satzes sind (nicht Jesus), die völlig im Mittelpunkt stehen. Die Kranken sind in diesem Fall die Sünder, die von Jesus als ihrem Seelenarzt Hilfe und Rettung erfahren.

Daß Jesus einen verachteten Zöllner in seine Jüngerschaft aufnimmt, ist Ausdruck seiner Barmherzigkeit, die sich keinem Menschen verschließt[25]. Seine Mahlgemeinschaft mit Zöllnern kommt in Mt 11,19 par nochmals in einem allgemeinen Sinn zur Sprache: „Der Menschensohn ist gekommen, aß und trank, und sie sagen: Siehe, wie ist der Mensch ein Fresser und Weinsäufer." Das Wort findet sich im Anschluß an das kleine Gleichnis von den zankenden Kindern, die im Spiel weder zum Tanz noch zur Klage bereit sind. Das Gleichnis wird angewendet auf Johannes den Täufer als den Klagenden und Jesus als den Fröhlichen, Tanzenden. Sie können nebeneinandergestellt werden unter dem Gesichtspunkt, daß beide von „diesem Geschlecht" abgelehnt wurden. Das Wort hat uns in seiner Unerfindlichkeit eine Beschimpfung Jesu durch seine Gegner aufbewahrt, die sich durch seine Tischgemeinschaft mit dem gewöhnlichen, verachteten Volk, dem Amme-ha-arez, wie sie es nannten, provozieren ließen.

Die historische Zuverlässigkeit der Überlieferung, daß Jesus sich mit Zöllnern und Sündern an einen Tisch setzte und gemeinsames Mahl mit ihnen hielt, kann als gewährleistet gelten. Dieses Verhalten reißt die bisher geltende Ordnung, die zwischen gesellschaftlichen Schichten wertend trennte, ein. Selbst die spätere judenchristliche Gemeinde tat sich noch in der Praktizierung des offenen Tisches schwer, wie uns der sogenannte Antiochenische Zwischenfall lehrt (vgl. Gal 2,11-14). Und auch in der korinthischen Gemeinde gab es Lieblosigkeiten und Schwierigkeiten bei den gemeinsamen Mahlzeiten (vgl. 1 Kor 11,17-22). Der gemeinsame Tisch fügt sich auch ganz in Jesu Lebensstil ein. Während seines Wirkens führte er ein unstetes Wanderleben, besaß er vielleicht im Haus der Familie des Simon Petrus in

---

[24] Hierzu vgl. *Gnilka*, Markus I 104f.

[25] par Mt 9,9 tauscht den Namen Levi mit dem Namen Matthäus aus, von dem er weiß, daß er ein Zöllner war (10,3). Man wird Levi nicht mit Matthäus identifizieren dürfen. Der Namensaustausch hat innermatthäische Gründe. Vgl. *Gnilka*, Matthäusevangelium I 330f.

Kafarnaum die Möglichkeit einer vorübergehenden Bleibe, kehrte er in den Häusern bei den Menschen ein.

Fragt man nach dem Sinn, den Jesus der von ihm gewährten Tischgemeinschaft zusprach, so geht er sicherlich über die gesellschaftliche Anerkennung einer verachteten Gruppe hinaus. Das Wort vom Arzt ist aufschlußreich. Es deutet das Heil an. Weil aber die von Jesus Angenommenen eklatante Sünder waren oder als solche galten, kann die Tischgemeinschaft im Rahmen seines Gesamtwirkens nur als symbolischer Ausdruck, gleichsam als prophetisches Zeichen der durch ihn geschenkten Sündenvergebung begriffen werden. Die Vergebung geschieht weniger durch das Wort als durch die sinnenfällige persönliche Annahme, die wirksame Restituierung und Gewährung eines Neuanfangs in der vermittelten Gemeinschaft. Dabei gilt für das Verhalten Jesu sowie für seine Gleichnisse, daß die Vergebung den Neubeginn, und das heißt, die Umkehr aus sich entläßt, weil sie diese ermöglicht. Die Vergebung, das Angebot des Heils steht voran, nicht die Forderung der Umkehr. In diesem Sinn wird Umkehr für Jesus erst realisierbar. Es ist schon wiederholt darauf hingewiesen worden, daß sich Jesus in diesem Punkt von Johannes dem Täufer gravierend unterscheidet. Für Johannes steht die Umkehrforderung am Beginn [26]. Nach ihm rettet die Umkehr vom Gericht. Selbstverständlich hat auch Jesus zur Umkehr aufgerufen. Aber diese ist anders eingeordnet, wird wesenhaft und positiv begründet.

Zudem hatte die Tischgemeinschaft im antiken Judentum ein ganz anderes Gewicht als in unserer schnellebigen Zeit heute. Der gemeinsame Tisch stiftete in der Tat Gemeinschaft, verband die Versammelten im Genießen des gemeinamen Brotes real. Darüber hinaus wird man auch nach einer eschatologischen Dimension des Verständnisses fragen dürfen. Das endzeitliche Heil konnte im Judentum – und auch in Jesu Gleichnissen (vgl. Lk 14,16–24) – mit einem festlichen Mahl verglichen werden. Dann würde Jesu Tischgemeinschaft zum Vorausabbild des endzeitlichen Tisches im Reich Gottes.

Ein konkretes Beispiel der Sündenvergebung in Jesu Wirken ist mit einer Perikope verknüpft, die eine eigene Geschichte besitzt. Sie wurde zunächst isoliert überliefert. Als sie in das Evangelium aufgenommen wurde, fand sie an verschiedenen Stellen Platz. Heute treffen wir sie in der Regel im Johannesevangelium an, wird sie als Abschnitt Joh 7,53–8,11 gezählt, obwohl klar ist, daß sie keinen johanneischen, sondern eher einen synoptischen Text darstellt, der am meisten mit der lukanischen Überlieferung verwandt ist. Die Perikope erzählt von der Begegnung Jesu mit einer Ehebrecherin, die in flagranti ertappt, von „Schriftgelehrten und Pharisäern" zu Jesus geführt wird, der über sie

[26] Vgl. *Bornkamm*, Jesus 74–77.

befinden soll. Genauer wird er über seine Meinung zur Strafbestimmung des Gesetzes befragt, die über eine Ehebrecherin die Strafe der Steinigung verfügt. Während er fürs erste den Eindruck erweckt, sich in den Fall nicht verwickeln lassen zu wollen – „er schrieb mit dem Finger auf die Erde" –, verwandelt er schließlich in einer souveränen Reaktion die Szene, so daß die Kläger zu Beklagten werden. Der Aufforderung, daß jener den ersten Stein werfen solle, der ohne Sünde ist, können sie nicht entsprechen. Nachdem alle sich entfernt haben, wird die allein zurückbleibende Frau auch von Jesus nicht verurteilt, sondern mit dem Befehl, nicht mehr zu sündigen, entlassen.

Ist es möglich, diese Geschichte für das historische Jesusbild in Anspruch zu nehmen? Ihr Text ist ziemlich frei überliefert worden. Er wurde mit weiterführenden Paraphrasen ausgestattet, läßt aber im Kern jeweils die eben erwähnte gleiche Grundstruktur erkennen [27]. Die im Tempelbezirk spielende Erzählung kann als judenchristliche Tradition ausgewiesen werden [28]. Textfachleute neigen zur Auffassung, daß sie bereits im zweiten Jahrhundert in das Evangelium Eingang fand, wenngleich ihre Rezeption mit nicht unerheblichen Schwierigkeiten verbunden war [29]. Gegner ihrer Echtheit lassen sie in den Gemeindedebatten über die Vergebbarkeit von schweren Sünden, hier des Ehebruches, entstanden sein [30]. Das aber überzeugt nicht. Die Perikope trägt nicht den Charakter einer grundsätzlichen Entscheidung. Auch spricht die Überführung der Ankläger gegen eine solche Bestimmung. Gattungsmäßig ist sie nicht als Streitgespräch, sondern als ein biographisches Apophthegma einzustufen [31]. Positiv spricht vor allem ihr Inhalt dafür, daß sie eine Erinnerung aus dem Wirken Jesu aufbewahrt hat. Das hier vorliegende Verhalten Jesu stimmt mit den bisher gewonnenen Erkenntnissen überein. Jesus tritt in einem konkreten Fall mit grenzenloser Barmherzigkeit für den ausgestoßenen Sünder ein und brüskiert dabei die Hüter der alten Ordnung. Seine Stellungnahme ist

---

[27] Folgende paraphrasierende Ausschmückungen sind erwähnenswert: Man weiß mitzuteilen, daß Jesus „die Sünden eines jeden einzelnen von ihnen" mit dem Finger auf die Erde geschrieben habe (VV 6 und 8). In V 9 findet sich der Zusatz, sie gingen weg, einer nach dem anderen, *vom Gewissen überführt*. In V 10 fragt Jesus nach einigen Textzeugen die Frau: Wo sind deine Ankläger? Zur Textüberlieferung vgl. *K. Aland*, Glosse, Interpolation, Redaktion und Komposition in der Sicht der ntl Textkritik: Studien zur Überlieferung des NT und seines Textes (ANTT 2) (Berlin 1967) 35–57, hier 39–46; *Becker*, Ehebrecherin 8–43.

[28] Vgl. *Schnackenburg*, Johannesevangelium II 234.

[29] Vgl. *Aland* (Anm. 27) 40. *Becker*, Ehebrecherin 38f., datiert die Aufnahme der Perikope in den griechischen Text ein Jahrhundert später. Auch weist er nach, daß sie der syrischen Didaskalia bekannt ist (124–145), und rechnet mit der Möglichkeit, daß das Protevangelium Jacobi und Origenes sie kannten (117–124).

[30] Etwa *H. Köster*, Die außerkanonischen Herrenworte: ZNW 48 (1957) 220–237, hier 233.

[31] Mit *Schnackenburg*, Johannesevangelium II 233.

vordringlich nicht gegen das Gesetz gerichtet, noch weniger als seine Absicht anzusehen, das Gesetz aufzulösen, sondern sie ist ganz von der Zuneigung zum Menschen bestimmt, dem Heil widerfahren soll. Daß damit eine Einzelvorschrift des Gesetzes unberücksichtigt bleibt, ist eine daraus sich ergebende Folge. Für die historische Reminiszenz muß schließlich auch das Schicksal der Perikope in das Bewußtsein gerückt werden. Zwar war sie nie ursprünglicher Bestandteil eines Evangeliums und wurde sie nie aus diesem entfernt, sondern ist sie als außerkanonische Jesusüberlieferung anzusehen. Doch hängt der gegen sie zu beobachtende Widerstand, der ihre Aufnahme problematisch werden ließ, mit ihrem Ziel zusammen. Er erschien manchen als ärgerlich. Die Güte Jesu gegenüber einer Sünderin wurde als skandalisierend empfunden. Eine andere Erklärung dieses Sachverhaltes läßt sich kaum ausfindig machen. Widerstand gegen eine Tradition aber gilt auch der kritischen Forschung als Kriterium der historischen Zuverlässigkeit.

Jetzt kann einiges zum sachlichen Detail der Überlieferung gesagt werden. Weil nach jüdischer Auffassung schon die Verlobte im juristischen Sinn als Ehefrau ihres Verlobten galt, die nur noch nicht heimgeführt war (vgl. Dt 22,23f), entstand die Frage, ob die mit Jesus konfrontierte Frau als treulose Braut oder Ehegattin zu betrachten ist. J. Blinzler[32] hat den überzeugenden Nachweis geführt, daß nur letzteres angenommen werden kann. Gemäß Lv 20,10; Dt 22,22 sollte Ehebruch mit dem Tod bestraft werden. Wenn die Geschichte von der Ehebrecherin die Steinigung als die besondere Art der Hinrichtung voraussetzt – „Im Gesetz aber hat Mose geboten, solche zu steinigen“ (V 5) –, so können wir damit rechnen, daß die im Gesetz allgemein vorgeschriebene Tötung im Sinn der Steinigung ausgelegt wurde[33]. Fast nicht mehr zu entscheiden ist die Überlegung, ob die Frau gerade zum Gericht geschleppt wurde oder ob sie als bereits Verurteilte auf dem Weg zur Steinigung ist. Die Unsicherheit ist gegeben, weil die Überlieferung auf die Mitteilung dieser für uns interessanten Details keinen Wert legt. Man hat als Argument für die Auffassung, daß die Frau bereits vom jüdischen Gericht verurteilt sei und zur Exekution geführt werde, vor allem darauf hingewiesen, daß eigentlich erst so Jesus in wirkliche Verlegenheit gebracht, versucht würde. Bejaht er nämlich

---

[32] Die Strafe für Ehebruch in Bibel und Halacha. Zur Auslegung von Joh 8,5: NTS 4 (1957/58) 32–47, hier 34–38, u.a. mit Hinweis auf die Begriffe γυνή und μοιχευομένη, die in der Perikope vorkommen. Die andere Auffassung vertraten *Billerbeck* II 520; *J. Jeremias,* Zur Geschichtlichkeit des Verhörs Jesu vor dem Hohen Rat: ZNW 43 (1950/51) 145–150, hier 148f.

[33] Vgl. Ez 16,38–41; 23,45–48; Jub 30,8f. *Blinzler* (Anm. 32) 42 wertet Lv 20,27, wo excplizit von Steinigung gesprochen wird, zu Recht als nähere Angabe der Tötungsart, die das allgemeine „er/sie soll getötet werden“ erläutert.

das Urteil, so gäbe er sich als Revolutionär zu erkennen, weil das ius gladii in jener Zeit bei den Römern lag. Verneint er es, mache er sich unpopulär[34]. Doch wird man die Feststellung der Frau auf die Frage Jesu, daß sie keiner verurteilt habe, als Indiz für ein noch nicht ergangenes Urteil werten dürfen. Auch dann ist das Versucherische für Jesus gegeben. Hinrichtungen, durchgeführt von jüdischer Seite, sind in jener Zeit vorgekommen, obwohl die Besatzungsmacht das Tötungsrecht an sich gebunden hatte[35].

Wahrscheinlich wird man dem Umstand Beachtung schenken dürfen, daß in der Geschichte nur die Frau vorkommt, nicht der Mann, der mit ihr die Ehe gebrochen hat. Man wird dies als Anzeichen dafür sehen können, daß man auch in diesem Punkt in jener rigid patriarchalisch strukturierten Gesellschaft die Frau benachteiligte und geneigt war, zuerst sie zu ergreifen. Ähnliches deuten die Formulierungen in Ez 16,38–41; 23,45–48; Jub 30,8f an. Dieser Hintergrund erhielte einen besonders bösen Schatten, wenn die Sünde, deren sich die Anklagenden, angefangen von den Ältesten, erinnern, auf der gleichen Linie wie die Sünde der Frau liegt. Doch ist das nicht sicher[36]. Jedenfalls krempelt Jesus mit seiner Reaktion die Situation um. Das von ihm erbetene Urteil, das ganz anders ausfällt als erwartet, trifft beide, die Anklagenden wie auch die Frau. Die Anklagenden werden in ihrem Gewissen getroffen. Das Urteil über die Frau, den schwächsten Teil im Spiel, ist einem Freispruch gleichzusetzen, nicht daß die Schuld in Frage gestellt wäre, aber daß ihr ein neuer Anfang gewährt ist. Auch hier verbindet sich mit der faktisch geschenkten Vergebung die Ermöglichung der Umkehr und Abkehr von der Sünde. Der konkrete Mensch ist in der Lage des Falles und der großen Demütigung, in die ihn sein Fall brachte, abgeholt und auf einen neuen Weg gestellt. Dabei erscheint Jesus unbekümmert über das Risiko, ob dieser Weg auch gegangen werden wird, vielmehr darauf vertrauend, daß die so wirksam zugewendete Vergebung den Freiraum eines erneuerten Handelns eröffnet.

Eine analoge Geschichte, der Konfrontation Jesu mit der Ehebrecherin vergleichbar, verbirgt sich hinter Lk 7,36–50. Beim Mahl im Haus eines Pharisäers, der den Namen Simon trägt, tritt unerwartet eine Frau auf. Sie ist als Sünderin in der Stadt bekannt, darum als Dirne anzusehen, weniger als die Frau eines Mannes, der einen uneh-

---

[34] So *Jeremias* (Anm. 32).

[35] Vgl. die Steinigung des Stephanus. Bei den Römern war durch die lex Julia de adulteriis des Augustus das alte Recht des beleidigten Ehemannes, den Ehebrecher zu töten, aufgehoben und durch Relegation und Einzug eines Vermögensanteils ersetzt worden. Doch kehrte man später wieder zur Todesstrafe zurück.

[36] *Schnackenburg,* Johannesevangelium II 230, denkt an die Sünde ganz allgemein und zitiert Mt 7,1.

renwerten Beruf ausübte. Mit Äußerungen tiefer Betroffenheit, in der Unverstellbarkeit eines orientalischen Temperaments bekundet sie Jesus ihren Dank, indem sie sich hinter ihn stellend, weinend mit ihren Tränen seine Füße netzt, sie mit ihren Haaren abtrocknet und dabei seine Füße küßt.

Die Rekonstruktion dieses Geschehnisses ist mit Schwierigkeiten belastet, weil die Perikope bei ihrer Weitergabe in besonderer Weise durch erzählerische Züge ausgeweitet wurde. Es irritiert vor allem die Salbung. Denn die Geschichte von einer Salbung Jesu ist bei den Seitenreferenten fest in der Passionsgeschichte verankert (Mk 14,3–9 par). In Joh 12,3–8 wird die salbende Frau mit Maria, der Schwester des Lazarus, identifiziert. Wir müssen damit rechnen, daß von Haus aus selbständige Traditionen, die einander verwandt erschienen, indem sie erzählt wurden, einander angeglichen werden konnten. So dürfte das Salbungsmotiv in Lk 7,36ff. sekundär sein[37]. Es steht zu vermuten, daß ursprünglich vom Auftritt der Frau in der Weise wie oben angedeutet berichtet wurde. Die Geschichte läßt unmittelbar kein Motiv erkennen, warum die Frau zu Jesus, der im Haus des Pharisäers zu Tische liegt, eilte. Doch deutet das eingeschaltete Gleichnis von den beiden Schuldnern, das von einer grundlosen Vergebung handelt, dieses an (7,41f). Die am Schluß von Jesus ausgesprochene Sündenvergebung (V 48) kommt im Sinn der Logik der Erzählung zu spät. Sie erfüllt an dieser Stelle eine andere Funktion. Sie ist an die Gemeinde gerichtet, die mit diesem (nachträglichen) expliziten Vergebungszuspruch zu verstehen gibt, daß in ihr unter Berufung auf Jesu Vollmacht Sündenvergebung – aller Wahrscheinlichkeit nach in der Gemeindeversammlung – praktiziert wurde. Das sich für die Sünderin nahelegende Motiv ist die durch Jesus erfahrene Vergebung und Annahme, die vermutlich wieder durch sein persönliches Verhalten, durch Aufnahme in seine Gemeinschaft oder ähnlich zum Ausdruck gebracht worden war.

Läßt sich der Nachweis führen oder darf vermutet werden, daß auch Jesus selbst explizit Sündern vergeben hat? Nachdem Lk 7,48 als Nachtrag ausgemacht werden konnte, bleibt für diese Möglichkeit die Perikope von der Heilung eines Gelähmten (Mk 2,1–12 parr). Auch diese ist im eben angezeigten Sinn von der Gemeinde für die eigene Sündenvergebungs-Praxis in Anspruch genommen worden. Die Geschichte hat die Gestalt eines Apophthegmas gewonnen, das heißt, sie

[37] Vermutung von *Schürmann*, Lukasevangelium I 441. Auch der Name des Gastgebers, Simon, könnte sekundär eingedrungen sein. Nach Mk 14,3ff. findet das Mahl statt im Haus Simons des Aussätzigen in Bethanien bei Jerusalem. In den nachneutestamentlichen Überlieferungen gehen die Parallelisierungen weiter. Die salbende Frau wird mit Maria von Magdala gleichgesetzt und diese somit zur Sünderin. Dieser Irrtum hat sich besonders hartnäckig gehalten.

gipfelt in einem Merksatz (= Apophthegma), der ihr aufgeprägt wurde, um sie für die Gemeinde anwendbar zu machen. Dieser lautet: „Damit ihr aber seht, daß der Menschensohn Vollmacht hat, auf Erden Sünden zu vergeben ...“ (V 10). Das Wunder der Heilung wird zum Argument für die Sündenvergebungsvollmacht, die in der Gemeinde weiterwirkt. Es muß aber beachtet werden, daß Jesus vorausgehend dem Gelähmten die Sünden vergeben hat, in einer Weise, die sich deutlich vom apophthegmatischen Satz abhebt. Der vor ihm auf einer Bahre ausgebreitete Kranke erhält den Zuspruch: „Kind, deine Sünden sind vergeben“ (V 5). Die passivische Formulierung umschreibt das Wirken Gottes. Die von Gott gewährte Vergebung wird durch Jesus vermittelt. Es könnte durchaus sein, daß Jesus so gesprochen hat. Die historische Glaubwürdigkeit dieser Tradition wird durch einen weiteren Umstand empfohlen, der Beachtung verdient, weil er in seiner Unerfindlichkeit etwas von der Lebendigkeit des Vorfalls aufbewahrt hat. Der Kranke wird von vier Männern zu Jesus gebracht. Dieser aber befindet sich im Haus – im Haus des Simon Petrus in Kafarnaum? –, und das Haus ist von vielen Menschen belagert. Sie steigen auf das Dach, graben es auf und lassen den Kranken samt seiner Bahre hinunter (V 4). Das Aufgraben des Daches ist ein rudimentärer Zug. Er weist auf das palästinische Haus, das mit Schilf, Heu und Zweigen gedeckt war, die zwischen die Tragbalken eingeflochten und mit einer Lehmschicht überzogen waren. Lk 5, 19 hat diesen Zug nicht übernommen, sondern abgewandelt und auf das seinen Lesern vertrautere griechische Haus übertragen, das mit Ziegelsteinen gedeckt war: „Sie ließen ihn (den Gelähmten) samt der Bahre durch die Ziegel hinab.“ [38]

Jesus machte das Heil erfahrbar, indem er sich den Menschen zuwandte, sie annahm, in seine Gemeinschaft aufnahm, ihnen Vergebung der Sünden zusprach. Die Kraft seines Zuspruches liegt in der Hinwendung zum konkreten einzelnen, gerade des Verachteten, Geschändeten, des Sünders, aber auch darin, daß er sich in einer ganz persönlichen Art, fast unnachahmlichen Weise auf diese Menschen einließ, sich an sie verschenkte.

Ausblick:

Die Hinwendung zu den Sündern wurde fortgesetzt, unter Berufung auf die Vollmacht und das Vorbild Jesu. Doch nahm in der verfaßten

[38] Die Öffnung des Daches hat wahrscheinlich ursprünglich einem apotropäischen Zweck gedient. Der Krankheitsdämon sollte hintergangen werden. Blieb ihm der reguläre Eingang des Hauses verborgen, war seine Rückkehr erschwert.

Gemeinde dieser Zuspruch und Sündennachlaß – notwendigerweise – andere Formen an, wurde in der Gemeinschaft der Gemeinde fest verankert, institutionalisiert, ritualisiert. Nähere Einblicke sind uns verwehrt, wenngleich an dieser Stelle die Notwendigkeit einer Revitalisierung des Tuns Jesu in besonderer Weise erkennbar wird.

LITERATUR: *J. Kögel,* Das Gleichnis vom verlorenen Sohn (BZSF 5/9) (Berlin 1909); *E. Schweizer,* Zur Frage der Lukasquellen. Analyse von Lk 15,11–32: ThZ 4 (1948) 469–471; *J. Dupont,* La parabole des ouvriers de la vigne: NRTh 89 (1957) 785–797; *U. Becker,* Jesus und die Ehebrecherin (BZNW 28) (Berlin 1963); *B. M. F. van Jersel,* La vocation de Lévi: De Jésus aux Évangiles (Gembloux 1967) 212–232; *R. Pesch,* Das Zöllnergastmahl: Mélanges bibliques (Festschrift B. Rigaux) (Gembloux 1970) 63–87; *H. Thyen,* Studien zur Sündenvergebung (FRLANT 96) (Göttingen 1970); *L. Schottroff,* Das Gleichnis vom verlorenen Sohn: ZThK 68 (1971) 27–52; *C. Dietzfelbinger,* Das Gleichnis von der erlassenen Schuld: Ev Th 32 (1972) 437–451; *F. Bovon,* La parabole de l'enfant prodigue: Exegesis (hrsg. von *F. Bovon* u.a.) (Neuchâtel–Paris 1975) 36–51.291–306; *T. Deidun,* The Parable of the Unmerciful Servant: BTB 6 (1976) 203–224; *P. Lamarche,* L'appel de Lévi: Christus 23 (1976) 106–118; *D. Patte,* Structural Analysis of the Parable of the Prodigal Son: Semiology and Parables (hrsg. von *D. Patte*) (Pittsburgh 1976) 71–149; *H. von Campenhausen,* Zur Perikope von der Ehebrecherin: ZNW 68 (1977) 164–175; *P. Grelot,* Le père et ses deux fils: RB 84 (1977) 321–348. 538–565; *R. Pesch,* Zur Exegese Gottes durch Jesus von Nazaret: Jesus. Ort der Erfahrung Gottes (Festschrift B. Welte) (Freiburg ²1977) 140–189; *F. Schnider,* Die verlorenen Söhne (OBO 17) (Fribourg–Göttingen 1977); *F. Rousseau,* La femme adultère: Bib 59 (1978) 463–480; *A. Feuillet,* Les ouvriers envoyés à la vigne: RThom 79 (1979) 5–24; *W. Pöhlmann,* Die Abschichtung des Verlorenen Sohnes: ZNW 70 (1979) 194–213; *F. Schnider,* Von der Gerechtigkeit Gottes: Kairos 23 (1981) 88–95; *C. Dietzfelbinger,* Das Gleichnis von den Arbeitern im Weinberg als Jesuswort: Ev Th 43 (1983) 126–137; *I.. Broer,* Die Parabel vom Verzicht auf das Prinzip von Leistung und Gegenleistung: A cause de l'évangile (Festschrift J. Dupont) (Paris 1985) 145–164.

3. Heilungen und Wunder

Jesus beschränkte sich nicht allein auf die Verkündigung des Wortes. Neben seinem Predigen, seinem Vergebungszuspruch, seiner befreienden Gemeinschaft mit den Menschen steht sein Helfen und Heilen. Wir sprechen von Wundern. Dieser Teil seines öffentlichen Wirkens kann nicht ausgespart bleiben. Es hängt aber viel davon ab, sein Helfen und Heilen richtig zu bewerten und einzuordnen. Die Aufgabe ist nicht leicht. In zahlreichen Jesus-Büchern wird sie beiseite gelassen [1].

Das Beiseiteschieben der Heilertätigkeit Jesu verbietet sich schon angesichts des Umfangs des einschlägigen Materials. Im Markusevangelium nehmen die Wunder einen verhältnismäßig breiten Raum ein. Für das Johannesevangelium rechnet man vielfach damit, daß der

[1] Dies gilt für die Jesus-Bücher von Braun, Bultmann, nicht für Dibelius. Vgl. in dessen Jesus-Buch das Kapitel „Die Zeichen des Reiches": 67–79.

Evangelist eine ihm vorgegebene Quellenschrift, die vorzüglich Wunder enthielt und „Semeia-Quelle" genannt wird, aufgegriffen habe. Es ist aber viel eher möglich, die Wunderinterpretation der einzelnen Evangelien zu erarbeiten als bis zu dem Verständnis, das Jesus selbst dieser seiner Tätigkeit zugesprochen wissen wollte, vorzustoßen. Im Markusevangelium stehen die Wunder im Zeichen eines Kampfes, den Jesus, der Messias und Gottessohn, ausficht und eröffnet mit Satan und den Kräften des Bösen. Innerhalb dieses mythologisch geprägten Geschichtsbildes nimmt es nicht wunder, wenn die exorzistische Tätigkeit Jesu stark in den Vordergrund tritt. Im Matthäusevangelium dominiert das Wort Jesu, dominieren die Redekompositionen, angefangen mit der Bergpredigt. Die Wunder sind dem Wort bei- und untergeordnet gemäß der summarischen Feststellung: „Und (Jesus) wanderte in ganz Galiläa umher, lehrend in ihren Synagogen und kündend das Evangelium vom Reich und heilend jede Krankheit und jede Entkräftigung im Volk" (4,23; vgl. 9,35). Im Lukasevangelium gibt sich Jesus durch sein Helfen und Heilen als der große Wohltäter und endzeitliche Prophet seines Volkes zu erkennen, wie es in Apg 10,38 zusammenfassend heißt: „Und er zog umher, tat Gutes (εὐεργετῶν) und heilte alle, die in der Gewalt des Teufels waren." Für das Johannesevangelium schließlich kommt es darauf an, die Wunder Jesu als Zeichen zu begreifen und im Glauben anzunehmen, als Wegschilder, die auf Christus als die Offenbarung Gottes weisen. Darum kann ein entscheidender Vorwurf lauten: „Ihr sucht mich nicht, weil ihr Zeichen gesehen habt, sondern weil ihr von den Broten gegessen habt und satt geworden seid" (6,26). Damit kommt auch Wunderkritik ins Spiel: „Wenn ihr nicht Zeichen und Wunder seht, so glaubt ihr nicht" (4,48). Erwähnenswert ist auch, daß im vierten Evangelium Exorzismusgeschichten fehlen. Auf der anderen Seite aber hören wir gerade hier von Wundern von staunenswerter Mächtigkeit.

Will man in diesem Punkt an den historischen Jesus herankommen, wird es gut sein, zwischen den Wunderberichten und deutenden Logien zu unterscheiden. Denn die ersten stellen die Berichte anderer dar, die von Jesu Heilertätigkeit erzählen. Die Logien eröffnen die Chance, seine Absichten kennenzulernen. Zweifellos sind die Logien – manche von ihnen – älter. Diese Einsicht wird dadurch bestätigt, daß die Spruchquelle – soweit für uns rekonstruierbar – nur eine einzige ausführliche Heilungsgeschichte enthält, die Erzählung von der Heilung des Knechtes des Hauptmanns von Kafarnaum (Mt 8,5–13 par). Hinzu tritt der knappe Bericht von dem einem Taubstummen gewährten Wunder (Lk 11,14 par)[2]. Dennoch wollen wir mit der Erörterung

[2] Nach par Mt 12,22 ist der Kranke stumm und blind. Mt favorisiert Blindenheilungen. Vgl. *Gnilka,* Matthäusevangelium I 457.

der Wundergeschichten beginnen. Wir tun es mit der Absicht, spezifische Spuren Jesu zu entdecken.

a) Da es sich um eine Materie handelt, für die sich uns nicht so ohne weiteres ein Zugang des Verständnisses erschließt, ist es erforderlich, weiter auszuholen. Zunächst wird es gut sein, sich die ganz andere Einstellung der galiläischen Hörer Jesu dem Wunder gegenüber zu vergegenwärtigen. Schon M. Dibelius hat die Differenz, die gerade in diesem Punkt zu den Menschen heute besteht, trefflich beschrieben: „Die Hörer Jesu, von denen wohl keiner durch die kritische Philosophie der Griechen ernstlich berührt war, meinten Gottes Wirken gerade im Unerklärbaren sehen zu müssen. Wenn uns heute in unserer Welt und vor unseren Augen etwas Unerklärliches geschähe, wenn einer einen tot Daliegenden plötzlich gesund sich erheben ließe ..., so würden die Beherzten den Vorgang selbst zu untersuchen trachten, die Zaghaften sich von ihm zurückziehen, Unwillige die Polizei, Beeiferte die Presse bemühen – aber keiner würde anbetend in die Knie sinken! Das aber ist es gerade, was den Hörern Jesu angesichts des Wunderbaren naheliegt. Wunderbar ist ihnen das im Augenblick Unerklärbare. Mit Naturgesetzen rechnen sie nicht, Erklärungsversuche kümmern sie nicht; denn es ist ja das Übernatürliche, das sie im Unerklärten spüren. Anbeten oder verdammen, Gott oder den Teufel am Werke glauben – es gibt kaum eine andere Möglichkeit für sie. Wir aber wollen das Außergewöhnliche erst erklärt haben, bevor wir unser Urteil abgeben.“ [3]

Daneben bleibt zu berücksichtigen, daß die synoptischen Wundergeschichten sich in ihre Zeit einfügen. Wer damals von den Wundern Jesu hörte, wußte, daß es auch anderswo Thaumaturgen gab, denen man Heilungen und aufsehenerregende Taten nachsagte. Das erste nachchristliche Jahrhundert war eine Epoche, in der Wundercharismatiker und Wunderheiler vermehrt auftraten. Dies bedeutete eine Wiederbelebung von Erfahrungen und Fähigkeiten, die für etwa drei Jahrhunderte in Vergessenheit geraten oder in den Hintergrund getreten waren. G. Theißen spricht geradezu von einer „Renaissance des Wunderglaubens“ [4]. Im Hellenismus knüpfte man an Pythagoras an, von dem Wunder überliefert waren. Dies gilt insbesondere für Apollonios von Tyana (ca. 3–97 n.Chr.), der als Wundercharismatiker durch die Lande zog. Im Judentum waren die Propheten Elija und Elischa als mächtige Thaumaturgen in der Erinnerung des Volkes geblieben. Daneben sind uns Jarchas, ein indischer Weiser, dem Apollonios auf seinen Wegen begegnete [5], und Simon Magus in Samaria bekannt. In

---

[3] Jesus 71.
[4] Wundergeschichten 262–273, hier 271.
[5] Vgl. *Philostrat,* vit. Apoll. 3,40 u.ö.

Israel sagte man Hanina ben Dosa (ca. 70–100 n. Chr.) und Eliezer ben Hyrkanos (ca. 90–130 n. Chr.) Wunder nach, zwei angesehenen Rabbinen. Eine die Jahrhunderte überdauernde Heilinstitution stellt Epidauros dar, wo eine institutionalisierte Priesterschaft dafür Sorge trug, Erfahrungen von Heilungen im Tempel des Gottes Asklepios zu ermöglichen. Mögen auch charismatisch hervorgebrachte Heilungen von solchen in einer Tempelinstitution vollzogenen zu unterscheiden sein, uns interessieren hier die Berichte, die wir von ihnen haben. Für das Wiedererwachen eines anwachsenden Interesses für Wunderheiler gibt es kaum Gründe. Vielleicht spielt eine sich steigernde allgemeine Elendssituation eine Rolle mit. Israel war zur Zeit Jesu ein politisch unterworfenes Land[6]. Nicht vergessen sei, daß in den Kreisen der Essener eine Art „Büchermedizin" betrieben wurde. Josephus berichtet, daß die Essener alte Schriften erforschten, um heilkräftige Wurzeln und Eigenschaften von Steinen zur Heilung von Krankheiten kennenzulernen [7]. Ähnliches mag für apokalyptische Gemeinden gelten (vgl. Henaeth 7,1; 8,3; Jub 10,12f).

Innerhalb der Evangelien treffen wir rund zwanzig Heilungs- und Exorzismusgeschichten an[8]. Für die Blindenheilungen ist mit Verdoppelungen zu rechnen (vgl. besonders Mt 9,27–31 mit 20,29–34), aber auch sonst könnten gelegentlich variierende, weitergestaltete Wiederholungen vorgekommen sein[9]. Nicht einbezogen sind die sogenannten Sammelberichte, in denen summarisch auch auf Jesu Heilertätigkeit verwiesen wird in einer Weise, die den Eindruck von Massenheilungen erweckt (etwa Mk 1,32–34 parr; 3,7–12 parr; 6,53–56 parr). Auch hier geht die Tendenz zur Vermehrung bis hin zu der diese Tendenz bestätigenden Feststellung, daß viele (Wunder-)Zeichen, die Jesus vor seinen Jüngern getan habe, nicht aufgeschrieben worden seien (Joh 20,30; vgl. 21,25). Es ist angesichts dieses Befundes nicht möglich, sich ein präzises Bild vom Umfang seiner Wunderheilungen zu machen. Es finden sich auch Feststellungen, die von seiner Fama als Wundertäter beim Volk wissen (etwa Mk 6,2; Lk 4,23). Dennoch wird man im Blick auf das wirklich Geschehene die sich abzeichnende Redundanz berücksichtigen müssen. Auf jeden Fall wurde die charismatische Heilung bei Jesus niemals zu einer gleichsam institutionalisierten Sache,

---

[6] Zu diesen Zusammenhängen vgl. *Theißen,* Wundergeschichten 271.

[7] Bell. 2,136. *O. Michel – O. Bauernfeind,* Flavius Josephus: De bello Judaico I (Darmstadt 1959) 434 Anm. 57, erinnern daran, daß es den Versuch gab, den Namen „Essener" vom aramäischen *'asi'a* = Arzt abzuleiten.

[8] Vgl. Mk 1,23–28 par; 1,29–31 parr; 1,40–45 parr; 2,1–12 parr; 3,1–6 parr; Mt 8,5–13 parr; Mk 5,1–20 parr; 5,25–34 parr; Joh 5,1–9; Mt 9,27–31; 9,32–34 par; Mk 7,24–30 par; 7,31–37 par; 8,22–26; 9,14–29 par; Lk 13,10–17; 14,1–6; 17,11–19; Joh 9,1–12; 11,38–44; Mk 10,46–52 parr; Lk 22,51.

[9] Wie verhält sich etwa Joh 5,1–9 zu Mk 2,1–12 parr traditionsgeschichtlich? Die Frage kann hier nur gestellt werden.

bei der man jederzeit mit einer wunderbaren Heilung rechnen konnte. Die charismatische Bestimmtheit und damit das Überraschende blieben stets gewahrt.

Was die Beurteilung der Wunder Jesu in außerordentlicher Weise erschwert, ist die Tatsache, daß sie gemäß den volkstümlichen Regeln der Erzählkunst weitergereicht wurden. Die Erzählung war an die Einhaltung von bestimmten Regeln gebunden, auch die Erzählung von Wundergeschichten. Gemäß diesen Regeln wurden die Geschichten in vorgegebene Schemata eingepaßt und mit stets wiederkehrenden Motiven, die variiert werden konnten, aufgefüllt. G. Theißen hat 33 verschiedene, in evangeliaren Wundergeschichten vorhandene Motive ausfindig gemacht, die vom Auftreten des Hilfsbedürftigen, eines Stellvertreters oder einer Gesandtschaft über die Darstellung des Wunders, das durch ein Machtwort, durch Berührung oder durch therapeutische Manipulation geschieht, bis zur Demonstration der erfolgten Heilung reichen[10]. Farbigkeit erlangen die Erzählungen, die bezüglich des Details oft blaß und typisiert wirken, gelegentlich durch die Charakterisierung der Notlage – die blutflüssige Frau hat schon viele Ärzte konsultiert und ihr ganzes Vermögen aufgebraucht (Mk 5,26) – oder das Motiv des Hindernisses, das sich dem Hilfesuchenden entgegenstellt – der um Erbarmen schreiende Blinde erregt den Unwillen der Volksmenge (Mk 10,48). Die schematisierten und stereotypisierten Wundergeschichten vermitteln uns weniger einen Einblick in konkret beschriebene, individuelle Geschehnisse als vielmehr das allgemeine Wissen von Jesus dem Wundertäter. Es ist nicht richtig zu sagen, daß diese Geschichten auf seine Wirksamkeit nachträglich aufgetragen worden seien. In ihrer Allgemeinheit halten sie einen wichtigen Zug seiner Tätigkeit fest, die konkret zu beschreiben die Nachprüfung einzelner Wundergeschichten verlangte, besonders jener, die erfolgversprechend sind.

Für unsere modernen Vorstellungen ungenau und vage sind die Angaben über die verschiedenen Krankheiten, die geheilt werden. Auf ein paar Beispiele wollen wir kurz eingehen. Nach Lk 14,2–4 heilt Jesus einen Wassersüchtigen (ὑδρωπικός). Weil sich dieser „medizinische" Begriff im Neuen Testament nur im dritten Evangelium findet, wertete man dies früher gelegentlich als Ausweis Lukas' des Arztes. Daß wir es mit einer für antike Vorstellungen ernsthaften Bezeichnung zu tun haben, geht daraus hervor, daß auch Plinius, hist. nat. 28,232, sie verwendet (hydropicus). Lukas deutet allerdings kein Symptom oder spezifisches Krankheitsverhalten an. Betrachten wir das Vorkommen dieser Krankheitsbezeichnung in der antiken Literatur, so ergibt sich ein durchaus nicht einheitliches Bild. Symptomatisch für Wasser-

---

[10] Wundergeschichten 57–89. Vgl. *Bultmann*, Geschichte 236–241.

sucht scheinen zu sein ein übermäßiges Trinkbedürfnis (Polybios 13,2)[11], ein Zittern des Körpers (Aristoteles, Probl. 3,5). H. Pinkhof[12] denkt an eine Bluterkrankung, F. Fenner[13] an eine trophische Neurose, bei der Ergüsse in den serösen Gelenkhäuten entstehen würden. Eine präzise diagnostische Charakterisierung der Wassersucht kann nicht mehr gegeben werden. Es handelt sich um einen Sammelnamen, der zahlreiche Krankheiten abdeckt[14].

In ähnlicher Weise ist die Bezeichnung „Gelähmter" (παραλυτικός) als Sammelbegriff aufzufassen. In der Schilderung der Heilung eines Gelähmten Mk 2,1–12 parr (Lk 5,18 bezeichnet ihn als παραλελυμένος)[15] ist deutlich, daß dieser zu gehen gänzlich unfähig ist. Er wird von vier Männern auf einem Bett herangetragen. Auch der Knecht des Hauptmanns ist nach Mt 8,6 ein Gelähmter[16]. Wenn von großen Qualen gesprochen wird, trägt das zur näheren Krankheitsbestimmung nichts bei. Man wird das Gelähmtsein, das auch sonst in der antiken Literatur erwähnt wird[17], nicht auf spezielle Fälle von Lähmung im ärztlich-klinischen Sinn einschränken dürfen, sondern auf jede Art von erheblicher Bewegungsstörung ausdehnen müssen. Auch die Heilung des Mannes mit der leblosen (wörtlich: vertrockneten) Hand setzt eine partielle Lähmung voraus (Mk 3,1–6 parr). Von einer erstarrten Hand hören wir auch in den Königsbüchern (vgl. LXX 3 Kg 13,4). Man war wiederholt geneigt, an eine psychisch verursachte physische Störung zu denken[18]. Doch läßt die Dürftigkeit der Erzählung keine Rückschlüsse zu.

Der Aussätzige (λεπρός), von dem in Mk 1,40–45 parr berichtet wird[19], war mit einer Krankheit behaftet, über die im Alten Testament

---

[11] Nach *Philostrat,* vit. Apoll. 1,9, heilt Apollonios einen Wassersüchtigen durch Austrocknen. Nach rabbinischen Vorstellungen beruht die Krankheit auf einer Störung des Wasserhaushaltes. Vgl. *Billerbeck* II 203.

[12] Bei *van der Loos,* Miracles 506 Anm. 5.

[13] Krankheit 66. *H. J. Cadbury,* Lexical Notes on Luke-Acts: JBL 52 (1933) 55–65, hier 62f, siedelt Wassersucht (dropsical) in der Nähe der dysentery an.

[14] Wenn man in einem Pfarrhaus Sterberegister des 16. oder 17. Jh. durchblättert, stellt man fest, daß noch damals der Tod auf einige wenige Krankheits- oder Verfallsursachen zurückgeführt wurde. Die Krankheit des Herodes, die Josephus, ant. 17,168–172, beschreibt, wird man kaum mit Wassersucht in Verbindung bringen dürfen, wie das gelegentlich geschah. Der König starb wahrscheinlich an den Folgen einer Geschlechtskrankheit.

[15] Lk versucht, medizinisch etwas genauer zu sein. Denkt er an einseitige Körperlähmung, verursacht durch Schlagfluß oder Gicht? Vgl. *Pape-Sengebusch* s. v. παραλύω.

[16] Auch hier vermeidet Lk 7,2 das Wort παραλυτικός. Er spricht einfach von einem Schwerkranken, der dem Tod nahe ist.

[17] Vgl. *Plinius,* hist. nat. 28,127. Das Wort verwenden auch die Ärzte Moschion und Dioscorides. Vgl. *H. J. Cadbury,* Lexical Notes on Luke-Acts: JBL 45 (1926) 190–209, hier 204f und Anm. 45.

[18] Vgl. *Seng,* Heilungen 17; *Ebstein,* Medizin 101.

[19] Vgl. Lk 17,11–19; 4,27. In Bethanien ist Jesus bei Simon dem Aussätzigen zu Gast

und Judentum sehr vieles gesagt ist. Lv 13f ist dem Aussatz gewidmet. Was hier vorgeschrieben ist, wird im Mischnatraktat Negaim weiterverhandelt. Die Beschreibungen der Krankheit sind weitreichend. Von Schwellungen, Grinden oder Flecken ist die Rede, die auf der Haut auftreten und sich zu einem Aussatz-Mal entwickeln, von Geschwüren, die sich bilden und wieder abheilen und an deren Stelle eine weiße Schwellung oder ein weißrötlicher Fleck tritt, oder von einer Brandwunde, deren Wucherung sich zu einem eben solchen Fleck entfaltet usw. (Lv 13,2.18f.24.29f). In der Mischna werden 24 verschiedene Arten von Aussatz unterschieden. Man weiß um besonders gefährliche Formen, deren Beschreibung aber für unsere Erwartungen wiederum zu ungenau ist[20]. Philo stellt Aussatz, bösartige Flechten, Warzen nebeneinander oder redet vom vielgestaltigen Aussatz[21]. Obwohl man gelegentlich dafür eintrat, die antike Lepra mit der Krankheit zu identifizieren, die wir heute so bezeichnen[22], dürfte kaum ein Zweifel darüber bestehen, daß auch hier ein Sammelbegriff vorliegt. Es handelt sich schwerlich um die unheilbare Lepra, da etwa in Lv 13f mit einer möglichen Heilung gerechnet wird und die für die eigentliche Lepra im fortgeschrittenen Stadium kennzeichnenden Symptome gerade nicht angeführt werden. Offenbar sind verschiedene bösartige und nicht bösartige Hauterkrankungen im Spiel, durch die der Mensch kultisch unrein wurde, die in unserer medizinischen Sprache näher zu definieren aber die Angaben nicht ausreichen[23].

Der genaueren Bestimmung einer Krankheit kommen wir in Mk 9,14–27 parr relativ am nächsten. Der Evangelist beschreibt das Krankheitsbild eines Knaben, der zu Jesus geführt wird, ziemlich ausführlich. Der Knabe fällt immer wieder zu Boden, Schaum tritt vor seinen Mund, er knirscht mit den Zähnen und wird starr. Mt 17,15 faßt das Krankenporträt in die Worte zusammen, daß der Knabe oft in das Feuer oder in das Wasser stürze. Er steuert aber eine eigene Diagnose bei: der Kranke sei mondsüchtig gewesen (σεληνιάζεται)[24]. Wir haben es mit einem Epileptiker zu tun[25]. Als hervorstechendstes Merkmal der Epilepsie galten die von Markus treffend beschriebenen Anfälle. Die Krankheit, deren Erscheinungsbild Schrecken einzujagen vermochte, trug verschiedene Namen. Man verband sie mit Zauber und Magie

(Mk 14,3 par). Über diesen wissen wir nichts Näheres. Daß er beim Mahl zugegen ist, wird nicht gesagt. Spekulationen darüber, ob er von Jesus geheilt wurde, erübrigen sich.

20 Vgl. *Billerbeck* IV 745f.

21 spec. leg. 1,80; som. 1,202; poster. C. 47. Vgl. *Plinius,* hist. nat. 28,127.

22 Vgl. die ausführliche Literaturübersicht bei *W. Michaelis:* ThWNT IV 240 Anm. 3.

23 Vgl. *M. Noth,* Das dritte Buch Mose (ATD 6) (Göttingen 1962) 90.

24 Lk 9,39 bietet diesmal kein weiterführendes Detail.

25 Vgl. *E. Lesky – A. Waszink:* RAC V 819–831.

und nannte sie die heilige Krankheit. Der Anfall eines Epileptikers wurde bei den Römern als böses Omen gewertet[26]. Insbesondere stellte man einen verbindenden Zauber zwischen der Krankheit und dem Mond her, der von Galen auf natürlich-physikalische Weise erklärt wurde. Auf jeden Fall rührt die Bezeichnung Mondsüchtiger von daher. Wenn die Krankheit gelegentlich παίδειον πάθος heißt, bezeugt dies ihr häufiges Vorkommen im Kindesalter. Man hielt sie für besonders gravierend, im fortgeschrittenen Stadium für unheilbar.

Was uns den Zugang zu Jesu Heilertätigkeit in besonderer Weise verstellt, sind zeitgebundene anthropologische und kosmologische Vorstellungen. Nach diesen beherrschen Dämonen als schlimme Zwingherren die Menschen und verursachen physisches und psychisches Leid. Den Dämonenglauben teilen die synoptischen Evangelien mit weiten Teilen der antiken Welt. Doch fällt auf, daß er im Vergleich mit dem Alten Testament in diesen Evangelien stark hervortritt[27]. Dies könnte mit Galiläa zu tun haben, in dessen Bevölkerung damals Dämonenfurcht tiefe Wurzeln geschlagen hatte[28]. Die Nomenklatur ist ziemlich einheitlich. Neben den Bezeichnungen Dämon (δαιμόνιον, δαίμων)[29], Dämonischer (δαιμονιζόμενος, besonders bei Mt/Mk) begegnet uns häufig die den Volksglauben anschaulich artikulierende Wendung „unreiner Geist". Seltener ist von bösen Geistern die Rede (Lk 7,21; 8,2).

Für das zugrunde liegende Verständnis ist auf folgende Unterscheidung zu achten: Zunächst haben wir die krasse Vorstellung, daß ein Dämon – oder auch mehrere Dämonen – in einem Menschen einhausen, in ihm Wohnung nehmen, von ihm vollständig Besitz ergreifen können. Der „Dämonische" ist dann nicht mehr Herr seiner selbst, sondern erscheint als nahezu willenloses Werkzeug des ihn beherrschenden Geistes. Von der Befreiung der Dämonischen vom Dämon künden die Exorzismusgeschichten, die im Ausfahrbefehl (Apopompe) gipfeln. Sehen wir von den Sammelberichten wiederum ab, so treffen wir in den Evangelien im wesentlichen zwei Exorzismusgeschichten an (Mk 1,23–28 par; 5,1–20 parr), von denen die letztere mit der vorübergehenden Einquartierung der Dämonen in einer Schweineherde (Epipompe) groteske Anschaulichkeit erreicht. Neben den Exorzismen aber ist darauf zu achten, daß man auch die Krankheiten als von Dämonen verursacht wähnte. So ist es zu erklären, daß auch in

---

[26] *Plinius,* hist. nat. 28,35, bemerkt, daß man vor Epileptikern ausspucken würde, um die Ansteckung zurückzuwerfen.

[27] Im AT sind Dämonen durch den Jahve-Glauben abgewertete heidnische Götter. Vgl. *G. Gloege:* RGG³ II 2.

[28] Das Zurücktreten der Erwähnung von Dämonen im Johannesevangelium hängt sicherlich auch mit dem Adressatenkreis zusammen.

[29] Der Begriff δαίμων findet sich im NT nur in Mt 8,31.

Heilungsgeschichten wiederholt exorzistische Züge vorkommen. Beim „stummen Besessenen" (Mt 9,32) oder bei der verkrümmten Frau, die einen Geist hatte, der sie krank machte (Lk 13,11), ist an Krankheiten verursachende Dämonen zu denken (vgl. Mk 7,24–30 par; 9,17 parr). Die Macht des Heilers über die Krankheitsdämonen ist auf vielfältige Weise angedeutet, was bei einer Lektüre leicht übersehen werden kann. Wenn der heidnische Hauptmann von der Befehlsgewalt spricht, die er als Soldat ausübt und der auch er unterstellt ist (Mt 8,9), spielt er auf Jesu Vollmacht über die Krankheitsdämonen an, die ihm bedingungslos gehorchen müssen. Oder wenn nach Lk 4,39 Jesus dem Fieber *gebietet,* liegt die gleiche Vorstellung zugrunde. Schließlich soll nicht unerwähnt bleiben, daß nach dem Verständnis der synoptischen Evangelien das Wirken der Dämonen nicht mit der Sünde in Verbindung gebracht wird. Die Dämonen sind Schädiger der menschlichen Gesundheit und Psyche[30]. Da wir zwischen Exorzismen und Therapien mit exorzistischen Zügen unterscheiden, indem wir die Eigenart des synoptischen Materials berücksichtigen, läßt sich folgende Feststellung treffen: Der Therapeut hat es mit den Auswirkungen des Dämonen zu tun, der Exorzist mit seinem Dasein[31].

Mit dem überholten Weltbild, das die Welt von Dämonen besetzt sah, sind Jesu Heilungen nicht erledigt. Die Heilungsgeschichten der Evangelien gleichen sich vollständig dem Verstehenshorizont ihrer Adressaten an. Schwieriger sind seine Exorzismen zu beurteilen. Daß er sich auch als Exorzist betätigte, kann kaum bestritten werden, so befremdlich und unangemessen uns das auch vorkommen mag. Es sind uns entsprechende Jesus-Logien überliefert. Es ist uns der Vorwurf der Gegner überliefert, daß er durch Beelzebul, den Beherrscher der Dämonen, die Dämonen austreiben würde (Mt 12,24; vgl. 9,34). Im Zusammenhang damit ist auf das Wirken anderer Exorzisten neben Jesus aufmerksam gemacht: „Und wenn ich durch Beelzebul die Dämonen austreibe, durch wen treiben eure Söhne sie aus (12,27)?" Das Wirken von Exorzisten war demnach dem Volk vertraut.

Läßt sich dieses Wirken, das es heute noch bei „primitiven" Völkern gibt, uns etwas näherbringen? Man hat bei der Besessenheit der Dämonischen an auffällige und abschreckende Anomalien gedacht, besonders an Nerven- und Geisteskranke, hochgradige Neurotiker,

---

[30] Dies hat etwa zu folgendem Mißverständnis geführt: Die Bemerkung in Lk 8,2, daß Jesus aus Maria von Magdala sieben Dämonen ausgetrieben habe, gab zu der Auffassung die Veranlassung, daß diese Frau eine große Sünderin gewesen sei. Ihre „Besessenheit" aber hat mit Sünde nichts zu tun, sondern ist Ausdruck einer schlimmen Krankheit. Zum weitverzweigten antiken Dämonenglauben vgl. *K. Thraede:* RAC VII 44–117; *O. Böcher,* Dämonenfurcht und Dämonenabwehr (BWANT V/10) (Stuttgart 1970). Nach einem babylonischen Text bedecken Dämonen die Erde wie Gras.

[31] Vgl. *Theißen,* Wundergeschichten 94.

Neurastheniker, auch an das Phänomen des Verlustes der Identität[32]. Man hat erwogen, daß Kriege, Unterdrückung, Elend die Dämonenfurcht bei einfachen Menschen zu steigern und hervorzubringen in der Lage sind. Der Glaube an Dämonen wird dann begreiflich als durch Gefühle der Furcht und Einsamkeit, des Ausgeliefertseins und Terrors verursacht in Gestalt von Träumen, Naturereignissen, Krankheiten, Wahnsinn, Ekstase. Die Dämonen werden zu verobjektivierten Projektionen dieser schlimmen Erfahrungen[33]. Der damit vollzogene Seins- und Lebensentwurf trifft den Menschen in einer außerordentlich bedrückten Lage, aus der sich zu befreien er selbst kaum in der Lage ist. Jesus hat diese Lage nicht geschaffen, sondern vorgefunden. Sein exorzistisches Wirken geht befreiend auf den Menschen in diesem Engpaß ein.

Weltbild, Diagnostik, Schematisierung in der erzählerischen Motivik binden die evangeliaren Wundergeschichten mit milieumäßig verwandten Wundererzählungen außerhalb der Bibel zusammen. Im Vergleich ist es vielleicht möglich, Elemente zu entdecken, die die ersteren typisieren. Als Anknüpfungspunkt wählen wir die Heilung des Knechtes des Hauptmanns von Kafarnaum. Die Geschichte gehört der Tradition der Logienquelle an (Mt 8,5–13/Lk 7,1–10), besitzt aber in Joh 4,46b–54 ein spätes Zeugnis, das für das Abschleifen konkreter Züge kennzeichnend ist. Für die Rekonstruktion der ältesten Textgestalt kommt es nicht in Frage. Diese kann man sich in etwa so vorstellen:

„Als er Kafarnaum betrat, kam ein Hauptmann zu ihm, der ihn bat und sprach: Herr, mein Knecht liegt im Haus gelähmt und hat große Qual. Und er sagt: Soll ich etwa kommen und ihn heilen? Und der Hauptmann antwortete und sprach: Herr, ich bin nicht würdig, daß du unter mein Dach eintrittst, aber sprich nur ein Wort, so wird mein Knecht gesund. Denn auch ich bin ein Mensch unter einer Obrigkeit. Ich habe Soldaten unter mir. Und sage ich diesem: Geh! so geht er, und einem anderen: Komm! so kommt er, und meinem Sklaven: Tu das! so tut er es. Als Jesus das hörte, wunderte er sich und sprach zu denen, die ihm nachfolgten: Amen, ich sage euch: Bei keinem habe ich solchen Glauben in Israel gefunden. Und als der Hauptmann in das Haus zurückkehrte, fand er den Knecht gesund.“[34]

---

[32] Vgl. *Böcher*, Christus Exorcista 166; *Klausner*, Jesus 363; *Oesterreich*, Besessenheit 19; *van der Loos*, Miracles 374. Letzteres erwähnt den Fall des „dédoublement de la personnalité“.

[33] Vgl. *G. van der Leeuw*, Phänomenologie der Religion (Tübingen 1933) 117ff.

[34] Zur Rekonstruktion: Die Schilderung der Krankheit bei Lk 7,2: es ging ihm schlecht, und er war dabei zu sterben (vgl. Joh 4,47), ist sicher sekundär. Auch die beiden Gesandtschaften, erst Älteste der Juden, dann Freunde, sind als lk anzusehen. Das Demutswort, das hier die Freunde überbringen, paßt letztlich nur in den Mund des

Die Geschichte ist ausgerichtet auf die ganz persönlich gestaltete Begegnung des Hauptmanns mit Jesus. Der Knecht, für den der Hauptmann bittet, wird nicht herbeigebracht. Grundlegend ist der Glaube, den der Hauptmann bekundet, der von Jesus gelobt wird und ihn bewegt, Hilfe zu gewähren. Obwohl in einer Wundergeschichte die gewährte Heilung zu erwarten ist, gewinnt oder behält sie aufgrund dieses Glaubens die Qualität eines überraschenden Geschenks.

Frappierend nahe an die evangeliare Tradition, besonders an deren johanneische Version, kommt eine talmudische Heilungsgeschichte, die mit dem Namen des Hanina ben Dosa verknüpft ist:

„Es geschah, daß der Sohn des Rabban Gamaliel erkrankte. Da schickte er zwei Schriftgelehrte zu Rabbi Hanina ben Dosa, daß er für ihn um Erbarmen flehe. Sobald dieser sie sah, stieg er in das Obergemach und erflehte für ihn Erbarmen. Als er herabstieg, sprach er zu ihnen: Geht, denn das Fieber ist von ihm gewichen. Da sprachen sie zu ihm: Bist du etwa ein Prophet? Er sagte zu ihnen: Ich bin weder ein Prophet noch der Sohn eines Propheten. Vielmehr habe ich diese Überlieferung (als Zusage): Wenn mein Gebet in meinem Mund leicht vonstatten geht, so weiß ich, daß es angenommen, andernfalls weiß ich, daß es verworfen wurde. Da setzten sie sich und notierten und merkten sich genau jene Stunde. Und als sie zu Rabban Gamaliel kamen, sagte er zu ihnen: Beim Tempel! Ihr habt weder es weggenommen noch hinzugefügt. Vielmehr so geschah es: in jener Stunde verließ ihn das Fieber, und er bat uns um Wasser, um zu trinken“ (bBer 34b).

Wie in der evangeliaren Tradition handelt es sich um eine „Fernheilung“. Mit der lukanischen Version teilt sie das Delegations-Motiv, mit der johanneischen die Feststellung der Stunde, das Vater-Sohn-Verhältnis von Bittsteller und Krankem und die Fieber-Diagnose (vgl. Lk 7,3–6; Joh 4,46 und 52). Die Übereinstimmungen mit Joh 4 sind so weitreichend, daß P. Fiebig die Möglichkeit einer literarischen Abhängigkeit erörterte[35]. Wenn er diese Möglichkeit auch mit Recht zurückweist, bleibt doch der Eindruck der beiderseitigen schematisierenden Erzählweise. Immerhin gibt es zwei bemerkenswerte Differenzpunkte:

Hauptmanns. Die vermittelnde Delegation der Juden ist mit der „heilsgeschichtlichen Sicht“ des Lk gut zu vereinbaren. Hingegen ist das Logion vom Kommen der Vielen vom Aufgang und Niedergang Mt 8,11f von Mt in die Perikope eingebracht. Lk 13,28f bringt es an einer ganz anderen Stelle. Der ursprüngliche Abschluß ist kaum noch einigermaßen sicher zu rekonstruieren. Mt 8,13 ist mt gestaltet, wie die Übereinstimmung mit 15,28b nahelegt. Vielleicht fand sich noch ein Satz wie: Und zum Hauptmann sprach er: Dein Knecht ist gesund. V 7 ist als Fragesatz zu lesen. Vgl. *Gnilka,* Matthäusevangelium I 299f; *Theißen,* Wundergeschichten 183; *Busse,* Wunder 141–160.

[35] Jüdische Wundergeschichten des ntl Zeitalters (Tübingen 1911) 21f.

Die Heilung kommt einmal durch das Gebet des Hanina zustande, das anderemal durch die Vollmacht Jesu, die der Hauptmann im Bild von der Befehlsgewalt treffend beschrieben hatte. Und: das für die evangeliare Geschichte bestimmte Glaubensmotiv ist in der rabbinischen Geschichte nicht vorhanden.

Ein drittes Beispiel führt uns in die griechisch-römische Welt. Tacitus, hist. 4,81, berichtet von zwei Heilungen, die Kaiser Vespasian in Ägypten gewirkt hat:

„Ein Mann aus dem gewöhnlichen Volk Alexandrias, der durch den Verlust seines Augenlichtes allgemein bekannt war, warf sich vor Vespasians Knie nieder und bat seufzend um die Heilung seiner Blindheit. Er tat es auf Weisung des Gottes Serapis hin, den das in religiöser Schwärmerei aufgehende Volk besonders verehrte. Und so flehte er denn den Fürsten an, er möge sich gnädig herablassen, ihm Wangen und Augenlider mit dem Speichel seines Mundes zu bestreichen. Ein anderer, der ein Leiden an der Hand hatte, bat auf Geheiß des gleichen Gottes den Fürsten, sie mit seiner Fußsohle zu berühren. Vespasian fand die Sache zunächst lächerlich und lehnte ab. Als aber jene Kranken ihm weiter zusetzten, da wurde er schwankend ... Schließlich verlangte er ein ärztliches Gutachten ... Die Ärzte redeten etwas zweideutig hin und her: Bei dem einen, so sagten sie, sei das Augenlicht nicht eigentlich erblichen; es werde daher wiederkehren, wenn man die Hindernisse beseitige. Bei dem anderen seien die Gliedmaßen wie verrenkt; bei Gebrauch heilkräftiger Mittel sei ein einwandfreier Zustand wieder herzustellen. Vielleicht liege den Göttern an der Sache, und vielleicht sei er, der Fürst, als Werkzeug der Gottheit ausersehen. Endlich falle bei erfolgreicher Anwendung des Heilmittels der Ruhm dem Fürsten zu; sollte es nicht wirken, so würde der Spott die zwei unglücklichen Geschöpfe treffen. So führte also Vespasian in der Meinung, daß bei seinem Glück alles möglich sei und daß man künftig bei ihm nichts für unmöglich halten werde, mit freundlicher Miene vor den Augen der in gespannter Erwartung dastehenden Menge den Auftrag aus. Die Hand wurde sofort wieder gebrauchsfähig, dem Blinden aber leuchtete das Tageslicht von neuem. Beide Geschichten erzählen Augenzeugen auch jetzt noch, wo doch eine lügenhafte Darstellung keinen Gewinn mehr brächte."[36]

Die andere Prägung dieser Wundergeschichte liegt auf der Hand. Ohne Zweifel besitzt auch sie eine religiöse Komponente. Sie bleibt auf die Hilfesuchenden beschränkt. Auf Weisung des Gottes Serapis hin wenden sie sich an den Kaiser. Dieser wird in die Rolle des Werkzeugs der Gottheit nach Überwindung nicht unerheblicher Zweifel

---

[36] Übers. nach *J. Borst.*

förmlich gedrängt. Die Aktion mündet aus in ein öffentliches Schauspiel. Die Geschichte wird erzählt ad gloriam Caesaris.

Man wird den Glauben als ein Spezifikum der evangeliaren Wunderberichte betrachten dürfen. In den meisten von ihnen wird er ausdrücklich artikuliert: „Und als Jesus ihren Glauben sah" (Mk 2,5); „Bei keinem in Israel habe ich einen solchen Glauben gefunden" (Mt 8,10); „Dein Glaube hat dich gerettet" (Mk 5,34; 10,52); „Dein Glaube ist groß" (Mt 15,28); auch in negativer Form: „O ungläubiges Geschlecht, wie lange werde ich noch bei euch sein?" (Mk 9,19). In diesem Kontext sind Äußerungen wie: „Wenn du willst, kannst du mich rein machen" (Mk 1,40), oder der Ruf um Erbarmen (Mt 9,27; vgl. V 28) durchaus als Äußerungen des Glaubens zu werten. Die Glaubensthematik lebt in den Heilungsgeschichten des Johannesevangeliums fort, wenngleich sie dort, theologisch weiter verarbeitet erscheint (Joh 9,35–38) oder auch mit dem Unglauben konfrontiert wird (5,10ff.24). Wenn die Glaubensfrage in hellenistischen außerbiblischen Wundererzählungen auftritt, ist sie anders gelagert[37].

Wenn der Glaube die evangeliaren Heilungsgeschichten kennzeichnet, kann der Versuch unternommen werden, weiter zurückzufragen: Wie war es bei Jesus? Daß die Gewährung von Heilungen im Wirken des historischen Jesus eng mit dem Glauben verbunden war, gewinnt eine Stütze durch zwei jetzt noch zu prüfende Überlieferungen, die von der Verweigerung des Wunders angesichts eines eklatanten Unglaubens berichten.

In Mk 6,1–6a hören wir von einem erfolglosen Auftreten Jesu in seinem Heimatort Nazaret. Als er am Sabbat in der Synagoge lehrt, nehmen seine Landsleute Ärgernis an ihm, weil seine Herkunft aus der ihnen bekannten kleinbürgerlichen Familie und seine eigene langjährige Tätigkeit als Handwerker in ihrer Mitte für sie zu seiner Weisheit und Wunderkraft im unversöhnlichen Widerspruch stehen. Der gescheiterte Auftritt in der Heimat kann nicht am Beginn seiner Tätigkeit stattgefunden haben. Wenn Lk 4,14–30 Jesus in Nazaret beginnen und gleichsam seine Antrittspredigt halten läßt, die er in ihrem äußeren Vollzug dramatisch ausgestaltet, hat er hierfür eigene theologische Gründe. Von Wundern Jesu hat man in seiner Heimat bereits gehört.

---

[37] Häufig ist die Verbindung von Wunder und Glaube bei *Lukian*, Pseudolog (13.15.28f). Doch Glaube hat hier keine theologische Qualität. Er richtet sich darauf, daß diese wunderbaren Dinge möglich seien, daß die Zaubersprüche zu vielem nutz sind, daß es Dämonen und Geister gibt. *Theißen*, Wundergeschichten 133–136, hat gezeigt, daß Glaube hier wie auch bei *Jamblichos, Plutarch, Strabo* dem Wunder folgt. Wo „Glaube" dem Wunder voraufgeht – die Belege sind spärlich und beschränken sich auf Epidauros – wird nicht πίστις verwendet. Am nächsten kommt vielleicht *Aischines*, Anthol. Palat. 6,330: „Von den Mitteln der Sterblichen im Stich gelassen, setzte er seine ganze Hoffnung auf das Göttliche." Text auch bei *Weinreich*, Heilungswunder 195.

Es ist naheliegend, daß man jetzt entsprechende Erwartungen an den groß gewordenen Sohn des Dorfes hegte, wo Abderitenwitz die Eierschalen seines Genius begutachten möchte (H. J. Holtzmann). Das sprichwörtliche Logion vom Propheten, der nirgendwo verachtet ist, außer in seinem Heimatort, das als Erklärung für die unbegreifliche Ablehnung zu Rate gezogen wird, erschöpft die Situation keinesfalls und ist vermutlich erst später mit der Perikope verknüpft worden. Die ursprünglichen Reaktionen haben wir in „sie nehmen an ihm Ärgernis“, bezogen auf die Nazarener, und „er wunderte sich über ihren Unglauben“, bezogen auf Jesus, zu erblicken[38]. Eine kantige und darum zur alten Überlieferung zu zählende Bemerkung besagt, daß Jesus dort keine Wunder wirken konnte (V 5a). Markus hat diese Kantigkeit auszugleichen sich bemüht (5b; ebenso par Mt 13,58; Lk 4,23 versteift sie). Historisch betrachtet, läßt dies den Schluß zu, daß Jesus seinen Landsleuten das Wunder vorenthielt. Er tat dies, weil er in Nazaret auf überhaupt keinen Glauben stieß.

Nicht minder drastisch kommt der Zusammenhang von Wunderverweigerung und Unglaube in einer Affäre zum Vorschein, von der in den Evangelien an verschiedenen Stellen die Rede ist. Irgendwelche Leute – nach Mk 8,11 sind es Pharisäer, nach Mt 12,38 einige Schriftgelehrte und Pharisäer, nach Mt 16,1 Pharisäer und Sadduzäer; Lk 11,16 spricht unbestimmt von anderen – fordern von Jesus ein Zeichen. Die Szene wurde sowohl von Markus als auch von der Spruchquelle weitergegeben. Von daher erklärt es sich, daß Matthäus sie zweimal bringt[39]. Sie stellen die Legitimationsfrage und erwarten, daß Jesus sich ausweist, so wie von Propheten Beglaubigungswunder überliefert sind (1 Sm 10,1ff; 1 Kg 13,3; 2 Kg 19,29; kritisch Dt 13,1ff). Sie wollen ein Zeichen vom Himmel sehen. Nach dem synoptischen Sprachgebrauch sind Zeichen im Unterschied zu „Machttaten“ (δυνάμεις) – dies ist das Wort für Jesu Wunder (Mt 11,20f.23; 14,2 u.a.) – Wunder, die jeden Zweifel ausschließen. Die Erwartung, daß das geforderte Zeichen jeden Zweifel aufhebt, wird dadurch verstärkt, daß es ein vom Himmel, das heißt unmittelbar von Gott gewirktes Zeichen sein soll, das ihn beglaubigt. Die schroffe Ablehnung dieses Ansinnens hängt mit der Glaubensfrage zusammen. Nach Mk 8,12f läßt Jesus die

---

[38] Zur Rekonstruktion vgl. *Gnilka,* Markus I 227–229. Zum ältesten Bestand der Perikope sind zu zählen: eine nicht mehr sicher zu rekonstruierende Einleitung, die von Jesu Auftritt in der Synagoge von Nazaret erzählte, ferner die VV 2b.3.5a.6a. Abweichende Analysen finden sich bei *Bultmann,* Geschichte 30f; *Koch,* Bedeutung 147–153; *E. Gräßer,* Jesus in Nazareth, in: *E. Gräßer* u.a., Jesus in Nazareth (BZNW 40) (Berlin 1972) 13.

[39] Joh 2,18; 6,30 stellt die Zeichenforderung in konkrete Situationen. Jesus soll sich durch ein Zeichen ausweisen, daß er bevollmächtigt ist, den Tempelmarkt auszuräumen. Und er soll sich nach der Art des Mose ausweisen, der dem Volk in der Wüste das Manna zu essen gab.

Zeichenforderer stehen. Seine Ablehnung bedient sich einer Beschwörungsformel, die, will man sie auflösen, lautet: „Wenn diesem Geschlecht ein Zeichen gegeben wird, will ich verflucht sein." [40] Für Jesus ist die Zeichenforderung Ausdruck verstockten Unglaubens. Er erschließt sich nur dem Glauben. Sein Heil ist nur dem Glauben zugänglich.

Wir werden allerdings damit rechnen dürfen, daß er den Zeichenforderern doch ein Zeichen in Aussicht stellte, ohne seine Position zu verändern. „Zeichen des Jona" hat er es genannt (Lk 11,29). Innerhalb der Evangelien wird es unterschiedlich ausgelegt. Mt 12,40 bezieht es auf die Auferstehung Jesu. Diese Interpretation ist offenkundig sekundär. Lk 11,30 dürfte die Deutung bieten, die schon in der Spruchquelle zu lesen war: „Wie nämlich Jona für die Niniviten ein Zeichen war, so wird es auch der Menschensohn für dieses Geschlecht sein." Am wahrscheinlichsten ist es, dabei an die Parusie des Menschensohnes zu denken, die für die Spruchquelle Inhalt besonderer Erwartung war. Wenn Jesus nach Mk 8,12 das Jonazeichen nicht erwähnt, ist das nicht als die älteste Version, sondern als Ausdruck dafür anzusehen, daß Markus den präzisen Inhalt des Jonazeichens nicht mehr wußte oder die Antwort Jesu möglichst schroff gestalten wollte. Die Schwierigkeiten, die man mit dem Spruch vom Jonazeichen hatte, können als Indiz für seine Authentie gewertet werden. Vermutlich spielte Jesus auf seine Buß- und Umkehrpredigt an, über die er sich mit Jona verbunden sah. Die Frage braucht hier nicht weiterverfolgt zu werden. Wichtig ist, daß ein in dieser Weise verheißenes Zeichen auf der Glaubensforderung beharrt und vielleicht die Möglichkeit eines Zu-spät mitberücksichtigt [41].

Die Implikation des Glaubens in Jesu Heilungen weist uns den Weg für deren Verständnis. Der Glaube ist nicht einzuschränken auf die Möglichkeit, daß Heilung geschehen kann. Das auf Jesus gesetzte Vertrauen reicht über die konkret gewährte Hilfe hinaus und sieht in ihm den Heilbringer, der retten kann. Der Zusammenhang von Wunder und Wort, der uns gleich noch näher beschäftigen wird, dürfte sich auch darin andeuten, daß Jesus nach Darstellung der Heilungsgeschichten vorzüglich durch sein Wort Hilfe gewährt. Zwar hören wir von Berührung (Mt 8,3.15; 9,29; 20,34 u.a.), auch von Heilmanipulationen (Speichel: Mk 7,33; 8,23) und anderen Dingen (Joh 9,6f), die ihn als den großen Wundertäter in Erscheinung treten lassen. Hier

---

[40] Zu Mk 8,12 vgl. *Blass-Debr* § 372,4; *J. Doudna,* The Greek of the Gospel of Mark (JBL MS 12) (Philadelphia 1961) 110f.

[41] *G. Schmitt,* Das Zeichen des Jona: ZNW 69 (1978) 123–129, vermutet, daß das angekündigte Jonazeichen die Zerstörung Jerusalems sei. Er beruft sich dabei auf die „Vita Prophetarum". Auch das macht den Vorschlag fragwürdig.

wird späterer hellenistischer Einfluß sich Geltung verschafft haben[42]. Die ursprüngliche Konzentration auf das Wort stellt die Verknüpfung zum Wort der Verkündigung vom Reich Gottes her und ordnet das Wunder dieser Verkündigung unter. Die Heilungen sind nur dann richtig eingeschätzt, wenn sie im Kontext der Reich-Gottes-Botschaft gesehen werden.

Da uns das historische Anliegen interessiert, soll übersichtartig auf einzelne Details in Heilungsgeschichten aufmerksam gemacht werden, die konkrete Erinnerungen aufbewahrt haben werden. Indizien könnten sein das Beieinander der Angaben des Ortes der Handlung und des Namens wie der blinde Bettler Bartimäus von Jericho (Mk 10,46), die Schwiegermutter des Simon Petrus in dessen Haus in Kafarnaum (Mk 1,29f). Beim Hauptmann von Kafarnaum tritt der rudimentäre Zug hinzu, daß Jesus als Jude zunächst das Ansinnen, in das Haus des Heiden zu gehen, zurückweist (Mt 8,7 als Fragesatz). Bei der Heilung des Gelähmten erschien uns das Öffnen des Daches eine alte Erinnerung zu sein (Mk 2,4).

Aus der Zurückweisung der Forderung eines Zeichens vom Himmel ergibt sich im nachhinein ein Einblick in die Art der von Jesus gewährten Wunder. Sie waren keine – im buchstäblichen Sinne – überwältigenden Mirakel. Den Ungläubigen genügten sie nicht. Sie gingen nur dem als Machttaten (δυνάμεις) auf, der sich Jesus im Glauben öffnete. Von daher gewinnt die Affäre der Ablehnung der Zeichenforderung kriteriologische Funktion für die Gesamtbeurteilung seiner Wunder.

b) Die Zahl der Logien Jesu, die für die Deutung seiner Wunderheilertätigkeit in Frage kommen, ist auffallend gering. Auch das wird man als Korrektiv dafür verwenden können, diese Sparte seiner Tätigkeit richtig einzuordnen. Knüpfen wir bei der Glaubensthematik an! Wenn der Glaube als Proprium Jesu in diesem Bereich gelten kann, steht zu vermuten, daß eine weiterführende Äußerung sich finden läßt.

Es gibt ein Wort über den Glauben, das diesem alles zutraut. Sein leicht tadelnder Ton könnte Hinweis darauf sein, daß die Jünger einmal seine ursprünglichen Adressaten waren. Dies bestätigt auch seine Verwendung in den Evangelien, mag es uns auch an unterschiedlichen Stellen begegnen: Mk 11,23 / Mt 21,21 bringen es als Jüngerbelehrung im Anschluß an die Verfluchung des Feigenbaumes. Mt 17,20 zitiert es nochmals wiederum in einer knappen Jüngerbelehrung im Anschluß an die Heilung des mondsüchtigen Knaben, den die Jünger zu heilen wegen ihres Unglaubens nicht in der Lage waren. Nur Lk 17,6 stellt es in eine situationsgelöste, an die Apostel gerichtete Weisung. Wir können davon ausgehen, daß die Einfügung in die Kontexte

---

42 Vgl. *Dibelius*, Jesus 73f.

bei Matthäus und Markus sekundär erfolgte. Freilich ist das Logion alt. Es liegen im wesentlichen zwei Varianten vor (Mk 11,23 par; Mt 17,20 einerseits; Lk 17,6 anderseits). Für die Rekonstruktion beziehen wir uns auf Mt 17,20 und Lk 17,6:

„Amen, ich sage euch: Wenn ihr Glauben habt wie ein Senfkorn, werdet ihr zu diesem Berg sagen: Hebe dich von hier nach dort! Und er wird sich heben."

„Wenn ihr Glauben habt wie ein Senfkorn, würdet ihr zu diesem Maulbeerbaum sagen: Entwurzele dich und pflanze dich ins Meer, und er würde euch gehorchen."

Uns berührt hier nur die zentrale Frage, ob der Berg oder der Maulbeerbaum das ursprüngliche Bildmaterial bietet. Der Baum ist zu bevorzugen. Dieses Bild ist originell, wahrscheinlich sogar im Blick auf einen Maulbeerbaum am See Gennesaret gesprochen. Bei der sekundären Rückführung des originellen Bildes auf den Berge versetzenden Glauben ist wahrscheinlich ein Sprichwort aufgenommen worden (vgl. 1 Kor 13,2; Tho 48)[43]. Die mit dem Logion dargebotene Belehrung ist durch einen einprägenden Kontrast bestimmt. Es ist der Gegensatz von klein und groß. Das Senfkorn galt als das kleinste, dem Auge noch wahrnehmbare Ding. Dem Maulbeerbaum wurde besondere Wurzelkraft zugesprochen[44]. Aus dem Geringsten geht also eine große Wirkung hervor. Weder ist das Bild wörtlich zu verstehen, als käme es darauf an, durch einen Zauber einen Baum in den See zu heben, noch soll der Glaube gemessen werden. Wirklicher Glaube ist in bezug auf seine Wirkungen groß, doch nur dann gegeben, wenn ein Mensch sich im Glauben Gott öffnet und sich damit ihm zur Verfügung stellt. Gott vermag dann durch den Menschen tätig zu werden. Wir begegneten einem ähnlichen Zusammenhang bereits in der Perikope vom Auftritt Jesu in Nazaret, wo verdeutlicht wurde, daß der Unglaube der Menschen Gott ohnmächtig werden läßt. Das Logion erläutert die umgekehrte, positive Konstellation, daß der Glaube des Menschen die Macht Gottes ist, insofern Gott mit seinem Wirken zum Zuge kommt. Die von Gott beabsichtigten Wirkungen sind vielfältig, müssen in diesem Kontext aber auch mit den Heilungen und Wundern verknüpft

[43] Anders *Hahn:* ZNW 76 (1985) 156–158, für den das Bild durch Berg und Meer bestimmt ist. So ist es in Mk 11,23. Doch wird Mk das Sprichwort eingeführt haben. Für die Logienüberlieferung bei Mk ist auffallend, daß sie nicht selten ziemlich zersagt erscheint. Mt 21,21 ist von Mk abhängig. Mt überliefert das Logion zweimal, weil er es in Q und bei Mk vorfand. Zur Auseinandersetzung vgl. *Gnilka,* Matthäusevangelium II 105f.110; *ders.,* Markus II 133. Das Wort vom Berge versetzenden Glauben kennt auch die rabbinische Literatur. Vgl. *Billerbeck* I 759.

[44] Der Text verwendet für den Maulbeerbaum συκάμινος, nicht συκομορέα (Lk 19,4). Vgl. *V. Reichmann:* RAC VII 683–688.

werden. Als Wort Jesu kann dieses kaum anders denn als Aussage über seinen eigenen Glauben interpretiert werden.

Wir gelangen damit zu der Einsicht, daß bei den Wunderheilungen nicht nur der Glaube dessen, dem Hilfe zuteil wurde, sondern auch der Glaube Jesu von Belang ist. Das aber hat wiederum mit dem Reich Gottes zu tun[45]. Indem Jesus in einzigartiger Weise zu Gott hin offen war, erwies er einen einzigartigen Glauben[46]. Über diesen alles vermögenden Glauben wird an anderer Stelle weiter reflektiert. Wenn Jesus nach Mk 9,23 zum Vater des epileptischen Knaben sagt: „Alles vermag, wer glaubt", so ist das eine Einladung, an seinem Glauben teilzuhaben. Markus hat völlig richtig gesehen, wenn er die Reaktion auf eine solche Herausforderung als Einsicht des Vaters in seinen eigenen Unglauben beschreibt.

Die unmittelbare Hinordnung der Wunder auf die Gottesherrschaft ist in einem Wort gegeben, das schon in der Spruchquelle im Kontext des Vorwurfs der Gegner stand: Jesus würde durch Beelzebul, den Beherrscher der Dämonen, die Dämonen austreiben. Wir rechnen damit, daß in einer älteren Überlieferung die Antwort auf diesen Vorwurf lautete: „Wenn ich durch Beelzebul die Dämonen austreibe, durch wen treiben eure Söhne sie aus? Darum werden sie eure Richter sein" (Mt 12,24.27/Lk 11,15.19)[47]. Das Logion, das wir jetzt in den Blick nehmen, ist unpolemisch und als isoliertes tradiert worden. Im Vergleich zwischen Lukas und Matthäus besteht nur eine Differenz: „Wenn ich mit dem Finger (Mt: Geist) Gottes die Dämonen austreibe, dann ist die Herrschaft Gottes zu euch gelangt." Hier ist auf jeden Fall der lukanische „Finger Gottes" zu bevorzugen. Es ist die originellere Version, die auch näher an das Verständnis heranführt. Wenn Jesus in seinen Machttaten sich des Fingers Gottes bedient – vielleicht könnte man sogar sagen: der Finger Gottes ist –, dann wirkt Gott durch ihn. Daß Gott mit seinem Finger wirkt und schafft, ist schon dem Alten Testament ein vertrauter Gedanke: er schrieb die Gesetzestafeln mit seinem Finger (LXX Ex 31,18; Dt 9,10); die Himmel sind das Werk seiner Finger (ψ 8,4).

Die in den Exorzismen Jesu sich dokumentierende Macht Gottes ist nun ein Beleg dafür, daß die Herrschaft Gottes schon zu den Menschen gelangt ist. Das im griechischen Text verwendete Verb ἔφϑασεν kann nicht anders als im Sinn der Gegenwärtigkeit der Basileia aufge-

---

[45] *Hahn:* ZNW 76 (1985) 156–158 beobachtete die eschatologische Ausrichtung des Logions.

[46] Zu diesem Problem vgl. *G. Ebeling*, Jesus und Glaube: ZThK 55 (1958) 64–110.

[47] Vgl. *Gnilka*, Matthäusevangelium I 461. Die Auffassung *Lührmanns*, Redaktion 33, Lk 11,19 sei der Q-Redaktion zuzuschreiben – von *Merklein*, Gottesherrschaft 158, übernommen –, überzeugt nicht.

faßt werden[48]. Was beachtenswert ist und darum herausgestellt zu werden verdient, ist die Verknüpfung der Gottesherrschaft als des endgültigen Heils mit der Person Jesu. Wir wissen aus den Handschriften von Qumran, daß auch diese jüdische Gemeinde die Vorstellung von der Gegenwart des Heiles kannte. Aber sie ist nicht an eine vermittelnde Person, sondern an den Eintritt in die Gemeinde Gottes gebunden. Auch kommt die Gottesherrschaft in den Äußerungen über das präsentische Heil nicht vor[49]. Für Jesus wird in seinen Machttaten die Gottesherrschaft als das endgültige Heil erfahrbar, aber noch nicht in seiner Endgültigkeit. Weil die Basileia in ihrer gegenwärtigen Erfahrbarkeit an ihn geknüpft ist, bleibt er der Garant für ihre endgültige, vollendete Offenbarung.

Es wäre zuwenig, seine Machttaten nur als Zeichen der kommenden Basileia gewertet zu sehen[50]. In ihnen wirkt bereits real deren heilschaffende Kraft. Man hat darum von dynamischer Präsenz gesprochen[51]. Vielleicht kommt diese Formulierung dem Sachverhalt besonders nahe. Es bleibt zu berücksichtigen, daß dem Logion grundsätzliche Bedeutung zuzusprechen ist. Jesus hat seine Exorzismen und seine Wunderheilungen, die in einem zeitgebundenen exorzistischen Kontext stehen, als vorausgreifende, in seiner Tätigkeit geschehende Offenbarung der Gottesherrschaft gesehen und jene damit zum Interpretament der Basileia gemacht. Die Neuheit des Verständnisses gewährleistet die Authentie seiner Interpretation.

Ein ganz ähnlicher Sachverhalt wird im kleinen Gleichnis von der Überwindung des Starken illustriert. Von seinen beiden Fassungen wird einhellig die markinische als die ältere angesehen: „Keiner kann in das Haus des Starken eindringen und seine Habe ausplündern, wenn er nicht zuerst den Starken gebunden hat. Und dann wird er sein Haus ausplündern" (Mk 3,27; vgl. Mt 12,27). Auch dieses im Kontext der Exorzismen gesprochene Wort hat mit der Gottesherrschaft zu tun und ist von weitreichender Bedeutung[52]. Das Gleichnis ist erfüllt von einer Bewegung, die abzielt auf die Überwindung eines Starken. Das prägende Kampfmotiv, das auch den neuen Gedanken gegenüber dem oben besprochenen Exorzismus-Wort einträgt, hebt ab auf Satans

---

[48] Darüber gibt es eine erschöpfende Diskussion. Vgl. *Kümmel,* Verheißung 99–101; *Kuhn,* Enderwartung 191–193.

[49] Vgl. *Kuhn,* Enderwartung. Die Heilsgegenwart in Qumran ist konzipiert als Gemeinschaft mit den Engeln, Neuschöpfung, proleptische Versetzung in den Himmel, Bewahrung vor der Scheol. Das Selbstverständnis der Gemeinde als geistiger Tempel hat an der Ausbildung dieser Konzeption kräftig mitgewirkt.

[50] So etwa *Dibelius,* Jesus 66.

[51] *Schnackenburg,* Herrschaft 87.

[52] *Jeremias,* Gleichnisse 122f, will das Wort auf Jesu Versuchung (Mt 4,1–11 parr) bezogen wissen, wo die Überwindung des Starken erfolgt sei. Dieser Bezug ist durch nichts nahegelegt.

Reich, das ein gegliedertes und von den schädigenden Dämonen bevölkertes vorzustellen ist. Das Bildmaterial ist in Is 49,24f vorbereitet: „Raubt man einem Helden die Beute? Oder entkommt der Gefangene dem Starken? Denn so spricht Jahve: Wohl werden Gefangene dem Helden entrissen, und der Raub des Starken entkommt. Und mit deinen Streitern streite ich selbst, und deinen Söhnen helfe ich selbst."

Ob freilich direkte Abhängigkeit vorliegt, ist ungewiß. Mit der Niederzwingung von Satans Reich, die in der Überwindung menschlichen physischen und psychischen Elends – als von Dämonen verursacht, konzipiert – besteht, dringt Gottes Herrschaft vor. Die dualistische Prägung, daß Satans und Gottes Herrschaft im Kampf miteinander stehen, entspricht einem geschlossenen Vorstellungsmodell. Letztlich ist der Kampf entschieden, denn der Starke ist schon gebunden. Insofern ist das Wort optimistisch und siegesgewiß. Es verstärkt auch die bedeutsame Einsicht, daß die wirksam werdende Gottesherrschaft das ganze Heil und die ganze Befreiung des Menschen will und nicht auf innere, geistige Bereiche eingegrenzt werden kann. Die Authentie des Logions gibt sich auch darin kund, daß in nachösterlichen Texten, besonders in Hymnen, die im Gottesdienst ihre Verwendung fanden, die Überwindung der „Mächte" an Kreuz, Auferweckung und Erhöhung Jesu geknüpft ist, während sie hier an seinem irdischen Wirken hängt.

Der Paralleltext Lk 11,21f allegorisiert das Gleichnis, indem er von einem gewappneten Starken redet, über den ein Stärkerer kommt, der ihm die Waffenrüstung (τὴν πανοπλίαν), auf die er vertraute, wegnimmt und den Besitz verteilt. Man darf vermuten, daß der Starke und der Stärkere direkt auf Satan und Jesus bezogen werden, während die πανοπλία das Dämonenreich und der Besitz auf die befreiten Menschen weisen[53]. Eine Anspielung auf Is 53,12 ist keinesfalls sicher[54].

„Ich sah den Satan wie einen Blitz aus dem Himmel fallen" (Lk 10,18) ist ein Satz, der sich ganz in den besprochenen Sachverhalt einfügt. Lukas hat ihn an die Rückkehr der siebzig Jünger angeschlossen, die Jesus freudig von ihren erfolgreichen Exorzismen berichten. Man wird ihn als ein isoliertes Wort ansehen müssen, oder als ein Wort, dessen ursprünglicher Kontext verlorenging. Freilich kann dieser kein anderer als Jesu exorzistische Tätigkeit gewesen sein. Ob auf ein visionäres Erlebnis Jesu angespielt ist oder bildhafte Rede vorliegt, muß dahingestellt bleiben[55]. Doch ist damit die Gewißheit von der

[53] Vgl. *Jülicher,* Gleichnisreden II 226–228.

[54] So *Jeremias,* Gleichnisse 122f; *Merklein,* Gottesherrschaft 161 Anm. 563.

[55] Nach *Bultmann,* Geschichte 174, macht Lk 10,18 den Eindruck eines Fragments. Sicher gehört das Wort zu den Exorzismen Jesu, nicht zu denen der Jünger. Das Ende der Rolle Satans als Verkläger im Himmel läßt sich nur von Job 1,6–12; 2,1–7 her eintragen. So *W. Foerster:* ThWNT VII 157. Zum Satanssturz als eschatologischem Motiv vgl. *P. von der Osten-Sacken,* Gott und Belial (StUNT 6) (Göttingen 1969) 210f. *M. van*

letztendlichen Bezwingung des Bösen angezeigt. Der Sturz Satans bedeutet, daß der Zusammenbruch seines Reiches eingeleitet ist. Der den Sturz Verursachende ist Gott, der Jesus den Sieg seiner Herrschaft ankündigt, in den dieser aktiv miteinbezogen ist. Jülicher[56] machte auf die sprachliche Berührung des Satanssturzes aus dem Himmel mit dem von den Gegnern geforderten Zeichen vom Himmel aufmerksam. Sicherlich besteht kein direkter Zusammenhang. Doch will man den Vergleich einmal gelten lassen, ergibt sich, daß Gott Jesus die Gewißheit gewährt.

In der Antwort auf die Anfrage Johannes' des Täufers aus dem Gefängnis, ob er der Kommende sei, antwortet Jesus, auf verschiedene Jesaja-Stellen anspielend (Is 35,5f; 26,19; 61,1), mit Hinweis auf seine Heilungen an Blinden, Lahmen, Aussätzigen, Tauben, seine Totenerweckungen und seine Verkündigung des Evangeliums an die Armen (Mt 11,2–6 par). Insofern die Reihung dieser Taten Jesu eine aufsteigende Linie beschreibt und in der Verkündigung gipfelt, stimmt diese Interpretation seines Wirkens ganz mit seinen Intentionen überein. Die Wunder sind auf das Wort hingeordnet, nur mit seiner Verkündigung können sie in der rechten Weise angenommen werden. Doch empfiehlt es sich, diesen schriftgelehrte Reflexion ausstrahlenden Text einer späteren Situation zuzuschreiben[57].

Fassen wir die Einsichten zusammen, die sich aus dem Bemühen, die Bedeutung der Wunderheilungen Jesu zu rekonstruieren, ergaben, so läßt sich Folgendes sagen: Die Wunderheilungen sind ein Teil der Predigt von der Gottesherrschaft und in diesem Rahmen dem Wort unter- und beigeordnet. Sie zeigen die eschatologische Wende an und machen die dynamische Präsenz der Gottesherrschaft mit ihrer heilenden, helfenden und rettenden Kraft erfahrbar. In den Prozeß der proleptischen Offenbarung der Basileia eingefügt, haben sie in besonderer Weise teil am Kampf gegen das Schlimme und Böse, das in der Welt noch mächtig weiterwirkt, aber im Prinzip schon überwunden ist. Im dualistischen Weltbild, in dem sich Gottes- und Satansherrschaft einander gegenüberstehen, kann man der Sache Gottes gewiß sein.

Rhijn, Een blik in het onderwijs van Jezus (Amsterdam ²1927), wollte das Logion ironisch verstehen (nach *Jeremias,* Gleichnisse 122 Anm. 6). Eine Ironie ist nicht angedeutet. *Müller:* ZThK 74 (1977) 416–448 möchte das Logion auf eine Vision Jesu mit weitreichenden Folgen beziehen. Wegen der Einzigartigkeit der Aussage erscheint jedoch Zurückhaltung geboten.

56 Gleichnisreden II 216.

57 Anders *Kuhn,* Enderwartung 195–197. Zur Auseinandersetzung vgl. *Gnilka,* Matthäusevangelium I 405–410; *A. Vögtle,* Wunder und Wort in urchristlicher Glaubenswerbung (Mt 11,2–5/Lk 7,18–23): Das Evangelium und die Evangelien (Düsseldorf 1971) 219–242; *W. G. Kümmel,* Jesu Antwort an Johannes den Täufer (Wiesbaden 1974).

Wunderheilungen aber werden letztlich nur erfahrbar im Glauben. Dieser Glaube prägt Jesu Sein; bei denen, die Hilfe erhalten, ist er der Zugang zu ihnen. Freilich ist der Glaube Jesu ein einzigartiger. Wenn Menschen eingeladen werden können, an seinem Glauben zu partizipieren, sollen sie den Zugang gewinnen zu dem in ihm begegnenden Handeln Gottes, zu der in seinem Wirken präsenten Basileia. Darum ist Glaube mehr als das Vertrauen auf seine Heilerkraft. Er ist das Ja zu seinem Wort, das endgültige Rettung bringt. In der Konzentration der Heilungen auf das Wort sahen wir diese Sicht bestätigt. Schließlich sind die Wunder in ihrem Vollzug jeweils charismatische Geschehnisse, die das Überraschende und Überraschend-Neue der Gottesherrschaft darstellen. Durch sie wird die Stimme menschlicher Verzweiflung gedämmt, der kultisch Unreine vor Gott gestellt, die Menschenwürde wiederhergestellt. Jesu Exorzismen protestieren gegen dämonische Ängste und wollen sie überwinden helfen. Als Erfahrungen der zukünftigen Gottesherrschaft veranschaulichen sie Gottes Willen, der auf das Heil des ganzen Menschen gerichtet ist.

Ausblick:

Die Wunderüberlieferungen sind insbesondere in den Sog von Ostern geraten. Das heißt, daß sie im Licht des österlichen Glaubens an Jesu Auferstehung von den Toten neu gelesen und weiterentwickelt wurden und daß auch neue Geschichten entstanden. Daß der in der Gemeinde gegenwärtig bleibende erhöhte Christus helfend den Seinen zugewandt ist und auf ihr Bitten antwortet, konnte und sollte gerade mit Hilfe der Wundergeschichten vermittelt werden. Freilich sind die meisten dieser neu entstehendenen Geschichten in einer Weise mit dem österlichen Glauben verknüpft, daß es weder möglich noch sinnvoll ist, sie zu rekonstruieren. Ihre grundlegende Wahrheit liegt darin, daß der irdische Jesus jetzt der Erhöhte ist. Nicht was er einmal getan hat und war, sollte man fragen, sondern was er jetzt noch tut und für uns ist.

Unter diesen Voraussetzungen soll in Kürze etwas zu einzelnen Überlieferungen gesagt werden. Die Erzählungen von der Stillung des Seesturmes (Mk 4,35–41 parr), von Jesu Seewandel (Mk 6,45–52 parr) und seiner Verklärung (Mk 9,2–10 parr) lassen seine Hoheit epiphan werden, sind Epiphaniewunder. Die Seegeschichten enthalten Elemente eines Rettungswunders, besonders die Sturmstillung. Die Epiphaniewunder stehen den Erscheinungen des auferweckten Christus nahe. Man hat für sie gelegentlich und immer wieder die Frage diskutiert, ob sie nicht von Haus aus österliche Epiphanien erzählten und von den Evangelisten erst sekundär in das Wirken des irdischen Jesus zurückgetragen wurden. Prinzipiell wäre ein solcher Vorgang möglich, weil für die Gemeinde der Irdische und der Erhöhte identisch sind. Besonders für die Tradition vom Seewandel, die noch andere Motive aufweist, die in Ostererscheinungsgeschichten vorkommen, wäre diese Frage ernsthaft zu prüfen[58]. Für die Sturmstillung und die Verklärung ist sie weniger relevant. Doch besteht kein Zweifel, daß der verklärte Christus der Vollendete ist, der Inthronisierte, der die Menschen zu seiner Vollendung führen kann[59]. In der Sturmstillung soll (der erhöhte) Christus als der Bezwinger der Chaosmächte gesehen werden. Beachtung verdient dabei, daß der dem Sturm erteilte Befehl zu verstummen (Mk 4,39) den Exorzismusgeschichten nachgebildet ist und voraussetzt, daß in den schädigenden Naturgewalten Dämonen am Werk sind. Die Perikope kann dann gleichsam als eine Zusammenfassung des sieghaften Kampfes Jesu gegen die dämonischen Kräfte gesehen werden, den er in seinen Exorzismen ausfocht.

Die Tradition von der wunderbaren Speisung der Volksmenge mit ein paar Broten und Fischen (Mk 6,32–44 parr; 8,1–10 par) muß im Zusammenhang mit den Mählern gesehen werden, die Jesus mit Menschen hielt und in denen er ihnen seine Tischgemeinschaft gewährte. Die Speisung von hundert Menschen durch den Propheten Elischa (2 Kg 4,42–44) diente dem Erzähler als Vorbild. Rationalistische Erklärungen, daß man, von der Güte Jesu beeindruckt, miteinander zu teilen bereit war, träfen zwar sicherlich die Intention seiner Ethik[60], aber nicht die der Erzählung. Sollte im Hintergrund ein Mahl stehen, das man in freudiger Erwartung der Gottesherrschaft gehalten hat?[61] Für die Gemeinde wird sich auch die Assoziation zum eucharistischen Herrenmahl eingestellt haben[62].

Die Totenerweckungsgeschichten, von denen es insgesamt drei gibt (Mk 5,21–43 parr: Tochter des Jairus; Lk 7,11–17: Jüngling von Nain; Joh 11,17–44: Lazarus) sind nur unter Einbeziehung von Ostern verkündbar. Die Rückkehr eines Gestorbenen in das irdische Leben, die erneut mit dem Tod endet, kann nur im Blick auf Christus, den endgültig vom Tod Erweckten und Garant des ewigen Lebens, Bild der Erlösung sein. Darum verfehlen Mutmaßungen wie: Die Jairus-Geschichte erzählte ursprünglich von der Heilung der schwer erkrankten Tochter

---

[58] Vergleichbare Worte sind folgende: die Jünger meinen, ein Gespenst zu sehen (Mk 6,49; vgl. Lk 24,37); Jesus steht am Ufer (Mk 6,47; vgl. Joh 21,4); auch die Petrusszenen lassen sich vergleichen (Mt 14,28–30; Joh 21,7).

[59] Vgl. *Gnilka*, Markus II 21–29; *ders.*, Matthäusevangelium II 98.

[60] Vgl. *A. de Tocqueville*, Die Demokratie in Amerika (Nachdruck 1956) 206.

[61] Diese Möglichkeit wurde von der zelotischen Jesus-Interpretation mißdeutet. Vgl. etwa *H. Montefiore*, Revolt in the Desert?: NTS 8 (1961/62) 135–141.

[62] In der Wirkungsgeschichte des Textes kommt die eucharistische Dimension erstaunlicherweise kaum zum Zuge. Vgl. *Gnilka*, Markus I 263f.

und sei zu einer Erweckungsgeschichte entwickelt worden[63], ihr Ziel. Die Frage nach Tod und Leben kann nur von Ostern her radikal gestellt werden. So ist es erforderlich, diese Geschichten wie überhaupt die hier angedeutete Entfaltung der Wundergeschichten unter diesen radikalen Fragehorizont zu stellen, um sie nicht zu verharmlosen.

LITERATUR: *W. Ebstein,* Die Medizin im NT und im Talmud (Stuttgart 1903); *O. Weinreich,* Antike Heilungswunder (RVV VIII/1) (Gießen 1909; Nachdruck 1969); *T. K. Oesterreich,* Die Besessenheit (Langensalza 1921); *H. Seng,* Die Heilungen Jesu in medizinischer Sicht (Arzt und Seelsorger 4) (Königsfeld/Baden ²1926); *F. Fenner,* Die Krankheit im NT (UNT 18) (Leipzig 1930); *H. van der Loos,* The Miracles of Jesus (NT S. 8) (Leiden 1965); *H.-W. Kuhn,* Enderwartung und gegenwärtiges Heil (StUNT 4) (Göttingen 1966); *R. H. Fuller,* Die Wunder Jesu in Exegese und Verkündigung (übs. von *F. J. Schierse)* (Düsseldorf 1967); *K. Kertelge,* Die Wunder Jesu im Markusevangelium (StANT 23) (München 1970); *R. Pesch,* Jesu ureigene Taten? (QD 52) (Freiburg 1970); *O. Böcher,* Christus Exorcista (BWANT 96) (Stuttgart 1972); *D.-A. Koch,* Die Bedeutung der Wundererzählungen für die Christologie des Markusevangeliums (BZNW 42) (Berlin 1975); *O. Betz – W. Grimm,* Wesen und Wirklichkeit der Wunder Jesu (Arbeiten zum NT und Judentum 2) (Bern 1977); *U. B. Müller,* Erwägungen zur prophetischen Struktur der Verkündigung Jesu: ZThK 74 (1977) 416–448; *U. Busse,* Die Wunder des Propheten Jesus (FzB 24) (Stuttgart ²1979); *E. Lohse,* Glaube und Wunder: Theologia Crucis – Signum Crucis (Festschrift *E. Dinkler)* (Tübingen 1979) 335–350; *F. Hahn,* Jesu Wort vom bergeversetzenden Glauben: ZNW 76 (1985) 149–169; *U. Wegner,* Der Hauptmann von Kafarnaum (WUNT II/14) (Tübingen 1985).

4. Zukunft, Gegenwart, Nähe der Gottesherrschaft

Die Gottesherrschaft ist Mitte und inneres Wesen der Verkündigung Jesu. Seine Bezogenheit auf die Gottesherrschaft aber ist, wie wir schon haben sehen können, so wesentlich, daß sie sich nicht auf seine Verkündigung beschränkt, sondern sein gesamtes Wirken umgreift. Sie greift sogar über sein Wirken hinaus. Ja, die noch ausstehende Gottesherrschaft ist das Eigentliche. Nur von ihrem Ausstand, ihrer Zukünftigkeit, ihrem Kommen kann man ermessen und ahnen, was sie ist oder sein wird. Damit ist die zeitliche Dimension in das Blickfeld gerückt. Die Gottesherrschaft hat mit der Zukunft, aber auch mit der Gegenwart zu tun. Es gibt Aussagen Jesu, die ihre Zukunft, und solche, die ihre Gegenwart betreffen. Um zu verstehen, was sie eigentlich ist oder sein wird, muß man versuchen, auszumachen und darzustellen, wie Zukunft und Gegenwart zu ihr stehen oder wie sie sich zu Zukunft und Gegenwart verhält.

In der Beantwortung dieser Frage gab und gibt es eine große exegetische Debatte, bei der „extreme" Positionen bezogen wurden, die ent-

[63] *Pesch,* Markusevangelium I 313.

weder nur die Zukunft oder nur die Gegenwart gelten ließen oder, anders gesagt, die Gottesherrschaft nur als Zukunft oder nur als Gegenwart zu begreifen in der Lage waren. Bei der ersten Auffassung wird Jesus zum Boten der zukünftigen Gottesherrschaft, der ihr vorausläuft und ihr Kommen ankündigt. Dieses Kommen wird dann immer als unmittelbar bevorstehendes, als nächste Nähe gewertet. Bei der zweiten Auffassung erfüllt sich mit ihm alles, war die Gottesherrschaft mit und in ihm da, anschaubar und greifbar. Die Problematik ihrer Nähe und die sich daraus ergebende ihres Ausbleibens stellt sich dann begreiflicherweise nicht ein.

Indem wir diese beiden Positionen als „extrem“ bezeichneten, zeigen wir an, daß die Lösung gewiß nicht in der Mitte liegt, aber darin gesucht werden muß, daß beide zeitlichen Relationen ernst genommen werden, indem Zukunft und Gegenwart zur Geltung zu bringen sind. Die Problemstellung ist dadurch erschwert, daß die Gottesherrschaft von einer Qualität ist, daß sie nicht adäquat erfaßt ist, wenn man sie zu zeitlichen Stufen, zu Gegenwart und Zukunft, nur in ein Verhältnis setzt. In gewisser Weise qualifiziert sie die Zeit, steht sie zur Zukunft nicht nur in einem Verhältnis, sondern ist sie die Zukunft. Und das kann für die Bestimmung der Gegenwart nicht ohne Folgen sein.

Nirgendwo findet sich im Evangelium eine Erklärung dessen, was die Gottesherrschaft ist. Jesus hat darauf verzichtet, sie zu definieren oder theoretisch zu explizieren. Man kann sagen, daß er bei seinen Hörern voraussetzen konnte zu wissen, was mit der Gottesherrschaft gemeint ist. Das ist aber nur zum Teil richtig. Denn es ist bei einer allgemeinen Vorstellung von der Gottesherrschaft bedeutungsvoll zu erfahren, wie er sie dachte. Auch hätte eine theoretische Darlegung nicht zu seiner Sprache gepaßt. Es muß daher zunächst genügen, vom Wort auszugehen. Das Wort spricht von einem Handeln Gottes oder stellt ein solches in Aussicht. Gott handelt königlich, herrscht als König, läßt seine Königsherrschaft in Erscheinung treten. Wenn Gott gemäß alttestamentlicher Vorstellungsweise als König gedacht ist, bleibt zu bedenken, daß das mit Gottesherrschaft bezeichnete Heilshandeln als ein ganz und ausschließlich von Gott her auf uns zukommendes gesehen ist. Dieses Heilshandeln in Zukunft und Gegenwart gilt es jetzt anhand von Logien, die auf Jesus zurückgeführt werden können, zu bedenken. Zukunft, Gegenwart und Nähe sind die sich anbietenden Aspekte.

a) Die Zukünftigkeit der Gottesherrschaft ist auf einprägsame Weise im Herrengebet, dem Vaterunser, festgemacht. Der Jünger soll um ihr Kommen beten: ἐλθέτω ἡ βασιλεία σου (Mt 6,10/Lk 11,2), „es komme deine Königsherrschaft“. Die Zeitform (Aorist) deutet an, daß die Bitte auf ein einmaliges, zukünftiges Kommen gerichtet ist. Sie darf also nicht dahingehend mißverstanden werden, daß dieses Kommen als ein voranschreitendes, allmähliches vorgestellt wäre, bei dem der Mensch mithelfen könnte. Gott allein wird handeln und dann seine erwartete Königsherrschaft zeigen. Im übrigen ist gerade an dieser Stelle deutlich, daß die Übersetzung von βασιλεία mit „Reich" – obwohl eingebürgert – nicht besonders glücklich ist[1]. Die Königsherrschaft Gottes soll zu den Menschen kommen und sich ihnen offenbaren.

Man hat Jesus gelegentlich diese Bitte – wie auch die Bitte um die Heiligung des Namens, die ihr vorausgeht – absprechen wollen vor allem mit Hinweis darauf, daß sie ganz jüdisch empfunden sei[2]. Der jüdische Charakter des Herrengebetes ist ebenso unbestritten wie die Beobachtung, daß das Kommen des Königtums Gottes ein stets wiederkehrendes Element in jüdischen Gebeten ist. Doch gewährt gerade der Vergleich der parallel erscheinenden Stücke einen Einblick in das besondere Verständnis der Königsherrschaft Gottes im Jesus-Gebet. So heißt es in der 11. und 14. Benediktion des Achtzehnbitten-Gebetes (Schemone esre) in seiner (älteren) palästinischen Rezension:

„Bringe wieder unsere Richter wie zuvor und unsere Ratsherren wie am Anfang und sei König über uns, du allein ... Erbarme dich, Jahve, unser Gott, über Jerusalem, deine Stadt, und über Sion, die Wohnung deiner Herrlichkeit, und über das Königtum des Hauses David, des Gesalbten deiner Gerechtigkeit."[3]

Während die Bitte um das Kommen des Königtums Gottes hier nur eine Bitte unter anderen ist, ist das Herrengebet in seiner ganzen Gestalt eschatologisch geprägt. Die Basileia-Bitte steht im Zentrum. Die Wiederherstellung vergangener Verhältnisse, mag sie auch in glänzender Form erwartet werden, fehlt bei Jesus. Vor allem fehlt der nationalpolitische Akzent. Ein neu zu errichtender königlicher Thron Davids ist außer Sichtweite. Dieser negative Befund ist kennzeichnend und als Beleg für die Authentie zu nehmen. Die von Jesus erwartete Basileia ist gewiß zunächst auf Israel gerichtet, doch betrifft sie letztlich die Erde, die Menschheit[4].

Im Herrengebet steht die Basileia-Bitte in engstem Zusammenhang zur Bitte: ἁγιασθήτω τὸ ὄνομά σου (Mt 6,9/Lk 11,2), „es werde ge-

---

[1] Diese Übersetzung mag sich aus sprachästhetischen Gründen ergeben haben, da sich der Text so besser gemeinsam sprechen ließ. Die Übersetzung der Vulgata: Adveniat regnum tuum! bedeutet eine Sinnänderung.

[2] Schon *Harnack*. Bei *Lohmeyer*, Vaterunser 207. *Tilborg:* NT 14 (1972) 104f hält die Heiligungsbitte für sekundär. *Schulz*, Q 87, weist das Vaterunser insgesamt der ältesten Q-Gemeinde Palästinas zu.

[3] Zur Übersetzung vgl. *Billerbeck* IV 212f.

[4] Für Authentie spricht auch die Beobachtung, daß die österliche Perspektive nicht in das Vaterunser eingeblendet ist. Bei einer Gemeindebildung wäre dies zu erwarten.

heiligt dein Name", so daß beide in der Gruppe der zwei „Du-Bitten" als synthetischer Parallelismus aufgefaßt werden können und sich gegenseitig erklären[5]. „Name" wird zu einem Begriff, der mit Basileia an diesem Ort nahezu ausgetauscht werden kann. Mit dem Namen ist nicht auf den Vaternamen, der in der Gebetsanrede begegnet, rekurriert. Name ist nach biblischem Verstehen gleichbedeutend mit Wesen. Gottes Name, Gottes Wesen ist heilig, dem Weltlichen, Geschöpflichen gegenüber, in seinem Ungeschaffensein und Freisein von Sünde und Schatten, aber in der Gegenwart verhüllt und unzugänglich. Die Bitte um Heiligung zielt ab auf Enthüllung und Offenbarung. Dabei ist wieder – wie bei der Bitte um das Kommen der Basileia – ein Geschehnis im Blick, das allein von Gott erwartet wird und keines Zutuns des Menschen bedarf. Die Heiligung des Namens läßt in Verbindung mit dem Kommen der Königsherrschaft letztere noch schärfer in ihrer theologischen Qualität in Erscheinung treten und als die große Gabe an die Menschen erahnen. Allerdings bleibt zu beachten, daß die Aussage in einem Gebet steht. So ist die völlige Ausrichtung auf Gott besonders klar. Daß Gott seinen Namen heiligen möge, entspricht nicht nur der Erfahrung, daß Gott jetzt noch ein Verborgener, sondern auch ein Geschmähter, Geringgeachteter ist[6]. Der Beter empfindet dies schmerzlich und betet um das Kommen der Königsherrschaft zu Heil und Gericht.

Die Zukünftigkeit der Gottesherrschaft tritt in Verbindung mit den sogenannten Einlaßsprüchen gleichsam von einer anderen Warte aus betrachtet in den Blick. Hier werden Bedingungen genannt, deren Erfüllung den Einlaß in die Basileia ermöglichen helfen. Die durch die endzeitliche Ankunft Gottes verwandelte Erde wird zum umfassenden Raum des Heiles, zum Reich Gottes, in das einzutreten Jesus denen verheißt, die sich auf sein Wort einlassen. Das Reich Gottes als die von der Königsherrschaft Gottes erfüllte Welt ist das ersehnte Ziel, für das der Mensch bestimmt ist. Auf Jesus zurückzuführende Einlaßsprüche, deren Zahl später vermehrt wurde (etwa Mk 10,15; Mt 5,20), haben wir in Mk 10,25: „Leichter ist es, daß ein Kamel durch ein Nadelöhr hindurchgeht, als daß ein Reicher in das Reich Gottes hineinkommt" und Mt 18,8f vor uns, wo zu einem entschiedenen Kampf gegen Ärgernisse aufgerufen wird[7]. Beidemale kann die plastische und schok-

---

[5] *Schürmann*, Gebet des Herrn 53; *R. H. Gundry*, Matthew (Grand Rapids 1982) z. St., wollen die erste Bitte zur Gebetsanrede ziehen. Der Parallelismus spricht dagegen.

[6] Dieser Zusammenhang besteht auch für den Propheten Ezechiel: „Und ich werde meinen großen, unter den Völkern entweihten Namen, den ihr in ihrer Mitte entweiht habt, heiligen. Und die Völker werden erkennen, daß ich Jahve bin ..." (36,23; vgl. 39,7; 43,7f).

[7] Mt 18,8f (vgl. Mk 9,43.45.47) hat eine Doublette in Mt 5,29f. Zum traditionsgeschichtlichen Verhältnis vgl. *Gnilka*, Matthäusevangelium I 160 und Anm. 4. Die For-

kierende Redeweise für die Authentie in Anspruch genommen werden. Auch sind die Gefährlichkeit des Reichtums und die gelegentlich schroffe Entschiedenheit seiner Weisung kennzeichnend für Jesu Predigt. Es verdient dann auch Beachtung, daß in Mt 18,8f anstelle von „in das Reich": „in das Leben eingehen" steht. Das Reich Gottes, das der Mensch gewinnen soll, gewährt ihm das bleibende, endgültige Leben. An der Schwelle des Reiches Gottes steht die Auferstehung der Toten (vgl. Lk 11,31f par).

Unter den Anwärtern, die mit Vorzug für das Reich Gottes bestimmt sind, befinden sich die Armen. Diese Verheißung lesen wir in den Seligpreisungen, die die große Unterweisung (Feldrede) eröffnen. Uns interessiert jetzt noch nicht die Frage, wer mit den Armen, Hungernden, Weinenden des näheren gemeint ist und wie gerade diese die Einlaßbedingungen zu erfüllen in der Lage sind. Wir stellen nur die Zukunftsperspektive heraus, die sich hier für die Basileia besonders klar ergibt. Das Reich Gottes, das ihnen zuteil werden soll, bedeutet für sie gleichzeitig, daß sie dort satt werden sollen und wieder werden lachen können (Lk 6,20f). Diese konkrete Heilsbeschreibung verdient Beachtung, nimmt sie doch Rücksicht auf das reale Elend, das in der Welt existiert und Jesus mit sehendem Blick wahrnimmt und dessen endgültige Aufhebung für ihn wesentlicher Bestandteil der Basileia ist.

Ein problematisches Wort ist die beim letzten Abendmal von Jesus gesprochene Todesprophetie. Mag auch die Rekonstruktion schwierig sein, auf jeden Fall kündigte er an, daß er keinen Wein mehr, nicht mehr vom „Gewächs des Weinstocks" trinken werde bis zu jenem Tag (so Mk 14,25), bis das Reich Gottes kommt (so Lk 22,18). Mag auch die unmittelbare Erwähnung der Basileia sekundär sein und die Todesprophetie im Mittelpunkt stehen, so ist doch über die dunkle Pause des Todes hinaus gedacht und wie durch einen Spalt ein Einblick in das zukünftige Reich Gottes gewährt[8]. Wie auch in der jüdischen Literatur ist es als Freudenmahl vorgestellt (vgl. Mt 8,11 par). Jesus sitzt beim Mahl am Tisch. „Jener Tag", sonst der Tag des Gerichts (Mt 7,22; Lk 10,12; 17,31; 22,34), gewinnt durch diesen Einblick Zuversicht spendendes Licht.

b) Wir müssen auf ein paar Gleichnisse zu sprechen kommen, die man herkömmlicherweise zur Gottesherrschaft in eine besondere, unmittelbarere Beziehung setzt und die hinsichtlich ihres Bildmaterials überwiegend aus dem Leben und Schaffen des galiläischen Landman-

---

mulierung in 18,8f ist ursprünglicher. *Jeremias*, Theologie I 41, macht darauf aufmerksam, daß die Formulierung „in das Reich Gottes eintreten" außerneutestamentlich keine Parallen hat.

[8] In Mk 14,25 gilt der ὅταν-Satz als Erweiterung. Vgl. *Gnilka*, Markus II 243; *K. Berger*, Die Amen-Worte Jesu (BZNW 39) (Berlin 1970) 54f.

nes gewonnen sind. Wenn zunächst auf das Gleichnis vom Säemann (Mk 4,3–8 parr), das vielleicht allzu vertraute, eingegangen wird, so deshalb, weil hier so viele Fragen aufbrechen, nicht zuletzt ausgelöst durch eine intensive Diskussion in der Forschung, die unser Problembewußtsein schärfen können. Und doch ist auch dieses Gleichnis so gut wie nie Jesus abgesprochen. Bezüglich seines Sinnes aber herrscht eitel Verwirrung. Schon Bultmann sagt resigniert über diese Erzählung: „Ist sie ein Trost für jeden Menschen, wenn nicht all seine Arbeit Frucht trägt? ist sie in diesem Sinn gleichsam ein halb resignierter, halb dankbarer Monolog Jesu? ist sie eine Mahnung an die Hörer des göttlichen Worts? der Predigt Jesu? der Verkündigung der Gemeinde? Oder ist in der ursprünglichen Parabel überhaupt nicht auf das Wort reflektiert ...?“ [9] Es gibt Autoren, die es für unmöglich ansehen, den ursprünglichen Sinn des Gleichnisses zu eruieren [10]. Die ihm zugefügte Deutung (Mk 4,13–20 parr) wird mit Recht als sekundär gewertet [11]. Doch bietet das Gleichnis ausreichend Hinweise.

Die Geschichte erzählt von einem Säer. Was seinen Anteil betrifft, begnügt sie sich damit, von seiner Aussaat zu berichten: „Ein Säemann zog aus zu säen“ (Mk 4,3). Er scheint die Saat sich selbst zu überlassen. Vom Pflügen und Jäten ist nicht die Rede. Um so befremdlicher erscheint, wenigstens uns, die Art seines Säens, wie er anscheinend sorglos das Saatkorn auf den festgetretenen Weg, auf Felsboden, in die Dornen und schließlich auch auf guten Boden wirft. Es gibt eine unendliche Debatte darüber, ob das die Art des Säens war damals oder ob uns hier ein Säemann vor Augen geführt wird, der zweierlei Samen hat, einen, der verdirbt, und einen, der Frucht bringt [12]. Man entscheidet sich heute weitgehend für die erste Auffassung, lehnt nahezu unisono und mit Recht ein schon im Gleichnis angelegtes Verstockungsgericht ab. Die bündige Antwort lautet: Man hat in Israel damals vor dem Pflügen gesät, so daß sich der geschilderte Verlust irgendwie von selbst ergab [13]. Doch sollten wir uns im klaren darüber sein, daß das

---

[9] Geschichte 216.

[10] *H.-W. Kuhn*, Ältere Sammlungen im Markusevangelium (StUNT 8) (Göttingen 1971) 114 und Anm. 77; vgl. *Linnemann*, Gleichnisse 123.

[11] Schon *Jeremias*, Gleichnisse 75–77; *J. Wellhausen*, Das Evangelium Marci (Berlin ²1909) z. St. Die Argumente sind oft wiederholt worden. Vor allem ist darauf hinzuweisen, daß in der Deutung das Gleichnis mit Hilfe allegorisierender Redeweise auf eine neue Verständnisebene gehoben wird und die Terminologie der frühchristlichen Missionssprache entspricht.

[12] Zu dieser Auffassung gelangte man vor allem auch wegen des markinischen Kontextes, der vom Verstockungsgericht handelt (Mk 4,10–12). Vgl. *H. Windisch*, Die Verstokkungsidee in Mc 4,12 und das kausale ἵνα der späten Koine: ZNW 26 (1927) 203–209.

[13] Kronzeuge dieser Auffassung ist *G. Dalman*, Viererlei Acker: PJ 22 (1926) 120–132. Vgl. jedoch *Dalman*, Arbeit und Sitte II 195: „Daß sorgsames Pflügen der Saat vorangeht, steht für die biblische Zeit durch Jes. 28,24f fest und ist auch Hos. 10,11f angedeutet, wenn nach den beiden Arten des Pflügens das Säen genannt wird.“ Offenkundig hat

Gleichnis keine Gebrauchsanweisung für palästinische Agrartechnik sein will[14]. War also das Tun des Säers für den Zeitgenossen verstehbar, so verdient ein Zweifaches Beachtung: das Verweilen in der Schilderung des Saatverlustes und das Heranführen der Erzählung an den Zeitpunkt der Ernte.

In der Darstellung des Saatverlustes treffen wir detaillierte Kleinmalerei an, die möglicherweise sekundär noch vertieft wurde[15]. Die Gegenkräfte treten anschaulich hervor: die Vögel, die den Samen aufpicken, die Sonne, die ihn verdorren läßt, die Dornen, die ihn erstikken. Diese Gegenkräfte bedürfen keiner allegorisierenden Interpretation. Sie spiegeln die Erfahrung von Erfolglosigkeit wider. Die Gedankenführung aber bleibt bei dieser nicht hängen, sondern führt weiter zum reichen Ertrag, der in Analogie zum dreifachen Verlust dreifach gegliedert erscheint: dreißig-, sechzig- und hundertfach[16]. Dieser optimistische Ausblick auf die Ernte hat mit der Gottesherrschaft zu tun. Die Botschaft des Gleichnisses Jesu kann aber nicht auf die Gewißheit reduziert werden: die Gottesherrschaft kommt – wer hätte es bezweifelt? –, sondern sie verknüpft ihr Kommen mit dem, was jetzt geschieht. Was jetzt geschieht, wird man nicht auf Jesu Predigt eingrenzen dürfen, aber doch in seinem Wort zusammengefaßt sehen[17]. Sein Wort wird sich als fruchtbar erweisen, wenn die Gottesherrschaft unverhüllt hervortreten wird. Der Verlust des Saatgutes ist von der zu erwartenden Ernte abgehoben. Die scheinbare Unbedeutendheit dessen, was in der Gegenwart sich ereignet, steht nicht im Zusammenhang mit der Ernte wie in anderen Saatgleichnissen. Das gibt dem Verlust ein eigenes Gewicht. Er soll aber nicht darüber hinwegtäuschen, daß das Zukünftige schon begonnen hat[18].

---

es beide Weisen der Feldbearbeitung gegeben, das Säen vor dem Pflügen und das Pflügen vor dem Säen. Es gab auch das Pflügen vor und nach dem Säen. Vgl. *Klauck*, Allegorie 189f. *Lohfink:* BZ 30 (1986) 51f spricht für das Verhalten des Säemanns im Gleichnis vom landwirtschaftlichen Regelfall im palästinischen Bergland.

[14] Vgl. *Klauck*, Allegorie 190.

[15] *Lohfink:* BZ 30 (1986) 39 hält in Mk 4,5f: „Wo es nicht viel Erdreich hatte, und sogleich sproßte es auf, weil es nicht viel Erdreich hatte ... versengte es" für sekundär.

[16] Auch hier gibt es eine nicht endende Debatte darüber, ob die Zahlenangaben sich auf das einzelne Korn oder den Gesamtertrag des besäten Ackers beziehen. *Lohfink:* BZ 30 (1986) 52–57 hat sich mit ausführlichen Belegen für die sogenannte Bestockung wieder für das erste stark gemacht.

[17] So konnte die sekundäre Deutung beim Wort ansetzen. Von der Bildprägung her hat das Bild vom Säen und Ernten verschiedene Anwendungsmöglichkeiten. Vgl. *Klauck*, Allegorie 192–196.

[18] Etwas andere Akzente setzen *H. Frankemölle*, Hat Jesus sich selbst verkündet? BiLe 13 (1972) 184–207, der das persönliche Schicksal des Säemanns in den Vordergrund rückt; *C. Dietzfelbinger*, Das Gleichnis vom ausgestreuten Samen: Der Ruf Jesu und die Antwort der Gemeinde (Festschrift J. Jeremias) (Göttingen 1970) 80–93, der das Bedrohtsein der Sendung Jesu betont; *B. Gerhardsson*, The Parable of the Sower and Its

Die Gegenüberstellung von Beginn und Ende der Gottesherrschaft kann in anderen Gleichnissen mit anderen Bildern erfolgen. Hierher sind die Gleichnisse vom Senfkorn und vom Sauerteig zu zählen, die schon in der Logienquelle zu einem Doppelgleichnis verknüpft waren (Lk 13,18–21; Mt 13,31–33; Mk 4,30–32). Sie waren für eine solche Verknüpfung geeignet, zumal das eine die Erfahrungswelt des Mannes, der das Feld bearbeitet, das andere die Erfahrungswelt der Frau einbringt, die das Brot bereitet[19]. Von der Sache bestimmt und darum geradezu grotesk wirkend, wird von *einem* Senfkorn berichtet, das auf das Feld, in die Erde (Mt/Mk), in den Garten (Lk) gesät wird. Die Differenzierungen, die sich möglicherweise schon in der mündlichen Weitergabe einstellen, hängen damit zusammen, daß der Senf – gemeint ist vermutlich der als Küchengewürz dienende schwarze Senf – teils als Feldfrucht, teils als Gartengewächs angesehen wurde. Sprichwörtlich für große Winzigkeit erhebt er sich und wächst heran zu einem Baum (Mt/Lk), zum „größten unter allen Gemüsekräutern" (Mk). Die Vögel des Himmels, die jetzt in seinen Zweigen nisten können (Anspielung auf Ez 17,23; 31,6; Dn 4,9.18), wird man noch zum alten Bestand des Gleichnisses zählen dürfen, da kein unmittelbares Zitat vorliegt und ein allzu kühnes Zusammenstreichen der Gleichnisse deren Vitalität bis zum Skelett reduzieren kann[20].

Wieder ist die vollendete Gottesherrschaft – der weit ausladende Baum – das Ziel der Geschichte. Aber es gilt wahrzunehmen, daß ihr Beginn schon jetzt, im Wirken Jesu gegeben ist. Der Anfang ist gesetzt, mag er auch unscheinbar, ja winzig erscheinen. Er verbürgt das Ende, so wie eine Pflanze organisch wächst. In ihm steckt eine nicht einzudämmende Dynamik. Wachstum und vollendeter Baum haben nicht die Kirche im Blick oder gar ihre beständige Ausbreitung. Über das Verhältnis von Gottesvolk und Gottesherrschaft wird noch zu handeln sein. Doch muß beachtet werden, daß beide Größen nicht austauschbar sind. Im Nisten der Vögel inmitten des Wipfels des Baumes mag man das endzeitliche Kommen der Völker, ihre Einbeziehung in die endgültige Gottesherrschaft erkennen.

Ganz Entsprechendes verkündet das Gleichnis vom Sauerteig. Ein bißchen Sauerteig reicht aus, um eine große Menge Mehl, drei Sea (etwa 40 Liter), zu durchsäuern. Das Bild vom Sauerteig, das sonst fast nur negativ, als Metapher für eine zersetzende Kraft, verwendet wird

---

Interpretation: NTS 14 (1967/68) 165–193; *Lohfink:* BZ 30 (1986) 63–66, die den Zusammenhang mit dem Gottesvolk herstellen, freilich auf recht unterschiedliche Weise.

[19] Die Verknüpfung hat zu Parallelisierungen geführt. Die unpersönliche Einleitung in Mk 4,31: „ein Senfkorn, wenn es auf die Erde gesät wird" kann als die ältere Version gelten. Zur Rekonstruktion vgl. *Gnilka,* Matthäusevangelium I 494f.

[20] Anders etwa *Klauck,* Allegorie 212f.

(vgl. 1 Kor 5,6ff; Gal 5,9), mag Jesus im positiven Sinn aufgegriffen haben, um zu schockieren, aufzurütteln.

Das gleiche Thema von Anfang und Ende, das diese Gleichnisse bestimmt und zusammenbindet und ihre Authentie bestärkt, kommt in einer weiteren Gleichnisgruppe noch unter einem anderen Aspekt zum Vorschein. Die Gleichnisse vom Fischnetz und vom Unkraut unter dem Weizen (Mt 13,47–50.24–30) sind inhaltlich und strukturell eng verwandt und wiederholt als ein Doppelgleichnis behandelt worden. Beide erzählen davon, daß Erfolg und Mißerfolg, Frucht und Fruchtlosigkeit eng beieinander stehen und sich mischen. In dem einen Fall zieht das weite Schleppnetz Fische aller Art an das Ufer, ein Vorgang, der am See Gennesaret regelmäßig zu beobachten war. Im anderen Fall ist die Mischung dramatischer, raffinierter. Auf ein Feld, das mit gutem Weizenkorn besät wurde, sät des Nachts ein feindseliger Mensch Unkraut. Das Unkraut wird genau bestimmt. Und darin liegt das Raffinement der Erzählung. Der Feind säte ζιζάνια, Tollkorn, auch Taumellolch genannt, das dem Weizen so ähnlich sieht, daß es bis zur Entwicklung der Ähre auch von einem geübten Auge von diesem kaum unterschieden werden konnte. Der ursprüngliche Sinn dieser Gleichnisse besteht nicht darin, das Gericht zu beschreiben. Dazu ist es erst auf einer sekundären Stufe gekommen[21]. Die Geschichten fassen nicht das Gericht, nicht die Scheidung der guten von den schlechten Fischen, nicht die Ernte in den Blick, sondern die Zeit davor, die Gegenwart. Die Gegenwart ist die Zeit des Sammelns, des Säens und Wachsenlassens. Ein vorzeitiger Eingriff in diesen Prozeß wird zurückgewiesen: „Laßt beides zusammen wachsen bis zur Ernte" (13,30). Jetzt ist Entscheidungszeit. Die Gegenwart steht unter dem Eindruck der Zukunft, einer bedrängenden Zukunft. Aber der Akzent ruht nicht auf dieser, sondern auf der durch die Zukunft eingeräumten Gegenwart. Wer die Gegenwart begreift, sich in ihr richtig entscheidet, gewinnt Zeit, gewinnt die Zukunft. Für das Verständnis der Gottesherrschaft bedeutet dies, daß sie schon da ist und endgültig bevorsteht. Sie wird sich in Zukunft endgültig und letztgültig offenbaren, doch qualifiziert sie bereits durch das Wirken Jesu die Gegenwart, ist sie in ihr eine angegriffene, bekämpfte, abgelehnte, verlangt sie eine Stellungnahme des Menschen ein. Die Zeitproblematik im Sinn der Thematik der Verzögerung spielt in den Gleichnissen

---

[21] Für das Gleichnis vom Unkraut erfolgte diese Verschiebung durch die sekundäre Deutung (Mt 13,36–43). Auch das Gleichnis vom Fischnetz besitzt eine solche (13,49f). Matthäus, der den Gerichtsgedanken immer wieder zur Geltung bringt, ist in diesem Fall vermutlich von einer apokalyptischen Tradition abhängig, die folgende Motive enthielt: Auszug der Strafengel am Ende der Tage, Scheidung der Bösen von den Gerechten und deren Bestrafung/Belohnung. Vgl. *Theison,* Richter 191.

keine erkennbare Rolle. Darum ist dies kein Grund, sie Jesus abzusprechen[22].

Zuversichtlich, geradezu provokant zuversichtlich äußert sich eine kleine Gleichnisgeschichte, die jetzt noch in Erinnerung gerufen werden soll und der man viele Namen gegeben hat: Gleichnis von der selbstwachsenden Saat, vom geduldigen Landmann, vom Saatkorn (Mk 4,26–29). Sie ist nur bei Markus nachzulesen, Lukas übernahm sie nicht, Matthäus setzte an ihre Stelle das Gleichnis vom Tollkraut, vermutlich weil sie ihnen zu sorglos erschien. Sie erzählt die selbstverständlichste Sache von der Welt für einen galiläischen Bauern, den Prozeß des Reifens des Samens:

„So verhält es sich mit der Herrschaft Gottes wie mit einem Menschen, der den Samen auf die Erde warf. Und er schläft und erhebt sich, Nacht und Tag. Und der Same sproßt und wird lang, wie, weiß er nicht. Von selbst trägt die Erde Frucht, zuerst den (grasartigen) Halm, dann die Ähre, dann das volle Korn in der Ähre. Wenn aber die Frucht es gestattet, sendet er sogleich die Sichel aus, weil die Ernte da ist."

Trotz der Selbstverständlichkeit und Alltäglichkeit des Geschehens verbirgt sich hinter ihm für den Menschen der Bibel etwas nicht zu Durchdringendes, nahezu ein Geheimnis. Der Vorgang des Reifens geschieht von selbst. Mit überzeichneter Schärfe wird im Kontrast hierzu der Landmann vorgestellt, der nach erfolgter Aussaat aller Pflichten entledigt zu sein scheint. Er schläft, wacht, sieht der Frucht erwartungsvoll entgegen. Wieder kommt das von der zukünftigen Basileia gewährte Moment der Zeit zum Zuge, nicht einer sich dehnenden, sondern einer geschenkten Zeit. Sie ist erfüllt von der Gewißheit, daß Gottes Herrschaft anwest und sich zu baldiger Ernte entfalten wird[23]. Gerade auch der beherrschende Zug der Sorglosigkeit ist ein Argument dafür, daß wir hier mit einem auf Jesus zurückzuführenden Wort konfrontiert sind[24].

c) Völlig von der Gottesherrschaft bestimmt ist ein Logion, in dem

---

[22] Vgl. *Gräßer,* Parusieverzögerung 147. – Das Gleichnis vom Unkraut schloß ursprünglich mit V 30a: „Laßt beides zusammen wachsen bis zur Ernte." Zur Problematik vgl. *Gnilka,* Matthäusevangelium I 489f. 492f. In diesem Gleichnis könnte höchstens der mit der Entdeckung des Unkrauts, das heißt, des Bösen, verbundene Überraschungseffekt in die spätere Gemeindesituation verweisen.

[23] Umstritten ist die Frage, ob V 29 Bestandteil des Gleichnisses von Anfang an war. Es liegt ein Zitat von Joel 4,19 vor: „Schickt die Sichel, denn die Ernte ist reif." Das Zitat lehnt sich an den masoretischen Text an, hat aber einen neuen Sinn gewonnen. Joel kündet das Zorngericht an, im Gleichnis ist das Zitat ein Jubelruf.

[24] Abwegig ist die Interpretation von *J. Wellhausen,* Das Evangelium Marci (Berlin ²1909) z.St., der J. W. von Goethe zur Erklärung heranzieht: „Mein Acker ist die Zeit." Hier ist die eschatologische Dimension völlig heruntergespielt und das Gleichnis in eine ethische Maxime aufgelöst.

Jesus sein Verhältnis zu Johannes dem Täufer umreißt, vor allem aber die Zeit seitdem, in der er wirkt, als eine von der Basileia durchwaltete umschreibt. In seiner doppelten und unterschiedlichen Überlieferung bei Mt 11,12f und Lk 16,16 ist es in seiner Rekonstruktion umstritten. Seine Prägnanz und Knappheit tragen dazu bei, daß es für die Interpreten fast ein Rätselwort geworden ist. Doch ist unbestritten, daß es von der schon jetzt wirksam werdenden Gottesherrschaft handelt. Die hier zugrunde gelegte Rekonstruktion läßt im wesentlichen zwei Übersetzungen für den zweiten Teil zu:

1. „Das Gesetz und die Propheten (reichen) bis auf Johannes. Von da an leidet die Gottesherrschaft Gewalt, und Gewalttätige unterdrücken sie."
2. „Von da an dringt die Gottesherrschaft mit Gewalt heran, und fest Entschlossene reißen sie an sich."[25]

Die Unsicherheit in der Übersetzung hängt mit der Doppeldeutigkeit der griechischen Begriffe βιάζεται (unterdrücken, mit Gewalt herandringen) und βιασταί (Gewalttätige, fest Entschlossene) zusammen. Interpretiert man im erstgenannten Sinn, erscheint die anwesende Gottesherrschaft als eine bedrohte und von ihren Widersachern bekämpfte. Greift man den zweiten Sinn auf, so ist sie die siegreich sich durchsetzende, die danach verlangt, von entschiedenen Menschen anerkannt und bestätigt zu werden. Für Jesus ist die zweite Sicht zu reklamieren. Er ist zuversichtlich. Er sieht die letztendliche sieghafte Durchsetzung der Basileia voraus, erwartet aber auch von seinen Hörern, daß sie ihr Leben auf die neue Situation kompromißlos ausrichten[26]. Bemerkenswert für den Spruch ist die Zuordnung Johannes des Täufers zu Jesus, die in einer Weise erfolgt, die noch nicht präzise dessen Vorläuferrolle definiert. Wäre der Spruch später gebildet worden, könnte man mit einer solchen Zuordnung rechnen.

Auf die Gegenwart der Jesus-Zeit ist ein Makarismus bezogen, der sich sowohl nach Mt 13,16f als auch nach Lk 10,23f an den engeren Jüngerkreis wendet, ursprünglich aber durchaus eine größere Hörergruppe zum Adressenkreis gehabt haben kann. Wir vermuten den folgenden ältesten Wortlaut: *„Selig, die Augen, die sehen, was ihr seht, und die Ohren, die hören, was ihr hört. Denn ich sage euch: Viele Prophe-*

---

[25] Für den zweiten Teil hat Mt 11,12 den Wortlaut besser bewahrt. Lk 16,16 bringt sein Lieblingswort εὐαγγελίζεται ins Spiel. Zur komplizierten Analyse vgl. *Gnilka,* Matthäusevangelium I 412f; *Merklein,* Gottesherrschaft 88; *Hoffmann,* Studien 53ff. Letzterer kommt zu einem anderen Ergebnis.

[26] Mt hingegen dürfte den Spruch im erstgenannten, negativen Sinn aufgefaßt haben. Der Kontext, in der er ihn hineinstellt, deutet es an: der Täufer ist gefangen gesetzt (11,2), das Gleichnis von den zankenden Kindern spiegelt die Widerspenstigkeit und den Ungehorsam dieser Generation wider.

ten und Könige sehnten sich danach zu sehen, was ihr seht, und sahen es nicht, und zu hören, was ihr hört, und hörten es nicht.“[27]

Die Bedeutung der Gegenwart wird daran gemessen, daß sie vergangene Sehnsucht zur Erfüllung bringt. Propheten und Könige sind Repräsentanten der israelitischen Heilssehnsucht, des Ausblicks auf das messianische Heil, unter den Königen vor allem König David, der als der Verfasser des Buches der Psalmen galt. Das Sehen und Hören, das jetzt möglich ist, betrifft die Werke und Worte Jesu, die freilich in ihrer eschatologischen Qualität erkannt werden müssen. Wenn die Augen- und Ohrenzeugen seiner Werke und Worte seliggepriesen werden, sind es jene, die wirklich Sehende und Hörende geworden sind. Im letzten ist es wieder die Gottesherrschaft, die mit Jesus schon anwest, wenn sie auch nicht ausdrücklich genannt wird. Das macht deutlich, wie eng die anwesende Basileia mit Jesu Werk und Wort verbunden ist. Daraus ergibt sich die christologische Implikation eines solchen Spruches. Schon jetzt hebt sich die Erkenntnis ab, daß bei der noch zu stellenden christologischen Frage die Basileia und Jesu Verhältnis zu ihr einen wichtigen Anknüpfungspunkt darstellen. Der Makarismus ist sinnvoll und einsichtig letztlich nur als ein Spruch, der zur Zeit seines Wirkens gesprochen wurde.

Schließlich kommt auch noch in zwei inhaltlich dicht beieinander liegenden Gleichnissen, dem vom Schatz im Acker und dem vom Perlenkaufmann, die bei Matthäus zu einem Doppelgleichnis verknüpft sind, die zukünftige Basileia in ihrem die Gegenwart ergreifenden Schwung zur Sprache. Ein Mann, ein Taglöhner, macht beim Pflügen eines Ackers, der ihm nicht gehört, einen unerwarteten Schatzfund. Ein Perlenkaufmann, vernarrt in seine Sammlerleidenschaft, entdeckt eine überaus schöne Perle (Mt 13,44–46). Beide sind zu entschlossenem Handeln bereit. Beide setzen alles dran, um das Entdeckte zu gewinnen. Nicht Opfergeist beseelt sie, sondern die Freude. Es ist leicht einzusehen, daß diese beiden bezwingenden Geschichten die Basileia als das den Menschen jetzt dargebotene, zugesagte große Geschenk Gottes veranschaulichen, das es in seinem alles andere übertreffenden Mehrwert zu erfassen gilt[28]. Im Gleichnis vom Schatz wird die Basileia geradezu zum bestimmenden Handlungsträger, der die Reaktion des Taglöhners wie von selbst auslöst. Das jetzt schon erfahrbare Handeln Gottes verändert die Menschen. In der Geschichte vom Perlenkaufmann ist die Basileia als Agens auch vorhanden, doch tritt hier der wägende Kaufmann etwas stärker in den Blickpunkt.

---

[27] Mt spricht von vielen Propheten und Gerechten und greift mit δίκαιοι einen für seine Theologie spezifischen Begriff auf. Auch der begründende Anschluß „weil sie sehen ... hören“ ist dem Kontext angepaßt. Vgl. Mt 13,13 und *Gnilka,* Matthäusevangelium I 480.

[28] Vgl. *Jüngel,* Paulus und Jesus 143f; *Weder,* Gleichnisse 140.

Überschauen wir die gleichnis-, bild- und spruchartigen Aussagen über die Gottesherrschaft kurz an dieser Stelle, bemerken wir ihre zeitliche Zweidimensionalität. Zukunft und Gegenwart sind auf sie gerichtet, oder auch: sie ist auf Zukunft und Gegenwart hin aus. Man darf nun gewiß nicht Zukunft und Gegenwart gegeneinander ausspielen oder gar zum Kriterium der Authentie machen, indem man sagt: nur Zukunfts- oder nur Gegenwartsaussagen könnten den Anspruch erheben, authentisch zu sein. Man wird gerade in dieser Verquickung ein Kennzeichen der Basileia-Predigt Jesu zu erblicken haben. Es gibt Jesus-Worte, die stringenter die Zukunft oder die Gegenwart ins Auge fassen. Es gibt aber auch solche, die Zukunft und Gegenwart in gleicher Weise berühren. Ihre Zahl überwiegt. Vermöge der Basileia wird die Gegenwart zukunftsbestimmt und die Zukunft gegenwartsbedeutsam, so daß innerhalb dieses Rahmens es von untergeordneter Bedeutung ist, ob bald die Zukunft, bald die Gegenwart stärker akzentuiert wird. Es kommt nur darauf an, den Spannungsbogen wahrzunehmen, der von der Gegenwart zur Zukunft herüberreicht. Hier ist in der Tat von einer Spannung zu sprechen, weil die Darstellung der Basileia in der Gegenwart im Wirken Jesu nach der Meinung vieler Zeitgenossen nicht dem entsprach, was sie sich von ihr erwarteten, und auch von Jesus die Spannung vom kleinen, unbedeutend erscheinenden Anfang und großer Endvollendung in der Relation ihrer Darstellung durchgehalten wird. Auf diesem Hintergrund ist jetzt noch die Frage nach der Nähe der Basileia anzugehen. Wie nahe ist die Basileia? Lassen sich termingerechte Ankündigungen als Antwort auf eine solche Frage einsetzen? Sind sie gar für Jesus spezifisch oder gehören sie einer anderen, veränderten Perspektive der Orientierung an?

d) Nähe und termingebundene Nähe sind nicht dasselbe. Daß etwas nahe ist, meint nicht dasselbe wie daß etwas zu einem termingerechten Zeitpunkt eintreffen wird. Im ersten Fall ist Nähe offen für Zeit *und* Raum. Im zweiten Fall ist sie strikt gebunden an die Zeit, an eine bestimmte Zeit. Was bisher zur Zeit, zu Vergangenheit und Gegenwart und ihrem Verhältnis zur Basileia gesagt wurde, muß noch auf den Gedanken der Nähe hin weitergeführt werden.

Jesus hat von der Nähe der Basileia gesprochen. Das Bedrängende dieses Andringens hat er vor allem in Bildern artikuliert, die das Gericht, die ausstehende Bewährungsprobe beschreiben, auf die zurückzukommen sein wird. Die Nähe ist ein nicht auszuklammernder Faktor seiner Basileia-Predigt. Programmatisch bringt dies die Zusammenfassung seiner Verkündigung in Mk 1,15 zum Ausdruck: *„Erfüllt hat sich die Zeit und genaht ist die Herrschaft Gottes. Kehrt um und glaubt dem Evangelium!“* Wenn wir auch heute davon ausgehen, daß der Markus-Evangelist diesen als Summarium verfaßten Text schuf, indem er Elemente der späteren palästinischen und hellenistischen

Missionspredigt aufgriff[29], hat er damit doch die wesentlichen Anliegen Jesu getroffen und vor allem die Nähe der Gottesherrschaft weitergetragen.

Die Nähe wird in einigen wenigen Logien nicht nur als eine zeitlich außerordentlich nahe, sondern auch als eine berechenbare festgestellt. Dies ist in drei Logien der Fall, die wir kurz betrachten müssen. In Mk 13,30 heißt es: „Amen, ich sage euch: dieses Geschlecht wird nicht vergehen, bis dies alles geschieht." [30] Das Wort steht in der sogenannten synoptischen Apokalypse, in der Weisung gegeben wird für die Zeit bis zum Ende, die als überschaubare, gegliederte dargestellt ist. Diesem apokalyptischen Text liegt eine in judenchristlichen Kreisen entstandene kleine apokalyptische Schrift zugrunde, die im geschichtlichen Horizont des Jüdischen Krieges und der Zerstörung Jerusalems und des Tempels besondere Aktualität gewann[31]. Das zitierte Logion kann nicht auf Jesus zurückgeführt werden.

Das zweite Logion lautet: „Wenn sie euch aber in dieser Stadt verfolgen, flieht in die andere. Denn Amen, ich sage euch: Ihr werdet mit den Städten Israels nicht zu Ende kommen, bis der Menschensohn kommt" (Mt 10,23). Auch dieses Logion wird heute nahezu einhellig der nachösterlichen Situation zugewiesen[32]. Es setzt die nachösterliche Israel-Mission und die konsequente Verfolgung der Missionare voraus, denen Trost gespendet werden soll mit der Verheißung des zu erwartenden Menschensohnes bzw. die in ihrer Aufgabe, in der Israel-Mission trotz aller Widerstände nicht nachzulassen, bestärkt werden sollen.

Schwieriger ist die Beurteilung des dritten Spruches: „Amen, ich sage euch: Es gibt einige unter den hier Stehenden, die den Tod nicht

---

[29] Die Wendung „das Evangelium Gottes verkünden" entspricht der hellenistischen Missionspredigt (vgl. 1 Thess 2,9; Gal 2,2). Die Proklamation der Nähe der Gottesherrschaft geht auf palästinische Tradition zurück (Mt 10,7; Lk 10,9). Jesus setzt die Nähe des Eingreifens Gottes voraus. Ob das Wort „Genaht hat sich die Herrschaft Gottes" unmittelbar auf ihn zurückgeführt werden kann, ist umstritten. Positiv urteilt *Merklein*, Gottesherrschaft 35. Zu beachten ist, daß Lk 10,9 (ἤγγικεν ἐφ' ὑμᾶς) und Mk 1,15 voraussetzen, daß die Basileia, von jetzt, das heißt von Jesu Wirken an, sich zu realisieren beginnt. Bei Markus ist dies durch die erfüllte Zeit zu verstehen gegeben.

[30] parr Mt 24,34; Lk 21,32 haben das Wort nicht wesentlich verändert. Bei Lukas heißt es: „bis alles geschieht." Freilich gewinnt das Logion im jeweiligen Kontext und Konzept der Evangelien eigene Nuancierungen.

[31] Vgl. *E. Brandenburger*, Markus 13 und die Apokalyptik (FRLANT 134) (Göttingen 1984) 21–42; *R. Pesch*, Naherwartungen (KBANT) (Düsseldorf 1968) 207–223. Die genaue Rekonstruktion der Vorlage ist kontrovers.

[32] Wahrscheinlich ist es sogar MtR. Vgl. *Gnilka*, Matthäusevangelium I 374f. *H. Schürmann*, Zur Traditions- und Redaktionsgeschichte von Mt 10,23: BZ 3 (1959) 82–88, will es der Logienquelle zuschreiben. *A. Schweitzer*, Geschichte der Leben-Jesu-Forschung (Tübingen [6]1951) 405–413, machte das Logion zu einem Angelpunkt seiner eschatologischen Interpretation des Lebens Jesu. Doch das ist völlig überholt.

kosten werden, bis sie die Herrschaft Gottes in Macht gekommen sehen" (Mk 9,1). Auch dieser Spruch trägt jüdisches Sprachkolorit. Die terminierte Ansage sagt das Eintreffen für diese Generation voraus und stimmt insofern inhaltlich mit Mk 13,30 überein. Weil nicht bestimmte Personen, etwa bestimmte Jünger, sondern in allgemeiner Form einfach irgendwelche zufällig „hier Stehende" angesprochen sind, steht die Terminabgabe im Vordergrund. Es soll nicht irgendwem eine persönliche Verheißung geschenkt werden (vgl. Joh 21,22f). Auch dieses Wort läßt sich schwerlich auf Jesus zurückführen. Man könnte sagen, daß gerade seine harte und schon bald Abschwächungsversuche herausfordernde zeitliche Strukturiertheit die Authentie nahelegt[33]. Doch letztlich ist es die berechenbare Angabe der Nähe, die ganz apokalyptischem Denken entspricht und mit Jesu Basileia-Predigt nicht konform geht, die es nahezu zwingend nahelegt, die Entstehung dieses umstrittenen Spruches in der nachösterlichen judenchristlich-palästinischen Gemeinde zu suchen[34].

Im Gegenzug und als Gegenargument zu diesen berechnenden Angaben haben wir in Lk 17,20f eine Feststellung, die die Berechenbarkeit des Kommens der Basileia zurückweist. Die Herrschaft Gottes kommt nicht μετὰ παρατηρήσεως, sagt hier Jesus auf die Anfrage von Pharisäern nach ihrem Termin. Das im Neuen Testament einmalige Wort παρατήρησις kann in der Profangräzität für die Beobachtung von Sternen, von Symptomen, von Anzeichen, die die Zukunft anzeigen, gebraucht werden[35]Als Wort Jesu richtet es sich gegen die Vorstellung, die bis zur Naivität gesteigert werden kann, daß die zukünftige Gottesherrschaft in ihrer Ankunft sicher beobachtbar sei und zuverlässig vorausberechnet werden könne[36].

Können wir für Jesus davon ausgehen, daß er eine termingerechte Ansage des Kommens der Basileia verweigerte[37], wie verstand er die Nähe? Für die Antwort sind zwei Elemente zu bedenken. Einmal ha-

---

[33] Schon parr Mt 16,28; Lk 9,27 interpretieren das Wort um. Markus deutet es mit Hilfe des Kontextes. Vermutlich sah er es in der Verklärung Jesu auf dem Berg vor den drei auserwählten Jüngern erfüllt. Zur mühseligen Interpretationsgeschichte des Logions vgl. *M. Künzi,* Das Naherwartungslogion Markus 9,1 par. Geschichte seiner Auslegung (BGBE 21) (Tübingen 1977).

[34] Für *Gräßer,* Parusieverzögerung 133, ist das Logion nachösterlich, weil es bereits die Problematik der Parusieverzögerung widerspiegle. Das Erlebnis der Offenbarung der Gottesherrschaft werde nur mehr einigen, nicht mehr allen, zugesagt. Bei dieser Interpretation ist der Einfluß der Eschatologisten kaum zu übersehen.

[35] Belege bei *Bauer,* Wörterbuch ^{6}1258.

[36] Lk 17,20b zählt sicher zum alten Bestand des Logions. V 21b („die Gottesherrschaft ist unter euch"), der zu viel Diskussion Anlaß gab, ist LkR. Lukas lenkt von der Erwartung der zukünftigen Basileia zu einem aktiven persönlichen Engagement. Vgl. *Schneider,* Lukas II 355.

[37] Explizit sagt dies auch Mk 13,32. Doch ist dieses Wort möglicherweise MkR. Vgl. *Gnilka,* Markus II 204f.

ben wir schon gesehen, daß im Begriff „Gottesherrschaft" sich ein Handeln Gottes verbirgt. Zum anderen impliziert die Ankündigung ihrer Nähe, die in vielen Bildern erfolgte, eine innere Gewißheit. Verbindet man beide Elemente, so ergibt sich, daß die innere Gewißheit auf ein (schon erfolgtes) Handeln Gottes gerichtet ist. H. Merklein hat dies schön als die Entschlossenheit Gottes zum Heil beschrieben[38]. Jesus war sich dessen gewiß, daß Gott zum Heil entschlossen ist. So wird Jesus selbst zum Garanten der Entschlossenheit Gottes zum endgültigen Heil. So wird es nunmehr auch begreiflich, daß er nicht bloß die endgültige zukünftige Offenbarung der Gottesherrschaft ankündigte, sondern daß diese zukünftige Gottesherrschaft in ihm, seinem Wirken und seinem Wort, schon erfahrbar und gegenwärtig wurde. Hier gründet sich auch ihre Nähe. Die Gewißheit der Nähe der Gottesherrschaft gründet sich darin, daß sie als etwas wesentlich Zukünftiges, als die Zukunft, schon Gegenwart geworden ist. Die zeitliche Spannung im Blick auf die Zukunft ist nicht aufgehoben. Doch vermag der Verweis der Zukunft auf die Gegenwart die Nähe der Zukunft entsprechend einzuordnen.

Ausblick:

Es kann an dieser Stelle nur darum gehen, andeutend die Anfänge von Entwicklungen anzumelden, in die die Basileia-Predigt hineingerät. Wir beschränken uns dabei auf die Evangelien. Eine Entwicklungslinie hatten wir schon angezeigt, den Versuch, die Ankunft der Basileia präziser zu terminieren. Damit ist der Versuch verknüpft, die noch ausstehende kurze Zeit überschaubar zu machen und gleichsam in den Griff zu bekommen. In diesem Prozeß dringt verstärkt Apokalyptik in die Jesus-Überlieferung ein. Ein anschauliches Beispiel bietet die synoptische Apokalypse (Mk 13 parr). Mit der Erfahrung von Ostern hängt eine andere Verschiebung zusammen, die in der Briefliteratur deutlicher hervortritt. Man spricht nicht nur von der Gottesherrschaft, sondern auch von der Herrschaft Christi, die dieser durch Kreuz, Auferweckung, Erhöhung errungen hat. Die Idee stellt sich unterschiedlich dar und führt zu neuen eschatologischen Konzeptionen. Innerhalb der Synoptiker bietet allein Matthäus eine analoge Idee, die er „Herrschaft des Menschensohnes" nennt (13,41; 16,28; 20,21) und eine universale Herrschaft beinhaltet. Im Johannesevangelium hingegen, wo die Verkündigung der Gottesherrschaft stark zurücktritt (nur 3, 3 und 5), ist Christi Basileia nicht von dieser Welt (18,36). Eingebet-

[38] Gottesherrschaft 157.

tet in den johanneischen Dualismus läßt sie seine universale Macht in der Ohnmacht in Erscheinung treten.

Literatur: *E. Lohmeyer,* Das Vater-Unser (Göttingen [5]1962); *S. v. Tilborg,* A Form-Criticism of the Lord's Prayer: NT 14 (1972) 94–105; *A. N. Wilder,* The Parable of the Sower: Naivité and Method in Interpretation: Semeia 2 (1974) 134–151; *R. Bultmann,* Die Interpretation von Mk 4,3–9 seit Jülicher: Jesus und Paulus (Festschrift W. G. Kümmel) (Göttingen 1975) 30–34; *J. Theison,* Der auserwählte Richter (StUNT 12) (Göttingen 1975); *H. Schürmann,* Das Gebet des Herrn (Leipzig [6]1981); *J. M. McDermott,* Mt 10,23 in Context: BZ 28 (1984) 230–240; *G. Lohfink,* Das Gleichnis vom Sämann: BZ 30 (1986) 36–69.

5. *Herrschaft Gottes und Gericht*

Erst an dieser Stelle können wir vom Gericht sprechen. Das Thema des Gerichts kann aus der Predigt Jesu schlechterdings nicht ausgeklammert werden. Aber es bedarf der Einordnung am rechten Ort. Auch die Gerichtsankündigung ist auf die Gottesherrschaft hingeordnet. Sie läßt sich von ihr nicht abtrennen. Vom Gerichtsgedanken empfängt die Gottesherrschaft den Ernst, die letzte Verbindlichkeit, das Bedrängende. Ohne ihn verbliebe sie in der Schwebe des Un-ernstes.

Die Gottesherrschaft hat dann also gewissermaßen zwei Seiten, die des Heiles und die des Gerichts. Doch dominierend in der Predigt Jesu ist die Seite des Heiles. Sie ist die dem Menschen zugewandte Seite der Basileia. Man wird Heils- und Gerichtsaussagen nicht quantitativ messen oder abzählen dürfen. Auf die Gewichtung kommt es an. Von ihr her bestimmt sich das Verhältnis von Heil und Gericht. Das Heil ist das Primäre, ist das vollzogene und sich verwirklichende Angebot. Das Gericht ist der Verlust des Heiles, der sich daraus ergibt, daß das Heil nicht angenommen, die Botschaft nicht akzeptiert und abgelehnt wird. Es ist die gleichsam nicht beabsichtigte Konsequenz des Heiles für den Fall der Verweigerung des Menschen. Insofern die Möglichkeiten von Heil und Gericht, von Akzeptanz und Verweigerung aufgesteckt sind, entspricht diese Konstellation einer allgemeinen menschlichen Erfahrung. Auf den verschiedenen Ebenen menschlichen Auskommens ist jeweils beides erfahrbar, Erfüllung und Verlust, Sinn und Sinnlosigkeit, Größe und Leere. Nur erhält die Alternative auf der Ebene der Basileia letztgültige Verbindlichkeit. Die menschliche Existenz in ihrer Totalität ist herausgefordert.

Das Wort Gericht enthält mehrere Nuancen. Verstärkt gilt dies für das entsprechende griechische Wort κρίσις. Zu den wichtigen uns interessierenden Bedeutungsnuancen gehören: Entscheidung, Scheidung, Prozeß, gerichtliche Untersuchung, Urteilsspruch, Urteilsvollstreckung[1]. Wir haben anhand von einigen beispielhaften Texten aus der Predigt Jesu sein Krisis-Verständnis zu beschreiben.

Die Alternative Heil oder Gericht kommt schon im kleinen Gleichnis von der Sturmflut zum Vorschein, das an das Ende der Jüngerunterweisungsrede zu stehen gekommen ist (schon in der Logienquelle; vgl. Mt 7,24–27; Lk 6,47–49). Am Geschick eines Hausbauers, der umsichtig oder sorglos sein Werk betreibt, wird die Alternative aufgewiesen und somit die Verantwortung des Menschen für Gericht und Heil akzentuiert. Weil der ungute Ausgang die Geschichte beschließt, ist in diesem Fall das Gericht der wichtigere Gedanke.

Bei deutlich erkennbarer übereinstimmender Grundstruktur weichen Matthäus und Lukas im Detail voneinander ab. Bei Matthäus bauen die beiden Hausbauer auf Fels oder auf Sand. Nach Lukas gründet der eine sein Haus auf ein Fundament, während der andere auf ein Fundament verzichtet. Matthäus kommt den Verhältnissen im Bergland Galiläas und damit Jesus vermutlich näher, während Lukas ein städtisches Ambiente berücksichtigen dürfte[2]. Matthäus schildert Erprobung und Katastrophe eindringlicher: „Und der Regen fiel, und die Fluten kamen und die Stürme bliesen und stießen gegen jenes Haus, und es stürzte ein. Und sein Sturz war groß.“[3]

Kontrastierend ins Bild gesetzt ist der Mensch, der Jesu Worte hört und tut, und der Mensch, der sie zwar hört, aber nicht tut. Das Bedrängende des Vergleichs läßt kaum einen Zweifel daran, daß das bevorstehende, endgültige Gericht dargestellt ist, das an anderer Stelle mit der Sintflut parallelisiert werden kann (Mt 24,38f par)[4]. Gericht also ist konsequente Entscheidung angesichts des Wortes Jesu. Nichtbestehen im Gericht ist die Folge des verweigerten Gehorsams. Das Resultat ist der Ruin, wie das den Sturz des auf Sand gebauten Hauses wiedergebende griechische Wort auch übersetzt werden kann (Mt 7,27: πτῶσις). Die Worte Jesu, die Botschaft von der Basileia, geben das Kriterium ab für diese Krisis. Sie entscheiden über Heil und Ruin des Menschen, doch so, daß jener, der das Heil ausschlägt, sich gleichsam selbst ruiniert. Jesus spricht von seinen Worten. Vor allem diese Formulierung in ihrer Ausrichtung auf das bevorstehende Gericht gewährleistet die Authentizität.

Gericht aber ist auch Scheidung der Menschen angesichts des plötzlich und unerwartet hervorbrechenden Endes. In jener Nacht werden zwei auf einem Bett ruhen, der eine wird angenommen, der andere zu-

---

[1] Vgl. *Passow* s.v.

[2] Vgl. *Schürmann*, Lukasevangelium I 382f.

[3] Nach Lk erfolgt die Bedrohung durch eine Hochwasserflut. Das Haus steht demnach in der Nähe eines Flusses.

[4] Wer in dem Bild eine beliebige, wiederholbare Bedrohung geschildert sieht, raubt ihm den entscheidenden eschatologischen Akzent.

rückgelassen werden. Zwei werden an der Mühle stehen und mahlen, die eine wird angenommen, die andere zurückgelassen werden (vgl. Lk 17,34f). Die Ahnungslosen und Unvorbereiteten werden keinen Ausweg finden. Die Vorstellung vom Eintritt des Endes in nächtlicher Zeit vermochte zu zeigen, daß es für viele überraschend eintreten wird[5].

Das Überraschungsmoment, die nächtliche Zeit vereinigen sich in dem Bildwort vom nächtlichen Einbrecher, mit dessen Kommen der Hausvater rechnen sollte, damit nicht in sein Haus eingebrochen werde. Die Ungewißheit der Nachtwache, das heißt, der Stunde, in welcher der Dieb kommt, hat noch nichts mit der Problematik der Parusieverzögerung zu tun, sondern will ein abgestumpftes, in seine irdischen Geschäfte verstricktes Publikum wachrütteln (vgl. Mt 24,43 par)[6].

Ähnliches geschieht im Bildwort vom Gang zum Richter (Mt 5,25f; Lk 12,58f). Das Thema des Gerichts kommt hier gewissermaßen auf doppeltem Boden zur Sprache. Und man hat diese doppelbödige Gerichtsauskunft zutreffend als Indiz für Jesu Sprechweise bezeichnet[7]. Zunächst hören wir von zwei Streitenden, die miteinander auf dem Weg zum Gericht sind, vielleicht nach Jerusalem. Doch ist der eine dem anderen hoffnungslos unterlegen, weil er bei ihm in Schulden steht und offenbar noch nicht zurückgezahlt hat. Der zunächst auf dieser Gerichtsebene erteilte Rat, von ihm loszukommen, einen Ausgleich mit ihm noch auf dem Weg zu erlangen, erfolgt auf dem düsteren Hintergrund des Schuldgefängnisses, aus dem herauszukommen ein Eingelieferter keine Chance hatte, bevor er nicht die Schuld völlig beglich[8]. Die zweite Gerichtsebene, die des – bevorstehenden – göttlichen Gerichts, erreicht der Spruch durch die feierliche, irdische Verhältnisse aufbrechende Formel „Amen, ich sage dir: Du wirst von dort nicht herauskommen ...“ – Was sich für das Gerichtsverständnis daraus ergibt, ist die bedrängende Nähe, das unaufhaltsame Andringen der Stunde des Gerichts. Es ist für die Zeitfrage in der Basileia-Predigt Jesu charakteristisch, daß der zeitliche Faktor der intensiven Nähe in den Gerichtssprüchen hervortritt. Das ergibt sich nicht so sehr von der Sache her als aus einem sich fast von selbst einstellenden pädagogischen Zweck. Die Nähe der Gottesherrschaft als der Fülle des Heils

---

[5] par Mt 24,40 spricht von Zweien, die auf dem Feld arbeiten. Wahrscheinlich ist dies sekundär.

[6] In Israel teilte man die Nacht in drei Wachen ein. Die Römer kannten vier (vgl. Mk 13,35b).

[7] *Luz,* Matthäus I 252.

[8] Schuldhaft und Schuldgefängnis sind dem jüdischen Recht unbekannt, waren aber eine feste Einrichtung im griechisch-römischen Rechtsleben. Ihre Kenntnis kann bei den Hörern Jesu vorausgesetzt werden. Näheres bei *Mitteis-Wilcken,* Chrestomathie II/1, 44–46. Zur Rekonstruktion des Spruches Mt 5,25f par vgl. *Gnilka,* Matthäusevangelium I 152.

stimulierte weniger als die Ansage des nahen Gerichts. Letzteres aber konnte nicht verschwiegen werden, da das Heil mit Jesus schon da war, in der befristeten Zeit, da man noch auf dem Wege war, ergriffen werden konnte und sollte, sich aber in der Stunde des Gerichts zurückziehen würde [9]. Darum gibt das Bildwort vom Gang zum Richter keine Belehrung über eine Urteilsvollstreckung, sondern ist ein schneidender Aufruf zur Umkehr.

Verhältnismäßig oft taucht in den Gleichnissen das Gegensatzpaar von Herr und Verwalter oder Sklave auf. Auch das hat mit dem Gerichtsgedanken zu tun. Die Situation eines Verwalters, der von seinem Herrn zur Verwaltung über etwas eingesetzt wurde, ein Landgut, einen Weinberg oder flüssiges Vermögen, paßt ausgezeichnet zur Beschreibung der Situation des Menschen vor Gott. Denn der Verwalter ist seinem Herrn Rechenschaft schuldig, wie der Mensch seinem Gott. Insofern verdeutlicht bereits dieses metaphorische Element eindringlich die Befindlichkeit des Menschen in seinem irdischen Leben. Es macht ihm klar, daß nicht er alleiniger Herr über sein Leben ist, sondern daß es ein ihm anvertrautes Gut darstellt. So bedeutsam bereits diese Einsicht ist, im Horizont der Basileia-Predigt Jesu gewinnt sie ihr besonderes Profil. Hinzu kommt, daß der Latifundienbesitz ausländischer Herren in Galiläa, Verwaltern übertragen, die Metaphorik einer den Hörern vertrauten Welt zugehören ließ. Überflüssig zu sagen, daß das Vorhandensein von Herren und Sklaven in der antiken Gesellschaft als selbstverständliche Sache galt. Es besteht kein Zweifel, daß Jesus sich der Herr-Verwalter-Sklave-Metaphorik bedient hat.

Freilich darf nicht das Mißverständnis aufkommen, daß Jesus, indem er anscheinend sorglos von Herren und Sklaven redete, damit diese bedrückende Struktur der antiken Gesellschaft guthieß. Wir werden gleich sehen, daß er anscheinend ebenso sorglos das Finanzgebaren versierter Bankfachleute in seine Gleichnisse einfließen ließ. Es findet sich in synoptischen Gleichnissen durchaus auch „Unmoralisches“. Man betrachte die Gleichnisse vom ungerechten Richter und vom betrügerischen Verwalter (Lk 18,1–8; 16,1–8). Dies bedeutet, daß in den Gleichnissen die Menschen sich selbst, ihre Lebensverhältnisse, ihre Lage wiederentdecken konnten. Paradigmatisch aber werden durch die Gleichnisse diese Lebensverhältnisse transparent im Hinblick auf das Reich Gottes.

Wir wählen aus den Verwalter-Gleichnissen das Gleichnis von den anvertrauten Geldern aus (Mt 25,14–30; Lk 19,12–27), das in seiner Überlieferungsgeschichte bis zur schriftlichen Fixierung durch die

[9] *Reiser*, Gerichtspredigt 277, möchte den Widersacher im Bildwort mit Jesus gleichstellen und die alte Idee von Gottes Rechtsstreit mit seinem Volk aufgegriffen sehen. Diese Erklärung geht zu weit. Der Zusammenhang aber mit Jesu Wirken ist gegeben.

Evangelisten in mancherlei Hinsicht weiterentwickelt wurde. Dennoch läßt sich seine ursprüngliche Grundform ziemlich gut rekonstruieren, die wir auf Jesus zurückführen, vor allem weil wir in ihr das bereits bekannte Zeitmoment wiederentdecken. Die Verantwortung des Menschen vor dem zu erwartenden Gericht Gottes könnte man ganz allgemein zunächst seine Botschaft benennen, indem erzählt wird, wie ein Mann, der auf Reisen ging, dreien seiner Sklaven eine Summe Geldes von unterschiedlicher Höhe anvertraute, damit sie mit diesem wirtschafteten. Minen – die Mine ist eine Geldeinheit von 100 Denaren – werden ihnen übergeben, wahrscheinlich war von fünf, zwei und einer Mine die Rede [10]. Bei Matthäus ist die überantwortete Geldsumme ins Enorme gesteigert, zu fünf, zwei und einem Talent (1 Talent = 60 Minen) [11], was (sekundär) die Größe der übernommenen Verantwortung bewußt überpointiert. Die Geschichte Jesu bewegte sich in schlichteren Verhältnissen. Dem erfolgreichen Wirtschaften der ersten beiden Sklaven steht das auf vermeintliche Sicherheit ausgerichtete Verhalten des dritten gegenüber, der die Mine in seinem Schweißtuch verwahrt (Lk 19,20). Bei der Rechenschaftsabgabe vor dem zurückgekehrten Herren rücken die Zwei, die sich bewährten, auf, während der Dritte die Mine, die er nur verwahrte, an den Ersten abtreten muß.

Für den Gerichtsgedanken lernen wir Folgendes: der Akzent der Geschichte Jesu liegt nicht auf der Urteilsvollstreckung. Diese Verschiebung setzt erst später ein [12]. Der Akzent ruht auf der dem Gericht vorauslaufenden Zeit. Diese Zeit ist überschaubar, mag sie auch – vielleicht schon von Jesus – als lange Zeit (Mt 25,19) gekennzeichnet worden sein. Wichtiger ist, daß es eine qualifizierte Zeit ist, ausgezeichnet durch die in ihr bereits waltenden Kräfte der Gottesherrschaft, welche die Menschen, die davon hören und darum wissen, in Beschlag belegt und verpflichtet. Bewußt aus den heilvollen Kräften der Gottesherrschaft leben heißt seine Fähigkeiten zur Verfügung stellen, sein Leben ändern, zielgerichtet leben. Es heißt nicht, wie das betont an den Schluß gerückte Beispiel des dritten Sklaven demonstriert, im Nichts-

---

[10] Nach Lk erhält jeder eine Mine, also denselben Betrag. Dies wird eine Abänderung sein. Denn auch nach Lk steht der erste Sklave am Schluß mit 10 Minen (bei Mt mit 10 Talenten) da. Die Steigerung 1:10 aber ist gröber als die um das Doppelte. Das Gröbere pflegt das Spätere zu sein. Vgl. *Jülicher,* Gleichnisreden II 493 f.

[11] Dabei setzen wir das kleinere attische Talent voraus.

[12] In Lk 19,12 ff ist diese Verschiebung erreicht worden durch die Einfügung der Geschichte vom Thronprätendenten, aus der man nicht ein eigenes Gleichnis, das mit dem Gleichnis von den anvertrauten Geldern fusioniert wurde, ableiten darf, sondern in der man eine Anspielung auf die im Jahr 4 v. Chr. erfolgte Reise des Archelaos nach Rom erblicken kann. *M. Zerwick,* Die Parabel vom Thronanwärter: Bib 40 (1959) 654–674, plädiert für ein eigenständiges Gleichnis. Zur Analyse vgl. *Gnilka,* Matthäusevangelium II 356–358; *Weder,* Gleichnisse 193–202.

tun die Zeit verstreichen lassen und so zu leben, als habe die Zeit sich nicht verändert. Die aus einer falschen Beurteilung der Zeit abgeleitete Besorgung einer falschen Sicherheit ist töricht und leichtsinnig, so wie das Verwahren einer Geldsumme in einem Schweißtuch.

„Lege Rechenschaft ab über deine Verwaltung", lautet im Gleichnis vom betrügerischen Verwalter die Aufforderung des Herrn an diesen, der in das Gerede gekommen ist, unredlich mit den ihm anvertrauten Gütern umzugehen. Die Reaktion des Beschuldigten, dem für die Sicherstellung der eigenen Zukunft nur wenig Zeit eingeräumt und der zu schnellem Handeln genötigt ist, ist frappierend und erscheint, da er betrügerische Machenschaften wählt, als anstößig (Lk 16,1–8). Zwei zu sich zitierten Schuldnern seines Herrn gebietet der Verwalter, die Schuldscheine zu fälschen, was beträchtlich zu deren Gunsten ausfällt [13]. Ziel dieser irregulären Maßnahme ist die zu gewinnende Bereitschaft der auf diesem Weg Beschenkten, dem Verwalter, der mit der Entfernung von seinem Posten rechnet, in der ungewissen Zukunft zur Seite zu stehen. Wenn der Verwalter abschließend von seinem Herrn für seine Klugheit, Gerissenheit gelobt wird, bleibt dieser Abschluß durchaus im Rahmen der Geschichte. Das Lob des durch seinen raffiniert handelnden Untergebenen geprellten Herrn übersteigt gewiß das in der Realität Vorstellbare und läßt die Erzählung zu einem humoresken Schwank werden [14]. Man verfehlt den Skopus der Geschichte und beseitigt ihren Witz, wenn man sich darum bemüht, das betrügerische Verhalten des Verwalters in ein legales umzuwandeln, wenn man den Gedanken einträgt, dieser habe nur auf einen ihm zustehenden Geschäftsanteil verzichtet [15]. Angewendet auf das Reich Gottes, besagt das Gleichnis, daß es gilt, unverzüglich alles zu tun, um die durch die Basileia bestimmte Zukunft zu gewinnen. Natürlich nicht das Raffinement, aber die Entschlossenheit und Entschiedenheit des Handelns des Verwalters sind paradigmatisch. Wiederum sind es die durch die Zukunft geprägte Gegenwart, die zu gewinnende Zeit, die gespannte Nähe des Ausstehenden, die dafür sprechen, daß wir es mit einem Gleichnis Jesu zu tun haben.

Wenn wir uns nochmals an das schon besprochene Gleichnis vom unbarmherzigen Sklaven (Mt 18,23–35) erinnern, so stimmt dieses mit

---

[13] Erlassen werden 50 Bat Öl und 20 Kor Weizen. Es ist durchaus möglich, daß beiden damit ein Geschenk in gleicher Höhe gemacht wurde, weil Weizen wertvoller ist als Öl. Dann hätte der Verwalter auch in diesem Punkt raffiniert gehandelt. Denn er hätte verhindert, daß die Schuldner von ihm sich ungleich behandelt fühlten.

[14] Dies hat *Heininger,* Metaphorik 167–177, vortrefflich herausgearbeitet. Das Gleichnis schließt mit V 8a. Heininger betrachtet freilich die VV 3f, das Selbstgespräch des Verwalters, als LkR. Man muß die Frage stellen, ob die Geschichte dann nicht ihre Verständlichkeit verliert.

[15] Etwa *Fitzmyer,* Luke 1098.

der Geschichte vom betrügerischen Verwalter insofern überein, als auch dort die Erzählung – wie wir meinten – nur bis an die Urteilsvollstreckung heranführt, die vorausliegende Zeit in den Blick nimmt und das für diese letzte, qualifizierte Zeit Gebotene nahebringen will: „Mußtest nicht auch du dich über deinen Mitsklaven erbarmen, wie auch ich mich über dich erbarmt habe?" (V 33).

Charakteristisch für die Gerichtspredigt Jesu in den erörterten Fällen ist demnach dies, daß er auf eine Schilderung der Urteilsvollstrekkung verzichtet, obwohl er mit dieser rechnet, sondern bestrebt ist, mit Ernst und Witz, unter Zuhilfenahme handgreiflicher Erfahrungen und Bilder, die Bedingungen der auf das Gericht zulaufenden Zeit anzuzeigen, um die Menschen zu entsprechendem Handeln zu bewegen.

Hat Jesus von der Möglichkeit der ewigen Bestrafung des Menschen, also von der Hölle, gesprochen, die im biblischen Sprachgebrauch nach dem Tal der Söhne Hinnoms, wo dem Moloch schreckliche Kinderopfer dargebracht worden waren (vgl. 2 Kg 23,10; 16,3; 21,6; Jer 7,32ff; 19,6), Gehenna genannt wurde? Authentische Belege sind nicht zahlreich. Hierher gehört die Spruchreihe vom Ärgernis:

„Und wenn dir deine Hand ein Ärgernis gibt, haue sie ab! Es ist besser für dich, verstümmelt in das Leben einzugehen, als mit zwei Händen in die Gehenna, in das unauslöschliche Feuer, zu kommen.

Und wenn dir dein Fuß ein Ärgernis gibt, haue ihn ab! Es ist besser für dich, lahm in das Leben einzugehen, als mit zwei Füßen in die Gehenna geworfen zu werden.

Und wenn dir dein Auge ein Ärgernis gibt, reiße es aus! Es ist besser für dich, mit einem Auge in das Reich Gottes einzugehen, als mit zwei Augen in die Gehenna geworfen zu werden" (Mk 9,43.45.47).

Bezeichnend ist wiederum der radikalisierte Imperativ. Es soll keine Belehrung über das Jenseitige geboten werden. Aber vor der Möglichkeit des Heilsverlustes wird schneidend gewarnt. Ausführlichere Schilderungen des Weltgerichtes, in denen der Menschensohn Jesus als Richter dargestellt ist, kommen in der nachösterlichen Gemeinde auf. Zweimal geschieht das im Anschluß an allegorisierende Auslegungen von Jesusgleichnissen, den Gleichnissen vom Unkraut unter dem Weizen und vom Fischnetz (Mt 13,41–43.49f). Der Menschensohn wird seine Engel aussenden, damit sie alle Gesetzlosen aus seinem Reich einsammeln und in den Feuerofen werfen, wo sie heulen und mit den Zähnen knirschen werden. Die Gerechten hingegen werden leuchten wie die Sonne, heißt es unter Aufnahme apokalyptischen Vorstellungsmaterials. Auch das beeindruckende Gemälde von der Versammlung aller Völker vor dem Thron des Menschensohn-Königs (Mt 25,31–46) ist nachösterlich[16]. Bedeutungsvoll aber ist, daß der Maßstab des Gerichts die gewährte oder verweigerte Barmherzigkeit gegenüber den geringsten Brüdern ist, mit denen sich der Menschensohn-Richter identifiziert. In diesem Maßstab des Gerichts lebt das Ethos der Verkündigung Jesu fort, wie man auch das zentrale Anliegen dieses herausfordernden Textes im Appell zu Taten der Nächstenliebe zu erblicken hat.

Wessen ist das erwartete endzeitliche Gericht gemäß der Verkündigung Jesu? Das Gericht ist Gottes. Doch hat Jesus von einer Beteiligung des Menschensohnes am göttlichen Gericht gesprochen: „Wer sich zu mir vor den Menschen bekennt, zu dem wird sich der Menschensohn bekennen vor den Engeln Gottes. Wer mich aber vor den Menschen verleugnet, der wird verleugnet werden vor den Engeln Gottes" (Lk 12,8)[17]. Möglicherweise ist die Beteiligung des Menschensohnes am Gericht so zu deuten, daß er als qualifizierter Zeuge auftritt, von dessen Bekennen oder Verleugnen der göttliche Urteilsspruch abhängt[18]. Das Bekennen und Verleugnen vollzieht sich auf zwei Stufen. Das Bekennen und Verleugnen auf der Stufe des göttlichen Gerichts ist Sache des Menschensohnes. Sich in diesem Leben zu Jesus bekennen oder ihn verleugnen aber ist dem Menschen anheimgestellt, so daß er aufgrund seines Verhaltens Jesus gegenüber selbst über seine Zukunft und den Ausgang des über ihn ergehenden Urteilsspruchs entscheidet. Sich zu Jesus vor den Menschen bekennen, kann nicht auf eine Verfolgungssituation eingeschränkt werden, sondern bezieht die verschiedenen Möglichkeiten mit ein, wo ein freies, ungeschmälertes Jasagen zu seiner Zugehörigkeit zu Jesus vom Jünger gefordert ist. Verleugnen bedeutet dann sich von ihm lossagen.

Vor allem ist wiederum beachtlich, daß die durch die Zukunft bestimmte Gegenwart als Entscheidungszeit in den Brennpunkt tritt. Es ist jene Perspektive, die auch andere Jesus-Logien auszeichnete. Dabei

---

[16] *J. Friedrich*, Gott im Bruder (CThM A/7) (Stuttgart 1977), möchte für Mt 25,31 ff von einem Text ausgehen, wo nicht der Menschensohn, sondern Gott selbst der Richter gewesen sei. „Gott im Bruder" sei die Sinnspitze des Gerichtsgemäldes gewesen, wie es Jesus vorgetragen habe. Ähnlich *U. Wilckens*, Gottes geringste Brüder: Jesus und Paulus (Festschrift W. G. Kümmel) (Göttingen 1975) 363–383. Doch kann diese Erklärung exegetisch nicht überzeugen. Jesus entwickelte nicht die Vorstellung von Gott als Bruder, auch nicht die Synoptiker. Zur Auseinandersetzung vgl. *Gnilka*, Matthäusevangelium II 366–379.

[17] Zur Rekonstruktion des Logions: *Schulz*, Q 68 f, vermutet, daß in der Logienquelle im zweiten Teil die ursprüngliche Erwähnung des Menschensohnes (dann: den wird auch der Menschensohn verleugnen) durch die passivische Formulierung: „er wird verleugnet werden vor den Engeln Gottes" ersetzt worden sei. *Perrin*, Rediscovering 189; *C. Colpe:* ThWNT VIII 444 f hingegen sind der Meinung, daß der Menschensohn-Titel im Logion einmal gar nicht vorhanden gewesen sei. Als Abänderungsversuche können beide Vorschläge nicht überzeugen.

[18] Vgl. Apk 3,5 b.

lernen wir auch schon die für Jesu Sprechweise bezeichnende, distanziert wirkende Rede vom Menschensohn kennen, die zwischen ihm und dem Menschensohn zu trennen scheint, es offen läßt, wer dieser Menschensohn sein könnte. Weil aber alles davon abhängt, auch der Spruch des Menschensohnes im göttlichen Gericht, wie man sich jetzt zu Jesus stellt, ob man ihn vor den Menschen bekennt oder verleugnet, wird die Frage nach der Identität des Menschensohnes zu einer zweitrangigen und einer solchen, die verschoben werden kann.

Wir haben Gerichtsworte besprochen, die das auf den einzelnen Menschen bezogene Gericht betreffen. Daneben treffen wir Gerichtsworte an, die Israel, diese Generation, die galiläischen Städte angehen. Von diesen wird in einem anderen Zusammenhang die Rede sein.

Ausblick:

Die nachösterliche Situation verändert die Gerichtserwartung in erster Linie insofern, als jetzt Jesus als der Menschensohn zur Parusie und zum Gericht von den Gemeinden erwartet wird. Was in der Verkündigung Jesu noch in der Schwebe blieb, wird aufgrund der österlichen Erfahrung zur Gewißheit: Jesus, der vom Tod Auferweckte, ist der beim Gericht als qualifizierter Zeuge auftretende Menschensohn, ja er selbst wird das Gericht halten, alle Völker vor seinem Thron aufstellen. Es werden Bilder von diesem Gericht gezeichnet – wie oben bereits angezeigt –, die auch die Gerichtsverhandlung und -vollstreckung ausmalen. Dialoge zwischen Richter und Gerichteten, wie sie auch im rabbinischen Judentum bekannt sind, werden entfaltet (vgl. Mt 7,22f; 25,34ff)[19]. Jesus selbst hat noch nicht von seiner Parusie gesprochen. Die Verbindung seines Kommens auf den Wolken des Himmels (Mk 13,26parr) mit der Erscheinung der vollendeten Herrschaft Gottes konnte erst nachösterlich geschehen. Dabei sei für das Matthäusevangelium eine bemerkenswerte Akzentuierung verzeichnet: im ersten Evangelium tritt die Urteilsvollstreckung an verschiedenen Stellen scharf hervor. Fast leitmotivisch durchzieht sie das gesamte Werk (Mt 5,22; 7,22f; 13,41–43.49f; 18,34f; 20,16; 22,11–13; 24,50f; 25,10–12.30.31–46.

LITERATUR: *A. Weiser,* Die Knechtsgleichnisse der synoptischen Tradition (StANT 29) München 1971); *P. Wolf,* Gericht und Reich Gottes bei Johannes und Jesus: Gegenwart und kommendes Reich (Schülerfestschrift A. Vögtle) (SBB) (Stuttgart 1975) 43–49; *M. Reiser,* Die Gerichtspredigt Jesu (Habilitationsschrift Tübingen 1989).

[19] Vgl. *H. D. Betz,* Eine Episode im Jüngsten Gericht: ZThK 78 (1981) 1–30.

Sechstes Kapitel

Jünger, Nachfolge, Lebensstil

Jesus wandte sich mit seiner Botschaft an die Öffentlichkeit im Volk. Doch diese Hinwendung genügte ihm nicht. Wir erblicken in den Evangelien eine Gruppe von Menschen, die ihm näher stand. Für die Beurteilung seiner Persönlichkeit ist diese Beobachtung aufschlußreich, zeigt sie doch, daß er Menschen in seiner Nähe haben und nicht als der große Einsame seinen Weg allein gehen wollte. Von dem uns erreichbaren Erfahrungshorizont aus legt sich die Kategorie der Freundschaft nahe. Doch lassen uns die Jesus-Überlieferungen vor allem dann im Stich, wenn wir nach uns interessierenden, psychologischen, emotionalen Zusammenhängen fragen. Wir werden vielmehr zu fragen haben, wie es zu diesem engeren Kreis um ihn gekommen ist, welche Bedeutung oder Aufgabe er ihm beimaß, welche Bedeutung er für diese Menschen besaß. Wird es möglich sein, wenigstens den einen oder anderen aus diesem Kreis etwas schärfer in das Blickfeld zu nehmen, wenn auch nur in einer diesen kennzeichnenden Episode, einer Besonderheit, einem Vorkommnis, das blitzlichtartig, für einen Moment, das im Schatten der Geschichte verharrende Gesicht erhellt?

Im Zusammengehen mit Gefährten gleicht Jesus anderen maßgebenden Menschen[1]. Auch Buddha, Sokrates, Konfuzius versammelten Gleichgesinnte um sich. Philosophen gründeten Schulen. Näher liegen Johannes der Täufer oder jüdische Schriftgelehrte der Zeit wie Hillel und Schammaj, die wir auch von Anhängern umgeben sehen. Der Vergleich kann und soll hier nicht durchgeführt werden. Nur auf die zuletzt genannten jüdischen Zeitgenossen soll ein Seitenblick geworfen werden. Denn das Jesus Eigene ist uns bedeutsam. Vergleiche können es im Sog eines allgemeinen Bildes untergehen oder unscharf werden lassen. Weil aber Jesus mit diesen seinen Gefährten, Anhängern zusammen lebte, muß der Versuch unternommen werden, etwas über den Lebensstil, die Weise ihrer Lebensführung, auszumachen.

[1] Der Ausdruck ist übernommen von K. Jaspers.

1. Jüngerschaft und Nachfolge

Nach der Darstellung der Evangelien – eine gewisse Ausnahme bildet Lukas – eröffnet Jesus seine Wirksamkeit damit, daß er Jünger um sich versammelt (Mk 1,16–20; Mt 4,18–22; Joh 1,35–51) [2]. Dabei hat christliche Erzählweise eine besondere Form von Jüngerberufungsgeschichten geschaffen, die sich strukturell von der Geschichte der Berufung des Elischa durch den Propheten Elija als abhängig erweist. Das ist um so auffälliger, als es eine zweite vergleichbare Berufungsgeschichte im Alten Testament nicht gibt. Die nebeneinander gestellten Texte verdeutlichen die Abhängigkeit:

„Und als er am Meer von Galiläa entlangging, sah er Simon und Andreas, den Bruder Simons, wie sie das Wurfnetz um sich warfen. Denn sie waren Fischer. Und Jesus sagt ihnen: Hierher, mir nach! Und ich werde euch zu Menschenfischern machen. Und sogleich verließen sie die Netze und folgten ihm nach.

Und als er ein wenig weiterging, sah er Jakobus, den des Zebedäus, und Johannes, seinen Bruder, wie sie im Boot die Netze flickten. Und sogleich rief er sie. Und sie verließen ihren Vater Zebedäus im Boot mit den Lohnknechten und gingen weg, ihm nach" (Mk 1,16–20).

„Nachdem er (Elija) von dort fortgegangen war, traf er Elischa, den Sohn Schafats, beim Pflügen. Zwölf Gespanne hatte er vor sich. Er selbst war beim zwölften. Elija ging zu ihm und warf seinen Mantel über ihn. Sogleich verließ er die Rinder, eilte Elija nach und rief: Laß mich zuerst meinen Vater und meine Mutter küssen. Dann will ich dir folgen. Jener antwortete: Kehre nur um. Denn was habe ich dir getan?[3]... Dann machte er sich auf, folgte Elija und wurde sein Diener" (1 Kg 19,19–21).

Die prägenden strukturellen Elemente jeweils sind der willentlich erweckte Eindruck, daß es sich um die erste Begegnung zwischen Berufendem und Berufenen handelt; die tägliche Arbeit, bei der sie in die Nachfolge gerufen werden, und ihr unverzüglicher Gehorsam; die Überwindung eines Hindernisses, das mit dem Abschied vom Vater bzw. von den Eltern gegeben ist [4].

Trotz ihrer bewußten Gestaltung zu einer idealen Szene [5] läßt die

---

[2] Dem entsprechenden Bericht Lk 5,1–11 sind Erzählungen von Jesu Lehren und Wirken in Nazaret und Kafarnaum vorgeordnet (4,14–44). Doch bietet Lk gegenüber seiner Mk-Vorlage nichts Neues, nur stellt er die entsprechenden Perikopen um (vgl. Mk 6,1–6a; 1,23–38). Jesu Verwerfung in Nazaret wird programmatisch ausgebaut und an den Anfang gerückt.

[3] Nach der ursprünglichen Fassung der Geschichte erlaubt Elija den Abschied nicht. Vgl. *G. Fohrer,* Elia (AThANT 31) (Zürich 1957) 21 f.

[4] Die Schematisierung bestätigt Mk 2,14 parr, die Berufung des Zöllners.

[5] Term von *Bultmann,* Geschichte 27.

Überlieferung einige Einblicke auf den historischen Hintergrund offen. Dazu gehören die Namen der Berufenen und ihres Vaters, ihr Beruf, vor allem aber die durch Jesus erfolgende Berufung. Für den Eintritt in seine Nachfolge ist nicht der Entschluß des Jüngers entscheidend, sondern der auswählende Wille Jesu. Die Initiative liegt bei ihm. Hierin unterscheidet er sich vom rabbinisch-jüdischen Lehrer-Schüler-Verhältnis, bei dem sich der Schüler seinen Rabbi aussuchte, und zwar in der Regel jenen, bei dem er das meiste zu erlernen hoffte und von dem er auch zu einem anderen überwechseln konnte, wie Jesus sich an das prophetische Nachfolge-Verständnis anschließen läßt. Die Nachfolge wird nicht eröffnet und ermöglicht, weil Jesus ein bekannter Rabbi gewesen wäre, sondern weil er in charismatischer Vollmacht beruft. Der einzigartig charismatische Charakter dieser Nachfolge kommt darin zum Ausdruck, daß im Fall des Elija letztlich nicht der Prophet, sondern Gott beruft, dargestellt durch den symbolischen Akt des Mantelüberwerfens. Bei Jesus fehlt ein solches Symbol. Er beruft durch sein Wort. Überlieferte Nachfolge-Logien bestätigen diese Vollmacht.

Will man die Anfänge des Wirkens Jesu in ihrem Zusammenhang mit der Sammlung einer Jüngerschaft rekonstruieren, so hat man gelegentlich erwogen, ob er am Anfang nicht eine Zeitlang allein, ohne von Jüngern umgeben zu sein, gewirkt hat[6]. Die Möglichkeit kann nicht strikt zurückgewiesen werden. Eine solche Zeit würde man aber nur kurz bemessen dürfen angesichts der zeitlich recht beschränkten Frist seiner Tätigkeit insgesamt. Der Ruf Jesu erfolgte für die Jünger nicht von einem für diese Unbekannten[7]. Wir haben uns daran zu erinnern, daß einzelne Männer, die Jesus beruft, vorher dem Jüngerkreis Johannes des Täufers zugehörten (vgl. Joh 1,35 ff). Vermutlich hatten diese Jesus in der Nähe des Täufers schon kennengelernt. Jesus sammelte seinen Jüngerkreis in Galiläa, wo er auch den Schwerpunkt seiner Tätigkeit setzte[8].

Über die elijanische Berufungsgeschichte hinaus ergeht bei Jesus ein Auftragswort: „Ich werde euch zu Menschenfischern machen.“ Seine Originalität erweist es in seiner Anpassung an den bisherigen Beruf dieser Männer, die ihnen bewußt machen konnte, daß sie nunmehr

---

[6] *Hengel,* Nachfolge 80, bemerkt, daß Jesus in der ältesten Überlieferung oft als der allein Handelnde erscheint.

[7] Wenn Lk andere Perikopen der Berufung verordnet, vor allem auch die Bemerkung, daß die zu Berufenden zuvor Gelegenheit hatten, Jesu Predigt zu hören (5, 1 und 4), wird er auch die Schwierigkeit empfunden haben, die darin besteht, daß sie auf den Ruf eines Unbekannten eingegangen seien. Vgl. oben Anm. 2.

[8] Von einer Abwerbung von Täuferjüngern durch Jesus kann nicht gesprochen werden. Offenkundig waren auch diese Männer wieder nach Galiläa zurückgekehrt und hatten ihren Beruf wiederaufgenommen.

in einem anderen Bereich „Fischer" sein sollten. Auch lassen sich für das Bild vom Menschenfischer oder Menschenjäger nur negativ besetzte Parallelen nachweisen, so daß Jesus, falls er an eine solche Vorgabe angeknüpft haben sollte, die positive Verwendung eingeführt hätte[9]. Wahrscheinlicher ist die spontane Bildung des Bildwortes angesichts der beruflichen Tätigkeit. Damit wird ein grundlegender Sinn der Nachfolge Jesu freigelegt. Er führt uns wieder in das Zentrum seiner Tätigkeit, die Proklamation der Gottesherrschaft. Denn eingefangen sollen die Menschen werden in die Herrschaft Gottes, hineingerettet werden in das ihnen angetragene Heil. Jesus sammelte Jünger um sich, damit sie ihn in seiner eigenen Tätigkeit unterstützten[10]. Jüngerschaft Jesu ist nach außen hin, ist zu den Menschen hin gewandt.

Sie ist aber auch nach innen, auf Jesus hin gewandt. Diese Orientierung wird durch das Wort Nachfolgen artikuliert, für das anzunehmen ist, daß er es in gleicher Weise verwendete wie das Wort Jünger. Aufmerksamkeit verdient, daß an der Stelle, wo es in der elijanischen Geschichte heißt, Elischa wurde sein Diener, im Evangelium zu lesen ist: sie folgten ihm nach. Damit ist eine wesentlich neue Qualität des Jüngertums bei Jesus aufgezeigt. Daß der Schüler seinen Lehrer bedient, war im rabbinischen Schüler-Lehrer-Verhältnis gang und gäbe und wird durch das Sprichwort illustriert: „Alle Arbeiten, die ein Sklave seinem Herrn tut, soll ein Schüler seinem Lehrer tun ausgenommen das Lösen der Sandalen" (bKeth 96 a)[11]. Jesus aber sagt: „Denn wer ist größer: der zu Tisch sitzt oder der dient? Ist es nicht der, der zu Tisch sitzt? Ich aber bin in eurer Mitte wie ein Dienender" (Lk 22,27)[12].

Man wird auch sonst sorgfältig zwischen dem rabbinischen Schüler-Lehrer-Verhältnis und Nachfolge bei Jesus zu differenzieren haben. Die Berührungen sind äußerlich. Doch mögen schon manche Zeitgenossen damals das Spezifische nicht wahrgenommen haben. In der Tat mögen Jesus und seine Jüngerschaft dem Betrachter dasselbe äußere Bild geboten haben wie irgendein Schriftgelehrter mit seinem Schülerkreis. Der Rabbi schritt voraus, und seine Schüler gingen hinter ihm her. Freilich benutzte der jüdische Lehrer nicht selten ein Reittier. Die von den äußeren Betrachtern vollzogene Angleichung wird durch die Anrede Rabbi (wörtlich: mein Großer, mein Gebieter) nahegelegt, die

[9] Jer 16,16; 1 QH 5,7f; 3,26 (Schleppnetz der Gottlosen). Lk 5,10 überliefert das Logion in abgewandelter Form: „Von nun an wirst du Menschen fangen." *Hengel*, Nachfolge 85, führt dies auf eine aramäische Übersetzungsvariante zurück. Das Menschenfischer-Wort ist nicht hellenistisch, wie *Haenchen*, Weg 82, aufgrund einer sehr zweifelhaften Aristipp-Parallele meint.

[10] Diese Sicht forciert mit Recht *Hengel*, Nachfolge passim.

[11] Bei *Billerbeck* I 121.

[12] *Hengel*, Nachfolge 57 f, hat gezeigt, daß „Nachfolgen" in rabbinischen Texten häufig im Sinn des konkret hinter dem Lehrer einhergehen zu verstehen und stets ohne tiefere Bedeutung Ausdruck der Unterordnung des Schülers unter den Lehrer ist.

man im einfachen Volk Jesus gegenüber verwendete. Die Evangelien haben hier sicher eine zutreffende Reminizenz aufbewahrt (Mk 10,51; Joh 3,2.26)[13]. Allerdings war damals die Anrede Rabbi noch nicht zum Titel für den ordinierten Schriftgelehrten geworden. Dieser einschränkende Gebrauch setzte sich erst gegen Ende des 1. Jh. n.Chr. durch, so daß aus der Anrede Rabbi auch nicht der Schluß gezogen werden darf, daß Jesus einmal bei einem Rabbi in die Schule gegangen sei[14]. Auch die Bezeichnung der engeren Begleiter Jesu als μαθηταί (Schüler, Lernende, Jünger) mag das Verständnis in diese Richtung gelenkt haben. Sie entspricht dem Wort für den Rabbi-Schüler *(talmid)*. Doch im Verhältnis der Jünger zu Jesus treffen wir eine Lehrhaus-Atmosphäre oder akademischen Schulbetrieb nicht an[15].

Es sind Jesus-Worte zur Nachfolge überliefert, die äußerste Entschiedenheit verlangen. Teilweise treffen wir sie in anekdotenhaft geschilderten Szenen an, bei denen im Unterschied zu den Berufungsgeschichten nähere Angaben über die Menschen, die Jesus begegnen, wie ihr Name oder ihr Beruf, fehlen und alles auf die Stellungnahme Jesu ankommt (Lk 9,57–62 par). Wir hören von einem Mann, den er in die Nachfolge ruft, der aber den Einwand macht, daß er erst hingehen möchte, um seinen Vater zu beerdigen. Im entfernten erinnert der Einwand an die Berufung des Elischa, doch ging es dort nur um den Abschied von den Lebenden (1 Kg 19,20). Er bekommt von Jesus eine Antwort zu hören, von der man sagte, daß sie wie kein anderes Wort von ihm in schärferer Form gegen Gesetz, Frömmigkeit und Sitte in einem verstößt[16]: „Folge mir nach, und laß die Toten ihre Toten begraben" (Mt 8,22). Lk 9,60 bietet an Stelle des (nochmaligen) Nachfolgerufes die Aufforderung: „Du aber geh hin und verkündige die Gottesherrschaft!" Möglicherweise ist dies sekundär, doch ist der Unterschied nicht beträchtlich, weil der Mann in der Nachfolge Jesu nichts anderes tun soll als die Basileia bekanntzumachen[17].

Die Pointe dieses Wortes kommt dann in voller Schärfe zum Vorschein, wenn man wahrnimmt, daß hier von den Toten auf zwei verschiedenen Ebenen des Verständnisses gesprochen wird. Einmal sind

---

[13] Im Griechischen tritt an die Stelle von Rabbi die Anrede: Lehrer (Mk 9,17; 10,17.20; 12,12.19.32 u.ö.).

[14] Eine rabbinische Überlieferung, nach der Jesus Schüler von Jehoschua ben Perachja gewesen sei, entbehrt jeder Grundlage. Sie ist schon aus chronologischen Gründen nicht haltbar, denn sie versetzt Jesus in die Zeit des Königs Jannaj. Eine kritische Beurteilung dieser Überlieferung findet sich schon bei Klausner, Jesus 25–29. Nach Joh 7,15 machen die Juden Jesus den Vorwurf, daß er nicht studiert habe.

[15] Das von Markus ausgeprägte Schema der Jüngerbelehrung im Haus berücksichtigt spätere Gemeindeverhältnisse, näherhin die Gemeindekatechese, die es abbildet, vielleicht auch schon die Hausgemeinde. Vgl. Mk 7,17; 9,28; 10,10.

[16] Vgl. *Hengel,* Nachfolge 16.

[17] Vgl. *Gnilka,* Matthäusevangelium I 310.

es die physisch Toten wie der Vater, den der Sohn gerade bestatten will. Zum anderen sind es die geistig Toten, die starben, weil sie nicht bereit waren oder nicht bereit sind, Jesu rettende Botschaft anzunehmen. Im Abwägen dieser beiden Gegebenheiten des Totseins wiegt für Jesus die zweite schwerer. Darum soll der junge Mann das Notwendigere tun, und zwar unverzüglich. Man darf aus dieser Antwort nicht ableiten, daß es Jesus um eine gegen die selbstverständliche Pietät gerichtete Stellungnahme gegangen sei oder daß er sich gegen einen übertriebenen Totenkult geäußert habe nach Art kynischer Philosophen („Der Geruch wird mich begraben“ [18]). Auch sollte man die Antwort nicht abschwächen, etwa mit dem Hinweis, daß eine Beerdigung im Orient acht Tage in Anspruch nahm [19]. Vielmehr ist die Stellungnahme Jesu hier wie auch in zahlreichen anderen Fällen konkret, auf die Situation und den je einzelnen Menschen bezogen. Aus solcher Weisung eine Systematik entwikkeln zu wollen, wäre verkehrt. Der angesprochene Mensch aber erfährt unmißverständlich, was von ihm gefordert ist.

In ähnlicher Weise konkret, situationsbezogen ist der an den reichen Mann gerichtete Ruf in die Nachfolge, wenn er aufgefordert wird, alles, was er besitzt, zu verkaufen und es den Armen zu geben (Mk 10,21 parr). Auch hier ist nicht eine prinzipielle und stets gültige Nachfolge-Bedingung ausgesprochen, obwohl Jesus um die großen Gefahren des Reichtums wußte und sich entsprechend äußerte (Mk 10,25).

Besteht ein primärer Zweck der Sammlung von Jüngern für Jesus darin, daß sie ihn in seiner eigenen Wirksamkeit unterstützen sollten, so ergibt es sich fast von selbst, daß sie einmal von ihm ausgesendet worden sind. Diese Aussendung in Zweifel zu ziehen, etwa mit dem Hinweis darauf, daß die Missionsinstruktionen Erfordernisse der späteren nachösterlichen missionarischen Tätigkeit berücksichtigen würden, übersieht, daß der Kern dieser Weisungen, die gewiß später interpretiert und akkomodiert wurden, in seiner Entschiedenheit und Radikalität auf Jesus zurückzuführen ist. Weil diese Anweisungen vor allem die Lebensweise betreffen, ist darauf zurückzukommen. Es ist selbstverständlich, daß im Mittelpunkt der Tätigkeit der Ausgesendeten die Proklamation der Basileia stand: „Die Herrschaft Gottes ist nahe“ (vgl. Mt 10,7). Dieses Heilsangebot duldete weder Aufschub noch Zurückweisung. Den Ablehnenden gegenüber sollte der Gestus des Staubabschüttelns von den Füßen erfolgen zum Zeichen des nunmehr drohenden Gerichtes (10,14). Die Sprache dieses Gestus wurde verstanden, denn sie besagte herkömmlicherweise die Aufhebung der Gemeinschaft.

Nachfolge in diesem Sinn bringt Gefahren und trägt Konflikte ein.

---

[18] *Lukian,* Demonax 65.

[19] *Schwarz,* Und Jesus sprach 96.

Es ist auffällig, daß gerade im Kontext der Nachfolge von diesen Gefahren und Konflikten, von Leidens- und Todesbereitschaft gesprochen wird. Wenn seine Jünger ihn in seinem Wirken unterstützen sollten, bedeutet Nachfolge in die Öffentlichkeit treten, sich mit Menschen auseinandersetzen, sie in persönlicher Weise für die Basileia zu gewinnen versuchen. Die Auseinandersetzung begann in der eigenen Familie. Wer sich vom Ruf Jesu getroffen wußte und ihn annahm, konnte nicht damit rechnen, daß seine Angehörigen sich in gleicher Weise umstimmen ließen. In diese Situation geht der Spruch: „Wenn einer zu mir kommt und seinen Vater und die Mutter nicht haßt, kann er nicht mein Jünger sein."

Damit ist ein in Lk 14,26 und Mt 10,37 unterschiedlich überliefertes Wort in seiner vermuteten Urgestalt rekonstruiert. Bei Lukas ist die Reihe derer, von denen man sich gegebenenfalls trennen muß, offenkundig sekundär und verschiedene Möglichkeiten peinlich referierend erweitert um Frau, Kinder, Brüder, Schwestern und das eigene Leben. Matthäus schwächt ab: „Wer Vater oder Mutter mehr liebt als mich, ist meiner nicht wert", bewahrte aber die prägnante Ausrichtung auf die Eltern [20]. Für das Verständnis des hart erscheinenden Spruches ist zu beachten, daß der Konfliktfall vorgesehen ist. Für diesen Fall, aber auch nur für diesen, ist der Berufene angewiesen, die Nachfolge vorzuziehen. Sie ist wichtiger, im eminenten Sinn lebensnotwendiger. Das harte Wort Hassen meint hier nicht ein affektgeladenes Sichlösen von seinen Eltern, sondern ein Nachordnen, Nachstellen. Den Zwist mit seinen Angehörigen hat auch Jesus erfahren müssen. Diese Erfahrung unterstützt die Authentie des Spruches, der wegen seiner Ausrichtung auf die Eltern die Einsicht freigibt, daß die Jüngerschaft sich aus jungen Männern zusammensetzte, wie ja auch Jesus in seinem Wirken ein Mann am Beginn der dreißiger Jahre gewesen ist. Im übrigen stellten auch rabbinische Lehrer den Thoragehorsam über den Gehorsam zu den Eltern [21].

Der Spruch von der Kreuzesnachfolge stellt an den Beginn eines Weges: „Wer nicht sein Kreuz aufnimmt und mir nachfolgt, kann mein Jünger nicht sein (Mt 10,38/Lk 14,27) [22]. Auch dieses Wort kann Authentie beanspruchen. Es spricht noch nicht vom Kreuz Christi, obwohl es nachösterlich nicht anders als im Blick auf sein Kreuz begriffen werden konnte, sondern vorösterlich metaphorisch von dem je eigenen Kreuz des Jüngers: „Wer nicht *sein* Kreuz aufnimmt ..." [23] –

[20] Vgl. *Gnilka*, Matthäusevangelium I 393.

[21] Belege bei *Billerbeck* I 587.

[22] Mt „Kreuz aufnehmen" ist ursprünglicher als „Kreuz tragen" bei Lk. Hingegen ist die lk Formulierung „kann mein Jünger nicht sein" der mt „ist meiner nicht wert" vorzuziehen. Mt favorisiert das Wörtchen „wert". Zur Rekonstruktion vgl. *Gnilka*, Matthäusevangelium I 393 f.

[23] Vgl. *Bultmann*, Geschichte 173.

Die reale Erfahrung von solchen, die am Kreuz hingerichtet wurden und ihr Kreuz zur Richtstätte zu schleppen hatten, war den Juden seit der Makkabäerzeit und besonders in der Zeit der römischen Statthalter eine unglückselig-vertraute. Die von Jesus gebrauchte Metapher konnte ohne weiteres verstanden werden[24]. Obwohl sie die Bereitschaft zum Martyrium miteinbezieht, ist sie nicht darauf einzuschränken. Sie schließt auch Anfeindung, Verachtung, Einschränkung, Leid mit ein, die in der Nachfolge über den Jünger kommen. Obwohl ein vorausweisendes Wort, läßt es den Schluß zu, daß schon und gerade auch zur Zeit Jesu, die Nachfolge nicht auf eine Straße des Triumphes stellte. Das von den Evangelien, besonders in deren ersten Teilen, wiederholt gezeichnete Bild von dem von unzählbaren Volksscharen umgebenen Jesus bedarf in diesem Sinn der Korrektur und kann nicht darüber hinwegtäuschen, daß das Unverständnis größer war als die Zustimmung. Allerdings dürften die Jünger den vollen Sinn des mahnenden Wortes, das zum klassischen Ausdruck des Nachfolgegedankens werden sollte, erst sehr allmählich begriffen haben[25].

Eine wichtige Ergänzung erfährt Jesu Martyriumsparänese durch ein antithetisch strukturiertes Logion, das vom Lebensgewinn und -verlust handelt. In seinen verschiedenen Varianten[26] hat es seine dialektische Bewegung bewahrt: Wer sein Leben retten will, wird es verlieren; wer es verliert, wird es retten, obwohl die Verben – bei Beibehaltung des Verlierens – ausgetauscht werden konnten: finden, zu gewinnen suchen, retten. Die nähere Bestimmung „Wer um meinetwillen verliert, wird retten“ ist als alter Bestandteil anzusehen[27], denn sie weist das Logion als Jesuswort aus. Nachösterlich trat in Mk 8,35 „und um des Evangeliums willen“ hinzu. Das Evangelium tritt nachösterlich gewissermaßen an die Stelle Jesu, um dessentwegen die Jüngerexistenz vorösterlich gefährdet war. Letztgültiges Ziel der Nachfolge, des entschiedenen Einsatzes, der Bereitschaft zu Verzicht und Martyrium, ist der Gewinn des Lebens (griechisch: ψυχή)[28]. Die Dialektik des Wortes erweist sich als auf die Sinnfrage zugespitzt. Mit anderen Worten heißt das: Wer sein Leben durch falsche Sicherungen, verkehrte, egoistische Ziele, Leistung, irdischen Besitz und derglei-

---

[24] Die Interpretation von *Dinkler,* Kreuztragen, nach der mit dem Kreuz ein Versiegelungszeichen nach Art einer Tätowierung gemeint sei, ist sehr gekünstelt.

[25] Sachlich verwandt, aber rein ethisch bestimmt ist der Gedanke *Platos,* Resp. 361 d bis 362 a, daß den Gerechten ein weit schlechteres Leben erwartet als den Ungerechten. Plato, der im Blick auf Sokrates redet, hält sogar auch dafür, daß der Gerechte damit rechnen muß, gehenkt, gekreuzigt zu werden.

[26] Mt 10,39/Lk 17,33; Mk 8,35/Mt 16,25/Lk 9,24; vgl. Joh 12,25.

[27] Wenn diese Bestimmung in Lk 17,33 fehlt, ist das durch den lk Kontext bedingt, der nicht von der Nachfolge, sondern vom eschatologischen Schrecken handelt.

[28] *Dautzenberg,* Sein Leben bewahren 51–82, hat die Bedeutung von Psyche in den einschlägigen Logien der synoptischen Tradition erhellt.

chen meint erfüllen zu können, wird den Sinn verfehlen. Wer hingegen sein Leben in der Nachfolge Jesu und in der Ausrichtung auf sein Wort gestaltet, wird ihm vollen Sinn verleihen können, mag es auch geschehen, daß ihm Widerwärtigkeiten bis hin zur Lebenseinbuße widerfahren. Darüber hinaus reicht das hier verheißene zu gewinnende Leben über die Grenze des Todes hinaus und faßt die gesamte menschliche Existenz in einer großen Sinnfülle zusammen.

Überblicken wir nochmals den Komplex von Jüngerschaft und Nachfolge Jesu, so ist die Einbeziehung der Jünger in sein Wirken, die Teilhabe an der Verkündigung der Gottesherrschaft ihr primäres Kennzeichen. Allerdings ist dabei zu beachten, daß die Jünger hier ganz in der Abhängigkeit von Jesus stehen, nicht im eigenen Namen, sondern in der Gemeinschaft mit ihm tätig werden. Ohne ihn ist die Verkündigung der Basileia ohne Kraft[29]. In dieser „Schule" ist es nicht zu einem systematischen Unterricht gekommen, und nicht zu einer gepflegten Traditionsbildung, eher zu einer ersten unsystematischen Skizzierung von Verkündigungsinhalten. Doch darf man sich die Jüngerschaft auch nicht so vorstellen, als sei sie vor glühender Naherwartung, von ruheloser Hektik getrieben, durch Dörfer und Städte geeilt. Zwar drängte die Zeit, aber sie ließ ihnen auch Zeit.

Darüber hinaus darf der persönliche Aspekt der Nachfolge nicht übersehen werden. Er ist auf Jesus ausgerichtet. Nachfolge macht zum Jünger Jesu. Dies ist bereits ein Element im Reich-Gottes-Aspekt. Es ist damit gegeben, daß die Basileia als etwas Zukünftiges und Gegenwärtiges an Jesus gebunden ist. Es ist an die charismatische Gestalt der Jüngerberufung zu erinnern. Vor allem aber tritt die personale Seite der Jüngerschaft in der Jünger- und Martyriumsparänese hervor. Diese Paränese reicht in den Umgang Jesu mit seinen Jüngern zurück. Hier wird Jüngerschaft buchstäblich zur Nachfolge. Von Gleichrangigkeit zwischen Jesus und der Jüngerschaft kann keine Rede sein. Jesus wird in seiner Person und in seinem Weg zum einprägsamen Vorbild.

Ausblick:

Nachfolge und Jüngerschaft bleiben wesentliche Elemente des Christseins. Doch mußte sich ihr Verständnis in der nachösterlichen Situation verändern, nachdem Jesus sein irdisches Leben beendet hatte. Die Bezeichnung der Anhänger Jesu als Jünger lebt nur mehr in der Apostelgeschichte fort. Das Wort nachfolgen kommt außerhalb der Evan-

---

[29] Aufschlußreich ist die Geschichte vom fremden Exorzisten Mk 9,38–41. Dazu *Gnilka*, Markus II 58–62.

gelien im Neuen Testament im spezifischen Sinn nur noch in Apk 14,4 vor. Paulus entwickelt die Vorstellung von der Nachahmung Christi (vgl. 1 Kor 11,1; 1 Thess 1,6). Die charismatische Kraft ihrer Berufung haben die frühen Christen dadurch erfahren, daß sie sich durch den heiligen Geist heraus- und zusammengerufen wußten. Doch schuf die Evangelienliteratur intentional und konzeptionell die fortwirkende Einladung, sich auf den nach Jerusalem führenden Weg Jesu einzulassen und ihm nachzufolgen.

Literatur: *A. Oepke*, Nachfolge und Nachahmung Christi im NT: AELKZ 71 (1938) 850–857. 866–872; *T. Süss*, Nachfolge Jesu: ThLZ 78 (1953) 129–140; *E. Dinkler*, Jesu Wort vom Kreuztragen: Ntl Studien für R. Bultmann (BZNW 21) (Berlin ²1957) 110–129; *A. Schulz*, Nachfolgen und Nachahmen (StANT 6) (München 1962); *H. D. Betz*, Nachfolge und Nachahmung Jesu Christi im NT (BFChTh 37) (Tübingen 1967); *M. Hengel*, Nachfolge und Charisma (BZNW 34) (Berlin 1968); *J. Gnilka*, Martyriumsparänese und Sühnetod in synoptischen und jüdischen Traditionen: Die Kirche des Anfangs (Festschrift H. Schürmann) (Leipzig o.J. = 1978) 223–246.

2. Der Lebensstil Jesu und seiner Jünger

Jesus lebte auf die Menschen zugewandt, er lebte während der Zeit seines öffentlichen Wirkens in der Gemeinschaft der Menschen, die er in die Nachfolge gerufen hatte und die auf seinen Ruf eingegangen waren. Er lebte mit seinen Jüngern zusammen. Die Gemeinsamkeit des Lebens aber führte nicht zu einer beschaulichen Lebensweise in der Stille. Vielmehr sehen wir die kleine Schar auf Wanderschaft, unterwegs ohne Heimat. Sie ist unterwegs, um den Menschen die Gottesherrschaft zu verkünden und nahezubringen. Gewiß läßt sich sagen, daß Jesus den Schwerpunkt seines Wirkens in Galiläa, im Land am See Gennesaret und um Kafarnaum bildete. Doch haben er und seine Jünger auf eine Beheimatung verzichtet oder sie hinter sich gelassen.

Von hohem Interesse für den Lebensstil der Jüngerschar sind die Anweisungen, die Jesus ihr auf den Weg gab. Aus den vier Varianten der Aussendungsanweisungen (Mk 6,8–11; Mt 10,5–15; Lk 9,2–5; 10,2–12)[1], für die das Einwirken späterer missionarischer Praktiken anzunehmen ist, interessieren uns jetzt nur die Regeln, die den persönlichen Bedarf des Jüngers betreffen. In ihrer Stringenz und Radikali-

[1] Lk überliefert eine Aussendung der zwölf Apostel und eine Aussendung von 72 Jüngern. Es besteht Konsens darin, daß Mt und Lk die Anweisungen zur Aussendung aus Mk und Q schöpfen. Dabei verteilt Lk die beiden diesbezüglichen Quellen auf seine zwei Aussendungen, während sie Mt kombiniert. Letztlich aber müssen die Anweisungen in Q und Mk auf eine gemeinsame vorausliegende Tradition zurückgehen. Vgl. *Gnilka*, Matthäusevangelium I 359–362; *Hahn*, Mission 33–36.

tät, die teilweise schon innerhalb der synoptischen Überlieferung zurücknehmende Korrekturen erfuhr, können sie auf niemand anderen als auf Jesus zurückgehen. Das Erstaunliche ist, daß diese Regeln nicht besagen, was man auf die Wanderschaft mitnehmen soll, sondern genau umgekehrt vorschreiben, was nicht mitgenommen werden darf: keinen Stab, kein Brot, keinen Sack, kein Kupfergeld im Gürtel, keine Sandalen, nicht zwei Gewänder[2]. Mk 6,8f konzediert sekundär den Stab und die Sandalen. Und wenn er formuliert, daß der ausgesendete Jünger keine zwei Gewänder tragen soll, dürfte auch das eine Erleichterung sein gegenüber der Weisung, daß er keine zwei Gewänder haben soll (Mt 10,10; Lk 9,3).

Der Verzicht auf Proviant – in diesem Sinn ist „Brot" zu verstehen – und Kupfergeld macht sie völlig mittellos. Es ist schon aufschlußreich, daß von Kupfergeld, den Münzen mit dem geringsten Wert, gesprochen wird. Wenn Mt 10,9 verbietet, daß sie sich Gold-, Silber- oder Kupfergeld verschaffen, setzt er sich vermutlich mit bereits eingetretenen Mißständen in den Gemeinden auseinander. Der Verzicht auf den Sack will verhindern, daß sie Vorräte erbetteln. Der Verzicht auf den Stab, die Sandalen und ein zweites Gewand läßt sie als arme Leute erscheinen. Barfüßig zu gehen galt als Ausdruck großer Armut. Vielleicht hat der Verzicht auf den Stab auch etwas mit ihrer Friedensbotschaft zu tun. Denn der Stab konnte auch als Waffe eingesetzt werden.

Nun läßt sich diese den Jüngern vorgeschriebene Mittellosigkeit mit dem Lebensstil moralphilosophischer Wanderprediger vergleichen. Von Antisthenes, einem Schüler des Sokrates, ist überliefert, daß er sich mit einem Stab, einem Sack und einem einzigen Mantel, der ihn als Philosophen kenntlich machte, begnügte. Krates, ein Schüler des Aristoteles, soll seinem Besitz mit einer Sklavenfreilassungsformel öffentlich abgeschworen und an seine Mitbürger verschenkt oder – nach einer anderen Version – ins Meer geworfen haben[3]. – In diesem Punkt gibt es auch Berührungen mit anderen Religionen. Von Buddha wissen wir, daß er, der Fürstensohn, der auf alle Habe verzichtet hatte, täglich seinen Bettelgang machte, die Schale in der Hand, ohne eine Bitte auszusprechen, mit niedergeschlagenem Blick, erwartend, daß ihm ein Bissen Speise gegeben werde[4]. – Innerhalb des zeitgenössischen Judentums hatten sich die essenischen Mönche von Qumran zu strenger Armut und persönlicher Besitzlosigkeit verpflichtet.

Fragt man nach dem umgreifenden Sinn der von den Jüngern geforderten Mittellosigkeit, so hebt sich dieser von den angeführten Analo-

---

[2] Im griechischen Text ist vom Chiton die Rede. Das ist das aus Wolle oder Leinwand gefertigte, direkt auf dem Leib getragene Gewand.

[3] Belege bei *Hengel*, Nachfolge 31f.

[4] Vgl. *Jaspers*, Die maßgebenden Menschen 109.

gien deutlich ab. Es ist nicht die innere Ruhe der Gleichgültigkeit, die den Philosophen in seiner Distanz zur Welt und ihren Gütern prägt, die den Jünger bestimmen soll, ebensowenig die Überwindung der Welt, die Buddha von seinen Mönchen auf dem Weg der Meditation und Kasteiung forderte. Auch Qumran kommt als Vorbild nicht in Frage. Zwar begegnet uns auch dort die eschatologisch-endzeitliche Erwartung, doch stehen hinter Besitzverzicht und Gütergemeinschaft rituell-kultische Vorstellungen und die daraus resultierende Sorge, sich an der Welt zu beflecken[5]. Der Jüngerkreis Jesu ist keine monastische Gruppe.

Die Jünger, die mittellos und auf Hilfe angewiesen leben, sind gleichsam eine Erläuterung der von Jesus und ihnen verkündeten Gottesherrschaft. Sie bringt eine neue Ordnung, die nicht mehr die Ordnung von Besitz, Profit, Reichtum und Menschenverachtung sein soll. Ihr Lebensstil als Zeichen der Basileia konnte um so besser verstanden werden, wenn wir annehmen dürfen, daß sie, oder doch einige von ihnen, zuvor in wirtschaftlich geordneten Verhältnissen gelebt haben. Mittellos, wehrlos, anspruchslos wußten sie sich diesem Gott ausgeliefert oder sollten sie sich ihm überantwortet wähnen, der daran war, seine Herrschaft aufzurichten. Auch ihr aufsehenerregendes Schweigen, daß sie unterwegs keinem den Gruß entbieten sollten (Lk 10,4b)[6], sollte hinlenken auf ihr Basileia-Wort, mit dem sie wie mit einem kostbaren Geschenk umgehen und das sie erst am Ziel ihrer Reise, wo es galt, die Botschaft zu sagen, ausrichten sollten.

Wir können davon ausgehen, daß die Mittellosigkeit, die Jesus von seinen Jüngern verlangte, auch seinen eigenen Lebensstil bestimmte. Auch er zog ohne Proviant, Geld, Bettelsack, barfüßig und ohne Stab durch das Land, ein Heimatloser. In diesem Sinn war *er* vor allem das Zeichen der Gottesherrschaft. Die Jünger folgten ihm nur nach. Auf seine Besitz- und Heimatlosigkeit weist ein Logion der Tradition der Spruchquelle hin, das möglicherweise erst sekundär den Menschensohn-Titel an sich gezogen hat[7]: „Die Füchse haben Höhlen und die Vögel des Himmels Nester. Der Menschensohn aber hat keinen Platz, daß er das Haupt hinlege" (Mt 8,20 / Lk 9,58). In seiner gegenwärtigen Form lebt das Logion vom Gegensatz Tiere/Menschensohn. Das Unbehaustsein des Menschensohnes hat in dieser theologischen Färbung seine Ursache in der Feindseligkeit und Ablehnung der Men-

[5] Vgl. *H.-J. Klauck,* Gütergemeinschaft in der klassischen Antike, in Qumran und im NT: Gemeinde–Amt–Sakrament (Würzburg 1989) 69–100.

[6] Nur Lk überliefert dieses Logion, das in Q gestanden haben und auf Jesus zurückgehen dürfte. Mt hat es vielleicht nicht mehr verstanden, oder es erschien ihm als unpäßlich. Die Weisung wird den Gedanken miteinschließen, daß die Jünger sich durch nichts aufhalten lassen sollen.

[7] So *Hoffmann,* Studien 182.

schen. Sollte das Wort wirklich einmal in der Ich-Form gefaßt gewesen sein, käme der Kontrast zu den Füchsen und Vögeln noch stärker zum Zuge und erschiene sein Unbehaustsein als äußerste existentielle Unsicherheit. Wie es auch im einzelnen um die traditionsgeschichtliche Ableitung des Wortes bestellt sein mag[8], auf jeden Fall hat es die historisch zutreffende Erinnerung an die Heimatlosigkeit Jesu als seinen Lebensstil aufbewahrt.

Die außergewöhnliche Lebensweise konnte verständlicherweise leicht Anlaß für Zwistigkeiten mit den Familienangehörigen werden. Jesus selbst wurde davon betroffen, wie verschiedene Spuren in der Überlieferung es bestätigen. Die in ihrer Knappheit schwer zu deutende Szene, daß seine Angehörigen ausgezogen seien, ihn zu packen, heimzuholen mit dem Bemerken: Er ist von Sinnen (Mk 3,21), ist zwar stark redaktionell gefärbt[9], doch ist die Verständnislosigkeit, die Distanz seiner Brüder fester Bestandteil der Tradition (Mk 3,31–35 parr; Joh 7,3–9). Nachösterlich hat sich das teilweise geändert. Jedenfalls erblicken wir dann den Herrenbruder Jakobus, dem nach 1 Kor 15,7 eine eigene Erscheinung des auferweckten Jesus zuteil wurde, als Leiter der Jerusalemer Gemeinde (Apg 12,17; 15,13; 21,18; Gal 1,19; 2,9.12).

Jesus hat ehelos gelebt, auf die Gründung einer eigenen Familie, auf Frau und Kinder verzichtet. Innerhalb des zeitgenössischen Judentums mußte dieses Verhalten anstößig, schockierend wirken. Eine Familie zu gründen und Kinder zu zeugen galt nahezu als Pflichtgebot. Grundlage war Gn 1,28: „Seid fruchtbar und mehret euch!" Im rabbinischen Judentum konnte ein Eheloser wie einer, der Blut vergießt, gelten. Die Ordination zum Rabbi wurde ihm verweigert. Nur in Qumran gab es zölibatär lebende Mönche[10]. Nun ist uns in Mt 19,12 ein Logion überliefert, das aller Wahrscheinlichkeit nach auf Jesu Ehelosigkeit Bezug nimmt. Im Anschluß an die Ehebelehrung vor dem Volk belehrt Jesus die Jünger über die Möglichkeit der Ehelosigkeit: „Denn es gibt etliche Eunuchen, die aus dem Mutterleib so geboren sind; und es gibt etliche Eunuchen, die von Menschen zu Eunuchen gemacht wurden; und es gibt etliche Eunuchen, die sich um der Himmelsherrschaft willen zu Eunuchen gemacht haben. Wer es fassen kann, fasse es!"[11] Das nach der Regel-de-tri aufgebaute Wort – drei Fälle von Eunuchsein wer-

---

[8] Dazu vgl. *Gnilka*, Matthäusevangelium I 309f.

[9] Vgl. *Gnilka*, Markus I 144f. – Gegen Sokrates war die Anklage erhoben worden, er habe seine Schüler veranlaßt, ihm mehr zu gehorchen als ihren Vätern. Musonius weist auf denselben Konflikt hin. Vgl. *Hengel*, Nachfolge 32.

[10] Zum Problem vgl. *H. Hübner*, Zölibat in Qumran?: NTS 17 (1970/71) 153–167. Im AT bleibt Jeremia um seines prophetischen Amtes willen ehelos (Jer 16,2).

[11] Das Logion ist in nur etwas abgewandelter Form und offenkundig unabhängig von Mt bei Justin, Apol. 1,15,4 überliefert.

den aufgezählt – gewinnt seine Spitze durch ein Zweifaches. Einmal wird der abschätzige Begriff Eunuch verwendet, der den Kastrierten, zur Ehe Unfähigen bezeichnet. Kastration war nach Dt 23,2ff; Lv 22,24 für Israel ein Greuel. Zum anderen erfolgt im Spruch ein Wertewandel. Wird in den ersten beiden Fällen von solchen gesprochen, die durch ein äußeres Mißgeschick in den beklagenswerten Zustand einer körperlichen Unfruchtbarkeit gebracht worden sind, so ist im dritten Glied Eunuch eine Metapher für ein freiwillig übernommenes eheloses Leben. Da aber der wie ein Schimpfwort anmutende Begriff Eunuch beibehalten ist, ist zutreffend vermutet worden, daß wir es hier mit einer gegen Jesus gerichteten Attacke zu tun haben[12]. Er wurde wegen seines ehelosen Lebens von seinen Gegnern als Eunuch beschimpft, so wie man ihn wegen seiner Tischgemeinschaft mit Zöllnern, Dirnen und Sündern einen „Fresser und Weinsäufer" schalt (Mt 11,19 par).

Wiederum ist der vom Gewohnten sich abhebende Lebensstil auf die Gottesherrschaft gerichtet. Der Verzicht auf Ehe und Familie erfolgt nicht um eines asketischen Ideals willen, auch nicht um die Gottesherrschaft zu erlangen, sondern um ungeteilt und mit allen Kräften für die Basileia wirken zu können. Sie erfolgt um der Menschen willen. Jesus schenkte seine Liebe gerade auch jenen, in die sich niemand verliebte.

Über die näheren Familienverhältnisse der Jünger sind wir nicht informiert. Nur von Simon Petrus wissen wir, daß er in Kafarnaum verheiratet war und dort – vermutlich im Haus seiner Schwiegereltern – wohnte. Mk 1,29–31 parr berichtet von der Heilung der Schwiegermutter des Simon in dem Haus, wo er und auch sein Bruder Andreas wohnen. Die Frau Simons wird nicht eigens erwähnt.

Gerade auch hier zeigt sich, daß die Evangelien an Biographischem wenig interessiert sind[13]. Wenn an anderer Stelle ein Haus in Kafarnaum erwähnt wird (Mk 2,1), könnte durchaus an das Haus Simons gedacht sein. Jesus wäre dann dort gelegentlich – oder häufiger? – eingekehrt. Das Haus dürfte im Besitz der Familie geblieben sein[14].

Zu einer Milieubestimmung, zu einer näheren Charakterisierung der Hörerschaft Jesu oder jener, die bereitwilliger waren, ihm Gehör zu schenken, verhilft die Einleitung der sogenannten Jüngerunterwei-

---

[12] Mit *Blinzler:* ZNW 48 (1957) 269. Auch *Braun,* Radikalismus II 112 Anm. 3, stellt fest, daß das Logion aus dem jüdischen Rahmen fällt und sich als authentisches Jesuswort ausweise. Vgl. *J. Gnilka,* Mann und Frau nach dem NT: *P. Gordan* (Hrsg.), Gott schuf den Menschen als Mann und Frau (Graz 1989) 185–205, besonders 191–193.

[13] Wenn in Apg 1,14 nach den Aposteln von den Frauen die Rede ist, die sich zum Gebet im Obergemach in Jerusalem versammeln, so ist mit *J. Roloff,* Die Apostelgeschichte (NTD 5) (Göttingen 1981) 28, an den Kreis der Jüngerinnen Jesu, nicht an die Frauen der Apostel, zu denken. Kodex D hingegen liest: mit den Frauen und Kindern.

[14] Joh 21,1ff setzt voraus, daß Simon und die anderen nach dem Karfreitag und vor der neuen Sammlung der Jüngerschaft im Ostereignis wieder ihrem Fischerhandwerk nachgingen.

sungsrede. Gewiß ist diese eine redaktionelle, schon in der Spruchquelle. Wir beziehen uns nur auf die einleitenden drei Seligpreisungen in Lk 6,20f:

„Selig die Armen, denn euer ist das Reich Gottes.
Selig ihr jetzt Hungernden, denn ihr sollt satt werden.
Selig ihr jetzt Weinenden, denn ihr sollt lachen.“

Diese Gestalt der Seligpreisungen kann gegenüber par Mt 5,3–10 als die ältere gelten. Auch ist für die Situation Jesu von der vierten Seligpreisung über die um des Menschensohnes willen Verfolgten abzusehen. Durch sie werden die Preisungen auf die Jüngerschaft übertragen[15].

Jesus wandte sich an die Armen. Wer ist des näheren mit den Armen angesprochen?[16] Rein sprachlich meint griechisches πτωχός jenen, der sich bücken und ducken muß (von πτώσσειν), im Hebräischen jenen, der im Verhältnis des Antwortenmüssens steht, den Hörigen *(ʿanij,* von *ʿanah).* Doch hat der Begriff eine Vorgeschichte, ohne den die Preisung Jesu nicht verständlich ist.

Soziale Mißstände und Armut traten im Alten Testament verstärkt in der Königszeit auf, in der soziale Schichtungen von Armen und Reichen, von Unterdrückten und Beherrschenden auseinandertraten. Prophetische Kritik wandte sich gegen diese Entwicklung und erklärte Gott als den Beschützer der Armen. Sie trat ein für das mit Füßen getretene Recht der Armen, das mit dem Recht Gottes gleichgesetzt wurde. Gott wird für sie eintreten und ihr Recht wiederherstellen. Der Arme, der darum Bescheid weiß, überläßt seine Rechtssache Gott. Er beugt sich unter Gottes Willen im Gegensatz zu den Wucherern und Reichen, die sich selbstherrlich über Gottes Recht hinwegsetzen. Armsein bezeichnet dann auch eine Haltung Gott gegenüber, ja in einer Zeit der Naherwartung des Eingreifens Gottes ist es die einzige Haltung, in der man Gott begegnen kann. Die Armenspiritualität tritt in besonders eindrucksvollen Aussagen bei Deutero- und Tritojesaja auf:

„Frohe Botschaft den Armen zu bringen hat er mich gesandt,
zu verbinden, die zerbrochenen Herzens sind.
Auszurufen die Freilassung für die Gefangenen
und für die Gefesselten die Freiheit,
auszurufen ein Jahr der Huld Jahves,
einen Tag der Vergeltung unseres Gottes,
zu trösten alle Trauernden,
zur Freude den Trauernden Sions“ *(Is 61,1–3; vgl. 58,7; 66,2).*

---

[15] Vgl. *Schürmann,* Lukasevangelium I 326–332.

[16] Vgl. *Hauck-Bammel* ThWNT VI 885ff; *J. Dupont,* Les Béatitudes I (Paris ²1969), II (²1969), III (²1973); *J. Maier,* Die Texte vom Toten Meer II (München 1960) 83–87.

Auch in manchen Psalmen schlägt sich die Anawim-Frömmigkeit nieder: „Hier ist ein Armer, der rief ... Der Herr vernahm's und half ihm aus all seinen Nöten. Es lagert sich der Engel des Herrn rings um die, welche ihn fürchten" (Ps 34,7; vgl. 9,11 ff; 14,6; 22,25 ff; 37,21 ff usw.). Es besteht kein Zweifel, daß Jesu Heilszusage an die Armen in der Tradition dieser Theologie steht. Wenn er auch die Hungernden und Weinenden seligpreist und sich damit an die gleiche Gruppe der Armen wendet, tritt die Berücksichtigung der konkreten Not wieder mehr in den Vordergrund. Doch ist klar, daß die seliggepriesenen Armen eine Haltung bewahrt haben, die ihr Herz offenhält für seine Botschaft. Die Seligpreisung gilt nicht der Armut und dem Elend – überflüssig, es zu sagen. Sie gilt den Armen, weil Gott ihnen sein Heil, seine Basileia verspricht. Wir befinden uns an dieser Stelle nicht nur im Milieu der Bereitwilligen unter den Hörern Jesu, sondern auch im Zentrum seiner Basileia-Verkündigung[17].

Wen finden wir bevorzugt in Jesu Gesellschaft? Wen treffen wir an? Die Evangelien haben die zutreffenden Reminiszenzen aufbewahrt. Es sind Kranke, Dämonische, Epileptische, Blinde, also Menschen, die ihr Leben nicht voll verwirklichen können und auf Hilfe angewiesen sind. Es sind schuldig Gewordene, Zöllner, Beargwöhnte, Verachtete, an den Rand Gestellte, die in ihrem Leben zu Fall gekommen sind, keinen Ausweg mehr sehen, verzweifelt sind. Das bedeutet nicht, daß seine Botschaft nur für diese Menschen verträglich gewesen wäre. Wohl machte sie ihr Schicksal offener für das Wort. Doch waren natürlich auch sie nicht frei von Egoismus und selbstgefälligem Planen. Aber diese Menschen wurden ihrerseits zum Ausdruck des sich anbahnenden Heiles und forderten andere heraus, sich ihrer anzunehmen und so ihm nachzufolgen. Auf diesem Hintergrund haben wir den an die Jünger ergehenden Auftrag Jesu zu sehen, Kranke zu heilen und Dämonen auszutreiben (Lk 10,9; Mk 6,7). Für Jesus entspringt der Umgang mit diesen geschundenen, angezweifelten und zweifelnden Menschen nicht einer Vorliebe zur Halbwelt oder einem Pathos, das die Grenzen zwischen Gut und Böse nicht mehr achten würde. Schuld wird nicht entschuldigt. Doch die Selbstverständlichkeit, mit der er diese Menschen annimmt, die ihn brauchen, und sich damit auch über geltende Grenzen hinwegsetzt, ist fähig, verlorenes Selbstvertrauen wiederherzustellen und innere Wandlungen vorbereiten zu helfen[18].

---

[17] *Schürmann,* Lukasevangelium I 332, spricht von der Urform der Basileia-Verkündigung Jesu und glaubt, daß der dreifache Makarismus seine Eröffnungspredigt in der Öffentlichkeit gewesen sei.

[18] Vgl. *Bornkamm,* Jesus 72f. – Man wird die Deklassierten nicht schlechterdings mit dem Amme-ha-arez identifizieren können. Mit diesem Begriff, der so viel wie „gewöhnliches Volk" besagt, bezeichnet man jene, die sich um das Gesetz nicht oder nur wenig kümmerten, vor allem die Zehnt- und Reinheitsvorschriften. Der Begriff kommt in den

Eine vorwiegend soziologisch geprägte Beurteilung von Jesu Umgang mit den Sündern trifft nicht den Kern des Anliegens und läuft Gefahr, die Situation grob zu verzeichnen. So ist für K. Kautsky die Jüngerschaft Jesu eine Gruppe von besitzlosen Schnorrern ohne Familie und Heim, ununterbrochen von Ort zu Ort wandernd, auch selbst der Gewalttat fähig (mit Berufung auf Lk 9,51–56)[19]. Hier ist der Gedanke der freiwillig angenommenen Mittellosigkeit – wie immer es um die Besitzverhältnisse der Jünger im einzelnen beschaffen gewesen sein mag – ganz ausgeblendet, ist der Sinn für Nachfolge Jesu und Erwartung der Gottesherrschaft, von dem Jüngerschaft wesentlich bestimmt ist, völlig abhanden gekommen.

Die Besitz- und Mittellosigkeit Jesu hat einen tiefen theologischen Grund. Wir beziehen uns auf einen Text, der als eine ursprüngliche Jüngerbelehrung aufzufassen sein dürfte und dessen rekonstruierte Gestalt sich wahrscheinlich so darstellt:

„Sorget nicht für euer Leben, was ihr essen werdet, auch nicht für den Leib, was ihr anziehen werdet. Ist nicht das Leben mehr als die Speise und der Leib mehr als die Kleidung? Betrachtet die Vögel, sie säen nicht, sie ernten nicht, sie sammeln nicht in Scheunen (sie haben keine Scheune?). Und Gott ernährt sie. Seid ihr nicht viel mehr als sie? Und was sorgt ihr für die Kleidung? Schaut die Lilien, wie sie wachsen. Sie arbeiten nicht, sie spinnen nicht. Ich sage euch aber: Salomo in seiner ganzen Pracht war nicht gekleidet wie eine von diesen. Wenn Gott das Gras auf dem Feld, das heute steht und morgen in den Ofen geworfen wird, so kleidet, um wieviel mehr euch, Kleingläubige?" (Mt 6,25f.28–30 / Lk 12,23f.27f)[20].

Der rhetorisch wohlgeformte Text mit stimulierenden Fragen, dem beliebten Argumentationsschluß vom Geringeren zum Größeren (von den Vögeln und Lilien zu den Jüngern) und seiner parallelen Struktur (Nahrung/Kleidung; Säen und Ernten/Arbeiten und Spinnen; Arbeit des Mannes/Arbeit der Frau) fügt sich ohne Schwierigkeiten in die

---

Evangelien nicht vor, nahe heran kommt Joh 7,49. *A. Oppenheimer,* The 'Am-Ha-Aretz (ALGHL 8) (Leiden 1977), bemüht sich darum nachzuweisen, daß zum Amme-ha-arez auch Angehörige höherer sozialer Schichten zu zählen sind, und umgekehrt auch sozial Niedrigstehende gesetzestreu zu leben trachteten. Denkwürdig wird das Problem allerdings dort, wo ein Armer wegen seines Armenstatus die religiösen Vorschriften nicht mehr einhalten kann.

[19] Der Ursprung des Christentums ([11]1921) 404f. Bei *Theißen,* Studien 96f., der die Auffassung vertritt, daß auch aus dem Urteil Kautskys die allgemein verbreitete Ablehnung des Außenseitertums sprechen würde.

[20] Zur Rekonstruktion: Mt 6,27 par ist sekundär eingeschaltet worden. Die Raben in Lk 12,24 sind gegenüber den Vögeln in Mt 6,26 sekundär (vgl. Lk 12,24 fin). Die Rede von „eurem himmlischen Vater" in Mt 6,26b entspricht mt Sprachstil, Lk 12,24 hat mit „Gott" das Ursprünglichere bewahrt. Zu weiteren Einzelheiten vgl. *Gnilka,* Matthäusevangelium I 246; *Merklein,* Gottesherrschaft 178f.

Predigt Jesu ein, insofern er das Thema Besitzlosigkeit fortsetzt und inhaltlich ein absolutes Vertrauen auf Gottes Fürsorge voraussetzt. Der Text ist weisheitlich gestimmt, besitzt Vergleichbares in der Weisheitsliteratur und in den Psalmen (Job 38,41; Ps 104,10ff; 147,9; Ps Sal 5,10). Jesus erscheint als ein Weisheitslehrer. Nur muß man den Gesamthorizont seiner Basileia-Predigt beachten.

Dann ergibt sich, daß die Gelassenheit und Sorglosigkeit, die nicht abgeschwächt werden sollte, mißverstanden wären, würden sie einem Dolce-far-niente gleichgesetzt. Jesus spricht sich nicht gegen die Arbeit aus, setzt aber eine noch unzerstörte Natur voraus. Befreiend wirkt die hohe Einschätzung des Lebens. Das Leben (griechisch: ψυχή) ist mehr als Speise und Kleidung. Der Mensch in seinen Sorgen um diese kann leicht sein Leben vertun, den Sinn seines Lebens im Zweitrangigen verlieren. Aus den von selbstquälerischer Sorge gelösten Worten spricht ein freier und glücklicher Mensch. Die Worte sind auch deshalb so kostbar, weil sie uns ein vielfach vergessenes Jesusbild aufbewahren. Es zeigt uns einen heiteren, in der Geborgenheit Gottes sich sicher fühlenden Menschen. Nochmals kann man auf die Weisheit verweisen, die sagt: „Denn viele tötet die Sorge, und Verdruß hat keinen Wert. Neid und Ärger verkürzen das Leben, Kummer macht vorzeitig alt. Der Schlaf der Fröhlichen wirkt wie eine Mahlzeit ... Die Sorge um den Lebensunterhalt verscheucht den Schlummer, mehr als schwere Krankheit vertreibt sie ihn“ (Sir 30,23b – 31,2). Über die Weisheitsbelehrung geht Jesus aber hinaus. Denn das Vertrauen auf den sorgenden Gott paart sich für ihn und die Jünger mit dem Einsatz für die Gottesherrschaft. Wer sich selbst ganz für diese einsetzt, kann mit der göttlichen Hilfe rechnen.

Was sich über den Lebensstil Jesu und seiner Jünger ermitteln ließ, besitzt wiederum sein Zentrum in der Basileia. Bedürfnis- und anspruchslos auf dem Weg durch Galiläa, legen sie nicht nur mit ihrem Wort, sondern auch in ihrer Existenz Zeugnis ab für die Gottesherrschaft, lassen sie ihr Anwesen aufscheinen, die eine neue Ordnung heraufführen will. Sie haben sich getrennt von ihren Familien, um frei zu sein für das Werk Gottes. Bei den Armen im Land finden sie vornehmlich Gehör, die Geschundenen und Geplagten versammeln sich um sie. Im Vertrauen auf den für sie sorgenden Gott sollen sie sich frei wissen von Sorge und sich ungeteilt ihrer Aufgabe widmen.

Ausblick:

In der nachösterlichen Situation wird das radikale Wanderleben von frühchristlichen Missionaren eine Zeitlang fortgesetzt[21]. Es können aber auch Mißstände eintreten. Die Didache warnt vor falschen Propheten, die von den Gemeinden Geld verlangen (11,6). Lk 22,35 stellt eine Zäsur dar: „Als ich euch aussandte ohne Geldbeutel, ohne Sack, ohne Sandalen, hat euch da etwas gefehlt? Sie sagten: Nichts. Er aber sprach zu ihnen: Jetzt aber, wer einen Geldbeutel hat, der nehme ihn, ebenso den Sack. Wer aber nichts hat, verkaufe sein Gewand und kaufe sich ein Schwert." Die Zeit Jesu ist zur Vergangenheit geworden, an die man sich als an eine ideale, beispielhafte Zeit erinnert. Die Realitäten haben ihre außerordentlichen Möglichkeiten eingeholt, deren Kraft später nur mehr in vereinzelten Christen aufbrach. Das Problem der Parusieverzögerung erklärt keinesfalls alles. San Francesco ist das unerreichte große Beispiel.

LITERATUR: *J. Blinzler,* Εἰσὶν εὐνοῦχοι: ZNW 48 (1957) 254–270; *F. Hahn,* Das Verständnis der Mission im NT (WUANT 13) (Neukirchen 1963); *L.-E. Keck,* The Poor among the Saints in Jewish Christianity and Qumran: ZNW 57 (1966) 54–78; *H. Kasting,* Die Anfänge der christlichen Mission (München 1969); *J. Lambrecht,* The Relatives of Jesus in Mark: NT 16 (1974) 241–258; *B. Buby,* A Christology of Relationship in Mark: Biblical Theology Bulletin 10 (1980) 149–154; *C. M. Tucket,* The Beatitudes: NT 25 (1983) 117–125.

3. Jünger, Jüngerinnen, die Zwölf

Die Jünger umgeben als Gruppe das Wirken Jesu und beteiligen sich an ihm. Sie begleiten ihren Meister, werden von ihm ausgesandt, zeigen sich manchmal begriffsstutzig, werden von ihm getadelt oder ermuntert. Das ist das Bild, das wir von ihnen in den Evangelien gewinnen. Die Allgemeinheit, ja Typisierung ihres Bildes, hat sicher damit zu tun, daß die Gläubigen der nachösterlichen Gemeinden sich in ihnen wiedererkennen sollen. Es ist schwer, über einen einzelnen Jünger etwas auszumachen und sein Verhältnis zu Jesus. Wir haben viele Namen, aber keine Gesichter.

In der Nachfolge Jesu befanden sich auch Frauen. Zu ihnen gehören die unter dem Kreuz stehenden Frauen. Mk 15,40f bezeichnet sie zwar nicht als Jüngerinnen[1], doch kennzeichnet er sie eindeutig als sol-

[21] Vgl. *Theißen,* Studien 79–105.

[1] Im NT finden wir das Wort Jüngerin nur in Apg 9,36, bezogen auf Tabita in Joppe, die damit als Christin bezeichnet ist. Apg verwendet den Begriff Jünger/Jüngerin für die Mitglieder der christlichen Gemeinden.

che: „Sie waren ihm, als er in Galiläa war, nachgefolgt und hatten ihm gedient ... und waren mit ihm nach Jerusalem hinaufgezogen." In Lk 8,2f ist uns eine Namenliste von Jüngerinnen überliefert. Beachtung verdient, daß die Frauen nach den Zwölfen genannt werden: „Maria, die von Magdala geheißen, aus der sieben Dämonen ausgefahren waren, und Johanna, die Frau des Chuza, eines Verwalters des Herodes, und Susanna." Neben Maria waren auch andere dieser Frauen von ihm geheilt worden. Sowohl Mk 15,41, als auch Lk 8,3 sprechen von vielen anderen. Beide Stellen setzen voraus, daß die Frauen Jesus begleiteten.

Lukas erläutert das Dienen: „Sie dienten ihm mit ihrem Vermögen." Ist das die Übertragung späterer missionarischer Verhältnisse, wo begüterte Frauen den Missionaren ökonomisch beistehen, auf die Zeit Jesu? Oder galten die radikalen Weisungen der Aussendungsrede für die Jüngerinnen in anderer Form? Hier bleibt manches unklar. Jedenfalls tat Jesus mit der Aufnahme von Frauen in seine Jüngerschaft etwas für die Zeitgenossen sehr Provozierendes. Jüngerinnen im jüdischen Rabbinat waren undenkbar. Sogar für den synagogalen Gottesdienst waren nur Männer erforderlich. Die Frau liest nicht aus der Thora. Am Paschamahl nimmt sie teil. Das Gebet des Sch^ema war ihr verwehrt. Das Sabbatgebot galt für Frauen nicht unbedingt. Religionsunterricht für Frauen war nicht selbstverständlich. Wenn Jesus Jüngerinnen zuläßt, will er die Stellung der in der Gesellschaft unterdrückten Frau erleichtern und die Wiederherstellung ihrer menschlichen Würde fördern.

In den Frauenlisten der Evangelien wird Maria von Magdala jeweils an erster Stelle genannt (Mk 15,40 par; 15,47 par; 16,1 par; Lk 8,2; 24,10)[2]. Ihre Person ist mit einer interpretationsgeschichtlichen Hypothek belastet. Seit Gregor d. Gr. wird sie mit der Sünderin von Lk 7,36–50 identifiziert[3]. So ging sie als Büßerin in die Liturgie ein. Diese Sicht wurde als irrig erkannt. Maria wurde von sieben Dämonen befreit, das heißt, von einer schweren Krankheit geheilt. Mit dem Leben einer öffentlichen Sünderin hat das nichts zu tun. Ihren Beinamen „die Magdalenierin" hat sie von der Stadt Magdala, ihrem Herkunftsort, am See Gennesaret, eine halbe Wegstunde nördlich von Tiberias gelegen, am Ausgang des Taubentales[4]. Ihre Ersterwähnung in den

[2] In Joh 19,25 nur wird Maria von Magdala als letzte in einer Liste von vier Frauen erwähnt. Joh folgt hier dem Prinzip des Verwandtschaftsgrades. Vgl. *Hengel,* Maria Magdalena 250.

[3] Vgl. *J. Schmid,* Das Evangelium nach Markus (RNT 2) (Regensburg [4]1958) 254f (Exkurs: Die Magdalenen-Frage).

[4] Jesus muß auf seinem Weg von Nazaret nach Kafarnaum durch Magdala gekommen sein, auch auf seinen Wegen von Galiläa nach Jerusalem. Eigenartigerweise wird Magdala im Zusammenhang mit dem Wirken Jesu nicht genannt. Nach *Schürmann,* Lukas-

Frauenlisten bezeichnet ihre Vorrangstellung[5]. Ihr hohes Ansehen in den Gemeinden verdankt sie der Tatsache, daß sie – mit anderen Frauen – unter dem Kreuz stand und aller Wahrscheinlichkeit nach die erste Erscheinung des auferweckten Herrn hatte[6]. So war sie eine außerordentlich wichtige Zeugin des Lebens, Leidens, Sterbens und Auferstehens Jesu.

Von den beiden anderen Frauen der Liste in Lk 8,2f, Johanna und Susanna, wissen wir nichts. Da die erste als Frau eines höheren Beamten (ἐπίτροπος) des Tetrarchen Herodes Antipas vorgestellt wird, werden auch diese beiden nach Galiläa verwiesen. Ähnliches gilt für die Frauen unter dem Kreuz[7].

Eine eigene Berufungsgeschichte ist Levi, dem Sohn des Alphäus, gewidmet (Mk 2,14). Im Anschluß an seine Berufung wird von einem Mahl, das Jesus mit Zöllnern und Sündern hält, erzählt. Obwohl wir von ihm nichts weiter wissen, ist wichtig, daß er Zöllner ist. Die Zöllner galten als ein verachteter Stand. Die Pharisäer nahmen Zöllner nicht in ihre Reihen auf. Darum muß die Berufung eines Zöllners als Ausdruck dafür gelten, daß Sünden vergeben werden. Keine eindeutige Antwort gibt es auf die Frage, warum in Mt 9,9 der Name Levi durch den Namen Matthäus ausgetauscht wurde. Man wird davon ausgehen dürfen, daß Levi und Matthäus zwei verschiedene Personen waren und der erste Evangelist für diesen Austausch besondere Gründe hatte[8]. Auch diese Berufung ist am See Gennesaret, in der Nähe von Kafarnaum lokalisiert. Zur Nähe dieser Grenzstadt paßt die Zollstation.

In Joh 1,45–50 wird uns mitgeteilt, wie Nathanael zum Jünger Jesu wurde. Auch er ist Galiläer, aus Kana gebürtig (Joh 21,2). Bemerkenswert ist, daß auch sein Name nicht in den Zwölferlisten auftaucht. Immer wieder unternommene Versuche, ihn – auf dem Weg der Doppelnamigkeit – mit einem der Zwölfe zu identifizieren, die sogar in die griechische Liturgie eingegangen sind, sollte man lieber unterlassen[9].

---

evangelium I 446 Anm. 13, sei Magdala eine wegen ihrer Unzucht berüchtigte Stadt gewesen. Das aber ist eine Verwechslung mit Magdala Sabbaajja. Vgl. *Billerbeck* I 1047.

[5] Die Frauenlisten enthalten wiederholt drei Namen, vermutlich in Anlehnung an die Zeugenregel Dt 19,15.

[6] Vgl. Joh 20,11–18; Lk 24,22f; Mt 28,9f. Wenn ihr Name nicht in die Zeugenliste 1 Kor 15,5 eingegangen ist, hängt das damit zusammen, daß Frauen nach jüdischem Recht nicht befähigt waren, Zeugnis abzulegen.

[7] Vgl. *Gnilka,* Markus II 326.

[8] Zum Problem vgl. *Gnilka,* Matthäusevangelium I 330f; *Pesch:* ZNW 59 (1968) 40–56.

[9] In der griechischen Liturgie wird Nathanael mit Simon dem Zeloten gleichgesetzt. Schnackenburg, Johannesevangelium I 313, läßt die Möglichkeit einer Identifikation offen. Wiederholt dachte man an Bartholomäus, doch sind dies Konstruktionen.

Nur im Johannesevangelium treffen wir jenen Jünger an, der mit dem ihn in ganz herausragender Form auszeichnenden Namen „den Jesus liebte" bedacht wird (13,26–29; 19,26f.; 20,2–10; 21,7.20–23) und darum auch kurz der Lieblingsjünger genannt wird. Wir kennen vergleichbare Symbolnamen aus der Qumran-Literatur (Lehrer der Gerechtigkeit, Frevelpriester). Hier steigern sich die Schwierigkeiten bis in das Unlösbare. Zwei Auffassungen ausgrenzender Art haben sich in der gegenwärtigen Forschung weithin durchgesetzt: Er kann nicht mit Johannes identifiziert werden. Er ist aber auch keine Symbolgestalt. Wer ist er? Auf die Festlegung seines Namens sollte man verzichten. Er war ein Jünger Jesu und wurde nachösterlich für die „johanneischen Gemeinden" zur bestimmenden Autorität. R. Schnakkenburg vermutet, daß er aus Jerusalem stammen würde[10]. Doch könnte er auch Galiläer gewesen sein, vor allem wenn man bereit ist, in dem „anderen Jünger", der mit Andreas zu den Erstberufenen in der Darstellung des vierten Evangeliums gehört, den Lieblingsjünger zu sehen[11] und 21,7 (die Fischfangszene) ernst nimmt. War er Jerusalemer, so bildete er eine Ausnahme im Kreis der Galiläer[12].

Die bekannteste Gruppe von Jesusjüngern sind die Zwölf. Bei Markus, der das älteste Evangelium abfaßte, heißen sie einfach die Zwölf (3,14; 6,7; 9,35; 10,32; 11,11; 14,17). Bei Matthäus können sie die zwölf Jünger (10,1) oder auch einmal die zwölf Apostel genannt werden (10,2). Im lukanischen Schrifttum setzt sich der Begriff der zwölf Apostel durch (Lk 6,13; 9,10; 17,5; 22,14; 24,10), werden diese zu einer sakrosankten Institution, was sich insbesondere in der Nachwahl des Matthias zeigt (Apg 1,12–26; vgl. Apk 21,14)[13]. Der Befund ergibt, daß man zwischen den Zwölfen und den Aposteln trennen muß, die Apostel – nachösterlich – als eine größere Gruppe anzusehen hat, wie es auch die durch die alte Glaubensformel in 1 Kor 15,5 begründete Differenzierung zwischen den Zwölfen und „allen Aposteln" (V 7) bestätigt.

Es ist eine heiß umstrittene Frage, wie und wann es zur Gründung des Zwölferkreises gekommen ist. Nach manchen Forschern sei der Zwölferkreis erst in der nachösterlichen Situation entstanden, als Gremium der Gemeindeleitung, im Zustand intensiver Naherwartung des

---

[10] Der Jünger, den Jesus liebte: EKK. V 2 (Einsiedeln 1970) 97–117, hier 113: „letzte Sicherheit haben wir nicht." Vgl. *ders.*, Johannesevangelium III 449–464.

[11] Erzählerisch wäre es durchaus verständlich, daß dieser Jünger in der Berufungsgeschichte noch nicht Lieblingsjünger genannt wird.

[12] Judäische Jünger Jesu sah man gelegentlich in Joh 7,3 bezeugt. Doch ist dieser Vers für eine Rekonstruktion in dieser Hinsicht wenig geeignet. Vgl. *Bultmann*, Johannes 218 Anm. 9.

[13] Lukas hat dann Schwierigkeiten mit dem Apostolat des Paulus. Zum lk Paulusbild vgl. *K. Löning*, Die Saulustration in der Apostelgeschichte (NTA 9) (Münster 1973); *C. Burchard*, Der dreizehnte Zeuge (FRLANT 103) (Göttingen 1970).

Endes[14]. Hier beruft man sich vor allem auf das Fehlen der Zwölf in der Logienquelle, ihrem frühen Verschwinden aus dem Bewußtseinshorizont der Gemeinden, auch auf die eben zitierte Stelle 1 Kor 15,5. Doch schafft man mit dieser Auffassung nur größere Schwierigkeiten. Wie soll man erklären, daß ein nachösterlich gebildetes Gremium in das Leben Jesu zurückprojiziert wurde und daß Judas, der Jesus auslieferte, konstant „einer von den Zwölfen" genannt wird (Mk 14,10.20.43; Mt 26,14 u.a.)?[15] In der Tat bildet gerade Judas als einer der Zwölf ein gewichtiges Argument dafür, daß Jesus selbst den Zwölferkreis konstituierte. Dafür sprechen auch die skizzierte Entwicklung von den Zwölfen zu den zwölf Aposteln wie die Beobachtung, daß die Konstituierung einer solchen Gruppe als prophetisches Zeichen durchaus zur Art und Weise des Wirkens Jesu paßt. Wenn die Zwölf in Q – soweit es uns möglich ist, deren Bestand zu rekonstruieren – nicht vorkommen, dürfte dies mit dem Logiencharakter dieser Quelle zu tun haben[16].

Wenn wir also davon ausgehen können, daß Jesus selbst die Gruppe der Zwölfe schuf, wollte er damit zeichenhaft etwas zu verstehen geben. Die Zahl Zwölf hat mit Israel, dem Gottesvolk, zu tun. Das Volk setzte sich aus zwölf Stämmen zusammen. Jedenfalls wurde der Bestand Israels als Zwölfstämmevolk als Idealzustand empfunden. Das galt auch noch für die Zeit Jesu, obwohl damals die Mehrzahl dieser Stämme nicht mehr existierte, durch kriegerische Ereignisse, Deportationen verschwunden war. Für dieses Bewußtsein gibt es eine Reihe von Zeugnissen.

Flavius Josephus, ant. 11,107, erzählt idealisierend, daß die Israeliten nach der Rückkehr aus dem babylonischen Exil und der Errichtung eines neuen Tempels unter anderem zwölf Böcke gemäß der Zahl der Stämme geopfert hätten. Im Aristeasbrief (47–50) wird berichtet, daß die Juden in Verbindung mit der griechischen Bibelübersetzung aus jedem der zwölf Stämme eine Abordnung sandten, die die Zuverlässigkeit des Gesetzes zu bestätigen hatte. Die Testamente der zwölf Patriarchen, eine Schrift, deren Grundbestand auf das 2. Jh. v. Chr. zurückgehen mag, bestätigen das Interesse an der Zahl Zwölf. In der Gemeinde von Qumran gibt es ein Gremium von zwölf Männern, dem besondere Aufgaben zukommen und das auch mit der Erinnerung an das Zwölfstämmevolk zu tun hat (1 QS 8,1; vgl. 1 QM 2,2). In Apk 7,4–8 schließlich

---

[14] Vgl. etwa *Vielhauer*, Gottesreich 68–71.

[15] Man muß verwegene Thesen konstruieren, etwa daß der Fall Judas die spektakuläre Apostasie eines Mitgliedes der frühen Gemeinde darstelle, die zum bleibenden Gedenken in das Leben Jesu zurückgetragen worden sei.

[16] Das Logion Mt 19,28 par, das man für eine Anspielung auf die Zwölf halten konnte, ist hinsichtlich seiner Rekonstruktion zu problematisch und muß darum unberücksichtigt bleiben. Vgl. *Schmahl*, Die Zwölf 29–36; *Trautmann*, Handlungen 190–199; *Gnilka*, Matthäusevangelium II 169f. – 1 Kor 15,5 setzt die Gruppe der Zwölf schon voraus. Sie kommt nicht erst durch die Erscheinung des Auferstandenen zustande. Zwölf ist eine Symbolzahl. Der Ausfall des Judas bleibt darum unberücksichtigt.

erblickt der Seher von Patmos die Schar der 144000 Geretteten, zwölftausend aus jedem Stamm.

Die erwähnten Stellen drücken auch die Hoffnung aus, daß das Volk in der messianischen Endzeit in seiner Vollzahl wiederhergestellt werden soll. In diesen Erwartungskontext wird man das Handeln Jesu einordnen dürfen. Die Zwölfe um Jesus symbolisieren die Hinwendung zum Gesamtvolk Israel, die Verheißung seiner Rekonstitution, seine Bestimmung für das Heil der kommenden Gottesherrschaft. In dieser Perspektive sehen wir, daß zwar angesichts der Verkündigung Jesu der einzelne zur Stellungnahme und Entscheidung herausgefordert ist, letztlich aber das Gottesvolk im Horizont seines Wirkens steht. Die Zeichenhaftigkeit der Existenz des Zwölferkreises mag in der (vormarkinischen[17]) Bemerkung in Mk 3,14 angedeutet sein, sie sollten mit ihm sein. Doch wir erinnern uns daran, daß wir bei der Zielsetzung der Jüngerschaft Jesu erkannten, daß sie primär für die Verkündigung der Gottesherrschaft in der Mitwirkung mit ihm bestimmt war. Gewiß sind die Zwölf als der Kern der Jüngerschaft von dieser Aufgabe nicht auszuschließen. Im Zusammenhang mit der Basileia-Predigt konnte durch die Zwölf das an Israel gerichtete Heilsangebot nur um so wirkungsvoller zur Darstellung gebracht werden. Es bleibt anzumerken, daß die Zwölf auf dieser frühesten Stufe noch keine zusätzliche besondere Funktion wahrzunehmen haben wie etwa die Teilhabe am eschatologischen Herrschen und Richten des Menschensohnes, wie es später Mt 19,28 par zum Ausdruck bringt. Noch beschränkt sich ihre Existenz auf die Darstellung eines prophetischen Zeichens.

Innerhalb des Neuen Testaments sind uns drei Namenlisten der Zwölf überliefert, drei bei den Synoptikern (Mk 3,16–19; Mt 10,2–4; Lk 6,14–16) und eine in Apg 1,13, bezeichnenderweise keine mehr im Johannesevangelium[18]. Im Folgenden stellen wir die Reihenfolge der zwölf Namen mit ihren Beinamen vor, wie sie in Mt 10,2–4 zu lesen sind:

Simon, der Petrus heißt
Andreas, sein Bruder
Jakobus, der (Sohn) des Zebedäus
Johannes, sein Bruder
Philippus
Bartholomäus
Thomas

[17] Vgl. *Gnilka*, Markus I 136–138.

[18] Die Zwölf werden in Joh nur noch viermal beiläufig erwähnt, davon zweimal in der Wendung „einer von den Zwölfen", bezogen auf Judas Iskariot und Thomas (6,67.70.71; 20,24). Daß in Q eine Zwölferliste vorhanden war, wie *Trautmann*, Handlungen 216f, vermutet, ist sehr unwahrscheinlich.

Matthäus, der Zöllner
Jakobus, der (Sohn) des Alphäus
Thaddäus
Simon, der Kananäer
Judas, der Iskariot, der ihn auch ausgeliefert hat.

Neben der unterschiedlichen Einordnung von Andreas und Thomas stimmen die vier Listen in den Namen überein mit einer einzigen Ausnahme: in den beiden lukanischen Listen fehlt Thaddäus. An seine Stelle tritt Judas, der (Bruder?) des Jakobus. Dies dürfte sekundär sein[19]. Alle Listen beginnen mit Simon Petrus und enden mit Judas Iskariot. Die Stellung dieser beiden ist wertend gemeint.

Folgende Beobachtungen sind erwähnenswert: die ersten Vier sind die beiden Brüderpaare, die nach Mk 1,16–20 / Mt 4,17–22 als Erste berufen wurden. Sollte Jesus in den Anfängen seiner Tätigkeit nur diese vier Jünger gehabt haben?[20] Simon Petrus und Andreas stammen aus Bethsaida, ebenso Philippus (vgl. Joh 1,44; 12,21), das bereits östlich des Jordan lag und damit nicht mehr zu Galiläa, sondern zur Gaulanitis gehörte[21]. Petrus und Andreas waren nach Kafarnaum umgezogen. Es dürfte kein Zufall sein, daß Andreas und Philippus die Mitglieder des Zwölferkreises sind, die einen griechischen Namen tragen, der letztere sogar den seines Tetrarchen[22]. Es ist nicht auszuschließen, daß insbesondere die aus Bethsaida stammenden Jünger auch der griechischen Sprache mächtig waren. Nach Mk 3,17 übertrug Jesus dem Brüderpaar Jakobus und Johannes den zusätzlichen Namen Boanerges, den Markus im Sinn von Donnersöhne versteht. Was er bedeutet, ist unklar (Temperament, zelotische Gesinnung, Vollmacht?). Interessant ist, daß im Doppelvokal Boan- der galiläische Dialekt des Aramäischen nachwirkt, der durch Verdunklung des a gekennzeichnet ist[23].

Simon Petrus erhält in Mt 16,17 den zusätzlichen Namen Barjona. Nach Joh 1,42; 21,15 heißt er Simon, Sohn des Johannes. Von daher versteht man auch Barjona im Sinn dieses Patronyms. Daß der Name Barjona den Simon Petrus als Zeloten ausweise, weil die Zeloten Bar-

---

[19] Dachte man an den Herrenbruder Judas (vgl. Mk 6,3)? Sollte die apostolische Autorität des Judasbriefes gesichert werden (vgl. Jud 1)? Vermutung von *Pesch,* Markusevangelium I 208. Ein zweiter Judas wird auch in Joh 14,22 erwähnt.
[20] Vermutung von *Kingsbury:* JBL 98 (1979) 67 ff.
[21] Joh 12,21 spricht von Bethsaida in Galiläa. Das ist nicht korrekt. Wenn man damit rechnet, daß der Jordan einmal sein Flußbett verlegt habe und östlich von Bethsaida in den See geflossen sei, so wäre eine solche Verlegung in vorchristlicher Zeit erfolgt. Zur Zeit Jesu war Bethsaida Residenz des Tetrarchen Philippos.
[22] Thaddäus könnte ein griechischer Name sein, wenn man es von Theudas ableitet.
[23] Vgl. *Dalman,* Worte Jesu 39 Anm. 4.

jone genannt wurden, ist unwahrscheinlich[24]. Dieser Zelotenname taucht erst später auf. Auch das Milieu Simons spricht nicht dafür[25]. Hingegen ist der andere Simon des Zwölferkreises durch seinen Beinamen der Kananäer - in Lk 6,15 zutreffend mit Eiferer übersetzt - als Zelot ausgewiesen[26]. Judas, der die Zwölferreihe abschließt, trägt den vielumrätselten Namen Iskariot.

Drei Ableitungsmöglichkeiten bieten sich an:

1. Er ist nach seinem Herkunftsort benannt: „der von Kerioth"[27], einer auch in Jos 15,25 erwähnten Stadt im südlichen Judäa, deren genaue Lage schwer zu bestimmen ist. Judas wäre dann auch herkunftsmäßig ein Außenseiter.

2. Man bringt Iskariot mit sicarius in Verbindung[28]. Damit wäre Judas gleichfalls der zelotischen Bewegung zugeordnet, näherhin einer vermutlich besonders rigorosen Gruppe, die ihren Namen für ihre Art zu kämpfen (von sica = der Dolch), erhielt[29].

3. Man versteht Iskariot als Motivname (Mann der Falschheit)[30]. Dann wäre ihm dieser Name von der christlichen Gemeinde nachträglich gegeben worden. Die erste Ableitung oder die dritte könnte zutreffen.

Von besonderem Interesse ist für uns der dem Simon, dem ersterwähnten Jünger, beigefügte Petrusname. Zunächst ist es gut, sich zu vergegenwärtigen, daß Petrus in vorchristlicher Zeit als Rufname nicht nachgewiesen werden kann (wohl ähnliche Namen wie Petrios, Petraios, Petron o.ä.[31]). Das heißt, dieser Name wurde dem Simon verliehen, um irgend etwas zum Ausdruck zu bringen. In Mt 16,18 wird die Verleihung des Petrusnamens mit der Absicht des Baus der Kirche in Verbindung gebracht. Doch dies ist bereits eine weiterführende Interpretation des Petrusnamens. Dies erkennt man daran, daß hier aus

---

[24] Gegen *O. Cullmann*, Der Staat im NT (Tübingen ²1961) 11, der diese Auffassung von *R. Eisler* übernimmt.

[25] Zur Diskussion vgl. *M. Hengel*, Die Zeloten (AGSU 1) (Leiden 1961) 55–57, besonders 57 Anm. 5.

[26] Zur Bezeichnung der Zeloten als Eiferer vgl. *Hengel* (Anm. 25) 61–78.

[27] Vorschlag von *Dalman*, Jesus 26. Nach *M. Noth*, Das Buch Josua (HAT I/7) (Tübingen 1953) 93f., lag Kerioth im Gau Horma, das heißt, südlich von Hebron, östlich-nordöstlich von Beërscheba. Vgl. die Karte auf S. 91. Nach *Abel*, Géographie II 417, 7 km südlich von Tell Ma'in.

[28] *O. Cullmann*, Der zwölfte Apostel: Vorträge und Aufsätze (Tübingen 1966) 214–222, hier 218f. Schon *F. Schulthess*, Zur Sprache der Evangelien: ZNW 21 (1922) 241–258, hier 250ff.

[29] Zu den Sikariern vgl. *Hengel* (Anm. 25) 47–54.

[30] *B. Gärtner*, Die rätselhaften Termini Nazoräer und Iskariot (HSoed 4) (Stockholm 1957). - In Joh 6,71; 13,2.26 erfahren wir den Vatersnamen des Judas: Sohn des Simon Iskariot. Hier ist Iskariot mit dem Namen des Vaters verbunden. Das könnte für die Ableitung vom Ort Kerioth sprechen.

[31] Bei *Lampe*: NTS 25 (1979) 228.

dem „Petros" die πέτρα, der Fels wird (Genus- und Bedeutungswechsel), während „Petros" der Stein (öfter der Schleuderstein) bedeutet. Das Handwörterbuch der griechischen Sprache von F. Passow bemerkt dezidiert zu πέτρος: „stets in der Bedeutung *Stein* und dadurch von πέτρα, *Felsen,* bestimmt unterschieden." – Mt 16,18 setzt also bereits voraus, daß dieser Jünger diesen Namen trug, der hier nur neu interpretiert wird.

Wie kam Simon zu diesem Namen? Was bedeutete er am Anfang? Wenn eine Neuinterpretation an diesen Namen anschließen konnte und Simon den Petrusnamen also schon zuvor besaß, ist es naheliegend, daß er auf Jesus zurückgeht. Jesus nannte Simon: Kepha. Das ist die aramäische Urform. Sie begegnet uns 10mal im Neuen Testament, in der leicht gräzisierten Form Kephas[32]. Aramäisches Kepha bedeutet überwiegend Stein, auch Edelstein[33], daneben Fels.

Die Rolle des Simon als Sprecher der Jüngerschaft lassen die Evangelien noch durchblicken. Am natürlichsten erklärt sich diese daraus, daß er zusammen mit seinem Bruder Andreas als erster von Jesus berufen wurde. Andreas dürfte der Jüngere gewesen sein. Man darf vermuten, daß die Übertragung des Kepha-Namens mit Simon als dem ersten Gefolgsmann Jesu zusammenhängt. Vielleicht geschah sie schon bei der Berufung. Oder bei der Konstituierung des Zwölferkreises?[34]

Zusammenfassend läßt sich sagen, daß die Jüngerschaft Jesu sich vornehmlich aus Galiläern zusammensetzte, Männern und Frauen. Gerade auch von seiner Jüngerschaft aus betrachtet, erscheint die von ihm ausgelöste Bewegung als eine galiläische. Von vielen Jüngerinnen und Jüngern wissen wir nicht mehr als den Namen. Es läßt sich auch nicht sagen, wie groß die Zahl seiner Jüngerschaft gewesen ist, nur dies, daß es neben dem Kreis der Zwölf noch andere Jünger gab. Mit den Zwölfen setzte Jesus ein prophetisches Zeichen vor dem Volk Israel, dem angezeigt wurde, daß es gesammelt werden soll für das bevorstehende Reich Gottes. Innerhalb der Zwölf nimmt Simon die erste Stelle ein. Die Übertragung des Kepha-Namens zeichnet ihn aus als den ersten Jünger Jesu.

---

[32] Von Joh 1,42 abgesehen immer in den Protopaulinen. Für Kepha ist umstritten, ob das Wort als Rufname bereits Verwendung fand. Ein Beleg in den Elephantine-Papyri ist nicht sicher. Vgl. die Kontroverse zwischen *J. A. Fitzmyer,* Aramaic Kepha' und Peter's Name in the NT: Text and Interpretation (Festschrift M. Black) (Cambridge 1979) 121–132, hier 127ff, und *P. Grelot,* Documents araméens d'Égypte (Paris 1972) 476.

[33] *G. Dalman,* Aramäisch-neuhebräisches Handwörterbuch (Göttingen ³1938) 197 links.

[34] Vermutung von *R. Pesch:* EWNT II 721f. – Jesus redet den Jünger in den Evangelien immer mit „Simon" an (Mk 14,37; Mt 16,17; 17,25; Lk 22,61; Joh 21,15–17). Einzige Ausnahme ist Lk 22,34, dazu vgl. par Mk 14,30. Daraus kann man folgern, daß der Kepha-Petrus-Name den Namen Simon noch nicht verdrängt hatte.

Ausblick:

Nachösterlich tritt die Gruppe der Zwölf in ihrer symbolischen Bedeutung für Israel zurück. Leitungsfunktionen in der Jerusalemer Gemeinde nehmen sie kaum wahr. Apg 6,2 bietet für eine solche Auffassung eine zu schwache Basis. Ihre Bedeutung wird jetzt in einem neuen Licht gesehen. Obwohl sie in 1 Kor 15,5 und 7 noch neben allen Aposteln genannt werden – dabei kann man die Zugehörigkeit der Zwölf zu allen Aposteln annehmen –, gibt es eine Entwicklung, besonders durch Lukas forciert, den Apostelnamen auf die Zwölf einzugrenzen. Als die zwölf Apostel sind sie die maßgeblichen und autorisierten Zeugen des Lebens, Sterbens und Auferstehens Jesu. Innerhalb der Gruppe der Apostel wird Simon Petrus zum besonderen testis qualificatus im besagten Sinn und damit zum Fels, auf dem die Kirche des Messias auferbaut werden soll. Diese herausragende Aufgabe des Simon Petrus, die in der vorösterlichen Situation einen Anknüpfungspunkt hat, ist nachösterlich begründet durch die ihn auch vor den Zwölfen in persönlicher Weise auszeichnenden Ersterscheinung des Auferstandenen (1 Kor 15,5; Lk 24,34). Zweimal der Erste, beim Beginn des Wirkens Jesu und beim Neubeginn nach Kreuz und Ostern, wurde er zur Kepha der Kirche.

Literatur: *M. Hengel,* Maria Magdalena und die Frauen als Zeugen: Abraham unser Vater (Festschrift O. Michel) (AGSU 5) (Leiden 1963) 243–256; *B. Rigaux,* Die „Zwölf" in Geschichte und Kerygma: *H. Ristow – K. Matthiae,* Der historische Jesus und der kerygmatische Christus (Berlin ²1964) 468–486; *P. Vielhauer,* Gottesreich und Menschensohn in der Verkündigung Jesu: Aufsätze zum NT (TB 31) (München 1965) 55–91; *R. Pesch,* Levi-Matthäus: ZNW 59 (1968) 40–56; H. Merklein, Der Jüngerkreis Jesu: *K. Müller,* Die Aktion Jesu und die Re-aktion der Kirche (Würzburg 1972) 65–100; *G. Schmahl,* Die Zwölf im Markusevangelium (TThSt 30) (Trier 1974); *J. D. Kingsbury,* The Figure of Peter in Matthew's Gospel as a Theological Problem: JBL 98 (1979) 67–83; *P. Lampe,* Das Spiel mit dem Petrusnamen – Mt 16,18: NTS 25 (1979) 227–245; *A. Vögtle,* Das Problem der Herkunft von Mt 16,17–19: Offenbarungsgeschehen und Wirkungsgeschichte (Freiburg 1985) 109–140; *F. Hahn,* Die Petrusverheißung Mt 16,18f: Exegetische Beiträge zum ökumenischen Gespräch (Göttingen 1986) 185–200; *J. Lambrecht,* „Du bist Petrus" – Mt 16,16–19 und das Papsttum: SNTU 11 (1986) 5–32; *J. Gnilka* „Tu es Petrus": MThZ 38 (1987) 3–17.

Siebtes Kapitel

Israel, Gottes Volk und Kirche

Die Konstituierung des Zwölferkreises als eines prophetischen Zeichens für Israel lenkte unsere Aufmerksamkeit bereits verstärkt auf den Gottesvolk-Gedanken. Wir haben jetzt das Wirken Jesu in seiner „heilsgeschichtlichen" Dimension zu betrachten. Der Begriff Heilsgeschichte, in der Sprache der Theologie erst im 19. Jahrhundert aufgekommen, ist bedeutsam und auf biblische Befunde anwendbar, insofern sich nach der Auffassung der Bibel Gottes Heil in der Geschichte offenbart. Auf Jesus angewendet, besagt er vor allem dies, daß sein Wirken erwartet wurde und er hineingehört in eine größere Geschichte. Freilich hebt sich die Realisierung dieser Erwartung von dieser ab. Die Erwartung, in den Ahnungen der Propheten ausgesprochen, konnte verdunkelt und menschlichen, allzu menschlichen Wünschen angepaßt werden. Und wenn Gott handelt, handelt er stets neu und überraschend, auch für fromme Erwartung. In Jesus aber ist das Endgültige erschienen, ist die Gottesherrschaft erfahrbar geworden, ist radikal Neues angebrochen. Den Anbruch des Neuen, der eine alte Geschichte abschließt, erfüllt, auf den Höhepunkt zuführt, haben wir im „Stürmerspruch" bedacht: „Das Gesetz und die Propheten reichen bis auf Johannes. Von da an dringt die Gottesherrschaft mit Gewalt heran ..." (vgl. auch Mk 1,15).

Woran Jesus anknüpft, das ist insbesondere das Volk Israel. Er findet dieses Volk mit seiner Geschichte vor. Er ist in seinem Wirken auf dieses Volk ausgerichtet. Diese Zusammenhänge kommen in seiner Tätigkeit auf vielfältige Weise zum Ausdruck. Er selbst ist Glied dieses Volkes, ist Israelit, spricht seine Sprache, gebraucht in seiner Verkündigung vertraute Bilder und Motive, die aus der Bildersprache der Bibel genommen und seinen Hörern vertraut sind. Wenn er sich auch an den einzelnen wendet und ihn zur Entscheidung ruft, sieht er ihn eingefügt in dieses Volk. Wollte man sein Heilsangebot heilsindividualistisch verstehen, würde man es gröblich mißdeuten. Weil er dieses Volk vor sich hatte, zu dem er sich gesandt wußte und das er mit der helfenden Mitwirkung seiner Jünger bereiten wollte für die andringende Gottesherrschaft, bestand keine Veranlassung, eine solche kollektive Größe erst zu schaffen. Ja, es war heilsgeschichtliche Notwendigkeit, daß er seinen Auftrag an Israel erfüllt. Man versteht Jesu Wirken nur dann, wenn man diese Orientierung seines Wirkens ohne Abstriche anerkennt. Der öfter gebotene Hinweis, daß sich unter den Hörern Jesu in der Mischbevölkerung Galiläas auch Heiden befanden, ändert an dieser Orientierung grundsätzlich nichts. Gewiß müssen wir mit solchen Heiden in seinem Publikum rechnen, doch ist sein Heilswille auf Israel gerichtet. Israel war – um es pointiert zu formulieren – seine „Kirche", war das Volk, das aufs neue und endgültig herausgerufen werden sollte in die Gottesherrschaft. Mit Kirche (Ekklesia) ist hier zuvörderst und letztlich nichts anderes gemeint als das herausgerufene Volk Gottes [1].

Die Hinordnung der Tätigkeit Jesu auf Israel wird in den Evangelien auch dadurch kenntlich gemacht, daß sie räumlich auf das Land Israel bezogen bleibt. Zwar wird die Dekapolis, das Gebiet der hellenisierten zehn Städte östlich des Jordan, erwähnt (Mk 5,20; 7,31; Mt 4,25) [2], zwar übernimmt Jesus nach Mk 7,24 ff / Mt 15,21 ff eine Reise in das Gebiet von Tyros und Sidon, die Lukas tilgt, und nach Mk 8,27 / Mt 16,13 eine Reise in die Gegend von Kaisareia Philippi (Lk 9,18 spricht unbestimmt vom Alleinsein Jesu), doch wird von keiner missionarischen Tätigkeit unter den Heiden gesprochen. Wie immer es um die Reise in das Gebiet von Tyros und Sidon bestellt sein mag, die geographische Angabe ist recht unbestimmt, und möglicherweise ist die Reise aus der einer Syrophönikierin gewährten Heilung (Mk 7,26 par), die zudem als Ausnahme gekennzeichnet ist (Mk 7,27–30 par), erschlossen. Wenn als historische Reminiszenz einer Nordreise keine Missionsarbeit ausgemacht werden kann, könnte hierfür die Absicht, vorübergehenden Nachstellungen von seiten des Tetrarchen Herodes Antipas zu entweichen, in Frage kommen (vgl. Lk 13,31 f).

Es ist damit zu rechnen, daß unauffällige Details diese Orientierung wie ein momentanes Blitzlicht beleuchten. Wir wählen die Heilungsgeschichte Mt 8,5 ff. Sie ist durch eine präzis erscheinende Personen- und Ortsangabe ausgezeichnet. In Kafarnaum bittet ihn ein dort ansässiger Hauptmann um die Heilung seines schwer erkrankten Knechtes. Der Hauptmann ist als Heide gekennzeichnet. Historische Konkretheit gewinnt die Geschichte über die erwähnten Angaben hinaus in der Reaktion Jesu, die man allerdings nur dann voll erfaßt, wenn man sie als Frage begreift: „Soll ich etwa kommen und ihn heilen?" (V 7) [3]. Aus

---

[1] Es muß daran erinnert werden, daß in der griechischen Bibelübersetzung Israel häufig Ekklesia, Ekklesia des Herrn o.ä. genannt wird: Dt 23,1.2; Ri 20,2; 3 Kg 8,14.22.55; 1 Chr 13,2 usw. Das hebräische Äquivalent ist meist *qahal*.

[2] Nur Skythopolis lag westlich des Jordan, das auch zu den zehn Städten gezählt wurde.

[3] Vgl. *Gnilka*, Matthäusevangelium I 301.

dieser Frage klingt ein leichter Ton der Entrüstung. Es ist die Entrüstung des Juden Jesus, der gebeten wird, das Haus eines Heiden zu betreten. Die bekannte Antwort des Hauptmanns entspricht dem Befund.

Die Ausrichtung des Wirkens Jesu auf Israel wird für uns noch plastischer, wenn wir uns daran erinnern, daß das Volk in geistig-religiöser Hinsicht durchaus keine Einheit mehr darstellte, sondern in verschiedene Gruppierungen, Parteiungen aufgespalten war. Jesus schließt sich keiner dieser Gruppierungen an, bevorzugt keine. Gewiß geriet er zu der einen und anderen Gruppe in Spannungen, doch hebt das seinen auf Gesamtisrael gerichteten Willen nicht auf. Dieser Wille wurde durch die Konstituierung des Zwölfmännerkreises und seine Aussendung noch unterstrichen.

Den Schwerpunkt seines Wirkens bildete Jesus in Galiläa, vielleicht läßt sich sogar sagen, im nordwestlich an den See angrenzenden Raum. Warum werden Städte wie Sepphoris, Magdala, Gabara im Zusammenhang mit seiner Tätigkeit in den Evangelien nicht erwähnt?[4] Sollte er dort keinen Anklang gefunden haben? Sollte er das Wirken dort den Jüngern überlassen haben? Wir vermögen diese Frage nur zu stellen, nicht zu beantworten. Samaria hat er gemieden[5]. Wie oft war er in Jerusalem? Es ist bekannt, daß nach der Darstellung der synoptischen Evangelien Jesus während seiner öffentlichen Tätigkeit nur ein einziges Mal in die Hauptstadt zieht, zum Leidenspascha. Doch beruht diese Darstellung auf literarischer Absicht. Der Zug nach Jerusalem ist dramatisiert. Das Johannesevangelium setzt mehr als einen Jerusalem-Aufenthalt voraus, doch bleiben hier die redaktionellen Umstellungen, etwa der Perikope vom Tempelprotest an den Anfang (2,13–17), und Einschaltungen (6,1 ist die Fortsetzung von 4,54) zu berücksichtigen. Ging es Jesus um ganz Israel, war es auf jeden Fall unerläßlich, daß er auch im Süden wirkte. Nach W. Bauer hat ihn der Mangel an Zulauf in seiner engeren Heimat nach Jerusalem hinaufgetrieben[6]

Es mag befremden, daß explizite, die Ausrichtung auf Gesamtisrael artikulierende Aussagen Gerichtsaussagen sind. Doch ergibt sich dies fast von selbst, wenn man davon ausgeht, daß die positive Hinwendung zum ganzen Volk für Jesus selbstverständlich ist. Darum könnte die Erörterung dieser Gerichtssprüche ein schiefes Bild ergeben. Es bleibt von vornherein im Blick zu behalten, daß das alle Israeliten einschließende, intensiv vorgetragene Heilsangebot vorausgegangen und nicht aufgehoben ist, solange er wirkt. Die Gerichtssprüche haben einen unüberhörbar warnenden Ton. Man braucht nicht unbedingt

---

[4] Die Frage stellte bereits *Bauer*, Galiläer 31.

[5] Lk 9,51–55 hat die Erinnerung daran aufbewahrt.

[6] Galiläer 32.

daran zu denken, daß manche dieser Sprüche von ihm wiederholt vorgetragen worden sind[7].

Richten wir unsere Aufmerksamkeit auf die Adressaten seiner Gerichtsworte. In Mt 12,41 f par ist es „dieses Geschlecht“:

„Die Königin des Südlandes wird beim Gericht mit diesem Geschlecht auferweckt werden und es verurteilen. Denn sie kam von den Grenzen der Erde, um die Weisheit Salomos zu hören. Und siehe, mehr als Salomo ist hier. Die Männer von Ninive werden beim Gericht mit diesem Geschlecht auftreten und es verurteilen. Denn sie kehrten um auf die Predigt des Jona. Und siehe, mehr als Jona ist hier.“[8]

„Dieses Geschlecht“ ist eine bedrohliche, anklagende Anrede, die sich in einen Gerichtsspruch einfügt. Sie ist im Alten Testament vorgeprägt, wird dort in demselben Sinn verwendet und kann mit entsprechenden Beiwörtern ausgeschmückt werden: „Vierzig Jahre hatte ich Abscheu vor diesem Geschlecht. Ich sprach: Sie sind ein Volk mit irrendem Herzen, denn sie achten nicht auf meine Wege“ (Ps 95,10). Oder: „Keiner von den Männern dieses bösen Geschlechts soll das schöne Land sehen ...“ (Dt 1,35). In Dt 32,5 heißt es ein „verdrehtes und verschlagenes Geschlecht“[9]. Der Grund für die Schelte ist im Jesuswort die Ablehnung des Heilsangebotes. Weil dieses das Reich betrifft, wird „diese Generation“ zur letzten. Das gegenwärtige Israel in seiner Gesamtheit, die letzte Generation, dieses Geschlecht geht dem bedrohlichen Gericht entgegen, in dem Heiden – die Männer von Ninive und die sagenumwobene Südkönigin (vgl. 1 Kg 10,1–13; 2 Chr 9,1–12) – als Belastungszeugen gegen es aufstehen werden. Denn sie haben zu ihrer Zeit, wenn auch im letzten Augenblick, wie die Niniviten, Umkehr geleistet und sind dem Gericht entkommen, oder Strapazen auf sich genommen, wie die Südkönigin, um die geistige Nahrung der Weisheit aus dem Mund Salomos, des Weisesten der Weisen, zu schlürfen. Schuld und Verantwortung Israels wiegen schwerer, weil es einem größeren Heilsangebot widersprach. Gerade in dieser Formulierung, die auf die Botschaft Jesu mehr als auf seine Person verweist, erblickt man ein Indiz seiner Sprache[10].

Die Adressatin in Mt 23,37 / Lk 11,49 ist Jerusalem: *„Jerusalem, Je-*

---

[7] Überlegung von *Reiser*, Gerichtspredigt 205, zu Mt 12,41 f par.

[8] Mt 12,41 f / Lk 11,31 f überliefern den Spruch übereinstimmend, nur fügt Lk 11,31 hinzu „mit *den Männern* dieses Geschlechts“ und hat Mt aus kontextualen Gründen die Niniviten vorgeordnet.

[9] Vgl. *M. Meinertz*, „Dieses Geschlecht“ im NT: BZ 1 (1957) 283–289.

[10] Im griechischen Text steht neutrisches πλεῖον in Mt 12,41 f fin par. Vgl. *U. B. Müller*, Vision und Botschaft: ZThK 74 (1977) 416–448, hier 434 Anm. 49. Man kann auch die semitisierende Phraseologie geltend machen: zweimaliges „Und siehe“ mit folgendem Nominalsatz, Fehlen des bestimmten Artikels vor „Königin“ und „Männer von Ninive“.

rusalem, die tötet die Propheten und steinigt die zu ihr Gesandten. Wie oft habe ich deine Kinder versammeln wollen, wie eine Vogelmutter ihre Küchlein (Lk: ihre Nestbrut) unter den Flügeln versammelt. Und ihr habt nicht gewollt.“[11]

Bemerkenswert ist zunächst der Übergang von der Beschreibung der Vergangenheit Jerusalems, die eine unheilvolle ist, zur persönlichen Erfahrung des Sprechers: „Wie oft habe ich versammeln wollen ...“ Man wird in der Wiedergabe einer persönlichen Erfahrung ein Hinweis darauf erblicken dürfen, daß wir es mit einem authentischen Jesuswort zu tun haben. Auf diese Weise ordnet sich der Sprecher, also Jesus, ein in die lange Reihe der Propheten und Gottesgesandten vor ihm, denen Jerusalem ein schlimmes Schicksal, Tötung und Steinigung, bereitete. Er schließt diese Reihe ab, ist der letzte derer, die mit der Möglichkeit des gewaltsamen Prophetengeschicks rechnen müssen[12]. Die Vermeidung eines christologischen Prädikats verdient unsere Aufmerksamkeit. Das Wort ist weisheitlich geprägt und partizipiert am Schicksal der Weisheit, die für Gott steht, und ihrer Boten, die abgelehnt werden (vgl. Spr 1,20ff; Bar 3,14f; Henaeth 42,1f u.a.).

Das Bild von der Vogelmutter ist alttestamentlich: „In den Schatten deiner Flügel fliehen die Menschenkinder“ (Ps 36,8; vgl. Is 31,5). Das Bild beschreibt die intensive Bemühung, Rettung und Schutz zu gewähren. Jerusalem darf hier nicht auf die Stadt eingeschränkt werden, sondern steht wie öfter in der Bibel für ganz Israel. Darum besagt die Wendung „wie oft wollte ich“ nichts anderes als den fortgesetzten, mit aller Kraft betriebenen Versuch, Israel zu retten, der im Anschluß an die Vergangenheitsgeschichte der Widerspenstigkeit und des Ungehorsams umso belastender erscheint. Das Resultat der Liebesmühe ist deprimierend: „Du hast nicht gewollt.“ Aus dem verweigerten Eingehen auf das Angebot der Rettung ergibt sich von selbst das Gericht. Der Gerichtsgedanke ist präsent, auch wenn man V 38 nicht mehr als explizite Gerichtsansage zum alten Jesus-Logion rechnen will.

In Mt 11,21–24 / Lk 10,13–15 sind Chorazin, Bethsaida und Kafarnaum die Adressaten:

„Wehe dir, Chorazin! Wehe dir, Bethsaida! Denn wären in Tyros und Sidon solche Machttaten geschehen, wie bei euch geschehen sind, sie wären längst in Sack und Asche umgekehrt. Doch Tyros und Sidon wird es am Tag des Gerichts erträglicher ergehen als euch. Und du, Kafarnaum, daß

---

[11] Die Überlieferung in Mt 23,37 und Lk 11,49 stimmt weitgehend überein. Der Wechsel von Küchlein zu Nestbrut und vom Aorist II zum Aorist I ist ohne größere Bedeutung.

[12] Vgl. *O. H. Steck,* Israel und das gewaltsame Geschick der Propheten (WMANT 23) (Neukirchen 1967).

du nicht, bis zum Himmel erhöht, zur Unterwelt herabgestürzt werden wirst."[13]

Mit dem Gerichtswort über dieses Geschlecht stimmt dieser Spruch insofern strukturell überein, als die Unbußfertigkeit des jüdischen Publikums der Willigkeit von Heiden gegenübergestellt wird. Die Kontrastierung erscheint hier noch schärfer, weil die Bereitwilligkeit von Tyros und Sidon, den syrischen Städten, nur eine vermutete ist, während die Niniviten und die Südkönigin konkrete Beispiele der biblischen Überlieferung boten. Schlimmer noch: Tyros und Sidon gelten der biblischen Überlieferung als hochmütig und gottvergessen: „Heulet, ihr Tarsisschiffe ... Schäme dich, Sidon ... sie werden beben bei der Kunde über Tyros" (Is 23,1–5; vgl. 23,6–18; Ez 26–28). Im Gerichtsspruch Jesu werden die prophetischen Völkerorakel umgekehrt. Doch nicht allein in dieser Antithetik erweist sich das Wort als Jesuswort. Die Städte werden gescholten, weil sie Stätten seines Wirkens waren, nicht christlicher Missionare nach ihm. Sie waren Zeugen seiner Wunder (δυνάμεις), die ihnen die mit ihm erfahrbare Gottesherrschaft kundtun sollten. Chorazin, Bethsaida, Kafarnaum ergeben ein Städtedreieck, das – in vier bis fünf Stunden zu umwandern – als Kerngebiet seines Wirkens gelten kann. Das ist um so bemerkenswerter, als Chorazin, 3 km nördlich und oberhalb von Kafarnaum gelegen, nur in diesem Weheruf innerhalb der Evangelien erwähnt wird. Kafarnaum, seine Stadt, wird mit einem eigenen Drohspruch bedacht. Gerade auch weil man in einem solchen Zusammenhang ein Wort über Kafarnaum erwartet, wird man diesen Drohspruch Jesus zuschreiben können[14].

Die Gerichtssentenz gegen die drei Städte wirkt wie das Fazit einer zu Ende gehenden oder bereits abgeschlossenen Tätigkeit. Sollte Jesus in Analogie zu seinem Auftragswort an die Jünger gehandelt haben, daß sie am Ende einer erfolglosen Tätigkeit den Staub von ihren Füßen abschütteln sollten (vgl. Mt 10,14)? Dann ließe sich die Sentenz beim Abschied von Galiläa und Aufbruch zur letzten Reise nach Jerusalem unterbringen. Doch kommt, besonders beim Wort über Kafarnaum, der Drohcharakter stärker zum Vorschein[15].

Für den letzten Gerichtsspruch, den wir auswählen, läßt sich die genaue Adressatenangabe nicht mehr sicher ermitteln: *„Viele werden kommen vom Aufgang und Niedergang und mit Abraham, Isaak und Ja-*

---

[13] Mt 11,23b.24 ist Nachbildung von 10,15. Entsprechendes fehlt bei Lk. Die Einführung von Mt 11,22 „Doch ich sage euch" ist MtR (vgl. V 24). Lk 11,13 bietet: „in Sack und Asche *sitzend*".

[14] *F. Hahn*, Die Mission im NT (WMANT 13) (Neukirchen 1963) 27 und Anm. 1, hält ihn für sekundär.

[15] Wir fassen die Sentenz mit *Wellhausen, Klostermann* als semitisierende negative Parataxe. Vgl. die Übersetzung.

kob im Reich Gottes zu Tisch liegen. Ihr (Mt: die Söhne des Reiches) aber werdet hinausgestoßen werden. Dort wird Heulen und Zähneknirschen sein" (vgl. Mt 8,11 f / Lk 13,28 f)[16].

Die „Söhne des Reiches" muten zwar in ihrer semitischen Gestalt wie die alte Adressatenangabe an, könnten aber sekundär sein, weil der Begriff nochmals in Mt 13,38 vorkommt (dort wahrscheinlich MtR). War ursprünglich einfach „Ihr" wie bei Lukas zu lesen, wer war angesprochen? Etwa nur die jüdischen Hierarchen? Auch dieser Spruch konfrontiert die Juden mit den Heiden. Die Vielen, die da von Osten und Westen kommen sollen, sind Heiden. Lk 13,29 erweitert den Horizont noch um die Himmelsrichtungen Nord und Süd. Heiden werden kommen und Juden beschämen. Sie werden beim eschatologischen Freudenmahl im Reich Gottes an deren Stelle treten. Wie umfänglich auch dieser Rollenwechsel sein soll, besonders provokant war dieses Logion auch wegen seiner impliziten scharfen Kritik an einem falschen Vertrauen auf die Abstammung von Abraham und den Patriarchen, die wir schon bei Johannes dem Täufer beobachten können: „Wähnet nicht, bei euch zu sagen: Wir haben Abraham zum Vater. Denn ich sage euch: Gott vermag aus diesen Steinen dem Abraham Kinder zu erwecken" (Mt 3,9 par).

Das Jesuswort greift die altprophetische Idee von der Wallfahrt der Völker zum Sionsberg auf. Das Logion bringt seine Interpreten in arge Verlegenheit. Sie läßt sich so umschreiben: Entweder man sagt, weil das Logion einen so radikalen Gedanken faßt, daß es Heiden an die Stelle von Juden treten läßt, kann es nicht von Jesus sein[17]. Oder man sagt: Jesus läßt im Ernst nicht Heiden an die Stelle von Juden treten, er droht nur mit dieser Möglichkeit[18]. Gibt es keinen mittleren Weg?

Wir müssen uns die prophetische Ankündigung der Völkerwallfahrt näher anschauen. Dabei interessieren nicht die Texte, nach denen die Völker zum Sion kommen, um Israel zu dienen und Tribut zu zollen, sondern jene, die von ihrer Einbeziehung in Israels Heil handeln, etwa: „Da werden sich viele Völker an den Herrn anschließen an jenem Tag und werden ihm Volk sein und bei dir wohnen" (Zach 2,15). Oder: „Es wird geschehen in der Folge der Tage: Da wird fest gegründet sein der Berg des Hauses Jahves auf dem höchsten Gipfel der Berge und erhaben sein über alle Hügel. Da werden zu ihm Völker strömen, und viele Nationen werden hinziehen und sprechen: Auf! Laßt uns hinaufsteigen zum Berg Jahves, zum Haus des Gottes Jakobs,

---

[16] Lk hat die beiden Teile des Spruches umgekehrt, um ihn in seinen Kontext eintragen zu können. MtR bietet „die äußerste Finsternis" und statt dem Gottes- das Himmelreich. Vgl. *Gnilka,* Matthäusevangelium I 300.

[17] Etwa *Zeller:* BZ 16 (1972) 91.

[18] Etwa *Reiser,* Gerichtspredigt 280 f.

daß er uns belehre über seine Wege und wir wandeln auf seinen Pfaden" (Is 2,2f)[19]. Diese Ankündigungen einer Hereinholung der Völker in Israels Heil oder Recht sind nicht denkbar ohne die Voraussetzung, daß Israel selbst seinem Gott ergeben ist und ihm dient, oder, falls dies nicht so wäre, es in einen solchen Zustand zurückversetzt wird. Für das Jesuswort ergibt sich eine andere Ausgangsposition, die einer Uminterpretierung der Völkerwallfahrt gleichkommt. Und gerade in dieser provokanten Neuinterpretation werden wir – so ähnlich wie beim Urteil über Tyros und Sidon – ein Indiz seiner Sprache erblicken dürfen.

Es ergeben sich verschiedene Assoziationen. Auf jeden Fall: Völker werden kommen, in letzter Stunde von Gott gerufen, um teilzuhaben am Reich Gottes. Jesus greift die altprophetische Idee in positiver Form wieder auf, die zwischenzeitlich, besonders durch die Apokalyptik, degeneriert war zu der Erwartung, daß am Ende, beim Erscheinen des Reiches Gottes, „die Schar der Menge der Heiden" vernichtet werden wird (4 Esr 13,49), wenigstens teilweise, je nach dem Verhältnis des einzelnen Volkes zum Volke Israel in der Geschichte (ApkBarsyr 72,3–6)[20]. Völker werden kommen, auch wenn sich Israel, oder die Mehrheit des Volkes, der Botschaft Jesu versagt. Die Neuinterpretation der Völkerwallfahrtsidee besteht also darin, daß das Kommen der Völker erwartet wird auch entgegen dem Status Israels, das gegenwärtig sich nicht bereit zeigte, das Wort Jesu anzunehmen.

Die Gerichtsworte geben die Einsicht frei, daß Jesu Wirken, das ein ausschließlich auf Israel ausgerichtetes gewesen ist, erfolglos war. Die Masse des Volkes lehnte ihn ab, verstand ihn nicht. Der Spruch von der Völkerwallfahrt Mt 8,11 f par drängt die Frage auf, nachdem beim endgültigen Anbruch des Reiches Völker kommen sollen, worin die Aufgabe Israels hätte bestehen können, wenn es Jesu Botschaft angenommen hätte[21]. Diese Frage stellen heißt die Zentralität Israels mit Jesus unter allen Umständen anerkennen. Die Frage läßt sich nicht be-

---

[19] Das Logion, das sich auch in Mich 4,1 f findet, ist in seiner Interpretation umstritten. Vermutlich kommen die Völker nur zur Beilegung konkreter Konflikte, um sich gewissermaßen einem internationalen Kriegsrecht zu unterwerfen, damit Frieden werde (vgl. Is 2,4; Mich 4,3 und *H. Wildberger*, Jesaja I (BK. AT) (Neukirchen 1972) 84f). Weiter geht *O. Kaiser*, Der Prophet Jesaja Kap. 1–12 (ATD 17) (Göttingen 1960) 20, der von der Bekehrung der Völkerwelt zu Jahve spricht. Weiter geht auf jeden Fall TgIs 2,2b: „Und alle Königreiche werden zu ihm sich wenden, um auf ihm (dem Sion) anzubeten" (ed. *J. F. Stenning*). Anders gelagert ist Is 66,18–24, wo zwei verschiedene Ideen nebeneinanderliegen, zunächst die aktive Mission: „Ich entsende Entronnene von ihnen zu den Völkern ... und sie verkünden meine Herrlichkeit unter den Völkern" (19), dann die Völkerwallfahrt, allerdings nur verknüpft mit der Erwartung, daß die Völker die zu ihnen versprengten Israeliten heimtragen zum Sion. Vgl. *C. Westermann*, Das Buch Jesaja Kap. 40–66 (ATD 19) (Göttingen 1966) z.St.

[20] Sib 3,716ff bleiben gegenüber der Heidenwelt aufgeschlossen.

[21] Die Frage beschäftigte *R. Guardini*, Der Herr (Aschaffenburg [5]1948) 46f. 113f.259ff.691.

antworten. Doch gibt es Anzeichen der Möglichkeit einer Universalisierung seiner Basileiapredigt. Ja, wir haben, etwa bei der Erörterung von Bitten des Herrengebetes (Lk 11,2), gesehen, daß seine Basileia-Konzeption universal angelegt ist. Nationalpolitische Farben, wie sie im zeitgenössischen Psalm Salomos 17 vorkommen (Aufrichtung des Davidthrones im alten Glanz, Vertreibung der Heiden aus dem Land u.a.), fehlen völlig.

Hat Jesus sein Volk aufgegeben? Diese Frage ist zu verneinen. Er hätte seine eigene Sendung aufgegeben. Für das Logion von der Völkerwallfahrt kommt es darauf an, den einen Teil nicht gegen den anderen aufzurechnen, die Drohung auf den Ausschluß Israels aus dem Heil nicht gegen das Kommen der Völker auszuspielen, um letzteres unwirksam zu machen. Die Frage verschiebt sich auf Jesu Tod. Die Krise am Ende des Wirkens Jesu, die in diesem Logion vielleicht mit am schärfsten zum Ausdruck kommt, erheischt eine Antwort im Blick auf seinen Tod. Wir werden bei der Erörterung seines Todes erneut danach zu fragen haben.

Ausblick:

Universale Kirche, Kirche aus den Völkern ist nachösterlich geworden. Kirche in diesem Sinn ist überhaupt erst nachösterlich möglich. Das Verhältnis Jesu zu Israel, dem alten Gottesvolk, das mit seiner Ablehnung zu einem Ende kommt, aber offen ist für Neuanfänge, bereitet die Entwicklung vor. Das von Jesus verkündete Heil ist bezogen auf ein Volk, läßt sich nur realisieren in einem Volk. Ein Volk sollte eingesammelt werden in das kommende, nahe Reich Gottes. Gottesvolk/Kirche und Reich Gottes entsprechen einander, sind keine unvereinbaren Größen. A. Loisys immer wieder zitiertes Wort, Jesus habe das Reich Gottes verkündet, gekommen sei die Kirche, ist theologisch nicht zutreffend. Die Erfahrung, daß Israel das Evangelium ablehnt, mußten auch die Apostel und frühchristlichen Missionare machen. Die Hinwendung zu den Völkern, prinzipiell in der Botschaft Jesu ermöglicht, war die notwendige theologische Folge. Wir wissen, daß der Weg zu den Heiden geschichtlich mit Schwierigkeiten belastet war. Im Wirken des heiligen Geistes entstand aus Tod und Auferweckung Jesu die Kirche. Sie bleibt ein Vorläufiges. Das Endgültige ist das Reich Gottes. Je besser sie ihre Vorläufigkeit erkennt und bestimmt ist vom Endgültigen, desto mehr wird sie dem Wirken Jesu gemäß sein können.

Literatur: *W. Bauer,* Jesus der Galiläer: Festgabe für A. Jülicher (Tübingen 1927) 16–34; *R. Schnackenburg.* Die Kirche im NT (QD 14) (Freiburg 1961); *H. van der Kwaak,* Die Klage über Jerusalem: NT 8 (1966) 165–170; *A. Vögtle,* Der Spruch vom Jonaszeichen: Das Evangelium und die Evangelien (KBANT) (Düsseldorf 1971) 103–136; *D. Zeller,* Das Logion Mt 8,11f / Lk 13,28f und das Motiv der „Völkerwallfahrt": BZ 15 (1971) 222–237. 16 (1972) 84–91; *F. Mussner,* Gab es eine „galiläische Krise"?: Orientierung an Jesus (Festschrift J. Schmid) (Freiburg 1973) 238–252; *R. C. Tannehill,* The Sword of His Mouth (Philadelphia 1975) 122–128.

Achtes Kapitel

Die Weisung

Die Weisung, die neu zu gewinnende Orientierung des Lebens, ergibt sich aus dem Heilsangebot. Mit Jesus ist etwas Neues in die Welt eingetreten. Die von ihm proklamierte und nahegebrachte Basileia ist etwas wesenhaft Neues. Es ist das Endgültige. Mit dem Angebot der Basileia wird der Mensch vor das Endgültige gestellt, vor dem er sich zu entscheiden hat. Die Neuheit besagt nicht unbedingt, daß das wesenhaft Neue sich auch darin auszuweisen hätte, daß in bezug auf die Weisung inhaltlich, materialiter Neues, noch nie Dagewesenes oder Gesagtes gesagt und gefordert wird. Eine einseitig apologetisch bestimmte Betrachtung des Wirkens und der Weisung Jesu – und darauf aufbauend auch der daraus sich entfaltenden späteren christlichen Ethik – hat zu viel Schweiß dafür verwendet, einen solchen Nachweis zu führen. Ganz abgesehen davon, daß einen solchen Nachweis zu liefern sehr schwierig wäre, die subtile Kenntnis der anderen Weltreligionen voraussetzte, daß er auch leicht dazu führen könnte, andere Religionen ungerecht zu beurteilen, er ist nicht notwendig und bringt wenig. Es kommt darauf an, das Spezifische herauszuarbeiten. Anmerkungsweise wäre zu einer in diesem Sinn rivalisierenden Betrachtung der Religionen festzustellen, daß weit mehr als der theoretische Vergleich der gelebte und realisierte Glaube Überzeugungskraft besitzt. Grundlegend ist das objektiv und endgültig Neue, das mit Jesus in die Welt gekommen ist, das aber nur mit der Bereitschaft des Glaubens angenommen und bejaht werden kann.

Die Weisung Jesu finden wir vor allem in jenen Texten, die Lukas zu seiner Feldrede und Matthäus, der noch mehr redigierte und komponierte, zu seiner Bergpredigt ausgebaut haben. Doch bevor wir das dort vorhandene jesuanische Urgestein herausholen und vorstellen wollen, ist es erforderlich, die theologischen Koordinaten abzustekken, in denen die ethische Weisung zu sehen und zu beurteilen ist.

1. Das Verhältnis des Menschen zu Gott angesichts der verkündeten Gottesherrschaft

Der Gott, dessen Herrschaft und Reich Jesus nahebringt und verkündet, ist der Gott der Bibel, der Gott Israels, der Gott Abrahams, Isaaks und Jakobs, aber auch der universale Gott, der keine anderen Götter neben sich hat, der allen Menschen zugewendet ist. Seine Universalität und allumfassende Macht wird er am Ende erweisen. Auf seine endliche Offenbarung läuft die Geschichte unaufhaltsam zu. Auf diesen Gott, der kommen wird und im Kommen ist, ist Jesu Blick gerichtet, aber auch auf den, der in der Geschichte gewirkt hat und wirkt. Von seinem Handeln hat er gekündet, weniger von seinen Eigenschaften, weniger von seinem Schöpfungswerk und dem Werk der Erhaltung seiner Schöpfung. Damit mag es auch zusammenhängen, daß die Frage nach den Ursachen des Bösen und des Leids nicht gestellt wird, daß das Theodizee-Problem nicht aufgegriffen erscheint. Bei seinem endlichen Kommen wird Gott alles ins Helle und Klare führen.

Jesus hat sich nicht gescheut, den Namen „Gott“ unmittelbar auszusprechen. Er verzichtete darauf – wie es teilweise bei seinen jüdischen Zeitgenossen üblich war –, diesen Namen zu umschreiben, etwa mit „Himmel“. Er sprach aber auch von Gott als Vater, seinem Vater, unserem Vater. Dies war nicht neu. Auch können wir beobachten, daß der göttliche Vatername vermehrt in die Überlieferung seiner Worte eindringt, besonders die Rede vom himmlischen Vater, dem Vater in den Himmeln bei Matthäus. Doch gewinnt die Vorstellung vom Vater-Gott eine neue Qualität, wie sich vor allem in den Gebeten Jesu zeigt, in denen er sich offenbar stets zu Gott als seinem Vater gewandt hat.

Sieht man einmal von der Gebetsrede „Vater“ ab, die Jesus auch seinen Jüngern übergeben hat (Lk 11,2), so erscheint der Vatername Gottes in der Überlieferung der Spruchquelle, der ältesten uns zugänglichen Überlieferung von Jesusworten, insbesondere im Zusammenhang mit Gottes Barmherzigkeit und Fürsorge: „Werdet barmherzig, wie auch euer Vater barmherzig ist“ (Lk 6,36)[1]; „Wenn darum ihr, die ihr böse seid, euren Kindern gute Gaben zu geben wißt, um wieviel mehr wird euer Vater aus dem Himmel[2] denen Gutes geben, die ihn darum bitten“ (Mt 7,11 / vgl. Lk 11,13); „Euer Vater weiß, daß ihr dies alles (Nahrung und Kleidung) nötig habt“ (Mt 6,32 / Lk 12,30)[3].

---

[1] parMt 5,48: „Werdet also vollkommen, wie auch euer himmlischer Vater vollkommen ist“, ist demgegenüber sekundär.

[2] Mt 7,11 änderte ab in: „euer Vater in den Himmeln“. Sonst hat er gegenüber Lk 11,13, der vom Geschenk des heiligen Geistes spricht, das Ursprüngliche bewahrt.

[3] Mt 6,32 spricht wieder von eurem himmlischen Vater. Andere Logien, die bei Mt mit dem Vaternamen verknüpft sind, verbindet Lk mit dem Gottesnamen: Lk 12,6 / Mt

Die vertrauende Abhängigkeit vom Vater-Gott lehrt die Brotbitte des Herrengebetes: „Das Brot, das wir brauchen, gib uns heute" (Mt 6,11)[4]. Es ist die einzige Bitte in materiellen Anliegen, die Jesus zuläßt, die aber auch nicht aufgelöst werden darf. So hat etwa die Vulgata, eine wichtige lateinische Bibelübersetzung, übersetzt: „Unser übernatürliches Brot gib uns heute"[5], und dabei an die Eucharistie gedacht. Die von Jesus zugelassene Brotbitte ist deshalb so provokant, weil nur das Notwendige, das für den heutigen Tag Notwendige – das Vaterunser ist vornehmlich ein Morgengebet –, vom Jünger erbeten werden soll. Er soll sich wie ein Tagelöhner vor Gott wissen, der im Vertrauen auf ihn lebt und wirkt. Weil es ein Jüngergebet ist, soll sich der Jünger frei wissen von Sorge und ungeteilt sich der Verkündertätigkeit hingeben. Freilich enthält die Brotbitte auch eine ethische Implikation. Sie wird in der Wir-Form gesprochen (also nicht: das Brot, das ich brauche, gib mir heute). Wer über die Güter dieser Welt verfügt, kann diese Bitte nur dann ehrlich vor den göttlichen Vater tragen, wenn er mit den Hungernden zu teilen bereit ist.

Auf besonders radikale Weise träte die Vater-Vorstellung hervor, wenn wir Mt 23,9, einen in seinem Verständnis umstrittenen Vers, wie folgt wiedergeben: „Und niemand sollt ihr auf Erden Vater nennen, denn einer ist euer Vater, der himmlische." Dieser Vers ist vermutlich ein von Haus aus selbständig überliefertes Jesuswort. Matthäus, der es im Kontext von analogen Logien überliefert, die den Jüngern untersagen, sich Rabbi oder Meister nennen zu lassen, hat es nicht so radikal verstanden, sondern wollte es wiedergegeben wissen im Sinn von: „Und Vater sollt ihr euch nicht nennen auf Erden ..."[6] – In seinem vermuteten ursprünglichen Sinn, der seine Authentie bestärkt, fordert das Logion die Trennung von der Familie für den Jünger, der sich allein auf Gott verlassen soll. Die näheren Umstände, unter denen das Wort einmal gesprochen sein könnte, kennen wir nicht. Sollte ein konkreter Familienzwist im Hintergrund stehen? Wer denkt nicht an den späteren Fall des Francesco Bernardone, der sich – gemäß der Überliefe-

---

10,29; Lk 6,35 (Söhne des Höchsten), vgl. Mt 5,45 (Söhne eures Vaters in den Himmeln).

[4] parLk 11,3: „Das Brot, das wir brauchen, gib uns täglich" löst das Heute auf in eine Reihe von Tagen. Dies ist sekundär und hängt mit dem Nachlassen der Enderwartung zusammen. Die Form, in der wir die Brotbitte in ihrer liturgischen Gestalt beten: „Unser tägliches Brot gib uns heute", ist nur dann keine Tautologie (täglich–heute), wenn wir „täglich" im Sinn von „notwendig, was wir brauchen" verstehen. In diesem Sinn ist das zugrunde liegende Wort ἐπιούσιος am besten zu übersetzen. Zum Problem vgl. *Gnilka,* Matthäusevangelium I 222f; *W. Foerster:* ThWNT II 587.

[5] Panem nostrum supersubstantialem da nobis hodie.

[6] Der griechische Text läßt beide Übersetzungen zu. Zur Problematik vgl. *Gnilka,* Matthäusevangelium II 276f.

rung – unter Berufung auf dieses Wort von seinem Vater lossagte, um seiner Berufung folgen zu können.

Durch Jesus ist der Mensch zu diesem Gott in ein neues Verhältnis gekommen. Der Gott Israels, der Gott Abrahams, von dem Jesus als Vater spricht, will durch ihn den Menschen seine gnädige Herrschaft nahebringen. Sie ist das Endgültige, das Absolute, auf das hin der Mensch ist, von dem her das Volk Israel eine vertiefte Bestimmung zu Gott hin erlangen soll und auf das hin letztlich die Geschichte der Völker und der Welt aus ist, weil sie in ihm zu ihrem Zielpunkt gelangt. Wir haben die beiden Aspekte der Basileia betrachtet, die wie die Vorder- und Rückseite ein und derselben Sache erscheinen, daß sie nämlich Heil und Gericht bedeutet, endgültiges Heil und endgültiges Gericht. Erneut ist zu betonen, daß das Heilsangebot und die Heilswirklichkeit das den Menschen Bestimmende oder ihn in Bewegung Setzende sein wollen, der initiierende Faktor. Das Gericht tritt sekundär, freilich notwendig, weil wie von selbst, hinzu. Es ergibt sich aus der Zurückweisung des Heiles. In dem Abschnitt, wo über die Weisung Jesu, also auch seine Ethik, zu handeln ist, kann dies nicht nachdrücklich genug ausgesprochen werden. Das sittliche Tun entspricht nicht der Angst vor dem Gericht. So könnte der Mensch niemals zu sich selbst kommen, niemals sich in seinem Sein entfalten. Er beginnt, sittlich zu handeln, weil er ein Beschenkter ist und in der Basileia die Erfüllung seines Seins erblickt.

Es geht nicht gut an, in dieser Sache zwischen dem handelnden Gott und seinem Handeln zu differenzieren oder – theologisch gesprochen – zwischen Theologie und Eschatologie als einem einheitsstiftenden Faktor in der Weisung zu unterscheiden[7]. Das geht auch deswegen nicht, weil hier ebenso wie in den bisher erörterten Themen der Botschaft Jesu die Gottesherrschaft die Mitte der Betrachtung ausmacht. Gottes Herrschaft impliziert beides, ihn selbst und sein endgültig befreiendes, errettendes, erlösendes Handeln, das durch Jesus nahekommt.

Die Geltendmachung der Theologie gegenüber der Eschatologie mag aus der Sorge kommen, daß eine einseitig aus der Eschatologie abgeleitet erscheinende Weisung den Charakter einer Interimsethik gewinnt. Dies würde bedeuten, daß die Weisung, deren Radikalität uns beschäftigen wird, nur Geltung beanspruchen wollte für die Frist zwischen dem Auftreten Jesu und dem Ende, die er als eine sehr kurz bemessene angesehen habe. Letztlich käme eine solche Interimsethik – den Begriff hat A. Schweitzer geprägt – für eine sich dehnende Zeit, für die Jahrhunderte nach ihm, konkret: für uns nicht mehr in Frage.

[7] Zu dieser Kontroverse vgl. *Schrage*, Ethik 28–34; *Schnackenburg*, Sittliche Botschaft I 41 f.

Sie wird dann als illusionär, utopistisch, für eine Katastrophenlage berechnet beiseite getan oder auf andere Weise in der Ernsthaftigkeit der Weisungen abgewürgt. Doch wird das Endgültige durch die Zeit nicht aufgehoben. Es kann durch die Zeit abgestumpft werden. Und das ist hinlänglich geschehen. Und darum ist die Erinnerung an die Weisung Jesu für Christen immer wieder erforderlich.

Begründet wird die Weisung durch den in Jesus nahegekommenen, zum endgültigen Heil des Menschen entschlossenen Gott. Sein Wille bleibt aufrechterhalten. Er will menschliches Handeln motivieren und erreichen, daß menschlicher Wille ihn übernimmt und in die Praxis umsetzt. Dabei kommt Gott dem Menschen zuvor, ermöglicht in diesem Zuvorkommen sein Handeln, aber fordert es dann auch. Auf exemplarische Weise sind diese Zusammenhänge in dem schon erörterten Gleichnis vom unbarmherzigen Sklaven (Mt 18,23–33) aufgewiesen. Das Zuvorkommen des Herrn im Nachlaß einer großen Schuld gegenüber dem Sklaven ermöglichte und forderte dessen barmherziges Verhalten gegenüber seinem Mitsklaven. Ermöglichung ist dabei gedacht als geistige, moralische Instandsetzung, Beglückung, aus der heraus bleibende Veränderungen erwachsen sollten. Diese Veränderungen schaffen eine neue Ordnung oder wollen die alte Ordnung des Hasses, der Übervorteilung, des Egoismus, die der unbarmherzige Sklave grell zur Schau stellt, überwinden. Sie ließen Gottes Herrschaft wirksam werden, anschaulich in den neuen Beziehungen der Menschen in Erscheinung treten.

Daß die Weisung Jesu mit der Gestalt der Gottesherrschaft etwas zu tun hat, hat jene Interpretationsrichtung gesehen, die meinte, die Weisung schildere das Verhalten der Menschen im endzeitlich-eschatologischen, jenseitigen Reich Gottes. Freilich hat auch sie damit die Ernsthaftigkeit der Forderungen Jesu abgetan. Vielmehr vermöchte ihre Erfüllung vor der Welt darzutun, was Gott in seiner Herrschaft mit den Menschen vorhat. So ergibt sich aus der Basileia die Ethik Jesu als deren „Implikat und Konsequenz“[8], sie könnte aber auch sein ihr vorausgreifendes, vorläufiges Ansichtigwerden.

Alle Menschen sind Sünder vor Gott. Freilich hat Jesus nach dem geringen Vorkommen des Begriffs in der synoptischen Tradition wenig von der Sünde geredet, eher schon vom Sünder. Auch darin tut sich kund, daß er dem Menschen zugewandt ist und seiner Not. Dennoch haben alle als Sünder zu gelten, weil alle der Umkehr bedürfen.

Weil alle unter dem Verdikt der Sünde stehen, muß die Frage erlaubt sein, was des näheren unter Sünde zu verstehen ist oder wie sie sich darstellt. Die Antwort ist im Kontext der Umkehr zu suchen. Man könnte zunächst so formulieren: Sünde erscheint dort, wo Umkehr

---

[8] *Schrage*, Ethik 28.

verweigert wird. Bei der Besprechung der Weherufe gegen die Städte Chorazin, Bethsaida und Kafarnaum (Mt 11,20–24 par) zeigte sich, daß das Wirken Jesu dort Schuld zutage treten ließ. Da sie nicht umkehrten, da sie sein Heilsangebot nicht annahmen, obwohl unter ihnen so große Machttaten geschehen waren, offenbarte sich ihre Sünde und wurden sie schuldig. Sünde ist ein Ereignis. Gewiß ist sie auch die Übertretung eines Gebotes, doch primär ist sie jetzt dies, daß einer sich dem persönlichen Anspruch Gottes entzieht. In der Verweigerung der Annahme der Botschaft kommt Sünde zum Vorschein, wie in ihrer Annahme Heil geschieht. In der Verweigerung oder Annahme erweist sich, wie es um die Situation des Menschen bestellt ist.

Wie kann Sünde in so rigoroser Weise auf einen Punkt gebracht werden? Weil für Jesus die Sünde nicht buchhalterisch verwaltet wird, sondern mit dem Verhältnis zum liebenden Vater-Gott zu tun hat. Wir sagten, daß alle vor Gott Sünder sind und der Umkehr bedürfen. Die Basileia-Botschaft bietet allen das Heil und die Vergebung an. Wie Gott in diesem Vergeben den ganzen Menschen annimmt und nicht bloß ein Schuldkonto auflöst, das isoliert vom Menschen betrachtet werden könnte, soll der Mensch sich zu Gott kehren und neu beginnen. Wer sich verweigert, legt sich auf seine Sünde fest.

Die Umkehrforderung ist im Summarium der Predigt Jesu Mk 1,15 auf eine geradezu kategorische Weise mit der Gottesherrschaft verbunden. Mag dieses Summarium auch vom Evangelisten gestaltet sein, es läßt durchblicken, daß die Umkehrforderung sich an alle wendet.

Die Allgemeinheit der Umkehrforderung ist das Thema einer lebendigen Szene im Sondergut des Lukasevangeliums (13,1–5). Anlaß zu einer Stellungnahme Jesu bieten zwei Vorkommnisse, die sich in der Jerusalemer Stadtgeschichte zugetragen haben und bei denen Menschen ums Leben gekommen sind. Pilatus, der römische Statthalter, ließ Galiläer töten, die sich gerade anschickten, im Tempel ein Opfer darzubringen: „Er mischte ihr Blut mit ihren Opfern." Beim Schiloach-Teich stürzte ein Turm ein – offenbar ein Wehrturm der Stadtmauer – und begrub achtzehn Menschen unter sich. Gemäß einer stringent berechnenden Vergeltungslehre, nach der irdisches Ergehen ans Licht bringt, ob einer ein Sünder ist – den Guten geht es gut, den Schlechten schlecht –, müßten diese erschlagenen Galiläer und Jerusalemer offenkundig Sünder gewesen sein, die ein verdientes Schicksal ereilte. Diese Auffassung wird zurückgewiesen: Wer meint, daß diese Erschlagenen größere Sünder waren als alle anderen Bewohner Galiläas und Jerusalems, befindet sich im Irrtum. „Nein, sage ich euch: Wenn ihr alle nicht umkehrt, werdet ihr ganz ähnlich umkommen:"

Die Allgemeinheit der Umkehrforderung, die im Rhythmus des Textes liegt, ist kompositionell auf geschickte Weise herausgearbeitet mit Hilfe der beiden Galiläa und Jerusalem, also intentional ganz Israel, betreffenden zeitgeschichtlichen Fälle[9]. Dies kann aber kein Einwand gegen die Ableitung dieser Überlieferung unmittelbar von Jesus sein. Die parallel gestaltete Erwähnung zweier geschichtlicher Begebenheiten hatten wir auch im Doppelspruch von der Südkönigin und den Niniviten (Mt 12,41f par). Schwerer wiegt der Einwand, daß Flavius Josephus, der jüdische Geschichtsschreiber, den politisch doch sehr bemerkenswerten Eingriff des Pilatus im Tempel gegen opfernde Galiläer nicht erwähnt. Ein solcher Einwand betrifft den zweiten Fall, der den Einsturz des Turmes beim Schiloach zum Inhalt hat, nicht[10]. Sollte in der Angabe der Tempelschändung eine Verwechslung mit einem Vorfall vom Jahr 35 n.Chr. vorliegen, bei dem Pilatus mit brutaler Gewalt gegen Samariter auf dem Garizim, deren heiligem Berg, vorging?[11] Sollte Lukas diesen Vorfall redaktionell mit dem Schiloach-Turm verknüpft haben? Der Unglücksfall beim Schiloach aber als konkreter zeitgeschichtlicher Bezugspunkt legt die Authentie nahe. Noch mehr aber tut dies der theologische Argumentationswechsel in der Stellungnahme Jesu. Für ihn ist der gewaltsame Tod der unglücklichen Menschen keinesfalls das Siegel Gottes auf das verfehlte Leben von Sündern, sondern ein Menetekel, das warnt und zur längst fälligen Umkehr aufruft. Das Warnzeichen richtet sich an alle, zumindest an alle Bewohner Jerusalems. Dennoch wird man die bedrohliche Möglichkeit „Ihr werdet ganz ähnlich umkommen" nicht auf die Zerstörung der Stadt, sondern auf das mit dem endgültigen Anbruch des Reiches Gottes verbundene Gericht zu beziehen haben. So fügt sich das Logion ganz in Jesu Basileia-Predigt ein.

Unerhört einprägsam beschreibt Jesus das Verhältnis des Menschen zu Gott im Gleichnis vom Pharisäer und Zöllner (Lk 18,10–14a):

„Zwei Menschen gingen hinauf zum Tempel, um zu beten, der eine ein Pharisäer, der andere ein Zöllner. Der Pharisäer stand da und betete bei sich also: Gott, ich danke dir, daß ich nicht bin wie die anderen Leute, die Räuber, Betrüger, Ehebrecher oder auch wie dieser Zöllner. Ich faste zweimal die Woche und verzehnte alles, was ich einnehme. Der Zöllner aber stand weit weg und wollte nicht einmal seine Augen zum Himmel erheben, sondern schlug an seine Brust und sprach: Gott, sei mir Sünder

---

[9] Der Parallelismus in der Schilderung der beiden Fälle wird dadurch etwas gestört, daß der erste Fall Jesus berichtet wird, während er den zweiten selbst aufgreift. *Reiser*, Gerichtspredigt 294–296, hält das erste für LkR und rekonstruiert folgenden Anfang des Spruches: „Jene Galiläer, deren Blut Pilatus mit dem ihrer Opfer mischte, glaubt ihr..."

[10] Der Einsturz des Turmes könnte in Verbindung stehen mit dem Bau einer Wasserleitung, den Pilatus veranlaßte. Vgl. *Josephus*, ant. 18,60; bell 2,175.

[11] Dazu vgl. *Josephus*, ant. 18,85–87. *Merklein*, Gottesherrschaft 127 Anm. 223, lehnt eine Verwechslung ab. *Blinzler:* NT 2 (1958) 24–49 bemüht sich sogar um eine Datierung des Vorfalls, indem er ein Paschafest ausfindig zu machen sucht, an dem Jesus nicht in Jerusalem gewesen sei. Diese zeitliche Rekonstruktion ist problematisch.

gnädig. Ich sage euch: Dieser ging als Gerechtgesprochener in sein Haus hinab, jener nicht.“

Für das rechte Erfassen des Gleichnisses, das wie kaum ein anderes in seine Zeit spricht, hängt alles vom Gegensatz ab, der die zwei Menschen in ihrem Tun, in ihrem Beten bestimmt. Die breite Schilderung des Inhaltes des Gebetes des Pharisäers gegenüber dem Stoßseufzer des Zöllners korrespondiert der strichartigen Zeichnung der äußeren Haltung des ersten (er stand da) gegenüber dem Verweilen bei der Haltung des zweiten (er stand weit weg – blickte nicht auf – schlug an seine Brust). Die Schilderung karikiert nicht, sie ist ernst zu nehmen. Man verzeichnet sie, wenn man angeblichen pharisäischen Hochmut angeprangert sieht, die einer im Zöllner ausgereiften Demut konfrontiert würde[12]. Jesus betätigt sich nicht als Tugendlehrer[13]. Die im Gebet des Pharisäers abgegebenen Urteile entsprechen dem allgemeinen Bewußtsein. Die Zöllner galten als Betrüger und Räuber, die Pharisäer als in hohen Graden zu respektierende religiöse Menschen. Wer wollte es wagen, die Gewissenhaftigkeit des Strebens des Pharisäers, der weit mehr tut als geboten, in Zweifel zu ziehen?[14] Die Konfrontation erfährt ihre Schärfe dadurch, daß sie vom Pharisäer – nicht umgekehrt – bewußt vollzogen wird (wie dieser Zöllner). Man könnte meinen, daß er die Hauptperson ist, doch gibt der Zöllner das positive Beispiel ab. Das Gleichnis ist als Beispielerzählung zu lesen. Pharisäer und Zöllner stehen für den falschen und den echten Protagonisten. Es stimmt bedenklich, daß zwar beide in gleicher Weise „Gott“ anreden, das Gebet des Pharisäers aber als Selbstgespräch eingeführt wird (er betete bei sich, oder auch: er betete zu sich)[15].

Das Urteil des Gleichniserzählers, also Jesu, das in V 14a abgegeben wird, stimmt mit der allgemeinen Beurteilung von Pharisäern und Zöllnern nicht überein. Es widerspricht ihm schroff, kehrt es um. Weil in deren Gebet Gott angeredet war, handelt es sich um eine Art Gottesurteil. Es ist die Antwort Gottes auf das Gebet der beiden. Dies ist in gleicher Weise aufschlußreich für die Sendungsautorität Jesu wie für seine Auseinandersetzung mit den Pharisäern. Die Auseinandersetzung gründet im Theologischen, sie hat ihre Verwurzelung letztlich in einem unterschiedlichen Gottesbild. Als Gerechtgesprochener geht

---

[12] In diesem Sinn hat *Jülicher,* Gleichnisreden II 607f, das Gleichnis mißverstanden.

[13] Mit *Linnemann,* Gleichnisse 149.

[14] Fasten war nur am Versöhnungstag geboten, zu verzehnten waren nur die Einkünfte von Acker und Weide.

[15] Mit *Grundmann,* Lukas 350. Anders übersetzt *Jeremias,* Gleichnisse 139: „er stellte sich sichtbar hin.“ Da für die lk Gleichnisse Monologe charakteristisch sind, wie Heininger, Metaphorik, gezeigt hat, ordnet sich diese Beispielerzählung ein. Der Monolog erhellt auf notwendige Weise eine innere Situation. Freilich gewinnt ein Monolog als Gebet einen besonderen Akzent.

der nach Haus, der sich vor Gott als Sünder weiß und umkehrbereit ist. Versagt wird dies dem, der meint, der Umkehr nicht zu bedürfen. Theologisch ist diese Begründung in einem eminenten Sinn, weil nach der Meinung Jesu Gott der für den Menschen Unverfügbare ist, der in Freiheit seine Liebe verschenkt.

So wird in der Beispielerzählung vom Pharisäer und Zöllner die Allgemeinheit in der Umkehrforderung auf eine sehr subtile Weise vorgetragen. Der homo religiosus erliegt in seinem gewohnten Umgang mit Gott der Gefahr, die Unverfügbarkeit dessen, dem er zu dienen meint, preiszugeben. Auch er ist umkehrbedürftig. In der Subtilität der Kritik, die sich von späteren Auseinandersetzungen mit dem Pharisäismus deutlich unterscheidet, führt uns das Gleichnis an ein Kernanliegen der Verkündigung Jesu heran. Darüber hinaus konvergiert es mit seinem Umgang mit Zöllnern und Sündern, die er in seine Tischgemeinschaft rief. Das am Schluß der Geschichte abgegebene „Gottesurteil" bestätigt diese Sündergemeinschaft sogar als eine gottgewollte[16].

Die Forderung der Umkehr bleibt – so könnte man meinen –, so energisch sie gestellt ist, eigenartig abstrakt. Dieser Eindruck stellt sich aber nur bei einer quantitativen Betrachtung ein. Rein numerisch betrachtet, kommt der Imperativ „Kehret um!" nicht häufig vor. Doch wird das, was Jesus mit der Umkehr verwirklicht sehen wollte, in den Weisungen konkretisiert, die wir in der Bergpredigt antreffen.

Das Verhältnis des Menschen zu Gott ist durch Jesus neu bestimmt worden. Der Vater-Gott bietet allen mit dem Reich Gottes das Heil an. Aber es ist gerade die Radikalität seiner Liebe, wie sie im Wirken Jesu in Erscheinung tritt, die das Sündersein der Menschen aufdeckt und auch dies, daß sie eines Neubeginns, der Umkehr, bedürfen. Diese Forderung geht gerade auch an denen nicht vorbei, die als homines religiosi meinen, Gottes sicher zu sein.

Ausblick:

Die Unmittelbarkeit des in der Liebe geborgenen Anspruches, wie er mit der Person Jesu in einmaliger und unwiederholbarer Form gegeben war, konnte in der nachösterlichen Situation nur ersetzt, nicht eingeholt werden. Der Ersatz erfolgte durch sein Wort, durch das Evangelium und die Sakramente. Aufschlußreich ist vielleicht die Neuinterpretation des Gleichnisses vom Pharisäer und Zöllner, die in Lk 18,14b geschieht: „Denn jeder, der sich selbst erhöht, wird erniedrigt, wer sich aber erniedrigt, wird erhöht werden." Mit dieser Gnome

---

[16] Die Passivform in V 14a ist als Passivum divinum anzusehen, das ein Handeln Gottes umschreibt. Zur semitisierenden Gestalt des Gleichnisses vgl. *Jeremias*, Gleichnisse 139.

wird das Gleichnis zur ethischen Maxime. Doch wird es immer wieder darauf ankommen, die Unmittelbarkeit des Anspruchs zu erwecken zu versuchen. Freilich ist es nur wenigen charismatischen Christen gegeben, das in die Wege zu leiten oder wenigstens auszudrücken, was S. Kierkegaard die „Gleichzeitigkeit" mit dem Leben Jesu genannt hat[17].

Literatur: *J. Blinzler,* Die Niedermetzelung von Galiläern durch Pilatus: NT 2 (1958) 24–49; *H. Schürmann,* Das hermeneutische Hauptproblem der Verkündigung Jesu: Traditionsgeschichtliche Untersuchungen zu den synoptischen Evangelien (Düsseldorf 1968) 13–35; *W. Marchel,* Abba, Père! (AnBib 19) (Rom ²1971); *P. Hoffmann – V. Eid,* Jesus von Nazareth und eine christliche Moral (QD 66) (Freiburg 1975); *H. Bald,* Eschatologische oder theozentrische Ethik?: VF 1979, 35–52; *F. Schnider,* Ausschließen und ausgeschlossen werden: BZ 24 (1980) 42–56; *D. Zeller,* Gott als Vater in der Verkündigung Jesu: Standing Before God (Festschrift M. Oesterreicher) (New York 1981) 117–130; *J. Schlosser,* Le Dieu de Jésus (LeDiv) (Paris 1987).

2. *Die Stellungnahme zur Thora*

Thora bedeutet wörtlich die Weisung. Aus der Thora, dem Gesetz des Mose, holte sich der Israelit, holte sich das Volk Israel die maßgebliche Weisung. Die Unterweisung im Gesetz und in den Propheten bildete den Mittelpunkt des synagogalen Gottesdienstes. Auf erhöhtem Platz befand sich in den Synagogen der Thoraschrein, in dem die Gesetzesrolle aufbewahrt wurde. Jesus mag als Ort seiner Verkündigung den freien Platz bevorzugt haben. Er benutzte aber auch den Gottesdienst in den Synagogen als Anknüpfungspunkt für seine Predigt. Die Evangelien haben hier eine zutreffende historische Reminiszenz aufbewahrt, nicht nur für Nazaret (vgl. Mt 4,23; 9,25; 12,9; 13,54; u.ö.).

Desungeachtet ist von vornherein zu erwarten, daß er zur Thora Stellung bezieht, auf direkte oder indirekte Weise sich äußert zu ihrer Weisung. Als Jude in einer jüdischen Familie aufgewachsen und erzogen, kann man voraussetzen, daß er die Weisungen der Thora kannte, auch ihre Zeremonial- und levitischen Reinheitsvorschriften. Als in dezidierter Form sich zum Volk Israel gesandt wissend, konnte er nicht umhin, seine Auffassung zu sagen. Ein grundsätzliches Wort Jesu zur Thora haben wir nicht. Das erschwert natürlich die Erörterung der Frage. Das erklärt auch die disparaten Auffassungen in der Forschung. Hinzu kommt, daß es schon sehr früh in den christlichen Gemeinden – die ältesten waren judenchristliche oder juden- und heidenchristlich gemischte – Streit über das rechte Thoraverständnis

[17] *Kierkegaard,* Einübung 57.

gegeben hat. Dieser hat sich in den Evangelien niedergeschlagen. Die beiden grundsätzlichen Stellungnahmen zur Thora: „Meinet nicht, daß ich gekommen bin, das Gesetz oder die Propheten aufzulösen, ich bin nicht gekommen aufzulösen, sondern zu erfüllen" (Mt 5,17) und: „Es ist leichter, daß Himmel und Erde vergehen, als daß ein Häkchen vom Gesetz fällt" (Lk 16,17 par), die im übrigen auf unterschiedlichen Positionen beruhen, werden weithin der Gemeinde und dem angedeuteten Streit zugeschrieben [1]

Es ist die Gottesherrschaft, die auch hier eine erste Abgrenzung ermöglicht. Im „Stürmerspruch" wird sie Gesetz und Propheten entgegengestellt: „Das Gesetz und die Propheten reichen bis auf Johannes. Von da an ... die Gottesherrschaft ..." (Lk 16,16 par)[2]. Hinsichtlich des Verständnisses dieses Spruches interessiert uns jetzt nur diese Entgegenstellung, die besagt, daß durch die von Johannes dem Täufer angezeigte und mit Jesus gesetzte Zäsur Gesetz und Propheten zu einem gewissen Abschluß gekommen oder doch wenigstens in eine neue Perspektive eingerückt sind, in der sie von der Basileia aus betrachtet werden müssen. In der Tat haben wir bei der Erörterung der Basileia-Predigt ermitteln können, daß nunmehr diese – und nicht (mehr) das Gesetz – über den Menschen in seiner Öffnung oder Verweigerung entscheidet und daß es Jesus selbst ist, zu dem man sich bekennen soll, den man aber auch verleugnen kann. Diese Gottesherrschaft weist der Thora einen anderen Platz zu. Es ist auf jeden Fall nicht mehr das Zentrum, das sie innehat. Das Heil ist an die Gottesherrschaft gebunden, nicht an das Gesetz.

Doch was soll getan werden? Ist das sittlich Geforderte aus der Thora abzuleiten? Als Einstieg in die Problematik wählen wir den Dekalog. Stellungnahmen zum Dekalog begegnen uns in den Antithesen der „Bergpredigt" und im Gespräch Jesu mit dem reichen Mann (Mk 10,17–27 parr). Charakteristisch ist, daß jeweils über die Einzelforderungen des Dekalogs hinausgedacht wird. Man kann nicht unbedingt sagen, daß die Thora interpretiert wird, aber sie wird weitergeführt, in einem neuen Licht gesehen. Der reiche Mann, der für sich sagen kann, daß er die Gebote des Dekalogs beobachtet hat, sogar von Jugend an, wird aufgefordert, seinen Besitz zu verkaufen und Jesus nachzufolgen. Wie immer es sich mit dem historischen Detail dieser Berufungsgeschichte verhält, auf jeden Fall sind die Gebote des Dekalogs anerkannt, kann auf ihnen sogar der Ruf in die Nachfolge

---

[1] Indem Mt 5,17f beide Sentenzen nebeneinanderstellt, bemüht er sich darum, diesen Streit als beendet anzusehen. So entwickelt er seine eigene Gesetzesinterpretation. Vgl. *Gnilka*, Matthäusevangelium I 140–149; *Hübner*, Gesetz 196–207; *Barth*, Gesetzesverständnis. – Lk 16,17 par hat man den jüdischsten Satz des Evangeliums genannt.

[2] Vgl. oben S. 150f.

aufbauen, der individuelle, konkrete Ruf, von dem wir schon gesprochen haben.

Wie steht es mit den Antithesen? Hier muß exegetisch etwas ausgeholt werden. Die sechs Antithesen stellen jeweils die Weisung Jesu einem alttestamentlichen Gebot gegenüber. In den ersten beiden ist klar auf ein Dekalog-Gebot Bezug genommen: Du sollst nicht töten! Du sollst nicht ehebrechen! (Mt 5,21.27; vgl. Ex 20,13; Dt 5,17f). Die vierte steht dem achten Gebot: Kein falsches Zeugnis geben! nahe, doch wird dieses nicht zitiert, vielmehr lautet die alte Weisung:„Du sollst keinen Meineid schwören! Du sollst dem Herrn deine Eide einlösen" (Mt 5,33)[3].

Ein Teil der Forschung ist nicht bereit, die Antithesen, genauer: die Weisung Jesu in ihrer antithetischen Einkleidung, auf Jesus zurückzuführen, sondern sieht ihre Entstehung im Judenchristentum und seiner Auseinandersetzung mit dem Judentum verankert[4]. Gerade darum stünden sie im Matthäusevangelium. Weiter sagt man: Bei Lukas finde sich wohl die Weisung Jeu, aber nicht in der antithetischen Einkleidung. Darum müsse diese sekundär sein. Doch gilt letzteres nicht für die oben zitierten drei Antithesen. Sie haben bei Lukas – auch in bezug auf die Weisung Jesu – überhaupt keine Entsprechung. Dies sowie innere Gründe berechtigen dazu, zumindest die ersten beiden Antithesen Jesus zuzuschreiben:

„Ihr habt gehört, daß zu den Alten gesagt wurde: Du sollst nicht töten! Wer aber tötet, soll des Gerichts schuldig sein. Ich aber sage euch: Jeder, der seinem Bruder zürnt, soll des Gerichts schuldig sein.

Ihr aber habt gehört, daß gesagt wurde: Du sollst nicht ehebrechen! Ich aber sage euch: Jeder, der eine Ehefrau ansieht, sie zu begehren, hat schon die Ehe mit ihr gebrochen in seinem Herzen" (Mt 5,21f. 27f).

Beide Antithesen gehören aufgrund der Zugehörigkeit ihrer Thesen zum Dekalog, dessen Reihung (5. und 6. Gebot) sie sogar beachten, eng zusammen. Ihr formaler Aufbau bestätigt das[5]. Beide bieten eine prinzipiell übereinstimmende Stellungnahme zur Thora, worauf zu achten ist. Die Einleitungsformel „Ihr habt gehört usw." faßt das Dekaloggebot als ein an die Alten ergangenes Wort, unter denen hier niemand anders als die Mose-Generation zu verstehen ist, die am Berg

---

[3] Eine wörtliche Entsprechung findet sich im AT nicht. Doch vgl. Lv 19,12. Den Begriff des Meineids (ἐπιορκία) kennt die LXX: Weish 14,26–28; Zach 5,3; 1 Esr 1,46.

[4] Etwa *M. H. Suggs*, The Antitheses as Redactional Products: Jesus Christus in Historie und Theologie (Festschrift H. Conzelmann) (Tübingen 1975) 433–444; *Broer*, Freiheit 110. Vehementer Verfechter der Rückführung von Antithesen auf Jesus ist E. Käsemann, Das Problem des historischen Jesus: Exegetische Versuche und Besinnungen I (Göttingen 1960) 187–214, hier 206.

[5] Sie sind jeweils eingeleitet mit πᾶς, gefolgt von einem Partizip Präsens.

Sinai die Thora empfing. Der Vermittlungsprozeß ist freilich reflektiert. Die gehört haben, sind Jesu Adressaten. Sie wissen von der Promulgation des Gesetzes am Sinai. In den Thoralesungen des Synagogengottesdienstes haben sie davon gehört. „Es ist gesagt worden" definiert das Dekaloggebot als Gotteswort (Passivum divinum). Jesus stellt dem sein „Ich aber sage euch" entgegen, das Autorität bekundet. Es ist bei der ausführlichen exegetischen Diskussion über diese Formeln daran zu erinnern, daß die Wendungen „Es ist gesagt worden", „Ich aber sage" zwar auch im rabbinischen Schulbetrieb gebraucht wurden, ein Rabbi aber seine Auffassung jeweils nur der Meinung eines anderen gegenüberstellte und sich für seine Auffassung auf ein Schriftwort berief. Niemals konfrontierte er seine Meinung unmittelbar mit dem Gotteswort[6]

Die erste These beinhaltet nicht nur das 5. Dekaloggebot, sondern auch die Anweisung, wie mit dem Mörder zu verfahren ist: Er ist des Gerichts schuldig. Daß der vorsätzlich Tötende getötet werden soll, war auch in der Thora nachzulesen (Ex 21,12; Lv 24,17; Nm 35,16ff)[7]. Der judiziäre Charakter der Aussage ist offenkundig. Vom weltlichen Gericht ist die Rede. Jesu Stellungnahme klingt auch judiziär. Wenn er bereits den Zorn unter das Gericht stellt, kann jetzt nur das göttliche Gericht gemeint sein. Weil der Zorn aber keine einklagbare Sache vor dem irdischen Gericht ist, sollte man nicht daran denken, daß eine schärfere Strafe angekündigt werden soll. Nicht die Gerichte werden gegeneinander abgewogen, sondern die Weisung des Gesetzes wird überboten. Was diese frappierende Argumentation erreichen will, ist die Überwindung gesetzlichen Denkens und Handelns. Die Weisung des Gesetzes bleibt unangetastet, doch soll der Mensch in seinem ganzen Sein ein Guter werden. Eine legalistische Verhaltensweise wäre unzureichend. Nur als Antithese zu dieser These erfährt die Weisung Jesu ihre besondere Nuancierung. Getrennt von dieser These, wäre sie fast banal, hätte sie viele Parallelen in Judentum und Hellenismus. So aber wird sie zum scharfen Schwert. Auch der Brudername bekommt seinen vollen Sinn. Brüderlichkeit kommt nämlich nicht allein dadurch zustande, daß man darauf verzichtet, einander umzubringen.

Vielleicht bringt die zweite Antithese das grundsätzliche Anliegen noch pointierter zur Sprache. Hier wird aber zunächst nicht – wie in der ersten – eine Strafsanktion festgestellt, sondern ein judiziär erscheinender Tatbestand. Es ist nicht zu vergessen, daß nach Lv 20,10

---

[6] Vgl. *E. Lohse*, „Ich aber sage euch": Der Ruf Jesu und die Antwort der Gemeinde (Festschrift J. Jeremias) (Göttingen 1970) 189–203; *Gnilka*, Matthäusevangelium I 151f.

[7] Nach *M. McNamara*, The New Testament and the Palestinian Targum to the Pentateuch (AnBib 27) (Rom 1966) 126–131, bezieht sich die Strafsentenz auf eine targumische Auslegungstradition.

für Ehebruch die Todesstrafe vorgesehen war. Im jüdischen Recht war penibel umschrieben, wann Ehebruch vorlag, daß ein Mann geschlechtlichen Umgang mit der Ehefrau oder der Verlobten eines anderen hatte, daß diese Jüdin war, daß beide Partner ein bestimmtes Alter erreicht hatten usw. Jesus wiederum interessiert die Bestrafung überhaupt nicht, sondern das Gutsein des Menschen in seiner ganzen Existenz. Man kann Ehebruch „im Herzen" begehen, wenn man die Ehefrau eines anderen anblickt, um sie zu begehren. Die Formulierung lehnt sich an das 9. Gebot an: „Du sollst nicht begehren die Frau deines Nächsten" (Ex 20,17). Auch das ist ein von anderen nicht kontrollierbarer Vorgang. Man sollte diese Weisung nicht als „jüdische Supermoral" im Mißkredit bringen[8]. Jesus tritt auch für die Frauen ein, die – vor allem, wenn sie arm waren – der Zudringlichkeit der Herren aus reichen Häusern ausgesetzt waren.

Halten wir als erste Beobachtung fest: In seiner Stellungnahme zur Thora geht Jesus gegen legalistische Verhaltensweisen an. Zürnen und ehebrecherischer Blick haben in ihrer antithetischen Funktion über sich hinausweisende Bedeutung. Angezielt ist die umfassende, auch den menschlichen Willen miteinschließende Bejahung der göttlichen Forderung. Wir werden dessen ansichtig, was für Jesus hinter der Thora oder durch diese hindurch erkennbar ist: der Wille Gottes.

In eine ähnliche Richtung weist die Weisung der vierten Antithese. Auch wenn wir damit rechnen, daß die antithetische Einkleidung sekundär ist, behält die Weisung ihre Dringlichkeit, die ebenfalls auf das Ungeteiltsein des sittlichen Tuns gerichtet ist. Es geht um die Problematik von Wahrheit und Lüge. Jesus verbietet das Schwören. Doch muß klar werden, auf welch radikale Weise Wahrhaftigkeit gefordert wird.

In diesem Fall treffen wir die Weisung Jesu auch im Jakobusbrief an, vermutlich sogar in einer Mt 5,33–37 gegenüber älteren Fassung:

„Schwöret nicht, auch nicht beim Himmel, auch nicht bei der Erde, auch nicht irgendeinen anderen Eid. Es sei vielmehr euer Ja ein Ja und das Nein ein Nein, damit ihr nicht unter das Gericht fallet" (Jak 5,12).

Mt 5,33–37 bietet, von der antithetischen Einkleidung abgesehen, noch einzelne Begründungen für das Verbot, beim Himmel oder der Erde zu schwören, er bietet andere Schwurformeln (bei Jerusalem, beim eigenen Haupt). Vor allem formuliert Matthäus das Verbot etwas anders: „Eure Rede aber sei: Ja, ja; Nein, nein. Was darüber ist, das ist vom Bösen". Auch diese Formulierung dürfte sekundär sein[9]. In der Grundstruktur aber stimmt er mit Jak 5,12 überein.

---

[8] So *E. Stauffer,* Die Botschaft Jesu damals und heute (DTb 333) (Bern 1959) 83.

[9] Doppeltes Ja oder Nein hat nicht Eideskraft im zeitgenössischen Judentum, wie man gelegentlich gemeint hat. Doch ist die Formulierung „Eurer Ja sei ein Ja usw." eindeutiger. Zum doppelten Ja–Nein vgl. *E. Kutsch,* „Eure Rede aber sei ja, ja, nein, nein": EvTh

Die Voraussetzung für das Schwurverbot ist neben der Heiligkeit des Gottesnamens, neben dem Gedanken des Mißbrauchs des Gottesnamens die Einsicht, daß der Mensch immer vor Gott steht, immer von ihm durchschaut wird, nicht bloß dann, wenn er ihn eigens anruft. Der Schwur ist eine Anrufung Gottes als Zeugen. Weil der Mensch in dieser lebendigen Gottesgegenwart leben soll, ist der Schwur überflüssig, entbehrlich, ja ein Verstoß gegen das Bewußtsein der Gottesgegenwart.

Juridisches Denken hatte Ausflüchte geschaffen. Man unterschied im jüdischen Recht zwischen verpflichtenden und weniger verpflichtenden Schwurformeln. Mit den Formeln „beim Himmel, bei der Erde" greift Jesus vermutlich zwei Beispiele auf, die als weniger verpflichtend galten. In seiner theologischen Begründung unterscheidet sich Jesus von kritischen Äußerungen von Philosophen über das Schwören. Plutarch ist der Meinung, daß der Schwur als geistiger Zwang einem freien Mann nicht gut anstehe[10]. Mit dem Schwurverbot hat sich die Kirche immer schwer getan. Man weichte die Weisung Jesu auf, indem man sagte, er habe nur vor einem Mißbrauch warnen wollen. Tiefer greift die Auffassung, daß die Wiederzulassung von Eiden und Schwüren die Schuldhaftigkeit und Unwahrhaftigkeit des Menschen berücksichtigt, ja letztlich aufdeckt[11]. In ihrer Radikalität Probleme bereitende Forderungen gehen untrüglich auf Jesus zurück.

In der Thora sind Schwüre und Eide vorgesehen. Dt 6,13 befiehlt, daß man nur beim Namen Gottes schwören soll. Lv 19,12 warnt vor dem betrügerischen Schwur. Die Propheten rügen den leichtfertigen Gebrauch des Eides (Jer 5,2; Zach 5,3f; Mal 3,5). Nm 5,11–31 beschreibt den von der im Verdacht des Ehebruchs stehenden Ehefrau zu leistenden Eid, das Eifersuchtsgesetz, das sogar mit einem Opfer verbunden war. Natürlich setzt sich Jesus mit seinem Schwurverbot über alle diese Möglichkeiten hinweg. Doch läßt sich von hier aus seine Stellungnahme zur Thora nicht auf eine systematisierende Formel bringen. Im gewissen Sinn setzt er die kritische Linie der Propheten

---

20 (1960) 206–218, und 2 Kor 1,17f. Der Verweis auf das Gericht in Jak 5,12 stimmt mit der ersten Antithese überein (Mt 5,21). Vom Bösen zu reden, auch im personalen Sinn, wird von Mt favorisiert.

[10] Quaest. Rom. 44. Vgl. *Epiktet,* Ench. 33,5. Zwiespätig ist das Bild, das wir von den Essenern haben. Nach *Josephus,* bell. 2,135; vgl. ant. 15,371, lehnten sie Eide und Schwüre ab, nach bell. 2,139 aber schworen sie beim Eintritt in die Gemeinde „furchtbare Eide". *Philo,* omn. prob. lib. 84, wertet ihre Ablehnung des Eides als Beweis ihrer Gottesliebe. Dam 9,8ff; 15,1ff; 16,7ff setzt das Schwören bei Wahrung gewisser Kautelen voraus.

[11] Vgl. *B. Häring,* Das Gesetz Christi (Freiburg [5]1959) 760 und 1294; *D. Bonhoeffer,* Nachfolge (München [14]1983) 111.

fort, doch verschärft er sie. Es wäre absurd zu sagen, daß er mit dem Schwurverbot das in der Thora stehende Verbot, betrügerisch zu schwören, aufheben wollte. Doch überbietet er es, indem er den Menschen unmittelbar vor Gott gestellt sieht. Er konfrontiert seine Hörer mit dem Willen Gottes. Doch läßt sich nicht leugnen, daß seine Weisungen auf provokante Weise Folgen zu zeitigen in der Lage waren, die die Thora selbst betreffen mußten.

Außerordentlich kritisch ist ein Logion, das die Gesetzesvorschriften über die kultische oder levitische Reinheit betrifft. Lukas überliefert es nicht mehr, weil es vor allem in einem jüdischen Horizont von Bedeutung war. Mk 7,15/Mt 15,11 bieten es, doch Matthäus in einer abgeschwächten, sekundären Form. Die ältere markinische Version lautet: *„Nichts, was von außerhalb des Menschen in ihn hineinkommt, kann ihn verunreinigen, sondern was aus dem Menschen herauskommt, das verunreinigt den Menschen.“* Im markinischen Kontext wird das Logion, das ehemals für sich überliefert worden sein dürfte, auf die Speisegebote bezogen. Matthäus hat diesen Bezug verstärkt, indem er formuliert: „Nicht *was zum Mund* eingeht, verunreinigt den Menschen, sondern *was aus dem Mund* kommt, das verunreinigt den Menschen.“ Wir können annehmen, daß diesem Grundsatz ursprünglich eine weitreichende Bedeutung zukam[12].

Die Struktur des Logions als eines antithetischen Parallelismus deutet an, daß der Nachdruck auf seiner zweiten Hälfte liegt, also festgestellt werden soll, welches die wahre Unreinheit ist. Die Bosheit ist es, die aus dem Menschen kommt und in bösen Worten und bösen Taten Gestalt gewinnt, die die wahre Unreinheit ausmacht. Die kultische Unreinheit ist ihr gegenüber belanglos.

Die Vorstellung, daß der Mensch, der sich Gott im Gottesdienst nähert, reinigen muß, spielt im Alten Testament, aber auch in anderen Religionen, eine wichtige Rolle. Verunreinigungen, die sich der Mensch zuziehen kann, kommen in diesem Bereich nicht nur durch die Sünde zustande, sondern auch durch die Berührung von Personen, Tieren, Geräten, Sachen, die man für unrein hielt. Sühnende Wirkung, die diese Verunreinigungen löst, haben rituelle Waschungen, wie sie im Tempel üblich waren. Weil die priesterliche Lebensweise bei Pharisäern und Essenern als vorbildlich galt, können wir davon ausgehen, daß das Bemühen um diese kultische Reinheit zur Zeit Jesu gesteigert worden war. Wenn in der späteren Mischna zwölf Traktate Reinheitsfragen gewidmet sind, läßt das auch Rückschlüsse auf die Zeit vor 70 n. Chr. zu. Obwohl im Mittelpunkt der Reinheitsvorschriften im Buch Leviticus der Satz steht: „Ihr sollt euch heilig verhalten und sollt heilig

---

[12] Abwegig ist es, wenn *Jeremias,* Theologie I 203, den Satz als Warnung vor Zungensünden auffaßt.

sein, denn ich bin Jahve, eurer Gott" (20,7), liegt es nahe, daß diese Praktiken eine veräußerlichte Frömmigkeit zur Folge haben konnten, die den äußeren Betrieb der Religion höher achtete als das innere Wesen. Auch hier schritten bereits die Propheten mit ihrer Kritik ein: „Wascht euch, reinigt euch! Entfernt die Bosheit eurer Taten, mir aus den Augen damit" (Is 1,16)[13]. Die Waschungen sind ohne Abkehr von der Bosheit sinnlos.

Das Jesus-Logion ist hinsichtlich seiner Authentie und seiner Bedeutung umstritten. Man möchte es Jesus absprechen mit Hinweis darauf, daß spätere christliche Gemeinden nicht wieder in eine strengere Thorapraxis hätten zurückfallen können, wenn sie diese Weisung von ihm gehabt hätten[14]. Allerdings machen wir öfter die Beobachtung, daß radikale Weisungen Jesu in ihrer Radikalität nicht durchgehalten wurden. Auch kennen wir das palästinische Judenchristentum der frühesten Epoche zu wenig. Zudem erhebt sich die Frage: Wie kritisch ist das Logion zu verstehen?

Nach D. Flusser[15] kritisiert Jesus die Pharisäer auf eine Weise, die innerjüdischer Kritik entspricht. Er zitiert AssMos 7,3–10, wo den Pharisäern sittenloses Treiben vorgeworfen wird: „Unreines treiben ihre Herzen, ihre Hände, ihr Mund spricht große Dinge aus. Dazu sagen sie: Rühre mich nicht an, damit du mich nicht unrein machst." Nach Klostermann[16] hat Jesus die letzten Konsequenzen seines Wortes nicht gezogen. C. G. Montefiore[17] hingegen meint, das Wort hebe die rituelle Reinheit auf und sei eine der bedeutendsten Äußerungen in der Religionsgeschichte. Noch weiter geht Haenchen[18], der behauptet, Jesus stehe in einem unversöhnlichen Gegensatz zu einem Gutteil der Thora. Sein Gott sei ein fremder und neuer.

Die Wahrheit wird in der Mitte liegen. Wir kennen nicht mehr den Anlaß, aus dem heraus die kritische Äußerung entstand. In der Tat stellt sie die Sinnhaftigkeit der kultischen Reinheit in Frage. Der Akzent aber liegt auf der Feststellung der wahren Unreinheit, der sittlichen. Indem auf die Zentralität des sittlichen Tuns hingelenkt wird, stimmt die Weisung mit dem bisher Erarbeiteten überein. In seiner Kritik einer formalisierten, legalistischen Moral und Frömmigkeit

---

[13] Ein Beispiel für diese dingliche Frömmigkeit bietet ein an Marduk gerichteter sumerischer Gebetstext: „Die Tamariske möge mich reinigen, das Kraut mich lösen, das Mark der Palme meine Sünde tilgen usw." – Bei *H. Wildberger*, Jesaja I (BK AT X/1) (Neukirchen 1972) 46.

[14] Etwa *S. Schulz*, Die neue Frage nach dem historischen Jesus: NT und Geschichte (Festschrift O. Cullmann) (Zürich 1972) 33–42, hier 39–41.

[15] Jesus 45.

[16] Markusevangelium 70.

[17] The Synoptic Gospels I (London ^{2}1927) 152f.

[18] Weg 266.

konnte Jesus diese Polemik entfalten. An eine grundsätzliche Abschaffung der kultischen Reinheit wird er nicht gedacht haben. Wo ihm das Wesen des Gottesglaubens entstellt erscheint, greift er ein. Seine Stellungnahmen erfolgen ad hoc. Als Jude hat er sich gegenüber der Einladung des heidnischen Hauptmanns zunächst zurückhaltend gezeigt. In seiner Tischgemeinschaft mit Sündern und Zöllnern war er bereit, die Reinheitsvorschriften zu mißachten. In seinem Umgang mit diesen Menschen geschah dies zweifelsfrei, daß er sich kultisch Verunreinigte. Aber er nahm dies in Kauf.

Das Verhältnis Jesu zum Sabbat kann diese Sicht bestätigen. Das Sabbatgebot, ein Dekaloggebot, schärfte die Sabbatruhe ein (Ex 20,8–11; Dt 5,12–15). Die Begründungen sind unterschiedlich. Nach Ex 20,11 ist es die Ruhe Gottes am siebten Tag nach der Schöpfung, nach Dt 5,15 die Befreiung aus der Knechtschaft in Ägypten, die ihn begründet. Von irgendwelchen kultischen Handlungen am Sabbat redet das Alte Testament nicht. Zur Zeit Jesu versammelte man sich am Sabbat in der Synagoge zum Gottesdienst. Er galt als der Tag, der Jahve gehört[19]. Vor allem aber hatte man die Sabbatruhe in kleinlich-kasuistischer Manier festgelegt. Über die pharisäischen Sabbatinterpretationen jener Zeit sind wir im einzelnen nicht detailliert informiert. Die essenischen kennen wir jetzt aus dem Damaskus-Dokument. Hier werden nicht nur die verbotenen Arbeiten, sondern auch die Zahl der erlaubten Schritte, die Zubereitung der Speisen und vieles andere vorgeschrieben (Dam 10,14–18)[20]. Die pharisäische Sabbatthora werden wir uns auch als eine enggefaßte vorzustellen haben, wenn auch im Vergleich mit Qumran etwas großzügiger. Nach Apg 1,12 entsprach der Weg von Jerusalem zum Ölberg dem am Sabbat erlaubten Weg. Kranken Menschen am Sabbat Hilfe zu leisten war nicht gestattet. Hier setzt Jesu Sabbatkritik an. In den Evangelien sind mehrere Sabbatheilungen oder -übertretungen Jesu überliefert (Mk 2,23–28 parr; 3,1–6 parr; Lk 13,10–17; 14,1–6; Joh 5,9ff; 9,14ff). Wenn auch die Rekonstruktion der einzelnen Fälle schwierig sein mag, so hat diese breite Überlieferung diesen wichtigen Zug seines Wirkens zuverlässig aufbewahrt. Vor allem aber haben wir ein höchst aufschlußreiches Jesuswort, das seine Sabbatkritik rechtfertigt: „Der Sabbat ist um des Menschen willen gemacht worden und nicht der Mensch um des Sabbat willen“ (Mk 2,27). Der aufklärerische Akzent dieser Begründung mag dazu geführt haben, daß Mat-

---

[19] *G. von Rad*, Das fünfte Buch Mose (ATD 8) (Göttingen 1964) 42, folgert dies aus der Sinngebung des Sabbatjahres. Über den eigentlichen Sinn der Sabbatfeier spricht sich das AT nirgends aus.

[20] Dam 11,13f verbietet, dem Vieh am Sabbat Geburtshilfe zu leisten, und wenn es in eine Grube oder Zisterne geworfen hat, das Neugeborene herauszuziehen. Lk 14,5 widerspricht dem, vermutlich gemäß einer pharisäischen Auffassung.

thäus und Lukas das Logion nicht übernehmen, wie sich später judenchristliche Gemeinden mit Jesu kritischer Sabbateinstellung schwer taten[21]. Beides verbürgt, daß wir hier auf einer völlig genuinen Spur sind.

Jesus hat keinesfalls im Sinn, den Sabbat abzuschaffen. Was er vorhat, ist, ihm seine gemäße Bestimmung zurückzugeben, die er schon in der Schöpfungsordnung verankert sieht. Daß der Sabbat um des Menschen willen gemacht worden ist, bezeichnet erneut ein Handeln Gottes, hier sein Schöpfungshandeln, das Jesus in der eschatologischen Zeit wiederherstellt. „Um des Menschen willen" besagt, daß der Sabbat als Tag Jahves gerade auch auf das Heil des Menschen ausgerichtet ist. Am Sabbat eine Heilung verweigern wollen bedeutete, sich gegen das Heil des Menschen und damit gegen den Willen Gottes richten. In verschärfter Form zeichnet sich diese Position ab in einer Sabbatauseinandersetzung in einer Synagoge, wo Jesus seinen Kritikern die Frage vorhält, ob es erlaubt sei, am Sabbat Gutes oder Böses zu tun, ein Leben zu retten oder zu töten (Mk 3,4). Auch dieses Wort paßt in seiner Schärfe völlig zu ihm. Mit Berufung auf die Sabbatthora Gutes verweigern heißt Böses tun. Auch die Episode von den Jüngern, die am Sabbat durch die Saatfelder gehen und Ähren rupfen – vermutlich weil sie Hunger haben – und von Jesus gegenüber vorwurfsvollen Kritikern in Schutz genommen wurden, dürfte in ihrer Originalität eine bemerkenswerte Erinnerung festgehalten haben (Mk 2,23ff)[22]. Der Vorwurf betrifft nicht den Mundraub, den sich die Jünger hätten zu Schulden kommen lassen – nach Dt 23,26 war dieser erlaubt –, sondern das als Erntearbeit eingestufte Ährenraufen, durch das entsprechend den Sabbatvorstellungen der Kritiker die Sabbatruhe gebrochen war[23].

Es ist der abartige Umgang mit der Thora, den Jesus geißelt. Letztlich ist es die legalistische Gesinnung, die in Gefahr gerät, den äußeren Schein höher zu werten als das Sein. In diesem Sinn kann er die Thora gegenüber ihren Auslegern zur Geltung bringen. Dies tut er hinsichtlich des Dekaloggebotes: Ehre deinen Vater und deine Mutter! Nach guter jüdischer Auffassung umfaßte die den Eltern zu leistende Ehre auch die Pflicht, für ihren Unterhalt zu sorgen. Zeitgenössische Auslegungsbestimmungen hatten die Möglichkeit geschaffen, sich dieser Pflicht zu entziehen, indem der den Eltern zustehende Anteil zum Weihegeschenk für den Tempel erklärt und dies mit der Schwurformel Korban (= Es sei ein Weihegeschenk) bekräftigt wurde. Diese Praxis weist Jesus mit größter Schärfe zurück (vgl. Mk 7,9–13 par). Freilich

---

21 Vgl. *Rordorf*, Sonntag 80–87.
22 Vgl. *Roloff*, Kerygma 58.
23 Kam der Vorwurf von pharisäisch orientierten Bauern? So Haenchen, Weg 122.

dürfte die Korbanpraxis im zeitgenössischen Judentum nicht unumstritten gewesen sein[24].

Auf eine ungesetzliche Art hatte Jesus in der zweiten Antithese sich zur Ehe geäußert. Dort ließ er erkennen, daß die Verbindung von Mann und Frau in der Ehe eine ungeteilte sein soll, in ihrer Liebe begründet. Die Formulierung war freilich eine negative, auf die nähere Bestimmung des Ehebruchs gerichtete. Sie besagte, daß Ehebruch, eheliche Untreue im gedanklichen Bereich seine Wurzeln hat, schon im begehrenden Blick gegeben ist. Bezeichnenderweise war der Ehemann der angesprochene Teil.

Wir haben noch ein weiteres Wort Jesu zur Ehe. Es spricht von ihrer Unauflöslichkeit und ist schon bald von juridischem Denken eingefangen worden. Davon ist es zunächst zu befreien. Auch seine Rekonstruktion ist nicht einfach. Zwei Versionen bieten sich an und werden diskutiert.

„Jeder, der seine Frau entläßt (außer dem Fall der Unzucht), bewirkt, daß sie zur Ehebrecherin wird. Und wer eine Entlassene heiratet, der bricht die Ehe" (Mt 5,32).

„Jeder, der seine Frau entläßt und eine andere heiratet, bricht die Ehe. Und wer eine vom Mann Entlassene heiratet, bricht die Ehe" (Lk 16,18).

Die Unzuchtsklausel bei Matthäus (oben in Klammern gesetzt) können wir als sekundäre Zutat beiseite lassen. Sie zeigt aufkommendes juridisches Denken an[25]. Ansonsten könnte man den Eindruck gewinnen, daß Matthäus jüdischer und damit ursprünglicher ist. Denn sein Text berücksichtigt noch mehr die allein dem Ehemann im Judentum zukommende Möglichkeit, die Ehe aufzulösen bzw. die Frau mit Aushändigung eines Scheidebriefes zu entlassen[26]. Die privilegierte Stellung des Mannes tut sich vor allem darin kund, daß er niemals seine eigene, immer nur eine fremde Ehe brechen konnte. Sexuelle Beziehungen zu Nichtverheirateten wurden nur der Ehefrau, niemals dem Ehemann als Ehebruch angerechnet. Diese Rechtsmentalität beruhte auf der Vorstellung, daß die Frau als das Eigentum des Mannes galt, der in eine fremde Ehe eindringende Mann sich demnach am Eigentum des anderen verging. Jesu Verbot, die Frau zu entlassen, bedeutet

---

[24] Die Mischna sieht die Auflösung des Korbangelübdes vor (Ned 9,1). Galt dies schon vor dem Jahr 70?

[25] Vgl. *Gnilka*, Matthäusevangelium I 165f. – Juridisiert erscheint das Logion auch in Mk 10,11f, wo das Verbot zu entlassen auch auf die Ehefrau übertragen wird. Hier ist auf nichtjüdische, vermutlich römische, Rechtsverhältnisse Rücksicht genommen.

[26] Für Mt setzen sich ein: *Merklein*, Gottesherrschaft 257f; *Berger*, Gesetzesauslegung 596f, der sogar die Unzuchtsklausel mieinbezieht; *Hübner*, Gesetz 46f (nur 32a); *Schulz*, Q 116f; für Lk *Baltensweiler*, Ehe 68; *Bultmann*, Geschichte 140; *Fitzmyer*, Divorce 200–202; *Schnackenburg*, Ehe 415f. Philologische Gründe sprechen eher für Lk. Vgl. *Gnilka*, Matthäusevangelium I 165f.

zunächst einen enormen Abbau von Rechtsprivilegien des Mannes und eine ebensolche Schutzmaßnahme für die Frau, vor allem, wenn wir bedenken, daß läppische Gründe ausreichten, der Frau einen Scheidebrief zu geben. Rabbi Aqiba wird das Wort nachgesagt, daß er entlassen kann, wenn er eine Frau findet, die schöner ist als seine. Gewiß war der Mann zu finanziellen Entschädigungen verpflichtet. Doch stellt Jesus in der ersten Hälfte des Spruches Verantwortung und Schuld des Mannes eindeutig fest.

Ist diese erste Hälfte vom Schutz für die Frau, die als Entlassene, Verstoßene leicht in soziale Not geraten kann, geprägt, so ist das Verbot, eine entlassene Frau zu heiraten, aus anderem Holz geschnitzt. Einer entlassenen Frau wäre doch durch eine Wiederverheiratung geholfen. Das Verbot setzt eine Eheordnung irgendwie voraus. Nicht mehr ausmachen zu können, wie Jesus diese gedacht hat, ist wegen des Aphorismenhaften seiner Aussagen in diesem Fall besonders schmerzlich. Wahrscheinlich hat er – wie schon beim Sabbat – an die Schöpfungsordnung gedacht, so daß die Argumentation in Mk 10,6–9 par eine zutreffende Reminiszenz aufbewahrt haben kann[27]. Es ist aber auch die Überlegung miteinzubeziehen, daß die Wiederaufnahme der entlassenen Frau das Ziel ist[28].

Ist es auch nicht gut möglich, die Stellungnahme Jesu zur Thora auf eine Formel zu bringen, so bleibt die Feststellung hilfreich, daß jetzt, wo die Gottesherrschaft verkündigt wird, nicht mehr das Wort des Gesetzes das letztgültige und heilsrelevante ist, sondern das Wort von der Gottesherrschaft, das er ausrichtet. Im einzelnen sind seine Äußerungen zur Thora vielgestaltig. Er kann die Weisung der Thora gegenüber einer entstellenden Interpretation bekräftigen wie beim vierten Gebot. Er kann aber auch Teile der Thora – auch im Zusammenhang mit der gelebten Thora – scharf kritisieren wie im Fall der levitischen Reinheitsgebote. Weil er immer ad hoc urteilt, kann man nicht grundsätzlich sagen, daß es ihm angelegen gewesen wäre, die Thora oder Teile von ihr aufzuheben. Aber seine Einsicht in den Willen Gottes führt über die Weisung der Thora hinaus. Dabei sind vor allem zwei Beobachtungen maßgeblich. Zum einen geht es ihm darum, daß der Mensch in seiner Ganzheit ein guter werde. Eine legalistische Einstellung, die überwunden werden soll, verkürzt den Willen Gottes. Sie kann sogar von Gott wegführen, wie es das Gleichnis vom Pharisäer und Zöllner veranschaulicht. Dabei vertraut Jesus darauf, daß der

---

[27] Auch im Qumran wird die Einehe im Rückgriff auf Gn 1,27 begründet (Dam 4,21). Die synoptische Tradition dürfte hier abhängig sein.

[28] Problematisch war nach jüdischem Recht die Wiederaufnahme einer Ehefrau, die Ehebruch begangen hatte. Aus dieser Problematik wird die Unzuchtsklausel bei Mt entstanden sein.

Mensch in freier Übereinstimmung mit dem Willen Gottes das Gute tut, nicht weil er unter dem Zwang eines Sanktionen einfordernden Gesetzes steht. Dies gilt auch für die Ehebelehrung. Das Verbot der Unauflöslichkeit will in diesem Sinn ebenfalls nicht gesetzlich verstanden sein. Freilich heißt das nicht, daß es nicht ernst zu nehmen ist, sondern im Gegenteil sich der ganzheitlichen Zustimmung darbietet.

Zum anderen ist Jesu Stellungnahme zur Thora auf das Heil des Menschen ausgerichtet. Gesetzesauffassungen, die dem widersprechen, weist er als menschenverachtend zurück. Der Mensch darf nicht zum Sklaven des Sabbat werden, die Frau soll aus der versklavenden Herrschaft des Mannes herausgelöst werden. Diese Beispiele sind sicherlich auf andere übertragbar. Freilich wird der Mensch nicht für autark erklärt. Er bleibt an eine positive Weisung gebunden. Doch werden wir später nach einer Summe der Ethik Jesu zu fragen haben, die Freiräume des sittlichen Handelns eröffnet.

Die Ambivalenz in seiner Haltung der Thora gegenüber kann auch darin erkannt werden, daß die Jünger nicht zum Thorastudium angehalten werden[29]. Er akzeptiert die Aussatz-Thora, die dem Priester Vollmacht einräumt (Mk 1,44), und legt schärfsten Protest gegen den Opfermarkt im Tempel ein. Er gibt auch Weisung, ohne sich auf das Gesetz zu berufen und unbekümmert darum, ob sie am Gesetz anstößt oder nicht. Darauf ist im folgenden Abschnitt einzugehen.

Ausblick:

Es ist begreiflich, daß die Frage nach dem Gesetz in judenchristlichen Gemeinden von größerer Brisanz war als in heidenchristlichen. Um die Gesetzesfrage gab es im Christentum viel Streit. Das sogenannte Apostelkonzil ist letztlich um dieser Problematik willen einberufen worden (Apg 15; Gal 2,1–10). Freilich bleibt hier für uns vieles im Dunkeln der Geschichte. Wie lange mag in judenchristlichen Gemeinden die Beschneidung geübt worden sein? Auch die Begehung des Sabbats wich nur allmählich der Feier des Herrentages. Einen frühen Beleg für den Herrentag bietet Apk 1,10. Mit dem Jüdischen Krieg 66–70 n. Chr. und seinen Folgen wandelte sich die Szene. Nicht nur der jüdische Staat ging unter, sondern auch das Judenchristentum hörte auf zu bestehen. Zwar hören wir noch von der Auswanderung der Jerusalemer Gemeinde nach Pella ins Ostjordanland, die kurz vor

---

[29] Diese Besonderheit tritt hervor, wenn man wahrnimmt, wie wichtig die Mönche von Qumran das Thorastudium nahmen. Vgl. 1 QS 6,6–8: „An dem Ort, wo sich Zehn befinden, soll ein Mann nicht fehlen, der in der Thora studiert, Tag und Nacht, wobei sie einander ablösen sollen …"

dem Zeitpunkt erfolgte, zu dem sich der römische Belagerungsring um die Stadt schloß. Wir wissen auch, daß diese judenchristlichen Reste aufgingen in ebionitischen Sekten. Dann aber ist ihre Spur verschwunden. Mit dem Untergang des Judenchristentums ist dem Christentum und der Kirche ein wesentlicher Bestandteil verlorengegangen. Dieser Verlust entbindet uns nicht von der heute wieder stärker in das Bewußtsein eindringenden Frage nach dem jüdischen Mutterboden des Christentums.

Ebenso belangreich ist ein anderes Problem. Kam es Jesus darauf an, Gesetzesdenken zu überwinden und den Menschen in seiner Ganzheit, mit allen seinen äußeren und geistigen Kräften, für das sittliche Gut zu mobilisieren, so sind gesetzliche Strukturen in neuen Formen entstanden. Juridische Kategorien dringen – wie wir sahen – schon in die Jesus-Überlieferungen ein. In der Kirche entwickelte sich das Kirchenrecht. Eine eminente Aufgabe bestünde darin, die theologischen Voraussetzungen dieses Kirchenrechts zu klären und plausibel zu machen. Eine eminente pastorale Aufgabe bestünde darin zu verhindern, daß auch angesichts des Kirchenrechts gesetzliches Denken und Verhalten in der Kirche dominieren. Es wäre gegen den Geist Jesu. Letztlich ist die Existenz des Kirchenrechts das Siegel darauf, daß die Kirche eine Gemeinschaft von Sündern ist, an Haupt und Gliedern. Sünder werden allein gerettet durch die Barmherzigkeit Gottes.

LITERATUR: *G. Barth*, Das Gesetzesverständnis des Evangelisten Matthäus: *G. Bornkamm* u.a., Überlieferung und Auslegung im Matthäusevangelium (WMANT 1) (Neukirchen [2]1961) 54–154; *W. Rordorf*, Der Sonntag (AThANT 43) (Zürich 1962); *E. Lohse*, Jesu Worte über den Sabbat: Judentum–Urchristentum–Kirche (Festschrift J. Jeremias) (BZNW 26) (Berlin [2]1964) 79–89; *H. Baltensweiler*, Die Ehe im NT (Zürich 1967); *H. Greeven*, Ehe nach dem NT: NTS 15 (1968/69) 365–388; *W. Paschen*, Rein und Unrein (StANT 24) (München 1970); *R. Schnackenburg*, Die Ehe nach dem NT: Schriften zum NT (München 1971) 414–434; *H. Hübner*, Das Gesetz in der synoptischen Tradition (Witten 1973); *J. A. Fitzmyer*, The Matthean Divorce Texts and Some New Palestinian Evidence: TS 37 (1976) 197–226; *J. P. Meier*, Law and History in Matthew's Gospel (AnBib 71) Rom 1976; *U. Luz*, Die Erfüllung des Gesetzes bei Matthäus: ZThK 75 (1978) 398–435; *G. Strecker*, Die Antithesen der Bergpredigt: ZNW 69 (1978) 36–72; *I. Broer*, Freiheit vom Gesetz und Radikalisierung des Gesetzes (SBS 98) (Stuttgart 1980); *H. Venetz*, Theologische Grundstrukturen in der Verkündigung Jesu?: Mélanges D. Barthélemy (OBO 38) (Fribourg – Göttingen 1981) 613–650.

3. Konkrete Weisung

Jesus gibt auch konkrete Weisung unabhängig von der Thora, ja anscheinend unbekümmert hinsichtlich dessen, was die Thora sagt. Dies hat mit seiner Vollmacht zu tun. Wenn auch das, was er sagt, nicht als ein neues Gesetz aufgefaßt sein will, ist es ernst zu nehmende, den hörenden Menschen in Verantwortung rufende Weisung. Die Ernsthaftigkeit des Wortes ist gegeben, weil es in Vollmacht gesprochen ist. Sie ist aber auch darin aufgegeben, daß das Wort, und gerade auch seine sittliche Weisung, im Kontext seiner Basileia-Verkündigung steht. Die Basileia ist das Endgültige. Sie ist die neue und rettende Ordnung des befreiendes Heiles. Proleptisch ansichtig und wirksam werden will sie aber nicht nur in Heilungen, die durch ihn an Kranken geschehen, sondern vor allem auch dadurch, daß Menschen sein Wort annehmen, sich verändern lassen und die neue Ordnung durch ihr Leben und Handeln schon zur Wirkung kommen lassen. Dabei ist es von vornherein klar, daß die Einsicht in die „Vernünftigkeit" seiner Weisung nicht ausreicht, um sie zu akzeptieren. Wer seine Weisung in Ruhe bedenkt, wird zugestehen können, daß sie, von vielen realisiert, die Welt verändern könnte. Mißt man sie an den Maßstäben der alten Ordnung, wird sie in manchen Stücken als unvernünftig, töricht erscheinen. Nur in der Bejahung seiner Basileia-Predigt, im Ja zur neuen Ordnung Gottes, kann sie letztlich akzeptiert werden. Was in der sittlichen Weisung der Basileia-Predigt nach den Maßstäben der alten Ordnung gemessen als töricht erscheint, macht das Ärgerliche seines Wortes aus. Die neue Ordnung wird nach dem Maßstab der Unbedingtheit gemessen. Das Unbedingte aber, alles, was den Maßstab der Unbedingtheit anlegt, ist eo ipso ein Opfer (S. Kierkegaard)[1]. Vor allem wird jener, der die Weisung vorträgt und lebt, selbst zum Ärgernis – und möglicherweise auch zum Opfer.

Die Weisung Jesu, die wir aus den Redekompositionen der Evangelisten (Bergpredigt, Feldrede) herauszulösen haben, stellt sich uns in ihrer bereits hinlänglich bekannten Form dar. Sie erscheint aphorismenhaft. Das mögen wir bedauern, so wie es schon der Philosoph bei Kierkegaard bedauert hat[2]. Doch hat schon dieser übersehen, daß es sich bei diesen sentenzartigen Weisungen um Summarien, Zusammenballungen seiner Lehre handelt, die im buchstäblichen Sinn der Auslegung, Ausbreitung bedürfen. Wie es zu diesen sentenzhaften Zusammenballungen gekommen ist, bleibe hier dahingestellt. Sicherlich hat Jesus nicht bloß in Sentenzen geredet. Er muß sich ausführlich zu den Themen geäußert haben. Vermutlich hat er selbst seine ausführlicheren Darlegungen in solchen Sentenzen zusammengefaßt. Damit ist für den Hörer ein Freiraum geschaffen. Die Logien Jesu, die auf uns gekommen sind, gewinnen um so stärker grundsätzlichen Charakter. Wichtig ist die Auslegung, die Jesus selbst durch sein Leben seiner sittlichen Weisung gegeben hat. Im methodologischen Bereich betrachtet man die Konvergenz von Wort und Leben Jesu als starkes Indiz für die

---

[1] Einübung 115.
[2] Einübung 101f.

Authentie eines überlieferten Logions. Im theologischen Bereich wird diese Übereinstimmung zum bedeutsamen Faktor der Glaubwürdigkeit der sittlichen Weisung Jesu. In seinem Leben wurde die neue Ordnung der Basileia ansichtig. Die Jünger, die in seine Nachfolge gerufen sind, werden immer nur fragmentarisch den Ruf verwirklichen, nur unvollkommen die Umkehr vollziehen, die ihnen aufgetragen ist. Doch ihnen bleibt die Verkündigung der Basileia auferlegt, die untrennbar mit dem Bemühen, die neue Ordnung zu realisieren, verknüpft ist.

Die sittliche Weisung Jesu ist durch ein weiteres Kennzeichen, das bedauernswert erscheinen möchte, geprägt. Sie deckt keinesfalls alle Bereiche und Themen einer moraltheologischen Theorie ab. Zwar hat Jesus in Verbindung mit seiner Stellungnahme zum Gesetz etwas gesagt über die Religion seines Volkes, über die Ehe, über die Frau in der Gesellschaft, zwar werden wir jetzt etwas hören über Besitz und Reichtum, Gewaltanwendung und das Verhältnis zum Feind, über die staatliche Autorität, auch über das Gebet, doch andere Bereiche bleiben unberührt. Doch schaffen auch diese Lücken wie das Aphorismenhafte Freiräume. Der Jünger ist aufgerufen, in Eigenverantwortung zu handeln. Auch das kann man einordnen in das Bemühen, gesetzliches Denken zu überwinden. Freilich kommt es darauf an, sich vom Duktus der radikalen Weisung bestimmen zu lassen. Diese Überlegungen werden noch klarer werden, wenn wir im folgenden Abschnitt von der Summe der Ethik Jesu sprechen werden.

Einschneidend ist das Gebot der Feindesliebe. Strukturell ähnelt es dem atl. Gebot der Nächstenliebe (Lv 19,18), nur ist eben Objekt der Liebe nicht der Nächste, sondern der Feind. Es ist uns in zwei Versionen, bei Matthäus und Lukas, überliefert. Beide Evangelisten stellen die große Bedeutung dieses Gebotes heraus, Matthäus, indem er mit ihm die Antithesen der Bergpredigt abschließt, Lukas, indem er die Weisungen der Feldrede mit ihm eröffnet. Die beiden Versionen lauten:

„Liebet eure Feinde und betet für die, die euch verfolgen, damit ihr Söhne eures Vaters in den Himmeln werdet, der seine Sonne aufgehen läßt über Bösen und Guten und regnen läßt über Gerechte und Ungerechte" (Mt 5,44f).

„Liebet eure Feinde, tut Gutes denen, die euch hassen. Segnet, die euch verfluchen, betet für die, die euch schmähen ... Und ihr werdet Söhne des Höchsten sein, denn er ist gütig gegen die Undankbaren und Bösen" (Lk 6,27f.35b).

Der Grundbestand der beiden Versionen ist im Vergleich derselbe: auf die Weisung, die Feinde zu lieben und für sie zu beten, folgen eine

Zielangabe (Kind Gottes werden) und eine Begründung (die unterschiedslose Güte Gottes gegen alle)[3]. Mit diesem Grundbestand wollen wir uns befassen.

Die Geneigtheit dem Feind gegenüber, die liebende Zuwendung zu ihm ist ein Thema, das in fast allen Hochreligionen anzutreffen ist, ein Akkord, der aus der Stimme fast aller Religionsstifter vernommen werden kann[4], auch aus der Stimme mancher – vom Christentum unabhängiger – Philosophen. Ein Vergleich besonders hinsichtlich der Kausalität und Finalität ist lehrreich und hilft, die besondere Gestalt der Weisung Jesu besser zu begreifen.

Anknüpfungspunkte gibt es im Alten Testament, doch ringt sich dieses noch nicht zur Feindesliebe durch: „Denk an das Ende, laß ab von der Feindschaft ... denk an den Bund des Höchsten, und verzeih die Schuld" (Sir 28,6 f). „Hungert dein Feind, so speise ihn mit Brot. Dürstet ihn, so tränke ihn mit Wasser. Denn so sammelst du glühende Kohlen auf sein Haupt" (Spr 25,21 f). Einmal soll man also angesichts des Todes zur Versöhnung bereit sein. Zum anderen gereicht die Verköstigung des Gegners diesem zur Scham. Kohlen auf jemands Haupt sammeln umschreibt bildlich diese Scham und Schmach.

Weiter geht das hellenistische Judentum. Im Buch Joseph und Asenath wird wiederholt davor gewarnt, Böses mit Bösem zu vergelten. Gott würde solchen Hochmut rächen (28,14; vgl. 23,9). „Und wenn euch jemand Böses zufügen will, so betet für ihn und tut ihm Gutes. Von allem Bösen werdet ihr dann durch den Herrn befreit werden" (TestJos 18,2). Das Ziel der Feindesliebe besteht darin, von der Gewalt des Gegners loszukommen, durch Gottes Beistand.

Stoische Philosophen haben sich wiederholt zur Feindesliebe geäußert. Die Argumente sind schön versammelt bei Mark Aurel, semet. 7,21 f: „Bald wirst du alles vergessen haben, bald von allen vergessen sein. Auch die zu lieben, die sich gegen uns vergangen haben, das ist uns als Menschen besonders aufgetragen. Du gelangst dahin, wenn du dir zum Bewußtsein bringst, daß jene mit dir verwandt sind und aus Unkenntnis gegen ihren Willen Fehler begehen, und daß ihr beide, du sowohl wie sie, nach kurzer Zeit tot sein werdet, und vor allem, daß dir der Sünder ja gar keinen Schaden zugefügt hat. Denn er hat die Ver-

---

[3] Es liegen zahlreiche Rekonstruktionsversuche vor, etwa *Schürmann*, Lukasevangelium I 342 ff; *Gnilka*, Matthäusevangelium I 188 f; *Hoffmann*, Tradition 51 ff; *Lührmann*, Liebet 416 ff; *Merklein*, Gottesherrschaft 222 ff. – Lk wiederholt das Gebot der Feindesliebe (6,35 a), hat aber mit dem Gebet für die Schmähenden wahrscheinlich das Ursprünglichere bewahrt. Im Beschreiben des Handelns Gottes ist Mt ausführlicher, Lk im Beschreiben des Verhaltens gegenüber den Feinden. Von Gott als dem Höchsten oder von seiner Güte (χρηστός) zu sprechen, entspricht hellenistischem Empfinden.

[4] Von diesem Standpunkt aus ist ein von den verschiedenen Religionen gemeinsam veranstaltetes Friedensgebet, wie es seit Assisi üblich ist, sinnvoll.

nunft in deiner Seele nicht weniger wertvoll gemacht, als sie vorher war."[5]

Die Kurzfristigkeit des Lebens, die Wesensverwandtschaft aller Menschen tauchen hier ebenso als Argumente auf wie das Unberührtsein der Seele, das es zu kultivieren gilt, und die Möglichkeit, daß der Feind, als er gegen uns handelte, sein Handeln nicht voll abschätzte.

Vor allem in den asiatischen Religionen kommt die Feindesliebe eindrucksvoll zur Geltung. Buddha mahnt seine Jünger: „Selbst wenn Räuber und Mörder mit einer doppelt gezähnten Säge jemanden ein Glied nach dem anderen abtrennten, so würde dieser, wenn sein Geist von Wut erfüllt würde, eben deshalb kein Befolger meiner Heilslehre sein. Auch in diesem Fall müßt ihr euch hüten und also sprechen: Nicht soll unser Geist erregt werden, kein böses Wort wollen wir ausstoßen, freundlich und mitleidsvoll wollen wir bleiben, gütig gesinnt, ohne Haß im Innern, und diesen Menschen wollen wir mit gütigem Geist durchdringen, und von ihm ausgehend, wollen wir die ganze Welt mit gütigem Geist durchdringen."[6] Dieser unerhörte Text, der befiehlt, selbst die qualvollsten Martern zorn- und wutlos zu erdulden, nennt als Finalität und Begründung zugleich den gütigen Geist, den der Jünger Buddhas in sich ansammeln und mit dem er den Feind und letztlich die ganze Welt durchdringen soll. Diesen gütigen Geist empfängt der Mensch nicht von Gott, sondern er gewinnt ihn durch zähe, ein Leben lang währende Meditationsarbeit. Er weist den Weg zur Erkenntnis des Leidens, auch des Leidens, das einem der Feind zugefügt hat, und den Weg zur Überwindung des Leidens. Der Weg zur Überwindung des Leidens ist ein Weg der Selbsterlösung. Die Selbstüberwindung und die Arbeit an sich selbst ist die bleibend gestellte Aufgabe[7].

Auch im Taoismus ist die Feindesliebe bekannt. Lao-tzu fordert sie mit den Worten: „Feindseligkeit ist mit Wohlwollen zu beantworten." Die Fähigkeit hierzu erreicht man nicht durch Aktivismus, sondern durch Nichtstun, durch die Kraft einer inneren und äußeren Distanz: „Der vollendete Weise ist gegen den einen wie den anderen gleich gesinnt. Er erweist dem einen Menschen das gleiche wie dem anderen, als handelte es sich um eine Strohpuppe." F. Heiler spricht von einem „mystischen Quietismus"[8].

Für den Islam wird man kaum von Feindesliebe sprechen können. Zu oft ist im Koran vom heiligen Krieg die Rede und davon, daß die in

---

[5] Vgl. *Seneca,* De otio 1,4.

[6] Majjhima-nikāya 21, bei Heiler, Religionen 273. Hier weitere Beispiele.

[7] Buddhas letzte Worte waren: „Vergänglich ist jede Gestaltung. Strebet ohne Unterlaß." Bei Jaspers, Die maßgebenden Menschen 110.

[8] Religionen 122. Hier finden sich auch die zitierten Texte.

diesem Krieg Gefallenen der ewigen Seligkeit sicher sein können. Auch die Wiedervergeltung wird gelehrt: „Ihr Gläubigen! Bei Totschlag ist euch die Wiedervergeltung vorgeschrieben: ein Freier für einen Freien, ein Sklave für einen Sklaven und ein weibliches Wesen für ein weibliches Wesen" (Sure 2,178)[9]. Von diesem ius talionis ist aber auch im Alten Testament die Rede (vgl. Ex 21,24; Lv 24,20; Dt 19,21).

Kehren wir wieder zu Jesus zurück! Was seine Weisung, die Feinde zu lieben, prägt, ist nicht der Gedanke an die Kürze des Lebens, nicht ein Abwägen der Pläne des Gegners, nicht die Gemeinsamkeit der menschlichen Abstammung. Gerade im Vergleich mit den anderen Zeugnissen kommt der eminent theologische Gehalt seiner Weisung zum Vorschein. Ziel seiner Weisung ist, daß der Mensch Kind Gottes werde. Die Gotteskindschaft ist dabei als ein Prozeß vorgestellt. Zwischen den Eltern und Kindern besteht eine Wesensverwandtschaft. Die Kinder prägen Wesen und Art ihres Vaters ab, sind gleichsam das Bild ihrer Eltern.

Im Verhältnis zu Gott besagt das die Nachahmung Gottes, die Nachgestaltung seines Wesens. Zwar könnte der Christ auch die Argumente, die in den anderen Religionen vorgebracht werden, weitgehend bejahen. Doch ist die christliche Weisung an den Gott Jesu gebunden, näherhin in der Weise, wie seine Herrschaft im Wirken Jesu in Erscheinung tritt. Erneut gelangen wir auf die Gottesherrschaft als die Basis seiner Verkündigung.

Die Weisung Jesu ist letztlich für den Atheisten in ihrer Begründung nicht akzeptabel, für den Jünger ist sie verpflichtend. Der Atheist könnte sie schon deshalb nicht übernehmen, weil die Einübung in die Feindesliebe an das Gebet gebunden ist. Wie es ein Prozeß ist, Kind Gottes zu werden, so ist die Fähigkeit, den Feind zu lieben, ein Vorgang, der zunächst im Gebet eingeübt werden muß. Aufgefordert, für die ihn Schmähenden zu beten, soll der Jünger lernen, im Geist vor Gott alle Vorurteile gegenüber seinem Gegner abzubauen, den Haß abzustellen, den Zorn zu überwinden. In der Friedensdiskussion heute ist dieser Aspekt von Christen zu bedenken. Im Zeitalter der Wasserstoffbombe spricht jede Vernunft gegen den Krieg. Die Verhinderung des Krieges aber ist, obwohl mit ihr unendlich viel gewonnen ist, noch nicht die Erfüllung der Weisung Jesu, die Feinde zu lieben. Der Ansatz Jesu reicht tiefer.

---

[9] *R. Paret*, Der Koran (Stuttgart 1962) 25. Zum Töten im heiligen Krieg vgl. Sure 2,191; 4,74.89.91.101; 8,15–17; 9,41 u.ö. Nach *Jaspers*, Die maßgebenden Menschen 198, ist Mohammed an Tiefe des Wesens mit Sokrates, Buddha, Konfuzius, Jesus nicht zu vergleichen. Er kommt an diese trotz des historisch vergleichbaren Umfangs an Wirkung nicht heran.

Der von Jesus angesprochene Feind ist der Feind jedweder Art, der persönliche Feind, der Prozeßgegner, der Gruppenfeind, der Widersacher des Clans, der Kriegsgegner. Matthäus hat vermutlich eine gewisse Konzentration auf den religiösen Feind und Widersacher sekundär vorgenommen, wenn er für die zu beten verlangt, „die euch verfolgen“ (5,44). Feindschaften zwischen Religionen können, wie die Geschichte lehrte, besonders feindselig sein. Gewiß sind für das Milieu der seinerzeitigen Hörer Jesu die Messerstecherei in der Dorfschenke oder die zwischen Sippen und Dörfern bestehenden Feindschaften das Nächstliegende. Die sozialpolitische Dimension aber kann nicht ausgeklammert werden. Umgekehrt aber kann man ebenso wenig die persönliche Feindschaft beiseite lassen und alles auf in der Gesellshaft vorhandene Strukturen der Feindseligkeit abschieben, wie es heute gern geschieht, die anonyme Gesellschaft und nicht den einzelnen Menschen zur Verantwortung zu ziehen. Gerade die theologische Finalisierung und Begründung verweist auf ihn. Sie auch macht die Authentie der Weisung Jesu aus.

Die radikalsten Forderungen sind in Mt 5,39–42 zusammengefaßt:

„Wer dich auf die rechte Wange schlägt, dem wende auch die andere zu.“

„Und wer mit dir vor Gericht gehen will, um dir den Leibrock zu nehmen, dem laß auch den Mantel.“

„Und wer dich zu einer Meile Weggeleit nötigt, mit dem geh zwei.“

„Dem, der dich bittet, gib, und von dem, der von dir leihen will, wende dich nicht ab.“

Trotz dieser geschlossen wirkenden Zusammenfassung haben wir es mit vier einzelnen Logien zu tun, die ihrerseits wiederum Resümees von ausführlicheren Darlegungen Jesu sein mögen. Bei Lk 6,29f erscheinen die Sprüche gekürzt – der Spruch vom Weggeleit ist ganz ausgelassen – und in ein anderes Milieu übertragen. Weil Matthäus hier das ursprünglichere Milieu, das das Milieu der Hörer Jesu ist, erhalten hat, ist es interessant, dieses zu kennzeichnen[10].

Der Schlag auf die rechte Wange – Lukas spricht nur vom Schlag auf die Wange – war der berüchtigte Schlag mit der Rückseite der Hand, bei dem man auch mit einem Gegenstand zupacken konnte und der als besondere Schmähung empfunden wurde.

Der Gerichsstreit um den Chiton, den Leibrock, das lange, mit Ärmeln versehene Hemd, das auf dem bloßen Leib getragen wurde, führt uns getreulich in das Arme-Leute-Milieu. (In Lk 6,29b ist von einem

[10] Zur Einzelrekonstruktion vgl. *Gnilka*, Matthäusevangelium I 180; *Hoffmann*, Tradition 61–63; *Merklein*, Gottesherrschaft 269f, *Schürmann*, Lukasevangelium I 347f.

Raub die Rede[11]). Man soll nicht streiten, sondern nicht nur den Chiton fahren lassen, sondern auch den Mantel dazugeben. Der Arme verzichtet auf sein Recht. Denn nach Ex 22,25f durfte der Mantel des Armen nicht gepfändet werden. Für die Nacht war er die einzige Decke, mit der er sich bedecken konnte.

Das Weggeleit, das zur Zeit Jesu im Land von den Soldaten der römischen Besatzungsmacht von den Juden gefordert wurde, oft verbunden mit dem Tragen von Lasten, wird besonders die armen Leute betroffen haben. Ein denkwürdiges Beispiel für ein solches erzwungenes Weggeleit bietet Simon von Kyrene, den die Soldaten zwingen, den Kreuzweg mitzugehen und Jesus das Kreuz zu tragen (Mt 27,32 parr).

Der letzte Spruch handelt vom Bettler und dem, der leihen will. An Stelle des letzteren erwähnt Lk 6,30 wiederum den Räuber: „Wer dir das Deine nimmt, von dem fordere es nicht zurück."

Die rigorosen Forderungen gruppieren sich um das Thema der Gewaltlosigkeit. Gewalt soll nicht mit Gegengewalt beantwortet werden, sondern mit Nachgeben. Dieses Nachgeben ist nicht Schwäche, sondern der Versuch, das Böse durch das Gute zu überwinden. Die gebotenen Beispiele sind Beispiele der Auslieferung. Der Geschlagene liefert sich dem Gegner zu einem nochmaligen Schlag aus. Die demonstrative Wehrlosigkeit soll seinen Haß bezwingen. Die Eskalation der Gewalt soll abgebrochen werden. Doch lassen sich diese Verhaltensregeln nicht in psychologische Programme auflösen. Die Demonstration der Gewaltlosigkeit ist die Demonstration einer von Gott gestifteten neuen Ordnung, die der „Welt" um so verrückter und wahnwitziger erscheinen muß, als sie sich auf sich selbst und ihre alte Ordnung festlegt.

Fast noch wahnwitziger muß das zweite Beispiel wirken, das den um seiner Kleider Beraubten seinem Widersacher nackt preisgegeben sieht. Wiederum ist es nicht Schwäche oder die aus innerem Abstand gewonnene Gleichgültigkeit gegenüber den äußeren Geschehnissen und Zeitläuften[12]. Es ist der verzweifelte Versuch der Liebe, das „normale" Verhältnis zwischen Menschen, das von Egoismus und Rücksichtslosigkeit bestimmt ist, zu verändern.

Über diese Radikalismen ist viel geschrieben und gesagt worden. Ihre Radikalität ist oft scharf nachgezeichnet worden. So formulierte etwa H. Braun hinsichtlich des Spruches vom Schlag auf die Wange,

---

[11] Weil Lk von einem Raub spricht, ist er gezwungen, die Kleidungsstücke umzutauschen: „Dem, der dir den Mantel nimmt, verweigere auch das Hemd nicht."

[12] Diese innere Distanz bewegt Epiktet zur Anweisung für den Kyniker: „Er muß sich schlagen lassen wie einen Esel und zugleich die, die ihn schlagen, lieben – als ein Vater aller oder als Bruder" (diss. 3,22, 53f).

daß nicht das Maß markiert sei, „nach dessen Ableistung die Gemütlichkeit denn doch aufhört und die Selbstwehr beginnen darf.“[13] Die Interpreten sind natürlich im Recht. Aber Folgendes bleibt zu bedenken: Es muß zugestanden werden, daß 99,99 ...% der Christen diese radikalen Weisungen Jesu in ihrem Leben nicht wörtlich befolgt haben. Es besteht aber ein Glaubwürdigkeitsverhältnis zwischen diesen Weisungen und der Lebenspraxis jener, die sie weitertragen und verkündigen. G. Theißen vertritt sogar die These, daß diese Radikalismen nur überliefert werden konnten, weil es im Urchristentum solche gab, die sie befolgten. Er kennzeichnet diese Gruppe mit dem Stichwort Wanderradikalismus. Eine Präventivzensur habe in jenen Gemeinden, die diese Forderungen als zu hart empfanden und ablehnten, dafür gesorgt, daß sie aus der Überlieferung abgestoßen worden seien[14]. Dies wird für die Geschichte des Urchristentums zutreffen. Wenn wir uns noch nicht von diesen Überlieferungen getrennt haben, obwohl ihre Forderungen nicht realisiert werden, hängt das auch mit den Evangelien und ihrer Kanonisierung zusammen.

Die Glaubwürdigkeit dieser radikalen Forderungen liegt allein bei Jesus. Er selbst hat diesen Weisungen in seinem Leben vollständig entsprochen. Er hat diese Gewaltlosigkeit geübt, sich in dieser Weise den Menschen preisgegeben und unbegrenzt von dem Seinen mitgeteilt. Weil diese Weisungen seiner Lebensform entsprachen, hat er sie überhaupt formuliert. Die Konvergenz von Wort und Tat schafft nicht nur die Glaubwürdigkeit, sondern sie verbürgt auch die Authentie der Weisung als Wort Jesu, und zwar in einem ganz dichten Sinn. Diese Worte sind nur als seine Worte denkbar.

Für die Jünger, für uns bleiben diese Worte ein Stachel im Fleisch. Wir können sie jetzt nicht mehr beseitigen. Wir können sie aber auch nicht verharmlosen, indem wir sie – gut katholisch – nur einem bestimmten Stand zuweisen, denen, die nach Vollkommenheit streben, den Ordensleuten, oder indem wir – gut lutherisch – entsprechend der Zwei-Reiche-Lehre zwischen dem Menschen als Privat- und Amtsperson unterscheiden und die Amtsperson von der Weisung dispensieren. Der Jünger ist durch diese Weisung auf einen Weg gestellt, in den er sich einüben soll und auf dem er das gesteckte Ziel vor sich sieht. Auch wenn er das gesteckte Ziel nicht erreicht, besteht keine Veranlassung, zu verzweifeln oder die Jüngerschaft aufzugeben. Die Jüngerschaft aber wäre in Frage gestellt, wenn einer das gesteckte Ziel aus dem Blick verloren hat.

Das Inkommensurable dieses Weges erklärt ausdrücklich das Logion von der Imitatio Dei: „Werdet barmherzig, wie auch euer Vater

[13] Jesus 124.
[14] Vgl. Studien 87ff.

barmherzig ist" (Lk 6,36). Die Barmherzigkeit Gottes könnte der Mensch niemals ausschöpfen oder erreichen. Aber er ist in sie hineingenommen und darum ist sie ihm aufgegeben. Auch hier bleibt zu bedenken, daß die Barmherzigkeit Gottes eine durch Jesus vermittelte und in seinem Wirken wirksame und anschaubare geworden ist. Die matthäische Version des Logions: „Werdet ihr also vollkommen, wie euer himmlischer Vater vollkommen ist" (5,48) greift das Ideal des jüdischen, an der Thora orientierten Menschen auf. Dieses Ideal wird uns in den Qumran-Handschriften besonders klar vor Augen geführt, in denen das Streben nach Vollkommenheit eine große Rolle spielt[15]. Die matthäische Formulierung ist sekundär. Sie bezieht sich aber auf die in den Antithesen der Bergpredigt dargebotene Interpretation des Gesetzes und ist somit auch völlig an der Weisung Jesu orientiert.

In mehrfacher Hinsicht fügt sich ein zur Versöhnung aufrufendes Bildwort in den Rahmen ein, den wir aus der konkreten Weisung Jesu gewonnen haben:

„Wenn du deine Gabe auf dem Altar opfern läßt und dich dort erinnerst, daß dein Bruder etwas gegen dich hat, so laß deine Gabe dort vor dem Altar, und geh, zuerst versöhne dich mit deinem Bruder. Und dann komm und opfere deine Gabe" (Mt 5,23f).

Der Bezug zu Gott ist vom Bezug zum Menschen nicht zu trennen. Diesen strikten Zusammenhang lernten wir bereits bei der Erörterung der Sabbat-Thora kennen. Der Konnex ist verschärft, wenn wir jetzt hören, daß Gottesdienst wertlos wird, wenn der unversöhnte Bruder davon ausgeklammert wird. Da Gott die Versöhnung des Menschen stiftet, kann dieser nicht vor ihn hintreten als einer, der in Unfrieden und Feindseligkeit mit einem Nachbarn lebt. Die Begegnung mit Gott soll Anlaß sein dafür, aktiv die Versöhnung zu wirken.

Ein Zweites tritt hinzu. Die Erinnerung des Opfernden an den Konflikt weist diesen als einen aus, der im persönlichen, intimen Bereich schwelt. Auf jeden Fall ist der Konflikt nicht Anlaß dafür, daß dieses Opfer dargebracht wird. Darum stellt Jesus keine Kultregel auf[16], wie man im rabbinischen Bereich darüber diskutiert hat, wann eine Opferhandlung unterbrochen werden darf. Man sah dies etwa für den Fall vor, daß ein geraubtes Eigentum noch nicht wieder zurückgegeben worden war. Erst dann konnte das wiedergutmachende Sündopfer dargebracht werden. Der von Jesus geschilderte Fall greift tiefer. Daß es den unversöhnten Bruder gibt, ist nur dem Opfernden bekannt. Das Opfer würde zur Farce, geschähe nicht zuvor die Versöhnung. Sich vor

[15] Vgl. 1 QS 1,8: „Sie sollen vollkommen vor ihm wandeln entsprechend allem, was geoffenbart wurde" (ferner 1,13; 2,2; 3,3.9; 4,22; 5,24 u.ö.).
[16] So *Braun*, Radikalismus II 43 Anm. 2 Abs. 4.

Gott wissend, ist der Jünger zu einem Tun herausgefordert, das nicht in einem äußeren, vor Gott als verlogen erscheinenden Betrieb stecken bleiben darf, sondern die ganze sittliche Persönlichkeit ergreift[17].

Neben Feindesliebe, Gewaltverzicht, Versöhnung fordert Jesus im Verhältnis zu Besitz und Reichtum eine einschneidende Korrektur. Doch wie weit ist er hier gegangen? Betrachtet er angesichts der nahenden Gottesherrschaft jegliche Form des Reichtums als verwerflich, hinderlich, böse, oder geht es ihm eher darum, die Besitzenden auf ihre sozialen Verpflichtungen aufmerksam zu machen? Wir sahen bereits, daß er selbst in seinem Wirken, nach der Trennung von seiner Familie, mittellos lebte und seine Jünger anläßlich ihrer Aussendung zu äußerster Bedürfnislosigkeit anhielt. Es gab in seiner näheren Umgebung aber auch Besitzende. Die Familie des Simon Petrus hat ihr Haus in Kafarnaum nicht aufgegeben. Frauen, Jüngerinnen unterstützten ihn mit ihren finanziellen Möglichkeiten.

Bei der Durchsicht der einschlägigen synoptischen Texte macht man eine etwas irritierende Beobachtung. Einerseits gibt es in der Überlieferung einen Strang, in dem die diesbezüglichen Weisungen etwas entschärft werden, anderseits ist in einem anderen eine Verschärfung anzutreffen. Daß Lukas letzteres getan hat, soll an wenigen ausgewählten Beispielen kurz gezeigt werden.

In den Berufungsgeschichten nach Mk 1,16–20/Mt 4,17–22 verlassen Simon und die anderen ihre Netze, den Vater Zebedäus, also ihre bisherige berufliche Tätigkeit, nach Lk 5,11 verlassen sie *alles*. Nur Lk 14,33 bietet das – seiner Redaktion zuzuschreibende – Logion: „So kann keiner von euch mein Jünger sein, wenn er sich nicht von seinem ganzen Besitz lossagt."

Auch das Wort an den reichen Mann ist verschärft: „Verkaufe *alles*, was du hast, und gib es den Armen" (Lk 18,22; Mk 10,21: „Verkaufe, was du hast"; Mt 19,21: „Verkaufe deinen Besitz"). Im Gleichnis vom großen Abendmahl werden nach den ablehnenden Erstgeladenen die Armen, Krüppel, Blinden, Lahmen zum Tisch gerufen (nach Mt 22,10 Böse und Gute).

Den anderen Strang treffen wir bei Matthäus an. Nach Mt 19,21 ist die Preisgabe des Besitzes die Bedingung der Vollkommenheit: „*Wenn* du vollkommen sein willst, geh, verkaufe deinen Besitz ..." Zwar ist das an den reichen Mann ergehende Wort für diesen verpflichtend, aber nicht von grundsätzlicher Natur. Die unterschiedlichen Ausprägungen der Überlieferung bestätigen die Vermutung, daß Jesus Besitzverzicht nicht grundsätzlich gefordert, Besitz und Reichtum nicht an sich als etwas Verwerfliches angesehen hat[18].

---

[17] Das erinnert an die alte prophetische Botschaft. Vgl. Am 4,4; Jer 6,20; 7,3 u.ö.

[18] Vgl. *Braun*, Radikalismus II 76 Anm. 1

Er hat aber eindringlich vor den Gefahren des Reichtums gewarnt, der den Menschen verstricken kann, so daß er den eigentlichen erfüllenden Sinn seines Lebens verfehlt. Hierher gehört das Wort von Kamel und Nadelöhr (Mk 10,25 parr). Hierher gehört das Logion:

„Kein Sklave kann zwei Herren dienen. Denn entweder wird er den einen hassen und den anderen lieben, oder er wird dem einen anhangen und den anderen verachten. Ihr könnt nicht Gott dienen und dem Mammon" (Mt 6,24/Lk 16,13)[19].

Die scharfe Alternative, die hier aufgerissen wird und in ihrer Bildhälfte aus dem Schicksal eines besonders unglücklichen Sklaven genommen ist, läßt in der Tat die Frage aufkommen, ob Geld und Reichtum nicht völlig disqualifiziert und als böse abgestempelt werden. Der als Fremdwort beibehaltene Begriff Mammon ist an sich noch nicht negativ besetzt, hat aber eine festgeprägte Bedeutung: Besitz, Habe[20]. In Antithese zu Gott erscheint der Mammon als Götze. Mammonsdienst ist Götzendienst. Die Faszination, die von ihm ausgeht, vermag den Menschen völlig in Beschlag zu belegen und vor allem ihn Gott vergessen und sich gar gegen ihn stellen zu lassen.

Freilich können wir davon ausgehen, daß Jesus wie auch sonst auf den Menschen hin denkt und urteilt. Nicht der Besitz, das Geld, der Reichtum an sich sind böse, aber der Umgang mit ihnen verleitet zum Bösen, zum skrupellosen Egoismus und dazu, den Armen, für den Jesus optiert, vergessen zu lassen.

Darum ist das stoisch-kynische Ideal von Jesus entfernt. Zwar haben wir dort vergleichbare Äußerungen: „Du kannst nicht zugleich Thersites und Agamemnon spielen", sagt Epiktet[21]. Thersites war bucklig und ein Glatzkopf, Agamemnon groß und schön. Epiktet sagt dies auch über das Spannungsverhältnis von Reich und Arm. Aber für die Philosophen ist das Ziel in erster Linie die Gewinnung des seelischen Abstandes von den äußeren Lebensbedingungen und damit der inneren Ruhe. Auch das Bewußtsein der Vergänglichkeit ist für sie von Bedeutung. Diogenes entschloß sich bei der Beobachtung einer Maus zur völligen Armut. Gewiß werden später ähnliche Empfindungen, aus der Philosophie abgeleitet, in die christliche Tradition eindringen.

Die soziale Verantwortung des Besitzenden bei Jesus verdeutlicht die Begegnung mit dem reichen Mann. Nicht daß er sich von seinem Besitz löst, ist das Entscheidende, nicht eine asketische Leistung ist zu vollbringen, sondern daß er liebt und den Reichtum in Liebe den Ar-

---

[19] In Mt 6,24 heißt es: „Keiner kann zwei Herren dienen ..."
[20] Die etymologische Ableitung erfolgt am besten von *ma'mon* – das Hinterlegte. Lk 16,9.11 spricht vom „ungerechten Mammon".
[21] Diss. 4,2,10.

men mitteilt. Darum ist nicht nur von Belang, was einer weggibt, sondern auch das, was er behält[22].

In diese Kerbe schlägt das Gleichnis vom reichen Prasser und armen Lazarus (Lk 16, 19–31), das aber sowohl hinsichtlich seiner Ableitung aus Jesu Botschaft als auch seiner Interpretation höchst umstritten ist. Es besteht aus zwei Teilen: der erste Teil malt die Kompensation von Reichtum und Armut im Jenseits. Die Umwertung der Werte erfolgt genauestens. In diesem Leben liegt der elende, in seiner Schwachheit und Krankheit von Straßenhunden beleckte Lazarus vor der Tür des in Saus und Braus lebenden Reichen. Im Jenseits wird der Reiche gequält und sieht Lazarus in Abrahams Schoß (19–26). Der zweite Teil ruft zur Umkehr auf, indem er das Hören auf Mose und die Propheten für weitaus bedeutsamer erachtet als eine warnende Stimme aus dem Jenseits (27–31). Uns interessiert nur der erste Teil[23]. Die Kompensation von materiellem Reichtum und materieller Armut ist im Frühjudentum unüblich – außer in Qumran[24] – und darum Jesus durchaus zuzutrauen. Dieser Eindruck verstärkt sich, wenn man sieht, daß die Geschichte letztlich wieder die Option Jesu für die Armen zum Bewußtsein bringt[25]. So besteht ein sachlicher Zusammenhang mit der Seligpreisung über die Armen. Das Eintreten Gottes für die Armen gibt der bedeutungsvolle Name des Protagonisten zu verstehen: Lazarus (= Gott hilft). Nur in diesem Gleichnis wird eine Person mit einem Namen belegt.

Will man etwas über Jesu Verhältnis zum Staat und zur staatlichen Gewalt erfahren, ist es gut, sich zu vergegenwärtigen, daß er selbst am Ende ein Opfer dieser Gewalt wurde. Das bedeutet nicht, daß er der staatlichen Autorität seiner Zeit ablehnend gegenüberstand. Doch ist aus dem Wenigen, was uns überliefert ist und als authentisches Jesusgut gelten kann, eine gewisse Zurückhaltung und Skepsis, die einer inneren Souveränität entspricht, unschwer herauszuhören: *„Ihr wißt, daß die, welche die Völker zu beherrschen scheinen, sie unterdrükken, und ihre Großen die Gewalt gegen sie gebrauchen“* (Mk 10, 42)[26]. Ein Wort darüber, daß es bei den Jüngern nicht so sein soll, schließt sich an. Die Jüngergemeinschaft – die Basis der nachösterlichen Kirche – ist als Kontrastgemeinschaft gedacht. Die Beurteilung der diese

---

[22] Vgl. *Schrage*, Ethik 107.

[23] *Heininger*, Metaphorik 183 f, hat wahrscheinlich gemacht, daß der zweite Teil LkR ist. Dafür sprechen das unverhoffte Auftreten der fünf Brüder, der Verdacht, daß die VV 30 f bereits auf die Auferstehung Jesu verweisen, die Konkurrenz der Pointe des zweiten Teils mit der des ersten und zusätzlich lk Stileigenheiten.

[24] Vgl. *Braun*, Radikalismus II 74 Anm. 4.

[25] Vgl. *Schnackenburg*, Sittliche Botschaft I 142 f.

[26] Anders als parMt 20, 25 weicht Lk 22, 25 stärker von der Mk-Vorlage ab: „Die Könige der Völker beherrschen diese, und ihre Mächtigen lassen sich Wohltäter nennen.“ Lk hat den Satz hellenistischem Empfinden angeglichen.

Welt Beherrschenden ist realistisch und kritisch zugleich. Doch entbehrt sie nicht des theologischen Hintergrundes. Die erwartete Gottesherrschaft, die jeder irdischen Herrschaft und damit auch jeder Unterdrückung und jedem Machtmißbrauch ein Ende setzen wird und die jetzt schon in der Jüngergemeinschaft, in der ein anderes Gesetz als das der Unterdrückung maßgeblich sein soll, sich proleptisch abbilden will, erklärt kurzfristig währende politische Gewalt zum Schein [27]. Irdische Potentaten sind nicht die letztgültigen Beherrscher der Welt.

In diese Sicht sich einfügend, aber sie weiterführend spricht Jesus in der berühmten Perikope von der Steuermünze das Wort: „Was des Kaisers ist, gebt dem Kaiser, und was Gottes ist, Gott" (Mk 12,17 parr). Dieses Wort ist eingebettet in die streitbare Begegnung mit Widersachern, die Jesus die Frage nach der Erlaubtheit der kaiserlichen Steuer vorlegen. Die außerordentliche Stringenz und Geschlossenheit dieser Überlieferung sowie ihre unerhörte Brisanz sprechen für eine konkrete geschichtliche Erinnerung [28]. Die meisten Juden empfanden die kaiserlicher Steuer als fortdauernde Bestätigung ihrer politischen und nationalen Abhängigkeit und Unfreiheit. Die Zeloten lehnten es ab, sie zu zahlen [29]. Bejahte Jesus die Frage, konnte man ihm vorwerfen, er übergehe die theologische Problematik, verneinte er sie, stand er als zelotischer Aufrührer da. Seine Stellungnahme, die sowohl zum linken als auch zum rechten Spektrum hin überinterpretiert wurde, zieht eine klare Grenze zwischen Kaiser und Gott. Weder bläst er zum revolutionären Aufbruch noch verkündigt er ein Gottesgnadentum [30]. Seine Antwort greift über die Steuerfrage hinaus und ist wiederum von prinzipieller Art. Er bejaht die staatliche Autorität, zeigt aber ihre Grenze auf. Staatliche, imperiale Macht ist der Gottesherrschaft unterworfen und ihr verantwortlich. Im Konfliktfall ist der Jünger Gott größeren Gehorsam schuldig als dem Kaiser.

Die Weisungen für das Beten betreffen samt und sonders das Bittgebet. Auffällig ist dabei die gewisse Zusage, erhört zu werden. Auch hier schimmert das Armenmilieu durch: „Bittet, und es wird euch gegeben werden" (Mt 7,7) ist – sieht man einmal davon ab, daß diese Zusage das Gebet betrifft – Bettlerweisheit. Dieses Mißverständnis ist ausgeschaltet, wenn die Zusage mit dem Glauben verbunden wird:

---

[27] Das ironisierende δοκοῦντες fehlt bei Mt und Lk, ist aber sicherlich alte Überlieferung.

[28] Nach *Bultmann*, Geschichte 25, besteht kein Grund für die Annahme einer Gemeindebildung. *Schrage*, Ethik 112f, spricht von Historisierung und rechnet damit, daß V 17 sich ursprünglich an die Jünger gerichtet habe. Damit aber wird das Wort farblos.

[29] Vgl. *Josephus*, bell. 2,118.

[30] Die eine Auffassung findet sich bei *E. Stauffer*, Die Botschaft Jesu – damals und heute (DTb 333) (Bern 1959) 110, die andere ist in der reformatorischen Theologie weit verbreitet. Vgl. *Gnilka*, Markus II 154f.

„Und alles, um was ihr im Gebet glaubend bittet, werdet ihr empfangen" (Mt 21,22). Dem gemeinsam verrichteten Gebet wird eine besondere Kraft zugemessen: „Wenn zwei von euch auf Erden betend übereinkommen in jedwedem Vorhaben, wird es ihnen widerfahren von meinem Vater in den Himmeln" (Mt 18,19), wie auch das Herrengebet den Jüngern ein für den Zusammenschluß konzipiertes Gebet in den Mund legt. Die Zusage der Gebetserhörung kann in ein Gleichnis umgesetzt werden. Das Gleichnis vom bittenden Freund etwa (Lk 11,5–8), das die Intensität, ja Hartnäckigkeit eines Bittens veranschaulicht, fügt sich durchaus in diesen Rahmen ein, der als charakteristisch für Jesu Weisung angesehen werden kann (vgl. Lk 18,1–8). Fragt man nach dem Ursprung dieser Gewißheit in der Erhörung, die naiv und unrealistisch erscheinen mag, so wird dieser in seinem eigenen Beten zu suchen sein. Letztlich konnte er auch in diesem Punkt, der das Persönlichste betraf, nur von dem reden, was seine eigene Erfahrung ausmacht. Es kommt dann hinzu, daß in diesem Bittgebet nicht der Wille des Menschen den Willen Gottes überwinden will, sondern genau umgekehrt der Jünger lernen soll, sich betend in den Willen Gottes einzufügen und ihn froh anzuerkennen.

Die von diesem Geist getragene Weisung erwartet keinen Lohn, weil sie weiß, daß sie mit der Gottesherrschaft alles empfangen wird. Berechnendes Lohndenken wird im Gleichnis von den Arbeitern im Weinberg kritisiert (Mt 20,1 ff). Wenn Jesus von Schätzen im Himmel gesprochen haben mag, was einer jüdischen Vorstellung entspricht, so konfrontiert er sie den Schätzen auf Erden, die in ihrer Vergänglichkeit karikiert werden, und ruft letztlich dazu auf, daß die, welche irdische Güter haben, sie anderen mitteilen sollen (Mt 6,19 f)[31].

Tragen wir wesentliche Gesichtspunkte der konkreten Weisung Jesu, die die Themen Feindesliebe, Gewaltverzicht, Versöhnung, Besitz und Reichtum, das Verhältnis zur staatlichen Gewalt betraf, nochmals zusammen, so ist vor allem ihr prägender Horizont, die erwartete und andringende Gottesherrschaft, erneut zu bedenken. Die Weisung beschreibt nicht nur die Haltung, in der man diesem Endgültigen, Unbedingten entgegensehen soll, sondern sie will auch jetzt schon die Gottesherrschaft, ihre neue Ordnung, wirksam werden lassen. Damit ist die Weisung wesentlich an ihn gebunden. Die Konvergenz seines Lebens und seines Wortes begründet die Radikalität seiner Forderung und macht sie allein aussagbar. Mag unter inhaltlichem Aspekt die Weisung auch nur recht fragmentarisch sein, so läßt sie einen Duktus, eine Tendenz, eine Grundströmung erkennen, die übertragbar ist. Die Phantasie und Eigenverantwortlichkeit des Jüngers ist nicht entbunden.

---

[31] Vgl. *Gnilka,* Matthäusevangelium I 238 f.

Ausblick:

In den konkreten Weisungen Jesu kommt ureigentlich „Christliches“ zum Vorschein, erweist es sich, daß der historische Jesus durchaus etwas mit dem Christentum zu tun hat, wird Christentum sogar auf den Prüfstand gestellt. In ihrer Rigorosität sind diese Weisungen der Stachel im Fleisch des einzelnen, der sein Christsein ernst nimmt, aber auch der Kirche. Weil diese Weisungen primär an die Jüngerschaft, also an die spätere Kirche gehen, hängt ihr Ernstnehmen mit ihrer Glaubwürdigkeit zusammen. Im Lauf der Christentumsgeschichte hat man immer wieder diese Weisungen in Vergessenheit geraten lassen oder sich eklatant gegen sie gestellt, sonst wären so viele Kriege, sogar Kriege unter Christen, Konfessionskriege nicht möglich gewesen. Es ist in der christlichen Ethik auch dahin gekommen, daß zu einem bestimmten Zeitpunkt der Dekalog, der selbstverständlich in Gültigkeit bleibt, in den Vordergrund rückte und die spezifische Weisung Jesu in den Hintergrund treten ließ. Die Erinnerung an Jesu konkrete Weisung ist unbequem. Dennoch bleibt sie aufgegeben, um der Identität des Christlichen willen. Die Weisung betrifft auch das Verhältnis zum Staat. In der Neuzeit war sie zum Gottesgnadentum verkommen. Sie läuft, will man es modern formulieren, auf den mündigen Bürger hinaus.

Literatur *W. Zimmerli,* Die Frage des Reichen nach dem ewigen Leben: EvTh 19 (1959) 90–97; *W. G. Kümmel,* Der Begriff des Eigentums im NT: Heilsgeschehen und Geschichte (Marburg 1965) 271–277; *L. Goppelt,* Die Freiheit zur Kaisersteuer: Christologie und Ethik (München 1968) 208–219; *C. H. Giblin,* „The Things of God“ in the Question Concerning Tribute to Caesar: CBQ 33 (1971) 510–527; *W. Schrage,* Die Christen und der Staat nach dem NT (Gütersloh 1971); *D. Lührmann,* Liebet eure Feinde: ZThK 69 (1972) 412–438; *J. Eckert,* Wesen und Funktion der Radikalismen in der Botschaft Jesu: MThZ 24 (1973) 301–325; *M. Hengel,* Eigentum und Reichtum in der frühen Kirche (Stuttgart 1973); *L. Schottroff,* Gewaltverzicht und Feindesliebe in der urchristlichen Jesustradition: Jesus in Historie und Theologie (Festschrift H. Conzelmann) (Tübingen 1975) 197–221; *J. Piper,* „Love your Enemies“ (Cambridge 1979); *J. Becker,* Feindesliebe – Nächstenliebe – Bruderliebe: ZEE 25 (1981) 5–18; *G. Lohfink,* Der ekklesiale Sitz im Leben der Aufforderung Jesu zum Gewaltverzicht: ThQ 162 (1982) 236–253; *A. Vögtle,* Was ist Frieden? (Freiburg 1983); *P. Hoffmann,* Tradition und Redaktion. Zur Verbindlichkeit des Gebots der Feindesliebe in der synoptischen Überlieferung und in der gegenwärtigen Friedensdiskussion: *K. Kertelge,* Ethik im NT (QD 102) (Freiburg 1984) 50–118.

4. Die Summe der Ethik

Die Summe der Ethik Jesu ist die Liebe. Diesem Satz wird kaum jemand widersprechen. Doch muß er natürlich konkretisiert und begründet werden. Obwohl bereits manches von dem, was in den vorausgegangenen Abschnitten ausgeführt wurde, auf diese Einsicht hinführt, sind Konkretisierung und Begründung angesichts der exegetischen Lage nicht leicht.

Es beginnt schon damit, daß das Wort Liebe, ἀγάπη, in der synoptischen Tradition nur zweimal vorkommt (Mt 24,12; Lk 11,42; vermutlich beidemale von der Gottesliebe). Mögliche Äquivalente, die aber andere Akzente setzen, nämlich ἔρως und φιλία, fehlen ganz. Häufiger begegnet das Verb, vor allem ἀγαπᾶν, weniger häufig φιλεῖν[1]. Ἀγαπᾶν tritt gehäuft auf im Kontext der Feindesliebe (Mt 5,43–46/Lk 6,27.32–35) – hierher gehört auch der Spruch: „Wenn ihr (nur) die liebt, die euch lieben, welchen Lohn (Lk: Dank) habt ihr?“ – und bei der Zitierung des Gebotes der Nächstenliebe (Mt 5,43; 19,19) bzw. des Doppelgebotes der Gottes- und Nächstenliebe (Mt 22,37–39 parr). Aber mit letzterem hat es seine besondere Bewandtnis, wie zu zeigen sein wird.

Wir haben verschiedene Stellungnahmen Jesu zur Thora kennengelernt und gesehen, daß er gerade in diesem Zusammenhang rigorose Weisung erläßt. Wir konnten beobachten, wie er gelegentlich anscheinend unbekümmert über das geschriebene Gesetz seine Weisung gibt. Fragt man nach einem Prinzip, von dem aus diese Weisung einsichtig wird, so ist es die Liebe. Wir erinnern uns an die Korbanpraxis, die er mit Berufung auf die Elternliebe aus der Welt schafft, an das Sabbatgebot, dessen Entstellungen er mit Rücksicht auf den Menschen bekämpft, an die Reinheitsgebote, die auch diesem höheren Prinzip unterworfen werden. Auch die Weiterführung des Verbots zu töten zum Verbot zu zürnen, weist in die Richtung des Prinzips der Liebe. Im Gebot der Feindesliebe kommt die Liebe ausdrücklich zur Sprache, das das im Alten Testament formulierte Gebot der Wiedervergeltung „Leben um Leben, Auge um Auge, Zahn um Zahn, Hand um Hand, Fuß um Fuß, Brandmal um Brandmal, Wunde um Wunde, Beule um Beule“ (Ex 21,24f; vgl. Lv 24,20; Dt 19,21) beiseite räumt, das einem überzogenen Gerechtigkeitsdenken entspricht.

Daß die Liebe nicht bei all den Weisungen Pate gestanden hätte, kann man nicht mit dem Hinweis auf die Nachfolgesprüche widerlegen, die gegebenenfalls die Trennung von der Familie und anderem

[1] ἀγαπᾶν bei Mt 8mal, bei Mk 6mal, bei Lk 13mal; φιλεῖν bei Mt 5mal, bei Mk 1mal, bei Lk 2mal. Auffällig ist für letzteres, daß es eine falsch gerichtete Liebe bezeichnet (Mt 6,5; 23,6). In Mk 14,44 parr bezeichnet es den Kuß des Judas.

Liebgewordenem verlangen[2]. Denn die Nachfolge in der Jüngerschaft soll frei machen zum Dienst am Menschen, der nicht beherrscht, sondern dem Liebe zugewendet werden soll. Jesus spricht von einer neu sich konstituierenden Familie (Mk 3,35 parr).

Die Liebe als Prinzip, als oberstes Kriterium des Handelns auch hinsichtlich der Thora macht die manchmal harte Weisung Jesu einsichtig, nicht läßt sie sie notwendig immer als vernünftig erscheinen. Absolute Wahrhaftigkeit, Gewaltverzicht, Feindesliebe können durchaus in verschiedenen Situationen als recht unvernünftig beurteilt werden. Und hier kommt ein anderer Faktor ins Spiel, die Gottesliebe, die wieder mit der Gottesherrschaft, mit der mit dieser gegebenen neuen Ordnung, zu tun hat. Der Mensch ist bei diesen rigorosen Forderungen nicht auf sich allein gestellt. Er ist jener, der auf die Botschaft von der Gottesherrschaft eingegangen, der ein Jünger Jesu geworden und in die Nachfolge eingetreten ist, der bei ihm die Liebe Gottes erfahren hat. In der Imitatio Dei, in der Aufforderung, barmherzig zu sein wie Gott, ist nicht nur der Imperativ, sondern auch die Befähigung enthalten[3]. Die Befähigung erfolgte im Wort und Wirken Jesu. Einzelne Gleichnisse haben diese Verknüpfungen verdeutlicht, vor allem das vom unbarmherzigen Knecht Mt 18,23ff.

Damit können wir gelassener an jene Überlieferung herangehen, in der explizit Gottes- und Nächstenliebe als das erste Gebot herausgestellt werden (Mk 12,28–34 parr)[4]. Auf die Frage eines Schriftgelehrten nach dem ersten Gebot zitiert Jesus zunächst das „Sch^e^ma Israel", das zur damaligen Zeit jeder männliche Israelit morgens und abends zu rezitieren hatte: „Höre, Israel, der Herr, unser Gott, ist *ein* Herr" (Dt 6,4), und fügt das im Deuteronomiumstext unmittelbar folgende Gebot der Gottesliebe an: „Und du sollst den Herrn, deinen Gott, lieben aus deinem ganzen Herzen und aus deiner ganzen Seele und aus deinem ganzen Denken und aus deiner ganzen Kraft"[5] (Dt 6,5). Dann aber zitiert er noch das Gebot der Nächstenliebe: „Du sollst deinen Nächsten lieben wie dich selbst" (Lv 19,18) als das zweite Gebot und fügt offenbar beide Gebote, die Gottes- und Nächstenliebe, zusammen mit der Bemerkung: „Größer als diese ist kein anderes Gebot."

In der Zusammenfassung der beiden Gebote zu dem alle anderen

---

[2] Gegen *Braun,* Radikalismus II 10 Anm. 2 Abs. 2.

[3] Man kann darauf hinweisen, daß καθώς sowohl vergleichende als auch begründende Funktion hat: wie bzw. weil euer Vater barmherzig ist. Vgl. *Bauer,* Würterbuch s.v.

[4] parrMt 22,34–40/Lk 10,25–27 sind von Mk abhängig. Es ist nicht notwendig, eine Sonderquelle anzunehmen. Zum Nachweis vgl. *Gnilka,* Matthäusevangelium II 257f. Wenn Lk die Perikope an einer ganz anderen Stelle einordnet, verfolgt er besondere Intentionen, die durch entsprechende Abänderungen zu verstehen gegeben sind.

[5] Gegenüber dem atl Text Dt 6,5 ist das Denken als vierte menschliche Fähigkeit hinzugetreten. Gegenüber dem LXX-Text erscheint δύναμις durch ψυχή und διάνοια ersetzt. Vgl. *Dautzenberg,* Sein Leben bewahren 120–122.

Gebote überragenden Hauptgebot liegt das Spezifische. Die Zentralität des Schᵉma Israel mit dem Gebot der Gottesliebe ist in Israel völlig klar. In alten Zeiten war dies vielleicht der Eröffnungsruf in der Kultversammlung[6]. Das Gebot der Nächstenliebe aber ist in Lv 19,18 eines unter vielen anderen. Der Zusammenschluß von zwei an ganz verschiedenen Stellen vorfindlichen Geboten durch Jesus stellt auch eine Art der Gesetzesinterpretation dar.

Nun begegnet uns dieser Zusammenschluß auch in TestIss 5,2: „Liebt den Herrn und den Nächsten, des Schwachen und Armen erbarmt euch." Allerdings tritt auch hier dieses Gebot nicht in besonderer Weise hervor[7]. Anders jedoch ist es bei Philo von Alexandreia. Für ihn sind Gottesverehrung und Menschenfreundlichkeit die führenden Tugenden, die eine ist eine Zwillingsschwester der anderen (virt. 51.95): „Und es gibt sozusagen zwei Grundlehren, denen die zahllosen Einzelheiten und -sätze untergeordnet sind: in bezug auf Gott das Gebot der Gottesverehrung und Frömmigkeit, in bezug auf die Menschen das der Menschenfreundlichkeit und Gerechtigkeit" (vgl. spec. leg. 2,63). Nach dem Kriterium der Unähnlichkeit spricht man darum das Doppelgebot der Gottes- und Nächstenliebe Jesus ab und meint, daß die entsprechende synoptische Überlieferung aus dem hellenistischen Judentum, das Philo repräsentiert, übernommen sei[8].

Freilich sind gewisse Unterschiede zu beachten. Gottesverehrung, Frömmigkeit und Menschenfreundlichkeit, Gerechtigkeit sind nicht schlechterdings dasselbe wie Gottes- und Nächstenliebe. Philo schöpft diese Begriffe aus der griechischen Philosophie. Sein jüdisches Denken aber schlägt durch, wenn er die εὐσέβεια (Gottesverehrung) die Führerin der Tugenden nennt (spec. leg. 4,135). Es handelt sich für ihn bei εὐσέβεια und φιλανθρωπία um Tugenden, Naturanlagen[9]. Maßgeblich ist ein ideales Menschenbild. Es bricht bei ihm auch schon der moderne Streit aus, ob man allein mit der Menschenfreundlichkeit auskommen, also auf die Gottesverehrung verzichten könne[10].

Es gibt aber noch eine andere Spur. Sie weist nach Palästina. In Qumran hat man Phylakterien, also Konzentrate des Gesetzes, gefunden, die u.a. den Dekalog und das „Höre, Israel" enthalten, die mögli-

[6] Vgl. *G. von Rad*, Deuteronomium (ATD 8) (Göttingen 1964) 45f.
[7] Vgl. *Nissen*, Gott und der Nächste 236.
[8] Vgl. *Merklein*, Gottesherrschaft 104.
[9] Abr. 208: „Denn es gehört zu derselben Naturanlage, fromm und menschenfreundlich zu sein, bei demselben Menschen, findet man gewöhnlich beides."
[10] Decal. 108–110: Wer so sich orientiert, besitzt nur die halbe Tugend wie jener, der sich mit der εὐσέβεια begnügt. Eine eindrucksvolle Entfaltung der Menschenfreundlichkeit bietet virt. 51–174. Sie richtet sich auf den Bundesgenossen, den Proselyten, den Feind (in mäßigerer Form) und sogar die Tiere und Pflanzen. Wiederholt begegnet auch das Gegensatzpaar von Gottesverehrung und Menschenfreundlichkeit: μισανθρωπία und ἀσέβεια (virt. 94; omn. prob. lib. 90; vgl. vit. Mos. 1,95).

cherweise eine verbreitete Phylakterienform darstellen[11]. In der Antwort Jesu haben wir das „Höre, Israel" und das Doppelgebot der Gottes- und Nächstenliebe nebeneinander. Sollte dies eine Reaktion auf das jüdische Konzentrat sein? Auf jeden Fall lassen sich Gottes- und Nächstenliebe als Komprimierungen der beiden Gesetzestafeln gut vorstellen[12]. Die ersten drei verkünden Gottes Recht, die übrigen die sozialen Verpflichtungen.

Wie dem auch sei, in der Zusammenbindung von Dt 6,5 und Lv 19,18 als der Summe der Ethik hat man das Originelle zu sehen, die von Jesus durchaus stammen könnte, zumal sie mit seinem Urteil völlig übereinstimmt. In der Abhebung von Philo tritt das Eigene noch schärfer hervor. Bei Philo sind Gottesverehrung und Menschenfreundlichkeit in die Natur des Menschen eingestiftet. Jesus geht nicht von einem idealen Menschenbild aus, das der einzelne aus sich heraus entwickeln könnte. Gottes- und Nächstenliebe werden geboten. Für die Nächstenliebe hat das gravierende Folgen. Die Hinwendung zum Nächsten geschieht nicht aufgrund einer natürlichen Hinneigung, sondern sie berücksichtigt die Lage des anderen und geht von ihr aus. Die Nächstenliebe entspringt nicht unbedingt der Sympathie, sondern soll sich auch jenem zuwenden, der fern, fremd ist, in seiner Notlage vielleicht sogar zunächst abstoßend wirkt. Weil sie geboten ist, fliegt sie einem nicht zu, sondern es ist erforderlich, sich in sie einzuüben. Das ist ein mühevoller, wahrscheinlich lebenslanger Prozeß.

Aber Gott lieben, wie macht man das? Die Erfahrungen mit Gott geben vielerlei Empfindungen Raum[13]. Ihn lieben heißt dann gewiß auch, auf seine Wege eingehen, bereitwillig vertrauend. Die Erfahrbarkeit der Gottesliebe in Jesus bedeutet – wie schon ausgeführt – Befähigung. Darum gehören Gottes- und Nächstenliebe zusammen. Der moderne Streit um die Reduzierbarkeit der Gottes- auf die Nächstenliebe geht an Jesus völlig vorbei[14]. Es ist klar, daß Gottesliebe, die den Nächsten ausklammert, zur Lüge wird. Umgekehrt aber ist Nächstenliebe, die von der Gottesliebe absieht, in der Nachfolge Jesu nicht denkbar. Es ist selbstverständlich, daß es Menschenfreundlichkeit, Nächstenliebe auch außerhalb des Kreises Jesu gibt. Davon ist hier

---

[11] Vgl. *H. Schneider*, Der Dekalog in den Phylakterien von Qumran: BZ 3 (1959) 18–31. Die Ausscheidung des Dekalogs aus späteren Phylakterien wertet Sch. als eine Maßnahme, die gegen die Christen gerichtet gewesen sei. Man wollte der Hochschätzung des Dekalogs seitens der Christen entgegentreten. Hierfür gibt es entsprechende rabbinische Äußerungen (27).

[12] Vgl. Dt 27,15–26; Lv 19,1–18; Ez 18,5–9 sind deutlich an den beiden Tafeln orientiert. Vgl. *G. von Rad*, Theologie des AT I (München [4]1962) 208.

[13] Vgl. *v. Rad* (Anm. 6) 46.

[14] Vgl. *H. Symanowski* (Hrsg.), Post Bultmann locutum. Eine Diskussion zwischen H. Gollwitzer und H. Braun (ThF 37) (Hamburg 1965).

nicht die Rede. Es könnte der Jüngerschaft nichts Schlimmeres passieren, als von anderen im Tun der Liebe beschämt zu werden. Doch für den Jünger ergibt sich das Tun der Liebe primär aus der Bindung an Jesus. Wenn Gottes- und Nächstenliebe das Hauptgebot sind, bedeutet dies, daß alles Tun an ihnen zu messen ist. Was gegen die Liebe ist, ist gegen Gott.

Wir werden dabei erneut auf die Beobachtung gestoßen, daß die Weisung allgemein und wenig konkret erscheint. Beispielhafte Konkretionen faßten wir in den konkreten Weisungen zusammen, die auch Konkretionen der zu übenden Liebe sind. Die Allgemeinheit der Weisung aber richtet sich an die menschliche Verantwortung und Phantasie. War es eine Grundabsicht Jesu, legalistisches Denken zu überwinden, so befreit er zur Freiheit der Liebe.

Eine Richtschnur bietet die Formulierung: den Nächsten lieben wie sich selbst. Das heißt, die Selbstliebe ist Richtmaß der Nächstenliebe. Allerdings darf dies nicht im Sinn der Auslöschung des Selbst aufgefaßt werden. Kierkegaards Interpretation läuft letztlich darauf hinaus, wenn er ὡς ἑαυτόν im Sinn von „als dich selbst" begreift. Doch tritt nicht der Nächste an die Stelle des Selbst – das wäre auch nach den Einsichten der modernen Psychologie verhängnisvoll –, vielmehr ist der anzustellende Vergleich ernstzunehmen. Jeder weiß, was für ihn selbst gut ist. Die Fähigkeit, sich in die Situation des anderen zu versetzen, soll dazu führen, dem Nächsten dasselbe angedeihen zu lassen. Die Kraft, sich in die Situation des anderen zu versetzen, entspringt der Phantasie. Wenn diese von der Liebe genährt wird, löst sie die Taten der Nächstenliebe aus. Die Gottesliebe sichert das objektiv Gute ab[15].

Im griechischen Bereich pflegt man zwischen Agape und Eros, zwischen der sich verschenkenden und der begehrenden Liebe, zu unterscheiden. Es wurde schon erwähnt, daß der Begriff Eros in der synoptischen Tradition, ja im ganzen Neuen Testament, nicht vorkommt. Gewiß steht die sich verschenkende Liebe im Vordergrund. Doch ist die begehrende Liebe nicht gänzlich ausgeklammert. Auch Gott ist ein eifernder Gott: „So spricht der Herr der Heerscharen: Ich eifere für Sion mit glühendem Eifer" (Zach 8,2; vgl. Joel 2,18). Israel ist das Eheweib Jahves, über dessen Liebe er eifersüchtig wacht (Hos 2,4–7.18–21)[16]. Die Unschärfe in der Verwendung des griechischen Begriffs Agape im Neuen Testament hängt auch damit zusammen, daß das Hebräische und Aramäische nicht differenziert und mit *ahabah* das ganze Wortfeld abdeckten.

---

[15] Es gibt auch Selbsthaß, eine negative Selbstliebe, die natürlich nicht auf den Nächsten übertragen werden soll.

[16] Vgl. *Bornkamm,* Jesus 106f.

Konkretion bietet auch das Gleichnis vom barmherzigen Samariter (Lk 10,30–35):

„Ein Mensch ging von Jerusalem nach Jericho hinab und fiel unter Räuber. Sie zogen ihn aus, bedachten ihn mit Schlägen, gingen weg und ließen ihn halbtot zurück. Zufällig kam ein Priester auf jenem Weg herab. Er sah ihn und ging vorüber. Ähnlich ein Levit, der an den Ort kam: er sah ihn und ging vorüber. Ein Samariter aber, der auf der Reise war, kam auch dahin. Er sah ihn und wurde von herzlicher Liebe erfüllt. Und er trat heran, tat Öl und Wein in seine Wunden, verband sie, setzte ihn auf sein eigenes Reittier, führte ihn in eine Herberge und sorgte für ihn. Und am folgenden Tag zog er zwei Denare heraus, gab sie dem Wirt und sprach: Kümmere dich um ihn, und was du mehr ausgibst, werde ich dir erstatten, wenn ich zurückkomme."

Die Geschichte spricht für sich. Man kann von ihrer Rahmung bei Lukas absehen, die in ihrer Beurteilung sehr umstritten ist, wahrscheinlich aber vom Evangelisten stammt. Zumindest gilt das für V 29. In dieser Rahmung fragt ein Gesetzeslehrer, wer sein Nächster sei, und Jesus beschließt die Gleichniserzählung mit der Gegenfrage: „Wer von diesen dreien scheint dir Nächster geworden zu sein dem, der unter die Räuber gefallen war?"[17] Um das Gleichnis Jesus abzusprechen, reichen die beigebrachten Gründe nicht aus[18]. Im Gegenteil, in seinem rigorosen Duktus fügt es sich durchaus in seine Predigt ein.

In seinem farbigen Lokalkolorit gewinnt das Gleichnis Schärfe und Eigenständigkeit, mag die Story von zwei unbarmherzigen und einem barmherzigen Menschen einem verbreiteteren Motiv entsprechen[19]. Gelegentlich meinte man sogar, Jesus habe etwas aufgegriffen, was

---

[17] Auffällig ist die Vertauschung von Objekt und Subjekt: Wer ist mein Nächster? Wer war ihm Nächster? Für *Jülicher,* Gleichnisreden II 596, ist diese Verschiebung vom diligendus zum diligens Hinweis auf den sekundären Charakter des Rahmens, für *Bultmann,* Geschichte 192, hingegen Hinweis darauf, daß wenigstens der Anfang der Frage in V 36 Lk vorgegeben gewesen sei. *Jeremias,* Gleichnisse 203, spricht von einer formalen Inkonzinnität und warnt vor Eisegese. Nach *Linnemann,* Gleichnisse 60f, gehören die VV 29 und 36 zur Geschichte, letzterer wie der Wegweiser zur Straßenkreuzung.

[18] *Sellin:* ZNW 66 (1975) 29–60 bestreitet die Authentizität. Ohne Rahmung sei die Erzählung unbefriedigend. Das ist ein geschmäcklerisches Urteil. Die Vokabelstatistik ist eine zu schmale Basis. Die (nicht besonders häufigen) Lukanismen lassen sich auch durch schriftliche Fassung einer mündlichen Überlieferung erklären. Zu Beginn des 2. Jh. hätten die Samariter seitens der Juden eine mildere Beurteilung erfahren, seien die Priester zu Repräsentanten der kultischen Epoche Israels geworden. Die im Gleichnis vertretene Auffassung entspreche der des Ben Azzai (ca. 110 n. Chr.). Doch die Datierung rabbinischer Aussagen ist problematisch. Die mildere Beurteilung der Samariter raubt dem Gleichnis die Schärfe. So ist neben der kühnen These, das Gleichnis sei zur Zeit Ben Azzais entstanden, die Meinung, daß es auf Jesus zurückgeht, durchaus vertretbar.

[19] Daß 2 Chr 28,5–15 abgefärbt habe, ist weit hergeholt. Hier ist eigentlich nur V 15 vergleichbar. *Bultmann,* Geschichte 222, sieht ein bekanntes Märchenmotiv verarbeitet.

sich jüngst zugetragen habe, doch das ist weder notwendig noch überzeugend. Der gefährliche, durch einsame, wüste Gegenden führende Weg von Jerusalem nach Jericho, die Priesterstadt, der achttägige Tempeldienst, den die Angehörigen der Priesterklasse regelmäßig zu verrichten hatten und von dem die beiden Kultdiener nach Hause eilen, bilden den glaubwürdigen, völlig zutreffenden Hintergrund. Die Frage, warum Jesus Priester und Levit – und nicht einen Pharisäer und einen Schriftgelehrten – vorübergehen läßt, ist stark strapaziert worden. So fügt es sich am besten in diesen von Kultdienern immer wieder begangenen Weg. Darum sollte man von antikultischer Spitze nicht reden. Wichtig ist das Auftreten eines Samariters. Er ist Angehöriger eines Volkes, mit dem die Juden seit Jahrhunderten in Erbfeindschaft lebten. Gegenseitige gehässige Herausforderungen sind bekannt. Am unerhörtesten war das Eindringen von Samaritern in den Jerusalemer Tempel um Mitternacht während eines Paschafestes, um den Tempelplatz durch das Ausstreuen von Totengebein zu entweihen[20].

Beim Samariter, dem Protagonisten, verweilt die Erzählung, bei seinem erbarmungsvollen Tun. Priester und Levit fehlte dieses Mitgefühl[21]. Die Geschichte ist als Beispielerzählung zu lesen und veranschaulicht die Feindesliebe. Man könnte auch sagen, sie veranschaulicht die Nächstenliebe – insofern trifft der sekundär geschaffene Rahmen durchaus zu –, nur ist zu betonen, daß sie die Nächstenliebe in der für Jesus charakteristischen Sicht interpretiert, die den Feind miteinschließt. Der zeitgenössischen Diskussion um die Begriffsbestimmung des Nächsten, ob der Fremdling im Land noch und unter welchen Bedingungen dazu gehört, in der es engherzige und großzügigere Antworten gab, ist die Spitze abgebrochen. Auch der Feind ist der Liebe wert. An keinem anderen konnte dies einprägsamer vermittelt werden als an einem Samariter. Dieser ist als der Liebende vorgeführt. Vielleicht sollte gerade dies eine Gesinnungsänderung einleiten.

Selbstverständlich gehört auch diese Geschichte in den Gesamtrahmen der Reich-Gottes-Predigt Jesu. Sähe man von ihm ab, liefe sie Gefahr, einseitig moralisch verstanden zu werden. Innerhalb dieses Rahmens stellt sie beispielhaft die neue Ordnung dar, die Gott jetzt unter den Menschen will und die Jesus gebracht hat. Er brachte sie, indem er selbst diese Liebe lebte und andere mit ihr ansteckte, zu ihr be-

---

[20] Vgl. *Josephus*, ant. 18,30. Nach *Jeremias*, Gleichnisse 202, soll sich dieses Ereignis zwischen 6 und 9 n. Chr., zugetragen haben.

[21] Dieser Gegensatz ist der entscheidende Punkt. Nach irgendwelchen Entschuldigungen zu suchen, die die Kultdiener hätten vorbringen können, daß sie sich kultisch durch die Berührung eines Toten, Totgeglaubten, verunreinigt hätten o. ä., lenkt ab. Auch die Überlegung, daß sich ein Jude von einem Nichtjuden eigentlich nicht helfen lassen durfte, ist sehr akademisch. Vgl. *W. Grundmann*, Die Geschichte Jesu Christi (Berlin ²1959) 90.

fähigte. „Gerade der Nächste ist das Lesebuch Gottes" (E. Fuchs) für Jesus. So soll es auch für den Jünger sein.

Fassen wir zusammen: Gottes- und Nächstenliebe, ihre Zusammenfassung, sind für Jesus die Summe der Ethik. Beide sind aus dem Gesetz genommen, in Dt 6,5 und Lv 19,18 nachzulesen. Demnach läßt ihre Zusammenfassung dieses Gesetz in einem ganz neuen Licht erscheinen. Wenn Mt 5,17; 22,40 sie als die Erfüllung des Gesetzes interpretiert, liegt er durchaus auf der richtigen Spur. Mit dieser Zusammenfassung ist aber letztlich auch ein neues Verhältnis zur Welt gegeben. Die Weltauslegung, die das Gesetz gibt, ist ausgeweitet, überboten. Durch das Gesetz ist die Welt grundsätzlich bewältigt[22]. So scheint es. Durch das Gesetz wird man aber nur der Welt an sich ansichtig. Die Liebe in ihrer Zusammenfassung als Gottes- und Nächstenliebe stellt hinein in die Bewegung eines geschichtlichen Lebens. Was in Wahrheit gefordert ist, ist nicht im Gesetz nachzulesen. Die Liebe eröffnet neue Einsichten, neue Horizonte, läßt Notwendigkeiten einsehen, die das Gesetz übersieht, erblickt den Niedergeschlagenen am Weg mit herzlichem Mitleid und übersieht, daß es der Feind ist.

Ausblick:

Die Liebe als die Summe der Ethik ist ein Grundakkord des Neuen Testaments. Paulus bezeichnet die Nächstenliebe als die Zusammenfassung der Einzelgebote (Röm 13,9). In dieser Auffassung dürfte er von der Jesus-Tradition abhängig sein, nicht von der hellenistischen Synagoge. Jak 2,8 spricht von der Nächstenliebe als dem königlichen Gesetz, das kein Ansehen der Person nach äußerlichen Kriterien zuläßt. Das neue Gebot, von dem der johanneische Christus redet, ist die gegenseitige Liebe (Joh 13,34). Diese wird zwar auf die Bruderliebe einschränkend bezogen (vgl. 1 Joh 4,20f), aber wesentlich begründet: wie/weil ich euch geliebt habe (vgl. Joh 13,14f). Es wäre eine Untersuchung wert, der Nachwirkung des Doppelgebotes in die Kirchen- und Christentumsgeschichte hinein nachzugehen. Das aber kann von vornherein als sicher gelten: Überall, wo das Doppelgebot von Christen gelebt wurde, war ein überzeugendes Zeugnis für Christus gegeben. Wo es hingegen mißachtet und verraten wurde, vermögen auch Macht und äußerer Glanz nicht, die Schäbigkeit des Zeugnisses wesentlich zu verbessern.

LITERATUR: *G. Bornkamm*, Das Doppelgebot der Liebe: Ntl Studien für R. Bultmann (BZNW 21) (Berlin ²1957) 85–93; *W. Grundmann*, Das Doppelgebot der Liebe: ZZ 11

---

[22] Vgl. *Linnemann*, Gleichnisse 61, im Anschluß an A. Schlatter.

(1957) 449–455; *K. Hruby*, L'amour du prochain dans la pensée juive: NRTh 91 (1969) 493–516; *C. Burchard*, Das doppelte Liebesgebot in der frühen christlichen Überlieferung: Der Ruf Jesu und die Antwort der Gemeinde (Festschrift J. Jeremias) (Göttingen 1970) 39–62; *J. Ernst*, Die Einheit von Gottes- und Nächstenliebe in der Verkündigung Jesu: ThGl 60 (1970) 3–14; *H. Zimmermann*, Das Gleichnis vom barmherzigen Samariter: Die Zeit Jesu (Festschrift H. Schlier) (Freiburg 1970) 58–69; *V. P. Furnish*, The Love Command in the NT (Nashville-New York 1972); *G. Schneider*, Die Neuheit der christlichen Nächstenliebe: TThZ 82 (1973) 257–275; *A. Nissen*, Gott und der Nächste im antiken Judentum (WUNT 15) (Tübingen 1974); *G. Sellin*, Lukas als Gleichniserzähler: Die Erzählung vom barmherzigen Samariter: ZNW 65 (1974) 166–189.66 (1975) 19–60; *R. H. Fuller*, Das Doppelgebot der Liebe: Jesus Christus in Historie und Theologie (Festschrift H. Conzelmann) (Tübingen 1975) 317–329; *D. Gewalt*, Der barmherzige Samariter: EvTh 38 (1978) 403–417; *R. Kieffer*, Analyse sémiotique et commentaire. Quelques réflexions à propos d'études de Lc 10,25–37: NTS 25 (1979) 454–468; *H.-W. Kuhn*, Das Liebesgebot Jesu als Tora und als Evangelium: Vom Urchristentum zu Jesus (Festschrift J. Gnilka) (Freiburg 1989) 194–230; *R. Pesch*, Jesus und das Hauptgebot: NT und Ethik (Festschrift R. Schnackenburg) (Freiburg 1989) 99–109.

Neuntes Kapitel

Die Sendungsautorität Jesu

Die Fragestellung ist mit besonderen exegetischen Schwierigkeiten belastet. Diese stellen sich bereits ein, wenn man eine Überschrift für das hier zu behandelnde Problem sucht. Üblicherweise verhandelt man es unter dem Thema „Das Selbstbewußtsein Jesu“ oder auch „Das messianische Selbstbewußtsein“. Doch enthalten die Evangelien keine psychologischen Texte. Sie sind am Sein, nicht am Bewußtsein interessiert, das heißt, gegebenenfalls am Messiassein Jesu, nicht seinem messianischen Selbstbewußtsein. Dementsprechend wird hier der Ausdruck Sendungsautorität bevorzugt[1].

Angesichts der Problematik, die sich in einer verworrenen exegetischen Situation widerspiegelt, empfiehlt es sich, von folgender Überlegung auszugehen: Der Glaube an Jesus verdichtet sich *nachösterlich* in Bekenntnissen, in bekenntnishaften Sätzen. Im glaubensmäßigen Bekenntnis zu Jesus versammelt sich nachösterlich die Jüngerschaft aufs neue, konstituiert sich die Kirche. Die Kirche ist die Gemeinschaft derer, die im Bekenntnis zu Jesus geeint sind. Dieses Bekenntnis wird in die Evangelien zurückgetragen. Im Bekenntnis zu Jesus, das wir in den Evangelien antreffen, erweisen sich diese Schriften insbesondere als solche, in denen sich Geschichte und Kergyma, Berichterstattung und Glaubensaussage vermischt haben. Wenn wir uns auf die synoptischen Evangelien beschränken, sind es nicht viele Bekenntnisse an Zahl. Sie stehen aber an gewichtiger Stelle. Es sind dies das Messiasbekenntnis des Petrus (Mk 8,29; Lk 9,20), in Mt 16,16 erweitert zum Bekenntnis zu Jesus als dem Messias und Gottessohn, das Bekenntnis des römischen Hauptmanns unter dem Kreuz zu Jesus als dem Sohn Gottes (Mk 15,39; Mt 27,54)[2] und das nur von Mt 14,33 überlieferte Bekenntnis der Jünger zum Gottessohn in der Epiphaniegeschichte vom Seewandel Jesu[3]. Daneben treffen wir die Rede vom Menschensohn an,

---

[1] Vgl. *F. Hahn*, Methodologische Überlegungen zur Rückfrage nach Jesus: *K. Kertelge* (Hrsg.), Rückfrage nach Jesus (QD 63) (Freiburg 1974) 11–77, hier 49, der den Begriff Sendungsanspruch empfiehlt.

[2] Nach Lk 23,47 sagt der Hauptmann: Dieser Mensch war gerecht.

[3] Ein anderes Genus bilden die Perikopen von der Taufe und Verklärung Jesu, in denen sich der himmlische Vater zu Jesus als seinem Sohn bekennt (Mk 1,10f parr; 9,2–8 parr).

die aber nirgendwo als Bekenntnis formuliert wird (etwa: Du bist der Menschensohn).

Die christologischen Hoheitstitel Messias, Gottessohn, Menschensohn – die ersten beiden in Bekenntnisse ausformuliert – stellen sich für unsere Belange als die bedeutsamsten heraus. Im neutestamentlichen Bekenntnisgut treten dann noch andere christologische Titulaturen auf, vor allem das Bekenntnis zu Jesus, dem Herrn (Kyrios), das für die heidenchristlichen paulinischen Gemeinden wichtig wird, uns aber hier nicht zu beschäftigen braucht.

Gehen wir also von diesen nachösterlichen Bekenntnissen aus, so stellen wir fest, daß ihre Inhalte deutlich von der Erinnerung an den irdischen Jesus geprägt sind. Das gilt in gleicher Weise für den Messias und Gottessohn als auch den Menschensohn, der keinen Bekenntnisgrad erlangte. Diese Eigenprägung nimmt man wahr, wenn man die Vorgeschichte dieser christologischen Würdenamen Messias, Gottessohn, Menschensohn zum Vergleich heranzieht. Die Vorgeschichte liegt in der jüdischen Theologie, im alttestamentlichen und intertestamentarischen Schrifttum. Beginnen wir mit dem Menschensohn.

Der Menschensohn ist die erwartete endzeitliche Rettergestalt in der Apokalyptik. Er ist ein himmlisches Wesen, das bei Gott beheimatet ist, schon vor der Schöpfung der Welt bei ihm existiert, kein Mensch. Darum heißt es über ihn in der ältesten uns erreichbaren Menschensohnaussage in der nächtlichen Vision Dn 7, 13, daß er aussah, „*wie* ein Menschensohn". Er kommt plötzlich, auf den Wolken des Himmels[4]. Diese Redeweise nimmt 4 Esr 13 auf: „Ich schaute, siehe, da führte jener Sturmwind aus dem Herzen des Meeres etwas wie einen Menschen hervor. Ich schaute, siehe, dieser Mensch flog mit den Wolken des Himmels. Und wohin er sein Antlitz wandte und hinblickte, da erbebte alles ..." (V 3). Im Henochbuch verfestigt sich die Erwartung zum titularen Menschensohn, von dem gesagt wird, daß sein Name in der Stunde des endzeitlichen Gerichts vor dem Herrn der Geister genannt wurde, doch letztlich schon genannt worden war, bevor die Sonne und die Tierkreiszeichen geschaffen und die Sterne des Himmels entstanden waren (Henaeth 48, 2f). Seine vorzüglichste Aufgabe ist das Ge-

---

Auch die Anfrage des Hohenpriesters im Synhedrialprozeß ist vom christlichen Bekenntnis geprägt (Mk 14, 61 f parr). Zu den synoptischen Bekenntnissen als nachösterlichen Glaubensaussagen vgl. *R. Schnackenburg*, Christologie des NT: My Sal III/1, 227–388, hier 234.

[4] In Dn 7, 13 liegt noch kein titularer Gebrauch von Menschensohn vor, obwohl alle Menschensohn-Spekulationen an diese Stellen anschließen. *U. B. Müller*, Messias 60, erblickt im Menschensohn von Dn 7 die Idee vom Völkerarchon, nach der die Völker im Himmel ihren Repräsentanten besitzen. Der Menschensohnähnliche repräsentiert dann Israel. Die religionsgeschichtliche Ableitung des Menschensohnes ist kontrovers. Vgl. den Literaturbericht bei *Bracht*, Menschensohn 206–266.

richt über die Völker, das er auf dem Thron seiner Herrlichkeit sitzend ausüben wird (69,27f). Er bewahrt das Los der Gerechten, die in seinem Namen gerettet werden, weil er der Rächer ihres Lebens ist (48,7).

Auch die synoptische Menschensohn-Aussage knüpft an Dn 7,13 an. Am deutlichsten ist dies in der synoptischen Apokalypse Mk 13,26 der Fall, in die – nach einer verbreiteten Auffassung[5] – eine kleine jüdische oder wahrscheinlicher: judenchristliche apokalyptische Schrift eingearbeitet worden ist. Vom Kommen des Menschensohnes (Jesus) auf Wolken mit großer Macht und Herrlichkeit ist hier die Rede. Schließt sich die Darstellung der endzeitlich-eschatologischen Erscheinung des Menschensohnes zum Gericht in den Evangelien weitgehend an die jüdische Apokalyptik an – nach Mt 25,31; 19,28 sitzt der die Völker richtende Menschensohn auf dem Thron seiner Herrlichkeit wie in Henaeth 69,27f –, so nehmen wir in den Logien, die den irdischen Menschensohn betreffen, den Umbruch wahr. Der Menschensohn Jesus ist der Freund der Zöllner und Sünder (Mt 11,19 par), in dieser Welt ein Heimatloser und Unbehauster (8,20 par), der Sünden vergibt (Mk 2,10 parr), über den Sabbat gebietet (Mk 2,27 parr), vor allem aber von den Menschen verworfen und getötet wird (Mk 8,31 parr; Mt 17,22 parr; 20,18 parr; 26,24 parr usw.). Es kann überhaupt kein Zweifel mehr darüber bestehen, daß dieser Menschensohn, dessen ursprüngliche Vorstellung ihn in seiner himmlischen Seinsweise beläßt, ein realer Mensch unter Menschen ist.

Allerdings ist auch im Judentum der Menschensohn keine himmlische Erscheinung geblieben. Die Erwartung des Menschensohnes verschmolz mit der des Messias[6]. Der Messias ist eine irdische Gestalt. Er kommt aus dem Hause Davids. Dem Menschensohn werden entsprechende Namen zugesprochen wie „Gesalbter" (Henaeth 48,10), „Mannessohn" (62,5; 69,29), er wird sogar mit Henoch, dem in den Himmel Entrückten, identifiziert (71). Insbesondere wird dem Menschensohn die dem Messias eigene Aufgabe übertragen, die Feinde Israels zu vernichten (4 Esr 13,8–13) und das Reich für Israel wiederaufzurichten (Dn 7,14)[7].

---

[5] Vgl. *Gnilka*, Markus II 211f

[6] Dies haben *K. Müller:* BZ 16 (1972) 161–187.17 (1973) 52–66 und *U. B. Müller*, Messias 52ff.90ff 117ff 144ff, überzeugend aufgewiesen. Für 4 Esr 13 rechnet *U. B. Müller* 119–122, eher damit, daß Züge der Menschensohn-Erwartung auf den Messias übertragen wurden.

[7] Wir haben somit in der jüdischen wie in der synoptischen Tradition zwei parallele Entwicklungen. Die Entwicklung verläuft vom himmlischen zum irdischen Menschensohn. Anders sieht es *K. Müller:* BZ 17 (1973) 66, für den die synoptische Entwicklung dort ansetzt, wo die jüdische aufhört, beim irdischen Menschensohn. Man kann nach Gründen fragen, warum sich die Menschensohn-Vorstellung im Judentum nicht hielt. *U. B. Müller*, Messias 146f, nennt zwei: Der Gott der jüdischen Orthodoxie duldete keinen Partner neben sich, und die nationale Hoffnung war übermächtig. Wenn Henaeth und 4

Damit kommen wir zum Messias. Vortreffliche Einsichten in die allgemeine, durch den Pharisäismus bestimmte Messiaserwartung vermitteln uns die Psalmen Salomos 17 und 18[8]. Er heißt König und Gesalbter des Herrn[9], „ein gerechter, von Gott gelehrter König" (17,32), Sohn Davids (17,21). Mit seiner Ankunft ist das „Königtum unseres Gottes" verknüpft (17,3f). Seine vornehmste Aufgabe besteht darin, Israel als ein heiliges Volk neu zu versammeln und in Gerechtigkeit zu führen, jeden einzelnen zu Werken der Gerechtigkeit anzuleiten (17,26–28.41; 18,8). Von Gott ist er mit heiligen Geist ausgerüstet, er setzt seine Hoffnung ganz auf Gott und ist selbst rein von Sünde (17,37.34.36). Die Intensität der Erwartung des Beters von Ps Sal 17 aber richtet sich darauf, daß der Messias die Feinde des Volkes, die als Sünder gebrandmarkt werden, verjagt:

„zu reinigen Jerusalem von Heidenvölkern, die vernichtend zertreten,
in Weisheit und Gerechtigkeit die Sünder vom Erbe zu verstoßen,
des Sünders Übermut zu zerschlagen wie des Töpfers Geschirr,
mit eisernem Stab zu zerschlagen all ihren Bestand,
zu vernichten gesetzlose Völkerschaften durch das Wort seines Mundes,
durch seine Drohung den Feind in die Flucht zu schlagen fort von seinem Angesicht,
und die Sünder zu züchtigen in ihres Herzens Wort" (17,22–25)[10].

So wird der Messias nicht bloß zum unbestrittenen Führer Israels, sondern auch zum Weltregenten, der „die Erde schlagen wird durch das Wort seines Mundes in Ewigkeit" (17,35). Gerade im Zusammenhang mit dem Sieg über die Feinde nimmt der Messias ein menschliche Möglichkeiten sprengendes Format an, wird er zu einer der Geschichte enthobenen eschatologischen Figur. Mögen der Menschensohn und der Messias sich auch in bezug auf ihre Herkunft wesentlich unterscheiden, in solchen Zusammenhängen „besteht durchaus kein Unterschied zwischen dem nationalen und dem transzendenten Heiland"[11]. Zwar werden die Heidenvölker kommen, um die Herrlichkeit

---

Esr nur in Übersetzungen auf uns gekommen sind, hängt das auch mit der pharisäischen Opposition zusammen. Sollte die Erwartung des Menschensohnes einmal im Judentum verbreiteter gewesen sein, als es die wenigen Belege vermuten lassen? Die Frage läßt sich nicht beantworten.

[8] Nach *J. Schüpphaus,* Die Psalmen Salomos (ALGHL 7) (Leiden 1977) 137, ist diese pseudepigraphe Psalmenschrift ein Zeugnis pharisäischer Theologie und Frömmigkeit aus der Mitte des 1. Jh. v. Chr.

[9] Der Zusatz τοῦ κυρίου in 17,32 ist textlich umstritten, aber vertretbar. Er wird vertreten von *S. Holm-Nielsen,* Die Psalmen Salomos (Jüdische Schriften aus hellenistisch-römischer Zeit 4/2) (Gütersloh 1977) 104 Anm. d zu V 32. Der Begriff begegnet in 18,7.

[10] Übs. nach S. Holm-Nielsen.

[11] *Volz,* Eschatologie 221.

des Messias zu schauen. Aber sie partizipieren nicht am Heil, tragen nur die exilierten Israeliten heim nach Sion, „seine ermüdeten Söhne" (17,31)[12].

Es wird sich nicht bestreiten lassen, daß zwischen dem Messiasbild der Psalmen Salomos in dem Teil, der auf die Versammlung des Volkes Israel gerichtet ist, trotz seiner weithin im Allgemeinen verbleibenden Konzeption, und dem Wirken Jesu, wie es die Synoptiker nachzeichneten, eine weitreichende Verwandtschaft besteht. Die unverwechselbare Eigenprägung aber, die das Bild Jesu in der Erinnerung an sein historisches Leben gewinnt, drückt sich in seinem Leiden und Verworfenwerden aus. So folgt nach Mk 8,29–31 auf das Christusbekenntnis des Petrus die erste explizite Leidensankündigung, die Leiden, Verwerfung, Tod ansagt: „Der Menschensohn muß vieles leiden ..." – Der Wechsel vom Christus- zum Menschensohnprädikat korrigiert sowohl die landläufige Messias- als auch die bekannte Menschensohn-Erwartung. In der Passionsgeschichte dominiert das Christus- und – davon abgeleitet – das Königsprädikat. Die irdischen Richter Jesu, Kajafas und Pilatus, fragen ihn, ob er der Christus bzw. der König der Juden sei (Mk 14,61; 15,2). Wenn ihn die Hohenpriester und Schriftgelehrten unter seinem Kreuz als „Christus, der König Israels", verspotten (15,32), prallen falsche jüdische Messiaserwartung und christliche Verwirklichung aufs schärfste aufeinander. So sieht es wenigstens der Glaube.

Auch von Söhnen Gottes redet das Alte Testament. Jedoch wird der Messias oder der erwartete Heilbringer nirgendwo explizit als Sohn Gottes bezeichnet, weder im Alten Testament noch im Judentum. In der Nathan-Verheißung nur spricht Gott über ihn: „Ich will ihm Vater sein, und er soll mir Sohn sein, so daß ich ihn, wenn er krumme Wege geht, mit Menschenruten und menschlichen Schlägen züchtigen werde" (2 Sm 7,14). Die Bildhaftigkeit der Sprache ist deutlich. Auch wird man in Betracht ziehen dürfen, daß die Verheißung ewigen Bestandes dem Haus, dem Königtum und dem Thron Davids insgesamt gilt (7,16)[13]. Sohn Gottes sein bedeutet im Alten Testament so viel wie: in einem besonderen Verhältnis zu Gott stehen, von ihm erwählt sein. So ist das Volk Israel Gottes Sohn, sogar sein Erstgeborener (vgl. Ex 4,22; Jer 31,9; 3,19), der von den Frevlern verfolgte Gerechte ist es,

[12] Die Messianologie der Qumran-Handschriften, die durch die Erwartung von zwei Messiassen geprägt ist, bleibt blaß und farblos. Doch kennt sie auch das Moment von der Befreiung von den Feinden. Es drückt sich aus in der Idee des eschatologischen Krieges (1 QM).

[13] In 4 Q flor 10f wird 2 Sm 7,11–14 auf den Sproß Davids, den Messias, bezogen. „Filius meus" als Bezeichnung des Messias im lateinischen Text von 4 Esr 7,28; 13,32.37.52; 14,9 besagt nicht viel, weil dies Übersetzung von griechischem παῖς ist, dem hebräisches *'abdij* entspricht. Vgl. *E. Lohse:* ThWNT VIII 362.

der in der Verfolgung in bezug auf sein Gottesverhältnis geprüft wird (vgl. Weish 2,13.16.18). Von besonderem Interesse ist die „Gottessohnschaft" des Königs von Israel, der als der Mann an der Spitze des Gottesvolkes und dessen Repräsentant dessen Gottesbezug nochmals in sich selbst repräsentiert. In seiner Interpretation umstritten ist das den König betreffende Gotteswort von Ps 2,7: „Mein Sohn bist du, ich selbst habe dich heute gezeugt." Unbestritten dürfte sein, daß die Zeitangabe des „heute" auf den Tag der Königsinthronisation gerichtet ist, an dem der König zum Gottessohn wurde. Auf jeden Fall kommt auch dieses Wort über das Metaphorische nicht hinaus. Man versteht es entweder im Sinn der Adoption – möglicherweise von einem Propheten im Rahmen des Rituals der Thronbesteigung gesprochen [14] – oder besser im Sinn der Legitimation, gleichfalls ein Bestandteil des Königsrituals [15].

Die Erfahrung Gottes in Jesus übersteigt ein Erwähltsein. Deshalb reichten auch die alttestamentlichen Vorbilder nicht aus, wenn man ihn als den Sohn Gottes in der christlichen Gemeinde bekannte. Man hatte in Jesus Gott selbst erfahren. Es ist darum bemerkenswert, daß nicht nur Texte in die synoptischen Evangelien eingingen, die Jesus als Sohn Gottes bekennen, sondern auch solche, in denen er als der Sohn – in einem absoluten Sinn – herausgestellt wird. Für beide in Frage kommenden Texte ist charakteristisch, daß der Sohn dem Vater gegenübergestellt wird, ihre gegenseitige Zuwendung im Mittelpunkt steht, sei es im Sinn des Gehorsams des Sohnes gegenüber dem Vater (Mk 13,32 parr [16]), sei es im Sinn der Bevollmächtigung des Sohnes durch den Vater (Mt 11,27 par). Die absolute Rede vom Sohn im Gegenüber zum Vater kann als christliches Proprium angesehen werden [17]. Die dem Sohn vom Vater übertragene Vollmacht ist die der göttlichen Offenbarung, die in ihrer gegenseitigen fortdauernden Erkenntnis begründet ist: „Und niemand kennt den Sohn, nur der Vater, noch kennt einer den Vater, nur der Sohn, und wem es der Sohn offenbaren will." Die wechselseitige Erkenntnis ist das gegenseitige Sich-zu-erkennen-

---

[14] *H.-J. Kraus*, Psalmen I (BK, AT 15/1) (Neukirchen ³1966) 18–20.

[15] *G. Fohrer:* ThWNT VIII 350–352, der zum Vergleich die Legitimation des nebenehelichen Kindes durch den Vater heranzieht. Im messianischen 4 Qflor 18f wird auch Ps 2,1f zitiert, nicht V 7.

[16] Das Nichtwissen von Tag und Stunde impliziert die Anerkennung der eschatologischen Verfügungsgewalt des Vaters durch den Sohn.

[17] Vgl. *Hahn*, Hoheitstitel 329. Die absolute Rede vom Sohn treffen wir auch in der (sethianischen) Gnosis an. Vgl. „Die dreigestaltige Protennoia" 21–24: ThLZ 99 (1974) 737. In der mandäischen Literatur wird vom Sohn immer mit Zusätzen gesprochen: Erstgeborener Sohn, Sohn Gottes, Sohn des Lebens. Vgl. *M. Lidzbarski*, Ginza (Göttingen–Leipzig 1925) 613 (Register). Abgesehen davon, daß diese Schriften jünger sind als das NT, liegt ihnen eine ganz andere theologische Konzeption zugrunde. Die Protennoia ist zugleich Vater, Mutter und Sohn.

Geben. Eingefangen ist eine Bewegung des liebenden Erkennens die sich vom Vater über den Sohn hin zu den Menschen fortsetzen will [18].

Nach einem ersten Schritt in der Rückfrage nach der Sendungsautorität Jesu können wir das Ergebnis feststellen, daß die zentralen vorgegebenen christologischen Hoheitsprädikate Menschensohn, Messias, Gottessohn durch die Erfahrung, die man mit Jesus gemacht hat, neugeprägt wurden. Sie sind zwar Anknüpfungspunkt des christlichen Bekenntnisses, erweisen sich aber in ihrer Übernahme als nicht adäquat. Daraus ergeben sich zwei weiterführende Überlegungen: Zum einen wird es bei der nicht vorhandenen Adäquatheit begreiflicher, daß die frühchristliche Gemeinde für die Artikulation ihres Glaubens es nicht bei *einem* christologischen Hoheitsprädikat beließ, sondern eine relativ große Zahl davon aufgreift. Die Nichtadäquatheit des einen sollte durch die Fülle der anderen ausgeglichen werden. Hinzu kommt die Beobachtung, daß die einzelnen Hoheitsprädikate in ihrer Vorgegebenheit nicht scharf voneinander abgegrenzt sind. Die mit ihnen verknüpften Vorstellungen und Erwartungen greifen ineinander. Dies fiel uns besonders beim Vergleich des Menschensohn- mit dem Messiasprädikat auf [19].

Zum anderen bedeuten sowohl die Fülle vorhandener messianologischer Prädikationen als auch die Unschärfe vorgegebener messianologischer Konzeptionen eine Warnung, Jesus auf ein Konzept hin festlegen zu wollen [20]. Ehe man nach der möglichen Verwendung von Hoheitstiteln in der Verkündigung Jesu fragt, ist der Weg der impliziten Christologie zu beschreiten. Dies bedeutet, daß wir zunächst versuchen müssen, aus Jesu Wort und Tat nochmals das eigens in Erinnerung zu rufen und zusammenzustellen, was seine Sendungsautorität beschreibt. Sein Bild vermag unter diesem Aspekt schärfer in Erscheinung zu treten als vorgegebene Hoheitsprädikate es zu vermitteln in der Lage sind. Die implizite Christologie lenkt unsere Aufmerksamkeit auf das für Jesus Spezifische. Erst wenn dies geschehen ist, werden wir nach möglichen Hoheitsprädikaten fragen können.

Kernpunkt aller unserer Überlegungen war von Anfang an die βασιλεία τοῦ θεοῦ, die Gottesherrschaft. Sie ist unbestreitbar die Mitte seiner Predigt, der Angelpunkt seines Wirkens. Deshalb ist der Zugang zu seiner Sendungsautorität vor allem von diesem Angelpunkt aus anzu-

[18] Zur Interpretation vgl. *Gnilka*, Matthäusevangelium I 436–439.

[19] So nannte *H. Gunkel* in: *E. Kautzsch (Hrsg.)*, Die Apokryphen und Pseudepigraphen des AT II (Neudruck Darmstadt 1962 = 1900) 348, das Buch 4 Esr „ein Kompendium eschatologischer Gedankenwelt“.

[20] Dies wird man auch gegenüber dem Versuch, Jesus als den von Is II angekündigten Freudenboten zu verstehen, sagen müssen. Hierzu vgl. im einzelnen *H. Frankemölle*, Jesus als deuterojesajanischer Freudenbote?: Vom Urchristentum zu Jesus (Festschrift J. Gnilka) (Freiburg 1989) 34–67.

gehen. Die Gottesherrschaft ist das Endgültige, das Bleibende, das definitive Heil, das Gott wirken wird und schon zu wirken beginnt, die neue und gültige Ordnung, die aufgerichtet werden soll und der die Gesetzmäßigkeit der Welt entgegensteht.

Jesus verkündigte die Gottesherrschaft auf unnachahmliche Weise. Zwar soll die Gottesherrschaft auch neben ihm und nach ihm verkündigt werden. Und die es übernehmen, sollen es so tun, wie er es getan hat. Aber sie vermögen es nur in seinem Auftrag und in seinem Namen zu tun, partizipierend an dem, was er getan hat, und doch es nie mehr ganz erreichend. Denn Jesus proklamierte nicht nur die kommende Gottesherrschaft, sie wurde auch in ihm Ereignis, sein Wort, sein Tun, seine Person zusammenschließend. In zahlreichen Gleichnissen wies er das dynamische Verhältnis von Zukunft und Gegenwart der Gottesherrschaft auf, verdeutlichte er die neue Ordnung einer grenzenlosen Liebe, die sich Bahn brechen will hinein in die verhärteten Strukturen der Gesetzmäßigkeiten der Welt. Bei diesen Gleichnissen achteten wir auf den Zusammenhang, der besteht zwischen der Botschaft und seinem Wirken unter den Menschen. Wir sahen, daß etwa die Botschaft des Gleichnisses vom verlorenen Sohn, von den Arbeitern im Weinberg usw. ihre Verankerung und Glaubwürdigkeit in seinem Wirken besitzen, ohne daß auf diese Weise die Gleichnisse zu Allegorien gemacht werden dürfen. Weil Gottesherrschaft besagt, daß Gott seine gnädige Herrschaft aufrichtet, bedeutet die Gegenwärtigkeit der zukünftigen Gottesherrschaft im Wirken Jesu letztlich, daß Gott unmittelbar in ihm wirkt, die Liebe Gottes selbst in ihm erfahrbar wurde.

In seiner Annahme der Sünder, für die die Tischgemeinschaft mit Zöllnern, Dirnen und Ausgestoßenen steht, in seiner Zuwendung zu den Kranken und Elenden, den Dämonischen und Wahnsinnigen, denen mächtige Hilfe zuteil wird, wird dieses endgültige Heil anschaulich. Kritisiert wegen dieses angesichts der Gesetzmäßigkeiten der Welt skandalisierenden Tuns, rechtfertigte er sich mit dem Hinweis auf seine Vollmacht: „Wenn ich aber mit dem Finger Gottes die Dämonen austreibe, dann ist das Reich Gottes schon zu euch gelangt" (Lk 11,20). „Und siehe, mehr als Jona ist hier ..., mehr als Salomo ist hier" (Mt 12,41 f). Das untrennbar an seine Person gebundene Heil zeichnet sein endgültiges Wirken aus, im Unterschied etwa zu Qumran, wo man zwar auch die Vorstellung von der Gegenwärtigkeit des Heiles kannte, dabei aber nicht diese personale Mitte. „Selig sind die Augen, die sehen, was ihr seht. Denn ich sage euch: Viele Propheten und Könige wollten sehen, was ihr seht, und haben es nicht gesehen, und hören, was ihr hört, und haben es nicht gehört" (Lk 10,23 f). Mit diesen Worten werden die Menschen, vermutlich die Jünger, auf die Heilsrelevanz der Stunde seines Wirkens aufmerksam gemacht und wird angezeigt, daß sich die alte im Volk wurzelnde Sehnsucht nach dem definitiven Heil, von den Propheten angekündigt, in ihm erfüllt. Der Glaube, von dem in den Wundergeschichten immer wieder in einem mehr allgemeinen Sinn die Rede ist und den die notleidenden Menschen ihm entgegengetragen haben, ist über die konkrete Situation der Hilfsbedürftigkeit hinausgreifend, als Glaube an Jesus, den Heilbringer, zu werten.

Jesus weiß sich mit seiner Verkündigung von der Gottesherrschaft zum gesamten Volk Israel gesandt. Im Unterschied zu den mannigfaltigen Splittergruppen lehnt er separatistische Bestrebungen ab. In dieser Offenheit kann er sogar im Ausblick auf die vollendete Gottesherrschaft die altprophetische Idee von der Völkerwallfahrt aufgreifen. Dem Volk Israel trägt er den letztverbindlichen Willen Gottes vor, sagt er an, was zu tun sei, proklamiert er die neue Ordnung des Heils, die alles Bisherige hinter sich läßt und überbietet. Dabei kann er seine Weisung unmittelbar mit dem alten Gotteswort der Thora konfrontieren. Nicht mehr das Wort der Thora, sondern das Wort von der Gottesherrschaft, sein Wort ist heilsverbindlich und entscheidet über das Schicksal der Menschen. Von der Annahme oder Ablehnung seiner Basileiapredigt hängt das zukünftige und ewige Geschick des einzelnen ab.

Wie einst Gott durch die Propheten Prophetenjünger berief, so beruft Jesus Menschen in seine besondere Nachfolge. Auch hierin bekundet sich seine Autorität. Der Jüngernachfolge ist nichts vorzuziehen, auch nicht die Bindung an die eigene Familie (Mt 10,37). „Wer sein Leben verliert um meintwillen, der wird es retten" (vgl. Mk 8,35).

Ein Fazit dessen, was sich über Jesu Sendungsautorität sagen läßt, wird vor allem darauf abheben, daß mit ihm das Endgültige gekommen ist und Gott selbst in ihm sein endgültiges Heil wirkte. Die Summe seiner Sendungsautorität sperrt sich gegen die Kategorisierung mit Hilfe eines Hoheitsprädikates. Er war mehr als ein Prophet. Das Gesetz und die Propheten reichen bis auf Johannes (vgl. Lk 16,16)[21]. Sicher gab es wesentlich Messianisches in seinem Wirken, wenn man dieses etwa mit der messianologischen Erwartung der Psalmen Salomos vergleicht. Aber es fehlt der nationalpolitische Zug, der besonders für die Zeitgenossen so bestimmend war. In dieser Unterschiedenheit gibt sich die Unableitbarkeit der Sendungsautorität Jesu zu verstehen.

Doch ehe wir weiterfragen, sind noch andere Beobachtungen einzubringen. Vollmacht bekundet eine besondere Redeweise, die sich auf

---

[21] Auch die Kategorie des Endzeitpropheten reicht nicht aus. Diese ist von *Hahn*, Hoheitstitel 351–404, beschrieben worden, auch in ihrem Unterschied zur Kategorie des Messias. Nach Hahn paßt der mosegleiche Endzeitprophet am besten auf Jesu Wirken (382).

Jesus zurückführen läßt. Demnach hat er bestimmte Worte, vor allem solche eschatologischen Inhalts, die also eine bestimmte, die Endzeit betreffende Einsicht vermitteln und wiederum letztlich mit der Basileiapredigt in Verbindung stehen, mit dem Wörtchen Amen eingeleitet. Gewiß ist damit zu rechnen, daß nicht wenige Worte erst nachträglich mit diesem Amen ausgestattet worden sind – im Johannesevangelium wird daraus ein doppeltes Amen –, doch kann die Redeform als solche als seine Eigenheit gelten [22]. So sichert er der unbekannten Frau, die in Betanien im Haus Simons des Aussätzigen Salböl über sein Haupt ausgießt, mit der feierlichen Einleitung: „Amen, ich sage euch" zu, daß man ihrer Tat gedenken wird, nämlich beim Gericht (vgl. Mk 14,9) [23].

Eine frühe christologische Determination identifiziert Jesus mit der göttlichen Weisheit [24]. Doch läßt sich diese nicht unmittelbar auf ihn zurückführen. Es ist allerdings richtig, daß Jesus in mancherlei Hinsicht wie ein Weisheitslehrer erscheint. Er ist poetischer, eindrucksvoller Sprache mächtig, dichtet Meschalim und erweist sich im Erzählen von Gleichnissen als unbestrittener Meister. Wenn er sich über Salomo stellt (Mt 12,42 par), übertrifft er den größten, universalen Weisen in Israel, ja in der ganzen Welt, denn die Königin des fernen Südreiches wurde einst angezogen von der Weisheit Salomos [25]. Die Klage über das unbußfertige Jerusalem, in deren zweiten Teil sich Jesus mit seinem intensiven Bemühen um das Volk miteinbezieht, klingt weisheitlich (Mt 23,37 par). Er erscheint hier wie ein Bote der Weisheit, der göttlichen Weisheit, die für Gott steht. Spätestens Matthäus identifiziert Jesus mit der Weisheit [26]. Im übrigen verdeutlichen gerade die Gleichnisse, wenn man sie in Beziehung zur Weisheitsrede setzt, daß diese von seiner Basileiabotschaft nicht getrennt werden dar. In seiner Weisheitsrede weist sich Jesus als Träger göttlichen Geistes aus [27].

Damit kommen wir zum Menschensohn. Hat Jesus vom Menschensohn gesprochen? Hat er sich selbst als den Menschensohn begriffen? Bietet der Menschensohn vielleicht die letztgültige Auskunft, die For-

---

[22] *K. Berger*, Die Amen-Worte Jesu (BZNW 39) (Berlin 1970), hat die Authentizität dieser Redeweise bestritten mit Hinweis darauf, daß sie auch an zwei Stellen des TestAbr vorliege und auf das hellenistische Judenchristentum zurückgeführt werden müsse. Abgesehen davon, daß hier das Unähnlichkeitskriterium überstrapaziert wurde, sind die beiden Belege zu jung. Nach *J. Jeremias*, Zum nicht-responsorischen Amen: ZNW 64 (1973) 122f, ist die Rezension A des TestAbr, auf die sich Berger bezieht, mittelalterlich. Vgl. auch *E. Janssen*, Testament Abrahams: Jüdische Schriften aus hellenistisch-römischer Zeit III/2 (Gütersloh 1975) 222 Anm. 140.

[23] Zur Analyse und Interpretation vgl. *Gnilka*, Markus II 221f. 225f.

[24] Zur Problematik vgl. *Christ*, Sophia.

[25] Vgl. *Hengel*, Lehrer der Weisheit 151f.

[26] Vgl. Lk 11,49: „Deshalb sprach die Weisheit Gottes: Ich sende zu euch ..." mit Mt 23,34: „Siehe, ich sende euch ..."

[27] Sowohl der Messias als auch der Menschensohn werden als geistbegabt vorgestellt. Vgl. Is 11,1–4; Ps Sal 17,37; 18,7f; Henaeth 49,1–4; 51,3; 62,2.

mel, auf die unsere Fragen nach der Sendungsautorität Jesu gebracht werden kann?

Es gibt darüber eine endlose Diskussion[28]. Zu ihrem Verständnis muß man wissen, daß man die Menschensohn-Logien herkömmlicherweise in drei Gruppen aufteilt, die eschatologischen (Stichwort: Der Menschensohn wird kommen auf Wolken zum Gericht), die Passionsaussagen (Stichwort: Der Menschensohn muß vieles leiden und verworfen werden) und eine dritte Gruppe, die sich nicht unter ein bestimmtes thematisches Stichwort zusammenfassen läßt. Auf jeden Fall handeln diese Logien vom irdischen Menschensohn, von seiner Vollmacht, Sünden zu vergeben, seiner Heimatlosigkeit usw. Als wir oben von der Eigenprägung der christlichen Menschensohnchristologie, die auf einer vorgegebenen jüdischen Menschensohnkonzeption fußt und in der Erinnerung an den geschichtlichen Jesus erfolgte, sprachen, haben wir dies bereits beiläufig erwähnt.

Sehr auffällig für die synoptische Menschensohnüberlieferung ist zweierlei. Einmal spricht nur Jesus vom Menschensohn. Das heißt, nirgends redet ein anderer über ihn als Menschensohn. Der Menschensohn begegnet nur in Jesus-Logien. Zum anderen spricht Jesus vom Menschensohn stets in der Er-Form. Nirgendwo sagt er: Ich, der Menschensohn. Gewiß setzt die Einbettung der Menschensohnaussagen in das schriftlich verfaßte Evangelium längst voraus, daß die Gemeinde im Glauben weiß, der kommende Menschensohn-Richter ist Jesus. Das Nebeneinander der eschatologischen und der Logien vom leidenden und irdischen Menschensohn tut ein Gleiches. Doch wie war es in der Predigt Jesu? Besondere Aufmerksamkeit erregte Lk 12,8: „Wer mich bekennt vor den Menschen, den wird auch der Menschensohn bekennen vor den Engeln Gottes." Denn hier treten das redende Ich Jesu und der Menschensohn auseinander, als handelte es sich um zwei verschiedene Personen.

Lk 12,8 wurde in der Forschung wiederholt zum Ausgangspunkt einer Beurteilung genommen. Während R. Bultmann[29] in der Tat die Auffassung vertrat, daß Jesus vom kommenden Menschensohn als einem anderen geredet habe, ist H. Conzelmann[30] der Meinung, Lk 12,8 setze die Identität des Menschensohnes mit Jesus voraus und müsse darum der Gemeinde zugewiesen werden. Das Gleiche gelte für die Menschensohnüberlieferung insgesamt. Auch E. Lohse[31] und

[28] Vgl. das immer noch grundlegende Werk zu dieser Frage von Tödt, Menschensohn. Zur Diskussion in der letzten Zeit vgl. *A. Vögtle*, Bezeugt die Logienquelle die authentische Rede Jesu vom „Menschensohn"?: Offenbarungsgeschehen und Wirkungsgeschichte (Freiburg 1985) 50–69.

[29] Theologie 30–33.

[30] Grundriß 155f.

[31] Grundriß der ntl Theologie (Stuttgart 1974) 48f.

A. Vögtle[32] wollen neuerdings alle Menschensohnaussagen als nachösterlich ansehen. Denn weder ginge es an, in der Predigt Jesu zwischen ihm und einem angekündigten Menschensohn zu differenzieren, noch könne man es ihm zumuten, daß er von seiner beim Gericht erfolgenden Erscheinung als Menschensohn gesprochen habe. Letzteres sei erst von Ostern her verstehbar und aussagbar. Auch habe Jesus die Gottesherrschaft verkündigt, neben der für eine Menschensohn-Erwartung kein Platz sei. Dies zeige sich darin, daß es keine Jesuslogien gibt, in dem Gottesherrschaft und Menschensohn miteinander verbunden seien[33].

L. Goppelt hingegen möchte Lk 12,8, aber auch andere Sprüche, die den irdischen Menschensohn betreffen, auf Jesus zurückführen[34]. Jesus habe die rätselvolle Er-Form gewählt, um auf verhüllende Weise sich selbst als den Menschensohn anzukündigen. Diese Redeweise sei nicht für das Volk, sondern für die Jüngerschaft bestimmt gewesen, die ihn auch hätte verstehen können. Eine weitere Forschungsrichtung schließlich setzt bei den Logien vom irdischen Menschensohn an. Dabei geht man vielfach vom aramäischen Äquivalentbegriff *bar nascha* aus, was in der Sprache Jesu auch einfach „Mensch" bedeute und in einer Weise habe verwendet werden können, bei der der Redende in eine allgemeine Aussage über den Menschen sich miteinschließt, also etwa: Mit mir, Jesus, darf auch ein Mensch Sünden vergeben (Mk 2,10); Ein Mensch wie ich, Jesus, hat keine Stätte für sein Haupt (Mt 8,20). Eine allgemeine Aussage über den Menschen habe sich zum christologischen Titel entfaltet oder könne neben diesen gestellt werden[35].

Zu der etwas verwirrenden Fülle der Interpretationsvorschläge bleibt Folgendes zu sagen: Eine allgemeine Aussage über den Menschen, die für einzelne Sprüche vom irdischen Menschensohn postuliert wird, kann nicht überzeugen. Abgesehen von der umstrittenen philologischen Problematik muß man fragen, wer von den Hörern Jesu ihn verstanden hätte, mitvollzogen hätte, daß er eigentlich sich selbst meint bei dieser merkwürdigen Rede. Der sich ergebende Sinn sinkt zu Platitüden herab wie im Fall von Mt 8,20. Es ist besser, vorauszusetzen, daß alle Menschensohnsprüche, mögen sie von Jesus oder später gebildet worden sein, den Menschensohn im titularen Sinn verwenden. Die Frage der Verständlichkeit ist auch an Goppelts Auffassung zu richten, daß Jesus verhüllend zu seinen Jüngern geredet habe. Daß die Menschensohnlogien sich nur an die Jünger gewendet haben, lassen die Evangelien nicht erkennen.

Menschensohn und Gottesherrschaft aber sind vereinbar. Bereits H. E. Tödt hat auf die inhaltliche und strukturelle Parallelität der beiden Aussagereihen vom Menschensohn und von der Basileia hinge-

---

[32] (Anm. 28) 67.

[33] Vgl. *P. Vielhauer*, Gottesreich und Menschensohn in der Verkündigung Jesu: Aufsätze zum NT (TB 31) (München 1965) 55–91.

[34] Theologie 231–237. Mk 2,28; 2,10; Mt 8,20 und eine Grundform von Mk 9,31 gehören hierher.

[35] Vgl. *C. Colpe:* ThWNT VIII 404–408. 433–465.

wiesen. Zentrale Verkündigungsinhalte wie Gericht, Umkehr sind in beiden Reihen anzutreffen[36]. Die im hohen Grad auffällige Tatsache, daß nur Jesus vom Menschensohn spricht und daß sich keine bekenntnismäßige Aussage über Jesus, den Menschensohn, bei den Synoptikern findet, kann letztlich nur damit befriedigend erklärt werden, daß die Menschensohn-Aussage auf irgendeine Weise in der Predigt Jesu vorkam. Hinzu tritt die für Lk 12,8 charakteristische Differenzierung zwischen dem redenden Ich und dem Menschensohn. Die Interpreten, die jedwege Menschensohn-Aussage Jesus absprechen wollen, sind eine überzeugende Erklärung dafür schuldig geblieben, warum in der Gemeinde diese befremdliche Differenzierung zwischen Jesus und dem Menschensohn entstanden wäre und dann Menschensohnlogien ausschließlich Jesus in den Mund gelegt worden seien.

Lk 12,8f hat als authentisches Jesuswort und Ausgangspunkt der Menschensohn-Christologie zu gelten. Das heißt, die Entwicklung setzt innerhalb der Gruppierungen von Aussagen über den endzeitlichen, irdischen und leidenden Menschensohn bei ersteren an. Wir haben oben in der jüdischen Menschensohn-Messianologie eine ähnliche Entwicklung dargelegt, die vom himmlischen Menschensohn zu einer irdischen Menschensohn-Messias-Gestalt verläuft. Die synoptische Entwicklung ist als Parallele hierzu zu sehen. Daß das Menschensohn-Prädikat sich in der synoptischen Überlieferung weiter ausbreitet, sei es, daß neue Menschensohn-Logien gebildet werden, sei es, daß das Menschensohn-Prädikat in Jesuslogien eindringt, kann man schön im Matthäusevangelium beobachten, wo es seine größte Verbreitung gefunden hat[37]. Zwischen sich selbst und dem Menschensohn zu differenzieren, wie das Lk 12,8 geschieht, wird man als die für Jesus spezifische Rede vom Menschensohn ansehen dürfen.

Darum bleibt etwas zu diesem Logion zu sagen. Man darf dabei nicht zu früh auf die immer wieder beschworene Alternative sich einlassen: Hat Jesus vom Menschensohn als einem anderen gesprochen oder hat er sich selbst mit dem Erwarteten identifiziert? Auf jeden Fall wird auf das bevorstehende endzeitliche Gericht ausgeblickt und wird dabei dem Menschensohn das wichtigste Wort zugebilligt. Dabei ist es von geringerer Bedeutung, ob dieser selbst das Gericht ausübt oder ob er als Gerichtszeuge vor dem Richter auftritt und in maßgeblicher Form zu jedem einzelnen Menschen Stellung bezieht. Sein Bekennen und Verleugnen entscheidet. Doch besitzt die eingeblendete Gerichtsszene einen schockierenden Vorspann. Durch das, was zuvor geschieht, wird die Gerichtsszene trotz ihres Ernstes zu einem sekundä-

---

[36] Menschensohn 298–316.

[37] Vgl. Mt 10,23; 13,37.41; 16,13 (mit Mk 8,27); 24,27.30.37.39.44; 25,31; 26,2 und *H. Geist*, Menschensohn und Gemeinde (FzB 57) (Würzburg 1986).

ren und zweitrangigen Ereignis. Das dem Gericht Zuvorkommende ereignet sich in der Begegnung mit dem irdischen Jesus, findet statt in der Stellungnahme zu seinem Wort, zu seiner Person. Sich zu Jesus bekennen oder ihn verleugnen entscheidet über den Ausgang des endzeitlichen Gerichts, nimmt dieses gewissermaßen schon vorweg.

Für das Verhältnis Jesu zum Menschensohn ergibt sich daraus die Identität der Heilsgemeinschaft[38]. Dies läßt wenigstens erkennen, daß im Wort Jesu die Frage nach der Identität des Menschensohnes zurücksteht gegenüber der für den Hörer sich ergebenden Notwendigkeit, sich zu entscheiden. Wer jetzt die Gemeinschaft mit ihm gewinnt, wird beim Gericht zur Gemeinschaft der Geretteten gehören. Will man das Verhältnis Jesu zum Menschensohn noch näher bestimmen, so wird dies eigentlich durch dieses Wort, seine Struktur und Intention, verwehrt. Hat Jesus nur vom Menschensohn – und dann nur gelegentlich – geredet, um der Vorstellung einer bestimmten Gruppe von Hörern entgegenzukommen? Wollte er zu verstehen geben, daß die Menschensohn-Erwartung in seiner Predigt geborgen ist? Jedenfalls wird die Funktion des erwarteten Menschensohnes zu einer zweitrangigen gegenüber dem, was Jesus in der Gegenwart mit seinem Predigen und Wirken tut. Oder sieht er sich in einem bestimmten Verhältnis zu diesem Menschensohn? Dann dem der Identität? Auf jeden Fall paßt es zu seiner Verkündigung, daß er in bezug auf das Wie des Endzeitlich-Eschatologischen keine detaillierten Auskünfte gibt. Das hebt ihn von der Apokalyptik ab, aus dessen eschatologischem Repertoire die Menschensohn-Erwartung genommen ist und die detailliertere Beschreibungen der himmlischen, höllischen, zwischenzeitlichen Zustände zu geben sich erkühnte. Jesus hebt den Vorhang, der uns vom Endzeitlich-Eschatologischen trennt, nicht auf, auch nicht in bezug auf seine Person. Obwohl das Geheimnis keine historische Kategorie ist, ist sie hier durchaus angebracht. Rein historisches Fragen kommt in einer rein historischen Festlegung und Bestimmung der Sendungsautorität Jesu an eine Grenze. Diese sollte gewahrt bleiben.

Doch bedarf noch eine weitere Nuance der Sendungsautorität Jesu der Erörterung. Wir haben bereits oben feststellen können[39], daß seine Rede von Gott durch den Vaternamen geprägt ist. Dies setzt sich fort hinein in die Gebete, die uns von ihm überliefert sind. Dabei interessiert jetzt nicht der Inhalt dieser Gebete, sondern der Befund, daß die Gebetsanrede Vater, mein Vater lautet (Mt 11,25.26 par; 26,39.42; Lk 23,46). Diese Rede von meinem Vater erscheint auch in anderen Logien, die nicht Gebete sind (Mt 7,21; 8,32f; 16,17; 18,19.35 u.ö.), und erscheint abgesetzt von Worten, in denen Jesus den Jüngern gegenüber

---

[38] Vgl. *Tödt,* Menschensohn 55.
[39] Vgl. oben S. 205f.

Gott „euren Vater“ nennt (Mt 5,16.45.48; 6,1.8.14 u.ö.). Wie immer es um die Authentie der verschiedenen Logien bestellt sein mag, die Rede Jesu von Gott als seinem Vater, besonders die Gebetsanrede, muß als authentisch angesehen werden. Im Alten Testament und Judentum ist die Gebetsanrede Gottes als Vater sehr selten. Sie findet sich im griechischen Text von Sir 23,1 und 4 und Tob 13,4 im kollektiven Sinn[40]. „Mein Vater“ als persönlich an Gott gerichtete Gebetsanrede eines einzelnen stellt etwas Neues dar[41].

In Mk 14,36 ist uns die Gebetsanrede Abba im Getsemani-Gebet Jesu überliefert. Dieses aramäische Wort – grammatisch am besten im Sinn eines Vokativs aufzufassen – kann im Aramäischen als Anrede des Sohnes an seinen leiblichen Vater verwendet werden, doch trotz der Lallform nicht eingeschränkt auf das Kleinkind[42]. Es kann als ipsissima vox Jesu gelten und bezeugt sein besonderes persönliches Gottesverhältnis[43].

Freilich werden wir dieses besonderen Gottesverhältnisses, das uns durch das Wörtchen Abba wie durch ein Blitzlicht beleuchtet wird, erst dann ganz gewahr, wenn wir den gesamten Rahmen seiner Sendung hinzunehmen und hinzudenken. Formulieren wir es einmal von Gott her: Gott hat ihm aufgetragen, mit der Gottesherrschaft das definitive Heil in Wort und Tat zu vermitteln und zu wirken. Er hat es ihm anheimgegeben, seine Liebe unter den Menschen darzustellen. Er steht in einzigartiger Weise für Gott in der Welt, an seiner Stelle steht er vor den Menschen. Daß die Offenbarung Gottes des Vaters in ausschließlicher Weise an Jesus gebunden ist, thematisiert jenes Logion, das vom Sohn in einem absoluten Sinn spricht und das man hintergründig das „johanneische“ nicht zu Unrecht nennt, weil es die ganze Tiefendimension der johanneischen Christologie vorbereitet (Mt 11,27 par). Es steht in engem Kontakt zur Abba-Anrede, entfaltet diese gleichsam mit Hilfe eines hellenistischem Verstehen verwandten Erkenntnisbegriffs[44]. Indem es auf die dem Sohn vom Vater übertragene umfassende Vollmacht verweist – „Alles ist mir von meinem Vater

---

40 Vgl. *Fitzmyer,* Abba 25f. Sir 51,10 ist eine Feststellung und möglicherweise ein Echo von Ps 89,27.

41 *Fitzmyer,* Abba 28.

42 Targum-Belege bei Fitzmyer, Abba 24. Eine Parallele ist *‚imma'* als Anrede an die Mutter, vergleichbar unserem Mama, Papa.

43 An zwei Talmudstellen, bTaan 23ab, ist von Gott indirekt als Abba die Rede. Davon abgesehen, richten diese als späte Texte wenig aus.

44 Vgl. *Gnilka,* Matthäusevangelium I 431–442. *Hengel,* Lehrer der Weisheit 161; *Jeremias,* Theologie 63–67, wollen den Satz als Bildwort verstehen: Wie ein Vater dem Sohn nichts verschweigt, besonders in bezug auf das vom Sohn zu übernehmende Handwerk im beruflichen Bereich, so hat Gott die ganze Erkenntnis seiner selbst Jesus zuteil werden lassen. Doch läßt der Vers strukturell nicht erkennen, daß er einen Vergleich bieten will.

übergeben worden" –, verweist es wahrscheinlich auf die Jesus, dem Auferweckten, zuteil gewordene Herrschaftsposition (vgl. Mt 28,18). *Fazit:* Jesu Sendungsautorität ist in ihrer Einzigartigkeit historisch unableitbar. Zur Verfügung stehende messianologische Hoheitsprädikate erfassen sie nur partiell und fragmentarisch. Wahrscheinlich kommt das Messiasprädikat seinem Sendungsanspruch am nächsten, wenn man dazu zwei wesentliche Veränderungen miteinschließt: Jesus geht zum Kreuz. Er rettet sein Volk nicht durch einen Sieg über seine Feinde, sondern stellt sich ihm paradoxerweise als der Getötete dar. Und es verbindet ihn mit Gott, den er seinem Vater heißt, das Band einmaliger Sohnschaft.

Ausblick:

Im österlichen Licht, durch die Geschehnisse von Ostern und Pfingsten, wird die Sehweise der Jünger im Glauben vertieft. Verfolgen wir andeutungsweise die mit den herausgestellten christologischen Prädikaten nachösterlich vertieften und an der Erfahrung mit dem irdischen Jesus rückblickend geschärften Glaubenseinsichten, so sehen wir, daß der Menschensohn, der zum Gericht kommen wird, namhaft als der wiederkehrende irdische Jesus gesehen wird. Diese Wiederkunft des Menschensohnes Jesus tritt sogar neben der erwarteten Gottesherrschaft intensiv in den Mittelpunkt und dürfte vorübergehend eine forcierte Naherwartung gefördert haben. Obwohl im Johannesevangelium die Parusieerwartung keine Rolle spielt und auch die Gottesherrschaft weitestgehend zurücktritt (nur noch Joh 3,3 und 5), lebt der Menschensohn-Gedanke weiter fort, gewinnt eine eigene Gestaltung. Der Menschensohn wird – in gewisser Übereinstimmung mit dem apokalyptischen Konzept vom präexistenten Menschensohn – als jener gesehen, der bei Gott beheimatet ist, von Gott gekommen ist und zu Gott zurückkehrt (etwa 3,13). Jesus, der Messias, oder besser: Jesus, der Christus, ist wahrscheinlich das Urbekenntnis des christlichen Glaubens, das vor allem mit Christi Tod und Auferweckung verknüpft wird (etwa 1 Kor 15,3–5). Gerade auf diese Weise vermag man das Besondere und Spezifische des christlichen Messiasglaubens zum Ausdruck zu bringen. Als Messias ist Jesus jener, der durch die Propheten in heiligen Schriften vorausverkündet worden war, als Sohn Davids (Röm 1,2f), dessen Geschick von Tod und Auferweckung sich als „gemäß den Schriften" erwies (1 Kor 15,3f), der die Kontinuität des Heiles zwischen dem alten und dem neuen Gottesvolk aufrechterhält. Es versteht sich von selbst, daß das Bekenntnis zu Jesus, dem Christus, wie es in judenchristlichen Kreisen aufgekommen war, in besonderer Weise für diese relevant blieb und auch im Bemühen der Gemeinde,

Juden zu gewinnen, oder in der Auseinandersetzung mit der Synagoge seine Wichtigkeit behielt. In heidenchristlichen Gemeinden kann es verblassen, kann die ursprüngliche Dynamik erschlaffen und „Jesus Christus" fast schon wie ein Eigenname empfunden werden.

Es ist interessant zu beobachten, daß Jesus, der Sohn Gottes, der Sohn, in weiten Kreisen der frühen Kirche eine zentrale Stellung gewinnt. Das mag damit zusammenhängen, daß dieses Prädikat sowohl im biblischen als auch im griechisch-römischen Bereich bekannt war. Doch wesentlicher ist, daß man wahrscheinlich schon bald die Einsicht gewann, daß es in erster Linie geeignet war, das für Jesus Eigentliche auszusagen. Im ältesten Evangelium gipfelt die christologische Gedankenführung im gleichsam abschließenden und zusammenfassenden Bekenntnis des heidnischen Kenturio unter dem Kreuz zu Jesus, dem Sohn Gottes (Mk 15,39; vgl. Mt 27,54). Die Vorrangigkeit des Sohnesprädikates im Johannesevangelium und in den Johannesbriefen ist fraglos. Aber auch in so wichtigen theologischen Dokumenten des Urchristentums wie dem Römer- und Hebräerbrief leiten Bekenntnisse zum Gottessohn die Darlegungen ein (Röm 1,4; Hebr 1,2). Mit Hilfe des Gottessohnes war es möglich, das Geheimnis der Person Jesu – soweit dies überhaupt geschehen kann – zur Sprache zu bringen, daß er das fleischgewordene Wort und das Bild des unsichtbaren Gottes ist (Joh 1,14; Kol 1,15). Andere Prädikationen treten hinzu. Die dem offenbaren Geheimnis entsprechende Kategorie auf seiten des Menschen ist der Glaube, nicht mehr die historische Abgrenzung, und zwar nicht ein Glaube, der in der Erkenntnis steckenbleibt, sondern das konkrete Leben durch das Wort dieses Messias und Sohnes gestaltet und verändert.

LITERATUR: *R. Bultmann*, Die Frage nach dem messianischen Bewußtsein Jesu und das Petrus-Bekenntnis: ZNW 19 (1919/20) 165–174; *H. E. Tödt*, Der Menschensohn in der synoptischen Überlieferung (Gütersloh 1959); *H. Riesenfeld*, Bemerkungen zur Frage des Selbstbewußtseins Jesu: *H. Ristow – K. Matthiae*, Der historische Jesus und der kerygmatische Christus (Berlin ²1964) 331–341; *F. Christ*, Jesus Sophia (AThANT 57) (Zürich 1970); *W. Bracht*, Der Menschensohn (Diss. München 1972); *U. B. Müller*, Messias und Menschensohn in jüdischen Apokalypsen und in der Offenbarung des Johannes (St NT 6) (Gütersloh 1972); *K. Müller*, Menschensohn und Messias: BZ 16 (1972) 161–187.17 (1973) 52–66; *M. Hengel*, Der Sohn Gottes (Tübingen 1975); *P. M. Casey*, Son of Man (London 1979); *M. Hengel*, Jesus als messianischer Lehrer der Weisheit und die Anfänge der Christologie: Sagesse et Religion. Colloque de Strasbourg 1976 (Paris 1979) 147–188; *A. J. B. Higgins*, The Son of Man in the Teaching of Jesus (SNTS.MS 39) (Cambridge 1980); *H. Schlier*, Wer ist Jesus?: Der Geist und die Kirche (Freiburg 1980) 20–32; *H. Hübner*, Der „Messias Israels" und der Christus des NT: KuD 27 (1981) 217–240; *G. Schelbert*, Sprachgeschichtliches zu „Abba": Mélanges D. Barthelemy (OBO 38) (Fribourg-Göttingen 1981) 395–447; *K. W. Tröger*, Jesus als Prophet: Kairos 24 (1982) 100–109; *J. A. Fitzmyer*, Abba and Jesus' Relation to God. À cause de l'évangile (Festschrift J. Dupont) (Paris 1985) 15–38; *A. Vögtle*, Bezeugt die Logienquelle die authentische Redeweise Jesu vom Menschensohn?: Offenbarungsgeschehen und Wirkungsgeschichte (Freiburg 1985) 50–69.

Zehntes Kapitel

Der Konflikt und die letzten Tage

Das Wirken Jesu ist nach der Darstellung der Evangelien nahezu von Anfang an vom Konflikt bestimmt. Der Konflikt spitzt sich zu und endet mit der Hinrichtung Jesu am Kreuz. Der Konflikt hat verschiedene Schauplätze, Galiläa und Jerusalem. Jesus gerät mit verschiedenen Gruppen in Konflikt, letztlich mit der römischen Macht, was ihm den Tod einbringt. Der Prozeß Jesu wird ein eigenes Thema sein. In diesem Kapitel soll der Konflikt gleichsam nur bis an den Prozeß herangeführt werden. Es entspricht der Interessenlage der Evangelien und der in sie eingegangenen Überlieferungen, daß sie den letzten Tagen Jesu in Jerusalem einen relativ breiten Raum widmen. Darum können wir einzelne damals geschehene Begegebenheiten ins Auge fassen: den Einzug in die Stadt, den Tempelprotest, das letzte Abendmahl mit den Jüngern. Das heißt auch, daß alles, was hier gesagt werden soll, nicht nur mit dem Konflikt zusammenhängt.

1. Der sich im Wirken Jesu abzeichnende Konflikt

Als Hauptkontrahenten eines sich abzeichnenden Konfliktes während seiner öffentlichen Tätigkeit erscheinen die Pharisäer. Nicht selten werden diese zusammen mit anderen Gruppierungen erwähnt: Pharisäer und Schriftgelehrte/Gesetzeslehrer (Mt 5,20; 12,38; 15,1; Mk 2,16; 7,1.5; Lk 5,17.21,30; 6,7; 7,30; 11,53; 14,3; 15,2), Pharisäer und Herodianer (Mk 3,6; 12,13), Pharisäer und Sadduzäer (Mt 3,7; 16,1.6.11.12). Diese Zusammenstellungen wirken pauschalierend. Am weitesten geht Matthäus, der sogar Pharisäer und Sadduzäer in Galiläa gemeinsam auftreten läßt, eine historisch recht unwahrscheinliche Konstellation. Markus hat noch etwas besser differenziert, indem er Pharisäer und Schriftgelehrte ein wenig voneinander absetzt, wahrscheinlich weil er darum weiß, daß nicht alle Pharisäer Schriftgelehrte waren und nicht alle Schriftgelehrte Pharisäer[1]. Auch Matthäus wird

[1] Mk 2,16; 7,1.5 gewährt jeder der beiden Gruppierungen einen eigenen Artikel, Mt

um diese Dinge gewußt haben. Doch gab es zu der Zeit, da er sein Evangelium abfaßte, keine Sadduzäerpartei mehr. Es kam ihm darauf an, die jüdischen Gegner Jesu als einen einheitlichen Block auftreten zu lassen.

Pauschalierend wirkt auch die Vereinheitlichung der Pharisäer zu einem Block. Untereinander waren sie sich keinesfalls einig. Zur Zeit Jesu gab es die miteinander streitenden pharisäischen Schulhäupter Hillel und Schammaj. Nur gelegentlich tritt ein einzelner Schriftgelehrter (Mk 12,28) oder Pharisäer auf den Plan (Lk 7,36; 11,37; 14,1; vgl. 18,10), der dann sogar in der Regel in einem nicht unfreundlichen Licht gesehen wird. Pauschalierend wirken schließlich die von den Pharisäern, Schriftgelehrten, Herodianern in das Wirken Jesu hinein vorgezogenen Todesbeschlüsse (Mk 3,6 parr; 11,18 parr; 14,2 parr). Die Darstellung folgt einem literarischen Plan. Wie die Todesbeschlüsse, zusammen mit Jesu wiederholten Leidensankündigungen, der Struktur des Evangeliums eine Orientierung auf die Passion hin verleihen sollen, so hat das starke Hervortreten der Pharisäer mit der Situation nach dem Jahr 70 zu tun, in der die Evangelien zusammengestellt wurden. Nur die Pharisäerpartei überlebte die Katastrophe, konsolidierte sich, gewann einen prägenden Einfluß auf das Judentum. Zwischen Synagoge und Kirche entstand eine lebhafte Auseinandersetzung, die in die Gestaltung der Evangelien und ihrer Überlieferung hineinwirkte.

Mit dieser Gestaltung der Evangelien hängt es auch zusammen, daß zwei jüdische Gruppierungen der Zeit nicht erwähnt werden, die Essener und die Zeloten[2]. Freilich reicht dieser Hinweis als Erklärung dieses sonderbaren Befundes nicht aus. Die Sadduzäer überlebten als Partei das Jahr 70 ja auch nicht. Allerdings kommt man über Vermutungen nicht hinaus. Für die Zeloten kann man mutmaßen, daß sich eine antipharisäische Polemik Jesu auch wenigstens teilweise gegen sie als die radikalsten Vertreter des linken pharisäischen Flügels richtete[3]. Für die Essener mag man vermuten, daß es keine unmittelbare Auseinandersetzung mit ihnen gab und – damit im Zusammenhang stehend – daß sie in der Zurückgezogenheit lebten.

Die Einblendung einer späteren Auseinandersetzung der Kirche mit der pharisäisch geprägten Synagoge darf aber nicht zu der Auffassung verführen, daß es zwischen Jesus und den Pharisäern überhaupt keine Auseinandersetzungen gegeben habe, oder gar die Meinung begünsti-

---

3,7; 16,1.6.11.12 schließt Pharisäer und Sadduzäer unter einem gemeinsamen Artikel zusammen, in 5,20; 12,38 auch Schriftgelehrte und Pharisäer, dasselbe ist in Lk 14,3 der Fall.

[2] Der Begriff Zelot kommt nur im Beinamen Simons vor: Lk 6,15; Apg 1,13.

[3] *M. Hengel*, Die Zeloten (AGSU 1) (Leiden–Köln 1961) 385.

gen, daß Jesus selbst der pharisäischen Richtung einzugliedern sei. Besonders von jüdischen Exegeten wird gern ein solcher Standpunkt vertreten, daß Jesus einem Zweig der pharisäischen Bewegung – dann meist dem hillelitischen – zugeordnet werden könne und seine Auseinandersetzung mit den Pharisäern innerhalb ihrer Grenzen bleibe[4] Es macht ein Proprium des Wirkens Jesu aus, daß er keiner der jüdischen Sekten zugeordnet werden kann, sondern über ihre Grenzen hinweg sich an alle wendet und dem gesamten Volk das Heilsangebot macht. Wenn es eine Bevorzugung gibt, so sind es die Armen und Entrechteten, zu denen er sich hingezogen fühlt. Aber eine Sekte der Anawim zu gründen, hat er auch nicht im Sinn. Es zeigt sich, daß der in seiner Verkündigung angereicherte Konfliktstoff geeignet war, Pharisäer und Sadduzäer zu brüskieren, in manchen Punkten letztere noch intensiver.

Wenn wir über die Art und Weise der Auseinandersetzung Jesu etwas erfahren wollen dürfen wir nicht ansetzen bei einem Text, der einem vermutlich als erster zur Sache einfällt, der Weherede gegen die Schriftgelehrten und Pharisäer (Mt 23,13–31 par). Diese in bitteren Vorwürfen sich steigernden Redekomposition, bis hin zu den Vorwürfen der Gesetzlosigkeit und der Mordgesinnung, ist weitgehend diktiert von der späteren Abgrenzung der christlichen Gemeinde von der Synagoge[5]. Das heißt nicht, daß sich in ihr keine jesuanischen Elemente finden würden. Zu diesen dürfte etwa das Wehe, daß die Schriftgelehrten den Schlüssel der Erkenntnis wegnahmen und zum Hindernis für die (in das Reich Gottes) Eintretenden geworden sind, gehören (vgl. Lk 11,52/ Mt 23,13). Das Plädoyer für die Schwachen und Irregeleiteten fügte sich völlig in Jesu Intentionen ein.

Für die Art und Weise der Auseinandersetzung Jesu ist auszugehen vom Grundakkord seiner Verkündigung, vom Reich Gottes. Die neue Ordnung, die mit der Basileia sich ankündigen will, übersteigt die alte Ordnung des Gesetzes. Die Sadduzäer lehnten jede eschatologische Zukunftsmöglichkeit ab. Jesus unterscheidet sich von den Pharisäern und Sadduzäern in seiner Vorstellung von der Heiligkeit des Menschen. In seinem Einstehen für eine radikale Verwirklichung des Liebesgebotes und damit für den Menschen mag er ihnen wiederholt als einer erschienen sein, der sich um das Gesetz nicht kümmert, noch weniger um die „Überlieferung der Alten“ (vgl. Mk 7,5) schert. Die Heiligkeit des Menschen sieht er nicht begründet in der peniblen

---

[4] Nach *Winter,* Enemies 133, repräsentiert Jesus einen vorrabinischen Pharisäismus, nach *Finkel,* Pharisees 134–143, steht Jesus den Hilleliten nahe, nach *Klausner,* Jesus 381 Anm. 122, war er eigentlich ein Pharisäer. Um die Palette der Meinungen anzudeuten, sei *Haenchen,* Matthäus 23: 52, zitiert, der von einer Todfeindschaft zwischen Jesus und den Pharisäern redet.

[5] Zur Analyse vgl. *Gnilka,* Matthäusevangelium II 280–285.293f.

Einhaltung levitischer Reinheitsvorschriften, sondern im Innersten des Menschen, aus dem heraus sich sein Wesen entfaltet (vgl. Mk 7,15). Die Kritik der Überlieferung mußte die Pharisäer treffen, die Kritik des am Tempel haftenden Korban-Institutes die Sadduzäer in besonderer Weise. In seiner Sabbatkritik trat er – wie wir oben zeigen konnten[6] – für die Würde und das Heil des Menschen ein, mußte aber damit mit dem Gesetzesverständnis der Pharisäer – und auch der Essener – kollidieren. In seinem Verbot, daß der Ehemann die Frau nicht entlassen dürfe, es sei denn, er wird zum Ehebrecher, setzt er sich für Gottes Schöpfungswillen und die benachteiligte Frau ein, spricht sich aber damit klar gegen eine Gesetzesvorschrift aus, die Weisung des Mose vom Scheidebrief.

Die Kritik an der gelebten Thorafrömmigkeit mag uns heute aus dem großen historischen Abstand weniger scharf dünken, in ihrer Subtilität und Eindringlichkeit mußte sie die Gerügten hart treffen. Denn Jesus kritisierte ja nicht nur mit Worten, sondern er lebte ihnen auch auf provozierende Weise die neue Ordnung vor. Wenn er sich mit gesetzlosen Zöllnern und Sündern an einen Tisch setzte, stieß er die Regeln um, nach denen die Gesellschaft angetreten war und verletzte er das „Heiligkeitsgesetz", nach dem man sich durch den Umgang mit Gesetzlosen verunreinigte und der Gefahr auslieferte, selbst als Gesetzloser angesehen zu werden. Die Subtilität der Auseinandersetzung wurde besonders greifbar in der Gleichnisgeschichte vom Pharisäer und Zöllner (Lk 18,9–14), weil diese ihren theologischen Hintergrund aufdeckte. Das Plädoyer Jesu für den Sünder wurde hier als Plädoyer Gottes selber erkennbar und damit zur vernichtenden Kritik dieser Gesetzesfrömmigkeit.

Daß man gegen Jesus behördlicherseits einschritt, kann aber allein aus der geschilderten Auseinandersetzung noch nicht ganz plausibel gemacht werden. Auch der Hinweis darauf, daß die Thora des Mose sowohl religiöses als auch juridisches Gesetzbuch des jüdischen Staates war, was eine Unterscheidung von religiösen und juridischen Vergehen unmöglich macht, reicht noch nicht aus. Es ist P. Winter[7] zuzustimmen, wenn er sagt, daß die Wirkung des Wirkens Jesu auf die Volksscharen hinzugenommen werden muß, will man begreifen, daß die Behörde eines Tages gegen ihn vorging. Und diese Wirkung dürfte beträchtlich gewesen sein. Eine Entwicklung zu kennzeichnen, ist uns aber nicht mehr möglich[8]. Das von den Evangelien dargebotene Bild

[6] Vgl. oben S. 221 f.

[7] Enemies 135.

[8] In den synoptischen Evangelien ist mit dem Messiasbekenntnis des Petrus eine gewisse Zäsur gegeben. Nach Mk 8,27 ff parr widmet sich Jesus stärker der Jüngerbelehrung. Aus dieser Darstellungsweise lassen sich keine historischen Schlüsse ziehen.

des von den Volksscharen umgebenen Jesus ist im großen und ganzen zutreffend. Mögen sie ihn auch nur teilweise begriffen haben, mögen sie auch größtenteils seine Umkehrforderung nicht realisiert haben, er konnte mit zahlreichen Menschen als seinem Publikum rechnen.

Es ist vielleicht hilfreich, zum Verständnis des hier Angezeigten auf Johannes den Täufer zu verweisen. Josephus gibt als Grund dafür, daß Herodes Antipas den Täufer ergreifen und töten ließ, die Bewegung der Volksmassen an, die Johannes auslöste. Herodes fürchtete, „er möchte das Volk zum Aufruhr treiben, und hielt es daher für besser, ihn rechtzeitig aus dem Weg zu räumen" (ant. 18,116–119).

Mit dieser Auskunft dürfte Josephus im Recht sein[9]. Wer Massen mobilisiert, muß einem Despoten verdächtig vorkommen. Das gilt für Johannes in gleicher Weise wie für Jesus. Es kommt hinzu, daß Jesus in der Nähe des Täufers gesehen wurde. Unter diesem Aspekt ist die Warnung vor Herodes, die an Jesus herangetragen wird, aufschlußreich und historisch durchaus möglich (Lk 13,31). Wenn es Pharisäer waren, die diese Warnung aussprachen, verdeutlichte dies, daß das Verhältnis der Pharisäer zu Jesus differenziert zu sehen ist und nicht besagt, daß die Pharisäer als Block ihm gegenüber feindselig gesinnt waren.

Für die Beurteilung des Konfliktes ist es von Bedeutung, daß in Galiläa Sadduzäer an ihm nicht beteiligt erscheinen. Sie treten erst in Jerusalem auf den Plan (Mk 12,18 par)[10]. In der Passionsgeschichte und insbesondere im Prozeßbericht sind es die Hohenpriester, Ältesten und Schriftgelehrte, die im Vordergrund stehen (Mk 14,1.43.53; 15,1). Das gleiche gilt für die Leidensankündigungen Jesu (Mk 8,31; 10,33; vgl. 11,18.27). Es ist bekannt, daß die Hohenpriester und Ältesten der Sadduzäer-Partei zugehörten oder mit ihr liiert waren. Pharisäer hinwiederum treten in der Passion Jesu nicht auf mit Ausnahme von Mt 27,62; Joh 18,3, Stellen, welche die Pharisäer erst sekundär eintragen. Wenngleich man davon ausgehen muß, daß unter den Schriftgelehrten des Synhedrions Pharisäer waren, vermutlich sogar mehrheitlich, läßt der gezeichnete Befund den Schluß zu, daß der tödliche Konflikt sich an den Hohenpriestern und Ältesten, oder anders gewendet: an den Sadduzäern entzündete.

Dieser Befund wäre falsch beurteilt, wenn man überhaupt keinen

---

[9] Zur Interpretation des Josephus-Textes vgl. *R. Schütz*, Johannes der Täufer (AThANT 50) (Zürich 1967) 20–27. Auch *Josephus*, ant. 18,109–115, bringt das Täufergeschick mit dem ehebrecherischen Verhalten des Herodes Antipas in Verbindung, aber nicht ursächlich, wie das in Mk 6,17–29 par der Fall ist. Zum Problem vgl. *J. Gnilka*, Das Martyrium Johannes des Täufers: Orientierung an Jesus (Festschrift J. Schmid) (Freiburg 1973) 78–92.

[10] Die Ausnahme Mt 16,1–12 ist historisch unzutreffend und erklärt sich aus dem oben schon angezeigten Blockdenken des ersten Evangelisten in dieser Sache.

Zusammenhang zwischen der Auseinandersetzung Jesu in Galiläa und dem sich zuspitzenden Konflikt in Jerusalem sähe. Gewiß bleibt sein Verhältnis zu den Pharisäern differenziert zu beurteilen, aber daß er unter ihnen keine hartnäckigen Gegner hatte, wird sich nicht behaupten lassen. Daneben bleibt das politische Aufsehen, das Jesus beim Fürsten in Galiläa erregen konnte. Wenn Jesus sich entschließt, nach Jerusalem zu ziehen, kommt er nicht als Unbekannter für die maßgeblichen Kreise, nicht als „unbeschriebenes Blatt", sondern kann er in deren Augen als vorbelastet gelten durch die Konflikte und Volksaufläufe, mit denen er in Galiläa zu tun hatte.

2. Der Zug nach Jerusalem

Die alte Leben-Jesu-Forschung beschäftigte sich lebhaft mit der Frage, warum Jesus nach Jerusalem gezogen sei. A. Schweitzer[11] bringt ihr Bemühen auf die Formel, daß die einen haben Jesus ziehen lassen, weil er dort habe wirken und das Volk zur endgültigen Entscheidung herausfordern wollen, die anderen, weil er in der Stadt habe sterben wollen. Daß ihm die in Jerusalem ankommende große Gefahr völlig überrascht habe, ist in hohen Graden unwahrscheinlich. In der Metropole seine Botschaft auszurichten, war gewiß seine Absicht. Detaillierte Auskünfte in dieser Sache lassen unsere Texte nicht zu. Von außen betrachtet, kam er als schlichter Paschafest-Pilger in Begleitung seiner Jünger und Jüngerinnen nach Jerusalem.

Welchen Weg er von Galiläa nach Jerusalem nahm, ist schwer zu sagen. Sicher ist nur, daß er über Jericho reiste (vgl. Mk 10,46), mithin das letzte Stück des Weges auf der bekannten Straße wanderte, die am Wadi el-kelt vorbeiführte. Nach Mk 9,33 wäre er von Kafarnaum aus aufgebrochen. Doch besagt diese redaktionelle Bemerkung nicht viel. Von den drei verschiedenen großen Wegen von Galiläa nach Jerusalem legt sich der östliche, den Jordan entlang führende nahe, auf dem man auch Samaria umging. Man benötigte für ihn 3–4 Tage[12]. Das Klima im Frühjahr war hier angenehm, noch nicht so drückend wie im Sommer. Übernachtungen im Freien waren durchaus möglich.

An dieser Stelle ist die Frage einzuschalten, wie oft Jesus während

[11] Geschichte der Leben-Jesu-Forschung (Tübingen 1913) 437–443, besonders 437 Anm. 1.

[12] Vgl. *Dalman*, Orte und Wege 222–262. Auf der Madabakarte sind Fähren über den Jordan bei Salem und bei Jericho angezeigt, ein über den Fluß gespanntes Seil und in der Mitte des Flusses ein kurzes Boot, dessen Mast in das Seil stößt. Die geographische Angabe in Mk 10,1 ist vermutlich redaktionell und besitzt mehrere Textvarianten. Vgl. *Gnilka*, Markus II 69–71.

seines öffentlichen Wirkens in Jerusalem gewesen sein mag, oder besser: ob er die Stadt vor dem Leidenspascha schon einmal aufgesucht hatte. Nach der Darstellung der Synoptiker wäre das Letztere zu verneinen. Doch entspricht das hier dargebotene Panorama seines Wirkens als eines einzigen Weges von Galiläa nach Jerusalem einer literarischen Intention, nämlich sein Wirken auf die Passion hin auszurichten. Das vierte Evangelium weiß von mehreren Festen, die Jesus in der Hauptstadt zugebracht hätte. Neben dem Leidenspascha sind dies ein Laubhüttenfest (7,2), ein nicht näher bestimmtes Fest der Juden (5,1) und ein weiteres Pascha (2,13). In 2,13ff aber wird vom Tempelprotest Jesu berichtet, jenem Ereignis, das die Synoptiker zutreffend mit seinem letzten Jerusalem-Aufenthalt verbinden, der vierte Evangelist also aus theologischen Gründen an den Beginn seiner Wirksamkeit gerückt hat. Weil auch die übrigen Festangaben aus theologischen Gründen eingesetzt sind, hilft uns das vierte Evangelium nicht viel weiter. Jesus scheint in Jerusalem bei der Bevölkerung und von Angesicht nicht sonderlich bekannt gewesen zu sein. Die Szene seiner Verhaftung, bei der man Judas Iskariot benötigt, um ihn kenntlich zu machen, setzt dies irgendwie voraus (vgl. Mk 14,43–53). Obwohl es sich nicht festmachen läßt, kann es nicht ausgeschlossen werden, daß er nur dieses eine Mal nach Jerusalem kam. Falls dies zutreffen sollte, läßt es sich zumindest denken, daß er in der Stadt das Volk zur Entscheidung rufen wollte. Doch diese Frage muß offenbleiben.

Die Zahl der nach Jerusalem zum Paschafest ziehenden Pilger war groß. Sie kamen nicht nur aus Judäa und Galiläa, sondern auch aus der Diaspora. J. Jeremias[13] schätzt ihre Zahl auf 125000. Nimmt man die 55000 Einwohner der Stadt hinzu, so beherbergte diese in den Festtagen rund 180000 Menschen. Viele Pilger werden schon Tage vor dem Fest angekommen sein, sicherlich auch Jesus. Die frühe Ankunft war durch die Paschasitten geboten, empfahl sich aber auch aus praktischen Gründen[14].

Was ereignete sich, als sich Jesus, vom Ölberg herkommend, der Stadt näherte? Der Bericht von seinem Einzug in Jerusalem Mk 11,1–11 parr ist stark von theologischen Motiven durchsetzt. Hinzu kommt, daß er durch die zelotische Jesus-Interpretation belastet ist.

R. Eisler, den man als den Begründer dieser Interpretationsrichtung in unserem Jahrhundert ansehen kann, machte die Perikope sogar zu

---

[13] Jerusalem I 89–97.

[14] Weil die Männer zum Opfern der Paschalämmer den Priestervorhof des Tempels betraten, war strenge Reinheit geboten. Vgl. Nm 9,6–13; 2 Chr 30,15–19; *Josephus,* bell. 1,229, und *R. Schnackenburg,* Das Johannesevangelium III (Freiburg 1971) 456f. Nach Joh 11,55 zogen viele Juden vor dem Pascha nach Jerusalem hinauf, um sich zu heiligen, nach 12,1 kam Jesus sechs Tage vor dem Fest nach Betanien. Die Zahl dürfte symbolische Bedeutung haben. Der siebte Tag ist der Tag der Vollendung (vgl. Mk 9,2).

einem Angelpunkt seiner Auffassung. Sie besagt, daß Jesus damals vom Volk buchstäblich zum König von Israel ausgerufen worden sei, vergleichbar der Ausrufung von siegreichen Feldherren zu Imperatoren durch die Truppe in der republikanischen Zeit. Eisler bezieht sich dabei auf Lk 19,38, wonach das Volk Jesus zugerufen hat: „Gepriesen, der kommt, der König, im Namen des Herrn. Im Himmel Friede und Herrlichkeit in den Höhen!" Als weiterer Beleg dient ihm die analoge Bestellung des Königs Agrippa II. durch die Volksmenge, die – gemäß dem hebräischen Josippon – bei seinem Einzug in Jerusalem ihm entgegenrief: „Rette uns, König! Wir wollen den Römern nicht mehr hörig sein." Doch nicht nur das, Eisler geht bei seiner Konstruktion auch davon aus, daß Jesus mit einer großen Schar von Freischärlern in die Hauptstadt gekommen sei und nach der Akklamation des Volkes Jerusalem, das Tempelareal, besetzt habe[15].

Die einschlägigen Texte geben zunächst dies noch zu erkennen, daß die Menschen, die Jesus zuriefen, Festpilger waren, die mit ihm von Jericho heraufgezogen waren, also nicht Bürger von Jerusalem. In Mk 11,9 heißt es: „Und die Vorangehenden und die Nachfolgenden riefen: Hosanna usw." Erst nach Joh 12,12f könnte man den Eindruck gewinnen, daß man ihm aus der Stadt entgegenkam, um ihn einzuholen (εἰς ὑπάντησιν αὐτῷ). Immerhin sind es auch hier Festpilger, die aber bereits in der Stadt angekommen gewesen seien.

Es läßt sich nicht bestreiten, daß der Bericht im Sinn der Königsmessianologie zu einer Glaubensgeschichte stilisiert wurde. Maßgeblich dazu beigetragen hat die Legende von der wunderbaren Auffindung des Eselfüllens, die durch Zach 9,9 („Siehe, dein König kommt zu dir ..., reitet auf einem Esel, auf einem Füllen")[16], aber auch durch Gn 49,11 („Er bindet sein Füllen an einen Weinstock") inspiriert ist. Auch die messianologische Akklamation der Volksmenge ist stilisiert. Ps 118,26 („Gepriesen, wer einzieht im Namen des Herrn") ist von Haus aus ein Ruf aus dem Tempeltor, mit dem der einziehende Festpilger begrüßt wurde. Auch der Ruf Hosanna, zunächst ein an Gott gerichteter Hilferuf, begegnet in Ps 118,26a. Der eindeutig messianologische Zusatz in Mk 11,10: „Gepriesen die kommende Königsherrschaft

---

[15] *Eisler,* Jesous basileus II 469–475. Selbstverständlich wäre Jesus von den Römern überwunden worden. Sein militärischer Aufstand sei der Grund für seine Hinrichtung gewesen. Eisler ordnet damit Jesus genau so ein wie den nicht mit Namen genannten Ägypter, der mit einem Volkshaufen vom Ölberg aus Jerusalem erobern wollte. Vgl. *Josephus,* ant. 20,169; bell. 2,262. Dieser Vorgang ereignete sich wenige Jahre nach Jesu Tod. Im Detail gibt es zwischen den beiden Josephus-Berichten Differenzen, besonders was den Zug zum Ölberg betrifft.

[16] In Mt 21,4f wird Zach 9,9 ausdrücklich als Reflexionszitat zitiert, der prophetische Text ist aber schon in Mk 11,2–7 anwesend.

unseres Vaters David" ist sekundär[17]. Die Seitenreferenten verdeutlichen ihn dann.

Blicken wir durch die Glaubensgeschichte hindurch auf den historischen Grundbestand, so sehen wir Jesus, den Wanderer und Festpilger, vor dem Tor der Stadt umjubelt von seinen Jüngern und anderen zum Fest hinaufziehenden Pilgern. Ihr Ruf mag gelautet haben: Hosanna! Gepriesen, der kommt im Namen des Herrn. Ansatzpunkt für eine mögliche Interpretation der historischen Situation ist die Nähe von Jerusalem. Es ist mehr als die Freude darüber, daß man nach langem Weg die Stadt erreicht hat. Der Jubel gilt Jesus. Am ehesten läßt sich mit dieser Freude die Erwartung verbinden, daß die von ihm verkündete Gottesherrschaft bald kommen wird. Dann gewinnt der Ruf aber auch einen latenten messianologischen Ton. Man kann gegen eine solche Möglichkeit nicht einwenden, daß dann die Römer sofort hätten eingreifen müssen. Die Demonstration war friedlich. Eislers Interpretation scheitert an den exegetischen Fakten, ganz abgesehen davon, daß eine kriegerische Absicht Jesu Predigt von Gewaltverzicht und Feindesliebe diametral entgegenstehen würde. Wir wissen nicht, ob und wie die Jesus dargebrachte Ovation weiterwirkte und miteinging in die Vorstellungen seiner späteren Ankläger. Auch wie Jesus auf die Huldigung reagierte, wissen wir nicht näher. Nur hat er selbst eine messianologische Szene nicht inauguriert.

3. Der Tempelprotest

Während seines Jerusalem-Aufenthaltes nahm Jesus in Betanien Quartier, einem Flecken, der – von Jerusalem aus gesehen – jenseits des Ölbergs lag, 15 Stadien, das sind 2,77 km, östlich von der Stadt, und auch abseits von der Pilgerstraße. Mit Betanien sind die Namen Simon, der Aussätzige (Mk 14,3), aber auch Maria und Marta und Lazarus (nur nach Joh 11,1; vgl. Lk 10,38–42) verknüpft. Die Nachricht von der Unterkunft in Betanien, die wir Mk 11,11 verdanken (vgl. 11,19), verdient Vertrauen. Diese Quartiermöglichkeit mag sich für Jesus günstigerweise so ergeben haben, doch kann es sein, daß ihn auch der Wunsch bewog, nicht in Jerusalem zu nächtigen.

Die herausragende Begebenheit vor dem Paschafest war der Tempelprotest. Ehe wir uns im einzelnen mit ihm befassen, ist es geboten, seine historische Glaubwürdigkeit sicherzustellen. Gegen diese führte

---

[17] Die Rede vom Vater David ist ganz unjüdisch. Zur Analyse vgl. *Gnilka*, Markus II 113–115; *Trautmann*, Handlungen 347–378.

man vor allem zwei Überlegungen an, die eng beieinanderliegen. Ein einzelner sei zu dieser groß angelegten Aktion nicht imstande gewesen; eine solche Aktion hätte zum unmittelbaren Eingreifen der Tempelpolizei bzw. der in der Tempelburg stationierten römischen Truppe geführt. Man wertet die Perikope Mk 11, 15–18 parr dann als Ausdruck der Kritik der Urgemeinde am Tempelkult[18].

Für die Überlieferung der Perikope fällt auf, daß der Tempelprotest Jesu auf sehr unterschiedliche Weise gedeutet wird. In Joh 2, 13–22 wird der Tempel auf Jesu Leib bezogen, der getötet und auferweckt werden wird, das heißt, Jesus provoziert mit seinem Protest seinen eigenen Tod. Lukas bringt zusätzlich zur Perikope im Evangelium einen Tempelprotest schärfster verbaler Art in der Stepanusgeschichte (Apg 6, 13f; vgl. 7, 47–51). Stephanus und sein Kreis übernehmen den Tempelprotest Jesu in radikalisierter Form. Das heißt, die Entwicklung verläuft von Jesus in die hellenistisch-judenchristliche Gemeinde, deren Repräsentant Stephanus ist, nicht umgekehrt. Schließlich kann die unerfindlich erscheinende Tat Jesu nicht aus den prophetischen Worten herausgesponnen worden sein, die Mk 11, 17/Mt 21, 13 zur Deutung heranziehen: Is 56, 7 (Bethaus für alle Völker)[19] und Jer 7, 11 („Ihr aber habt es zu einer Räuberhöhle gemacht"), denn diese treffen keinesfalls exakt die Situation und erweisen sich dadurch als sekundär[20].

Dies alles spricht dafür, daß der spektakuläre Tempelprotest eine Tat Jesu war, wir aber zunächst noch kein auf ihn zurückreichendes Wort der Deutung dieses Vorgangs haben. Die Aktion als Tat eines einzelnen wird begreiflich, wenn wir sie im Rahmen belassen. Offenkundig erfuhr die Schilderung eine Steigerung, weil man in der christlichen Überlieferung zunehmend in der Tat Jesu die Abschaffung des Tempelkultes gegeben sah. Mk 11, 15 spricht vom Hinaustreiben der Käufer und Verkäufer und vom Umstürzen der Tische der Geldwechsler und der Stühle der Taubenverkäufer[21]. Joh 2, 14f hat die Szene außerordentlich dramatisiert: „Er machte eine Geißel aus Stricken und trieb sie *alle* zum Tempel hinaus, samt den Schafen und Rindern usw."

[18] Zur Problematik vgl. *Roloff,* Kerygma 89f; *Trautmann,* Handlungen 114–119.

[19] Den Zusatz „für alle Völker" bietet nur Mk 11, 17.

[20] Vgl. *Eppstein:* ZNW 65 (1964) 44. – Zach 14, 21: „Und keinen *k^enaànij* wird es mehr geben im Haus von Jahve Zebaot an jenem Tag" hat auf die Perikope nicht eingewirkt (so etwa *Roloff,* Kerygma 96). Das hebräische Wort ist zweideutig. Es bezeichnet 1. den Kanaanäer und 2. den Händler. Der Prophet dachte eher an die erste Bedeutung. Das ist auch die Meinung der Kommentare von *F. Horst* (HAT) und *K. Elliger* (ATD). Die LXX, die Χαναναῖος bietet, bestätigt dies.

[21] Hinzu tritt der rätselhafte Vers Mk 11, 16. Das Verbot, ein Gerät durch den Tempel zu tragen, bezieht man entweder auf das Kultgerät oder darauf, daß das Tempelareal als Abkürzungsweg benutzt wird. Der Bezug auf das Kultgerät käme auf eine Abschaffung des Tempelkultes hinaus. Auch dies wäre dann sekundäre theologische Deutung.

Mit der Reaktion der Behörde, die keinesfalls ausblieb, werden wir uns noch zu beschäftigen haben.

Sich über die Durchführung des Tempelmarktes zur Zeit Jesu genauere Vorstellungen zu verschaffen, ist kaum noch möglich. Als sicher kann nur gelten, daß dieser, wenigstens teilweise, im Vorhof der Heiden stattfand, also jenem großem Tempelhof, der den eigentlichen, inneren Tempelbezirkt im Norden, Osten und Süden umgab und auch von Heiden betreten werden durfte. Teilweise wurde der Tempelmarkt außerhalb des Tempels abgehalten, auf dem Gelände zum Ölberg hin. Daß erst der Hohepriester Kajafas Teile des Marktes in den Vorhof der Heiden hereingeholt habe, ist zwar eine interessante Hypothese, die aber nicht überzeugend belegt werden kann. Der damit angegebene konkrete Anknüpfungspunkt für Jesu Handeln muß zweifelhaft bleiben[22]. Doch ist es nicht denkbar, daß der Markt im Tempel ohne Duldung der Tempelbehörde vonstatten ging. Vermutlich hatte diese ihn sogar in eigene Regie genommen[23]. Vielleicht darf man aus den markinischen Angaben schließen, daß nur die Geldwechsler und Taubenverkäufer sich im Vorhof der Heiden befanden. Denn diese Angabe wirkt präzise. Es läßt sich gut vorstellen, daß der Tempelmarkt zur Zeit der großen Wallfahrtsfeste, vor allem zum Paschafest, Hochkonjunktur hatte.

Um uns die Handlung Jesu einigermaßen vorstellen zu können, bleiben wir auf den Bericht des Markus angewiesen, der allerdings in seiner Kargheit nicht mehr überboten werden kann. Jesus schwang keine Peitsche und packte keine Rinder und Schafe bei den Hörnern – diese johanneische Darstellung versteht sich als Metapher auf die Abschaffung des Tempelkultes –, vielmehr wendet er sich entrüstet gegen einige Wechsler und Taubenverkäufer, deren Tische und Stühle er umstürzt. Natürlich richtet sich sein Vorgehen in erster Linie nicht gegen diese, sondern gegen die Tempelhierarchen, die diesen Markt eingerichtet haben. Wenn die römische Truppe nicht eingreift, ist das verständlich. Jesus brauchte keine militärische Gewalt. Der Akt mag von ihnen nicht verstanden oder auch nicht bemerkt worden sein. Die Hohenpriester aber melden sich zu Wort, mag es Markus auch nur in einer der Kargheit seines Berichtes entsprechenden Schlußbemerkung andeuten (11,18)[24]. Hier verdient vielleicht sogar die erwähnte Rück-

---

[22] *Eppstein:* ZNW 65 (1964) 42–58, der diese Hypothese vertritt, weiß sogar das Jahr 30 als Zeitpunkt für den angeblichen Beschluß des Kajafas anzugeben. Die Hypothese ist noch durch andere Fragwürdigkeiten belastet: Kajafas habe ein bislang gutes Verhältnis der Sadduzäer zu den Pharisäern empfindlich gestört. Jesus und die Jünger hätten, auf dem Ölberg verweilend, sich sieben Tage lang der Reinigung unterzogen, bevor sie den Tempel betraten usw.

[23] Nach *Billerbeck* I 852 traf dies zu für Trankopferwein und Geflügelopfer.

[24] Die Vollmachtsfrage Mk 11,27–33 kommt als Anschluß an den Tempelprotest nicht

sichtnahme auf das Volk, auf Sympathisanten Jesu, historische Beachtung, die eine unmittelbare Verhaftung verhinderte. Es ist aber sehr belangreich, daß innerhalb der berichtenden Stücke des Markusevangeliums die Hohenpriester hier zum erstenmal erwähnt werden. Dies bestätigt ihre Initiative im Vorgehen gegen Jesus. Der Tempelprotest Jesu bewog sie zum Handeln, wenn sie dieses auch noch um Stunden oder wenige Tage aufschoben. Er ist dann gewissermaßen auch das missing link zwischen dem galiläischen Konflikt, der noch nicht bis zum Äußersten vorangetrieben war, und dem Ende. Die Sadduzäer als die Hüter der auf dem Gesetz und dem Tempel gegründeten Staatsordnung konnten und mußten jetzt diese durch Jesus in Frage gestellt sehen. Diesen Aspekt werden wir bei der Erörterung des Prozesses Jesu weiter ausleuchten.

Um herauszufinden, wie Jesus diesen Vorgang verstanden wissen wollte, ist bei der Tat selbst anzusetzen. Zwar ist der Ort der Handlung der Vorhof der Heiden, der vom inneren Heiligtum ausgegrenzte Bezirk, doch steht das, was die Tempelpriester hier betrieben, in einem Verhältnis zum Gottesdienst und dem Tempel, wo dieser stattfindet. G. Theißen hat die in seiner Handlung zum Ausdruck gebrachte Haltung Jesu dem Tempel gegenüber als Aggression und Identifikation bezeichnet[25]. In der Tat, wird man beides zugleich erkennen können, Akzeptanz und Verwerfung. Nicht der Tempel an sich ist unwürdig, vielmehr ist es die Weise, wie die Menschen im Tempel mit Gott umgehen. Die Aktion Jesu wird dann zum leidenschaftlichen Aufruf zur Sinnesänderung, zum Umkehrruf. In diesem Sinn fügt sie sich ein in seine Kritik anderer Institutionen, die Kritik der Gesetzespraxis, des Sabbats, den er auch nicht abgeschafft, aber dem Willen des Schöpfers gemäß wiederhergestellt wissen wollte[26]. Im Kontext seiner Reich-Gottes-Predigt, angesichts des anstehenden Endes gewinnt der in Handlung umgesetzte Bußruf sein besonderes Profil.

Doch vielleicht kann man noch einen Schritt weitergehen. Vielleicht läßt sich das Wort, das Jesus anläßlich seines Tempelprotestes gesprochen hat, doch noch ausmachen. Nach Mk 14,58 bringen Zeugen, als Falschzeugen im Text deklariert, folgendes Jesus-Wort in den Prozeß vor dem Synhedrion ein: „Ich werde diesen mit Händen gemachten Tempel niederreißen und in drei Tagen einen anderen, nicht mit Händen gemachten, aufbauen." Es ist auffallend, daß uns dieses Logion nicht nur in recht unterschiedlichen Varianten an anderen Stellen be-

---

in Frage, wenn man ihre besondere Traditionsgeschichte bedenkt. Diese reicht in eine Auseinandersetzung um die Johannestaufe zurück. Vgl. *Gnilka,* Markus II 136–138.

[25] Tempelweissagung 144.

[26] Vgl. *Roloff,* Kerygma 96: „So entspricht Jesu Stellung zum Tempel genau jener zum Sabbatgebot ..."

gegnet (Joh 2,16; Apg 6,14; Mt 26,61; vgl. Ev Petr 7,26), sondern auch – von Joh 2,16 abgesehen – immer als Vorwurf der Gegner. Der vierte Evangelist hätte dann das Wort an seinem ursprünglichen Ort belassen oder auch zu diesem wieder zurückgeführt, wenngleich die auf die Person Christi hin erfolgte Neuformulierung nicht seine ursprüngliche Gestalt ist. Diese kann vermutlich nicht mehr rekonstruiert werden, denn als ein in den Mund der Gegner gelegtes Wort mag es entsprechend verändert worden sein. Als übereinstimmende Grundstruktur ergibt sich nur ein Tempelwort, das von dessen Zerstörung und Wiedererrichtung kündete. Letzteres ist in Apg 6,14 umgeformt in die Änderungen der Ordnungen. War das Wort ursprünglich in unpersönlicher Form gehalten, so daß Gott als der in Zukunft Handelnde angekündigt war? Oder in der Ichform?[27] Wenn wir dieses Wort als Deutung von Jesu Tempelprotest in Anspruch nehmen wollen, wird dieser durchsichtig im Hinblick auf die erwartete Zerstörung des Jerusalemer Heiligtums, aber auch dessen Neuerrichtung beim endgültigen Kommen der Gottesherrschaft, wie sie jüdischer Eschatologie entsprach (vgl. Tob 13,17; Bar 5,1–9; Henaeth 90,28f; 91,13)[28].

4. Das letzte Abendmahl

Den letzten Abend seines Lebens hat Jesus in Jerusalem im Kreis seiner Jünger verbracht. Dabei ist es keinesfalls auszuschließen, daß auch die Jüngerinnen, die mit ihm nach Jerusalem hinaufgezogen waren (vgl. Mk 15,40f), zugegen waren[29].

War diese letzte Nacht die Paschanacht? Von der Beantwortung die-

---

[27] Nach *Theißen*, Tempelweissagung 143 Anm. 3, könnte die Ichform eine Unterstellung der Gegner sein. Man unterstellte ihm dann die Absicht der Tempelzerstörung. Nach *Theißen* 142f spricht für die Authentie des Logions seine Unableitbarkeit aus Judentum und Urchristentum. Jüdische Weissagungen gegen den Tempel verheißen nie einen neuen Tempel. Ein christliches vaticinium ex eventu würde ausscheiden, weil die angesagte Wiederaufrichtung des Tempels unerfüllt blieb.

[28] Die Interpreten schreiben Jesus unterschiedliche Intentionen zu. Für *Hahn*, Hoheitstitel 171, ist der Akt Jesu eine den Heiden gegebene eschatologische Verheißung. Der Vorhof der Heiden als Ort der Handlung läßt eine so weitreichende Deutung kaum zu. *E. Trocmé*, L'expulsion des marchands du temple: NTS 15 (1968/69) 1–22, spricht von einem zelotischen Akt. Der Begriff zelotisch ist in diesem Fall unklar. *C. Roth*, The Cleansing of the Temple and Zechariah 14,21: NT 4 (1960) 164–181, hingegen sieht Jesus sich antizelotisch betätigen. *Trautmann*, Handlungen 121, sagt, daß die Tempelreinigung zeichenhaft eine Relativierugng des Tempelkultes, wenn nicht seine Aufhebung darstelle.

[29] Die Erwähnung der Zwölf in Mk 14,17 schließt dies nicht notwendig aus. Sie ist redaktionell – vgl. *Gnilka*, Markus II 235 – und will sicherstellen, daß die Zwölf als Zeugen zugegen waren.

ser Frage hängt nicht nur die nähere Bestimmung des Mahles ab, das er mit den Jüngern hielt, sondern auch die Angabe seines Todestages. Seinen Tod theologisch im Licht des Paschafestes zu deuten konnte sich allerdings auch durch die Nähe des Festes anbieten. Zwischen den Synoptikern und dem vierten Evangelium besteht die sonderbar dünkende Differenz, daß einmal klar ein Paschamahl vorausgesetzt ist (Mk 14,12–16 parr; Lk 22,15f), während das andere Mal dies nicht der Fall, sondern mit eben solcher Klarheit gesagt ist, daß wir uns am Vor- oder Rüsttag des Pascha befinden und dieses erst in der Nacht nach dem Tod Jesu gegessen werden kann (Joh 13,1; 18,28; 19,14).

Es gab den Versuch eines harmonisierenden Ausgleiches zwischen diesen unterschiedlichen Zeitangaben mit Hilfe von Qumran. Wir wissen, daß man dort – wie im qumranverwandten Jubiläenbuch – den Sonnenkalender befolgte, während man sich im Jerusalemer Tempel nach dem Mondkalender richtete. Demzufolge feierte man wahrscheinlich zur Zeit Jesu das Paschafest in Israel an zwei verschiedenen Terminen. Zwar wurde nach beiden Kalendern das Pascha immer am 15. Nisan, dem 15. des Frühlingsmonats, begangen, doch fiel dieser nach dem Sonnenkalender stets auf einen Dienstag, nach dem Mondkalender wechselte der Wochentag. Die Lösung lautet: Jesus habe sich nach dem essenischen Sonnenkalender gerichtet und schon am Dienstag das Paschamahl gehalten. Die Hohenpriester hingegen hielten sich natürlich an den im Tempel gültigen Mondkalender und konnten infolgedessen so sprechen, wie es Joh 18,28 zu verstehen gibt[30].

So frappierend sich diese Hypothese darbietet, sie kann nicht überzeugen und kann als erledigt gelten. Das vierte Evangelium will gar nicht den Eindruck vermitteln, daß das Mahl, das Jesus mit seinen Jüngern hielt, ein Paschamahl gewesen ist[31]. Und versucht man einmal davon auszugehen, daß Jesus schon am Dienstag Pascha habe feiern wollen, es wäre ihm nicht möglich gewesen, zu einem ordnungsgemäß im Tempel geschlachteten Lamm zu kommen. Dies aber ist für die Feier unabdingbare Voraussetzung. Die Behauptung, man habe es den Essenern eingeräumt, zu ihrem Termin im Tempel Lämmer zu schlachten, ist aus der Luft gegriffen[32].

Gewiß haben auch die Synoptiker – von Mk 14,12ff parr; Lk 22,15f

---

30 Die Sonnenkalender-Hypothese vertraten *A. Jaubert*, La date de la cène (Paris 1957); *Ruckstuhl*, Chronologie.

31 Vgl. *R. Schnackenburg*, Das Johannesevangelium III (Freiburg 1975) 41.

32 Man beruft sich hierfür auf *Josephus*, ant. 18,19, wo es heißt, daß die Essener, denen der Zutritt zum gemeinsamen Heiligtum verwehrt sei, ihre Opfer für sich darbringen würden. Man kann aus dieser Angabe nicht die Existenz eines den Essenern eingeräumten eigenen Tempelbezirks ableiten. Die Autoren erkennen den Schwachpunkt der Argumentation, wenn sie mit hausgeschlachteten Lämmern und sogar mit einem Paschamahl ohne Paschalamm rechnen. Vgl. *Ruckstuhl*, Chronologie 106f. Man muß auch bedenken, daß Kalenderfragen immer ernst genommen wurden.

abgesehen – wenig Spuren eines Paschamahles hinterlassen. Doch ist ihre Chronologie zu bevorzugen. Hierfür sprechen folgende Überlegungen: Jesus und die Jünger feiern dieses Mahl in der Stadt Jerusalem, und sie feiern es zu nächtlicher Zeit. Beides kann als verbürgt angesehen werden. Die Nachtzeit wird auch durch die alte Abendmahlsüberlieferung in 1 Kor 11,23 bestätigt. Beides ist nicht selbstverständlich. Normalerweise pflegte man die Hauptmahlzeit vor Sonnenuntergang einzunehmen. Das Paschamahl wurde nächtens abgehalten. Auch war es geboten, es innerhalb der Mauern von Jerusalem einzunehmen. Auch wenn Jesus und die Jünger in der Nacht zum Ölberg gehen, haben sie diese Paschavorschrift nicht übertreten, da wir davon ausgehen können, daß das Ölbergsgelände – wegen der Menge der Pilger – in das Paschagebiet einbezogen worden war[33].

Wenn der synoptische Abendmahlstext kaum Spuren des Pascha hinterließ, hängt dies damit zusammen, daß er als Agende verwendet wurde. Dies bedeutet, daß man ihn als Anweisung dafür nahm, das gemäß der Überlieferung von Jesus Vollzogene in der Gemeindefeier nachzuvollziehen, und zwar nicht nur einmal im Jahr wie das Pascha. Im Johannesevangelium wurde die Chronologie aus theologischer Absicht abgewandelt. Jesus stirbt in der Stunde der Schlachtung der Paschalämmer und erweist sich somit als das wahre Lamm (vgl. Joh 1,29; 19,33–36). In Joh 19,31 dürfte übrigens noch eine Umbruchstelle auszumachen sein[34].

Wenn wir also damit rechnen dürfen, daß Jesus und die Jünger zu einem Paschamahl vereinigt waren, so ist es erlaubt, sich den Verlauf der Paschafeier kurz in das Gedächtnis zu rufen. Nm 9,13 hatte die Ernsthaftigkeit des Pascha in Erinnerung gerufen und jedem, der die Feier unterläßt, die Ausrottung aus dem Volk angekündigt. Nach Ex 12,3 sollte es ein Familienfest sein. Die Schlachtung und Opferung des

---

[33] Dazu vgl. *Billerbeck* II 833f.

[34] Hier wundert man sich, daß nicht vom Pascha die Rede ist wie 18,28; 19,14. Vermutlich stammt der Text aus einer Tradition, nach der Jesus am 15. Nisan starb wie bei den Synoptikern und nicht am Rüsttag des Pascha. Vgl. *Bultmann,* Johannes 524 Anm. 5. Die Überlieferung des Talmud bSanh 43a, daß man Jeschu am Vorabend des Pascha gehängt habe, ist historisch wertlos. Vgl. *J. Maier,* Jesus von Nazareth in der talmudischen Überlieferung (Erträge der Forschung 82) (Darmstadt 1978) 219–237. – Unter den Vertretern der Auffassung, daß die johanneische Datierung den Vorzug verdient, ist *H. Schürmann,* Der Paschamahlbericht (NTA 19/5) (Münster 1952), der mit einer komplizierten paschatheologischen Überarbeitung der einschlägigen synoptischen Tradition im Zusammenhang mit der Feier eines neuen christlichen Paschafestes rechnet. Bestimmte Schwierigkeiten, die sich bei der Bevorzugung der synoptischen Datierung einstellen, lassen sich unschwer ausräumen: daß Simon von Kyrene vom Feld kommt (Mk 15,21), daß einer ein Schwert trägt (14,47): das Schwert konnte zur Kleidung gezählt werden; Simon kommt nicht von der Feldarbeit zu dieser Tageszeit. Die Synoptiker zwingen aber auch zu dem Schluß, daß Jesus am Paschafest hingerichtet wurde. Dazu muß später ein Wort gesagt werden.

Lammes, die stellvertretend für die Mahlgemeinschaft von einem ihrer Mitglieder vorgenommen wurde, geschah im Vorhof der Priester „zwischen den Abenden“, das heißt, der dem Sonnenuntergang vorangehenden Zeit (vgl. Ex 12,6). Die große Zahl der in Jerusalem anwesenden Festpilger machte es sicherlich schwierig, einen Raum für die Feier zu finden. Man wird auch auf Dächern und in Höfen gefeiert haben. Mittelpunkt des häuslichen Festverlaufs waren die Pascha-Haggada, in der der vornehmste Teilnehmer an der Tischrunde, der auch dem Mahl präsidierte, an die Befreiung des Volkes aus der ägyptischen Knechtschaft zu erinnern hatte (Ex 12,26f), und der Verzehr des Paschalammes. Dabei wurde Wein getrunken. Zuvor wurde vom Tischvorsitzenden das ungesäuerte Brot ausgeteilt, das an das Elend in Ägypten erinnern sollte, zuvor aß man auch die Bitterkräuter (Ex 12,8). Das Dankgebet nach dem Verzehr des Lammes war mit dem Trunk eines Bechers Wein verbunden, an das sich die Rezitation einiger Psalmen, das kleine Hallel, anschloß[35].

Das Paschamahl sollte ein echtes Festmahl sein. Äußeres Zeichen hierfür war, daß man sich zu Tisch auf Matten niederlegte, das Haupt in eine Hand gestützt, und daß man sich Zeit nahm, im Gegensatz zum ersten Pascha in Ägypten, das in Hast, gegürtet und beschuht, gegessen worden war (Ex 12,11). Über die Paschafeier lagen frohe und zuversichtliche Erinnerung, in Zeiten der Unterdrückung gewiß auch die Hoffnung auf Befreiung.

Daß Jesus von seinem gewaltsamen Geschick völlig überrascht worden sei, ist eine in der alten liberalen Exegese gelegentlich vertretene Auffassung, die aber die gegebene Situation gänzlich unrealistisch beurteilt. Zu meinen, daß er noch wenige Stunden vor seinem Tod Unheilvolles nicht geahnt und vorausgesehen habe, bedeutete, ihm den Realitätssinn abzusprechen. Der Konflikt begleitete nicht nur nahezu beständig sein öffentliches Wirken, sondern auch Jesus selbst hat – wie wir schon feststellen konnten – sicherlich auch unter dem Eindruck dieses Konfliktes die Jüngerschaft darauf aufmerksam gemacht, daß bei ihm bleiben, ihm nachfolgen gefährlich ist. Von Kreuzesnachfolge und der Möglichkeit, sein Leben zu verlieren, hatte er gesprochen (vgl. Mt 10,37f par). Es wäre nun unmöglich zu sagen, daß die Gefahr, die er auf die Jünger zukommen sah, für ihn selbst nicht in Frage gekommen wäre.

Darum fügt es sich ganz in die Situation, wenn er bei diesem letzten Mahl mit unmißverständlichen Worten von seinem Tod redete. Er tat dies mit einem sehr persönlich gefärbten Logion, das eine Verzichterklärung enthält. Seine beiden – für eine Rekonstruktion in Frage kommenden – Fassungen lauten so:

---

[35] Mk 14,26: „Und sie sangen den Lobgesang“ könnte daran erinnern.

„Amen, ich sage euch: Ich werde nicht mehr vom Gewächs des Weinstocks trinken bis zu jenem Tag, da ich es von neuem trinken werde im Reiche Gottes“ (Mk 14,25).

„Denn ich sage euch: Ich werde von jetzt an nicht mehr trinken vom Gewächs des Weinstocks, bis das Reich Gottes kommt“ (Lk 22,18).

Der erste Teil des Logions bietet in sachlicher Übereinstimmung eine Todesprophetie, der zweite in divergierenden Formulierungen eine zeitliche Bestimmung: bis zu jenem Tag, bis das Reich Gottes kommt. Sie blickt durch die dunkle Nacht des Todes hindurch auf die Vollendung. Dabei wird die Aussage eines neuen Trinkens bei Markus sekundär hinzugetreten sein[36]. Bedeutsam ist, daß Jesus angesichts seines Todes die Zuversicht durchhält, wenn er dies hier auch zunächst nur in dieser persönlichen Weise artikuliert. In seiner eschatologischen Perspektive bedeutet das Wort auch eine letzte Bekräftigung der Basileia-Botschaft.

Ob das Logion noch mehr enthielt, bleibt fraglich. J. Jeremias[37] wollte aus ihm – in Verbindung mit Lk 22,15 – die Ansage eines feierlichen Fastens heraushören, das Jesus in letzter Stunde für die Bekehrung Israels auf sich genommen habe. Wir wissen, daß es im frühen Christentum ein Paschafasten mit der genannten Intention gegeben hat. Für Jesus selbst kommt dies kaum in Frage.

Für das allgemeine Verständnis ist das von Zuversicht getragene eschatologische Wort mit seinem Ausblick auf das Reich Gottes also eine Bestätigung dafür, daß Jesus in dieser Stunde sicher mit seinem gewaltsamen Tod rechnete, aber auch dafür, daß er die Erwartung der Basileia, die den zentralen Inhalt seiner Verkündigung ausmachte, vertrauensvoll durchhielt, mag er hier zunächst auch in einer auf seine eigene Person und seine persönliche Erwartung bezogenen Weise gesprochen haben. So wird das in seiner Authentie nie ernsthaft bestrittene Logion zu einem wichtigen Ausgangspunkt für die Rekonstruktion dessen, was sich bei diesem Mahl noch an Besonderem zugetragen hat.

Angesichts sowohl seiner Todesgewißheit als auch seiner Zuversicht steht zu erwarten, daß er sich darüber hinaus äußerte über das Reich als des von ihm im Auftrage Gottes an die Menschen gemachten Heilsangebotes. Ja, es war in dieser Situation notwendig, daß er eine Auskunft gab über den weiteren Verlauf des Reiches Gottes. Und es ist in hohem Grad wahrscheinlich, daß er seinen Tod in Beziehung setzte zu

---

[36] Für Mk 14,25 fällt die doppelte Zeitangabe auf: „an jenem Tag“ und „im Reiche Gottes“. Vgl. *Gnilka*, Markus II 243; *K. Berger*, Die Amen-Worte Jesu (BZNW 39) (Berlin 1970) 54–58.

[37] Abendmahlsworte 199–210.

dem noch Ausstehenden und Erwarteten. Es ist darüber hinaus ziemlich naheliegend, daß er seinem Tod eine Interpretation beigab, die mehr war als nur eine moralische, die ihn vielmehr zum erwarteten Reich Gottes in eine mehr oder weniger unmittelbare oder auch heilshafte Beziehung setzte, da wir gesehen haben, daß er auch in der Erfüllung seiner Aufgabe als der Bringer der Basileia mehr war als nur dessen Bote.

Es entspringt einer eingeschränkten Sichtweise, wenn man zwischen der von Jesus an die Menschen herangetragenen Basileia als dem endgültigen Heil und der Möglichkeit eines von ihm als Heilstod verstandenen Sterbens eine Diskrepanz und einen Widerspruch aufrichtet und meint, daß das eine das andere ausschlösse[38]. Es ist richtig, daß Jesus bis zu dieser Stunde nicht von einem als Heilstod verstandenen Sterben gesprochen hatte. Aber das bedeutet keinesfalls, daß er nicht jetzt – nur jetzt – hat davon sprechen können. Man sollte aus statistischen oder wortstatistischen Gründen diese Rede nicht wegen ihrer Einmaligkeit widerlegt sein lassen. Vielmehr ist zu bedenken, daß für Jesus mit der Todesgewißheit in dieser Stunde die Erkenntnis gegeben war, daß er mit seinem Wirken in Israel gescheitert ist. Diese Erkenntnis bewirkt in ihm nicht Resignation oder Verzweiflung. Seine Zuversicht schließt seine Bereitschaft mit ein, dieses Sterben aus der Hand Gottes anzunehmen. Wenn er in Übereinstimmung mit dem Willen des Vaters das Todesgeschick annimmt, kann sein messianischer Auftrag aus dieser Übereinstimmung kaum ausgeklammert werden. Damit rückt sein Tod in den Horizont seines Auftrags. Daß Jesus diesen Auftrag in seiner Todesgewißheit ausgeklammert hat, ist unwahrscheinlich. Er stirbt mehr als den Tod eines dem Willen Gottes ergebenen Menschen.

Auch von diesen Überlegungen her wird es glaubhaft, daß er in Übereinstimmung mit dem Willen des Vaters seinem Tod eine besondere, eine heilsrelevante Deutung gegeben hat. Es ist dann naheliegend, daß diese Interpretation vor allem auf ein Zweifaches eingeht: daß sie die Jüngerschaft als die Zurückbleibenden berücksichtigt, daß sie die Erfahrung des Scheiterns in Israel miteinbezieht.

Eine Besonderheit der Todesinterpretation Jesu, die beim letzten

---

[38] Mit diesem ernst zu nehmenden Einwand, den Vögtle: ÖK 21, vorgebracht hat, setzt sich auch *Schürmann*, Tod 43–46, auseinander. Eine andere Position, nach der es uns unmöglich sei, Jesu Todesinterpretation nachzuweisen, beruht auf der Meinung, daß Lk 22,14–18 älter sei als die Abendmahlsüberlieferung. So etwa *Bultmann*, Geschichte 285f. Doch beruht Lk 22,14–18 vermutlich auf Mk 14,25. Vgl. *Schneider*, Lukas 444. Andere Argumente gegen diese Position bieten *Schürmann*, Tod 59f; *Merklein:* BZ 21 (1977) 235f. Die Auffassung, daß Jesus von seinem gewaltsamen Geschick überrascht worden sei und demzufolge auch nicht seinen Tod habe deuten können, die *Bultmann*, Geschichte 286, vorauszusetzen scheint, kann als überholt gelten.

Mahl erfolgte, besteht darin, daß er sie mit der Darreichung einer Gabe verknüpfte, von Brot und einem Becher Wein. Zwar sind der Verzehr von Brot und Wein bei einem jüdischen Festmahl selbstverständlich, doch rücken sie jetzt in das Licht seiner Todesinterpretation. Die Besonderheit der Darreichung dieser Gabe als seiner Todesinterpretation wurde so stark empfunden, daß sie im eucharistischen Herrenmahl der nachösterlichen Gemeinde, das an das letzte Mahl Jesu anschließt, verselbständigt werden konnte und verselbständigt wurde, also von einer Mahlzeit getrennt war[39]. Die interpretierenden Worte wurden offenkundig zu den bei einem festlichen Mahl üblichen Handlungen des Tischvorsitzenden gesprochen, der die begleitenden Gebete zu rezitieren hatte, beim Brechen des Brotes und Trinken des Bechers. Das erste erfolgte am Beginn der Hauptmahlzeit, und war mit einem Lobgebet verbunden, das zweite am Schluß, verbunden mit einem Dankspruch. So war es auch beim letzten Mahl Jesu, wie die alte Wendung „in gleicher Weise auch der Becher *nach* dem Mahl (1 Kor 11,25; vgl. Lk 22,20) noch verrät[40].

Die spätere Heraushebung und Verselbständigung der Darreichung der Gaben, versehen mit der Todesinterpretation, kann als Indiz dafür angesehen werden, daß sie in das letzte Mahl Jesu mit seinen Jüngern zurückreicht. Deuteworte, gesprochen zu dargereichten Gaben, können als etwas Neues gelten[41], vielleicht auch der gemeinsame Becher, aus dem alle bei diesem Festmahl trinken. Doch sind wir nicht sicher darüber unterrichtet, wie es beim Paschamahl oder beim jüdischen Festmahl zur Zeit Jesu gehalten wurde, ob jeder aus seinem Becher trank oder alle aus einem Becher den Wein genossen[42]. Jedenfalls wurde der gemeinsame Becher schon bald zum Kennzeichen des nachösterlichen Herrenmahles (vgl. 1 Kor 10,16).

So also war der Verlauf der besonderen Feier: Jesus nahm zu Beginn der Hauptmahlzeit einen Brotfladen, sprach ein Segensgebet, zerriß den Fladen und teilte die Stücke – die Gabe deutend – an die Jünger

---

[39] 1 Kor 11,17ff setzt diese Trennung bereits voraus. Das Sättigungsmahl geht hier der Eucharistiefeier voran.

[40] Dabei ist zu beachten, daß diese Praxis, die an der Überlieferung haftet, von der korinthischen Eucharistiepraxis abweicht. Vgl. Anm. 39. Mk 14,23/Mt 26,27 ersetzen „nach dem Mahl" durch einfaches „und". Damit nehmen sie auf die Gemeindepraxis Rücksicht.

[41] Die Deutung der Besonderheiten des Paschamahles bezieht sich nicht auf dessen Darbietung. Zu Deuteworten beim Mahl in den Mysterienkulten vgl. *Klauck*, Herrenmahl 92. Auch sie bieten keine echte Analogie.

[42] Die Vertreter des gemeinsamen Bechers beim jüdischen Festmahl berufen sich regelmäßig auf *Dalman*, Arbeit und Sitte IV 393; Jesus 140. Doch sind die Belege spät: Maimonides und bBer 51a. *Billerbeck* IV 58 (zu Lk 22,17) vertritt eine sonderbare Zwischenlösung. Die Jünger hätten den Wein so unter sich aufgeteilt, daß jeder davon in seinen eigenen Becher füllte.

aus. Am Schluß ließ er, nach einem Dankgebet, den (seinen?) Weinbecher kreisen, indem er auch diesen deutete.

Man könnte wegen der besonderen Schwierigkeit auf den Versuch einer Rekonstruktion der deutenden Worte, die Jesus gesprochen hat, verzichten und von einem auf das eschatologische Festmahl ausblikkenden Abschiedsmahl[43] oder noch zurückhaltender geheimnisvoll von einem bedeutsamen Mahl[44] reden. Man könnte auch auf den im Darreichen des Segensbrotes und Segensbechers liegenden Gebegestus verweisen und allein in diesem den Segen, das Heil angezeigt sehen, das der in den Tod gehende Jesus stiftet. Gewiß ist ein solcher Akt auf diesen Willen hingeordnet. Doch können wir noch einen Schritt weitergehen, da wir bereits mit der heilshaften Todesinterpretation Jesu rechnen.

Die Rekonstruktion hat den Umstand zu berücksichtigen, daß der Text als Agende diente und der liturgische Gebrauch die Deuteworte in ihren vier verschiedenen Fassungen prägte (Mk 14,22–24; Mt 26,26–28; Lk 22,19f; 1 Kor 11,23–25). Dies führte zu einer erheblichen Verdichtung und Komprimierung der Aussagen. Gewiß hat Jesus weit mehr gesagt. So sind uns auch nicht Worte des Segens- oder Dankgebetes überliefert. Der Text begnügt sich mit der Feststellung, daß er ein Segens- und ein Dankgebet gesprochen habe. Trotz der Komprimierung in der Aussage muß man mit inhaltlich theologischen Anreicherungen rechnen. Es sind im wesentlichen zwei Deutekategorien, der Sühne- und Stellvertretungsgedanke, der das Sterben Jesu als ein „Sterben für" erscheinen läßt, und die Bundesidee.

Nach Markus und Matthäus haftet beides am Becherwort („mein Bundesblut, das für viele vergossen wird"), was ohne Zweifel eine Überfrachtung der Aussage bedeutet. Nach Lukas und Paulus haftet der Sühnegedanke am Brotwort: „mein Leib für euch (gegeben)"[45], allerdings eingekleidet in eine Spendeformel: für euch statt: für viele, der Bund ist mit dem Becherwort verknüpft.

Gemäß einem ziemlich weitreichenden Konsens kann das Becherwort in dieser Version: „Dieser Becher ist der Neue Bund in meinem Blut" als die ältere Überlieferung betrachtet werden. Noch ist nicht das Blut als Opfergabe und Becherinhalt in den Blick getreten. Vielmehr steht der kreisende Segensbecher im Mittelpunkt, der in der Kraft des Blutes Jesu, das heißt des bevorstehenden gewaltsamen Todes, eine neue Gemeinschaft mit Gott angesichts des erwarteten Reiches Gottes zu gewähren in der Lage ist. Diese Deutung kann auch

---

[43] *Vögtle:* ÖK 23.

[44] *Lessig,* Abendmahlsprobleme 245.

[45] Nur Lk bietet διδόμενον. Er bringt aber auch das Becherwort mit dem Sühnegedanken zusammen („vergossen für euch"), in offenkundiger Anlehnung an Markus.

Jesus zugemutet werden. Man sollte sie nicht mit dem Hinweis darauf als sekundär abtun, daß in ihr schriftgelehrte Reflexion auf Jer 31,31 vorliege, wo der Prophet für das Ende der Tage einen Neuen Bund ankündigt. Der Bundesgedanke ist typisch alttestamentlich-jüdisch und gewiß frei von jedem hellenistischen Einfluß[46]. Auch berücksichtigt er in angemessener Weise die Ablehnung der Botschaft durch die Mehrheit des jüdischen Volkes. Darum fällt die Singularität seines Vorkommens nicht ernsthaft ins Gewicht, wenn man zusätzlich die mit der Todesgewißheit Jesu gegebene neue Situation bedenkt. Das Deutewort steht nicht als ein zweites Becherwort zum Logion des Verzichts („Ich werde gewiß nicht mehr trinken ...") in Konkurrenz, weil dieses die persönlich geprägte Äußerung seines großen Vertrauens darstellt.

Der Sühnegedanke dürfte sekundär in die Abendmahlsüberlieferung eingetreten sein. Als Deutewort über das Brot bliebe dann: „Das ist mein Leib", verstanden im Sinn des aramäischen *guf(a)*[47]. Dies bedeutete, daß das Brot zeichenhaft für ihn selbst steht: Das bin ich. Diese Deutung läßt sich insofern in das Wirken Jesu einordnen, als sie den Anschluß an die Gemeinschaftsmähler, die er immer wieder mit Menschen gehalten hat, anzeigte. In der (kurzen) Zeit bis zum endgültigen Anbruch des Reiches ist dieses Brot sein Stellvertreter. Weil wir das detaillierte Ambiente des Abendmahles, in dem Jesus noch mehr sagte, nicht kennen, mag uns dieses Deutewort als ein schwer verständliches vorkommen, zumal es durch die Mahlzeit vom Deutewort über den Becher getrennt war. Doch ist dieses für uns nicht mehr rekonstruierbare Ambiente mitzuerwägen, will man sich diesem Vorschlag anschließen[48].

Jesus hat demnach zeichenhaft seinen Tod interpretiert und sein Heilsangebot an Israel aufrechterhalten. Er hinterläßt der Jüngerschaft ein Mahl, in dem die Menschen des kraft seines Todes eröffneten Bundes mit Gott als Anwärter des endgültigen Gottesreiches teilhaftig werden und in dem er im Zeichen des Brotes unter ihnen bleibt. Jesus hat somit seinem Tod eine heilseffiziente Wirkung zugesprochen, die aber in ihrer Ausrichtung auf das Reich Gottes gesehen werden muß. Die Verbindung von Bund und Basileia war auch des-

---

[46] Vgl. *Marxsen:* EvTh 12 (1952/53) 298.

[47] Vgl. *Dalman,* Jesus 130f.

[48] Eine andere Rekonstruktion bietet *Merklein:* BZ 21 (1977) 235–238, der den Sühnegedanken als den ursprünglicheren favorisiert, ihn aber mit dem Brotwort verknüpft in der Form von ὑπὲρ πολλῶν. Als Becherwort läßt er nur Mk 14,25 gelten, will also kein eigentliches Deutewort über den Becher zulassen. Diese Auffassung übernimmt im wesentlichen *Klauck,* Herrenmahl 308f.321. Abgesehen von der Überlegung, ob man den Sühnegedanken der Bundesvorstellung vorziehen soll, bietet diese Rekonstruktion die Schwierigkeit, daß die Wendung ὑπὲρ πολλῶν in keinem Text mit dem Brotwort verbunden ist. *Marxsen*: EvTh 12 (1952/53) 303 erblickt in 1 Kor 11,23–25 den jesuanischen Text. Zu meiner eigenen Ableitung vgl. *Gnilka,* Markus II 240–243. 247–249.

halb gut möglich, weil beide Begriffe von ihrer Geschichte und Ausprägung her eng beieinander liegen[49]. Man wird auch sagen können, daß diese besondere Mahlfeier in ihrem Anschluß an die vorausgegangene Tischgemeinschaft mit den Menschen darauf angelegt war, wiederholt zu werden.

Ausblick:

Die verschiedenen in diesem Kapitel erörterten Begebenheiten des Lebens Jesu wirkten auf recht unterschiedliche Weise weiter. Der Konflikt setzte sich in der nachösterlichen Situation als Auseinandersetzung zwischen Kirche und Synagoge fort und verschärfte sich. Zum markanten Text dieser Auseinandersetzung wurde die Weherede gegen die Schriftgelehrten und Pharisäer (Mt 23), die ihrerseits eine komplizierte Entstehungs- und Traditionsgeschichte besitzt und für die wir bereits feststellen konnten, daß sie weit mehr von der späteren Auseinandersetzung als vom Konflikt Jesu geprägt ist. Weil sie später, mit Mißverständnissen verknüpft, ein negatives Klischee von den Schriftgelehrten und Pharisäern, von den Juden, hervorbringen half, erscheint an diesem Punkt eine Rückbesinnung in besonderer Weise geboten.

Die Perikopen vom Einzug in Jerusalm und vom Tempelprotest betreffen gewissermaßen Momentaufnahmen im Wirken Jesu. Indem sie weitererzählt und weitergetragen wurden, reicherten sie christologische und theologische Züge an. Die Einzugsperikope gewinnt eine unverhüllte messianologische Gestalt, für die Zach 9,9 („Siehe, dein König kommt zu dir") zum Leitbild wurde. Der Tempelprotest Jesu wurde immer stärker auf eine von ihm gewirkte Abschaffung des Tempelkultes hin ausgelegt bis hin zu Joh 2,13–22, wo Christus, der Getötete und Auferweckte, an die Stelle des alten Tempels tritt und diesen ablöst und damit zum Mittelpunkt des Gottesdienstes der neuen Gemeinde wird.

Am reichhaltigsten entfaltet sich verständlicherweise die Abendmahlsüberlieferung. Denn das Abendmahl lebt im Herrenmahl der Gemeinde fort. Andeutungsweise kann hier nur gesagt werden, daß die in diesem Mahl dargereichten Gaben noch intensiver ins Blickfeld treten, daß sie mit dem Opfer- (und Sühne)Gedanken verbunden werden und über die Reichhaltigkeit der Wirkungen der eucharistischen Gaben reflektiert wird. In der johanneischen Reflexion wird die personale Verbindung des einzelnen mit dem erhöhten Christus und über ihn mit Gott herausgearbeitet und wird vom Genuß der eucharisti-

[49] Vgl. *G. Quell:* ThWNT II 123–127; *M. Weinfeld:* ThWAT I 804–806.

schen Gaben der Gewinn des ewigen Lebens abhängig gemacht (Joh 6,51b–58). In der paulinischen tritt die ekklesiale Komponente stärker hervor. Das in der Mahlfeier von den Vielen genossene Brot, das eines ist, vereinigt diese zur Einheit des Leibes (Christi), den die Gemeinde in der Welt darstellt (1 Kor 10,16f).

LITERATUR *J. Wellhausen,* Die Pharisäer und die Sadduzäer (Hannover 1924); *W. Marxsen,* Der Ursprung des Abendmahls: EvTh 12 (1952/53) 293–303; *H. Lessig,* Die Abendmahlsprobleme im Lichte der ntl Forschung seit 1900 (Diss. Bonn 1953); *L. Goppelt,* Christentum und Judentum im ersten und zweiten Jahrhundert (Gütersloh 1954); *J. Jeremias,* Die Abendmahlsworte Jesu (Göttingen [3]1960); *P. Neuenzeit,* Das Herrenmahl (StANT 1) (München 1960); *P. Winter,* The Enemies of Jesus: On the Trial of Jesus (SJ 1) (Berlin 1961) 111–135; *E. Ruckstuhl,* Die Chronologie des Letzten Mahles und des Leidens Jesu (BiBe NF 4) (Einsiedeln 1963): *V. Eppstein,* The Historicity of the Gospel Account of the Cleansing of the Temple: ZNW 65 (1964) 42–58; *A. Finkel,* The Pharisees and the Teacher of Nazareth (AGSU 4) (Leiden 1964); *E. Haenchen,* Matthäus 23: Gott und Mensch (Tübingen 1965) 29–54; *H.-F. Weiss,* Der Pharisäismus im Lichte der Überlieferung des NT: SSAW.PH 110/2 (Berlin 1965) 89–132; *F. Hahn,* Die atl Motive in der urchristlichen Abendmahlsüberlieferung: EvTh 27 (1967) 337–374; *H. Merkel,* Jesus und die Pharisäer: NTS 14 (1967/68) 194–208; *A. Vögtle* in: Ökumenische Kirchengeschichte, hrsg. von *E. Kottje* und *B. Möller* (Mainz–München 1970) 3–36 (zitiert: ÖK); *G. Baumbach,* Jesus von Nazareth im Lichte der jüdischen Gruppenbildung (Berlin 1971); *H. Patsch,* Der Einzug in Jerusalem: ZThK 68 (1971) 1–26; *H. Patsch,* Abendmahl und historischer Jesus (CThM 1) (Stuttgart 1972); *K. Müller,* Jesus und die Sadduzäer: Biblische Randbemerkungen (Schülerfestschrift R. Schnakkenburg) (Würzburg 1974) 3–24; *H. Schürmann,* Jesu ureigener Tod (Freiburg 1975); *H. Merklein,* Erwägungen zur Überlieferungsgeschichte der ntl Abendmahlstraditionen: BZ 21 (1977) 88–101. 235–244; *D. E. Garland,* The Intention of Matthew 23 (Nt. S 52) (Leiden 1979); *G. Theißen,* Die Tempelweissagung Jesu: Studien zur Soziologie des Urchristentums (WUNT 19) (Tübingen 1979) 142–159; *C.-P. März,* „Siehe, dein König kommt zu dir ...“ (EThSt 43) (Leipzig 1980); *J. H. Marshall,* Last Supper and Lord's Supper (Exeter 1980); *P. Fiedler,* Probleme der Abendmahlsforschung: LLW 24 (1982) 190–223; *T. Huser,* Les récits de l'institution de la Cène: Ḥokma 21 (1982) 28–50; *H.-J. Klauck,* Herrenmahl und hellenistischer Kult (NTA 15) (Münster [2]1986).

Elftes Kapitel

Der Prozeß und die Hinrichtung

In jener Nacht wurde Jesus verhaftet. Damit kam eine Ereigniskette ins Rollen, die folgerichtig und schnell abzulaufen schien. Denn bevor die Sonne des nächsten Tages unterging, war er tot, war er getötet und aus der Welt geschafft worden. Die Ereignisse bedurften einer gewissen Regie und bedurften auch der Vorbereitungen. Es ist heute für uns nur mehr sehr schwer möglich, sie ganz zu durchschauen. Wenn wir vom Sichersten ausgehen, so ist dies seine Hinrichtung durch das Kreuz. Doch läßt sich schon daraus der Schluß ziehen, daß die Römer ihn letztlich zu Tode gebracht haben und daß die gegen ihn eingebrachte Anklage eine politische gewesen ist, daß man ihm – zunächst noch ganz allgemein formuliert – die Störung der politischen, öffentlichen, durch den römischen Staat gewährleisteten Ordnung vorgeworfen hatte. Denn alle Kreuzigungen, von denen wir aus der Zeit der römischen Prokuratoren bis zum Jüdischen Krieg in Palästina wissen, erfolgten aus politischen Gründen[1]. Die Beurteilung der Sachlage kompliziert sich, wenn wir bedenken, daß die jüdische Seite an seinem Prozeß beteiligt gewesen ist.

Um dem Leser den Mitvollzug an der Rekonstruktion der letzten Ereignisse zu erleichtern, heben wir die einzelnen Ereignisfolgen voneinander ab. Dabei versuchen wir zunächst, die einzelnen Ereignisse in ihrem äußeren Ablauf zu schildern. Erst dann wird in einem zweiten Schritt der Versuch unternommen, die juristischen und maßgeblichen Motive ausfindig zu machen, die die Handelnden bewegten, so gegen Jesus zu handeln. Über das Verhalten Jesu erfahren wir wenig. Er wird in den Passionsgeschichten der Evangelien dargestellt als der Schweigende, der Hinnehmende, der Leidende.

[1] Vgl. *Kuhn*: ZThK 72 (1975) 3f.

1. Die Verhaftung

„Und nachdem sie den Lobgesang gesungen hatten, gingen sie hinaus zum Ölberg" (Mk 14,26). Mit dieser Bemerkung wird das Mahlgeschehen ausgeleitet. Die Verhaftung Jesu erfolgte auf dem Ölberg. Daß er in einer vorausgegangenen Zeitspanne intensiv gebetet hatte, erscheint mehr als plausibel. Für die Einstufung des Prozesses ist die Frage von großer Bedeutung, von wem die Verhaftung ausgegangen ist. Die Auskünfte der Evangelien weichen voneinander ab. Nach Mk 14,43 wurde der Verhaftungstrupp von den Hohenpriestern, Schriftgelehrten und Ältesten ausgesandt, das heißt vom Synhedrion. Mt 26,47 reduziert diese Angabe in einer für ihn charakteristischen Formulierung auf die Hohenpriester und Ältesten des Volkes. Lk 22,52 läßt die Hohenpriester, Tempelhauptleute und Ältesten persönlich an der Verhaftung beteiligt sein, während Joh 18,3 neben den Hohenpriestern und Pharisäern als Absender des Trupps vor allem auch eine Kohorte (σπεῖρα) und einen Oberst (χιλίαρχος: 18,12) erwähnt, also die Römer bereits die Verhaftung Jesu mit vollziehen läßt. Daß die Hierarchen persönlich auf dem Ölberg erschienen, ist ebenso unwahrscheinlich, wie sich die Beteiligung der Römer schon wegen der Angabe der Zahl – eine Kohorte umfaßte etwa 600 Mann – als nicht historisch zu erkennen gibt. Die Angaben bei Lukas und Johannes verfolgen erzählerische Intentionen. Lukas will die Hierarchen als die eigentlichen Adressaten der Stellungnahme Jesu, die über die Situation hinausweist, zu verstehen geben. Dem vierten Evangelisten ist es aller Wahrscheinlichkeit nach ein Anliegen, die Verquickung von jüdischer und römischer Beteiligung am gesamten Prozeß anzudeuten, wie er die römische Seite des Prozesses in seiner Passionsgeschichte stark in den Vordergrund schiebt. Wären die Römer an der Verhaftung Jesu beteiligt gewesen, hätte man ihn unmittelbar zu Pilatus abgeführt.

Aus der ziemlich anonym erscheinenden Gruppe ragt ein Mann heraus, der der Anführer des Trupps gewesen sein dürfte. Er wird Knecht des Hohenpriesters genannt (Mk 14,47 parr). Damit ist er keinesfalls als unbedeutend gekennzeichnet, sondern als einer, der das Vertrauen des Hohenpriesters besaß[2]. Der Verhaftungsbefehl ging vom amtierenden Hohenpriester aus. Als Vorsitzender des Synhedrions war er zu einer solchen Maßnahme berechtigt. Die übergeordnete römische Gerichtsbarkeit hatte der untergeordneten jüdischen keinesfalls jegliche Verfügungsgewalt genommen, sondern ihr neben Teilen der Zivilgerichtsbarkeit in bestimmten Fällen vermutlich auch in Kapitalsachen

[2] David heißt in 1 Sm 29,3 Knecht des Königs, ebenfalls Naaman in 2 Kg 5,6.

vorbereitende Aufgaben belassen[3]. Wenn der Trupp bewaffnet ist, hält man Jesus für gefährlich oder rechnet mit eventuellem Widerstand. Doch zu einem solchen ist es kaum gekommen. Denn unbezweifelbar ist, daß nur Jesus, aber keiner seiner Jünger verhaftet worden ist. Hätte einer von ihnen ernsthaften Widerstand geleistet, müßte auch mit seiner Verhaftung gerechnet werden. Alle Jünger flohen, als Jesus festgenommen wurde, und ließen ihn im Stich. Nur Simon Petrus bekundet das Interesse zu sehen, wie es mit seinem Meister ausgehen wird, hält aber nur kurze Zeit durch.

Die Episode vom Schwertstreich des Jüngers ist ein nachgetragener ironischer Erzählzug, der dem Spott über den bei der Verhaftung maßgeblichen Mann gilt. Nach Mk 14,47 gewinnt man sogar den Eindruck, daß einer aus der Truppe in der Tumultszene versehentlich dem Knecht des Hohenpriesters ein Ohr abschlägt. Das ist gesteigerte Ironie. Wenn die anderen Evangelisten einen Jünger zuschlagen lassen, soll die Jüngerschaft wohl entlastet werden (Mt 26,51; Lk 22,49; Joh 18,10).

Mit dem Verhaftungstrupp tritt auch Judas Iskariot auf den Plan. Diese durchaus zuverlässige Nachricht verknüpft also das, was man die Tat des Judas nennt, mit Jesu Festnahme. Sie ist im übrigen der einzige historische Haftpunkt, an dem es für die Jüngerschaft einsichtig wurde, daß Judas mit den Gegnern Jesu gemeinsame Sache machte. Über seine Motive schweigen sich die Evangelien aus[4], wie es schon für die Jünger im dunkeln bleiben mußte, welche Abmachungen vorausgingen[5] Die nächstliegende Antwort auf die Frage, wofür man die Dienste des Judas in Anspruch nahm, ist, daß er seinen nächtlichen Aufenthaltsort wußte und daß Jesus den Männern, die ihn verhafteten, nicht sicher bekannt war. Es bleibt dann auffällig, daß man für seine Ergreifung die mitternächtliche Stunde wählte. Auch hier sind wir auf Vermutungen angewiesen: Eile war geboten. Der Hohepriester rechnete mit Sympathisanten Jesu aus

[3] Vgl. *Volkmann*, Rechtsprechung 136f. Detaillierte Angaben sind kaum noch möglich: ob es sich um eine polizeiliche Maßnahme oder eine Verhaftung mit schriftlichem Haftbefehl gehandelt hat, ob die den Knecht des Hohenpriesters begleitenden bewaffneten Männer die Gerichtsdiener des Synhedrions oder Angehörige der Tempelpolizei waren. Letzteres ist wahrscheinlicher. Hierzu vgl. *Blinzler*, Prozeß 126–128, der sich aber für die Gerichtsdiener entscheidet.

[4] Enttäuschung über Jesus wird ein Motiv sein. Phantastisch ist der Vorschlag von *E. Stauffer*, Jesus-Gestalt und Geschichte (DTb 332) (Bern 1957) 86 und 158 Anm. 4, Judas habe als treuer Sohn der Synagoge wegen des in Joh 9,22 erwähnten Synagogenbannes es als seine religionsgesetzliche Pflicht angesehen, Jesus auszuliefern. Der Bann gilt erst für die Zeit der Entstehung des vierten Evangeliums, nicht für die Zeit Jesu.

[5] Mk 14,10f parr ist sekundär erschlossen und aus erzählerischen Motiven eines Feindbildes entworfen. Zum Problem vgl. *H.-J. Klauck*, Judas – ein Jünger des Herrn (QD 111) (Freiburg 1987).

den galiläischen Festpilgern, die seine Ergreifung hätten behindern können.

Das Ziel der Jüngerflucht war letztlich Galiläa, ihre Heimat. Daß sie sich noch längere Zeit in Jerusalem aufgehalten haben, ist wenig wahrscheinlich. Keiner der Zwölf erscheint auf dem Kreuzweg oder unter dem Kreuz. Die Rückkehr nach Galiläa ist von Bedeutung für die Rekonstruktion der Ostereignisse. Jesus wird zum Hohenpriester abgeführt.

2. *Jesus vor dem jüdischen Gericht*

Das Synhedrion, die oberste jüdische Gerichtsbehörde, auch das Große Gerichtshaus *(beth dijn ha-migdol)* genannt, setzte sich aus 70 Mitgliedern zusammen, zu denen der amtierende Hohepriester als 71. hinzukam, wenn die entsprechende Vorschrift der Mischna Sanh 1,6; Scheb 2,2 zur Zeit Jesu bereits Geltung beanspruchte. Dies aber wird man annehmen können, weil die Zahl 70 sich am Vorbild des Ältestenrates der Mosezeit ausrichtet (Nm 11,16). Ob freilich auch die Regelung, daß zu einer gültigen Beschlußfassung die Anwesenheit von mindestens 23 Richtern erforderlich ist (vgl. Sanh 4,1), schon galt, muß dahingestellt bleiben. Von den drei Fraktionen der Hohenpriester, Ältesten und Schriftgelehrten war ohne Zweifel die erstgenannte die einflußreichste. Auch Flavius Josephus erwähnt die Hohenpriester stets an bevorzugter Stelle, wenn er vom Hohenrat (βουλή) spricht. Die Ältesten kann er als die Mächtigen (οἱ δυνατοί) bezeichnen, während er unter den „bedeutenden Pharisäern" die der Schriftgelehrten-Fraktion angehörigen Pharisäer verstehen dürfte (bell. 2,411; vgl. 2,331.316; vita 5). Deren Gewicht wird man nicht unterschätzen dürfen. Wegen ihres großen Einflusses auf das Volk waren die sadduzäisch gesinnten Hohenpriester und Ältesten sicher immer wieder genötigt, auf die Meinung der Pharisäer Rücksicht zu nehmen. Daß es zwischen den Sadduzäern und Pharisäern unterschiedliche Standpunkte gab, ist bekannt (vgl. Apg 23,1–12)[6].

Die synoptischen Evangelien berichten von einer Versammlung des Synhedrions (Mk 14,53–65 parr). Das vierte Evangelium erzählt nach der Gefangennahme Jesu von einem Verhör bei Hannas, dem Schwiegervater des Kajafas (Joh 18,12–14.19–24), das mit der Abführung Jesu zu Kajafas abschließt. Von einer dort stattfindenden Verhandlung hören wir bei Johannes nichts mehr.

Man hat den historischen Wert der Perikope von der Synhedrialver-

---

[6] Vgl. *J. Wellhausen*, Die Pharisäer und die Sadduzäer (Hannover 1924) 30.

handlung in Zweifel gezogen, aus zwei Gründen, literarischen und juristischen. Man hat sie für ein späteres literarisches Produkt erklärt, das nachträglich vom Markus-Evangelisten oder schon früher in eine alte Passionsgeschichte eingefügt worden sei[7]. Das juristische Argument lautet: Die Rechtssituation in der Provinz Judäa sei so gewesen, daß die Römer dem Synhedrion als der obersten jüdischen Gerichtsbehörde die volle Blutgerichtsbarkeit, die potestas oder das ius gladii, belassen hatten. Wären die Synhedristen am Prozeß Jesu beteiligt gewesen, hätten sie im Fall Jesu alles selbst, ohne Mithilfe der Römer, besorgt, ihn also zum Tod verurteilt und hingerichtet, vermutlich gesteinigt. Jesus aber wurde von Pilatus verurteilt und gekreuzigt. Infolgedessen scheide die jüdische Seite aus[8].

Auf die im Zusammenhang mit dem Prozeß Jesu viel diskutierte Frage des ius gladii ist erläuternd einzugehen. Judäa war seit dem Jahr 6 n. Chr. eine kaiserliche Provinz, die von einem aus dem ritterlichen Stand genommenen Statthalter (praefectus) verwaltet wurde[9] Er war der eigentliche Gerichtsherr seiner Provinz, dem vermutlich aufgrund eines kaiserlichen Sondermandats die umfassende Gerichtsbarkeit, einschließlich der Blutgerichtsbarkeit, übertragen worden war, wie Josephus, bell. 2, 117, andeutet[10]. War es schon in den übrigen Provinzen die Regel, daß die Kapitalgerichtsbarkeit dem Statthalter vorbehalten blieb[11], so ist das a fortiori für Judäa anzunehmen, eine Provinz, die, an der Grenze des Reiches gelegen, ein Herd der Unsicherheit und des Aufruhrs war. Auch ist die für Judäa von den Römern gewählte Verwaltungsstruktur aufschlußreich, weil üblicherweise nur solche Provinzen einem dem Ritterstand entnommenen Präfekten anvertraut wurden, die klein waren und als rebellisch galten, mischte sich doch im Amt des Präfekten die richterliche mit der militärischen Vollmacht. So spricht alles dafür, daß die potestas gladii ausschließlich beim Präfekten lag.[12].

Entgegenstehende Beispiele, nach denen die jüdische Seite in dieser Zeit Menschen hinrichtete, lassen sich entkräften[13]. Problematisch

---

[7] Kritisch: *S. Schulz*, Die Stunde der Botschaft (Hamburg 1967) 131; *P. Winter*, Markus 14,53b.55–64 ein Gebilde des Evangelisten: ZNW 53 (1962) 260–263; *Hahn*, Hoheitstitel 195; *Linnemann*, Studien 109–134.

[8] Diese These wurde in neuerer Zeit grundgelegt von *H. Lietzmann*, Der Prozeß Jesu (SPAW Nr. 14) (Berlin 1931) 313–322; *ders.*, Bemerkungen zum Prozeß Jesu: ZNW 30 (1931) 211–215.31 (1932) 78–84.

[9] Vgl. *Volkmann*, Rechtsprechung 126–150 („Die Gerichtsorganisation der Provinzen").

[10] „Er empfing vom Kaiser obrigkeitliche Gewalt einschließlich des Rechts, die Todesstrafe zu verhängen." Vgl. ant. 18,2.

[11] Vgl. *Volkmann*, Rechtsprechung 136f.

[12] Vgl. *Müller*, Vollzug 52–58, der die unumschränkte Vollmacht des Statthalters in Judäa scharf herausarbeitet.

[13] Entgegenstehende Beispiele sind: die Hinrichtung des Apostels Jakobus fällt wie ver-

bleiben nur zwei Beispiele, die Tempelschranke und die Steinigung des Stephanus. Die Römer hatten es den Juden konzediert, daß jeder Nichtjude, der den inneren Bezirk des Tempels betritt, dem Tod verfallen sei[14]. Diese Konzession muß als eine außerordentliche gewertet werden. Doch wissen wir nicht, was geschehen wäre, wenn tatsächlich einmal ein Nichtjude das Heiligtum des Tempels betreten hätte. Ein solcher Fall ist uns nicht überliefert. Hätte in einem solchen Fall das Synhedrion ohne Mitwirkung der Römer einen Menschen förmlich zu Tod bringen können? Das ist unwahrscheinlich[15]. Die Steinigung des Stephanus ist nach übereinstimmender Auskunft der Kommentatoren als Lynchjustiz zu werten.[16] Stephanus wurde ohne Gerichtsverhandlung von wütenden Menschen vor den Toren Jerusalems gesteinigt. Die Ausnahmefälle veranlassen den Rechtshistoriker C. Paulus[17] zu einer bemerkenswerten Unterscheidung. Er möchte zwischen den Vorgängen, bei denen der Statthalter mit Beihilfe der Juden einen Menschen rechtsförmlich zu Tode bringt, und solchen unterscheiden, bei denen dies die Juden per viam facti erreichen. Beide Vorgänge sind entsprechend selten. Auf jeden Fall ergibt sich, daß das Synhedrion die potestas gladii nicht besaß.

Von diesen Überlegungen her gewinnt die in Mk 15,1 überlieferte Nachricht in ihrem Kern historische Zuverlässigkeit: „Und sogleich am Morgen faßten die Hohenpriester mit den Ältesten und Schriftgelehrten und das ganze Synhedrion einen Beschluß, führten Jesus ab und lieferten ihn Pilatus aus." Der Beschluß des Synhedrions lautet

---

mutlich auch die Tötung einer Priestertochter in die Zeit des Königs Agrippa I. (41–44), der kurzfristig nochmals Israel einigte und die volle Gerichtsbarkeit innehatte; die Hinrichtung des Herrenbruders Jakobus erfolgte wahrscheinlich in der Vakanz nach dem Tod des Statthalters Porcius Festus, hat aber ein römisches Nachspiel; die Steinigung des Stephanus und die Tempelschranke. Vgl. auch Joh 8,53 – 9,11.

[14] Vgl. *Josephus,* ant. 15,417; bell. 5,194; 6,124–126; 4,182; *Philo,* leg. Gaj. 212. Auch sind zwei von den Tafeln, die den Tod für den genannten Fall androhen und rings um den inneren Tempelbezirk angebracht waren, erhalten geblieben. Die eine befindet sich in Istanbul, die andere in Jerusalem. Vgl. *Blinzler,* Prozeß 238–240.

[15] Nach Apg 21,27–35 wendet sich das Volk im Tempel wütend gegen Paulus mit der Absicht, ihn umzubringen. Unter anderem wird ihm der Vorwurf gemacht, er habe einen Griechen, den Epheser Trophimus, in den Tempel geführt. Das ist aber nur ein Vorwurf neben anderen. Doch greifen die Römer ein, wie der Prozeß des Paulus von römischen Gerichten geführt und entschieden wird. Nach Apg 22,25–29 hat Paulus das römische Bürgerrecht.

[16] In den Acta-Kommentaren von *R. Pesch, J. Roloff, A. Weiser* wird die Andeutung eines Synhedrialprozesses in Apg 6,12 – 7,2 übereinstimmend als Angleichung an den Jesus-Prozeß gewertet. *R. Pesch,* Die Apostelgeschichte I (EKK V/1) (Zürich 1986) 236, rechnet mit der Möglichkeit, daß mit dem Synhedrion Apg 6,15 ursprünglich die gerichtliche Versammlung der landsmannschaftlichen Synagoge gemeint gewesen sein könnte, doch sei es zu einem Gerichtsverfahren auch hier nicht gekommen.

[17] ZSRG 102 (1985) 439.

also auf Auslieferung Jesu an den Statthalter. Damit ist auch die Rechtssituation voll gewahrt. Die jüdische Seite, die das ius gladii nicht hat, muß sich zur Durchführung eines Kapitalprozesses an den Römer wenden.

Doch auch der ausführliche Bericht vom Synhedrialprozeß (Mk 14,53–65 parr) kann nicht so ohne weiteres beiseite geschoben werden. In seiner erzählerischen Gestaltung, die durch das Einweben von Anspielungen auf Psalmenstellen gekennzeichnet ist, stimmt er mit der übrigen Passionsgeschichte überein und erweist sich als deren Bestandteil[18]. Kernpunkt ist die Anfrage des Hohenpriesters nach Jesu messianischer Würde. Seine Antwort ist zwar im Licht des christlichen Bekenntnisses gestaltet, doch lehnt sie sich an die analoge Aussage im Pilatusprozeß, die sein Königtum betrifft, an[19]. Darauf ist dort zurückzukommen. Aufmerksamkeit verdient das Tempellogion, das als falsch gebrandmarkte Zeugen einbringen, das aber eine Verbindung zu Jesu Protestaktion herstellt. Es könnte eine Spur anzeigen, die von seinem Tempelprotest über die Verhaftung zum Prozeß führt.

Wenn der Johannesevangelist von keinem Synhedrialprozeß bei Kajafas erzählt, tut er das nicht aus besserem historischem Wissen, sondern mit erzählerisch-theologischer Absicht. Er hat das gesamte Wirken Jesu in der Öffentlichkeit als eine einzige prozeßähnliche Auseinandersetzung mit den „Juden“ dargestellt und darum bewußt auf die jüdische Gerichtsverhandlung verzichtet[20].

Für die Beurteilung der Prozesse ist auch diese Überlegung erlaubt: Während sich der römische Prozeß in aller Öffentlichkeit abwickelte, tagten die jüdischen Richter hinter verschlossenen Türen. Simon Petrus, der im Hof des Hohenpriesters versagt und bald verschwindet, kommt als Gewährsmann nur sehr bedingt in Frage[21]. In der Gestaltung der Perikope vom Synhedrialprozeß hatte der Erzähler gewissermaßen noch mehr freie Hand, und es schlägt hier gewiß auch noch stärker das theologische Interesse durch. Doch öffentlich waren die Abführung Jesu vom Ölberg zum Hohenpriester und später von diesem zu Pilatus.

Wohin wurde Jesus abgeführt? Wo tagten die jüdischen Richter?[22] Nach Mk 14,52; Mt 26,57; Joh 18,24 bringt man Jesus einfach zum Hohenpriester Kajafas, nach Lk 22,54 in das Haus des Hohenprie-

---

[18] Es handelt sich vor allem um Stellen aus den Psalmen, die vom Leiden des Gerechten handeln. Zum Nachweis vgl. *Gnilka*, Markus II 279ff.

[19] Zu beachten ist die parallele Gestaltung der beiden Prozeßberichte: Anfrage des Richters – Antwort Jesu – sein Schweigen.

[20] Vgl. *J. Blank*, Krisis (Freiburg 1964) 310–315; *F. Hahn*, Der Prozeß Jesu nach dem Johannesevangelium: EKK. V 2 (Einsiedeln 1970) 23–96.

[21] Zur historischen Rekonstruktion von Petri Verleugnung vgl. *Gnilka*, Markus II 294f.

[22] Vgl. *E. Lohse:* ThWNT VII 861; *Blinzler*, Prozeß 166–170.

sters. Der Versammlungssaal des Synhedrions befand sich damals vermutlich im Tyropoeontal in der Nähe des Xystos-Platzes. Doch ist eine Versammlung im Palast des Kajafas auch möglich, vielleicht sogar wahrscheinlicher. Durch Lk 22,66 sollte man sich nicht zu der Auffassung verführen lassen, daß die jüdischen Richter erst am Morgen zusammengetreten seien. Zwar wird bei Markus und Matthäus die Nachtzeit vor allem durch die Verschachtelung der Verhandlung mit der vom nächtlichen Feuer geprägten Geschichte von der Verleugnung des Petrus nahegelegt, doch ist neben der Verhaftung Jesu zu mitternächtlicher Stunde die schon erwähnte Bemerkung zu beachten, daß man ihn „am Morgen" zu Pilatus bringt (Mk 15,1). Dies stimmt mit der römischen Gerichtspraxis überein, nach der die römischen Richter am frühen Morgen, beim ersten Tageslicht, ihre Sitzungen begannen[23].

Wie ist die jüdische Verhandlung juristisch zu werten? Sicherlich kamen maßgebliche Mitglieder des Synhedrions bei Kajafas zusammen. Fällte man ein offizielles Todesurteil, wie es allerdings nur Mk 14,64 (vgl. 10,33) nahelegt, wäre mit Gewißheit an eine Versammlung des ganzen Synhedrions zu denken. Doch ist ein förmliches Todesurteil sehr unwahrscheinlich. Der Statthalter von Judäa wäre als Handlanger des Synhedrions erschienen, auch wenn er ein eigenes Verfahren anstrengte. Darüber hinaus darf man annehmen, daß das Synhedrion auch nicht befugt war, ein Todesurteil auszusprechen, der Entzug der potestas gladii sich also auch auf die Verhängung eines solchen Urteils erstreckte[24]. Man wird darum die jüdische Verhandlung als eine Voruntersuchung beschreiben können, in der man todeswürdige Anklagepunkte einsammelte, die man als Anklage im römischen Prozeß gegen Jesus vorzubringen vorhatte. Trifft es zudem zu, daß man sich im Haus des Hohenpriesters und nicht im offiziellen Versammlungslokal traf, käme man auch mit der Annahme aus, daß nur maßgebliche Synhedristen agierten und eine offizielle Synhedrialsitzung nicht stattfand[25].

3. *Jesus vor dem römischen Gericht*

Wie wir schon sagten, war der Präfekt von Judäa der oberste Gerichtsherr seiner Provinz, dem auch der militärische Oberbefehl zustand und dessen Hauptaufgabe darin bestand, Ruhe und Ordnung aufrechtzuer-

[23] Vgl. *Seneca*, De ira 2,7,3: ad forum prima luce properantia.

[24] Vgl. *Müller*, Vollzug 56f.

[25] Nochmals eine Befragung durch den Hohenpriester von einer Sitzung des Synhedrions abzutrennen, geht nicht gut an. So *Strobel*, Stunde 12. Vgl. *E. Schweizer*, Das Evangelium nach Markus (NTD 1) (Göttingen [4]1975) 176.

halten. Er war Träger der Reichsjustiz. In seiner Koerzitionsgewalt besaß er nahezu unbeschränkte Vollmacht gegenüber Peregrinen, also solchen, die keine römischen Bürger waren, was auch für Jesus zutraf[26] Die Koerzition umschloß einfach die Befugnis, Unbotmäßige und Schädlinge zu züchtigen. Dabei galt als stillschweigend vorausgesetztes Prinzip der Satz: Das Heil des (römischen) Volkes ist oberstes Gesetz[27].

Zum Zeichen seiner Vollmacht durfte er das Schwert tragen [28]. Gerade bei der Koerzition war die Beliebigkeit vorgegeben, doch lag diese außerhalb des Strafrechts[29].

Von hier aus betrachtet, hätte Pilatus den Peregrinen Jesus ohne weiteres und formlos hinrichten, ihn gewissermaßen „standrechtlich" kreuzigen lassen können. Doch Jesus bekam seinen Prozeß, wie vollkommen oder unvollkommen dieser auch durchgeführt worden sein mag. Die Konturen eines römischen Prozesses sind in den Evangelien durchaus erkennbar. Auch legt es das juristische Vorspiel beim Hohenpriester nahe, daß ein förmlicher Prozeß angestrengt wurde.

Das Ziel des römischen Prozesses ist die Schuldfeststellung. Diese konnte auf verschiedenen Wegen erreicht werden. Es gab Entwicklungen in der Geschichte des römischen Strafrechts. Das stadtrömische Recht, über das wir am besten Bescheid wissen, hob sich ab vom Recht der Statthalter. W. Kunkel[30] stellte für alle Formen römischer Gerichtsbarkeit vier Grundsätze auf: 1. Die Verhandlung ist öffentlich. 2. Die Anklage erfolgt von privater Seite. 3. Es besteht das Recht auf Verteidigung. 4. Der Urteilsspruch erfolgt durch ein Consilium. Es kommt hinzu, daß im Fall eines Geständnisses sich ein Urteilsspruch erübrigt nach dem Rechtssatz: confessus est pro iudicato. Im Statthaltergericht zur Zeit des Augustus tritt das Verhör des Angeklagten durch den Statthalter, der als Einzelrichter fungiert, in den Mittelpunkt. So entspricht es auch seiner Stellung als oberster Gerichtsherr. Er kann sich zwar des Rates von Gerichtsassistenten bedienen, ist aber von deren Meinung unabhängig (vgl. Apg 25,12)[31]. Ankläger sind zugelassen. Für andere Provinzen ist belegt, daß der Statthalter neben sich ein Geschworenengericht einsetzte. Die Wahl seiner Mitglieder ist

---

[26] Vgl. *Mommsen,* Strafrecht 229–250.37; *Mitteis-Wilcken* I/1,28–43; *Gnilka,* Prozeß 25–28.

[27] Vgl. *H. Last:* RAC III 235–243; hier 236f.

[28] Dio Cassius 53,13,7.

[29] *Mommsen,* Strafrecht 897.

[30] Kleine Schriften 23.

[31] Nach *Josephus,* ant. 20,117, ließ der Statthalter Cumanus „auf den Rat seiner Freunde" einen Soldaten hinrichten. Auch das kann man als einen Hinweis auf Gerichtsassistenten werten. Zur Sache vgl. *Mommsen,* Strafrecht 139f.

aber völlig ihm überlassen[32]. Die Schuldfeststellung resultiert letztlich aus der Überzeugung, die der Richter, einerlei ob er allein oder im Verein mit anderen fungiert, hinsichtlich des deliktischen Tatbestandes gewinnt[33].

Im Prozeß Jesu vernehmen wir von Geschworenen ebensowenig wie von Gerichtsassistenten. Geschworenengerichte waren in Judäa nicht üblich und scheiden auch für Pilatus aus. Ob er ein Consilium bemühte, kann kaum noch geklärt werden. Hingegen dürfen wir vermuten, daß er im Verhör Jesu einen Dolmetscher in Anspruch nahm, der die aramäischen Aussagen übersetzte[34]. Der Prozeß Jesu bestand im wesentlichen aus der Anklage, die von den Hohenpriestern (oder deren Repräsentanten?) vorgebracht wurde, und dem von Pilatus vorgenommenen Verhör. Auch der synoptische Prozeßbericht ist entsprechend dieser Grundstruktur gestaltet. Die Hohenpriester klagen an, Pilatus fragt, Jesus antwortet oder schweigt (Mk 15,2–5 parr). Es erscheint durchaus glaubwürdig, daß die Hohenpriester sich persönlich zum Richtplatz bemühten. Auch in einem anderen Fall zur Zeit der Prokuratie des Florus wird berichtet, daß „die Hohenpriester und die Vornehmen wie überhaupt die Angesehensten der Bürgerschaft" sich vor dem Richtstuhl aufstellten[35].

Jesus stand gefesselt vor Pilatus (Mk 15,1). Der Römer war an diesem Morgen nicht bloß mit der Sache Jesu befaßt, sondern auch mit dem Fall von zwei anderen, vermutlich Straßenräubern, die später mit ihm zusammen hingerichtet werden sollten. Hinzu kommt der Fall des Barabbas. Als öffentlicher Ort des Richtplatzes werden sowohl die Tempelburg Antonia, im Nordwesten des Tempelareals gelegen, als auch der Palast des Herodes, in der Nähe des Jaffatores, diskutiert. Die Entdeckung eines gewaltigen, etwa 1900 qm großen Steinplattenpflasters in der Nähe der Antonia hat erstere favorisiert, weil man in diesem das in Joh 19,13 erwähnte Lithostroton gefunden zu haben meinte[36]. Auch Mk 15,8: „Und die Volksmenge zog hinauf", scheint für die Antonia zu sprechen, weil diese am Ende des von Norden abfallenden Felsengeländes sich befand, das nach dem Tempelplatz hin steil abgeschnitten war[37]. Doch hat es das heute wieder an das Tageslicht getretene Steinplattenpflaster aller Wahrscheinlichkeit nach zur

---

[32] Bezeugt durch das erste und vierte Edikt von Kyrene. Dazu vgl. *Volkmann*, Rechtsprechung 144.
[33] *Mommsen*, Strafrecht 435.
[34] So auch *Paulus:* ZSRG 102 (1985) 442 und Anm. 33.
[35] *Josephus*, bell. 2,301.
[36] Der Name Gabbata ist in seiner Bedeutung dunkel. Es handelt sich um ein aramäisches Wort, das nicht die Übersetzung von Lithostroton ist. Vielleicht bedeutet es „Anhöhe" oder „kahler Vorderkopf", bezöge sich dann also auf die landschaftliche Lage. Vgl. *Dalman*, Jesus 13; *Billerbeck* II 572.
[37] Vgl. *Kopp*, Stätten 415.

Zeit des Pilatus noch nicht gegeben, weil es der Aelia Capitolina, dem von den Römern nach der Zerstörung des Jüdischen Krieges wiederaufgebauten Jerusalem, zuzuschreiben sein dürfte. „Hinaufziehen“ ist terminus technicus der Gerichtssprache und gleichbedeutend mit „zum Gericht gehen“. Die Statthalter pflegten ihre Residenzen in den Palästen der früheren Herrscher aufzuschlagen. Auch von Florus wissen wir, daß er im Königspalast abstieg [38]. Der Herodespalast kann als die Stätte gelten, wo Jesus den Spruch des Pilatus empfing [39]. Vor dem Palast befand sich auch ein freier Platz, der als öffentlicher Richtplatz geeignet war.

Daß Pilatus ein eigenes Verfahren gegen Jesus anstrengte, zeigt, daß er nicht gewillt gewesen sein dürfte, einfach nur eine Meinung der jüdischen Hierarchen zu übernehmen, sondern bestrebt war, sich ein eigenes Bild von der Sache zu machen. Die stark theologisch geprägten Berichte der Evangelien haben vor allem Anlaß dafür gegeben, die Auffassung zu entwickeln, daß Pilatus am Schluß kein förmliches Todesurteil gesprochen habe, vielmehr sei die Auslieferung Jesu an das Kreuz als bloße Verwaltungsmaßnahme im Koerzitionsverfahren, als Vollstreckungsbefehl, Vollstreckungsurteil o.ä. zu werten [40]. Nur Joh 19,13 spricht vom Richterstuhl (βῆμα), auf dem Pilatus Platz genommen habe, was ein förmliches Urteil voraussetzen würde (vgl. Mt 27,19). Auch Lk 23,24 läßt das Wörtchen „verurteilen“ einfließen, sonst überwiegt der Satz: „Er lieferte ihn aus, daß er gekreuzigt werde“ (Mk 15,15; Mt 27,26; Joh 19,16). Doch entspricht das dem theologischen Auslieferungsmotiv (παραδιδόναι), das die gesamte Passion Jesu durchzieht und hier zu seinem Ziel geführt wird [41].

Die Berichte der Evangelien lassen zwei führende Tendenzen erkennen, nämlich den Römer Pilatus zu entlasten und die jüdische Seite zu belasten. Pilatus hat demnach fast gegen seinen Willen den Befehl gegeben, Jesus kreuzigen zu lassen. Nun war er sicher Realpolitiker. Das Zeugnis, das ihm Philo von Alexandreia [42] ausstellt – das ausführlichste, das wir über ihn besitzen –, enthält kaum Schmeichelhaftes. Unbeugsam, eigenwillig, unnachgiebig, aber auch bestechlich, gewalttätig sind Eigenschaften, die ihm hier nachgesagt werden. Er konnte unter Druck gesetzt werden [43]. Doch sollten aus alldem keine weitreichenden

---

[38] *Josephus*, bell. 2,301.

[39] Zur Diskussion vgl. *Blinzler*, Prozeß 256–259; *Kopp*, Stätten 415–421.

[40] Vgl. etwa *M. Dibelius* in: Botschaft und Geschichte I (Tübingen 1953) 221–247, bes. 226f; *W. von Ammon*, Das Strafverfahren gegen Jesus von Nazareth: Nachrichten der Evangelisch-Lutherischen Kirche in Bayern 8 (1953) 69–72; *V. Achter*, Der Prozeß gegen Jesus von Nazareth (Köln 1964), besonders 38f. Vgl. *Mommsen*, Strafrecht 240 Anm. 2.

[41] Vgl. Mk 9,31; 10,33; 14,10f.18.21.41f.44; 15,1.10.15.

[42] Leg. Gaj. 299–305.

[43] Vgl. *J. Blank*, Die Johannespassion: *K. Kertelge* (Hrsg.), Der Prozeß gegen Jesus

Folgerungen gezogen werden. So meinte L. Wenger, daß Pilatus erst am Schluß des Jesus-Prozesses den Richterstuhl bestiegen habe, während er zuvor de plano verhandelt habe, weil er das Verfahren am liebsten ohne Urteilsspruch habe beenden wollen[44]. Die Beteiligung der jüdischen Seite in der Gestalt der von den Hierarchen eingebrachten Anklage am Pilatusprozeß haben wir schon festgestellt. Die Beteiligung des Volkshaufens – mehr indirekter Art – kommt in Verbindung mit der sogenannten Pascha-Amnestie ins Spiel, auf die wir gleich zu sprechen kommen werden.

Einzelne Rechtshistoriker sind der Meinung, daß der Prozeß mit einem Geständnis Jesu geendet habe[45]. Weil das Geständnis ein Urteil überflüssig machte, habe er dem Kreuzestod ausgeliefert werden können. Man beruft sich hierbei auf die Antwort Jesu auf die Frage des Römers, ob er der König der Juden sei (Mk 15,2 parr). Doch was soll Jesus gestanden haben? Soll er die gegen ihn vorgebrachte Anschuldigung eingestanden haben? Oder sollte sein Schweigen als Geständnis aufgefaßt worden sein? Freilich ist auch das Schweigen des Gerechten ein Motiv der Psalmen (vgl. Ps 38,14–16; 39,10; Is 53,7). Mk 15,2: „Du hast es gesagt", ist im übrigen keine eindeutige Bejahung, sondern eine Antwort, die alles in der Schwebe läßt[46].

Der Prozeß endete mit einem förmlichen Todesurteil. Die Verfahrensumstände, die Anwesenheit der Hohenpriester als Ankläger, auch die Dauer des Verfahrens, das beim frühen Morgenlicht begonnen hatte, machen diese Annahme plausibel[47]. „Du wirst das Kreuz besteigen", war die Sentenz, die Jesus aus dem Mund des Römers zu hören bekam. Daß Pilatus sich des βῆμα bediente, also vom Richtstuhl aus richtete, kann fast ohne weiteres vorausgesetzt werden. Wir haben zahlreiche Belege, die anzeigen, wie selbstverständlich es war, daß die Statthalter bei Ausübung ihres Richteramtes das βῆμα benutzten[48].

Nun erfährt der Prozeß Jesu nach dem Bericht der Evangelien eine Unterbrechung durch die Barabbasszene. Sie wird nach Mk 15,6; Mt

---

(QD 112) (Freiburg ²1989) 148–182, hier 167. Ein schönes Beispiel bietet die Geschichte von den Weiheschilden, die Pilatus im Palast des Herodes aufstellen ließ, aber dann – von den Juden hart bedrängt – entfernen lassen mußte. Philo berichtet an der genannten Stelle davon.

[44] Über erste Berührungen des Christentums mit dem römischen Recht: Miscellanea G. Mercati 5 (St T 125) (Città del Vaticano 1946) 569–607, hier 578. Vgl. *ders.*, Noch einmal zum Verfahren de plano und pro tribunali: ZSRG 62 (1942) 366–376.

[45] *G. Thür – P. E. Pieler:* RAC X 386; Paulus: ZSRG 102 (1985) 442.

[46] Vgl. *Gnilka,* Markus II 300.

[47] Vgl. *Strobel,* Stunde 135f; *Sherwin-White,* Roman Society 47; *A. Steinwenter:* Jura 7 (1956) 263–266.

[48] Belege aus der Papyri-Literatur bei *Mitteis-Wilcken* II/1, 36. Vgl. auch wieder *Josephus,* bell. 2,301: „Florus ... ließ am folgenden Tag vor dem Palast den Richtstuhl aufstellen."

27,15; Joh 18,39 mit einer vom Statthalter regelmäßig gewährten Paschaamnestie in Verbindung gebracht. Es ist allerdings auffällig, daß Lk 23,18 die Paschaamnestie nicht erwähnt. Bei ihm erscheint die Freilassung des Barabbas als ein Akt, den der beim Richtstuhl versammelte Volkshaufen per acclamationem durchsetzt[49]. Welche der beiden Versionen ist zu bevorzugen? Barabbas wird vorgestellt, als berüchtigt (Mt 27,16), als Räuber (Joh 18,40). Er hatte beim Aufruhr, der in der Stadt geschehen war, einen Mord begangen (Lk 23,19; Mk 15,7). Vermutlich haben wir es mit einem Anführer der Zeloten zu tun, der mit der Sympathie des Volkes rechnen konnte. Die Überlieferung seines Namens ist – wie auch die der übrigen Namen in der alten Passionstradition – Gewähr für die Zuverlässigkeit des berichteten Vorkommnisses.

Eine regelmäßig am Pascha-Fest vom Statthalter gewährte Amnestie eines Gefangenen ist umstritten. Josephus weiß von ihr nichts. Man beruft sich für sie auf eine Mischna-Stelle. Doch ist deren Alter nicht sicher zu bestimmen. Auch ist nicht eindeutig klar, auf welche Verhältnisse sie sich bezieht, auf römische oder jüdische, darauf, daß ein Gefangener wirklich freigelassen oder daß ihm ein Hafturlaub gewährt werden sollte, damit er das Paschamahl mitfeiern könne[50].

Die Amnestie (ἀμνηστία) ist ein griechischer Rechtsbegriff. Der Begriff kommt im römischen Strafrecht nicht vor, die Sache fehlt nicht ganz[51]. Selbstverständlich kannten die Römer Formen der Begnadigung. Am geläufigsten sind die abolitio, die gesetzliche Niederschlagung eines Strafverfahrens, und die venia, die Aufhebung eines ergangenen Urteilsspruches[52]. Aufgrund der genannten Schwierigkeiten empfiehlt es sich, die lukanische Version zu bevorzugen. Sympathisanten des Barabbas haben per acclamationem die Freilassung ihres Favoriten durchgesetzt. Daß solches möglich war, wissen wir aus dem analogen Fall des Phibion, der sich vor dem Richtstuhl des ägyptischen Statthalters G. Septimius Vegetus um das Jahr 85 n. Chr. zugetragen hat[53]. Vielleicht darf man auch die Bestechlichkeit der Statthalter erwägen. Vom jüdischen Statthalter Albinus wissen wir,

---

[49] Der Vers Lk 23,17, der die Paschaamnestie einbringt, ist sekundär. Er wird nur von einem Teil der Textzeugen geboten.

[50] Pes 8,6 spricht von einem, dem man versprochen hat, ihn aus dem Gefängnis zu entlassen. Ein Versprechen des Statthalters ist höchst unwahrscheinlich. Man muß dann den Umweg wählen, daß Komplizen dem Gefangenen versprachen, sich für ihn einzusetzen. bPes 91 a, wo klar von einem römischen Gefängnis die Rede ist, ist in seinem Bezug zu Pes 8,6 problematisch. Hier macht auch *Blinzler,* Prozeß 319, im Gegensatz zu *Strobel,* Stunde 122f, ein Fragezeichen.

[51] *Mommsen,* Strafrecht 458.

[52] Vgl. *Mommsen,* Strafrecht 452–456. 473–477; *W. Waldstein,* Untersuchungen zum römischen Begnadigungsrecht, Abolitio – indulgentia – venia (Innsbruck 1964).

[53] Vgl. *Gnilka,* Prozeß 35.

daß er gegen Entrichtung einer Geldsumme bereit war, Gefangene zu entlassen[54]. Später wird Kaiser Diokletian seine Richter ermahnen, nicht auf das Geschrei des Volkes zu achten, wenn es den Verbrecher freisprechen oder den Unschuldigen verdammen möchte[55].

Wir gehen davon aus, daß die Freilassung des Barabbas sich am gleichen Morgen zutrug, als Jesus verurteilt wurde[56]. Die enge Zusammenführung beider Fälle erfolgte später. Sie ergab die erzählerische Möglichkeit, den Volkshaufen aktiv in die Verurteilung Jesu miteinzubeziehen. Für den christlichen Erzähler war es unbegreiflich, daß man sich nicht für Jesus eingesetzt hatte[57].

Über eine, wenn auch nur indirekte, Beteiligung des galiläischen Landesherrn Jesu, Herodes Antipas, am Prozeß läßt sich historisch Zuverlässiges nichts mehr ausmachen. Wir wissen nur, daß er Johannes den Täufer hat hinrichten lassen, und können annehmen, daß er auch Jesus skeptisch beobachtete (vgl. Lk 13,31). Wenn er am Paschafest in Jerusalem weilte, hat er in seinem Palast gewohnt. Dort war auch Pilatus abgestiegen. Doch ist die Perikope Lk 23,6–12 vom Schriftbeweis bestimmt und als Illustration zu Ps 2,1 f zu werten: „Warum toben die Heiden ...? Die Könige der Erde treten zusammen, und die Fürsten versammeln sich wider den Herrn und seinem Gesalbten" (vgl. Apg 4,25–28)[58].

4. *Causa mortis*

In dem Bemühen, die causa mortis Jesu ausfindig zu machen, das heißt, den Schuldvorwurf, den man ihm machte, das Kapitalverbrechen, das man ihm vorwarf und aufgrund dessen er zum Tod verurteilt

---

[54] *Josephus*, ant. 20,215. Die Freipressung von Sikariern unter Albinus gibt für eine Paschaamnestie nichts her. Einmal ist das in diesem Zusammenhang erwähnte Fest nicht näher bestimmt, zum anderen handelt es sich um terroristische Erpressungsakte, die wiederholt wurden. Vgl. *Josephus*, ant. 20,208–210. *Strobel*, Stunde 125, schlägt einen Mittelweg ein. Er rechnet zwar mit einer regelmäßigen Paschaamnestie, meint aber, daß die Freilassung des Barabbas per acclamationem durchgesetzt worden sei.

[55] Vgl. *R. Eisler*, Jesous Basileus ou basileusas II (Heidelberg 1930) 464 Anm. 2.

[56] *Bultmann*, Geschichte 293 Anm. 3, meinte, daß die Begnadigung des Barabbas einen historischen Fall darstellt, der sich später zugetragen habe und von der Gemeindetradition auf den Tag der Verurteilung Jesu zurückdatiert worden sei. Doch nur bei der Gleichzeitigkeit beider Prozesse erscheint ihre stärkere Annäherung plausibel.

[57] Ob Barabbas auf dem Weg der abolitio oder der venia freikam, muß wohl dahingestellt bleiben. *Waldstein* (Anm. 52) 41 f entscheidet sich für venia. Dann wäre Barabbas bereits verurteilt gewesen. Doch ist auch abolitio denkbar.

[58] Es war ein exegetischer Irrweg, wenn einzelne Interpreten Herodes Antipas als die maßgebliche Kraft im Vorgehen gegen Jesus ansahen. Zur Auseinandersetzung vgl. *Blinzler*, Prozeß 293–300.

wurde, ist der sicherste Ausgangspunkt das Faktum der Kreuzigung. Wir bemerkten schon oben, daß die Kreuzigungen im Palästina jener Zeit immer politisch motiviert waren. Die Klage, die gegen Jesus erhoben wurde und die auf Pilatus Eindruck zu machen vermochte, muß sich in diesen weitgesteckten Rahmen einfügen.

Nun haben wir den Kreuzestitel. Die in Mk 15,26 überlieferte kürzeste Fassung kann als die ursprüngliche gelten. Sie lautet: der König der Juden[59]. Sie war öffentlich. Der Brauch ist allgemein bei Hinrichtungen für das 1. Jahrhundert n. Chr. nachgewiesen. Die Belege geben seinen Zweck unmißverständlich an. Dem Verurteilten vorangetragen, soll die Aufschrift auf einer Tafel die Ursache seiner Bestrafung einem möglichst großen Publikum bekanntmachen[60]. Keine Belege besitzen wir dafür, daß man die Tafel am Kreuz über dem Haupt des Gekreuzigten anbrachte. Doch setzt der markinische Bericht diese Anbringung noch nicht voraus (vgl. Mk 15,26). Wenn die anderen Evangelisten es so darstellen, stilisieren sie die Szene im Sinn der Proklamation des Königtums Jesu (Mt 27,37; Lk 23,38; Joh 19,19). Der Kreuzestitel überliefert uns zuverlässig die causa mortis Jesu. Man warf ihm vor, daß er sich das Königtum angemaßt habe[61].

Das Zusammenwirken von Kajafas und Pilatus, von jüdischer und römischer Instanz im Prozeß Jesu bedarf nochmals unserer Aufmerksamkeit. Beide Instanzen handelten gemäß ihren Rechtsvorstellungen. Es ist nicht angebracht, so ohne weiteres von einem Rechtsirrtum zu sprechen. Auch wenn der Statthalter über die volle Gerichtsbarkeit verfügte, darf man sich seine Verwaltung nicht als Willkür vorstellen. Es war durchaus nicht so, daß zur Zeit des Pilatus in jeder Woche irgend jemand ans Kreuz geschlagen wurde. Anarchische Zustände stellen sich erst in der Nähe des Jüdischen Krieges ein und im Zusammenhang mit den Unruhen, die zu ihm geführt haben. So hören wir von Massenkreuzigungen unter dem Legaten Quadratus und den Statthaltern Felix und Florus und später davon, daß Titus bei der Belagerung Jerusalems viele Juden kreuzigen ließ[62]. In vorchristlicher Zeit

---

[59] Lk 23,38: Dieser der König der Juden; Mt 27,37: Dieser ist Jesus, der König der Juden; Joh 19,19: Jesus, der Nazoräer, der König der Juden (dreisprachig).

[60] *Sueton,* Caligula 32: „unter Vorantragung einer Tafel, auf welcher die Ursache seiner Bestrafung geschrieben stand"; *Sueton,* Domitian 10: der Delinquent hat eine Tafel mit der Aufschrift „Ein Thrakerfreund, der die Majestät gelästert hat" um den Hals gehängt bekommen und wird durch die Arena geschleppt; Dio Cassius 54,3,7: „durch die Mitte des Forums mit einer Aufschrift, welche den Grund seiner Verurteilung zum Tode kundtat"; Eusebios, hist. eccl. 5,1,44: „Er wurde im Amphitheater herumgeführt, wobei ihn eine Tafel mit der lateinischen Aufschrift ankündigte: Das ist Attalus, der Christ."

[61] Die Skepsis von *Kuhn:* ZThK 72 (1975) 6 ist nicht berechtigt. Schließlich belegen auch die Evangelien diesen Brauch. Er mag nicht häufig vorgekommen sein. Doch sind unsere Kenntnisse hier einfach zu dürftig.

[62] Vgl. *Josephus,* bell. 2,241.253.306-308; ant. 20,129.160–166; auch *Schürer,* Ge-

gab es Massenkreuzigungen durch den Hohenpriester Alexander Jannäus und durch Quintilius Varus.

Der Statthalter war zwar der Repräsentant der Reichsjustiz, doch war er dem Kaiser Rechenschaft schuldig, gelegentlich sogar dem syrischen Legaten. Die jüdische Seite verstand es, sich dies zunutze zu machen, und sandte dann und wann Beschwerdedelegationen nach Rom. In einem Fall verfügte Ummidius Quadratus, der syrische Legat, nicht nur die vornehmen Juden, sondern auch den Statthalter Cumanus nach Rom, damit das kaiserliche Gericht ihre Streitigkeiten schlichten sollte [63]. Pilatus hatte den Hohenpriester Kajafas als Gegenüber. Wenn dieser eine außerordentlich lange Regierungszeit hatte und fast gleichzeitig mit Pilatus sein Amt verlor, kann man daraus den Schluß ziehen, daß er sich nicht nur eines gewissen Ansehens bei den Römern erfreute, sondern auch Pilatus sich seiner Kooperation bediente. Oder sollte man besser sagen, daß sich beide ihre gegenseitige Kooperation zunutze zu machen verstanden? Übrigens wurde auch Pilatus am Ende wegen Amtsmißbrauchs durch den syrischen Legaten Vitellius abberufen.

Eine prozeßrechtliche Zusammenarbeit zwischen der jüdischen und römischen Instanz ist besonders gut denkbar bei Vergehen, die sich gegen den Tempel richteten. Zur Zeit der judäischen Statthalter, als die Hohenpriester von Rom eingesetzt wurden, führte Rom die Oberaufsicht über den Tempel. Im Tempel wurden täglich Opfer für den Kaiser und das römische Volk dargebracht [64]. Die Kooperation bei Tempeldelikten belegen die schon erwähnte Tempelschranke mit ihren Tötungsdrohungen und der Fall eines gewissen Jesus, Sohn des Ananias, der sich kurz vor Beginn des Jüdischen Krieges zugetragen hatte. Er wurde wegen Lästerungen gegen den Tempel von den Juden ergriffen und dem Statthalter Albinus übergeben, der ihn geißeln ließ [65]. Die Kooperation gilt sogar für die jüdische Diaspora [66].

Obwohl es die Evangelien mehr andeuten als aussprechen, werden wir davon ausgehen können, daß Jesu Tempelprotest, sein Vorgehen

---

schichte III Register 72. Massenhinrichtungen gab es auch in anderen Provinzen. Volesus, der Statthalter der Provinz Asia, läßt zur Zeit des Augustus 300 Menschen mit dem Beil töten. Er wird dafür vom Senat zur Rechenschaft gezogen. Vgl. *Seneca,* de ira 2,5,5.

[63] Zu diesen sogenannten Transmissionen vgl. *Mommsen,* Strafrecht 239–243. Dieser schreibt der statthalterlichen Strafjustiz sogar mäßigende Wirkungen zu gegenüber einer manchmal schlimm schaltenden Winkelwirtschaft und zitiert als abschreckendes Beispiel die Steinigung des Stephanus (239 und Anm. 4). Zum Eingreifen des Quadratus vgl. *Josephus,* ant. 20,129; bell. 2,241.

[64] Vgl. *Josephus,* Ap. 2,6.

[65] *Josephus,* bell. 6,300–305.

[66] Augustus schützt die Überweisung der Tempelsteuer von Juden in der Diaspora nach Jerusalem. Vgl. *Josephus,* ant. 16,164.167f, und *Volkmann,* Rechtsprechung 130f.

gegen die Geldwechsler und Taubenverkäufer im Vorhof der Heiden, den Anlaß zu seiner Verhaftung gab. Andeutungen in dieser Richtung bieten das von Zeugen eingebrachte Tempellogion Jesu (Mk 14,58 par) und die Bemerkung am Schluß der Perikope vom Tempelprotest, daß die Hohenpriester und Schriftgelehrten darauf sannen, wie sie ihn verderben könnten (Mk 11,18). Wichtig ist, daß dies die erste Erwähnung der Hohenpriester in einem berichtenden Text des Evangeliums ist. Die Bedeutung der Hohenpriester im Prozeß Jesu ist uns bekannt.

So plausibel ein Tempeldelikt als Anlaß zum Eingreifen gegen Jesus erscheint, es reicht nicht aus, daß man ihm den Vorwurf machte, er usurpiere das Königtum der Juden. Man hat, um diese Lücke zu füllen, auf eine geraffte Schilderung der Verhältnisse in Judäa um die Zeitenwende bei Josephus aufmerksam gemacht, die die Zeit der Unruhen nach dem Tod Herodes' d. Gr. betrifft: „Judäa war voller Räubertrupps, und wo sich nur immer eine Schar von Aufrührern zusammentat, *stellten sie einen König auf,* um das Verderben des Gemeinwesens herbeizuführen. Während sie den Römern nur unbedeutenden Schaden zufügten, richteten sie im eigenen Volk das schlimmste Blutbad an" (ant. 17,285)[67]. Aufruhr, Störung der Ordnung und Königtum würden so eng zusammenhängen, daß wir mit der strafrechtlichen Bezeichnung eines Tatbestandes, formuliert vom römischen Standpunkt aus, rechnen könnten[68].

So hilfreich dieser Hinweis ist, es bleiben immer noch ungelöste Fragen. Es ist richtig, daß Pilatus Jesus verurteilte, weil er in ihm die staatliche Ordnung gefährdet sah. Aber warum schritt er nicht gegen seine Jünger ein? Das Ziel des Prozesses war die Ausschaltung Jesu. Dem Pilatus mußte Jesus von seiten der Ankläger als einer vorgestellt worden sein, der die staatliche Ordnung bedroht. Die Tötung von Menschen konnte man ihm gewiß nicht nachsagen, wie das bei Barabbas oder jenen Aufrührern zur Zeit des Quintilius Varus der Fall war, von denen Josephus spricht. Für den Prozeß, den Kajafas und die Hohenpriester durchführten und der dem Pilatusprozeß vorausging, bleibt auf jeden Fall der Konflikt zu berücksichtigen, der sich schon längere Zeit vorher angebahnt hatte und der im Tempelprotest Jesu seinen Höhepunkt erfuhr. Er machte das Maß voll und gab den Hohenpriestern die – wahrscheinlich willkommene – legitime Möglichkeit, gegen ihn einzuschreiten. Der vorangegangene, schwelende Konflikt aber ist – wie wir gezeigt haben – durch zweierlei bedingt: die Kritik der Frömmigkeits- und Gesetzespraxis und den von Jesus erhobenen Anspruch. Der Synhedrialprozeß war ein religiös motivierter. Doch sind hier Religion und staatliche Macht nicht zu trennen. Vor Pilatus gebracht,

[67] *Kuhn:* ZThK 72 (1975) 5 Anm. 13; *Müller,* Vollzug 81.
[68] *Müller,* Vollzug 81 f.

konnte er nur noch unter dem Aspekt der Staatsräson geführt werden. So ist die Anklage „König der Juden" hintergründig. Wer den religiösen Konflikt ausblendet, greift zu kurz[69].

Das römische Strafrecht führt zwei Tatbestände an, die geeignet waren, die von den Hohenpriestern eingebrachte Anklage juristisch zu fassen: die perduellio (schwere Landesfeindschaft) und das crimen maiestatis populi Romani imminutae (die dem Ansehen des römischen Volkes zugefügte Schädigung)[70]. Eine Grenzlinie zwischen beiden nach der Beschaffenheit der Straftat läßt sich nicht so ohne weiteres ziehen. Doch reicht das crimen maiestatis weiter. Es ist noch mehr auf richterliche Interpretation angewiesen. Es gab niedergeschlagene Perduellionsprozesse, die unter der Anklage des crimen maiestatis wieder auflebten. Die perduellio wiegt noch schwerer[71]. In beiden Fällen konnte Jesus als nichtrömischer Bürger mit dem Tod am Kreuz bestraft werden. Welche Formulierung eines Tatbestandes Pilatus gewählt haben mag, kann offenbleiben[72].

5. Der Kreuzweg und die Hinrichtung

Zum Tode verurteilt, wurde Jesus von den Soldaten, denen seine Hinrichtung übertragen war, gegeißelt. Der älteste Bericht übergeht diese Tortur fast, erwähnt sie nur in einem Nebensatz (Mk 15,15). Die Geißelung ist Bestandteil der Kreuzigung, sie leitete die Hinrichtung ein[73]. Sie konnte nur an Peregrinen vollzogen werden. Römische Bürger zu geißeln, war seit Cato verboten. Caesar ahndete deren Geiße-

---

[69] *Strobel,* Stunde 81–92, entwickelt die These, daß Jesus vom Synhedrion der Falschprophetie und Volksverführung bezichtigt worden sei, und leitet beide Anklagepunkte aus Dt 13 ab. Von Dt 13 her aber ist Verführung als Verführung zum Abfall von Jahve näher zu bestimmen, ein Vorwurf, der sich gegen Jesus nicht erheben ließ. Auch das rabbinische Recht versteht Verführung als Verführung des einzelnen zum Götzendienst. Vgl. *Müller,* Vollzug 43.

[70] Zum Begriff der perduellio vgl. *Brecht,* Perduellio 120. Er ist spezifisch römischen Ursprungs. Die Griechen umschreiben ihn: ἀδικεῖν τὴν πόλιν, ἀδίκημα δημόσιον. Zum Begriff der maiestas vgl. *Mommsen,* Strafrecht 538f. Etymologisch kommt perduellio wahrscheinlich von altlat. duellium, gleichbedeutend mit bellum.

[71] Vgl. *Mommsen,* Strafrecht 589f. *Brecht,* Perduellio 265, meint, daß eine die beiden Begriffe verwebende Darstellung diesen nicht völlig gerecht würde.

[72] *Brecht,* Perduellio, referiert über ca. 30 Perduellionsverfahren. Hinter der perduellio verbergen sich etwa: politische Mißliebigkeit bei der siegreichen Partei des Marius und Cinna; der Versuch, das Königtum – wenn auch nicht in eigener Person – wieder einzuführen (301f). Der letzte Punkt kommt unter den besprochenen Verfahren dem Prozeß Jesu relativ am nächsten. Nicht alle Perduellionsprozesse ziehen die Todesstrafe nach sich. Brecht rät, die perduellio nicht mit dem Hochverrat gleichzusetzen (123f).

[73] Vgl. *Mommsen,* Strafrecht 47. Zeitgenössische Belege: *Josephus,* bell. 2,306.308; 5,449; 7,200–202. Noch mehr Angaben bietet *Blinzler,* Prozeß 322 Anm. 14.

lung als schwere Vergewaltigung[74]. Die Soldaten benutzten für die Geißelung das horribile flagellum, einen Lederriemen, der oft von Knochenstücken oder Bleiklumpen durchsetzt oder mit einem Stachel versehen war. Der zu Geißelnde wurde entkleidet auf den Boden geworfen oder an eine Säule gebunden. Die Zahl der Schläge war den Peinigern überlassen[75].

Der Passionsbericht fährt fort mit der Verhöhnung Jesu als Judenkönig durch die Soldaten (Mk 15, 16–20 a). Gewiß ist dieser Bericht stilisiert im Sinn einer Travestierung des Königsrituals. Seinem historischen Kern wird man dann gerecht, wenn man zu seiner Interpretation nicht auf römische Analogien zurückgreift, die aus „übel angebrachter Gelehrsamkeit" entstanden, das Geschehen eher verzeichnen[76]. Es erklärt sich ganz aus der Situation heraus[77]. Die nach der Verurteilung entstehende Pause, die für die Vorbereitung der Kreuzigung notwendig war, benutzten einige Soldaten, um ihren Spott an Jesus auszulassen. Wenn man bedenkt, daß die Auxiliartruppe des jüdischen Statthalters aus den Kreisen der Palästinenser vornehmlich ausgehoben wurde – Juden waren vom Militärdienst befreit –, wird man in der Verhöhnung Jesu auch einen Akt des allgemeinen Judenhasses erblikken müssen, der den Palästinensern schon damals nicht fremd war.

Der Weg vom Prätorium zur Hinrichtungsstätte führte durch einen Teil der Oberstadt und wahrscheinlich durch das Gennath-Tor nach draußen, das ganz in der Nähe des Hippikus-Turms gelegen war[78]. Wir gehen dabei davon aus, daß der Herodespalast das Prätorium, die Jerusalemer Residenz, des Präfekten war. Drei Hinzurichtende, begleitet von den Soldaten des Hinrichtungskommandos, das in der Regel von einem Offizier niederen Ranges befehligt wurde, gingen den Weg durch die Gassen der von Paschapilgern dicht belebten Stadt. Die Tafel mit der Aufschrift der Schuld wurde Jesus vorangetragen oder war ihm um den Hals gehängt. Der öffentliche Zug zur Hinrichtung wie auch diese selbst sollten abschrecken. Nach römischem Recht, dem jüdische Gepflogenheiten entsprachen, fanden die Exekutionen außer-

---

[74] *Mommsen,* Strafrecht 47.

[75] Das Synagogalgericht kannte eine Geißelstrafe von 39 Schlägen (vgl. 2 Kor 11,24). *Josephus,* bell. 6,304 f, schildert die Geißelung Jesu, Sohn des Ananias: „bis auf die Knochen durch Geißelschläge zerfleischt".

[76] Das kritische Wort stammt von Meyer, Ursprung I 187. An bestimmten römischen Festen – den Sakaien, Kronien oder Saturnalien – pflegte man Hinzurichtenden einen purpurnen Königsmantel anzulegen. Vgl. auch *Philo,* Flacc. 36–40.

[77] *Bultmann,* Geschichte 293 f, meint, die Verspottungsszene sei eine sekundäre Ausführung des Motivs der Geißelung. Das kann nicht überzeugen. Zur Kritik vgl. *Gnilka,* Markus II 308 f.

[78] Hippikus, Phasael und Mariamme hießen die drei in der Nordostecke gelegenen Türme des Herodespalastes. Vgl. den Stadtplan von Jerusalem in *D. H. K. Amiran u. a.,* Atlas of Jerusalem (Berlin/New York 1973), Tafel 3.6.

halb der Stadt statt. Die Hinzurichtenden hatten das patibulum (den Querbalken) selbst zu schleppen: „Du mußt ... vor dem Stadttor sterben mit ausgestreckten Armen, da du den Kreuzesbalken halten wirst.“ [79] Offenbar weil Jesus völlig erschöpft ist, nötigt man einen gewissen Simon von Kyrene, ihm das patibulum abzunehmen (Mk 15,21 parr). Nicht hat er den Querbalken mit Jesus zusammen getragen, vielmehr mußte er ihm diesen völlig abnehmen. Wir haben es mit einem für die damaligen Zeiten der Besatzungsmacht typischen Frondienst zu tun, wie man sie auch sonst den Juden abverlangte. Gerade für die Festtage ist das nicht ungewöhnlich [80]. Markus bzw. der alte Passionsbericht stellen diesen Simon auffällig genau vor. Er stammt aus Kyrene in Nordafrika (Kyrenaika), wo es eine ansehnliche jüdische Diaspora gab, die sogar eine Synagoge in Jerusalem unterhielt (Apg 6,9). Entweder war Simon als Festpilger in der Stadt oder er war von seiner Heimat nach Jerusalem umgesiedelt, wie es manche Diasporajuden im Alter taten. Der Bericht bezeichnet Simon zusätzlich als den Vater des Alexander und Rufus. Man darf daraus den Schluß ziehen, daß er der ältesten Gemeinde persönlich bekannt ist – Matthäus und Lukas streichen diese Bemerkung bereits – und daß er später Christ wurde. Ob Rufus mit dem in der Grußliste des Römerbriefes erwähnten Träger gleichen Namens identisch ist (Röm 16,13), ist nicht sicher, könnte aber durchaus möglich sein [81]. Auf jeden Fall konnte die Gemeinde auf einen wichtigen Zeugen des Kreuzweges (und der Kreuzigung?) Jesu hinweisen.

Die Hinrichtungsstätte ist Golgota. Die Evangelisten übersetzen das Wort mit „Schädelstätte“ (Mk 15,22 parr) und leiten es somit vom hebräischen *golgolta* (das zweite „l“ wurde abgeschliffen) ab, was Kopf, Kugel (Totenkopf) bedeutet [82]. Die Übersetzung ist wahrscheinlich zutreffend. Am ehesten wird man *golgota* als Flurnamen auffassen, der sich auf einen kopf- oder schädelförmigen Hügel bezieht. Weiterreichende Deutungen, etwa daß der Ort als Hinrichtungsstätte als unrein galt, sind unsicher. Daß es feste Hinrichtungsstätten gab, müßte erst erwiesen werden [83]. Andere Deutungen, etwa daß der Schädel Adams dort bestattet sei, sind legendär hinzugewachsen. Golgota liegt nördlich von Jerusalem. Seine Lage in der Nähe der Stelle, wo die sogenannte zweite Nordmauer in ihrem südlichen Verlauf nach Westen abbiegt, also genau dort, wo die Grabeskirche die Erinnerung an die Stätte der Hinrichtung Jesu aufbewahrt, gilt heute als weithin zuverläs-

---

[79] *Plautus*, miles glor. 2,6f.
[80] Vgl. *Flusser*, Jesus 133. Zur ἀγγαρεία vgl. auch Mt 5,41.
[81] Nach einer verbreiteten Auffassung wurde das Markusevangelium in Rom abgefaßt.
[82] Vgl. *Jeremias*, Golgotha 1.
[83] *Jeremias*, Golgotha 1 Anm. 5.

sig. In den Jahren 1971–1974 von U. Lux-Wagner durchgeführte Ausgrabungen ergaben ein teilweise neues Bild. Golgota ist als Felskuppe vorzustellen, die sich etwa 12 m über die Sohle eines Steinbruchs erhob, der in der Nähe sich befand[84]. Von daher wird es begreiflich, wenn noch der Pilger von Bordeaux, der Jerusalem 333 besuchte, Golgota einen monticulus nennt[85]. Kaiser Konstantin hat den Hügel in das Areal seiner Grabeskirche einpassen lassen. Wahrscheinlich gab es schon beim Bau der Aelia Capitolina Landschaftsverschiebungen[86].

Daß Jesus vor der Kreuzigung einen Rauschtrank angeboten erhielt (Mk 15,23), der seine Schmerzen lindern sollte, läßt sich historisch rechtfertigen, wenn man annehmen darf, daß es Jerusalemer Frauen waren, die ihm diesen Dienst erwiesen. Die Römer kannten diesen Brauch nicht. Für Jerusalem ist er durch eine talmudische Überlieferung, deren Alter nicht angegeben werden kann, ausgewiesen. Jesus verweigert die Annahme.

Jesus hat die Tortur der Kreuzigung erduldet. Auch hier sind die Evangelien in ihrer Darstellung im höchsten Maß sparsam: „Und sie kreuzigen ihn" (Mk 15,24a). Dennoch darf man daran erinnern, wie sich diese Tortur vollzog. Mit ausgebreiteten Armen an das patibulum befestigt, gebunden oder genagelt, wurde der Gekreuzigte erhöht, indem das patibulum in den an Ort und Stelle bereits aufgerichteten Kreuzespfahl als crux commissa (T-Form) oder crux immissa (+-Form) eingefügt wurde. Für den gekreuzigten Jesus werden wir annehmen dürfen, daß er mit den Armen an das Kreuz genagelt wurde, wahrscheinlich auch mit den Füßen. Joh 20,25 und Lk 24,39 deuten dies an. Die Nägel wurden eher durch die Handgelenke als durch die Handflächen getrieben. So war die Kreuzigung ein blutiger Tod. Damit der Körper nicht vom Kreuz riß, war am Kreuzpfahl ein Sitzblock (sedile) angebracht. Die Kreuze waren in der Regel kaum mehr als mannshoch, so daß die Beine in eine gekrümmte Lage kamen. Die Gekreuzigten wurden aller Kleider beraubt und hingen nackt am Holz. Diese Darstellung der Kreuzigung wird archäologisch bestätigt durch den Fund des Skeletts eines Gekreuzigten in einem Grab auf dem Skopusberg bei Jerusalem aus der Zeit vor 70 n. Chr. Der diesem durch beide Füße getriebene Nagel steckte noch im Skelett[87].

Daß die grausame Tortur die Peiniger zu Sadismus und Haßorgien

---

[84] Vgl. *Riesner:* BiKi 40 (1985) 21–26.

[85] Bei *Jeremias,* Golgotha 2.

[86] Die Aelia Capitolina umfaßte etwa die Nordhälfte der zerstörten Stadt. Golgota war – wie schon zuvor durch die sogenannte 3. Nordmauer – in das Stadtgebiet miteinbezogen. In der Nähe von Golgota entstand das Forum. Vgl. *D. H. K. Amiran* (Anm. 78), Tafel 3.8.

[87] *Haas:* IEJ 20 (1970) 38–59. Etwas anders schildert es *Plautus,* Mostellaria 2,1,12f: „Zwiefach Arme und Beine fest angenagelt."

verleiten konnte, bestätigen andere Zeugnisse. Flavius Josephus beschreibt eine Massenkreuzigung vor den Toren Jerusalems während der Belagerung der Stadt durch Titus: „Die Soldaten aber trieben voller Wut und Haß ihren Spott mit den Gefangenen, indem sie jeden in einer anderen Stellung ans Kreuz nagelten, und bald fehlte es an Platz für die Kreuze ..." (bell. 5,451). Noch Schlimmeres scheint Seneca gesehen zu haben: „Ich sehe dort Marterhölzer, freilich nicht allein von einer Art ... manche schlagen sie mit dem Kopf zur Erde ans Kreuz, anderen treiben sie einen Pfahl durch die Schamteile, andere breiten am Kreuz die Arme aus. Ich sehe Folterseile, ich sehe Geißeln."[88] Es ist begreiflich, wenn Cicero die Kreuzigung „die grausamste und fürchterlichste Todesstrafe" nennt[89], und Josephus sie die „erbärmlichste aller Todesarten" heißt (bell. 7,203). Sie war der sklavische Tod (servile supplicium)[90].

Den Soldaten des Hinrichtungskommandos kam auch die Aufgabe zu, bei den Gekreuzigten zu wachen. Das Recht der Henker, sich die Kleider der Hingerichteten anzueignen, dürfte alt sein. Denn Kaiser Hadrian hat dieses Spolienrecht neu geordnet, weil es zu Mißständen gekommen war. Obwohl der Passionsbericht von der Verteilung der Kleider Jesu mit Worten aus Psalm 22,19 spricht: „Und sie verteilen seine Kleider, indem sie das Los über sie werfen, wer etwas bekommen soll" (Mk 15,24), können wir durchaus damit rechnen, daß sich solches zugetragen hat. Darum darf man fragen, was die Henker von Jesus erbten. Ein Ober- und Untergewand, Gürtel, vielleicht eine Kopfbinde, mehr kann es nicht gewesen sein. Geld oder Vermögen besaß er nicht[91].

Weil Golgota nur wenige Schritte vor den Mauern der Stadt lag, wird es an Schaulustigen nicht gefehlt haben. Der Verlierer bekommt den Spott der Menge zu hören, die – bis in Mittelalter und Neuzeit hinein – stets bereit gewesen ist, an von der Obrigkeit inszenierten Hinrichtungen teilzunehmen und sich auf diese fragwürdige Weise unterhalten zu lassen. Die Stimmung der Davongekommenen und Sieger stellt sich ein.

---

88 Ad Marciam de consolatione 20,3.

89 Pro Rabirio 5,16.

90 *Tacitus*, hist. 4,11. War bei den Römern die Kreuzigung einmal eine allgemeine Hinrichtungsart, wurde sie später auf die Sklaven eingeschränkt. Doch in der Kaiserzeit wurden zunehmend Freigelassene und Peregrinen einbezogen. Wenn ein römischer Bürger gekreuzigt werden sollte, mußte ihm zuvor das Bürgerrecht aberkannt werden. Der Kreuzigungsplatz im alten Rom war der Esquilin. Vgl. *Mommsen*, Strafrecht 918–923.914.

91 Geld oder Vermögen von Hingerichteten floß vermutlich in die Kasse des Statthalters. Für Jesus ist neben den strengen Aussendungsanweisungen an die Jünger aufschlußreich, daß er im Streit um die Steuermünze sich eine Münze vorzeigen läßt (Mk 12,15). Zur Sache vgl. *Blinzler*, Prozeß 369 Anm. 47.

Welches Jesu letztes Wort war, wie er noch einmal sein Schweigen durchbrochen hat, ist schwer zu sagen. Die Evangelisten haben je auf ihre Weise die Todesszene gestaltet. Markus und Matthäus dramatisieren sie durch den Aufschrei des Gekreuzigten, der von seiner Gottverlassenheit kündet (Mk 15,34 par). Dabei bleibt zu bedenken, daß dieser Ruf der Verlassenheit nur der Beginn des 22. Psalms ist, mit dem sein Leben ausklingt. Nach Lukas spricht Jesus ein jüdisches Abendgebet und bittet er um Vergebung für seine Henker (23,34 und 46). Der johanneische Christus gibt dem Vater das ihm übertragene und jetzt vollbrachte Werk zurück (Joh 19,30). War sein letztes Wort einfach das so menschliche „Mich dürstet" (Joh 19,28), oder war es ein Schrei ohne Wort (Mk 15,37)? Das Sterben eines Menschen ist immer seine ganz persönliche und darum letztlich nicht übertragbare Erfahrung. Das gilt auch für Jesus. Wir möchten vermuten, daß er in dem Abba, zu dessen Willen er sich im Gehorsam durchgerungen hat, gestorben ist.

Welches die medizinische Todesursache war, diese von den Medizinern immer wieder aufgegriffene Frage, kann hier auf sich beruhren bleiben. Es läßt sich denken, daß die Schwächung durch die Geißelstrafe, der Blutverlust, die stundenlange Haltung der ausgestreckten, angenagelten Arme die tödliche Erschöpfung herbeigeführt haben[92].

Der Passionsbericht erwähnt namentlich einige Frauen, die bei der Kreuzigung Jesu zugegen waren. Die Namen divergieren (Mk 15,40 parr; vgl. 15,47 parr; 16,1 parr). Doch wird Maria von Magdala immer genannt, sogar regelmäßig an erster Stelle, also die Jüngerin, die aus jener am Westufer des Sees Gennesaret gelegenen Stadt stammt, die in den Evangelien nur in Verbindung mit dem Namen dieser Frau vorkommt. Sie gewann für das Urchristentum eine herausragende, sogar noch die Apostel übertreffende Wichtigkeit. Denn sie war die vorrangige Zeugin seiner Kreuzigung und seines Begräbnisses. Hatten die Männer nicht den Mut, Jesus auf seinem schwersten Weg zu begleiten, so bewährten sich die Jüngerinnen in dieser Stunde. Wenn sie auch nur von weitem zugeschaut haben mögen, war ihre Zeugenschaft unersetzlich[93].

Der Leichnam Jesu wurde noch am Abend des Tages der Hinrichtung von Josef von Arimatäa beerdigt (Mk 15,42–47 parr). Zur Problematik und zum Verständnis dieser Überlieferung ist auf die Begrenztheit der juristischen Möglichkeiten dieses Vorgangs aufmerksam zu

[92] Ausführlich behandelt das Problem *Blinzler*, Prozeß 381–384. Manche medizinischen Auskünfte sind ziemlich unverbindlich: Kollaps, Schock. Fragwürdig ist es, wenn man das Turiner Leichentuch zu Rate zieht.

[93] *Riesner:* BiKi 40 (1985) 24 vermutet, daß die Frauen von der Stadtmauer aus zugeschaut haben könnten.

machen. Es entsprach römischer Rechtsgepflogenheit, die Leichname von Gekreuzigten nicht zu bestatten, sondern am Kreuz verwesen zu lassen, dem Fraß der Vögel auszuliefern oder schließlich wegzuwerfen, etwa in einen Fluß[94]. Die Entehrung des Gedächtnisses des Hingerichteten (damnatio memoriae) konnte hinzutreten, mußte aber regulär in einem eigenen Verfahren angestrengt werden[95]. Der Wache unter den Kreuzen kommen zwei Aufgaben zu: den Tod der Delinquenten festzustellen oder auch herbeizuführen (Zerbrechen der Knochen) und zu verhindern, daß die Leiber fortgenommen werden, um sie zu bestatten. So ist uns von gallischen christlichen Martyrern überliefert, daß die Christen trotz größter Anstrengungen es nicht erreichten, deren Leiber von den Wächtern zu erhalten[96]. Es bedurfte eines besonderen Gnadenaktes der Gerichtsbehörde, einen Leichnam für die Beerdigung freizugeben. Eine solche Bitte wurde meist von Angehörigen ausgesprochen. Im Fall der perduellio war die Freigabe schwierig.

Anders lagen die Verhältnisse im jüdischen Bereich. Die Bestattung der Toten war in Israel von Anfang an eine im hohen Grad wichtige Sache. Hingerichtete bildeten keine Ausnahme. Es gibt im Alten Testament nur ganz wenige Beispiele der Verweigerung einer Bestattung: Jezabel (2 Kg 4,10), Jason (2 Makk 5,10) etwa[97]. Die Begründung für eine rasch erfolgende Bestattung war nicht Pietät gegenüber einem Toten, sondern die tief verwurzelte Vorstellung, daß ein Hingerichteter dem Land Schaden bringt, dessen kultische Reinheit beeinträchtigt: „Sein Leichnam darf nicht über Nacht am Pfahl hängen bleiben. Du mußt ihn unbedingt noch am gleichen Tag begraben, denn ein Gehenkter ist von Gott verflucht. Du darfst dein Land, das dir Jahve, dein Gott, zum Erbbesitz geben wird, nicht verunreinigen" (Dt 21,23). Bezog sich in Dt 21 diese Anweisung auf die nachträgliche Zur-Schau-Stellung eines Hingerichteten, so wurde sie im 1. Jahrhundert n. Chr., in der Zeit, als die Kreuzigung die übliche Todesstrafe war, auf Gekreuzigte bezogen. „Die Juden sind um die Beerdigung der Toten so

---

[94] Vgl. *Mommsen,* Strafrecht 987–990. Augustus gibt Leichen von Verschwörern dem Fraß der Vögel preis (*Sueton,* Aug. 13,1 f), Tiberius läßt solche in den Tiber werfen (*Sueton,* Tib. 6,19; vgl. 6,29). Der Statthalter Flaccus von Ägypten läßt im Zusammenhang mit der Judenverfolgung in Alexandreia im Jahr 38 n.Chr. am Kreuz Gestorbene nicht abnehmen (*Philo,* Flacc. 84).

[95] *Mommsen,* Strafrecht 987. Bei Perduellio war dieses Verfahren auch nach dem Tod möglich, weil nach römischer Auffassung die Strafe im Moment der Tat (ipso facto) eintritt.

[96] *Eusebios,* hist. eccl. 5,1,61. Nachlässige Wächter wurden empfindlich bestraft, wie eine von *Petronius,* Satyrikon 111 f, mitgeteilte Anekdote aus Ephesus bestätigt. Vgl. *Mommsen,* Strafrecht 989 Anm. 1.

[97] Vgl. *O. Michel – O. Bauernfeind* (Hrsg.), Flav. Josephus de bello Judaico II/1 (Darmstadt 1963) 218 Anm. 73.

sehr besorgt, daß sie sogar die Leichen der zum Kreuzestod Verurteilten vor Sonnenuntergang herunternehmen und beerdigen", sagt Flavius Josephus mit deutlichem Bezug auf Dt 21,23[98]. Auch die Tempelrolle von Qumran (64,9–11) und Philo, spec. leg. 3,151 f, bringen Dt 21 mit der Kreuzigung in Verbindung. Wir können mit Sicherheit davon ausgehen, daß der römische Präfekt mit dieser den Juden heiligen Vorstellung vertraut war. Aus Rücksichtnahme auf dieses Tabu erscheint die Freigabe der Leiche eines Gekreuzigten plausibel, auch bei einem wegen Perduellio Verurteilten. Sie erfolgte ja nicht mit Rücksicht auf den Toten, sondern um das religiöse Empfinden der jüdischen Menschen nicht schwer zu verletzen. Auch Philo berichtet von der Möglichkeit der Freigabe von Leichen Gekreuzigter zur Bestattung[99].

Wenn Josef von Arimatäa Pilatus um die Freigabe des Leichnams Jesu bittet, handelt er als frommer Jude, eingedenk der Weisung Dt 21,23. Er war kein Jünger Jesu. Nur so ist es begreiflich, daß die Frauen sich nicht an der Beerdigung beteiligen. Ob er später einmal Christ wurde, wie es Mt 27,57; Joh 19,38 sagen und Mk 15,43 vielleicht schon andeutet, bleibe dahingestellt[100]. Nach Mk 15,43 war er ein Ratsherr, nach Lk 23,50f sogar Mitglied des Synhedrions. Letzteres ist zweifelhaft. Möglicherweise war er Mitglied eines lokalen Synhedrions, wie es sie in den jüdischen Gemeinden gab.[101] Der Festtag bildet kein Hindernis für die Bestattung. Für ihn galt gegenüber dem folgenden Sabbat ein beschränktes Arbeitsverbot[102]. Das Bestattungsgebot verdrängte das Ruhegebot. Es bleibt zu beachten, daß nach der markinischen Darstellung die Beerdigung Jesu in größter Einfachheit geschieht. Josef wickelte den Leichnam in eine Leinwand und legte ihn in ein Felsengrab[103]. Wir hören noch nichts davon, daß es ein neues Grab oder Josefs Familiengrab oder in der Nähe gewesen wäre (so dann die anderen Evangelien). Nicht einmal wird gesagt, daß der Leichnam gewaschen worden sei. Zeitbedrängnis war nicht unbedingt gegeben. Will man die von R. E. Brown berücksichtigte jüdische Un-

[98] Bell. 4,317.

[99] Flacc. 83 f. Der ägyptische Statthalter Flaccus jedoch verweigerte in der Zeit der Judenverfolgung die Freigabe. Die Verweigerung gilt auch für die Zeit des Jüdischen Krieges.

[100] Daß Josef schon zur Zeit des Todes Jesu sein Jünger war, wie es Mt 27,57; Joh 19,38 nahelegen möchten, ist zurückzuweisen. Die Kennzeichnung will die Jünger entlasten.

[101] Nach Apg 13,29 haben die Juden, die Einwohner Jerusalems, Jesus beerdigt. Vgl. Joh 19,31 und *Brown:* CBQ 50 (1988) 244 f. Doch ist die an den Namen Josef von Arimatäa gebundene Überlieferung vorzuziehen. Handelte Josef im Auftrag der Juden? Des Synhedrions gar?

[102] Vgl. *Dalman,* Jesus 96, und Dt 16,7.

[103] *Brown:* CBQ 50 (1988) 242 erwähnt auch den jüdischen Horror vor einem nackten Menschen.

terscheidung zwischen ehrenhaften und nicht ehrenhaften Bestattungen aufgreifen[104], hinterläßt der Bericht den Eindruck der letzteren. Wenn uns hier ein ursprünglicher Einblick in das Geschehen gewährt wird, ist Jesus entsprechend dem unehrenhaften Kreuzestod bestattet worden. Doch war seiner Anhängerschaft sein Grab von Anfang an bekannt. Maria von Magdala war die von der Gemeinde vorgewiesene erste Zeugin. Auch bleibt zu bedenken, daß die Überlieferung von der Beerdigung Jesu Jerusalemer Tradition ist[105]. Als solche setzt sie das Wissen der Jerusalemer Gemeinde um das Grab voraus.

Es wurde immer wieder der Versuch unternommen, das Datum des Todes Jesu genau zu berechnen. Die unterschiedlichen Ergebnisse, die zwischen den Jahren 27–33 schwanken, mahnen dringend zur Zurückhaltung[106]. Das Material, mit dessen Hilfe man die Berechnungen anstellte, sind die Eingrenzung des zeitlichen Rahmens, die Dauer des Wirkens Jesu und astronomische Erwägungen.

Terminus a quo ist der Beginn seines Wirkens, der nicht vor dem 15. Jahr des Kaisers Tiberius (1. Oktober 27 – 1. Oktober 28) liegen kann[107]. Terminus ad quem ist das Ende der Amtszeit des Präfekten Pilatus (36). Für die Dauer der öffentlichen Tätigkeit Jesu werden wenigstens ein, höchstens drei Jahre angegeben. Doch ist ein Wirken von drei Jahren unwahrscheinlich[108]. Astronomische Berechnungen sind durch ein Vielfaches belastet. Es ist umstritten, ob Jesus am Paschafest oder am Vortag, also am 15. oder 14. Nisan (Frühlingsmonat), starb. Wir bevorzugten den Festtag. Sicher war es ein Freitag. Wir können heute astronomisch genau feststellen, in welchen Jahren der 14. oder 15. Nisan auf einen Freitag fiel. Doch ist es mehr als ungewiß, ob die Juden damals ebenso präzise den Neumond beobachteten. Sie taten es nach dem Augenschein. Die Verrechnung wenigstens um einen Tag ist sehr leicht denkbar. Hinzu kommt, daß die Kalenderbehörde aus gegebenem Anlaß – wenn die Gerste noch nicht reif war, die man für das Garbenopfer am 16. Nisan benötigte, wenn schlechte Wegverhältnisse die Paschawallfahrt hätten beeinträchtigen können – berechtigt war, vor den Nisan einen Schaltmonat einzuschalten. In welchen Jahren das der Fall war, wissen wir nicht. So werden wir uns mit der Auskunft begnügen müssen, daß Jesus um das Jahr 30 hingerichtet wurde. Das

---

104 CBQ 50 (1988) 237.242. So beschreibt Jer 22, 18 f eine Beerdigung ohne Totenklage.

105 Vgl. *Gnilka,* Markus II 345–347. – Der Gekreuzigte vom Skopusberg wurde von zweiter Hand im Familiengrab beigesetzt. Sein Skelett befand sich in einem Ossuarium. Das heißt, er ist einmal von seinem ursprünglichen Grab überführt worden. Offenbar war auch sein Grab den Angehörigen bekannt.

106 Vgl. die Übersicht bei *Blinzler,* Prozeß 101 f.

107 Vgl. oben S. 78.

108 Die drei Paschafeste im Johannesevangelium helfen nicht viel weiter, weil das Pascha von Joh 2, 13 das Pascha des Tempelprotestes ist.

Jahr 30 war das Jahr 783 nach der Gründung der Stadt Rom. Was sein Lebensalter betrifft, hatte Jesus wahrscheinlich gerade die Mitte der dreißiger Jahre überschritten[109].

Ausblick:

Es versteht sich fast von selbst, daß das Passionsgeschehen in ganz besonderer Weise weiterreflektiert und theologisch interpretiert wurde. Ein paar Linien nur sollen hier angezeigt sein.

Der Prozeß vor dem Hohenpriester wird zu einer Bekenntnisszene ausgestaltet. Jesus bekennt sich vor dem höchsten jüdischen Gremium zu seiner Messias- und Gottessohnwürde und bestätigt damit das Bekenntnis seiner Gemeinde. Die jüdische Seite wird stärker belastet. Die Absicht, Jesus zu töten, wird als das von vornherein angestrebte Ziel der Behörde angegeben (Mk 14,55). Auch im Pilatusprozeß wird diese Tendenz spürbar. Das Volk wird intensiver in das Geschehen eingebunden, so daß Pilatus fast nur noch wie ein hilfloser Vollstrekker des Willens der Menge erscheint. Das Volk sagt sich von seinem Messias los (Mk 15,11–14). Anknüpfungspunkt für diese Darstellungsweise ist insbesondere die Konfrontation Jesu mit Barabbas. Dessen Name, der wörtlich: Sohn des Vaters bedeutet, wird als willkommene Gelegenheit benutzt, um die Hintergründigkeit der Amnestieszene anzudeuten. Die Aktion des Volkes steigert sich bei Matthäus zum denkwürdigen Blutruf (27,25), der die gefährliche Grenze der Reflexion bewußtmacht. Will er im Sinn des Evangelisten auch nur die heilsgeschichtliche Wende zu verstehen geben, in der das bisher einzige Gottesvolk abgelöst wird, so setzte er in der Folge Mißverständnisse frei, die das Verhältnis Christentum–Judentum schwer belasteten.

Andererseits gab die Konfrontation Jesu mit Barabbas Anlaß, die Aufnahme des Sünders durch das Kreuz zu veranschaulichen. Denn Jesus ist buchstäblich an die Stelle dessen getreten, der den Tod verdient hatte. Kreuzigung und Kreuzestod werden mehr und mehr als heilsgeschichtlich-kosmische Ereignisse dargestellt. Wenn der Tempelvorhang im Tod Jesu zerreißt, ist der Weg eröffnet, der in das Allerheiligste führt, der jeden Menschen in die Nähe Gottes bringen kann.

---

[109] Die neueste Berechnung von *Hinz:* ZDMG 13 (1989) 301–309 kommt auf den 30. März 28. Dabei ist das 15. Regierungsjahr des Tiberius anders festgesetzt. Hinz zählt die drei Jahre der Mitregentschaft des Tiberius mit Augustus zu den Regierungsjahren. Zu dieser Berechnung, die nicht neu ist, bemerkt *J. Schmid,* Das Evangelium nach Lukas (RNT 3) (Regensburg 1955) 94, sie entbehre jeder Stütze sowohl in der Literatur der Alten (Geschichtsschreiber und Chronographen) wie auch in den Münzen des Tiberius, und sei allein dem Wunsch entsprungen, Lk 3,23 (Jesus war bei seinem Auftreten ungefähr 30 Jahre alt) besser mit seinem Geburtsjahr in Einklang zu bringen.

Wenn sich eine Finsternis über der ganzen Erde ausbreitet, erfährt die ganze Schöpfung vom Sterben ihres Herrn. Der Kenturio des Hinrichtungskommandos, ausgerechnet er, wird zum ersten Bekenner des Gekreuzigten, der in der Erniedrigung die Würde des Gottessohnes wahrnimmt (Mk 15,54).

In die Überlieferung vom Begräbnis Jesu werden hoheitliche Farben eingetragen. Man war nicht gewillt, die wenig ehrenhafte Bestattung hinzunehmen (etwa Joh 19,39). Läßt man also hier schon den Osterglanz in die Begräbnisszene eindringen, so werden an anderer Stelle apologetische Motive erkennbar (die Grabeswache in Mt 27,62–66). Die Bilder der Verehrung, in der Kunst vielfach reproduziert, liegen alle bereit.

Literatur: *T. Mommsen,* Römisches Strafrecht (Leipzig 1899, Nachdruck Darmstadt 1961); *J. Jeremias,* Golgotha (Angelos 1) (Leipzig 1926); *M. Dibelius,* Das historische Problem der Leidensgeschichte: ZNW 30 (1931) 193–201; *C. H. Brecht,* Perduellio (MBPAR 21) (München 1938); *P. Winter,* On the Trial of Jesus (SJ 1) (Berlin 1961); *A. N. Sherman-White,* Roman Society and Roman Law in the NT (Oxford 1963); *W. Kunkel,* Römische Rechtsgeschichte (Köln-Graz [5]1967); *F. Viering,* Zur Bedeutung des Todes Jesu (Gütersloh [3]1968); *J. Blinzler,* Der Prozeß Jesu (Regensburg [4]1969); *H. Volkmann,* Zur Rechtsprechung im Principat des Augustus (MBPAR 21) (München [2]1969); *N. Haas,* Anthropological Observations on the Skeletal Remains from Giv' at ha-Mivtar: IEJ 20 (1970) 38–59; *E. Linnemann,* Studien zur Passionsgeschichte (FRLANT 102) (Göttingen 1970); *E. Bammel* (Hrsg.), The Trial of Jesus (Festschrift C. F. D. Moule) (SBT II/13) (London 1971); *I. Broer,* Die Urgemeinde und das Grab Jesu (StANT 31) (München 1972); *D. R. Catchpole,* The Trial of Jesus (StPB 18) (Leiden 1972); *D. Dormeyer,* Die Passion Jesu als Verhaltensmodell (NTA 11) (Münster 1974); *W. Kunkel,* Kleine Schriften. Zum römischen Strafverfahren und zur römischen Verfassungsgeschichte (hrsg. von *H. Niederländer)* (Weimar 1974); *H.-W. Kuhn,* Jesus als Gekreuzigter in der frühchristlichen Verkündigung bis zur Mitte des 2. Jahrhunderts: ZThK 72 (1975) 1–46; *H. Cohn,* The Trial and Death of Jesus (New York 1977); *M. Hengel,* Crucifixion in the Ancient World and the Folly of the Message of the Cross (London 1977); *A. Strobel,* Die Stunde der Wahrheit (WUNT 21) (Tübingen 1980); *O. Betz,* Probleme des Prozesses Jesu: *W. Haase* (Hrsg.), Aufstieg und Niedergang der römischen Welt II. Principat, Bd. 25/1 (Berlin 1982) 565–647; *C. Paulus,* Einige Bemerkungen zum Prozeß Jesu bei den Synoptikern: ZSRG 102 (1985) 437–445; *R. Riesner,* Golgota und die Archäologie: BiKi 40 (1985) 21–26; *R. E. Brown,* The Burial of Jesus: CBQ 50 (1988) 233–245; *J. Gnilka,* Der Prozeß Jesu nach den Berichten des Markus und Matthäus mit der Rekonstruktion des historischen Verlaufs: *K. Kertelge* (Hrsg.), Der Prozeß gegen Jesus (QD 112) (Freiburg [2]1989) 11–40; *W. Hinz,* Chronologie des Lebens Jesu: ZDMG 139 (1989) 301–309; *K. Müller,* Möglichkeit und Vollzug jüdischer Kapitalgerichtsbarkeit im Prozeß gegen Jesus von Nazaret: *K. Kertelge* (Hrsg.), Der Prozeß gegen Jesus (QD 112) (Freiburg [2]1989) 41–83.

Zwölftes Kapitel

Österliches Nachwort

Die Geschichte von der Auferstehung des Gekreuzigten von den Toten gehört nicht mehr zur irdischen Geschichte Jesu von Nazaret. Dennoch ist sie ihr Ziel, auf das alles hinausläuft und von dem her Person und Wirken Jesu erst voll erfaßt werden konnten. Weil sie nicht mehr zur irdischen Geschichte Jesu gehört, braucht und kann sie hier nicht behandelt werden.

Es soll jetzt nur mehr angezeigt werden, wie eine neu beginnende Geschichte einsetzt, die Geschichte der sich neu versammelnden Jüngerschaft. Es ist die Geschichte seiner Gemeinde, die Geschichte der Kirche.

Diese neue Sammlung erfolgte in Galiläa. Was wir die Osterkapitel der Evangelien heißen, ist in regionaler Hinsicht zweigeteilt. Ein Teil weist nach Galiläa (Mk 16,7; Mt 28,16ff; Joh 21), der andere nach Jerusalem (Lk 24; Joh 20). In der Forschung hat sich weithin die Auffassung durchgesetzt, daß auch Ostern in Galiläa begann, zunächst im Hinblick auf die neue Versammlung der Jüngerschaft.

Die Zerstreuung der Jüngerschaft war durch die Verhaftung Jesu und die folgenden Ereignisse ausgelöst. Ihre in Mk 14,50 angezeigte totale Flucht hatte Galiläa, ihre Heimat, zum Ziel. Denn dort treffen wir sie wieder an. In welcher inneren Verfassung die Jünger die Flucht antraten und in ihrer Heimat ankamen, ob noch Hoffnung in ihnen glühte, wir wissen es nicht und sollten uns nicht allzu konkrete Gedanken darüber machen. Wir wissen nur, daß sie mit einemmal, neu versammelt, zu verkünden anfangen: Gott hat Jesus von den Toten auferweckt. Für diese Predigt beriefen sie sich auf das Zeugnis, daß sich der gekreuzigte Jesus sich vor ihnen als lebend erwiesen habe. Wir wissen auch, daß an dieser Neuversammlung Simon, der den Namen Kephas erhielt, führend, initiierend beteiligt war (vgl. 1 Kor 15,5; Lk 24,34). Diese Predigt von der Auferweckung Jesu aus den Toten ist seitdem nicht verstummt. Sie wurde und wird von den Jüngern Jesu als das Herzstück ihres Glaubens angesehen (vgl. 1 Kor 15, 14–21).

Doch hat Simon Petrus in Sachen Osterglauben vermutlich noch eine Vorgängerin. Die Osterbotschaft in den Evangelien ist auch mit dem Grab Jesu und im Zusammenhang damit mit dem Namen Marias von Magdala verknüpft. Sie hatte beim Kreuz ausgeharrt. Sie kannte das Grab Jesu. Ihre Geschichte wurde ausgestaltet und besitzt in den Evangelien verschiedene Fassungen. Joh 20,11–18 erzählt von einer Epiphanie des Auferweckten vor Maria, die den anderen Osterepiphanien vorgeordnet ist. Nach Joh 20,17f bringt Maria die Osterbotschaft zu den Aposteln, was im übrigen Thomas von Aquin veranlaßte, sie die Apostolin der Apostel zu nennen. Es ist nicht leicht, diese Überlieferung zu werten. Doch wäre es möglich, daß man das Zeugnis der Frau aus juristischen Gründen zurückstellte, weil eine Frau nach damaliger Auffassung zum Zeugnis nicht befähigt war. Doch ist das Grab nicht der auslösende Faktor des Osterglaubens [1]. Das leere Grab wurde mißdeutet (vgl. Mt 28,64). Es ist die Siegestrophäe, auf die die Jerusalemer Gemeinde hinweisen konnte [2] und auf die sie nicht verzichten wollte [3].

Im Licht des Osterglaubens wurde die Verkündigung Jesu neu aufgegriffen. Im Licht des Osterglaubens wurden die Evangelien geschrieben. In ihnen mischen sich die Züge des irdischen Jesus mit den Farben des verherrlichten Christus. Darin liegt der Hauptgrund der Schwierigkeit unserer historischen Rekonstruktion. Doch war die Gemeinde davon überzeugt, daß der Irdische und Gekreuzigte derselbe ist wie der Auferweckte und Verherrlichte. Und sie wollte und will die Menschen im Glauben an den heranführen, der lebt und in ihnen wirkt [4].

---

[1] Diese Auffassung vertritt *H. von Campenhausen,* Der Ablauf der Osterereignisse und das leere Grab: SHAW.PH 1958, 2. Abhdlg., 49–52.

[2] Vgl. *U. Wilckens,* Auferstehung (ThTh 4) (Stuttgart 1970) 64.

[3] *J. Kremer,* Die Osterevangelien – Geschichten um Geschichte (Stuttgart 1977) 18, sagt völlig zutreffend, daß der Hinweis auf das geöffnete, leere Grab niemals die Funktion eines zwingenden Beweises hat, sondern die eines zum Glauben herausfordernden oder ihn bestärkenden Zeichens.

[4] *E. Schillebeeckx* prägte den Begriff „Geschichte von einem Lebenden". Dieser Begriff charakterisiert treffend unsere Evangelien.

Anhang

Jesus, der Christus

Ein Gespräch *

Frage: *Wer etwas über Jesus erfahren will, ist an die Evangelien des Neuen Testamentes verwiesen: Texte, Berichte, Zeugnisse, sicher nicht nach Art eines Nachrichtenmagazines. Wie würden Sie diese Texte charakterisieren?*

In der Tat sind wir für die Kenntnis des historischen Jesus auf die Evangelien angewiesen. Insbesondere auf die ältesten drei Evangelien, die wir die Synoptiker nennen: Markus, Matthäus und Lukas. Gewiß haben diese Evangelien ein historisches Interesse, aber ein historisches Interesse besonderer Art. Sie wollen nicht nur an den historischen Jesus erinnern, sondern sie wollen ihn gleichzeitig auch verkündigen. Sie wollen den Glauben an ihn wecken. Und das bedeutet, daß sie den historischen Jesus verbinden mit dem auferweckten Jesus Christus. Das besondere Interesse der Evangelien können Sie etwa daran erkennen, daß sie in bezug auf das, was sie von ihm berichten, sich konzentrieren auf seine öffentliche Tätigkeit, d. h. auf die Zeit von der Taufe Jesu durch Johannes den Täufer bis hin zu seiner Kreuzigung und seiner Grablegung. Über seine Erziehung etwa, über seine Jugend, über seine Kindheit erfahren wir so gut wie gar nichts. Wir hören auch nirgendwo etwas davon, wie er ausgesehen hat, wie groß er war, welche Farbe der Augen, welche Farbe des Haares er besaß, wie er sich kleidete. Das alles wären Dinge, die in einer Biographie stehen müßten. Die Evangelisten waren offenbar für diese Fragen nicht interessiert. Wir möchten ihnen fast böse sein, sie haben sich auf das konzentriert, was für unseren Glauben wichtig ist, was für die Realisierung der christlichen Existenz von Bedeutung ist.

---

* Dieses Gespräch wurde am 28. Mai 1992 unter dem Titel „Jesus, der Christus. Anton Kentemich befragt den Münchner Neutestamentler Joachim Gnilka" im Rahmen der Reihe „Katholische Welt" des Bayrischen Rundfunks, Abteilung Kirchenfunk, Redaktion Norbert Kutschki, gesendet.

„Jesus von Nazaret. Botschaft und Geschichte" heißt Ihr Buch. Da sind die beiden Komponenten eigentlich genannt: Botschaft, Geschichte; die neutestamentliche Forschung spricht vom historischen Jesus und vom kerygmatischen Christus. Was können Sie über diese beiden Komponenten sagen?

Person und Botschaft gehören natürlich auf das engste zusammen. Wir sind über die Botschaft Jesu informiert durch eine alte Quelle, die wir die Logien-Quelle nennen, die den Groß-Evangelien Matthäus und Lukas vorauslag und in der insbesondere seine Gottesreichpredigt, aber auch seine sittliche Botschaft eingefangen ist. Über seine Person erfahren wir sonst aus den Evangelien, und hier ist vielleicht von besonderem Interesse die Passionsgeschichte, die eine sehr alte Tradition darstellt. Über seine letzten Tage sind wir sehr gut informiert. Es ist der einzige Text in den Evangelien, der chronologisch gezeichnet ist. Das heißt, wir erfahren hier etwas über eine Abfolge von Tagen, angefangen von seiner Verhaftung in Getsemani über die Verhandlung vor dem Synedrion, die Verhandlung vor Pilatus bis hin zu seiner Kreuzigung und Grablegung. Die übrige Überlieferung über Jesus ist, wie wir sagen, perikopenhaft, das heißt, sie ist in Einzeltexte gegliedert. Das hängt damit zusammen, daß das, was in die Evangelien eingegangen ist, durch lange Zeit hindurch mündlich überliefert worden ist, insbesondere seine Heilungsgeschichten, aber auch manches andere, was wir über ihn erfahren.

Nun kann man natürlich fragen: Wer war Jesus, was wissen wir von ihm wirklich, ist nicht alles durch die Augen, durch den Blick der nachösterlichen Gemeinden gesehen, wo finden wir ihn?

Wir finden ihn in den Evangelien. Natürlich müssen wir diesen Glaubenswinkel berücksichtigen. Die neutestamentliche Wissenschaft hat Kriterien herausentwickelt, die es uns ermöglichen, Jesus zu rekonstruieren. Ein wichtiges Kriterium ist die sogenannte Unähnlichkeit, das heißt das, was originell ist, was nicht angetroffen werden kann in der Umwelt des Neuen Testamentes, in der jüdischen Literatur oder in der hellenistischen Literatur, das hat unbedingt Anspruch, authentisch zu sein.

Freilich müssen wir uns vergegenwärtigen, daß Jesus ja in eine bestimmte Zeit, in eine bestimmte Kultur hinein sprach so daß er auch Gedanken und Ideen aufgreifen mußte, die in der Zeit vorhanden waren. Aber von diesem Originellen her gewinnen wir einen Boden, von dem aus wir weitreichend das Leben und die Botschaft Jesu oder seine Persönlichkeit rekonstruieren können.

Möglicherweise sind es gewisse Gleichnisse, bestimmte Sprüche, wo wir sagen können, ja, da ist etwas von ihm.

Ich erwähnte gerade die Logien-Quelle, die Spruchquelle Jesu, die für seine Verkündigung von großer Bedeutung ist, dann auch die Passionsgeschichte. Sie haben die Gleichnisse eingebracht. Auch sie sind für uns von erheblicher Bedeutung, weil sich herausstellt, daß diese Gleichnisse in besonderer Weise konsistent sind, d. h. sie lassen sich nicht so ohne weiteres zersagen. Hier sind wir der Botschaft Jesu ganz besonders nahe, insbesondere seiner Predigt vom Reiche Gottes. Denn die meisten Gleichnisse, die wir Jesus verdanken, haben ja dieses Reich Gottes zum Inhalt.

Das war ja eigentlich die zentrale Botschaft: das Reich Gottes. Steht es bevor, ist es durch ihn gekommen, deutet sich es durch ihn an, und was ist das Reich Gottes?

Das Reich Gottes steht im Mittelpunkt der Predigt Jesu. Er hat sicherlich ganz bewußt diesen Begriff aufgegriffen. Er war im zeitgenössischen Judentum bekannt. Freilich, im zeitgenössischen Judentum verwendete man teilweise andere Begriffe für eine ähnliche Vorstellung. Man sprach von der kommenden Welt. Man sprach vom Paradies. Jesus hat eigenartigerweise dieses Reich Gottes nirgendwo definiert oder theoretisiert, sondern er hat es in Gleichnissen beschrieben. Man kann vielleicht sagen, daß das Reich Gottes den Entschluß Gottes darstellt, das endgültige Heil zu wirken und zwar durch Jesus Christus. Das Reich Gottes als das endgültige Heil bleibt an ihn gebunden. Es ist die Zukunft. Es ist die absolute Zukunft, die den Menschen und der Welt verheißen wird. Das Reich Gottes also ist Zukunft, aber es ist gleichzeitig auch Gegenwart. Es ist im Wirken Jesu erfahrbar geworden. Es will eine neue Ordnung aufrichten, die Ordnung der Liebe. Erfahrbar ist dieses Reich Gottes in Jesus geworden, indem er zu den Menschen redete, in seinen Heilungen, aber auch in seinem Umgang mit den Menschen. Daß er sich insbesondere der Ausgestoßenen, der Kranken, der Elenden, der an den Rand der Gesellschaft Gestoßenen annahm und sie in seine Tischgemeinschaft und in seine Lebensgemeinschaft aufnahm.

Blinde sehen, Lahme gehen, Aussätzige werden rein. Damit sind ja auch Texte des Alten Testaments aufgenommen. Aber es gibt eben viele Wundergeschichten, und manche Heutige meinen, das ist vielleicht nur symbolisch gemeint, nur eine Erzählung, die etwas darstellen, versinnbildlichen will. Hat Jesus Wunder gewirkt und wenn, in welcher Art?

Jesus hat Heilungen gewirkt. Er hat charismatische Heilungen gewirkt. Das ist nicht zu bestreiten. Die Überlieferung der synoptischen Evangelien in bezug auf diese Heilungstätigkeit ist so breit und so ausgefächert, daß sie nicht beiseite geschoben werden kann. Wir haben Heilungsgeschichten, wir haben aber auch verschiedene Worte Jesu, in denen er zu dieser seiner Heilungstätigkeit Bezug nimmt. Daneben haben wir andere Wundergeschichten, etwa die Geschichte von der Verklärung auf dem Berg, die Geschichte von seinem Seewandel und manches andere – hier müssen wir damit rechnen, daß die österliche Perspektive sich Geltung verschafft. Diese außerordentlichen Geschichten sind eigentlich nur von Ostern her verstehbar. Ich würde sogar den Gedanken erwägen, daß etwa die Verklärung auf dem Berg oder der Seewandel Jesu von Haus aus Ostergeschichten sind, das heißt Versuche, das österliche Geschehen ins Bild zu setzen.
Für die Heilungstätigkeit Jesu und ihre Besonderheit ist der Glaube zu berücksichtigen. Die Aufforderung zu glauben kommt in nahezu allen Heilungsgeschichten vor. „Dein Glaube hat dich gerettet", heißt es etwa in zahlreichen solcher Heilungsgeschichten. Das will letztlich besagen, daß das Wunder nur dem Glaubenden zuteil wird. Der Nichtglaubende nimmt das Wunder nicht wahr. In Nazaret verweigert es Jesus, Heilungen, Wunder – wie die Evangelien sagen – zu wirken. Und er tut es deshalb, weil sie nicht an ihn glaubten. Er konnte dort keine Wunder wirken, heißt es im 6. Kapitel des Markus-Evangeliums. Vielleicht ist es als Kriterium für die Beurteilung dieser Heilungen und sogenannten Wunder Jesu von Bedeutung, wenn wir uns daran erinnern, daß auch nach einer breiteren Überlieferung dieser Evangelien die Gegner Jesu an ihn herangetreten sind, um von ihm ein Zeichen vom Himmel zu erbitten. Das zeigt ganz deutlich, daß ihnen die von Jesus gewirkten Wunder nicht genügten. Sie wollten ein jeden Zweifel ausschließendes Zeichen und sich damit vom Glauben dispensieren. Ein solches Ansinnen hat Jesus immer zurückgewiesen, weil er mit seinen Heilungen den Glauben an ihn und an seine Botschaft wecken wollte.

Da es um den Glauben ging, kann man vielleicht auch nicht so von offensichtlichen Mirakeln sprechen, die also sämtliche Gesetze der Natur außer Kraft setzten, aber auch nicht von so Taten, wie es Wunder-Charismatiker und Wunder-Heiler der Zeit, die es ja auch gab, vollbrachten. Die Wunder hatten offenbar nicht die zentrale Rolle bei Jesus.

Als Mirakel wären die Wunder Jesu sicherlich mißverstanden, denn Mirakel würde ja genau bedeuten, was die Gegner von ihm verlangten: ein jeden Zweifel ausschließendes Zeichen. Diese Wundertätigkeit Jesu ist im Kontext mit seiner Reich-Gottes-Predigt zu sehen. Sie sind seiner Botschaft untergeordnet. Sie wollen im Kontext der Reich-Gottes-Botschaft auch dies verdeutlichen, daß Jesu Anliegen darin besteht, den ganzen Menschen zu retten, also auch die leibliche Existenz des Menschen in das Heil hineinzuziehen. Das Heil, das Jesus verkündigte, ist nicht auf die Seele allein bezogen, sondern betrifft den Menschen als ganzen. Der Zusammenhang also von Reich-Gottes-Predigt und Heiler-Tätigkeit ist unbedingt zu beachten, wenn man diese seine vielleicht für uns nicht mehr so ohne weiteres zugängliche Seite seiner Tätigkeit richtig charakterisieren will.

Zum Wort und zum Wirken Jesu gehören seine Jünger und seine besondere Stellung zu Gott, den er Vater nennt.

Jesus hat sich nicht damit begnügt, seine Botschaft nur dem Volke Israel vorzutragen, sondern er hat darüber hinaus einen besonderen Kreis von Jüngern um sich versammelt. Jünger gab es auch im zeitgenössischen Judentum. Jünger gab es bei den Rabbinen, gab es bei den Schriftgelehrten. Auch Johannes der Täufer hatte eine Jüngerschar um sich versammelt. Das Spezielle und Spezifische der Jüngerschaft Jesu bestand vor allem darin, daß im Unterschied zu den Rabbinen sich seine Jünger nicht ihren Meister aussuchten, sondern daß umgekehrt Jesus sich seine Jünger aussuchte. Ein weiterer Unterschied zur Jüngerschaft im Judentum besteht darin, daß man bei den Rabbinen das Gesetz lernte. Bei ihm lernt man das Evangelium. Gewiß bestand Jüngerschaft im Judentum auch darin, daß der Jünger das Leben mit seinem Meister teilte, eine Lebensgemeinschaft mit ihm einging. Bei den Rabbinen war das eine begrenzte Zeit. Für Jesus bestand Jüngerschaft für immer. Wer einmal sein Jünger geworden ist, der blieb es. Lebensgemeinschaft bedeutet für den Jünger Jesu auch Schicksalsgemeinschaft, und so ist der Spruch von der Kreuzes-Nachfolge von besonderer Bedeutung: „Wer mein Jünger sein will, der verleugne sich selbst, er nehme sein Kreuz auf sich und so folge er mir nach.“ Vielleicht ist dieses Jüngerverständnis auch für uns heute wichtig, weil es uns eine Seite des Christseins eröffnet, die wir vielleicht schon vergessen haben, daß wir nämlich als Christen auch Jünger Jesu sind und Jünger Jesu bleiben, seine Schüler. Das kann uns davor bewahren, ein vielleicht doch manchmal allzusehr vergesetzlichtes und manchmal auch etwas veräußerlichtes Christentum, ein etwas zu sehr theoretisiertes Christentum auf seine Ursprünge zurückzuführen. Denn alle echten Erneuerungen der Kirche sind in der Besinnung auf den Ursprung erfolgt. Und der Jünger-Gedanke, das Schülersein Jesu ist nach meinem Dafürhalten hier von großer Wichtigkeit.

Die Jünger hatten wahrscheinlich auch bestimmte Erwartungen, was das Reich Gottes betrifft, auch was den Messias betrifft. Hat Jesus von sich selbst die Überzeugung gehabt, jetzt der Messias zu sein oder war er einfach derjenige, der Platz geschaffen hat für das Offenbarwerden Gottes?

Gewiß waren die Jünger in ihren Vorstellungen und Erwartungen befangen. Sie waren Kinder ihrer Zeit. Daß sie Jesus bis zum Schluß mißverstanden – teilweise wenigstens –, erkennt man daran, daß sie in der Passion Jesu versagt und ihn verlassen haben. Jesus hat nicht davon unmittelbar geredet, daß er der Messias sei, aber sein Wirken läßt sich nach meinem Dafürhalten mit dieser Kategorie, daß er der Messias sei oder daß sein Wirken messianische Qualität besitzt, am besten beschreiben. Ich erwähnte, daß das Reich Gottes, das endgültige Heil, an seine Person gebunden ist. Er hat den Willen Gottes in seiner ethischen Predigt, in seiner Bergpredigt etwa, auf endgültige Weise ausgelegt und den Menschen nahegebracht. Er hat Jünger in seine Nachfolge gerufen, er hat das Heil des Menschen vom Glauben an sein Wort abhängig gemacht. Darin bekundet sich ein Sendungsbewußtsein, das über das der Propheten hinausgeht und – so würde ich sagen – mit der Kategorie des Messianischen am besten beschrieben ist. Freilich hat sein messianisches Sendungsbewußtsein, wenn man es so nennen darf, zwei Eigentümlichkeiten. Zunächst die: daß er ein Messias ist, der leiden muß, der zum Kreuz geht. Und das war für das jüdische Publikum das große Ärgernis, das er auslöste. Und die andere besteht darin, daß er als jener, der das Reich Gottes bringt, der Gott offenbart, in einer ganz besonderen, bisher noch nicht erschienenen Gottesnähe stand. Und so würde ich sagen, daß die Bezeichnung Jesu als der Sohn Gottes seine Sendung in ganz charakteristischer und eigentümlicher Weise zu definieren und zu beschreiben vermag.

Messias heißt ja der Christus, der Gesalbte. Interessant find' ich ja, daß Jesus auf die damals wirklich virulenten Messias-Erwartungen, die politischer Art waren, nicht so einging. Er hat offenbar für etwas anderes gestanden.

Die politische Befreiung Israels war offenbar nicht auf seinem Programm gestanden. Er wurde vielleicht manchmal in diesem Sinne mißverstanden. Manchmal hat man – auch in der exegetischen Forschung insbesondere – seine letzten Tage so interpretiert. Es gibt die zelotische Jesus-Interpretation, sie knüpft an am Einzug Jesu in der Stadt Jerusalem, wo er ja von den Volksscharen als König begrüßt wird. Aber Jesus hat ein politisches Anliegen zurückgewiesen, das Reich, das er verkündigte war zwar ein Reich, eine Ordnung, die in diese Welt hineingreifen wird, aber er wollte nicht als militärischer Messias auftreten, dem es etwa zugekommen wäre, die Römer aus dem Land zu verjagen. Sein Heil war ein von Gott kommendes und auf das Endgültige des Menschen bezogenes.

Und dann ging Jesus nach Jerusalem hinauf, um zu leiden und zu sterben. Was können wir heute über dieses Leiden und diesen Tod, dem ein Prozeß vorausging, sagen?

Zunächst möchte ich sagen, daß Jesus sicherlich von dem Bewußtsein erfüllt gewesen ist, daß ihn ein schweres Schicksal, daß ihn der Tod in Jerusalem erwartet. Daß er von seinem Tod in Jerusalem überrascht worden sei – wie gelegentlich von hyperkritischer Seite gesagt werden konnte –, stimmt mit den historischen Gegebenheiten bei weitem nicht überein. Er war also todesbereit. Es gab einen Konflikt, der weit in sein Wirken zurückreicht. Er ist begründet in seiner Kritik an der herkömmlichen Frömmigkeit, an jenen, die als die Musterfrommen im Land gelten, er kommt also als kein Unbekannter nach Jerusalem. Und vermutlich hat er mit seinem Auftreten in Jerusalem – möglicherweise ist er sogar während seines öffentlichen Wirkens nur ein einziges Mal in Jerusalem aufgetreten, nämlich in Zusammenhang mit seinem Ende –, mit seinem Auftreten in Jerusalem hat er vielleicht die Absicht verbunden, das Volk Israel an dieser entscheidenden Stelle, in der heiligen Stadt, mit seiner Botschaft zu konfrontieren. Und er ist abgelehnt worden. Den letzten Auslöser dafür, daß die Behörde, daß auch die römische Behörde gegen ihn eingriff, mag sein Tempelprotest gewesen sein, daß er es wagte, in diesen Tempelbetrieb einzugreifen, weil nicht nur für die Juden, insbesondere für die Sadduzäer, die hochpriesterlichen Kreise, der Tempel das Zentrum der israelitischen Frömmigkeit gewesen ist, sondern weil auch die Römer als Besatzungsmacht jeweils die Götter der von ihnen unterdrückten Völker achteten, also auch Jahwe achteten, Ehrfurcht hatten vor dem Tempel. Im Tempel wurde täglich für die Römer gebetet, so daß sie sich bei einem solchen Vorgehen Jesu gegen den Tempel ihrerseits veranlaßt sahen, das Ansinnen der hochpriesterlichen Kreise, Jesus zu verhaften, zu unterstützen.

Sein Tod war sicher ein Schock für die Jünger. Und wir erfahren aus den Evangelien, daß sie quasi in alle Winde sich zerstreut haben, daß Frauen ihm gefolgt sind, und daß die auch die ersten waren, die mit dem Ereignis der Auferstehung verbunden waren. Vielleicht wenn wir diese Erfahrung der Jünger, den Verlust und dann auch die Botschaft der Auferstehung noch ein bißchen ansprechen könnten.

In der Tat haben die Jünger in der Passion Jesu versagt. Sie sind geflohen, ich würde sogar sagen, daß sie nach Galiläa in ihre Heimat zurückgegangen sind. Das bedeutet, daß sie von Jesus insgesamt und nach seiner Kreuzigung dann eigentlich gar nichts mehr erwartet haben. Die Frauen haben sich bewährt. Und nun sprechen wir davon, das macht die zentrale Aussage unseres Glaubens aus, die auf diese Apostel zurückgeht, daß Jesus am dritten Tag von den Toten auferweckt worden sei. Unter historischem Aspekt gelangen wir eigentlich immer nur bis zu dem Glauben der Jünger. Diese Apostel sind als die ersten zu diesem Glauben gekommen, und sie haben gesagt, daß sie Jesus gesehen haben. Der Auferweckte hat sich ihnen als der Lebende bezeugt. Wenn wir an die Auferstehung Jesu von den Toten glauben, glauben wir den Glauben der Apostel, übernehmen wir ihren Glauben. Das macht letztlich die Apostolizität unserer Kirche aus. Ein sehr wichtiger Zeuge für diesen österlichen Glauben, für die Auferweckung Jesu von den Toten, ist Paulus, der als unmittelbar Beteiligter im Neuen Testament sich äußert. Und so sagt er im ersten Kapitel des Galaterbriefes über dieses Erfahrnis, „daß Gott seinen Sohn an mir geoffenbart hat". Die Ostergeschichten selbst, die Geschichten von den Erscheinungen Jesu, versuchen nun das Unausdrückbare auszudrücken, ins Bild zu setzen, was hier geschehen ist. Es ist ein Geschehnis vom Jenseitigen her. Aber letztlich ist es ein Geschehnis, das wir nur im Glauben, im Anschluß an den Glauben der Apostel, übernehmen können als die Grundlage unseres Christseins.

Und die Frage nach dem leeren Grab zielt eigentlich an dieser Botschaft des lebendigen Jesus Christus vorbei?

Das leere Grab ist nicht das auslösende Element für den Osterglauben. Das auslösende Element ist die Begegnung des Auferweckten mit diesen erwählten Zeugen. Das Grab Jesu kommt dann – wie es einmal formuliert worden ist – gleichsam als Siegestrophäe zu dem Auferweckungsglauben hinzu. Aber das leere Grab oder das Grab Jesu kann auch mißdeutet werden, wie wir ja schon aus dem Neuen Testament erfahren, daß etwa die Gegner Jesu die Leichendiebstahls-Hypothese – die ja bis in unsere Zeit fortlebt, in den neueren Jesus-Büchern sogar wieder aufgegriffen worden ist – schon existierte. Also grundlegend ist die Bezeugung des Auferweckten als lebend vor den auserwählten Zeugen.

Lukas berichtet die Himmelfahrt vom Ölberg aus, und wir kennen aus der Religionsgeschichte auch Erzählungen von Himmelfahrten. Interessant find ich, daß die Wolke in dieser Lukas-Erzählung mit da ist, die ja im Alten Testament für die Herrlichkeit des Herrn ein Symbol ist. Was könne wir heute über die Himmelfahrt sagen?

Die Himmelfahrt ist eine Geschichte, die wir innerhalb des Neuen Testamentes nur bei Lukas und in der Apostelgeschichte nachlesen können. Sie ist der Versuch, eine theologische Aussage narrativ, d.h. erzählerisch, umzusetzen. Wir dürfen uns die Himmelfahrt nicht so vorstellen, als hätte man da auf dem Ölberg buchstäblich gesehen, wie Jesus sich erhob und in den Himmel aufgenommen worden ist. Die Himmelfahrt will zum Ausdruck bringen, daß die Begegnung des Auferweckten mit den Jüngern ein Ende gefunden hat. Lukas spricht in diesem Kontext auch von den vierzig Tagen. Wenn man Himmelfahrt buchstäblich verstünde, müßte man ja voraussetzen, daß der auferweckte Jesus in das irdische Leben zurückgekehrt ist. Aber das ist nicht so.
Er ist vom Jenseitigen her erschienen. „Mußte der Menschensohn nicht alles leiden und so in seine Herrlichkeit eingehen?" Das bedeutet, er wird sichtbar von dieser Herrlichkeit her. Der Ölberg ist der Topos der sogenannten Himmelfahrt Jesu, und das steht dann auch in einem gewissen Zusammenhang mit der Erwartung seiner Wiederkunft. Die frühesten Gemeinden waren ja teilweise von dem Gedanken erfüllt, daß die Wiederkunft Jesu nicht allzuweit sein würde. „Ihr Männer von Galiläa, was steht ihr da und staunt? Dieser Jesus wird wiederkommen", heißt es. Der Ölberg galt als der Ort, wo das Jüngste Gericht stattfinden wird. Und hier ist dann auch die Wolke, die Sie erwähnt haben, von Bedeutung. Die Wolke ist das Zeichen der Gegenwart Gottes.

Hat Jesus die Kirche gewollt?

Das ist eine vielverhandelte Frage. Es gibt das berühmte Wort von Alfred Loisy, Jesus habe das Reich Gottes verkündet, gekommen sei die Kirche. So einfach darf man es sich allerdings nicht machen. Ich erwähnte schon, daß Jesus sich gesandt wußte zum Volke Israel. Er hat zunächst über die Grenzen des Volkes Israel nicht hinausgedacht. Aber er hat sich auch nicht nur an einzelne gewendet. Wenn er sich an einzelne im Volk wendete, so als Angehörige dieses erwählten Gottesvolkes. Wenn Sie so wollen, kann man sagen, die Kirche der Zeit Jesu war Israel. Als aber es sich herausstellte, sowohl in der Zeit der Wirksamkeit Jesu als dann auch später in der Wirksamkeit der Apostel, daß Israel sich versagt, daß Israel das Evangelium nicht annimmt, war eine neue Situation gegeben und wandten sich die Apostel dann an Nichtjuden, an die Heiden. Und so entstand die Kirche. Die Kontinuität zwischen Zeit Jesu und Zeit der Kirche ist für mich auch insbesondere darin gegeben, daß es ja die gleichen waren, die mit Jesus gegangen sind und die dann in der nachösterlichen Situation Kirche gebaut haben, Gemeinde gebaut haben.

Und wie steht es mit den Sakramenten. Hat Jesus die Sakramente gestiftet?

Das wichtigste Sakrament, das Jesus hinterlassen hat, ist die Eucharistie. Er hat mit seinen Jüngern in der letzten Nacht vor seinem Tod ein Passah-Mahl gefeiert. Und er hat in dieser Feier eine besondere Gabe gestiftet. Er hat ihnen Brot und den Kelch mit Wein gereicht. Es ist nicht ganz einfach, die Worte, die er dabei gesprochen hat, zu rekonstruieren. Aber aus diesen Worten, die sich rekonstruieren lassen nach meinem Dafürhalten, geht hervor, daß er seinen Tod als Heilstod verstanden hat und daß er dieses Mahl gehalten wissen wollte auch in Zukunft zum Gedächtnis an seinen Tod und daß man ausblickt auf seine Wiederkunft. Das Sakrament der Taufe ist in den Evangelien bezeugt als gestiftet durch den auferweckten Herrn. Hier werden wir in die österliche Situation hineingewiesen. Die Sakramente haben zu tun mit dem Heiligen Geist, der erst nachösterlich gesendet worden ist, so daß die andern Sakramente in dieser nachösterlichen Situation zu orten sind. Der Taufbefehl wird Matthäus 28 vom Auferweckten gegeben: „Geht hinaus in alle Welt, machet alle Völker zu meinen Jüngern, und taufet sie." Mit der Taufe war die Geistmitteilung verbunden. Also die Verbindung von Taufe und Geist, daß die Mitteilung des Geistes ein eigenes Sakrament wäre, ist eine spätere Entwicklung. Die wesentlichen Sakramente: Taufe und Eucharistie, hängen mit Jesus zusammen, wenn auch teilweise mit dem nachösterlichen.

Vielleicht wenn wir noch mal zur Ausgangsfrage zurückkommen, über die spezifische Art der neutestamentlichen Texte und Zeugnisse: Eigentlich ist es ja der Weg, auf dem Jesus zu uns kommt, und der Weg, über den wir zu ihm kommen.

Gewiß ist die Beschäftigung mit dem Evangelium die Möglichkeit, Jesus kennenzulernen, sein Schüler zu werden. Das ist das Anliegen der Evangelien, daß sie eben nicht bloß Historisches in Erinnerung rufen wollen, sondern daß sie in erster Linie mit dem lebendigen Christus in Verbindung bringen wollen, daß der Leser eines solchen Evangeliums, sich bewußt ist, ich habe es hier nicht mit vergangener, historischer toter Materie zu tun, sondern hier begegne ich einem, von dem ich im Glauben weiß, daß er lebt, daß er mein Leben anspricht und daß er auch in die Gemeinde hineinwirkt.

Literatur

Abel, F. M., Géographie de la Palestine, 2 Bde. (EtB) (Paris ^{3}1967).

Bauer, W., Griechisch-deutsches Wörterbuch zu den Schriften des NT und der übrigen urchristlichen Literatur (Berlin ^{5}1958) (^{6}1988, hg. von K. und B. Aland).

Becker, J., Johannes der Täufer und Jesus von Nazaret (BSt 63) (Neukirchen 1972).

Berger, K., Die Gesetzesauslegung Jesu I (WMANT 40) (Neukirchen 1972).

Billerbeck, P. – Strack, H., Kommentar zum MT aus Talmud und Midrasch, 6 Bde. (München 1926ff).

Blank, J., Jesus von Nazareth (Freiburg 1972).

Blass, F. – Debrunner, A. – Rehkopf, F., Grammatik des ntl Griechisch (Göttingen ^{16}1984).

Bornkamm, G., Jesus von Nazareth (UB 19) (Stuttgart ^{5}1960 = ^{14}1988).

Braun, H., Jesus (ThTh 1) (Stuttgart ^{2}1969).

– Spätjüdisch-häretischer und frühchristlicher Radikalismus, 2 Bde. (BHTh 24) (Tübingen ^{2}1969).

Bultmann, R., Jesus (Tübingen 1958).

– Das Evangelium des Johannes (KEK) (Göttingen ^{18}1964).

– Die Geschichte der synoptischen Tradition (FRLANT 29) (Göttingen ^{4}1971). Mit Ergänzungsheft.

– Theologie des NT (Tübingen ^{5}1965).

Conzelmann, H., Grundriß der Theologie des NT (EETh 2) (München 1967).

Dalman, G., Arbeit und Sitte in Palästina, 7 Bde. (Gütersloh 1928ff, Nachdruck Hildesheim ^{2}1987).

– Jesus-Jeschua (Leipzig 1922).

– Orte und Wege Jesu (Gütersloh ^{3}1924).

– Die Worte Jesu (Leipzig ^{2}1930).

Dautzenberg, G., Sein Leben bewahren (StANT 14) (München 1966).

Dibelius, M., Die Formgeschichte der Evangelien (Tübingen ^{3}1959).

– Jesus (SG 1130) (Berlin ^{2}1949).

Fiedler, P., Jesus und die Sünder (BBETh 3) (Frankfurt 1976).

Fitzmyer, J. A., The Gospel According to Luke, 2 Bde. (AncB) (New York 1981 und 1985).

Flusser, D., Jesus (RoMo 140) (Hamburg 1968).

Frankemölle, H., Jahwe-Bund und Kirche Christi (NTA 10) (Münster ^{2}1984).

Fuchs, E., Zur Frage nach dem historischen Jesus (Tübingen ^{2}1965).

Gnilka, J., Das Evangelium nach Markus, 2 Bde. (EKK) (Zürich ^{3}1989).

– Das Matthäusevangelium, 2 Bde. (HThK) (Freiburg ^{2}1988.^{2}1992).

Goppelt, L., Theologie des NT (UTB 850) (Göttingen ^{3}1978).

Grässer, E., Das Problem der Parusieverzögerung in den synoptischen Evangelien und in der Apostelgeschichte (BZNW 22) (Berlin ^{2}1960).

Grundmann, W., Das Evangelium nach Lukas (ThHK 3) (Berlin o.J).

Haenchen W., Der Weg Jeus (STö. H 6) (Berlin 1966).

Hahn, F., Christologische Hoheitstitel (FRLANT 83) (Göttingen ^{3}1966).

Harnisch, W., Gleichniserzählungen Jesu (UTB 1343) (Göttingen 1985).

Heininger, B., Metaphorik, Erzählstruktur und szenisch-dramaturgische Gestaltung in den Sondergutgleichnissen bei Lukas (NTA 24) (Münster 1991).

Heiler, F., Die Religionen der Menschheit (Stuttgart ^{2}1962).

Hengel, M., Judentum und Hellenismus (WUNT 10) (Tübingen 1969).

– Nachfolge und Charisma (BZNW 34) (Berlin 1968).

Hoffmann, P., Studien zur Theologie der Logienquelle (NTA 8) (Münster ^{3}1982).

Hoffmann, P. – Eid, V., Jesus von Nazareth und eine christliche Moral (QD 66) (Freiburg ^{3}1979).

Jaspers, K., Die massgebenden Menschen (Serie Piper 126) (München ^{10}1988).

Jeremias, J., Die Gleichnisse Jesu (Göttingen ^{7}1965).

– Jerusalem zur Zeit Jesu (Göttingen ^{3}1962).

– Neutestamentliche Theologie I. Die Verkündigung Jesu (Gütersloh 1971).

Jülicher, A., Die Gleichnisreden Jesu (Tübingen ^{2}1910).

Jüngel, E., Paulus und Jesus (HUTh 2) (Tübingen [2]1964).
Kee, H. C., Jesus in History (New York 1970).
Kierkegaard, S., Einübung im Christentum und anderes (Köln – Olten 1951).
Klauck, H.J., Allegorie und Allegorese in synoptischen Gleichnissen (NTA 13) (Münster [2]1986).
Klausner, J., Jesus von Nazareth (Jerusalem [3]1952).
Klostermann, F., Das Markus-Evangelium (HNT 3) (Tübingen [4]1950).
Kopp, C., Die heiligen Stätten der Evangelien (Regensburg 1959).
Kümmel, W. G., Verheißung und Erfüllung (AThNT 6) (Zürich [3]1956).
Linnemann, E., Gleichnisse Jesu (Göttingen [3]1964).
Lührmann, D., Die Redaktion der Logienquelle (WMANT 33) (Neukirchen 1969).
Luz, U., Das Evangelium nach Matthäus I (EKK) (Zürich [2]1989).
Merklein, H., Die Gottesherrschaft als Handlungsprinzip (FzB 34) (Würzburg [2]1981).
Meyer, E., Ursprung und Anfänge des Urchristentum I II (Stuttgart-Berlin [3]1921).
Mitteis, L. – Wilcken, U., Grundzüge und Chrestomathie der Papyruskunde, 2 Bde. (Leipzig 1912, Nachdruck Darmstadt 1963).
Passow, F., Handwörterbuch der griechischen Sprache, 2 Bde. (Leipzig [5]1841 ff, Nachdruck Darmstadt 1970).
Perrin, N., Rediscovering the Teaching of Jesus (London 1967).
– The Kingdom of God and the Teaching of Jesus (London 1963).
Pesch, R., Das Markusevangelium, 2 Bde. (HThK) (Freiburg 1976 und 1977).
Preisigke, F., – Kießling, E., Wörterbuch der griechischen Papyruskunde, 3 Bde. (Berlin 1925–1931), Bd. 4 (Amsterdam 1969).
Reiser, M., Die Gerichtspredigt Jesu (NTA 23) (Münster 1990).
Reumann, J., Jesus in the Church's Gospels (London 1970).
Riesner, R., Jesus als Lehrer (WUNT II/7) (Tübingen [2]1984).
Roloff, J., Das Kerygma und der historische Jesus (Göttingen 1970).
Schäfer, R., Jesus und der Gottesglaube (Tübingen 1970).
Schlosser, J., Lerègne de Dieu dans les dits de Jésus, 2 Bde. (EB) (Paris 1980).
Schnackenburg, R.,Gottes Herrschaft und Reich (Freiburg [3]1963)
– Die sittliche Botschaft des NT I (Freiburg 1986).
Schmidt, K. L., Der Rahmen der Geschichte Jesu (Berlin 1919).
Schneider, G., Das Evangelium nach Lukas, 2 Bde. (Gütersloh – Würzburg [2]1984).
Schrage, W., Ethik des NT (GNT 4) (Göttingen 1982).
Schürmann, H., Die vorderösterlichen Anfänge der Logientradition: H. Ristow – K. Matthiae (Hrsg.) Der historische und der kerygmatische Christus (Berlin [2]1964) 342–370.
– Das Lukasevangelium I (HThK) (Freiburg [2]1982).
Schürer, E., Geschichte des jüdischen Volkes im Zeitalter Jesu Christi, 3 Bde. (Nachdruck Hildesheim 1964).
Schulz, S., Q. Die Spruchquelle der Evangelien (Zürich 1972).
Schwarz, G., „Und Jesus sprach". Untersuchungen zur aramäischen Urgestalt der Worte Jesus (BWANT VI/18) (Stuttgart 1985).
Theißen, G., Studien zur Soziologie des Urchristentums (WUNT 19) (Tübingen 1979).
– Urchristliche Wundergeschichten (Gütersloh 1974).
Trautmann, M., Zeichenhafte Handlungen Jesu (FzB 37) (Würzburg 1980).
Via, D. O., Die Gleichnisse Jesu (München 1970).
Volz, P., Die Eschatologie der jüdischen Gemeinde im ntl Zeitalter (Tübingen [2]1934).
Weder, H., Die Gleichnisse Jesu als Metaphern (FRALANT 120) (Göttingen 1978).

Diese Literatur wird abgekürzt zitiert. Daneben finden sich Literaturangaben jeweils nach den einzelnen Kapiteln. Die dort angezeigte Literatur wird in dem Kapitel abgekürzt zitiert, auf das sie sich bezieht.

Die Abkürzungen der Zeitschriften und monographischen Reihen entsprechen *S. Schwertner*, Internationales Abkürzungsverzeichnis für Theologie und Grenzgebiete (Berlin 1974).

Sachregister

Neutestamentliches Stellenregister (in Auswahl)